纪念马克思诞辰200周年

马克思传

人间的普罗米修斯

袁雷 张云飞 著

中国人民大学出版社
·北京·

马克思（1867 年）

马克思与燕妮的自白

卡尔·马克思

自　白①

您喜爱的优点：

一般人……………………………………………………纯朴。

男人……………………………………………………刚强。

女人……………………………………………………柔弱。

您的特点：……………………………………………目标始终如一。

您喜欢做的事：……………………………………………看小尼达。

您厌恶的缺点：……………………………………………逢迎。

您能原谅的缺点：…………………………………………轻信。

您对幸福的理解：…………………………………………斗争。

您对不幸的理解：…………………………………………屈服。

您厌恶的是：……………………………………………马丁·塔波尔。

您喜爱的英雄：………………………………斯巴达克、刻卜勒。

您喜爱的女英雄：………………………………………甘泪卿。

您喜爱的诗人：……………………埃斯库罗斯、莎士比亚、歌德。

您喜爱的散文家：………………………………………狄德罗。

您喜爱的花：……………………………………………瑞香。

您喜爱的菜：……………………………………………鱼。

您喜爱的格言：

………… Nihil humani a me alienum puto［人所具有的我都具有］。

您喜爱的箴言：……………De omnibus dubitandum［怀疑一切］。

① 马克思，恩格斯．马克思恩格斯全集：第 31 卷．北京：人民出版社，1972：588－589.

燕　妮

自　白①

您喜爱的优点：

一般人…………………………………………………… 真诚。

男人……………………………………………………… 坚定。

女人……………………………………………………… 热忱。

您的特点：…………………………………………… 高度敏感。

您喜欢做的事：………………………………………… 缝纫。

您厌恶的缺点：………………………………… 忘恩负义。

您能原谅的缺点：……………………………… 犹豫不决。

您对幸福的理解：……………………………………… 健康。

您对不幸的理解：……………………………… 依附别人。

您厌恶的是：…………………………………………… 债务。

您喜爱的英雄：…………………………… 科利奥兰纳斯。

您喜爱的女英雄：……………………… 弗洛伦斯·南丁格尔。

您喜爱的诗人：………………………………………… 歌德。

您喜爱的散文家：………………………………… 马丁·路德。

您喜爱的花：…………………………………………… 玫瑰。

您喜爱的颜色：………………………………………… 蓝色。

您喜爱的格言：……………………… 纵有万难，处之泰然。

您喜爱的箴言：……………………………… 永不绝望。

---

① 中共中央马克思恩格斯列宁斯大林著作编译局．马克思画传．重庆：重庆出版社，2012：133.

目　录

第1章

人生的起步

崇高理想和职业选择

如果我们选择了最能为人类而工作的职业，那么，重担就不能把我们压倒，因为这是为大家作出的牺牲；那时我们所享受的就不是可怜的、有限的、自私的乐趣，我们的幸福将属于千百万人。我们的事业将悄然无声地存在下去，但是它会永远发挥作用，而面对我们的骨灰，高尚的人们将洒下热泪。①

自古英雄出少年。在马克思的青少年时期，他就在一些具有民主意识的师长的教诲下，如饥似渴地汲取知识，系好了人生第一粒扣子，立志做人间的普罗米修斯，盗取天火以照亮人间，为了人类的幸福和自身的完美而奋斗终生。

1. 家庭和青少年时期的生活

1818年5月5日凌晨2时，卡尔·马克思出生于德国莱茵河畔的特利尔②城，并在此度过了自己的青少年时代。

特利尔城是一座具有悠久的历史文化传统的城市，最早可以追溯到罗马时代。莱茵省是当时德国经济和政治最为发达的省份之一。虽然特利尔城位于工业发达的莱茵河地区，但是它本身几乎没有工业，其居住者大多是官员、商人和手工业者。法国大革命胜利后，法国军队于18世纪90年代占领了特利尔

① 马克思．青年在选择职业时的考虑//马克思，恩格斯．马克思恩格斯全集：第1卷．北京：人民出版社，1995：459－460.

② 特利尔现多译为特里尔。

城。根据1801年的《吕内维尔和约》的规定，包括特利尔城在内的莱茵河左岸地区并入法兰西共和国版图之中。因此，莱茵省比德国其他地方受法国大革命的影响更为彻底和深远，在经济方面消灭了大地主和教会的土地所有制，在政治方面基本废除了封建制度和封建特权，在司法方面推行《拿破仑法典》和陪审员制度，在思想文化方面实行资产阶级的言论自由。这些变革措施不仅推动了莱茵河地区工业的发展，也使得该地区的思想文化的自由程度较高。1814年，随着拿破仑帝国的战败，特利尔地区脱离了法国的统治，并入莱茵大公国。到了1815年，根据维也纳会议的决议，莱茵大公国又并入普鲁士王国，成为封建专制制度占统治地位的普鲁士王国的一个省。一夜之间，特利尔居民由资产阶级国家的公民变成普鲁士王国的臣民。为了维护容克地主阶级的统治，普鲁士王国运用一系列手段对莱茵河地区的自由民主思想进行压制，激起了后者强烈的不满。因此，高度发达的工业和思想文化自由，以及封建专制制度的压制和对封建专制制度的反抗，成为莱茵河地区的重要特征，构成了马克思成长的重要环境。

马克思出生于一个犹太人家庭。他的祖父洛宾·列维，是一名犹太律法学家。他的父亲亨利希·马克思出生于1782年，是特利尔高等上诉法院的律师。他的母亲罕丽达·普列斯堡，是17世纪定居荷兰的匈牙利犹太人的后裔。马克思的父母一共生育了9个子女，包括4个男孩和5个女孩，但只存活了4个，分别是马克思、姐姐索菲亚、两个妹妹艾米莉和路易莎。在马克思的青少年时期，父亲是对他影响最深的人之一。当莱茵河地区并入普鲁士王国之后，封建专制制度再次显示出了其残暴和压制人们思想的一面，由于亨利希·马克思的犹太人身份和信仰犹太教的原因，他被禁止从事法律业务，因此，为了能够继续从事律师活动，他于1816年正式脱离犹太教并加入新教，接受了基督教洗礼。女儿爱琳娜在回忆马克思时说，“他的父亲很有才干，是一位律师，思想上深受法国18世纪关于宗教、科学和艺术等概念的影响”[①]，经常给马克思念伏尔泰和拉辛的著作。这表明亨利希·马克思并没有受宗教思想的深刻影响，主要是受17—18世纪启蒙思想家的教育和影响。也正因为亨利希·马克思的进步的思想倾向，他被普鲁士政府看作“可疑分子”。父亲的进步思想倾向，以及对马克思关于17—18世纪法国启蒙思想的教育，对马克思的成长产

① 中共中央马克思恩格斯列宁斯大林著作编译局．回忆马克思．北京：人民出版社，2005：218.

生了重要作用。对此，爱琳娜指出："摩尔[①]的父亲——摩尔非常钦佩他的父亲——是一个真正的18世纪的'法国人'。像老威斯特华伦背诵荷马和莎士比亚一样，他能背诵伏尔泰和卢梭的作品。摩尔的知识惊人渊博，这无疑在很大程度上受了'遗传'的影响。"[②] 通过努力，亨利希·马克思当上了特利尔的司法参事，并当选特利尔律师协会的会长，从而获得了一份较高的收入，使马克思能够度过衣食无忧的青少年时期。

燕妮的父亲冯·威斯特华伦对马克思的思想发展产生了很大影响。威斯特华伦是一个具有高度的自由思想的人，不仅熟悉圣西门等空想社会主义者的思想，还非常热爱浪漫主义的文学作品，尤其是希腊诗人荷马的史诗《伊利亚特》和《奥德赛》。威斯特华伦非常喜欢马克思，并和马克思成为真正的忘年交。威斯特华伦能够用英语和德语背诵莎士比亚的大部分作品，并将《荷马史诗》和莎士比亚的作品讲给年轻的马克思。爱琳娜回忆道："卡尔·马克思从他们的父亲冯·威斯特华伦男爵（他有一半苏格兰血统）那里，受到熏陶，很早就热爱'浪漫派'；当他的父亲给他念伏尔泰和拉辛的著作时，威斯特华伦却给他念荷马和莎士比亚。"[③] 和启蒙思想一样，《荷马史诗》和莎士比亚的作品在马克思的一生中也发挥了潜移默化的作用，尤其是莎士比亚的作品成为马克思全家的挚爱，而这从根源上与威斯特华伦的引导是分不开的。同时，作为特利尔城的枢密官，威斯特华伦每天都接触大量的社会现实问题，而他本人对社会现实问题也十分关注，并研究圣西门等空想社会主义者的著作，希望从中找到解决社会问题的答案。柯瓦列夫斯基回忆道："马克思告诉我，老威斯特华伦醉心于圣西门的学说，他是第一个向《资本论》的未来作者谈起这个学说的人。"[④] 显然，威斯特华伦是推动马克思走上社会主义道路的领路人。威斯特华伦教给马克思的许多知识是学校教育和家庭教育中所不具备的，它们不仅从文学方面为他打开了一个新的世界，还在激发他关注社会现实生活、接触社会主义学说方面打开了一扇窗户。为此，马克思于1841年将自己的博士论文，也是自己人生的第一部著作——《德谟克利特的自然哲学和伊壁鸠鲁的自

---

① 指马克思。

② 中共中央马克思恩格斯列宁斯大林著作编译局．回忆马克思．北京：人民出版社，2005：112.

③ 中共中央马克思恩格斯列宁斯大林著作编译局．回忆马克思．北京：人民出版社，2005：218.

④ 中共中央马克思恩格斯列宁斯大林著作编译局．回忆马克思．北京：人民出版社，2005：284－285.

然哲学的差别》献给威斯特华伦先生："我敬爱的慈父般的朋友，请您原谅我把　所仰慕的您的名字放在一本微不足道的小册子的开头。我已完全没有耐心再等待另一个机会来向您略表我的敬爱之忱了。"① 可见，威斯特华伦在马克思成长历程中发挥了思想引领的作用，而马克思也十分珍视和感激这段宝贵的经历。

青少年时期的马克思的玩伴主要是他的三个姐妹和他未来的妻子燕妮及燕妮的弟弟埃德加尔。马克思十分聪明，也非常淘气，喜欢和姐妹们在一起玩耍，并表现出了博闻强识的才能，尤其擅长讲故事。爱琳娜回忆道："我常听姑母们说，摩尔小的时候对姐妹们简直就像一个可怕的暴君，他把她们当作驾车的马，驱使她们从特里尔的马可山上飞奔下来。更糟糕的是，他用一双脏手把很脏的生面团做成'饼子'，一定要让她们吃下去。她们毫无怨言地一一照办，于是卡尔就给她们讲故事作为奖励。"② 讲故事的才能贯穿了马克思的一生，并常常为人们所津津乐道。

1830 年，12 岁的马克思进入特利尔中学读书。虽然从特利尔地区并入普鲁士王国起，特利尔中学就受普鲁士文化部领导，后者也一直试图用容克精神来改造这所学校，然而，得益于具有自由主义思想的校长维滕巴赫的领导，启蒙思想和人道主义精神仍然在此占据主导地位。当然，学校中也有部分反动教师，副校长勒尔斯就是一个典型，他专门负责对学校师生进行监督。中学毕业时，马克思向除了勒尔斯之外的所有老师告别，以表达自己对于他的轻蔑和憎恶。为此，勒尔斯非常生气，因为只有马克思和克雷门斯没有向他道别。这充分表明了马克思的反抗精神。在中学期间，马克思的同学大多是资产阶级和官员的子弟，少部分是手工业者和农民的子女。这为马克思接触社会各个阶层创造了有利条件。其中，和马克思相处最融洽的是燕妮的弟弟埃德加尔。根据爱琳娜的描述，马克思在同学中留下了复杂的印象："他的同学们非常喜欢他，但又害怕他——喜欢他是因为他总是淘气，而害怕他则是因为他随手能写出一些讽刺诗来挖苦他的对头。"③ 中学时期是马克思接受教育和思想形成的重要时期。

---

① 马克思，恩格斯．马克思恩格斯全集：第 1 卷．北京：人民出版社，1995：9.

② 中共中央马克思恩格斯列宁斯大林著作编译局．回忆马克思．北京：人民出版社，2005：208.

③ 中共中央马克思恩格斯列宁斯大林著作编译局．回忆马克思．北京：人民出版社，2005：218.

特利尔的经济政治文化环境和马克思的家庭为他的成长和发展提供了一个相对良好而宽松的环境，马克思由此脱颖而出。

2. 做人间的普罗米修斯——《青年在选择职业时的考虑》

在中学期间，马克思初步形成了自己的世界观、人生观和价值观，独立思考了一些问题，尤其是对未来的职业选择进行了深入思考。

1835 年 9 月 24 日，17 岁的马克思中学毕业。在王室考试委员会颁发的中学毕业证书上，可以看出马克思是一个品学兼优的学生。在操行方面，马克思对待师长和同学态度良好。在才能和勤勉方面，马克思的成绩是良好。在语言方面，马克思学习了德语、拉丁文、希腊语、法语和希伯来语，其中德语、拉丁文和希腊语成绩很好，法语的成绩较弱，而希伯来语的成绩没有填写。在毕业证书鉴定中，老师对马克思的作文写作给予了很高的评价："客观地说，他的作文显得思想丰富，对事物有深刻的理解，不过经常过于冗长；在语言学方面，作文表现出是经常长期练习的，并力求运用规范化的拉丁语，虽然里面还不免有些语法上的错误。"① 在科学知识方面，马克思学习了宗教知识，能够明确认识并用其论证基督教教义和训诫，对基督教的历史也有相当程度的了解。在数学、历史和地理知识方面，马克思的成绩都很好，仅仅在物理学方面的知识是中等成绩。显然，马克思学习的语言为他日后从事科学研究奠定了必要的语言基础，马克思学习的宗教知识为他全面科学地认识宗教的社会历史作用奠定了必要的基础，马克思学习的数学和历史、地理等方面的知识为他后来从事数学、自然辩证法和历史学方面的研究打下了一定的基础。

作文是马克思的强项之一。马克思中学毕业考试时写了三篇文章，分别是《根据〈约翰福音〉第 15 章第 1 至 14 节论信徒同基督结合为一体，这种结合的原因和实质，它的绝对必要性和作用》（宗教作文）、《青年在选择职业时的考虑》（德语作文）和《奥古斯都的元首政治应不应当算是罗马国家较幸福的时代?》（拉丁语作文）。这三篇文章是记述马克思思想发展的最早文献资料，反映了启蒙思想、理性主义和人道主义思想对他的影响，反映了他当时的思想发展水平和独立思考的能力。在宗教作文中，马克思指出，各民族的历史教导

---

① 马克思，恩格斯．马克思恩格斯全集：第 40 卷．北京：人民出版社，1982：827－828.

我们同基督结合为一体是必要的。同样，对于个人来讲，“同基督结合为一体可使人内心变得高尚，在苦难中得到安慰，有镇定的信心和一颗不是出于爱好虚荣，也不是出于渴求名望，而只是为了基督而向博爱和一切高尚而伟大的事物敞开的心”①。显然，受社会大环境和宗教教育的影响，这时的马克思高度评价基督教对于各民族和个人发展的重要作用，这表明了其思想仍然处于唯心主义阶段。

在马克思的中学毕业文章中，影响最大的、人们耳熟能详的是他在1835年8月12日撰写的《青年在选择职业时的考虑》一文。通过对客观社会现实环境的冷静观察和深入思考，马克思全面阐述了人们在追求职业选择时应该坚持的主要指针。在选择职业时，青年人必须坚持实现个人价值和社会价值的统一，应该选择一个最适合他、最能使他和社会变得高尚的职位。然而，选择本身具有两面性，“这种选择是人比其他创造物远为优越的地方，但同时也是可能毁灭人的一生、破坏他的一切计划并使他陷于不幸的行为。因此，认真地权衡这种选择，无疑是开始走上生活道路而又不愿在最重要的事情上听天由命的青年的首要责任”②。显然，选择是青年人必须承担的首要责任，而选择本身又具有可能毁灭青年人的一面，因此，青年人该如何选择职业呢？在选择职业时应该坚持什么样的指针呢？青年马克思的回答是，人们在确立目标时必须遵循内心深处的声音。如果这种声音认为这个目标是伟大的，那它实际上也是伟大的。然而，这种声音在现实生活中很容易被淹没，因为我们认为热情的东西可能瞬间产生，也可能瞬间消逝。

因此，在选择职业时，不仅要遵循自己内心深处的声音，还必须确认自己对这份职业确实怀有热情，而非一时冲动，或者受虚荣心和名利的影响。事实上，“我们的使命决不是求得一个最足以炫耀的职业，因为它不是那种可能由我们长期从事，但始终不会使我们感到厌倦、始终不会使我们劲头低落、始终不会使我们的热情冷却的职业，相反，我们很快就会觉得，我们的愿望没有得到满足，我们的理想没有实现，我们就将怨天尤人”③。显然，人的欲望是无穷的，不可能得到满足。这都是由内在的虚荣心和外界的名利引起的，也是个人的理性很难克服的。在此基础上，年轻的马克思指出：“如果我们经过冷静

① 马克思，恩格斯．马克思恩格斯全集：第1卷．北京：人民出版社，1995：453.
② 马克思，恩格斯．马克思恩格斯全集：第1卷．北京：人民出版社，1995：455.
③ 马克思，恩格斯．马克思恩格斯全集：第1卷．北京：人民出版社，1995：456.

的考察，认清了所选择的职业的全部分量，了解它的困难以后，仍然对它充满热情，仍然爱它，觉得自己适合于它，那时我们就可以选择它，那时我们既不会受热情的欺骗，也不会仓促从事。”① 显然，只有在经过自己独立的认真的思考，并清醒地面对困难后仍然坚持选择的，才是真正值得从事的职业。这鲜明地反映了马克思 17 岁时就立志选择一个“亦余心之所善兮，虽九死其犹未悔”的职业。

当然，由于人是在社会中成长和发展起来的，是社会的产物，因此，人的职业选择不仅要受各种各样社会关系的限制和影响，还受个人体质的限制和影响。如果由于这些限制，我们选择了不能胜任的职业，就不能将其做好，更不会取得任何成就，而导致的最自然的结果就是自卑。然而，自卑是一条毒蛇，会无尽无休地搅扰、啃啮我们的胸膛，吮吸我们的血液，注入厌世和绝望的毒液。在此基础上，马克思论述了选择职业应遵循的方针：“如果我们的生活条件容许我们选择任何一种职业，那么我们就可以选择一种能使我们获得最高尊严的职业，一种建立在我们深信其正确的思想上的职业，一种能给我们提供最广阔的场所来为人类工作，并使我们自己不断接近共同目标即臻于完美境界的职业，而对于这个共同目标来说，任何职业都只不过是一种手段。”② 可见，职业只是达到目标的手段，并没有高低贵贱之分。在实践中，哪些职业能够给人带来真正的尊严呢？“能给人以尊严的只有这样的职业，在从事这种职业时我们不是作为奴隶般的工具，而是在自己的领域内独立地进行创造；这种职业不需要有不体面的行动（哪怕只是表面上不体面的行动），甚至最优秀的人物也会怀着崇高的自豪感去从事它。最合乎这些要求的职业，并不总是最高的职业，但往往是最可取的职业。”③ 除了职业平等的思想，青年马克思还初步提出了自由劳动的思想，即个人的职业选择不是奴隶般地进行被动劳动，而是根据自己的兴趣、爱好在一定的领域内进行独立的创造。只有每个人都从事自由劳动，才能真正地实现职业平等。

在选择诸如真理研究这样一些较为特殊的职业时，我们必须对其进行更为慎重的考虑。“那些主要不是干预生活本身，而是从事抽象真理的研究的职业，对于还没有确立坚定的原则和牢固的、不可动摇的信念的青年是最危险的，当

① 马克思，恩格斯．马克思恩格斯全集：第 1 卷．北京：人民出版社，1995：457.
② 马克思，恩格斯．马克思恩格斯全集：第 1 卷．北京：人民出版社，1995：458.
③ 马克思，恩格斯．马克思恩格斯全集：第 1 卷．北京：人民出版社，1995：458.

然，如果这些职业在我们心里深深地扎下了根，如果我们能够为它们的主导思想而牺牲生命、竭尽全力，这些职业看来还是最高尚的。”① 显然，研究真理是十分艰难但又非常高尚的一种职业。要选择这份职业，就必须深思熟虑，尤其要有不惜牺牲自己的决心，因为这是为人类谋福利的职业。在此基础上，马克思科学论述了选择职业的两项指针：“在选择职业时，我们应该遵循的主要指针是人类的幸福和我们自身的完美。不应认为，这两种利益会彼此敌对、互相冲突，一种利益必定消灭另一种利益；相反，人的本性是这样的：人只有为同时代人的完美、为他们的幸福而工作，自己才能达到完美。如果一个人只为自己劳动，他也许能够成为著名的学者、伟大的哲人、卓越的诗人，然而他永远不能成为完美的、真正伟大的人物。”② 显然，追求人类的幸福和个人的完美不仅体现了追求社会价值和个人价值的统一，还将个人的完美寓于追求人类的幸福之中。难能可贵的是，年轻的马克思将人类的幸福和自身的完美作为选择职业的主要指针，而这两者都并非可以量化的具体的目标，而是永无止境的过程，是需要每个人为之奋斗一生的崇高目标。而选择一份什么样的工作，才能将这两项指针完美结合呢？马克思给出了答案：“如果我们选择了最能为人类而工作的职业，那么，重担就不能把我们压倒，因为这是为大家作出的牺牲；那时我们所享受的就不是可怜的、有限的、自私的乐趣，我们的幸福将属于千百万人。我们的事业将悄然无声地存在下去，但是它会永远发挥作用，而面对我们的骨灰，高尚的人们将洒下热泪。”③ 这篇文章具有宗教救世般的情怀，它向世人表明，马克思已经立志为人类解放而工作，做人间的普罗米修斯。

普罗米修斯

普罗米修斯（古希腊语：Προμηθεύς；英语：Prometheus）是古希腊神话中的一个狄坦神。他帮助宙斯打败了以克罗诺斯为首的老一辈神，夺得了统治世界的权力。

宙斯夺得权力后，很快变得专横、残暴起来，并拒绝向人类提供火。为了给人类带来光明和希望，保护人类免遭灭亡，普罗米修斯从天上盗取火种，带给人间。普罗米修斯的大无畏的举动严重冒犯了宙斯的权力和威望。宙斯

① 马克思，恩格斯．马克思恩格斯全集：第1卷．北京：人民出版社，1995：458－459.
② 马克思，恩格斯．马克思恩格斯全集：第1卷．北京：人民出版社，1995：459.
③ 马克思，恩格斯．马克思恩格斯全集：第1卷．北京：人民出版社，1995：459－460.

大发雷霆，把普罗米修斯锁缚在悬崖上，令一只饥饿的恶鹰天天来啄食他的肝脏，以示惩罚。白天，他的肝脏被吃光了，可是一到晚上，肝脏又重新长出来。于是，普罗米修斯所承受的痛苦，永无尽头。但是，普罗米修斯不屈不挠，丝毫没有动摇。

根据普罗米修斯的故事，古希腊戏剧家埃斯库罗斯创作了悲剧《被缚的普罗米修斯》，塑造了普罗米修斯爱护人类、不屈服于暴力的光辉形象。

最早对这篇文章做出评价的是特利尔中学校长维滕巴赫，他的评语是："相当好。文章的特点是思想丰富，布局合理，条理分明，但是一般来说作者在这里也犯了他常犯的错误，过分追求罕见的形象化的表达；因此，在许多加有着重号的地方，在个别措词以及句子的连接上，叙述时就缺乏必要的鲜明性和确定性，往往还缺乏准确性。"[①] 虽然维滕巴赫对这篇文章做出了高度的评价，但他仅仅将其看作一个中学生的即兴之作，而非一篇经过深思熟虑的、表达作者自身志向的、作者立志为之奋斗终生的战斗宣言。这显然不是维滕巴赫的错，而是一位教师对一个中学生写的职业理想和职业选择方面的文章的通常评价。

可见，青少年时期的马克思已经立志做人间的普罗米修斯，要选择为人类而工作，实现人类的幸福和自身的完美的统一。

3. 遇见终身伴侣燕妮——《爱之书》

马克思的女儿爱琳娜曾说过，在马克思的生命中，燕妮占据极其重要的地位。可以毫不夸大地说，没有燕妮・冯・威斯特华伦，就不会有今天的卡尔・马克思。他们两人志趣相投，互相取长补短。

燕妮・威斯特华伦于 1814 年 2 月 12 日生于德国威斯特华伦的一个贵族家庭，年长卡尔・马克思 4 岁。燕妮的父亲路德维希・冯・威斯特华伦，是一位学识渊博的智者。燕妮的母亲是普鲁士官员的女儿卡洛琳・坎伯尔。燕妮的父母共育有两个子女，即燕妮和燕妮的弟弟埃德加尔。在此之前，冯・威斯特华伦还有过一段婚姻，共留下了四个孩子，其中有一个男孩叫斐迪南，是后来普

---

① 马克思，恩格斯．马克思恩格斯全集：第 1 卷．北京：人民出版社，1995：1041.

鲁士著名的反动大臣。他对马克思和燕妮一家极端不友好，甚至参与了对他们的迫害。1816年，燕妮的父亲携家搬迁到特利尔，并担任特利尔城的政府枢密官。在这期间，冯·威斯特华伦一家和马克思一家距离较近，两家的孩子们在一起玩耍，共同成长。马克思的姐姐索菲亚和燕妮年纪相仿，两人是非常要好的朋友。马克思和燕妮的弟弟埃德加尔是很好的朋友，两人不仅一起成长，还同时在特利尔中学读书，并结下了终生的友谊。燕妮和马克思则经历了相识、相知、相爱的过程。

思念

致燕妮①

燕妮，任它物换星移、天旋地转，
你永远是我心中的蓝天和太阳，
任世人怀着敌意对我诽谤中伤，
燕妮，只要你属于我，我终将使他们成为败将。
我的思念比茫茫宇宙还要宽广，
它无比崇高，胜过寥廓的穹苍，
它无比美丽，胜过梦中的仙乡，
它无比深邃，胜过惊涛澎湃的海洋。

这思念无穷无尽，热情奔放，
这思念犹如上帝的遐想，
时时在他崇高的心中回荡，
正是你让这种思念萦绕在我的心房。

你自己就是这思念的化身，
思念二字难表达一腔衷肠，
炽热的深情无法用言词诉说，
这热情将在我心中越烧越旺。

随着马克思和燕妮的深入接触，他们对彼此的了解越来越深入。年轻的马

① 马克思，恩格斯．马克思恩格斯全集：第1卷．北京：人民出版社，1995：481－482.

克思被燕妮的善良、智慧和美貌折服，而作为特利尔城的“公主”和舞会上的“皇后”的燕妮也喜欢上了马克思正直的品格、敏捷的思维、渊博的知识。在实际的相处过程中，马克思和燕妮产生了爱情的火花。1835年，马克思中学毕业，进入波恩大学攻读法律，并于第二年转学到柏林大学。1836年夏天，也就是在从波恩大学转入柏林大学的那个暑假，回家探亲的马克思向燕妮求婚，并和燕妮在没有征得父母同意的情况下秘密订婚。对此，恩格斯指出：“当马克思进大学的时候，他和自己未来的妻子已经知道他们的生命将永远连结在一起了。”① 这样，两个年轻的生命就走到了一起，并立志一生携手并进、荣辱与共。

马克思和燕妮的秘密订婚在当时是一件石破天惊的大事。这不仅是因为他们的订婚没有得到双方父母的知晓和同意，更是因为他们在各方面条件的差异。虽然这对年轻人彼此深爱着对方，但是在一般人看来，他们并不合适，不仅是因为年纪方面的差距——燕妮比马克思大四岁，更是因为身份地位方面的差距——燕妮出身于贵族家庭，她的父亲是特利尔城的枢密官。相比于燕妮显赫的出身，马克思仅仅是出身于一个中产阶级家庭的普通青年，两个家庭之间存在着不可逾越的鸿沟。因此，燕妮家的一些亲戚并不满意这桩婚事，并对之进行百般刁难。在他们看来，以燕妮的条件，她至少要嫁给一个贵族青年，继续过锦衣玉食的生活，而不是选择马克思这样一个普通青年，将自己的前途和命运交给未知的未来。就连马克思的父亲也认为，从世俗的角度看来，这桩婚姻预示着燕妮这个被一家人宠爱的女儿可能会面临着一个阴暗的未来，“真的，千千万万的父母都不会同意的。你自己的父亲在忧郁的时刻也几乎希望他们这样做——因为我太关心这位天使的幸福了，我爱她犹如亲生女儿，但正因为如此，她的幸福才令我十分担忧”②。可见，父亲曾担心马克思不能给燕妮带来幸福。令人欣慰的是，马克思和燕妮的父亲都十分赞赏和支持这桩婚姻，因为两位老人是看着他们成长的，并且深爱着他们，并在自己的有生之年竭尽全力地为他们的爱情保驾护航。

---

① 马克思，恩格斯．马克思恩格斯全集：第25卷．北京：人民出版社，2001：544.

② 马克思，恩格斯．马克思恩格斯全集：第47卷．北京：人民出版社，2004：564-565.

燕妮·马克思

和燕妮订婚后，马克思就去柏林大学继续求学，而燕妮则留在家中等待着他学成归来。因此，他们主要的联系方式就是通信和马克思给燕妮写情诗。在大学期间，马克思创作了三本诗集，分别给燕妮、父亲和姐姐。其中，给燕妮的诗歌有三个部分，分别是《爱之书》第一、二部和《歌之书》。通过诗歌，马克思表达对燕妮的思念和热爱："只是由于你那含情目光朝我一望，才使我从那魔法下获得解放。"① 同时，诗歌也表达了马克思希望和燕妮荣辱与共、白头偕老的誓言。在《夜》中，马克思这样写道："我们的心意、行动和爱情将谱写命运的伟大篇章，一旦激情的火焰使我们结合，深沉的痛苦定会消亡。那时我愿永远驻足，与你呼吸与共甘苦同尝，我愿在你怀里燃尽烈焰，幸福地安息在你的身旁，活着我们同呼吸，死后我们合安葬。"② 显然，马克思和燕妮的命运已经紧密地联系在一起。

收到这些诗后，燕妮感动地掉下了悲喜交加的眼泪。在燕妮的一生中，不

① 马克思，恩格斯．马克思恩格斯全集：第1卷．北京：人民出版社，1995：686.

② 马克思，恩格斯．马克思恩格斯全集：第1卷．北京：人民出版社，1995：480－481.

管多少次被驱逐，不管如何贫病交加、颠沛流离，无论到哪里，燕妮都将这些诗歌随身携带，小心翼翼地保存，并收藏起来。对此，拉法格回忆说："马克思具有丰富的诗意的想象力。他最初在文学上的尝试就是诗。他的夫人曾小心地收藏着她丈夫青年时代的诗作，但不给任何人看。"[①] 这充分反映了燕妮对马克思的真挚情感。对燕妮的来信，马克思也是倍加珍惜，一遍一遍地阅读。在 1837 年 11 月 10—11 日给父亲的信中，马克思指出："请向我温柔美丽的燕妮致意！她的来信我已经看了 12 遍，每一遍我都发现引人入胜的新东西。这是一封在一切方面包括文体在内我所能想像的出自一位女子之手的最美好的信。"[②] 这也充分彰显了马克思对燕妮的深厚感情。

和马克思订婚后，燕妮面临着沉重的世俗压力。燕妮的亲戚们让她离开马克思。这给燕妮带来了巨大的苦恼，以致她的身体也遭受了疾病的打击。与马克思在大学期间潜心读书，可以忘掉一切世界的纷繁复杂不同的是，燕妮不具备这样的条件。针对世俗的压力给燕妮带来的苦恼，马克思这样写道："尽管你们掀起狂澜，尽管你们怒气冲天，爱情会毅然冲决一切阻拦，傲然屹立于天地之间。"[③] 可见，这是马克思和燕妮对命运的反抗和斗争，他们要扼住自己生命的咽喉。值得欣慰的是，马克思的家人都非常喜欢燕妮，给她力所能及的帮助，晚上不到十点钟绝不放她回家。更为难能可贵的是，马克思的父亲扮演了一个为两人的爱情保驾护航的角色，既帮助马克思成长为一个真正的男子汉，也帮助燕妮排解感情上的困难和生活中的压力，成为他们爱情的守护神。

亨利希·马克思对燕妮非常了解，也非常喜欢这个善良、聪明和高尚的女孩，将她视为自己的女儿，因此，他不希望燕妮受到任何伤害，包括马克思可能给燕妮带来的伤害。然而，大学期间马克思是一个思想极其发散和活跃，甚至是天马行空的人，再加上他和燕妮的恋爱经受了很多世俗的不公正的对待，因此，为了与马克思结合，燕妮作出了巨大的牺牲。对此，亨利希·马克思指出："她为你作出了难以估量的牺牲——她表现出的自制力，只有用冷静的理智才能衡量。如果在你的一生中什么时候忘了这点，那就太可悲了！但是，目前只有你自己才能有效地干预了。你应当确信，你虽然年轻，却是一个值得世

① 中共中央马克思恩格斯列宁斯大林著作编译局．回忆马克思．北京：人民出版社，2005：198.

② 马克思，恩格斯．马克思恩格斯全集：第 47 卷．北京：人民出版社，2004：17.

③ 马克思，恩格斯．马克思恩格斯全集：第 1 卷．北京：人民出版社，1995：670.

人尊敬、很快就会使世人折服的堂堂男子汉；是一个保证始终如一、保证将来认真努力，并迫使指责你过去错误的那些贫嘴薄舌者无话可说的人。”① 在父亲看来，马克思应该证明自己的才能和品德，成为一名真正的男子汉，这样，才能让别人信服并给燕妮带来幸福。

为了减轻燕妮的压力，马克思的父亲于1838年经常与她谈心。根据燕妮的回忆：“那天我们两人曾单独在一起，两三个小时地谈论生活中最重要的事，谈论最高尚、最神圣的利益，谈论宗教信仰与爱情。他说了一些精彩有趣的话，他的金玉良言铭刻在我的心头。他和我交谈时带着一种慈爱、带着一种真挚、带着一种亲切，这只有像他这样情感丰富的人才能做得到。”② 这样，马克思的父亲成功开导了燕妮，获得了她的无限信任。无论面对多大的压力，善良的燕妮首先考虑到的还是马克思，生怕会对他不利，使他过分劳累。在1837年12月9日给马克思的信中，父亲指出：“这位姑娘按其出众的才干、优越的社会地位，她是作了巨大的牺牲的：她以自己优越的地位和锦绣前程换取一个靠不住的、阴暗的未来，把自己和一个比她年轻的人的命运联结在一起。简单而实际地解决问题的办法，就是为她在现实中创造一个配得上她的前途，而不是让她在烟雾腾腾的房间里守着一盏放在一个放荡不羁的学者身旁的昏暗的油灯。”③ 在父亲看来，马克思应该有所改变和作为，必须采取积极主动的措施，要以坚定的精神和男子汉的勇气使得燕妮相信自己，能够平静和坚定不移地向往着未来，这样才能配得上燕妮的付出和牺牲。

马克思的父亲对马克思和燕妮的付出，得到了两个孩子的衷心感谢和信任，也使得马克思发生了很大改变，逐渐地担负起了一个男子汉对爱情的神圣责任。不幸的是，马克思的父亲于1838年5月10日去世。在1838年6月24日给马克思的信中，燕妮写道：“每一天，每一瞬间都提醒我：如今一切都变了，过去的一切都一去不复返了，那为我们的爱情祝福的卓绝的人不再和我们在一起了，他已再也不能把祝福我们的、给我们力量的太阳的光芒投入今日的黑暗中，他被永远地从我们身边夺走了，他永远地走了。”④ 可见，燕妮将马克思的父亲当作自己的父亲，从内心感激他对自己的爱情的保驾护

① 马克思，恩格斯．马克思恩格斯全集：第47卷．北京：人民出版社，2004：535.
② 马克思，恩格斯．马克思恩格斯全集：第47卷．北京：人民出版社，2004：577.
③ 马克思，恩格斯．马克思恩格斯全集：第47卷．北京：人民出版社，2004：564.
④ 马克思，恩格斯．马克思恩格斯全集：第47卷．北京：人民出版社，2004：577.

航。虽然父亲的离世给了马克思和燕妮很大的打击，也使得他们的爱情少了一位保驾护航的长者，但是在父亲的教导和帮助下，马克思已经成长为一个真正的男子汉，可以和自己心爱的燕妮一道勇敢地面对生活中的任何困难，他们的爱情也曲折但是坚定地向前发展，并且在不远的将来开花结果。

在马克思的青少年时代，他就遇见了将与自己携手相伴一生的燕妮，并将自己的生命和燕妮完全地结合在一起。这是马克思人生中的一件幸事。

4. 初入大学和父亲的教诲

1835 年 10 月 15 日，在父亲的影响下，马克思进入波恩大学攻读法律专业。父亲希望马克思能够继续自己的职业，成为一名优秀的律师。然而，马克思对法学并没有浓厚的兴趣，只是将其排在哲学和历史学之后，加之波恩大学较差的学习氛围的影响，他在大学初期度过了一段较为迷茫和散漫的时期。

马克思进入波恩大学时，正值反动派加强对德国国内思想控制之际，因此德国的大学生协会被取缔。然而，波恩大学的学生以家乡为单位组建了一些同乡会，包括特利尔同乡会。马克思参加了特利尔同乡会，并于第二学期成为该同乡会的主席。和其他同乡会的情况相似，特利尔同乡会的常规活动就是到酒馆里喝酒聚会。1836 年 6 月的一天，由于酗酒喧闹扰乱了夜间的安宁，马克思被学校处罚了一天的禁闭。然而在禁闭期间，马克思的朋友们前往探望，又在禁闭室里开怀畅饮。在波恩大学读书期间，马克思还曾试图与人决斗，具体原因无从知晓。这些都表明了马克思并非一个循规蹈矩的大学生，而是充满了青春期的叛逆，必须得到师长的正确引导，而他的父亲正好扮演了这样的角色。马克思进入大学后，父亲就要求他与家人通信汇报学习和生活情况，而父亲也通过家书的形式对第一次离家出远门且处于成长关键期的马克思予以思想上的引导和生活上的关心。

到达波恩后，马克思的家人焦急地等待着他的来信，然而并未如愿。为此，在 1835 年 11 月 8 日给马克思的信中，父亲指出："你走后已经过去三个多星期了，可是音信全无！你是了解你母亲和她的担忧的，但是你仍然如此漫不经心！这不幸完全证实了我的看法，虽然你有不少优良品质，但是你内心中占统治地位的是自私。"① 爱之深，责之切。父亲对于马克思的教育相当严格。

① 马克思，恩格斯．马克思恩格斯全集：第 47 卷．北京：人民出版社，2004：515.

父亲最为注重对马克思的品德的培养，认为品德比金钱和智力更加重要。在1836年5—6月给马克思的信中，父亲指出："你的来信我7日才收到，这封信使我更加相信你的耿直、坦率和诚实的品德，这对我来说比金钱还要宝贵，所以关于钱的事我们就不再多说了。"① 可能是出于对自己身体健康的忧虑，父亲十分注重马克思的身体状况，不断强调健康的极端重要性。在刚上大学时，马克思对学业充满了热忱，第一学期就选了9门法学课程。对此，在1835年11月18—29日给马克思的信中，虽然父亲也指出知识的领域是无限的，时间是短暂的，如果身体状况能够承受得了，也可以同时学习9门课程，但他还是希望马克思所学的东西不要超过自己身体和精力所能承受的限度，决不能因强度过大而影响自己的健康。"在这个悲惨的世界上身体是你智慧的永恒伴侣，整个机器的良好状况都取决于它。一个体弱多病的学者是世界上最不幸的人。因此，用功不要超出你的健康所能容许的限度。此外，每天还要运动运动，生活要有节制，我希望，每次拥抱你的时候都会看到你身心更加健康。"② 这里，父亲似乎预感到马克思会从事艰苦的科学研究工作，并将其作为一项终生的事业。

针对马克思的一些不好的习惯，父亲也对他进行了谆谆教导，希望他成长为一个身心健康的人。针对马克思曾想与人决斗一事，父亲在1836年5—6月给他的信中告诫说："难道决斗也与哲学密切有关吗？这是对舆论的尊重，甚至是敬畏，而那是谁的舆论呢？决不总是正经人的，可你还是!!! 无论何处人总是很少前后一贯的。不要让这种爱好，即使不是爱好，也是欲望，在你的心里扎下根。否则，你终究会使你自己和你父母的最美好的生活希望遭到毁灭的。"③ 在父亲看来，决斗会无谓地毁掉一个人的幸福和前途。这一思想对马克思产生了很大的影响，他此后对决斗问题持鲜明的反对态度。同时，由于马克思的胸部不是很健康，因此，父亲劝他别过多地抽烟。针对马克思巨大的生活开销，在1836年3月19日给马克思的信中，父亲谈到了马克思在上大学之后的5个月内已经从家中拿走了160塔勒的钱，这已经明显超出了家庭的一般支付能力。"亲爱的卡尔，我再说一遍，我乐意把一切都办到，但我是一个多子女的父亲，而你又知道得很清楚，我并不富裕，所以除了你的健康和前途所

---

① 马克思，恩格斯．马克思恩格斯全集：第47卷．北京：人民出版社，2004：526.
② 马克思，恩格斯．马克思恩格斯全集：第47卷．北京：人民出版社，2004：518-519.
③ 马克思，恩格斯．马克思恩格斯全集：第47卷．北京：人民出版社，2004：527.

必需的之外，我不想再多给了。”① 考虑到自己的年纪和健康原因，父亲希望马克思能够节约开销，以减轻家庭的负担。

1836 年，在父亲的安排下，马克思从波恩大学转入柏林大学读书。为此，亨利希·马克思于 1836 年 7 月 1 日写了一封表示同意的证明函件：“我儿子卡尔·马克思下学期要转入柏林大学，继续学习在波恩开始攻读的法学和官房学。这不仅得到我的准许，而且是我的意愿。”② 同年 8 月 22 日，波恩大学给马克思颁发了肄业证书。在此期间，马克思共学习了法学全书、法学纲要、罗马法史、希腊罗马神话、荷马研究诸问题、现代艺术史、德意志法学史、普罗佩尔提乌斯的哀歌、欧洲国际法和自然法等课程。除了欧洲国际法和自然法的讲授老师普盖教授中途离世没有成绩外，其他课程的成绩均为勤勉、勤勉和用心、十分勤勉和用心、十分勤勉和经常用心、极为勤勉和用心等。这表明了马克思在学业方面是一个非常勤奋的学生。

5. 柏林大学的求学生涯和父亲的教诲

转入柏林大学后，马克思的学习和生活开启了一个新的篇章。

相对于波恩而言，柏林就是另一个世界，其氛围与波恩完全不同。柏林是德国的中心城市，波恩只是一座小城。这反映到大学层面也是如此，柏林大学的学生人数要比波恩大学多很多。波恩大学的学习氛围并不浓郁，学生们习惯于参加各种同乡会来饮酒作乐。在柏林大学，学生们无心参与这些喧嚣的组织，潜心学习，遨游于知识的海洋之中。由于当时的柏林是由普鲁士管理的，国王和军人占据绝对的统治地位，因此柏林也没有同乡会和其他的学生团体等组织。在进入柏林大学之前，马克思和燕妮已经秘密订婚，因此，马克思已经不再是一个简单的单身汉，而是一个肩上担负着一份沉甸甸的责任的青年人。在此情形下，马克思进入柏林大学后，在学习方面几乎到了废寝忘食的地步。在给父亲的信中，马克思指出：“到柏林后，我断绝了从前的一切联系，只是兴致索然地拜访几个人，我努力使自己专心致志于科学和艺术。”③ 在此期间，

---

① 马克思，恩格斯．马克思恩格斯全集：第 47 卷．北京：人民出版社，2004：525.

② 马克思，恩格斯．马克思恩格斯全集：第 1 卷．北京：人民出版社，1995：935.

③ 马克思，恩格斯．马克思恩格斯全集：第 47 卷．北京：人民出版社，2004：6.

父亲继续通过书信的形式扮演马克思的人生导师的角色。

父亲继续关心马克思的身心健康和良好品德的培养。在1836年12月28日致马克思的信中，父亲指出："因为你知道，不管我把你的智力估计得有多高，要是没有一颗善良的心，它对我来说就失去任何意义了。你自己也承认，你早就使我有理由对你的自制力产生疑虑了。"① 父亲认为，善良比智力更重要。在1837年2月3日给马克思的信中，父亲继续要求马克思要力所能及地学习，要保护好自己的体力和视力，因为健康是每个人的最大财富，对一个学者来说更是如此。马克思废寝忘食地读书确实使他的身体遭到了极大的损害，他在1837年11月10—11日给父亲的信中进行了深刻的反省："我在第一学期熬过了许多不眠之夜，经历了许多斗争，体验了许多内心的和外在的冲动。但是这一切都没有使我大大充实起来，不仅如此，我还忽视了自然、艺术、整个世界，也疏远了朋友们。我的身体似乎也有反应。一位医生劝我到乡下去，于是我第一次穿过全城走出了城门，来到施特拉劳。我没有想到，虚弱的我在那里竟会变得十分健康和强壮。"② 这样，马克思就意识到要改变自己的生活方式。

虽然在波恩大学期间，父亲就曾告诫马克思要勤俭节约，减轻家里的负担，但是他到了柏林大学依旧大手大脚。在1837年12月9日给马克思的信中，父亲指出：我们的儿子先生违反一切协议、违背一切惯例一年花了700塔勒，可是，就连最富有的人花的钱也不超过500。在1838年2月10日给马克思的信中，父亲指出：现在才是一个学年的第四个月，而你已经拿了**280**塔勒。当然，这并不意味着马克思是一个喜欢铺张浪费、吃吃喝喝的纨绔子弟，而是他生性对金钱不是特别在乎，加之朋友众多，导致其开销一直居高不下，以致超过了父亲的支付能力。同时，针对马克思整天待在昏暗的房间内边抽烟边读书、不与他人交往、过着离群索居的生活的行为，父亲一再告诫他要注重生活的细节。在1837年12月9日给马克思的信中，父亲指出："杂乱无章，漫无头绪地踯躅于知识的各个领域，在昏暗的油灯下胡思乱想，虽不在啤酒杯中消磨放纵，却蓬头乱发穿着学者的睡衣放荡不羁；离群索居、不拘礼节甚至对父亲也不尊重。与外界交往的艺术仅限于一间肮脏的房间，在那里，也许在

① 马克思，恩格斯．马克思恩格斯全集：第47卷．北京：人民出版社，2004：534.

② 马克思，恩格斯．马克思恩格斯全集：第47卷．北京：人民出版社，2004：12.

异常混乱的情况下，燕妮的情书和父亲的可能是噙着眼泪写的、善意的告诫，被用来点燃烟斗，顺便说一句，比起由于更不负责任的混乱而让这些信落入旁人之手，这还算是不错的。”① 在父亲看来，马克思的这种获取知识的方式和生活方式无法给他自己和所爱的人带来幸福，也无法得到任何收获。这也是父亲对马克思的严厉的批评和谆谆教导。

父亲一如既往地关心马克思的学业情况。在 1837 年 8 月 20 日左右给马克思的信中，父亲指出：“如果你有空给我写信，我将为看到你关于一年来在攻读法学方面学过哪些东西的简单介绍而感到高兴。从你的初步计划来看，我认为你没有必要学习财政学。只是你可别把博物学疏忽了，因为你没有把握日后能把这个缺陷弥补上，那时，后悔就太晚了。”② 显然，父亲十分关心马克思的学习计划，要求他必须加强对自然科学的学习。在 1837 年 9 月 16 日给马克思的信中，父亲强调学习自然科学的重要性，同时建议他学习官房学。针对马克思对法律专业没有浓厚的兴趣，不想从事法律相关工作的情况，父亲建议他可以考虑从事教育事业，并首先获得教职。在 1836 年 12 月 28 日给马克思的信中，父亲指出：“我要问你一下：你是否知道，多大年龄才能获得教职？知道这一点非常重要，因为我想，你的计划的目的在于尽快获得教职（哪怕是低级的教职）和用自己的作品来逐渐获得声望。”③ 由于当时的规定是要获得大学教职，必须公开发表一定的文章，因此，在 1837 年 8 月 12—14 日给马克思的信中，父亲指出：“说到这里，产生了一个问题：你是否要用本名发表？因为对你来说，博得声誉，批判的声誉，对于获得教授的头衔是很重要的。”④ 这里，父亲为马克思的职业选择出谋划策，希望他能够找到一份充分发挥自身特长的满意的工作。

不管父亲如何用严厉的言辞谆谆教导马克思，他始终坚信马克思高尚的品行和出众的才华，坚信马克思会有所成就。在 1836 年 11 月 9 日给马克思的信中，父亲指出：你将为你自己和你的家庭的幸福，也将为人类的幸福而生活。事实也是如此，马克思的一生为无产阶级和全人类的解放作出了彪炳史册的伟大贡献，在人类的思想史中留下了光辉的学说，在人类发展史上留下了坚实的

---

① 马克思，恩格斯．马克思恩格斯全集：第 47 卷．北京：人民出版社，2004：565.
② 马克思，恩格斯．马克思恩格斯全集：第 47 卷．北京：人民出版社，2004：552.
③ 马克思，恩格斯．马克思恩格斯全集：第 47 卷．北京：人民出版社，2004：535.
④ 马克思，恩格斯．马克思恩格斯全集：第 47 卷．北京：人民出版社，2004：549.

脚印。然而，父亲却没有等到这一天的到来。在 1838 年 5 月 10 日，也就是马克思刚满 20 岁后的第五天，他的人生的第一位导师，他的生活和思想道路的引路人——亨利希·马克思因病去世，享年 56 岁。从此，再也没有一个像父亲一样的人为他的成长、为他和燕妮的爱情保驾护航，马克思必须而且只能依靠自己的力量成长和成熟起来。父亲去世之后，马克思一生保持着对他的崇高敬意，不仅时常向自己的孩子们谈论他的出众的才华，还将他的一张照片随身携带，以寄托自己无尽的思念。马克思去世后，恩格斯将这张照片和马克思一起安葬。

父亲的谆谆教诲是马克思成长过程中的一盏明灯，照亮他前行的道路，引领他去寻找真理和光明。

6. 大学期间的创作

大学期间是马克思思想形成的重要阶段。他不仅系统地学习了法学专业的课程，而且系统地自学了哲学和历史，尤其是对黑格尔哲学进行了较为深入的研究。同时，马克思还进行了一系列的创作，现在留存下来的主要是他给父亲写的一封信以及给父亲、燕妮和姐姐索菲亚写的三本诗集。

马克思大学期间给父亲写了许多信，但现今保存下来的只有 1837 年 11 月 10—11 日给父亲写的一封长信。这封信反映了马克思大学时期的思想发展和生活情况。在信中，马克思论述了自己的学习情况："因为我必须攻读法学，而且首先渴望专攻哲学，这两门学科紧密地交织在一起，因此，我一方面不加任何批判地，像小学生一般地读了海奈克齐乌斯和蒂博的著作以及各种文献，例如，我把《学说汇纂》头两卷译成德文，另一方面又试图使一种法哲学贯穿整个法的领域。我在前面叙述了若干形而上学的原理作为导言，并且把这部倒霉的作品写到了公法部分，约有 300 张纸。"① 这时，马克思不仅意识到了法学和哲学的不可分割性，而且试图创作一本用法哲学体系贯穿整个法的领域的著作。紧接着，马克思指出："这里首先出现的严重障碍同样是现有之物和应有之物的对立，这种对立是理想主义所固有的，是随后产生的无可救药的错误的划分的根源。最初我搞的是我慨然称之为法的形而上学的东西，也就是脱离

① 马克思，恩格斯．马克思恩格斯全集：第 47 卷．北京：人民出版社，2004：7.

了任何实际的法和法的任何实际形式的原则、思维、定义，这一切都是按费希特的那一套，只不过我的东西比他的更现代，内容更空洞而已。”① 这时，马克思已经意识到了现有和应有之间的对立这一重要的理论问题，这为之后立志批判和改造旧世界，建立一个新世界开启了一扇门。

在大学期间，马克思的思想发生了重要的转变。他讲道：“帷幕降下来了，我最神圣的东西被毁掉了，必须用新的神来填补这个位置。我从理想主义——顺便提一下，我曾拿它同康德和费希特的理想主义作比较，并从中吸取营养——转而向现实本身去寻求观念。如果说神先前是超脱尘世的，那么现在它们已经成为尘世的中心。”② 这样，马克思就从理想主义转向现实，试图从现实中寻找思想。于是，马克思开始阅读黑格尔及其弟子的著作，希望从中汲取思想和寻求答案。同时，马克思表示：我养成了对读过的一切书作摘录的习惯，例如，摘录莱辛的《拉奥孔》、佐尔格的《埃尔温》、温克尔曼的《艺术史》、卢登的《德国史》，并顺便写下自己的感想。毫无疑问，做读书摘录和笔记的习惯的养成对于马克思的研究产生了很大的帮助，使他受益终生。

在波恩读书期间，马克思还进行诗歌和小说创作，并将自己的诗歌寄给父亲。然而，父亲并没有对此表现出应有的开心和鼓励，反而劝诫他：“我坦率地对你说：你的诗，无论就它的真正含义，还是就它的倾向来说，我都不理解。……难道你想只在抽象的理想化（这种理想化同梦想有些相似）中寻找幸福？简言之，给我个答案，我承认自己思想的局限性。”③ 到了柏林大学，马克思不仅继续创作诗歌，而且创作其他文学作品。在1836年12月28日给马克思的信中，父亲指出他用诗人特有的在爱情上的那种夸张和狂热的感情破坏了燕妮的平静，并且再次强调：“诗歌应当是第一个杠杆，不言而喻，在这方面诗人是有资格的。可是，创作引人入胜的那类诗歌，勿宁说是有智慧的、社会上知名的人的事。在通常情况下，这可能是对年青人的过高要求。”④ 在父亲看来，如果诗歌不能使马克思的生活变得幸福的话，就应该将其抛掉。父亲的观点对马克思产生了一定的影响，加之燕妮生病和自己徒劳无益的脑力劳动使得自己生病，因此，马克思重新思考了自己的生活方式。在给父亲的信中，

---

① 马克思，恩格斯．马克思恩格斯全集：第47卷．北京：人民出版社，2004：7－8.
② 马克思，恩格斯．马克思恩格斯全集：第47卷．北京：人民出版社，2004：12－13.
③ 马克思，恩格斯．马克思恩格斯全集：第40卷，北京：人民出版社，1982：833.
④ 马克思，恩格斯．马克思恩格斯全集：第40卷．北京：人民出版社，1982：851.

马克思写道，创作抒情诗歌反映了他当时的心情，而病好了之后，他就将所有的诗歌和小说草稿都烧得一干二净。此后，虽然马克思与诗人海涅成了莫逆之交，并保持了终生的友谊，但是他本人不再创作诗歌。

大学期间的创作反映了马克思的学习和生活情况，也反映了他的思想发展和心路历程。

第 2 章

从象牙塔走向革命实践

理论和实践统一的开始

> 如果我们的任务不是构想未来并使它适合于任何时候，我们便会更明确地知道，我们现在应该做些什么，我指的就是**要对现存的一切进行无情的批判**，所谓无情，就是说，这种批判既不怕自己所作的结论，也不怕同现有各种势力发生冲突。①

1841 年 3 月 30 日，马克思完成了学业，获得了柏林大学的毕业证书，开启了人生的新篇章。毕业后，马克思面临着许多现实问题，不仅需要理论的指导，也需要在实践中不断学习，形成和发展自己的思想，这样，他就开始了从象牙塔走向革命实践的人生历程。

1. 与青年黑格尔派的交往

黑格尔的思想对马克思思想的形成和发展产生了重要的影响，以至于后者一生中曾多次以前者的学生自居。

在马克思读大学期间，黑格尔哲学是德国的官方哲学，在大学中占据主导地位，加之马克思喜欢哲学和历史，因此，他对黑格尔的思想并不陌生。虽然黑格尔不可能实现构建一个包罗万象的哲学体系的目标，但他还是构建了一个内容庞杂的哲学体系。黑格尔哲学中最有价值的部分是他的辩证法，它不承认有绝对静止不动的事物，不承认所谓的绝对真理。然而，黑格尔的哲学体系中

---

① 马克思．马克思致阿尔诺德·卢格//马克思，恩格斯．马克思恩格斯文集：第 10 卷．北京：人民出版社，2009：7.

又假定存在所谓的绝对精神，即精神发展的另一个终极，尤其是将普鲁士精神看作人类精神发展的顶端。因此，黑格尔哲学被普鲁士国家确定为官方哲学，成为维护普鲁士专制统治的工具。可见，黑格尔哲学的辩证法是革命的，而其思想体系是唯心主义的和保守的，两者之间存在着不可调和的矛盾。这突出表现在黑格尔的“凡是存在的都是合理的，凡是存在的都是要灭亡的”这一命题上。在黑格尔去世之后，出现了对其哲学理解不同的两个派别，即青年黑格尔派和老年黑格尔派。青年黑格尔派强调和重视黑格尔的辩证法，对基督教和普鲁士国家持批判态度，其主要成员有施特劳斯、施蒂纳、卢格、鲍威尔兄弟等。老年黑格尔派强调和重视黑格尔的思想体系，主张维护普鲁士国家的专制统治，在政治上持保守的甚至反动的态度，其主要成员有格·加布勒、卡·道布、汉宁和亨·莱奥。

在大学期间，马克思就开始阅读黑格尔的著作。起初，马克思并没有全身心地投入，也不喜欢黑格尔哲学的那种离奇古怪的调子。1837 年 4—8 月，马克思钻研黑格尔哲学：“这就是要证实精神本性也和肉体本性一样是必要的、具体的并有着坚实的基础；我不再练剑术，而是要把真正的珍珠拿到阳光之下。”[①] 马克思希望从黑格尔哲学中找出真正有价值的东西。在 1837 年 11 月 10—11 日给父亲的信中，马克思指出：“在患病期间，我从头到尾读了黑格尔的著作，也读了他大部分弟子的著作。由于在施特拉劳常和朋友们聚会，我接触到一个博士俱乐部，其中有几位讲师，还有我的一位最亲密的柏林朋友鲁滕堡博士。这里在争论中暴露了很多相互对立的观点，而我同我想避开的现代世界哲学的联系却越来越紧密了；但是万籁俱寂时，我却产生了讽刺的狂热，而在如此多的东西遭到否定以后，这是很容易发生的。”[②] 当时，马克思已经和青年黑格尔派的一些代表人物保持着较为密切的联系，积极参加他们的活动并成为其重要成员。

在加入青年黑格尔派之后，马克思很快就以出众的才华和敏捷的思维得到了其他成员的信任和钦佩。1841 年 9 月 2 日，赫斯在给贝尔托尔德·奥尔巴赫的信中指出：“你将准备认识一位伟大的、也许是**惟一现在还活着的真正的哲学家**。[③] 不久，他将公开露面（不论在著作中，还是在讲台上），那时，他

① 马克思，恩格斯．马克思恩格斯全集：第 47 卷．北京：人民出版社，2004：13.

② 马克思，恩格斯．马克思恩格斯全集：第 47 卷．北京：人民出版社，2004：15.

③ 真正的哲学家指的是马克思。

将引起德国的注意。不论就他的趋向来说，还是就他的哲学思想的形成来说，他不仅超过了施特劳斯，而且也超过了费尔巴哈，而超过后者，就说明很多问题！……我所崇拜的马克思博士还是一个很年轻的人（大概不到 24 岁）。他将给中世纪的宗教和政治以最后的打击。他把最机敏的才智与最深刻的哲学严肃性结合起来。你想一想，卢梭、伏尔泰、霍尔巴赫、莱辛、海涅和黑格尔在一个人身上结合起来了（我说的是**结合**，不是混合），这就是你将得到的关于马克思博士的概念。"① 这里，赫斯对马克思给予了高度评价。在此期间，马克思与青年黑格尔派的代表人物布鲁诺·鲍威尔等人相处得较为融洽，在一起激扬青春。1842 年 4 月，鲍威尔写信告诉弟弟埃德加尔关于他自己和马克思一起纵情旅游的事情：在哥特斯堡，两人骑着两头租来的毛驴环山飞跑，以至于波恩的社会人士都用惊奇的目光注视着他们。即便如此，马克思和鲍威尔也毫不在意，依旧在自己的欢呼声和毛驴的鸣叫声中骑着毛驴纵横驰骋。这表现了青年时期的马克思的豪放不羁和真实性情。

钻研黑格尔哲学并加入青年黑格尔派是马克思思想形成阶段不可或缺的一环。

2. 自我意识的觉醒——博士论文

由于当时的普鲁士规定要在大学获取教职，必须获得相应的博士学位，而马克思在和父亲的通信中就流露出想在大学获取教职的愿望，因此，马克思很早就开始着手进行自己的博士论文的写作工作，以期在毕业时能够获得博士学位。

1839 年初至 1841 年 3 月，马克思研究古希腊哲学，特别是唯物主义哲学家伊壁鸠鲁的自然哲学。他曾计划撰写一部全面论述伊壁鸠鲁主义、斯多亚主义和怀疑主义的著作。在深入研究古希腊哲学的基础上，马克思完成了博士论文《德谟克利特的自然哲学和伊壁鸠鲁的自然哲学的差别》。由于当时柏林大学的博士论文答辩十分烦琐，因此，马克思于 1841 年 4 月 6 日将论文寄给耶拿大学哲学系主任，并于 4 月 15 日以本人不在场的方式获得了耶拿大学哲学

① 中共中央马克思恩格斯列宁斯大林著作编译局．回忆马克思．北京：人民出版社，2005：270-271.

系颁发的博士学位证书。

马克思的《关于伊壁鸠鲁哲学的笔记》

1839 年，在学习和研究伊壁鸠鲁哲学的过程中，马克思留下了七册笔记。其中，笔记一至四和笔记七等五本笔记的封面上标有“伊壁鸠鲁哲学”(Epikuräische Philosophie) 的标题。笔记二至四的封面上注有“1839 年度冬季学期”的字样。笔记五和六的封面没有保存下来。笔记六还缺少数页。笔记五的最后五页全是黑格尔的著作《哲学全书》的摘录，标题为“自然哲学提纲”。这些笔记是马克思对古希腊罗马哲学所作的研究结果。除了阐述他自己的观点外，笔记还有大量主要和伊壁鸠鲁哲学有关的一些古代作家的著作的希腊文和拉丁文摘录。在这一笔记的基础上，马克思完成了自己的博士论文。后来，《马克思恩格斯全集》历史考证版（MEGA）的编者将这一笔记命名为《关于伊壁鸠鲁哲学的笔记》(*Hefte zur epikureischen Philospphie*)。现在，这一笔记已经成为研究马克思思想起源的重要文献。

德谟克利特和伊壁鸠鲁都是古希腊唯物主义哲学家。在历史上，人们常常将他们在自然哲学方面的思想等同起来。事实上，他们的唯物主义的思想在自然哲学方面存在着一定的差异。德谟克利特认为原子在下落过程中是直线下降的，不存在任何的改变和偏移。相反，“伊壁鸠鲁认为原子在虚空中有**三种**运动。一种运动是**直线式的下落**；另一种运动起因于原子**偏离直线**；第三种运动是由于许多原子的互相排斥而引起的。承认第一种和第三种运动是德谟克利特和伊壁鸠鲁共同的；可是，**原子脱离**直线**而偏斜**却把伊壁鸠鲁同德谟克利特区别开来了。”① 可见，原子在下落的过程中可能会产生偏斜运动是伊壁鸠鲁和德谟克利特关于原子运动的不同之处。然而，伊壁鸠鲁的原子偏斜学说在哲学史上没有得到应有的重视，甚至遭到了很多偏见。西塞罗和皮埃尔·培尔等人都认为这一观点没有多大意义，只有卢克莱修正确地评价了它的意义。“**卢克莱修**正确地断言，偏斜打破了‘命运的束缚’，并且正如他立即把这个思想运用于意识那样，关于原子也可以这样说，偏斜正是它胸中能进行斗争和对抗的某种东西。”② 可见，伊壁鸠鲁的原子偏斜说是对德谟克利特的机械决定论的

---

① 马克思，恩格斯．马克思恩格斯全集：第 1 卷．北京：人民出版社，1995：30.
② 马克思，恩格斯．马克思恩格斯全集：第 1 卷．北京：人民出版社，1995：33-34.

纠正，从而打破了命运的束缚，从自然界的角度来论证个人的自由、个性和独立性。在此基础上，马克思指出，原子偏斜说并非特殊的、偶然出现在伊壁鸠鲁物理学之中的规定，而是贯穿于整个伊壁鸠鲁哲学。当然，原子偏斜说规律出现的规定性，取决于它被应用的范围。同时，原子偏斜说也表明原子自身就存在着矛盾，而原子在运动过程中存在着辩证的否定，即事物的自我否定。这也是马克思独立运用黑格尔辩证法来分析伊壁鸠鲁的哲学的结果，表明了他对黑格尔辩证法的深刻把握。

在论文的序言中，马克思阐述了自己的无神论的立场。“只要哲学还有一滴血在自己那颗要征服世界的、绝对自由的心脏里跳动着，它就将永远用伊壁鸠鲁的话向它的反对者宣称：‘渎神的并不是那抛弃众人所崇拜的众神的人，而是把众人的意见强加于众神的人。’哲学并不隐瞒这一点，普罗米修斯的自白‘总而言之，我痛恨所有的神’就是哲学自己的自白，是哲学自己的格言，表示它反对不承认人的自我意识是最高神性的一切天上的和地上的神。”[①] 马克思公开反对宗教对哲学和人的压制，要求将人从宗教的束缚中解放出来。马克思为伊壁鸠鲁的无神论思想辩护，高度赞赏他站在无神论的立场上反对希腊民族将天体神化的观点，将其称为最伟大的希腊启蒙思想家。在马克思看来：“对神的存在的一切证明都是对神**不存在**的证明，都是对一切关于神的观念的**驳斥**。现实的证明必须倒过来说：‘因为自然安排得不好，所以神才存在。’‘因为非理性的世界存在，所以神才存在。’‘因为思想不存在，所以神才存在’。”[②] 可见，对于神的存在的证明完全是空洞的同义反复。马克思已经意识到宗教的发展、对神的信仰与人的认识水平的低下有关，反映了认识能力和思维发展的低级阶段。同时，马克思意识到了宗教观念和现实世界之间的关系，强调是由于非理性的世界存在，所以神才存在，而不是相反，进而驳斥了旧的理性主义的神学，从理论上开始寻找宗教产生的根源及其实质。

在此基础上，马克思将哲学引向现实，指出哲学必须和现实相结合。“世界的哲学化同时也就是哲学的世界化，哲学的实现同时也就是它的丧失，哲学在外部所反对的东西就是它自己内在的缺点，正是在斗争中它本身陷入了它所反对的缺陷之中，而且只有当它陷入这些缺陷之中时，它才能消除这些缺

---

① 马克思，恩格斯．马克思恩格斯全集：第 1 卷．北京：人民出版社，1995：12.

② 马克思，恩格斯．马克思恩格斯全集：第 1 卷．北京：人民出版社，1995：101.

陷。”① 可见，哲学和生活本身就是辩证统一的，在改造现实的同时，哲学也使自身得到发展。这里包含着关于理论和实践相统一的思想的萌芽。在论文序言的结尾，马克思写道，普罗米修斯是哲学历书上最高尚的圣者和殉道者。这不仅表明了马克思对普罗米修斯的崇敬之情，而且预示着他立志成为人间的普罗米修斯，寻找革命的火种，使劳苦大众和全人类获得解放。

虽然马克思整体上还是一个唯心主义者和黑格尔派，受黑格尔思想影响很大，并运用黑格尔的辩证法思想分析伊壁鸠鲁的哲学思想，但是他并没有被黑格尔牵着鼻子走，在运用黑格尔的方法的同时，得出了许多和黑格尔思想不同的结论，阐述了自己的许多独立观点，尤其是公开表明了自己的无神论立场，这为他之后转向唯物主义，阐述思维和存在的关系等问题奠定了必要的基础。因此，博士论文是马克思思想形成和发展的一个重要阶段，是他独立展开科学研究的重要标志。

3. 组建家庭——有情人终成眷属

大学毕业后，马克思本想在大学中谋取一份教职，和鲍威尔一起进入波恩大学讲授哲学。然而，1840 年弗里德里希·威廉四世登上王位后加强了对思想自由的限制，使得普鲁士的政治环境日益严峻。鲍威尔也被柏林大学免职。因此，马克思获取教职的计划未能实现。

于是，马克思一方面考虑另找一份可以谋生的工作，另一方面开始谋划和燕妮的婚事。在面对着强大的世俗压力，经历了数年的爱情长跑之后，燕妮的身心健康受到了很大的损害。而支撑着燕妮走过这段艰难的岁月的就是她和马克思之间的感人至深、历久弥坚的爱情。在马克思上大学期间，燕妮在 1838 年 6 月 24 日给他的信中指出：“如果你现在能和我在一起，如果我能偎依在你胸前，和你一起眺望那令人心旷神怡的亲切的谷地、美丽的牧场、森林密布的群山，那该有多好啊！可是，啊，你是那么遥远，那么遥远，那么不可企及。我的目光徒然把你寻觅，我的双手徒然向你张开，我以全部最温柔的爱的甜蜜话语徒然把你呼唤。我只得在你的爱情的无声的信物上全都印上热烈的吻，把它们当作你紧贴在我的心房，用我的泪水来湿润。”② 这表明了燕妮对马克思

① 马克思，恩格斯．马克思恩格斯全集：第 1 卷．北京：人民出版社，1995：76.

② 马克思，恩格斯．马克思恩格斯全集：第 47 卷．北京：人民出版社，2004：576－577.

的深深的爱恋，以及渴望两人一起生活的强烈愿望。在 1841 年 9 月 13 日给马克思的信中，燕妮写道："卡尔，我很不好，在我身上除了对你的爱情以外，不再有什么好的了——这爱情可是高于一切地伟大、强烈和永恒。卡尔，你快再给我来信，快，尽可能的快。你的信从来没有比现在更受欢迎、更有益、更必要——卡尔，你想想，如果你现在忘了我，——不，不，你不会这样做的——你决不会这样做的。你的爱情的终结将和我的生存的末日同时来临。并且在这次死亡之后，就不再有复活，——因为只有在爱情中才相信生命继续存在。"[①] 这时，马克思和燕妮的感情已经越来越稳固，两人正向着婚姻的道路坚实地迈进。

正在一切朝着可预期的方向发展时，又一个关心和帮助他们的老人离开了人世。1842 年 3 月 3 日，燕妮的父亲冯·威斯特华伦因病去世。在燕妮的父亲患病期间，马克思一直在燕妮的身边，和她一起照顾这位可敬的、一直坚定地支持他们的爱情的老人。威斯特华伦去世后，马克思和燕妮的爱情和婚姻缺少了一个坚强有力的支持，遭受了更大的世俗的压力。然而，这对年轻人的心已经紧密地结合在一起，不会因为外界的压力和世事的沧桑变化而改变。同时，这对年轻人不仅充分认识到了他们结合道路的坎坷，而且也预测到他们未来的道路不可能一帆风顺。1843 年 3 月初，燕妮给马克思的信中指出："你的形象矗立在我面前，是那样光辉，充满着胜利的力量，我的心多么渴望着时刻跟你在一起啊，每当见到你，它多么欣喜若狂啊，这颗心是如何担忧地到处追随着你啊。不论你到帕斯里蒂尔，或是到金色的默滕，不论你去找卢格老爹，或是去找潘泽，我都陪伴着你，时而在前，时而在后地追随着你。但愿我能为你铺平道路，清除你路上的一切障碍！可是，我们眼下还未能抓住命运的轮子。自从夏娃犯了原罪以来，我们便注定是被动的。我们的命运就是等待、期望、忍耐和受难。"[②] 这是燕妮要和马克思一生同命运、共患难、荣辱与共的承诺。

在 1843 年 3 月 13 日给卢格的信中，马克思说："我可以丝毫不带浪漫色彩地对您说，我正在十分热烈地而且十分严肃地恋爱。我订婚已经七年多，我的未婚妻为了我而进行了极其激烈的、几乎损害了她的健康的斗争，一方面是

---

① 马克思，恩格斯．马克思恩格斯全集：第 47 卷．北京：人民出版社，2004：596.

② 马克思，恩格斯．马克思恩格斯全集：第 47 卷．北京：人民出版社，2004：598.

反抗她的虔诚主义的贵族亲属，这些人把‘天上的君主’和‘柏林的君主’同样看成是崇拜的对象，一方面是反抗我自己的家族，那里盘踞着几个牧师和我的其他对手。因此，多年来我和我的未婚妻经历了许多不必要的严重冲突，这些冲突比许多年龄大两倍而且经常谈论自己的‘生活经验’（我们的中庸派爱用的字眼）的人所经历的还要多。”[①] 1843 年 6 月 19 日，马克思和燕妮举行了婚礼。在之前的 6 月 12 日，他们在证婚人的证明下取得了婚约：“兹有**卡尔·马克思**，哲学博士，居住在**科隆**，为一方，**约翰娜·贝尔塔·尤莉亚·燕妮·冯·威斯特华伦**，无职业，居住在**克罗伊茨纳赫**，为另一方，来到本证书末签名人、居住在**科布伦茨**司法区**克罗伊茨纳赫**的普鲁士王国公证人威廉·克里斯蒂安·亨利希·**布格尔**和本证书末提到的两位证人面前。”[②] 从此，他们正式成为夫妻。

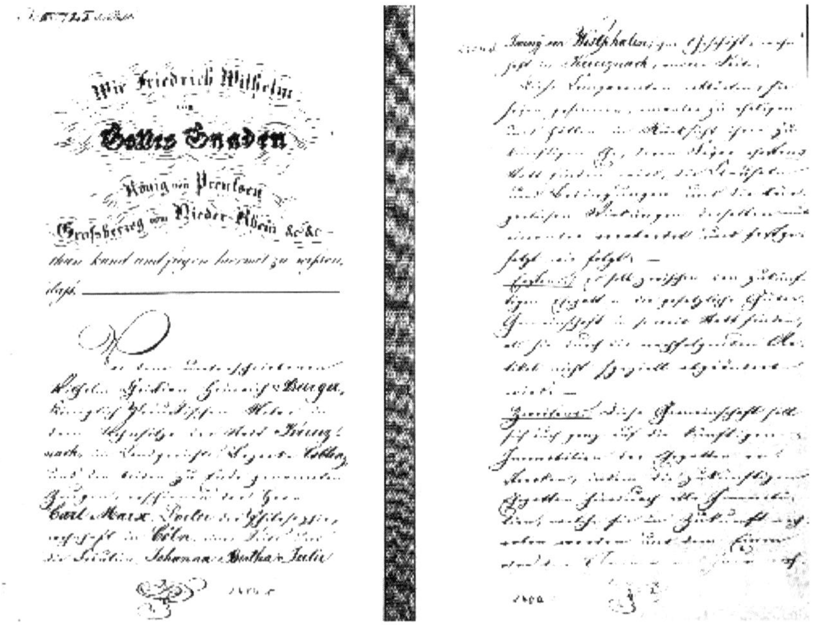
Wir Friedrich Wilhelm
von
Gottes Gnaden
König von Preussen
Großherzog vom Nieder-Rhein &c. &c.
thun kund und fügen hiermit zu wissen,
daß

马克思和燕妮的结婚证书

在经历了 7 年艰难的爱情长跑、克服了种种困难之后，这对有情人终成眷属，并且携手到老。

---

① 马克思，恩格斯．马克思恩格斯全集：第 47 卷．北京：人民出版社，2004：52.

② 马克思，恩格斯．马克思恩格斯全集：第 3 卷．北京：人民出版社，2002：611. 克罗伊茨纳赫，又译克罗茨纳赫。

4. 关注物质利益问题

在刚步入社会时，马克思首先接触到的是现实的物质利益问题，主要是林木盗窃法和摩泽尔农民利益的问题，并由此开始走上了理论和实践相统一的道路。

为了取暖和维持生计，包括小农、短工和城市贫民在内的一些贫苦群众就去森林中砍伐林木或者拾取枯枝。原始社会解体后，在德国历史上，存在着大量的马尔克公社。马尔克公社实行土地公有制，将公社内部的土地分配给其成员。公社内部的森林和牧场等没有耕种的土地，仍然归公社共同占有和利用。公共牧场可以供社员放牧牲畜，公共森林又可以为社员提供木料和燃料。因此，拾取枯枝在历史上是一种约定俗成的习惯法和习惯权利。然而，林木所有者却将之视为“盗窃”行为，并要求普鲁士政府制定相关法律，采取严厉的措施来惩罚和制止这种行为。1841 年 6 月 15 日至 17 日，莱茵议会就林木盗窃法草案展开辩论，各阶层代表在辩论中均倾向于加重处罚，以便给林木所有者更多的好处。在此情形下，马克思也加入这个问题的讨论之中，并于 1842 年 10 月撰写了《第六届莱茵省议会的辩论（第三篇论文）。关于林木盗窃法的辩论》一文，第一次公开站在贫苦群众的立场上，直接研究他们的物质生活条件，维护其基本的物质利益，探讨了物质利益与国家和法的关系。这篇文章在 1842 年 10—11 月的《莱茵报》附刊上连载。

在这篇论文中，马克思反对将捡拾枯枝也当作盗窃林木的做法：“捡拾枯树和盗窃林木是本质上不同的两回事。对象不同，作用于这些对象的行为也就不同，因而意图也就一定有所不同，试问除了行为的内容和形式而外，还有什么客观标准能衡量意图呢？而你们却不顾这种本质上的差别，竟把两种行为都称为盗窃，并且都当作盗窃来惩罚。”[①] 将捡拾枯枝当作林木盗窃，完全是从林木所有者的利益出发，而不顾及贫困人群的最基本的生存权利。在此过程中，法律扮演着推波助澜的角色，法律本身就是撒谎，而穷人成了合法谎言的牺牲品。在争论这些问题时，“省议会抹杀了捡拾枯树、违反林木管理条例的行为和盗窃林木这三者之间的差别，在问题涉及**违反森林管理条例者的利益**

① 马克思，恩格斯．马克思恩格斯全集：第 1 卷．北京：人民出版社，1995：244.

时，它抹杀这些行为之间的差别，认为这些差别并不决定行为的性质。但是，一旦问题涉及**林木所有者的利益**时，省议会就承认这些差别了”[①]。可见，莱茵省议会主要站在林木所有者的立场上进行讨论，而不代表广大贫苦群众的利益。对此，马克思大声呼吁：“我们为穷人要求**习惯法**，而且要求的不是地方性的习惯法，而是一切国家的穷人的习惯法。我们还要进一步说明，这种习惯法按其本质来说**只能**是这些最底层的、一无所有的基本群众的法。”[②] 因此，必须在全国范围内给贫困群众以法律上的保护，使其能够生存下去，而不能仅仅实行所谓的贵族的习惯法。按其内容来说，贵族的习惯法是同普通法律的形式相对立的，实质上是习惯的不法行为。这里，马克思站在贫困大众的立场上，要求从法律上保证其生存权。

莱茵省议会成为林木所有者的代言人的现象，促使马克思去思考其内在原因。“的确，有**一个**地方已经把穷人的习惯法变成了富人的**独占权**。这就充分证明，公共财产是可以独占的；从这里自然就得出结论说，公共财产是应该被独占的。”[③] 可见，禁止穷人为了维持生存进行的捡拾枯枝等行为，是将森林中的公共财产变成了森林所有者的私有财产。这表明法律的实质是有产者统治的工具，而并非代表多数人的利益。事实上，法的利益只有当它是利益的法时才能说话，否则，它就得闭嘴。林木盗窃法也是如此。“这种把林木所有者的奴仆变为国家权威的逻辑，**使国家权威变成林木所有者的奴仆**。整个国家制度，各种行政机构的作用都应该脱离常规，以便使一切都沦为林木所有者的工具，使林木所有者的利益成为左右整个机构的灵魂。”[④] 显然，国家已经成为林木所有者的工具，事实上代表的是少数人的利益。从实质上看，盗窃林木者仅仅盗窃了林木所有者的林木，而林木所有者却利用盗窃林木者来盗窃国家本身。这真实反映了“窃钩者诛，窃国者侯”的深刻道理。这样，马克思就初步揭示了国家和法律的实质，这也促使他进一步深入思考决定国家和法律的背后的经济原因。

1842 年 12 月 12 日和 14 日，记者科布伦茨在《莱茵报》上匿名发表了《摩泽尔河沿岸地区居民关注新闻界的下一步行动》和《关于乡镇财产必须退还》两篇文章，报道了莱茵河岸农民的贫困生活。文章登出后，总督沙培尔强

---

① 马克思，恩格斯．马克思恩格斯全集：第 1 卷．北京：人民出版社，1995：245－246.
② 马克思，恩格斯．马克思恩格斯全集：第 1 卷．北京：人民出版社，1995：248.
③ 马克思，恩格斯．马克思恩格斯全集：第 1 卷．北京：人民出版社，1995：254.
④ 马克思，恩格斯．马克思恩格斯全集：第 1 卷．北京：人民出版社，1995：267.

烈指责《莱茵报》驻摩泽尔记者歪曲事实、诽谤政府，并要求作者作出回复。在政府的压力面前，科布伦茨退缩了，仅给《莱茵报》寄来了一篇非常没有力度的答复。马克思决定亲自为科布伦茨辩护，撰写了《摩泽尔记者的辩护》一文，揭露普鲁士政府的反动政策。《摩泽尔记者的辩护》原本包括五篇系列文章，但由于文章的强烈的革命民主主义立场，引起了专制政府的强烈不满和疯狂报复，因此，仅有两篇文章得以公开发表。

在文章中，马克思大声呼吁："谁要是经常亲自听到周围居民在贫困中发出的**毫无顾忌**的呼声，他就容易失去那种善于用最优美、最谦恭的方式来表述思想的美学技巧，他也许还会认为自己**在政治上**有义务暂时公开地使用那种在贫困中产生的民众语言，因为他在自己的故乡每时每刻都无法忘记这种语言。"① 可见，马克思坚决捍卫摩泽尔河沿岸地区贫苦农民的利益。在沙培尔看来，摩泽尔河沿岸地区农民的贫困并非政府和地方当局造成的，相反，政府采取了一系列政策来改变其贫困状况。通过搜集大量的材料，马克思指出："人们在研究**国家**状况时很容易走入歧途，即忽视**各种关系的客观本性**，而用当事人的**意志**来解释一切。但是存在着这样**一些关系**，这些关系既决定私人的行动，也决定个别行政当局的行动，而且就像呼吸的方式一样不以他们为转移。只要人们一开始就站在这种客观立场上，人们就不会违反常规地以这一方或那一方的善意或恶意为前提，而会在初看起来似乎只有人在起作用的地方看到这些关系在起作用。"② 可见，人民贫困主要是由普鲁士的君主专制制度造成的。专制制度下的官僚机器是骑在人民头上的，必然与人民群众的利益相冲突，不可能真正解决广大人民的贫困问题。"当一个政府在已经确定的、对它自身也起支配作用的管理原则和制度的范围内，**越是勤勤恳恳地**努力去消除**引人注目的**、遍及整个**地区**的**贫困状况**，而这种贫困现象却越是**顽强地**持续存在下去，而且尽管有**好的**管理仍然越来越严重的时候，**这个政府就会越发强烈地、真诚地、坚决地深信**这种贫困状况是不治之症，深信它根本无法由管理机构即国家加以改变，相反，必须由被管理者一方来改变。"③ 在专制政府看来，人民贫困的主要原因在于他们自身。这表明专制政府的利益与贫苦群众的利益是对立的，而专制政府也是导致贫苦群众贫困的真正原因，贫苦群众无法从专制政府那里得

① 马克思，恩格斯．马克思恩格斯全集：第 1 卷．北京：人民出版社，1995：357.
② 马克思，恩格斯．马克思恩格斯全集：第 1 卷．北京：人民出版社，1995：363.
③ 马克思，恩格斯．马克思恩格斯全集：第 1 卷．北京：人民出版社，1995：374.

到好处。

在实践中，政府当局也试图采取限制地产析分等措施减轻摩泽尔河沿岸地区的贫困状况。然而，对摩泽尔河沿岸地区的农民来说，“限制地产析分是同他们的传统的法的意识相矛盾的；他们认为，这种建议是企图使他们除了忍受物质上的贫困之外，还要忍受法律上的贫困，因为他们把法律平等受到的任何一种侵害都看作是法的困境”①。可见，政府的措施不仅无法减轻或消除农民的贫困，反而使这种贫困更加合理和合法。这表明，摩泽尔河沿岸地区农民的贫困状况事实上就是管理机构的贫困状况。

关注贫苦群众的物质利益问题在马克思思想的形成过程中占据重要地位。在1895年4月15日给理查·费舍的信中，恩格斯指出：“因为我曾不止一次地听马克思说过，正是他对林木盗窃法和摩泽尔河沿岸地区农民状况的研究，推动他由纯政治转向经济关系，并从而走向社会主义。”② 这不仅推动马克思公开站在贫苦劳动群众的立场抨击反动统治阶级、维护贫苦群众利益，还促使他去研究国家和法律背后掩藏着的物质利益，推动他从法学转向政治经济学的研究。这是马克思创立唯物史观和发现剩余价值的内在契机和原点。

5.《莱茵报》的年轻编辑

《莱茵报》又名《莱茵政治、商业和工业日报》，于1842年1月1日在科隆创刊。该报起初得到了莱茵地区资产阶级自由派的支持，是青年黑格尔派的喉舌，其创办人是伯·腊韦，编辑是伯·腊韦和阿·鲁滕堡，发行负责人是路·舒尔茨和格·荣克。马克思于1842年4月起为《莱茵报》撰稿，并于同年10月15日成为该报编辑。

这时，该报日益具有明显的革命民主主义性质并成为德国重要的反对派报纸之一。《莱茵报》所持的革命民主主义立场，以及在一系列重大问题上所发表的极有见地的文章和评论，使之迅速获得了全国范围内的大量热心读者。1842年10月，报纸的订户是885人，仅四周后就增加到1 800人，过了8周又增至3 400人。为此，反动政府加强了对《莱茵报》的检查，这给报纸的发行工作造成了很大的困难。在当时，由于报纸要在早晨出版，因此必须在头一

① 马克思，恩格斯．马克思恩格斯全集：第1卷．北京：人民出版社，1995：376.

② 马克思，恩格斯．马克思恩格斯文集：第10卷．北京：人民出版社，2009：701.

天晚上将校样送给检查官审查，而检查官的红笔还常常使印刷所夜里的工作拖得更长。为此，马克思运用一系列灵活机动的手段与书报检查官反动统治阶级进行了坚决的斗争。恩格斯在《卡尔·马克思》中指出："《莱茵报》差不多总是能登载那些重要的文章；先是给书报检查官送一些次要的材料让他去删除，一直到他自行让步，或者在第二天出不了报纸的威胁下不得不让步为止。"[①] 几十年后，马克思还向威廉·布洛斯绘声绘色地讲述了他智斗检查官的趣事。一天晚上，检查官应邀偕夫人和已到婚龄的女儿们参加省长举行的大型舞会，因此，他必须在走之前检查完《莱茵报》的文章校样。然而，当天的报纸校样却没有按时送来，检查官既不能玩忽职守，又必须带着女儿们参加舞会。因此，在快到10点时，检查官不得不让妻子带着女儿们先去参加舞会，同时让佣人去印刷所取校样。佣人却双手空空地回来，告知他印刷所已经关门。于是，处于绝望状态的检查官在11点后不得不跳上马车去马克思的住处，按响马克思家的门铃。许久之后，马克思从四楼的一个窗户里探出头来。这时，检查官向上大声吼道："校样!"同样，马克思向下大声吼道："没有!"正在检查官诧异时，马克思说："我们明天不出报纸!"于是，马克思关上窗户，留下了独自发呆的、被气得哑口无言的检查官。从此，检查官对《莱茵报》的审查略有收敛。通过这些斗争，《莱茵报》发行了大量针砭时弊、十分有分量、受大众欢迎的文章。

群众的热烈欢迎恰好是专制政府的噩梦。《摩泽尔记者的辩护》发表后，普鲁士反动政府更是将《莱茵报》视为眼中钉、肉中刺，必欲除之而后快。为此，普鲁士政府要求《莱茵报》必须接受双重检查，即在接受一般的书报检查之后，还要接受行政区长官的检查。这种氛围使得马克思感到十分压抑。1843年1月，他在写给卢格的信中说："即使是为了自由，这种桎梏下的生活也是令人厌恶的，我讨厌这种小手小脚而不是大刀阔斧的做法。伪善、愚昧、赤裸裸的专横以及我们的曲意奉承、委屈［曲］求全、忍气吞声、谨小慎微使我感到厌倦。总而言之，政府把自由还给我了。"[②] 这也是马克思离开德国的原因之一。双重检查并没有实现普鲁士政府扼杀《莱茵报》的目的，《莱茵报》依旧发挥着自身的旗帜作用。更严峻的局面很快来临。1843年1月21日，普鲁士政府在无计可施时宣布，从4月1日起禁止《莱茵报》出版，并在这段时间

---

① 马克思，恩格斯．马克思恩格斯文集：第3卷．北京：人民出版社，2009：451.

② 马克思，恩格斯．马克思恩格斯全集：第27卷．北京：人民出版社，1972：439-440.

内进一步加强对报纸的检查力度。

普鲁士政府的反动措施引发了全社会的抗议浪潮。莱茵省的人民自发签名，向普鲁士国王请愿，要求撤销这个命令。1843 年 1 月 30 日，大约有 100 人出席的科隆市民代表大会通过了继续出版《莱茵报》的请愿书，并在短短几天内得到了 900 多名科隆市民的签名。在请愿书中，他们这样写道：“即使仅仅查封这一家报纸也会使祖国的全部报刊丧失独立性，而这种独立性不仅是一切道义关系的基础，而且为了对真正的国家事务进行有原则的讨论，它是完全必要的，缺少了它，无论是真正的天才，还是性格坚强的人都无法从事政治著述。”[①] 马克思维护的摩泽尔农民也递交了请愿书。一些报刊也认为，政府的法令是对报刊公开讨论大家关注的社会问题的公然侵犯。这些请愿最终都徒劳无功，遭到了专制政府的无情拒绝。这时，为《莱茵报》提供资金支持的自由资产者不仅不采取相应的措施来保卫报刊的生存，反而指责马克思领导下的报刊所具有的革命民主主义的立场。在此情形下，马克思已经无法继续担任《莱茵报》的主编。3 月 18 日，马克思在《莱茵报》上发表声明：“本人因现行**书报检查制度**的关系，自即日起，退出《莱茵报》编辑部，特此声明。”[②] 1843 年 3 月 31 日，《莱茵报》出版了最后一期，就宣告停刊。

《莱茵报》时期是马克思从象牙塔走向社会、从理论走向实践的第一个重要时期，标志着他从具体的社会现实出发，与反动的专制制度开始进行坚决的、彻底的斗争，也标志着他逐渐成长为一个革命民主主义者。

6. 创办《德法年鉴》

《莱茵报》被停刊后，马克思提议并开始筹办一本新的刊物——《德法年鉴》，继续在新闻出版领域与专制政府进行坚决的斗争。

《莱茵报》事件使马克思意识到，在德国这种专制的环境下不可能从容地展开斗争并取得胜利。于是，他将目光转移到巴黎，计划在那里和革命民主主义者卢格共同出版一份新的杂志。1843 年 5 月中旬，马克思前往德累斯顿，和卢格商量出版杂志的具体计划。然后，马克思前往克罗茨纳赫，打算和燕妮完婚。因为自从威斯特华伦去世后，燕妮和母亲就迁居到了克罗茨纳赫。1843

---

① 马克思，恩格斯．马克思恩格斯全集：第 1 卷．北京：人民出版社，1995：950.

② 马克思，恩格斯．马克思恩格斯全集：第 1 卷．北京：人民出版社，1995：445.

年6月，马克思和燕妮正式完婚。婚后，马克思和燕妮进行了一次短暂的蜜月之旅，就又回到了克罗茨纳赫的燕妮的母亲家中。在克罗茨纳赫期间，马克思一方面为新出版的刊物做各种准备工作，另一方面从事理论研究，利用《莱茵报》时期的革命实践，丰富和发展了一些重要的思想，尤其是清除自己所受到的青年黑格尔派的一些错误观点的影响。

为此，马克思广泛地研读和摘录大量的历史资料，对马基雅维利、卢梭、孟德斯鸠、兰克等人的著作进行了深入的研究，创作了著名的《克罗茨纳赫笔记》。经过慎重的考虑，在1843年9月给阿尔诺德·卢格的信中，马克思指出："我很高兴，您已经下定决心，不再留恋过去，进而着意于新的事业。那么，到巴黎去，到这座古老的哲学大学去吧，但愿这不是不祥之兆！到新世界的新首府去吧！必须做的事情，就必定能实现。所以我毫不怀疑，一切障碍都能排除，虽然我承认障碍很大。但是，不管这个事业能否成功，无论如何，这个月底我将到巴黎，因为这里的空气会把人变成奴隶，我在德国根本看不到任何可以自由活动的余地。"① 显然，马克思决定在巴黎继续开展他的革命事业。

马克思的《克罗茨纳赫笔记》(*Kreuznach Notebooks*)

1843年7—8月，马克思在克罗茨纳赫做了大量的读书摘录和读书笔记，最后留下了一个超过250页、由5本笔记构成的手稿——《克罗茨纳赫笔记》。

从内容上来看，该笔记是马克思在研究有关国家的理论和历史以及关于英国、法国、德国、美国、意大利、瑞典等国家的历史时，所做的摘录。

这一笔记对于解决国家和市民社会的相互关系问题具有重要的意义。有的论者认为，这一笔记是马克思思想发生转变的标志。

这一笔记长期不为世人所知。1927年，《马克思恩格斯全集》历史考证版第1版（$MEGA^1$）对其作了提要性的介绍。1981年，《克罗茨纳赫笔记》被收录在《马克思恩格斯全集》历史考证版第2版（$MEGA^2$）第4部分第2卷中公开出版。

1843年10月底，马克思夫妇从克罗茨纳赫到达巴黎，并在塞纳河左岸找到了一个简易的居所。卢格在8月初先于马克思到达巴黎。1843年10月，马克思和卢格在巴黎共同创办了德文刊物——《德法年鉴》。这表明马克思希望将德法两国的最进步的作家联合在一起，共同向德国的专制制度开火，将《莱

① 马克思，恩格斯．马克思恩格斯文集：第10卷．北京：人民出版社，2009：6-7.

茵报》时期的斗争继续下去。1843 年，马克思在关于《德法年鉴》的通信中指出："我们就不是以空论家的姿态，手中拿了一套现成的新原理向世界喝道：真理在这里，向它跪拜吧！我们是从世界本身的原理中为世界阐发新原理。我们并不向世界说：'停止斗争吧，你的全部斗争都是无谓之举'，而是给它一个真正的斗争口号。我们只向世界指明它究竟为什么而斗争；而意识则是世界应该具备的东西，不管世界愿意与否。"① 可见，从实际出发阐发真理是创办《德法年鉴》的重要目的。在马克思看来，要在实践中取得对封建专制制度的胜利，就必须将这种批判同政治的批判和明确的政治立场结合起来，也就是同实际斗争结合起来。可见，坚持革命理论和革命实践的统一是推翻专制制度的根本途径。

在编辑《德法年鉴》的过程中，卢格由于生病而没有参与相关的编辑工作，因此，所有的重担都落到了马克思一个人身上。同时，原本预期从法国同志那里得到的文章都没有送来，因此，马克思承受了巨大的压力。即便如此，在巴黎，马克思所感受到的自由的氛围确实是专制的德国所不具备的。因此，他不知疲倦地承担了绝大部分编辑工作，迫不及待地向德国专制制度开火。在马克思的不懈努力下，1844 年 2 月，《德法年鉴》出版了一、二期的合刊号，其中刊载有马克思的《论犹太人问题》和《〈黑格尔法哲学批判〉导言》、恩格斯的《国民经济学批判大纲》和《英国状况——评托马斯·卡莱尔的〈过去和现在〉》。这些文献标志着他们从唯心主义转向唯物主义、从革命民主主义转向共产主义。

然而，《德法年鉴》仅仅出版了这一期合刊，就被迫停刊。一方面，随着时间的推移，马克思和卢格之间的分歧越来越大，最终到了无法调和的地步。卢格认为，马克思不适合担任编辑和管理行政事务，因为他使得《德法年鉴》出现了糟糕的财务状况。在《德法年鉴》被禁止出售后，卢格还用杂志来代替编辑薪金支付给马克思。当然，他们之间的根本分歧是思想立场方面的。由于卢格是小资产阶级民主主义者的代表，而马克思正逐渐摆脱资产阶级民主主义的影响，实现从一个资产阶级民主主义者向共产主义者的转变。因此，从自身的阶级立场出发，卢格反对马克思诉诸工人阶级和群众的做法。而马克思在《德法年鉴》上发表的文章使得卢格感到害怕。于是，卢格拒绝了之前答应的

① 马克思，恩格斯．马克思恩格斯全集：第 1 卷．北京：人民出版社，1956：418.

拿出资金支持《德法年鉴》的义务。这样，他们之间的分歧就再也无法弥合，最终分道扬镳。

另一方面，专制政府对马克思进行了残酷的迫害。在编辑《德法年鉴》的过程中，马克思就发现警察当局肆意拆阅别人给他的信件。《德法年鉴》发表的革命性的文章招致普鲁士反动政府的进一步猜忌。于是，普鲁士政府于 1844 年 4 月发布一个内阁命令，禁止马克思回国，如若违反，就对其予以逮捕。之后，由于马克思又在《前进报》上发表了一些革命文章，普鲁士政府加大了对他的迫害程度，通过各种手段迫使法国政府将他驱逐出境。1845 年初，警官突然到马克思家里，拿出普鲁士政府怂恿基佐发出的驱逐令：卡尔·马克思必须在 24 小时内离开巴黎。对于这一无耻的命令，自由派进行了强烈的抗议。于是，法国政府又向马克思表示，只要他不再从事反对普鲁士政府的斗争，就可以不离开巴黎。马克思对此明确表示拒绝，并答复法国政府他将立即启程。于是，马克思一家就不得不离开巴黎，开始了第一次流亡生涯。

1845 年 2 月初，马克思到达比利时的布鲁塞尔，他的夫人和女儿也随后抵达。这时，马克思一家已经一贫如洗。为此，恩格斯对马克思提供了无私的援助。1845 年 2 月，在给马克思的信中，恩格斯指出："我还不知道，这些钱够不够使你在布鲁塞尔安顿下来，所以不言而喻，我是万分乐意把我的第一本关于英国的书①的稿酬交给你支配的；这本书的稿酬我不久至少可以拿到一部分，而我现在不要这笔钱也过得去，因为我会向我的老头借钱。至少，不能让那帮狗东西因为用卑劣手段使你陷入经济困境而高兴……但是我所担心的是，在比利时他们终究也会找你的麻烦，最后，你只有英国可去了。"② 这一方面表明了恩格斯对马克思的深厚情谊，毫无保留地资助他，另一方面也表明了恩格斯对形势的准确预测，尤其是对反动派的无耻行径的判断，预言马克思最后只有英国可去。恩格斯还在革命同志和朋友中为马克思筹钱，以帮助他克服困难。在恩格斯和朋友们的帮助下，马克思一家暂时不用为面包发愁，而马克思又能投入到火热的革命进程中去。

《德法年鉴》时期的马克思不仅延续了《莱茵报》时期对德国专制制度的无情批判和彻底斗争，而且已经完成了从革命民主主义者向共产主义者的转变，因此，这一时期是马克思思想发展的一个重要阶段。

---

① 指《英国工人阶级状况》。

② 马克思，恩格斯．马克思恩格斯全集：第 27 卷．北京：人民出版社，1972：22－23.

7. 马克思与海涅的友谊

在巴黎期间，马克思与伟大诗人亨利希·海涅有着密切的交往，建立了深厚的友谊，并终生保持了这份宝贵的友谊。

海涅于1797年12月13日出生于德国杜塞尔多夫，是19世纪德国最伟大的诗人之一。虽然海涅比马克思和燕妮年长许多，但是他为人比较敏感脆弱，在和马克思夫妇相处的过程中得到了很多帮助和宽慰，因此和他们成为忘年交，结下了深厚的友谊。有一段时间，海涅基本上每天都去马克思家中诵读自己的诗歌并向马克思夫妇征求意见。马克思夫妇对海涅的每一首诗，哪怕是只有几行的小诗，都反复阅读，对其中每一个字词都反复推敲、争论不休，直到整篇诗歌都变得流畅为止。由于海涅很难接受批评性意见，因此，这一反复推敲的过程往往需要花费很多时间。相对于马克思而言，海涅更喜欢和燕妮交流，并从她那里获得帮助。拉法格回忆说："海涅这位无情的讽刺作家，多少有点害怕马克思的嘲笑，但他对于马克思夫人那种锐敏的睿智十分敬仰。"[①] 当时，由于海涅的政治倾向和对革命的同情，他经常遭到一些文人的攻击。这时，海涅就眼泪汪汪地去找马克思。马克思对此也束手无策，只能请燕妮来安慰海涅，而燕妮总是能够恰如其分地运用自己的机智和亲切使垂头丧气的海涅很快就重新振作起来。

在同马克思的直接相处中，海涅受到了很大的影响和帮助，创作了著名的《西里西亚织工之歌》和政治抒情长诗《德国，一个冬天的童话》，并交给马克思夫妇评判，征求他们的建议和意见，而他们也给了海涅十分中肯的建议。这不仅反映了海涅创作社会主义诗歌是受了马克思夫妇的影响，也反映了马克思夫妇在诗歌创作和评判方面的出众的才华。《德国，一个冬天的童话》是一首脍炙人口的抒情长诗，反映了德国社会当时的纷扰，预言即将到来的社会变革。这首诗不仅在当时产生了重要影响，还流传至今，成为抒情长诗的不朽之作。对此，马克思指出："德国当代最杰出的诗人亨利希·海涅也参加了我们的队伍，他出版了一本政治诗集，其中也收集了几篇宣传社会主义的诗作。他

① 中共中央马克思恩格斯列宁斯大林著作编译局．回忆马克思．北京：人民出版社，2005：199.

是著名的‘西里西亚织工之歌’的作者。”[①] 显然，海涅的政治抒情诗歌是投向专制制度的一把匕首。

由于海涅十分敏感，因此，他身上也具有一些诗人共有的缺点。马克思夫妇并没有对其进行过分指责，而是希望人们不要用对待常人的标准来衡量海涅这样的诗人。他们对海涅的包容，赢得了后者的极大的信任。因此，每当海涅遇到困难时，都积极向他们求助。当然，海涅也帮助他们处理了一件非常困难的事情。有一天，6 个月大的小燕妮突然抽搐起来，随时有夭折的危险。马克思夫妇和家佣琳蘅对此都束手无策，只能紧张地围在孩子身边。恰好这时，海涅来到马克思家中。他立刻拿出一个浴盆，将孩子放到里面，进而成功地保住了这个孩子。所有这些经历和交往，都使得马克思夫妇和海涅结下了深厚的友谊。1845 年 1 月 12 日，在马克思即将被驱逐出巴黎的前夕，他在给海涅的信中表示，同他的离别是同所有要离别的人中最令人难受的，因此很想把他一起带走。马克思还恳请海涅为正在筹划出版的《德法年鉴》撰写诗歌和散文等稿件，以使其在德国站稳脚跟。这表明马克思不仅将海涅作为一个朋友来看待，还将其视为一个可以争取的革命者，希望他和自己一道反对封建专制制度。

然而，海涅自身的敏感的性格，使他不可能像马克思那样，成为坚定的革命者。但是，即便海涅不再从事革命诗歌的创作，马克思夫妇仍然将其视为自己的好朋友，并非常推崇他的诗歌。当马克思夫妇的三个女儿逐渐长大后，燕妮经常给她们朗诵海涅的诗歌，使她们很小就受到诗歌的熏陶。在日常生活中，马克思也经常引用海涅的诗歌来表达自己的观点。在《〈黑格尔法哲学批判〉导言》中，马克思指出，一切内在条件一旦成熟，德国的复活日就会由高卢雄鸡[②]的高鸣来宣布。马克思的这句话引用了海涅在《加里多尔夫就贵族问题致穆·冯·莫里加特伯爵书》序言中的比喻：“高卢雄鸡如今再次啼叫，而德意志境内也已破晓。”这表明了马克思对海涅的革命诗歌的重视。在《德意志意识形态》中，马克思、恩格斯引用海涅的诗句“我播下的是龙种，而收获的却是跳蚤”来批判格律恩的“真正的社会主义”的观点。19 世纪 80 年代和 90 年代，随着马克思思想的广泛传播以及无产阶级政党的快速发展，大量其他阶级的人参加无产阶级政党，并以马克思主义者自居。对此，恩格斯在 1890 年 8 月 27 日给拉法格的信中指出：“关于这种马克思主义，马克思曾经

---

① 马克思，恩格斯．马克思恩格斯全集：第 2 卷．北京：人民出版社，1957：591.

② 高卢雄鸡是法兰西第一共和国国旗上的标志，是当时法国人民的革命意识的象征。

说过：‘我只知道我自己不是马克思主义者。’马克思大概会把海涅对自己的模仿者说的话转送给这些先生们：‘我播下的是龙种，而收获的却是跳蚤。’”①这表明马克思、恩格斯对海涅的诗歌的重视。

马克思十分讨厌多愁善感的情绪，如果有人在他面前表现出过分敏感，他就会引用海涅的诗歌：傍晚，有位少女伫立海滨，悲悲切切，好不伤心，她为什么这样愁闷，只因红日已经西沉。这反映了马克思对海涅的诗歌的重视和熟悉程度。在海涅最后患病的日子里，马克思曾去巴黎探望过他。根据弗兰契斯卡·库格曼的回忆：“马克思本人也认识海涅。这位不幸的诗人逝世前在巴黎卧病时，马克思去探望过他。当马克思进入海涅房间的时候，正好有人在给海涅替换被褥；当时海涅已经病得扶不起来，因此护士们只好把他裹在被褥中送回床上。即使在这种时候海涅也没有失去他的幽默感，他用非常微弱的声音欢迎马克思说：‘亲爱的马克思，你看，这些太太们可把我宠坏了。’”②在海涅生命的最后时间里，他得到了老朋友马克思的真挚关心和探望。

1856年2月17日，海涅走完了他的一生，离开了这个令他欢喜又苦恼的世界。

---

①　马克思，恩格斯．马克思恩格斯文集：第10卷．北京：人民出版社，2009：590.

②　中共中央马克思恩格斯列宁斯大林著作编译局．回忆马克思．北京：人民出版社，2005：339－340.

第 3 章

思想的初步发展

马克思的唯物主义和共产主义立场的确立

> 批判的武器当然不能代替武器的批判，物质力量只能用物质力量来摧毁；但是理论一经掌握群众，也会变成物质力量。理论只要说服人［ad hominem］，就能掌握群众；而理论只要彻底，就能说服人［ad hominem］。所谓彻底，就是抓住事物的根本。而人的根本就是人本身。①

1844 年，马克思在《德法年鉴》上发表了《〈黑格尔法哲学批判〉导言》和《论犹太人问题》两篇重要文章，这标志着他在哲学上从唯心主义转向唯物主义，在政治上从革命民主主义转向共产主义。

1. 争取新闻出版自由

马克思热情地呼吁和争取出版自由，并和反动统治阶级限制出版自由的做法进行了坚决的斗争，有力地推动了报刊的发展，打击了统治阶级的嚣张气焰，并在此过程中阐述了一系列无产阶级创办刊物的原则和方针。

1842 年初，普鲁士国王颁布了书报检查令，名义上要放宽对出版事业的限制。于是，一些自由主义者欢呼雀跃，认为这是国王开恩的文件。为此，马克思于 1842 年 1 月底或 2 月初撰写了《评普鲁士最近的书报检查令》一文，并将其发表在 1843 年 2 月在瑞士出版的《德国现代哲学和政论界轶文集》第 1 卷上。该文以铁一般的逻辑和辛辣的嘲讽，详细分析了书报检查令的真实内

---

① 马克思．《黑格尔法哲学批判》导言//马克思，恩格斯．马克思恩格斯文集：第 1 卷．北京：人民出版社，2009：11.

容，全面论证了这种虚假的放宽检查，实质上只是用另一种形式变本加厉地加强了对书报检查的活动。马克思用形象生动却又十分深刻的语言表述了思想自由的重要性："你们赞美大自然令人赏心悦目的千姿百态和无穷无尽的丰富宝藏，你们并不要求玫瑰花散发出和紫罗兰一样的芳香，但你们为什么却要求世界上最丰富的东西——精神只能有**一种**存在形式呢?"[①] 在马克思的眼里，思想的自由和多样性是世界上最丰富的东西，是人之所以为人、人类社会之所以为人类社会的根本所在。同时，马克思指出："凡是不以当事人的**行为本身**而以他的**思想**作为主要标准的法律，无非是**对非法行为的实际认可**。与其我把要留胡子的想法当作剪胡子的标准，倒不如像那位俄国沙皇所做的那样，干脆让御用的哥萨克人把所有人的胡子统统剪掉。"[②] 马克思强调反动政府不能因为单纯的思想方面的原因给人们定罪，即人们不能因言获罪。通过分析，马克思得出了这样一个结论：整治书报检查制度的真正而根本的办法，就是废除书报检查制度，因为这种制度本身是恶劣的，可是各种制度却比人更有力量。只有彻底地废除反动的书报检查令，才能真正实现出版自由，进而保障人们的思想和言论的自由。同时，马克思反对将写作仅仅看作一种职业和谋生的手段。在大约写于1842年3月26日至4月26日的《第六届莱茵省议会的辩论（第一篇论文）。关于新闻出版自由和公布省等级会议辩论情况的辩论》中，马克思说："**新闻出版的最主要的自由就在于不要成为一种行业**。把新闻出版贬低为单纯物质手段的作者应当遭受外部不自由——书报检查——对他这种内部不自由的惩罚；其实他的存在本身就已经是对他的惩罚了。"[③] 可见，在争取新闻出版自由的同时，也要强化对新闻出版行业的内在教育和自律要求。

马克思从理论上阐述了无产阶级创办报刊的原则。在《摩泽尔记者的辩护》中，马克思指出："报刊是带着**理智**，但同样也是带着**情感**来对待人民生活状况的；因此，报刊的语言不仅是超脱各种关系的明智的评论性语言，而且也是反映这些关系本身的充满热情的语言，是**官方的发言**中所不可能有

---

① 马克思，恩格斯．马克思恩格斯全集：第1卷．北京：人民出版社，1995：111.
② 马克思，恩格斯．马克思恩格斯全集：第1卷．北京：人民出版社，1995：120.
③ 马克思，恩格斯．马克思恩格斯全集：第1卷．北京：人民出版社，1995：193.

而且也不允许有的语言。”① 换言之，报刊必须坚持人民性的原则，必须带着情感为人民发声。同时，民众的承认是报刊赖以生存的条件，没有这种条件，报刊就会无可挽救地陷入绝境。1843 年 1 月，在《〈莱比锡总汇报〉的查禁和〈科隆日报〉》一文中，马克思指出《莱比锡总汇报》是德国人民报刊的一部分。人民报刊的发展需要一定的条件，“只有在人民报刊的各个分子都有可能毫无阻碍地、独立自主地**各向一面**发展，并使自己成为各种不同的独立报刊的条件下，**‘好的’**人民报刊，即和谐地融合了**人民精神**的一切**真正**要素的人民报刊才能形成。那时，每家报纸都会充分地体现出真正的道德精神，就像每一片玫瑰花瓣都散发出玫瑰的芬芳并表现出玫瑰的特质一样”②。可见，报刊的独立自主性，是人民报刊形成和发展的重要条件。此外，要使报刊完成自己的使命，还必须“承认它具有连植物也具有的那种通常为人们所承认的东西，即承认它具有自己的**内在规律**，这些规律是它所不应该而且也不可能任意摆脱的”③。只有尊重报刊产生和发展的内在规律，从这些内在规律入手，才能推动报刊完成自己的使命。

马克思不仅在实践中与反动统治阶级进行坚决的斗争，争取和推动新闻出版自由的实现，还从理论上阐述了无产阶级的办报原则和新闻事业发展的内在规律，为无产阶级创办自己的报刊和推行新闻政策提供了重要启示。

2. 对物质和法的关系的反思——《〈黑格尔法哲学批判〉导言》

1843 年 3 月中至 9 月，马克思撰写了《黑格尔法哲学批判》一书，全面剖析了黑格尔《法哲学原理》中关于国家问题的阐述，批判了黑格尔关于国家和市民社会关系问题上的唯心主义观点，强调是市民社会决定国家，而不是国家决定市民社会。在此基础上，马克思约于 1843 年 10 月中至 12 月中撰写了《〈黑格尔法哲学批判〉导言》一文，并将其发表在 1844 年 2 月的《德法年鉴》上。

---

① 马克思，恩格斯．马克思恩格斯全集：第 1 卷．北京：人民出版社，1995：378.
② 马克思，恩格斯．马克思恩格斯全集：第 1 卷．北京：人民出版社，1995：397.
③ 马克思，恩格斯．马克思恩格斯全集：第 1 卷．北京：人民出版社，1995：397.

马克思《黑格尔法哲学批判》手稿

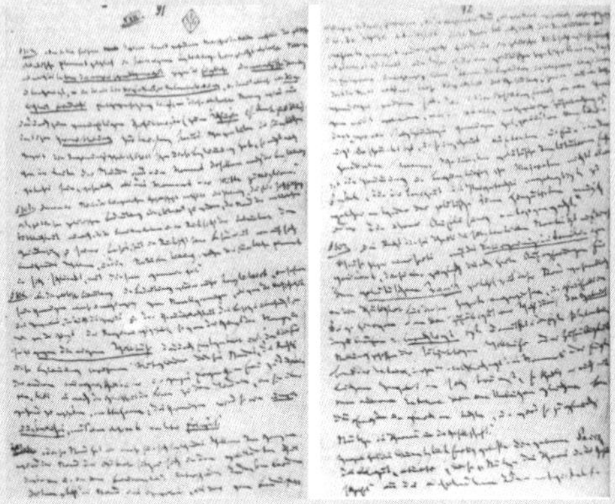

《黑格尔法哲学批判》是马克思的一本早期著作，亦是马克思批判黑格尔哲学的第一部著作。这部著作是对黑格尔《法哲学原理》第 261～313 节阐述国家问题的部分所作的分析和批判。

该著作于 1843 年夏天写于莱茵省的克罗茨纳赫，因此，又称《克罗茨纳赫手稿》。原稿共 39 张，无标题。现在的标题为 1927 年苏共中央马克思列宁主义研究院发表这一手稿时所加。

马克思从无神论和唯物主义的立场出发，阐述了宗教的作用和危害，剖析了宗教的社会根源和本质，以及消灭宗教的途径。马克思指出，对宗教的批判是对其他一切批判的前提，是对苦难尘世的批判的胚芽。同时，“人不是抽象的蛰居于世界之外的存在物。人就是**人的世界**，就是国家，社会。这个国家、这个社会产生了宗教，一种**颠倒的世界意识**，因为它们就是**颠倒的世界**”①。可见，宗教的实质是颠倒了的世界的颠倒的世界意识，是现实世界在思想领域中的反映，不过是歪曲的反映。马克思进一步指出宗教和现实世界的关系：“**宗教里的**苦难既是现实的苦难的**表现**，又是对这种现实的苦难的**抗议**。宗教是被压迫生灵的叹息，是无情世界的情感，正像它是无精神活力的制度的精神一样。宗教是人民的**鸦片**。”② 作为一种意识形态的重要表现，宗教里表现出来的苦难是对现实社会的反映和抗议。在一定意义上，宗教是被压迫阶级寻求

① 马克思，恩格斯．马克思恩格斯文集：第 1 卷．北京：人民出版社，2009：3.

② 马克思，恩格斯．马克思恩格斯文集：第 1 卷．北京：人民出版社，2009：4.

自己精神寄托的一种安慰，是对现实世界的不满，同时却又没有从根本上改变现实的能力或找出改变现实的手段，而做出的一种无奈选择。然而，在当时的历史条件下，正如鸦片不仅仅是一种能让人上瘾的毒品，也可以在特定情形下作为药材使用，“宗教是人民的鸦片”这个论断在指出宗教对人的精神发展的消极作用的同时，也指出了宗教的作用的复杂性，即宗教在一定程度上可以抚慰人的精神，给被压迫阶级以一定的精神寄托，使其在无力改变这个世界时可以适应它。因此，我们必须辩证地看待宗教的历史作用。当我们没有彻底消除宗教产生的社会基础和阶级基础时，不能盲目地采用强制手段人为地消灭宗教。显然，要彻底消灭宗教，就必须消灭宗教产生的社会历史根源，即私有制。

马克思揭示了德国封建专制制度的社会基础和阶级特征，指出无产阶级要推翻专制制度。当时的德国尚未完成统一，以普鲁士为代表的德国各邦政府实行专制制度。普鲁士威廉四世“想扮演王权的一切角色——封建的和官僚的，专制的和立宪的，独裁的和民主的；他想，这样做如果不是以人民的名义，便是以他**本人**的名义，如果不是为了人民，便是为**他自己本身。德国这个形成一种特殊领域的当代政治的缺陷**，如果不摧毁当代政治的普遍障碍，就不可能摧毁德国特有的障碍”①。德国专制制度是建立在以国王为代表的封建统治阶级的基础之上的，其专制程度非常高。在此情形下，局部的纯粹的政治革命，根本无法触及专制制度的大厦。只有市民社会中的无产阶级在解放自己的过程中取得普遍统治，才能使全社会获得普遍解放。要推翻德国专制制度，实现德国解放，“就在于形成一个被戴上**彻底的锁链**的阶级，一个并非市民社会阶级的市民社会阶级，形成一个表明一切等级解体的等级，形成一个由于自己遭受普遍苦难而具有普遍性质的领域，这个领域不要求享有任何**特殊的权利**，因为威胁着这个领域的不是**特殊的不公正**，而是**普遍的不公正**，它不能再求助于**历史的**权利，而只能求助于**人的**权利，它不是同德国国家制度的后果处于片面的对立，而是同这种制度的前提处于全面的对立，最后，在于形成一个若不从其他一切社会领域解放出来从而解放其他一切社会领域就不能解放自己的领域，总之，形成这样一个领域，它表明人的**完全丧失**，并因而只有通过**人的完全回复**才能回复自己本身。社会解体的这个结果，就是**无产阶级**这个特殊等级”②。

① 马克思，恩格斯．马克思恩格斯文集：第1卷．北京：人民出版社，2009：14.
② 马克思，恩格斯．马克思恩格斯文集：第1卷．北京：人民出版社，2009：16-17.

显然，推翻德国专制制度的统治，是无产阶级的历史任务。

马克思论述了理论和实践的统一，为无产阶级改造客观世界提供了科学的途径。理论在一个国家实现的程度，总是取决于理论满足这个国家的需要的程度。只有满足一个国家在实践方面的需要，理论才能在一个国家内实现，且满足这种需要的程度和最终实现的程度成正比。也就是说，理论必须和各国具体的实践相结合，进而解决各个国家具体问题，这样，才能彰显理论的生命力并推动其发展。当然，科学理论并不能自动发挥作用，必须有掌握它的主体。马克思形象地说："批判的武器当然不能代替武器的批判，物质力量只能用物质力量来摧毁；但是理论一经掌握群众，也会变成物质力量。理论只要说服人［ad hominem］，就能掌握群众；而理论只要彻底，就能说服人［ad hominem］。所谓彻底，就是抓住事物的根本。而人的根本就是人本身。"① 尽管这里仍然具有一定的青年黑格尔派哲学的色彩，将理论看作能动的、实践看作被动的，但是，马克思阐释了革命理论同实践相统一的思想，要将批判的武器（革命理论）和武器的批判（革命实践）结合起来，强调劳动群众是改造社会的主体力量，必须依靠他们去改造现存社会。同时，尽管马克思在一定程度上认为理论是能动的、群众是被动的，但是，马克思高度重视科学理论的重要作用，强调只要理论掌握群众，就会变成强大的物质力量。而理论掌握群众，或者说理论为群众所掌握的前提是理论自身的彻底性。理论的彻底性是建立在理论的科学性和革命性的基础之上的，即只有科学的、革命的理论才能抓住事物的根本。当然，当时的马克思认为人的根本就是人本身。在此基础上，马克思论述了无产阶级革命的实践和哲学之间的辩证关系：哲学把无产阶级当作自己的物质武器，无产阶级也把哲学当作自己的精神武器。换言之，无产阶级革命实践需要科学理论的指导，而理论也必须和无产阶级革命的实践结合，才能显示出自身的生命力，并在指导实践的过程中推动自身的发展。在此过程中，马克思第一次科学阐述了无产阶级的历史使命，强调无产阶级是唯一能够消灭奴役、实现人的真正解放的阶级。

这里，马克思科学阐述了宗教产生的社会经济根源，提出了无产阶级推翻专制制度的历史任务。

---

① 马克思，恩格斯．马克思恩格斯文集：第1卷．北京：人民出版社，2009：11.

3. 人的解放问题的提出——《论犹太人问题》

1843 年，青年黑格尔派主要代表人物布鲁诺·鲍威尔出版了《犹太人问题》和《现代犹太人和基督徒获得自由的能力》两篇著作，将犹太人的解放归结为纯粹的宗教问题。为了批判鲍威尔的错误观点，马克思于 1843 年 10 月中至 12 月中撰写了《论犹太人问题》一文，并将其发表在 1844 年 2 月的《德法年鉴》上。

马克思批驳了鲍威尔把犹太人问题看成纯粹神学问题的错误观点。在鲍威尔看来，德国的犹太人生活在一个具有鲜明的基督教性质的基督教国家。就其本质来说，基督教国家不可能解放犹太人，而犹太人也不可能从中获得解放。因此，要使犹太人获得解放，就涉及宗教对国家的关系问题、宗教束缚和政治解放的矛盾问题。在鲍威尔看来，要使犹太人从基督教国家中获得解放，就是将其从宗教中解放出来，即将犹太人的解放仅仅归结为神学问题，将犹太人所受的压迫仅仅归结为宗教压迫。对此，马克思站在唯物主义的立场上，从市民社会和宗教的关系中分析宗教，阐述了并不是宗教导致政治压迫，宗教反而是政治压迫的表现，因此，只有消除政治压迫，才能消除宗教。“当然，在政治国家作为政治国家通过暴力从市民社会内部产生的时期，在人的自我解放力求以政治自我解放的形式进行的时期，国家是能够而且必定会做到**废除宗教、根除**宗教的。但是，这只有通过废除私有财产、限定财产最高额、没收财产、实行累进税，通过消灭生命、通过**断头台**，才能做到。”① 显然，只有从根本上消除私有制和阶级，才能彻底消灭宗教产生的根源。

马克思全面阐述了政治解放和人的解放的关系。政治解放主要是指政治革命，其实质是资产阶级革命。“政治解放同时也是同人民相异化的国家制度即统治者的权力所依据的旧社会的**解体**。政治革命是市民社会的革命。旧社会的性质是怎样的呢？可以用一个词来表述：**封建主义**。”② 可见，政治解放主要是将市民社会从封建主义的束缚下解放出来。无疑，政治革命具有很大的历史进步性。“政治革命打倒了这种统治者的权力，把国家事务提升为人民事务，把政治国家组成为**普遍**事务，就是说，组成为现实的国家；这种革命必然要摧

---

① 马克思，恩格斯．马克思恩格斯文集：第 1 卷．北京：人民出版社，2009：33.

② 马克思，恩格斯．马克思恩格斯文集：第 1 卷．北京：人民出版社，2009：44.

毁一切等级、同业公会、行帮和特权，因为这些是人民同自己的共同体相分离的众多表现。于是，政治革命**消灭了市民社会的政治性质**。”① 显然，在摧毁封建国家的同时，政治革命也消灭了封建等级特权。于是，鲍威尔将政治解放等同于人类解放。对此，马克思指出：“**政治**解放当然是一大进步；尽管它不是普遍的人的解放的最后形式，但**在**迄今为止的世界制度**内**，它是人的解放的最后形式。不言而喻，我们这里指的是现实的、实际的解放。”② 虽然政治解放具有重大的意义，但它也有着自身的局限性，政治解放实现的仅仅是资产阶级的民主自由。因此，政治解放不等于人类解放，两者之间存在着根本的区别。在批判鲍威尔观点的基础上，马克思论述了人的解放完成的条件：“只有当现实的个人把抽象的公民复归于自身，并且作为个人，在自己的经验生活、自己的个体劳动、自己的个体关系中间，成为**类存在物**的时候，只有当人认识到自身‘固有的力量’是**社会**力量，并把这种力量组织起来因而不再把社会力量以**政治**力量的形式同自身分离的时候，只有到了那个时候，人的解放才能完成。”③ 在马克思看来，要实现人的解放，必须突破资产阶级政治解放的历史局限性，将人从现代市民社会的弊病中解放出来，消灭私有制，消灭一切的不平等和压迫。要实现人类解放，不仅要消灭宗教，实现政治解放，还必须消灭阶级和私有制。当然，马克思这里还没有完全突出阶级解放问题。

马克思阐述了资产阶级政治革命的本质，揭示了资产阶级标榜的自由、民主和人权的虚伪性，揭示了实现人的解放的根本途径。“政治解放的限度一开始就表现在：即使人还没有**真正**摆脱某种限制，**国家**也可以摆脱这种限制，即使人还不是**自由人**，国家也可以成为**自由国家**。”④ 即，资产阶级革命的胜利，可以使资产阶级国家成为自由国家，却无法使所有的人成为自由人，仅仅能使一部分人成为所谓的“自由人”。因此，资产阶级解放中所标榜的普遍的人权，也仅仅是作为统治阶级的资产阶级的人权，主要是指资产阶级的私有财产权。“私有财产这一人权是任意地（à son gré）、同他人无关地、不受社会影响地享用和处理自己的财产的权利；这一权利是自私自利的权利。这种个人自由和对这种自由的应用构成了市民社会的基础。这种自由使每个人不是把他人看做自

① 马克思，恩格斯．马克思恩格斯文集：第1卷．北京：人民出版社，2009：44.
② 马克思，恩格斯．马克思恩格斯文集：第1卷．北京：人民出版社，2009：32.
③ 马克思，恩格斯．马克思恩格斯文集：第1卷．北京：人民出版社，2009：46.
④ 马克思，恩格斯．马克思恩格斯文集：第1卷．北京：人民出版社，2009：28.

己自由的**实现**，而是看做自己自由的**限制**。”[①] 这种自私自利的权利无疑与人的解放的要求相悖，资产阶级的自由是以损害大多数人的自由权利为前提的。同样，马克思指出：“任何一种所谓的人权都没有超出利己的人，没有超出作为市民社会成员的人，即没有超出封闭于自身、封闭于自己的私人利益和自己的私人任意行为、脱离共同体的个体。”[②] 人权的实质是和具体的阶级利益相关的，资产阶级的所谓人权仅仅是资产阶级的权利，并没有超出市民社会的界限。因此，要实现真正的人类解放，不仅不能依靠资产阶级，反而必须消灭资产阶级，消灭宗教和私有制，并对社会进行彻底的革命改造。这里，马克思开始论及共产主义革命与资产阶级革命的根本不同，强调只有通过共产主义革命，才能真正实现人的解放。当然，马克思还没有十分明确地将共产主义革命与消灭私有制联系在一起，还没有从社会经济发展的客观规律的高度来看待这一问题。

总之，马克思站在唯物主义的立场上驳斥了青年黑格尔派关于政治解放的错误观点，全面剖析了政治解放和人类解放的关系，试图找到实现人类解放的科学道路。

4. 马克思与费尔巴哈

路德维希·费尔巴哈（1804—1872）是德国古典哲学的重要代表人物，是唯物主义哲学家，在马克思思想形成和发展过程中发挥了一定的作用。

1841年，费尔巴哈出版了《基督教的本质》一书，对整个思想界产生了重大影响，也对马克思的宗教观的形成和发展产生了一定的影响。恩格斯指出：这部书的解放作用，只有亲身体验过的人才能想象得到。费尔巴哈批判了封建阶级在宗教方面的意识形态，强调宗教是同世界的真正本质不相容的，必须加以积极地扬弃。在费尔巴哈看来，世界和人的存在不是由上帝创造的，也不是由绝对观念创造的，即人的存在不需要上帝和绝对观念。费尔巴哈认为，自然界具有先在性，是不依赖于人的意识而存在的，人的存在是自然界发展的产物，只能归功于自然界。事实上，不是宗教创造了人，而是人按照自己的形象创造了上帝，即宗教是人的产物。和许多青年黑格尔派成员一样，马克思也

---

① 马克思，恩格斯．马克思恩格斯文集：第1卷．北京：人民出版社，2009：41.

② 马克思，恩格斯．马克思恩格斯文集：第1卷．北京：人民出版社，2009：42.

将《基督教的本质》看作一篇激进的无神论宣言。在理解现实的人的关系方面，费尔巴哈迈出了重要的一步。这些思想对于马克思确立科学的唯物主义立场发挥了积极的作用。费尔巴哈的宗教观使马克思进一步坚信，对宗教的批判是对现存世界批判的一部分，是使人摆脱精神束缚和其他束缚的一种斗争形式。马克思将费尔巴哈看作集中自己的人民和时代的“最精致、最珍贵和看不见的精髓”的先进哲学的杰出代表。在 1844 年 8 月 11 日给费尔巴哈的信中，马克思指出：“您的《未来哲学》和《信仰的本质》尽管篇幅不大，但它们的意义却无论如何要超过目前德国的全部著作。”① 马克思对费尔巴哈的著作给予了极高的评价。

鉴于费尔巴哈在思想界的地位，马克思和卢格在决定创办《德法年鉴》时，首先想到请他撰写稿件。为此，在 1843 年 5 月 16 日和 24 日给费尔巴哈的信中，卢格向他提出了这个建议。在 1843 年 6 月给卢格的复信中，费尔巴哈表示支持这一计划。然而，在 6 月 20 日给卢格的信中，费尔巴哈又表达了对这一计划的顾虑。在此之前，马克思和卢格曾想趁马克思 1843 年 5 月中旬去德累斯顿的机会，一起去布鲁克贝格拜访费尔巴哈。然而，由于种种原因，这次拜访并未成行。在 1843 年 10 月 3 日给费尔巴哈的信中，马克思邀请他为《德法年鉴》撰稿，强调他是第一批宣布必须建立法德科学联盟的著作家之一，因此希望他成为第一批支持实现这一联盟的事业的人之一。从费尔巴哈的《基督教的本质》的第 2 版序言中，马克思得知他正在写关于德国哲学家谢林的著作，还简要叙述了谢林的思想的局限性。在此基础上，马克思指出：“如果您马上给创刊号写一篇评论谢林的文章，那就是对我们所创办的事业，尤其是对真理作出了一个很大的贡献。您正是最适合做这件事情的人，因为您是**谢林的对立面**。至于谢林的**真诚的青春思想**——我们也应该相信我们对手好的一面，不过他要实现这一思想，已经除了想象以外没有任何能力，除了虚荣以外没有任何力量，除了鸦片以外没有任何刺激剂，除了容易激动的女性感受力以外没有任何感觉器官了，谢林的这种真诚的青春思想，在他那里只是一场异想天开的青春梦，而在您那里则成了真理、现实、男子汉的郑重。因此谢林是您的**预期的模拟像**，而这种模拟像一旦面对现实就会烟消云散。因此，我认为您是自然和历史陛下所召来的谢林的必然的和天然的对手。您同他的斗争是哲学本身

① 马克思，恩格斯．马克思恩格斯文集：第 10 卷．北京：人民出版社，2009：13.

同哲学的想象的斗争。”[①] 这里，马克思高度评价了费尔巴哈的思想，以及他在反驳谢林的思想的过程中可以发挥的作用。在1843年10月25日给马克思的复信中，虽然费尔巴哈完全同意马克思对谢林哲学的政治评价，但是他以写作计划繁重为由，没有答应马克思的约稿。

随着马克思思想的发展，他与青年黑格尔派之间的思想分歧越来越不可弥合，因此，他打算写一本批判青年黑格尔派的书，即后来马克思和恩格斯合著的《神圣家族》。在此之前，他想征求费尔巴哈对青年黑格尔派的看法。因此，1844年8月11日，马克思再次给费尔巴哈写信："看来，鲍威尔是出于与**基督竞争**而和他作战。我将出一本小册子来反对批判的这种谬误。对我来说，**最**宝贵的是**您**能事先把**您的**意见告诉我。”[②] 可见，马克思十分重视费尔巴哈的意见。在这封信中，马克思还阐述了工人阶级力量的伟大，并告诉费尔巴哈关于德国的手工业者学习《基督教的本质》一书的情况，指出他们有异乎寻常的接受能力。同时，马克思还给费尔巴哈提出了一个中肯的建议："您要是能出席法国工人的一次集会就好了，这样您就会确信这些劳累不堪的人纯洁无瑕，心地高尚。英国的无产者也取得了巨大的成绩，但他们的文化素质不及法国人。不过不能不强调指出瑞士、伦敦和巴黎的德国手工业者的理论贡献。只是德国手工业者仍然过于像手工业者。但无论怎样，历史正在把我们文明社会的这些'野蛮人'变成人类解放的实践因素。”[③] 这表明，马克思已经看到了工人阶级的伟大力量，再次强调理论必须和无产阶级的实践结合起来。这也标志着马克思在接受了费尔巴哈的直观唯物主义思想的基础上，开始超越费尔巴哈的思想。

总之，费尔巴哈在马克思思想形成和发展过程中起到了积极的作用，但随着马克思思想的进一步发展，马克思很快就超越了费尔巴哈，将唯物主义思想不断向上提升。

---

① 马克思，恩格斯．马克思恩格斯文集：第10卷．北京：人民出版社，2009：12.

② 马克思，恩格斯．马克思恩格斯文集：第10卷．北京：人民出版社，2009：16.

③ 马克思，恩格斯．马克思恩格斯文集：第10卷．北京：人民出版社，2009：14.

第 4 章

马克思思想的秘密发生地

“巴黎手稿”

> **共产主义**是对**私有财产**即**人的自我异化的积极的**扬弃，因而是通过人并且为了人而对**人的**本质的真正**占有**；因此，它是人向自身、也就是向**社会的**即合乎人性的人的复归，这种复归是完全的复归，是自觉实现并在以往发展的全部财富的范围内实现的复归。①

在《德法年鉴》停刊之后，马克思在旅居巴黎期间，于 1844 年 4 月底 5 月初至 8 月创作了“巴黎手稿”。“巴黎手稿”由《1844 年经济学哲学手稿》（简称为《手稿》）和《詹姆斯·穆勒〈政治经济学原理〉一书摘要》（简称为《穆勒评注》）两部分构成。如果说《精神现象学》是黑格尔思想的秘密发生地的话，那么，“巴黎手稿”就是马克思思想的秘密发生地。

1. 马克思青年时代在巴黎的革命岁月

1843 年的 10 月，马克思偕爱妻燕妮来到塞纳河畔的巴黎，开始了流亡巴黎的生活。同卢格分手之后，马克思密切联系工人运动，开始从政治经济学领域来解剖“市民社会”。随着大女儿小燕妮于 1844 年 5 月 1 日呱呱坠地，马克思还孕育了一个思想宝贝——“巴黎手稿”。

马克思在巴黎期间与各种社会力量尤其是工人力量建立了密切的联系。19 世纪 30 年代至 40 年代，法国的钢铁产量增加了 1 倍，煤炭产量增加了 2 倍，

---

① 马克思.1844 年经济学哲学手稿//马克思，恩格斯．马克思恩格斯文集：第 1 卷．北京：人民出版社，2009：185.

蒸汽机数目增加了3倍。随着法国资本主义工业化的发展，在政权从大土地所有者转移到工业资本家和金融资本家手中的过程中，工人的工作日延长而实际工资水平在降低，工人的不满情绪在不断增长，阶级矛盾进一步激化。这时，基督教社会主义、国家社会主义、无政府主义等各种空想社会主义和空想共产主义思想大为流行。在这样的社会和思想背景下，法国的许多工人小组围绕着五花八门的社会主义学说展开了激烈的争论。马克思不仅亲眼目睹和聆听了这些争论，而且同法国的工人组织、德国在法国流亡者的工人组织都建立了一定联系。德国的共产主义者每星期都举行集会。马克思不时参加工人集会，马克思的名字甚至出现在工人集会演说者的名单中。1844年3月底，马克思参加了国际民主主义者的宴会。马克思高度评价了法国工人高贵而高尚的品质。尽管马克思与各种工人组织保持联系，但是，他没有加入任何一个组织，以免陷入宗派主义之争当中。一些工人流亡者经常出入马克思的住宅，不仅得到马克思的亲切关怀，而且得到马克思的无私帮助。他们可以根据自己的需要从马克思夫妇存钱的匣子里随意拿取金钱。这些款项来源于燕妮得到的遗赠。在这个过程中，马克思会见了正义者同盟的领导人，和蒲鲁东讨论和争论问题，结识了俄国流亡者巴枯宁等人。在与这些人交往的过程中，马克思努力用自己的唯物主义观点和共产主义观点影响他们，启发他们用唯物主义的观点观察问题，将唯物主义和共产主义结合起来。当然，海涅是马克思家的常客。

在研究和批判黑格尔法哲学的过程中，马克思已经清楚地意识到，对市民社会的解剖应该到政治经济学中去寻求。在巴黎期间，马克思常常不分昼夜地读书，认真而热心地研究政治经济学、法国社会主义思想和法国历史等问题，只是在吃饭和睡眠的时候才短暂地停顿一下。巴黎时期是马克思研究政治经济学的起始点，自此马克思将研究资本主义生产方式的矛盾运动作为自己理论研究的中心和重心。

在这一时期，马克思广泛涉猎政治经济学著作。他阅读并摘录了以下著作：布阿吉尔贝尔的《德国详情，它的财富减少的原因和补救办法之无效。……论财富、金钱和租税的性质。……论自然、文化、商业和谷物之利益》，毕莱的《论英法工人阶级的贫困》，特拉西的《观念学原理》和《论意志及其作用》，兰德达尔的《自然财富和国民财富研究》，约翰·罗的《论货币和贸易》，李斯特的《政治经济学的国民体系》第1卷，麦克库洛赫的《论政治经济学的产生、成就、个别问题和意义》，穆勒的《政治经济学原理》，恩格斯的《国民经济学批判大纲》，奥先戴尔的《公众对商业、工业和农业的失望，或对李斯特博士工业力哲学的阐释》，大卫·李嘉图的《政治经济学及赋税原理》，萨伊的《政治经济学概论》和《政治经济学教程》，许茨的《国民经济学原理》，斯卡尔培克的《社会财富的理论》，亚当·斯密的《国富论》，《雅典的色诺芬著作集》第9、10、11卷，等等。当然，这个书单很不齐全，可能存在遗漏。在阅读和摘录这些政治经济学著作的过程中，马克思常常写下自己对论题的评论和看法。在此过程中，马克思创作了《穆勒评注》这一科学文献。《穆勒评注》在整个“巴黎手稿”中具有特别的地位，具有相对的独立著作的价值。

在研究阶级斗争的起源、规律和形式等问题上，马克思利用了梯也尔、米涅、基佐等复辟时期历史学家的著作。与之不同的是，马克思开始从经济结构方面来理解和把握阶级结构，开始将阶级看作一个经济范畴。

在这个过程中，恩格斯和赫斯对马克思思想的转变和发展产生了重要影响。马克思指出：“不消说，除了法国和英国的社会主义者的著作以外，我也利用了德国社会主义者的著作。但是，德国人为了这门科学而撰写的内容丰富而**有独创性的**著作，除去魏特林的著作，就要算《二十一印张》文集中**赫斯**的几篇论文和《德法年鉴》上**恩格斯的《国民经济学批判大纲》**。在《德法年鉴》上，我也十分概括地提到过本著作的要点。”① 恩格斯的上述著作第一次从社会主义立场批判了资产阶级政治经济学和资产阶级社会制度。马克思认真阅读了该书，并作了摘录，认为它是一部天才的作品。赫斯的《社会主义和共产主义》《唯一的和完全的自由!》和《行动哲学》等论文使马克思能够重新评价人的活动和人的异化等问题。此外，赫斯的《论金钱的本质》也可能对马克思产生了某种影响。

在上述研究的过程中，马克思原计划写作一部涉及政治经济学同社会、政治、法律、道德有关领域的著作。但是，由于涉及的领域太广泛、题目太宏大，马克思没有完成上述计划。在“巴黎手稿”的基础上，马克思只是完成了《手稿》和《穆勒评注》。

马克思的“巴黎手稿”

根据$MEGA^2$第4部分第2、3卷提供的资料，在1844年的巴黎时期，马克思撰写的笔记共有9本，至少涉及17位作者的20部作品。学界将其统称为“巴黎手稿”。《穆勒评注》是“巴黎手稿”的一部分。

---

① 马克思，恩格斯．马克思恩格斯文集：第1卷．北京：人民出版社，2009：111.

> “巴黎手稿”大部分是马克思研读前人以及同时代人的政治经济学著作的摘录、批注和评论。在大多数手稿中，马克思只是作了寥寥数语的评论或者批注，没有太多地表明其本人的观点。
>
> 相比之下，在《穆勒评注》中，除了马克思对穆勒《政治经济学原理》一书的摘要外，马克思本人的议论占了相当大的篇幅。整部《穆勒评注》译为中文大约为 31 000 字。其中，马克思本人的论述接近 13 000 字。就此而论，《穆勒评注》具有著作的性质，而不是单纯的摘录。
>
> 据此，我们认为，“巴黎手稿”由《1844 年经济学哲学手稿》和《詹姆斯·穆勒〈政治经济学原理〉一书摘要》两部分构成。

1844 年 5 月底 6 月初至 8 月，马克思撰写了主要包括 3 个笔记本的《手稿》。在总共有 9 张对开纸的笔记本 I 中包括两个部分，第一部分几乎全是有关政治经济学的摘录，第二部分考察了工人、资本家和地主收入的工资、利润和地租。马克思分为 3 列，平行地写作了第二部分。这表明马克思对资本主义社会的阶级结构已经有了清晰的认识。显然，在笔记本 I 中，马克思从资本主义国家的现实情况出发提出异化劳动。笔记本 II 只有 1 个印张，主要是有关私有财产的论述。其他部分已经遗失。共有 17 个印张的笔记本 III，主要论述私有财产和劳动、私有财产和共产主义，即主要论述异化的消除问题。同时，马克思对黑格尔辩证法和整个哲学进行了批判。

由于马克思回答不了笔记本 I 的问题，因此，他阅读和摘录了穆勒的著作，写了《穆勒评注》。完成了《穆勒评注》之后，马克思又完成了笔记本 II 和笔记本 III。① 因此，整个“巴黎手稿”的结构为：“笔记本 I→《穆勒评注》→笔记本 II→笔记本 III”。换言之，《穆勒评注》是介于笔记本 I 和笔记本 II、笔记本 III 之间的一部作品。

在总体上，尽管带有费尔巴哈人本主义的痕迹，“巴黎手稿”仍是一部在唯物主义的基础上结合政治经济学研究并科学阐述共产主义问题的著作。

---

① 这一看法采用了苏联学者拉宾和中国学者韩立新等人的研究成果。

2. 廓清共产主义理论地平线的努力

在马克思思想形成和发展的过程中，德国古典哲学、英国古典政治经济学、英法空想社会主义思想产生过重大的影响。随着共产主义立场的确定，马克思意识到这些思想已经难以支撑共产主义理论，更不可能为共产主义实践服务，因此，马克思在“巴黎手稿”中开始系统清算共产主义理论的思想资源。尤其在异化问题上更是如此。

首先，马克思试图厘清自己与德国古典哲学的关系。在《手稿》的“序言”部分，马克思就谈到了黑格尔（尤其是其辩证法）和费尔巴哈（尤其是其实证的人道主义）对于国民经济学批判的意义和价值，指出了青年黑格尔派的二重性。进而，在笔记本 III 的《对黑格尔的辩证法和整个哲学的批判》中，在分析青年黑格尔派二重性的过程中，马克思进一步全面分析和评价了黑格尔哲学和费尔巴哈哲学。

在黑格尔哲学的问题上，马克思认为，辩证法是其核心，将一切事物看作一个过程，但是，黑格尔的辩证法是思辨的辩证法，将绝对精神作为一切过程的主体，将一切事物看作绝对精神的外化。马克思指出：“这个过程必须有一个承担者、主体；但主体只作为结果出现；因此，这个结果，即知道自己是绝对自我意识的主体，就是**神，绝对精神**，就是**知道自己并且实现自己的观念**。现实的人和现实的自然界不过是成为这个隐蔽的非现实的人和这个非现实的自然界的谓语、象征。因此，主语和谓语之间的关系被绝对地相互颠倒了：这就是**神秘的主体—客体**，或**笼罩在客体上的主体性**，作为**过程**的**绝对主体**，作为使自身**外化**并且从这种外化返回到自身的、但同时又把外化收回到自身的**主体**，以及作为这一过程的主体；这就是在自身内部的纯粹的、**不停息的**旋转。”① 因此，有必要将其再颠倒过来。这样，马克思不仅揭示了黑格尔辩证法的唯心主义实质，而且提出了在唯物主义基础上改造黑格尔辩证法的问题。在此基础上，马克思提出，在考察黑格尔哲学体系的时候，必须从其《精神现象学》开始。《精神现象学》是黑格尔哲学的真正诞生地和秘密。这在于，《精神现象学》潜在地包含着批判的一切要素，抓住了劳动的本质，把现实的人理

---

① 马克思，恩格斯．马克思恩格斯文集：第 1 卷．北京：人民出版社，2009：217－218.

解为其劳动的结果。

在费尔巴哈哲学的问题上，马克思认为，费尔巴哈的著作是继黑格尔的《精神现象学》和《逻辑学》之后包含着真正理论革命的唯一著作。其有三点贡献：一是揭示出了唯心主义和宗教的关系，二是将“人与人之间”的社会关系作为理论的基本原则，三是将辩证法从唯心主义中区分了出来。但是，费尔巴哈就此止步，将否定的否定仅仅看作哲学同自身的矛盾，试图用人道主义和自然主义来将自己的哲学与法国唯物主义尤其是机械唯物主义区分开来。这样，“我们看到，主观主义和客观主义，唯灵主义和唯物主义，活动和受动，只是在社会状态中才失去它们彼此间的对立，从而失去它们作为这样的对立面的存在；我们看到，//**理论的**对立本身的解决，**只有**通过**实践**方式，只有借助于人的实践力量，才是可能的；因此，这种对立的解决绝对不只是认识的任务，而是**现实**生活的任务，而**哲学**未能解决这个任务，正是因为哲学把这**仅仅**看做理论的任务”①。在马克思看来，只有在实践的基础上才能解决理论立场的对立和实践自身的矛盾。因此，马克思要求转向工业和实践等感性活动。其实，这就是《关于费尔巴哈的提纲》第一条提出的思想的最初表达。

显然，马克思已经在黑格尔唯心主义的辩证法的基础上开始走向唯物主义的辩证法，从费尔巴哈的理论的人道主义走向实践的人道主义。

其次，马克思试图厘清自己与英国古典政治经济学的关系。为了回答林木盗窃法和摩泽尔农民的物质利益问题的背后原因，马克思于 1843 年开始研究经济学，不仅对亚当·斯密和大卫·李嘉图等资产阶级经济学家的著作进行了研读，还研究了恩格斯的经济学著作。到了 1844 年，马克思在巴黎继续推进对政治经济学的研究。

在“巴黎手稿”中，马克思将视野主要集中在国民经济学上。一方面，马克思指出，自己是从国民经济学的各个前提出发的，运用了其语言和规律。另一方面，马克思指出，国民经济学存在着自身难以克服的问题，这主要表现在两个方面。

从其哲学立场来看，国民经济学坚持从私有财产的事实出发，但是，经济学家不理解这个事实本身。经济学家把物质过程放进一般的抽象的公式中，将这些公式看作规律。马克思指出：“我们不要像国民经济学家那样，当他想说

① 马克思，恩格斯．马克思恩格斯文集：第 1 卷：北京：人民出版社，2009：192.

明什么的时候，总是置身于一种虚构的原始状态。这样的原始状态什么问题也说明不了。国民经济学家只是使问题堕入五里雾中。他把应当加以推论的东西即两个事物之间的例如分工和交换之间的必然关系，假定为事实、事件。神学家也是这样用原罪来说明恶的起源，就是说，他把他应当加以说明的东西假定为一种具有历史形式的事实。"① 与之不同，马克思提出，必须从当前的经济事实出发，从中发现经济运动规律。这样，马克思就揭示出了国民经济学的唯心主义哲学基础，要求将政治经济学建立在唯物主义的基础上。

从政治立场来看，国民经济学掩盖了劳动本质的异化，是为资产阶级辩护和服务的"科学"。国民经济学鼓励和支持资产阶级"致富"，却要求和强迫无产阶级"禁欲"。在亚当·斯密那里，《国富论》和《道德情操论》就是这样吊诡地并存的。由此来看，"国民经济学这门关于**财富**的科学，同时又是关于克制、穷困和**节约**的科学，而实际上它甚至要人们**节约**对新鲜**空气**或身体**运动**的**需要**。这门关于惊人的勤劳的科学，同时也是关于**禁欲**的科学，而它的真正理想是**禁欲的**却又**进行重利盘剥的**吝啬鬼和**禁欲的**却又**进行生产的**奴隶。它的道德理想就是把自己的一部分工资存入储蓄所的**工人**，而且它甚至为了它喜爱的这个想法发明了一种奴才的**艺术**。人们怀着感伤的情绪把这些搬上了舞台。因此，国民经济学，尽管它具有世俗的和纵欲的外表，却是真正道德的科学，最最道德的科学"②。这样，国民经济学就存在着内在的难以克服的矛盾。显然，国民经济学不是科学，而是资产阶级的意识形态，新的政治经济学应该是为无产阶级的解放辩护和服务的科学。

正是基于上述考虑，马克思提出，现在必须弄清楚私有制、贪欲以及劳动、资本、地产三者的分离之间的本质联系，必须搞清楚交换和竞争之间、人的价值和人的贬值之间、垄断和竞争等等之间以及这全部异化和货币制度之间的本质联系。

最后，马克思试图厘清与英法空想社会主义的关系。马克思充分肯定了空想社会主义对资本主义的批判。在他看来，一切共产主义的和社会主义的著作家都从这样的观察出发：一方面，甚至最顺利的辉煌行动看来都没有取得辉煌的结果，还蜕化为平庸的行动；另一方面，精神的一切进步到现在为止都是损害人类群众的进步，群众陷入了日益严重的非人境遇，即异化。傅立叶宣称，

---

① 马克思，恩格斯．马克思恩格斯文集：第1卷．北京：人民出版社，2009：156.
② 马克思，恩格斯．马克思恩格斯文集：第1卷．北京：人民出版社，2009：226.

“进步”是不能令人满意的抽象的空洞词句，欧文及其他人的著作已推测出文明世界的基本缺陷，也就是说，在资本主义发展中包含着工人的贫穷。因此，空想社会主义对现代社会的现实基础进行了深刻的批判。但是，空想社会主义存在着以下缺陷。

从哲学上来看，空想社会主义最初是从无神论开始的，但是，无神论最初根本不是共产主义。无神论的博爱最初还只是哲学的、抽象的博爱，共产主义的博爱则径直是现实的和直接追求实效的。无神论是以扬弃宗教作为自己的中介的人道主义，共产主义则是以扬弃私有财产作为自己的中介的人道主义。由此来看，“**无神论**，作为对这种非实在性的否定，已不再有任何意义，因为无神论是**对神的否定**，并且正是通过这种否定而设定**人的存在**；但是，社会主义作为社会主义已经不再需要这样的中介；它是从把人和自然界看做**本质**这种**理论上和实践上的感性意识**开始的。社会主义是人的不再以宗教的扬弃为中介的**积极的自我意识**，正像**现实生活**是人的不再以私有财产的扬弃即**共产主义**为中介的积极的现实一样。共产主义是作为否定的否定的肯定，因此，它是人的解放和复原的一个**现实的**、对下一段历史发展来说是必然的环节。**共产主义**是最近将来的必然的形态和有效的原则，但是，这样的共产主义并不是人类发展的目标，并不是人类社会的形态”①。当然，空想社会主义那里一直存在着唯物主义的传统，但是，这种唯物主义只是法国的唯物主义，连费尔巴哈都不满意这样的唯物主义，他将自己的哲学称为人道主义和自然主义。那么，对于共产主义来说，更需要一种新的唯物主义。这样，马克思就提出了将共产主义建立在新唯物主义基础上的问题。

从政治上来看，由于空想社会主义者不懂得劳动价值论，因此，他们不懂得工人阶级在实现共产主义过程中的主体地位和作用。马克思指出：“自我异化的扬弃同自我异化走的是同一条道路。最初，对**私有财产**只是从它的客体方面来考察，——但是劳动仍然被看成它的本质。因此，它的存在形式就是‘本身’应被消灭的**资本**。（蒲鲁东。）或者，劳动的**特殊方式**，即划一的、分散的因而是不自由的劳动，被理解为私有财产的**有害性**的根源，理解为私有财产同人相异化的存在的根源——**傅立叶**，他和重农学派一样，也把**农业劳动**看成至少是**最好的**劳动，而**圣西门**则相反，他把**工业劳动**本身说成本质，因此他渴望

① 马克思，恩格斯．马克思恩格斯文集：第 1 卷．北京：人民出版社，2009：197.

工业家**独占**统治，渴望改善工人状况。最后，**共产主义**是被扬弃了的私有财产的**积极**表现；起先它是作为**普遍的**私有财产出现的。”[①] 对此，马克思进一步提出，在实践中，一开始就和这种共产主义批判相适应的，是广大群众的运动，而过去的历史发展是与这个运动相对立的。

最后，马克思提出，人们只有了解英法两国工人的钻研精神、求知欲望、道德毅力和对自己的发展的孜孜不倦的追求，才能想象共产主义运动的合乎人道的崇高境界。这样，马克思就将工人阶级作为实现共产主义的主体。

通过上述的批判性工作，马克思廓清了共产主义的理论地平线。当然，共产主义的科学理论基础是在《德意志意识形态》以后的一系列科学著作中奠定的。

从理论内容来看，揭示异化在资本主义社会中的生成和表现，揭示异化在共产主义社会的消除和克服，是“巴黎手稿”的两个基本主题。其实归结到一点，就是异化的产生和消除的问题。围绕着异化问题，马克思进一步廓清了共产主义的理论地平线。

“异化”这个概念在马克思之前的哲学著作中就曾使用，德国古典哲学中也广泛使用这一概念。在黑格尔那里，作为世界的构成原则和发展动力，异化具有积极性和消极性双重含义。黑格尔讲述过自我异化的精神世界，并对异化进行了唯心主义的解释。黑格尔认为，绝对理念自我异化为自然界，然后到精神中，又重新回到自身。但是，在社会问题上，黑格尔只看到了劳动的积极作用，没有看到劳动的消极作用。在《精神现象学》中，黑格尔已经理解了人的异化，看到了宗教、财富等规定人类生活的对象实际上是属于人的，是人的本质的对象化。“黑格尔的《**现象学**》及其最后成果——辩证法，作为推动原则和创造原则的否定性——的伟大之处首先在于，黑格尔把人的自我产生看做一个过程，把对象化看做非对象化，看做外化和这种外化的扬弃；可见，他抓住了**劳动**的本质，把对象性的人、现实的因而是真正的人理解为人**自己的劳动**的结果。”[②] 这样，黑格尔就将劳动看作人的自我确认的本质。但是，黑格尔仅承认劳动是抽象的精神的劳动，并且只看到劳动的积极方面，没有看到劳动的消极方面，更不可能对资本主义异化劳动展开批判。

针对黑格尔从唯心主义角度来阐释异化，费尔巴哈从唯物主义的角度对其进行了一定的批判和改造。费尔巴哈将异化归结为人与人的类本质的特性的异

① 马克思，恩格斯．马克思恩格斯文集：第1卷．北京：人民出版社，2009：182－183.

② 马克思，恩格斯．马克思恩格斯文集：第1卷．北京：人民出版社，2009：205.

化。这种类本质是从人特有的自然本性中抽象出来的共同特性。这里，费尔巴哈立足于生物学的人，用物质的、肉体的人取代了黑格尔的绝对理念。在费尔巴哈看来，人创造了神，并将神看作世界的创造者。这样，人在尘世中就不得不接受神的主宰，采取一种和人的本质相异化的生活方式，而真正适合人的本质的类的生活方式只存在于宗教幻想之中。这样，费尔巴哈在用唯物主义改造黑格尔异化思想的同时，又将异化的概念归结为抽象的人的自然本质的异化，忽视了人的真正本质在于其社会性，而忽视了人的社会本质，也就忽视了异化这个概念本身所包含的重要的社会内容。

之所以出现这样的局限性，主要是因为费尔巴哈并没有看到自然科学和工业的伟大作用，不懂得实践及其伟大作用。事实上，“**工业**的历史和工业的已经生成的**对象性的**存在，是一本**打开了的关于人的本质力量**的书，是感性地摆在我们面前的人的**心理学**”[①]。大工业的发展不仅创造了巨大的生产力，还激发了人的本质能量，提高了人的能力。同时，“自然科学却通过工业日益**在实践上**进入人的生活，改造人的生活，并为人的解放作准备，尽管它不得不直接地使非人化充分发展”[②]。自然科学的发展与人的现实生活联系十分密切，可以为人的解放创造重要条件。显然，自然科学和大工业的发展也为马克思全面扬弃黑格尔和费尔巴哈的异化概念奠定了重要的实践基础。

在充分掌握黑格尔和费尔巴哈关于异化概念的思想的基础上，马克思批判地继承和发展了异化的概念。在批判黑格尔从唯心主义角度阐述异化概念的同时，马克思积极吸收了黑格尔辩证法的积极成果，并运用辩证法全面阐述了异化概念，并提出了异化劳动理论。同时，虽然费尔巴哈对黑格尔的异化概念的改造对马克思产生了积极的影响，马克思也肯定了费尔巴哈对唯物主义的贡献，但是马克思并没有将异化仅局限于自然领域，而是将其用来研究资本主义社会的生产关系和社会生活。

马克思首先从资本主义生产过程中引出异化，并把异化解释成人们的现实的社会关系和社会交往的一种形式。在此情形下，人们的劳动及其成果直接受异己的外部力量的支配，而经济领域的异化则是包括精神文化领域在内的一切领域的异化的基础。从现实生活出发，马克思进一步指出了劳苦大众必须和产生这种异化的不公正、不人道的资本主义私有制做现实的、坚决的斗争，而不

---

① 马克思，恩格斯．马克思恩格斯文集：第 1 卷．北京：人民出版社，2009：192.

② 马克思，恩格斯．马克思恩格斯文集：第 1 卷．北京：人民出版社，2009：193.

是像黑格尔及其追随者那样在观念领域进行思想斗争。这样，马克思就既克服了黑格尔关于异化主要存在于精神领域的片面观点，也克服了费尔巴哈关于异化主要集中在自然领域的片面观点，还推翻了资产阶级经济学关于资本主义生产方式的合理性和永恒性的错误观点。

这样，在破解异化难题的过程中，马克思深入研究了异化劳动和私有制的纠结，以及共产主义对异化的扬弃等重要问题，为人们科学理解异化奠定了重要的理论基础，从而确立了共产主义的理论地平线。

3. 私有制度与异化劳动的产生和表现

由于明确意识到了国民经济学的局限性，在从经济事实出发进行分析的过程中，在批判地改造德国古典哲学关于异化的概念的基础上，马克思提出了异化劳动概念，并用其剖析资本主义的经济关系和社会关系，深刻论述了异化劳动和私有制的辩证关系。

“异化”释义

异化（entfremdung）这个词，与外化（entäußerung）一样，源于希腊语allotriwsiz和法语alienatio等表达“他者化”这一含义的德语译词，在中世纪的德语中即已存在。异化这个词，有人认为其本义是成为他者，表示一种他者的存在方式之状态。另外，同义词apallotriouu，abalienare，有人倾向于认为其含义是将属于自己的东西让渡于他者，这些古典语词也同样被译为enf-fremdem，entäußern。

在英法意国家，alienatio和abalienatio都是用相同的译词（alienation，aliénation，alienazione）来表现。在德语中，则存在entfremdung，entäußerung，veräußerung（让渡）这样三个不同译词的情况。这三个德语词，特别是后两个词，既存在着作为同义词使用的场合，此外，作为日常用语，entfremdung还存在着“疏远、不和”等意思，entäußerung被用在“死心、放弃”等轻微程度上使用的场合。无论如何，entfremdung和entäußerung原本是同一个词的不同译法。

Entäußerung这个词作为学术用语被规定下来，是通过对在英法的社会契约论和经济理论中所发现的自然权利的aliénation和物品的alienation这一表现的翻译。

> 在哲学领域最早对异化论展开论述的是费希特。但是，他使用的是 entäußerung 一词。
>
> 在《耶拿实在哲学》中，黑格尔开始使用 entäußerung 一词。他最初使用 entäußerung 一词，与“劳动是此岸的自我物化”（die Arbeit ist das diesseitige Sich-zum-Dinge-Machen）这种理解相即不离，黑格尔把“劳动是此岸的自我物化”改称为“外化”。
>
> 马克思在手稿中往往并列使用两个德文术语 entfremdung（异化）和 entäußerung（外化）来表示异化这一概念。这遵循了“异化”的原义。但是，他有时赋予 entäußerung 另一种意义，例如，用于表示交换活动，从一种状态向另一种状态转化，就是说，用于表示那些并不意味着敌对性和异己性的关系的经济现象和社会现象。①

异化劳动或劳动异化，是由于占有而呈现出的异化或者外化。资本主义的经济事实表明：“劳动所生产的对象，即劳动的产品，作为一种**异己的存在物**，作为**不依赖于**生产者的**力量**，同劳动相对立。劳动的产品是固定在某个对象中的、物化的劳动，这就是劳动的**对象化**。劳动的现实化就是劳动的对象化。在国民经济的实际状况中，劳动的这种现实化表现为工人的**非现实化**，对象化表现为**对象的丧失**和**被对象奴役**，占有表现为**异化**、**外化**。”② 异化劳动展现的是一种敌对的劳动关系，是通过四个规定或四个环节呈现出来的。

异化劳动的第一个表现是劳动产品与劳动者相异化。在资本主义社会中，工人被剥夺了最必要的对象，不仅包括生活的对象，而且包括劳动的必要对象。对对象的占有竟表现为如此的异化，这也是资本主义社会异化的最直接的表现。

与资产阶级经济学家从虚构的现实出发不同的是，马克思考察资本主义社会始终坚持从当前的国民经济事实出发。马克思严正地指出，在资本主义社会中，“工人生产的财富越多，他的生产的影响和规模越大，他就越贫穷。工人创造的商品越多，他就越变成廉价的商品。物的世界的**增值**同人的世界的**贬值**成正比。劳动生产的不仅是商品，它还生产作为**商品**的劳动自身和工人，而且

---

① 广松涉．唯物史观的原像．南京：南京大学出版社，2009：201－204；马克思，恩格斯．马克思恩格斯文集：第 1 卷．北京：人民出版社，2009：783－784.

② 马克思，恩格斯．马克思恩格斯文集：第 1 卷．北京：人民出版社，2009：156－157.

是按它一般生产商品的比例生产的”[①]。可见，本是劳动者创造的商品，却成为统治他们的工具；本应归劳动者所有的财富，却和他们没有任何关系，而是归资本家所有。甚至连劳动者本身都成为商品，被资本家进行生产和交换。异化的实质是物的世界的增值同人的世界的贬值成正比关系。因此，工人的艰辛劳动所创造的产品不归自己所有，无法让自己和家人改变贫困的状况，过上满足温饱需求的生活。在实践中，“按照国民经济学的规律，工人在他的对象中的异化表现在：工人生产的产品越多，他能够消费的越少；他创造的价值越多，他自己越没有价值、越低贱；工人的产品越完美，工人自己越畸形；工人创造的对象越文明，工人自己越野蛮；劳动越有力量，工人越无力；劳动越机巧，工人越愚笨，越成为自然界的奴隶”[②]。通过这样鲜明的对比，或者矛盾双方的截然对立，马克思揭示出，资本主义社会人与人之间的关系是一种对立和敌对的关系，资本主义社会是一个全面异化的社会。在此基础上，马克思还提出了异化消费的思想，工人生产的产品越多，他们能够消费的越少。

在这个过程中，马克思明确揭示出自然对人的前提性和条件性。“没有**自然界**，没有**感性的外部世界**，工人什么也不能创造。自然界是工人的劳动得以实现、工人的劳动在其中活动、工人的劳动从中生产出和借以生产出自己的产品的材料。”[③] 自然界既是生产资料的来源，也是生活资料的来源。这样，马克思就从生产活动的角度揭示出了自然界的客观性，这体现了马克思的唯物主义立场。

但是，由于不考察工人（劳动）同产品的直接关系，国民经济学就掩盖了劳动本质的异化。这样，就充分暴露了国民经济学的局限性。

异化劳动的第二个表现是劳动本身同劳动者本人相异化，即劳动行为的异化。

劳动行为的异化讲的是劳动过程中劳动与生产行为的关系。在资本主义社会中，“劳动对工人来说是**外在的东西**，也就是说，不属于他的本质；因此，他在自己的劳动中不是肯定自己，而是否定自己，不是感到幸福，而是感到不幸，不是自由地发挥自己的体力和智力，而是使自己的肉体受折磨、精神遭摧残。因此，工人只有在劳动之外才感到自在，而在劳动中则感到不自在，他在不劳动时觉得舒畅，而在劳动时就觉得不舒畅。因此，他的劳动不是自愿的劳

① 马克思，恩格斯．马克思恩格斯文集：第1卷．北京：人民出版社，2009：156.
② 马克思，恩格斯．马克思恩格斯文集：第1卷．北京：人民出版社，2009：158.
③ 马克思，恩格斯．马克思恩格斯文集：第1卷．北京：人民出版社，2009：158.

动，而是被迫的**强制劳动**”①。马克思揭示出，在资本主义社会，劳动仅仅是一种谋生的手段，而不是人的第一需要，这使得人与其他动物没有了区别。

在此基础上，马克思进一步揭示出了消费的异化。人只有在运用吃、喝、生殖、居住、修饰等动物机能时，才觉得自己在自由活动，而在运用人的机能时，觉得自己只不过是动物。动物的东西成为人的东西，而人的东西成为动物的东西。当然，吃、喝、生殖等也是人固有的机能，但是如果简单地、抽象地将这些机能当成人存在的最终目的，那它们就是动物的机能。换言之，人的存在和发展需要吃喝住穿，但是不能简单地等同于吃喝住穿，不能将作为手段的满足人的生存的消费当作最终目的。当然，在资本主义条件下，消费异化也表现在资本家追求的炫耀性和挥霍性的消费上。例如，“经营矿物的商人只看到矿物的商业价值，而看不到矿物的美和独特性；他没有矿物学的感觉”②。在晚期资本主义，用消费上的量的同一性遮蔽和掩盖了消费上的质的差别性，从而充分暴露了资产阶级社会的腐朽性和反动性。

显然，劳动产品的异化是生产中的物的异化，劳动行为的异化是人本身的自我异化，是人本质的一种异化。在资本主义社会，人的劳动是一种被动的劳动、异化的劳动，而并非真正的自由的劳动，甚至成为资本家奴役人和压迫人的手段和工具。

异化劳动的第三个表现是人与人的类本质相异化。这里，马克思借用了费尔巴哈的类本质的概念。类是人的一种共同性，人的类本质就是生产劳动。这是人与其他物种的根本区别。

“类本质”释义

类本质（gattungswesen）是费尔巴哈在讲到人的本质时运用的一个术语。

在研究人的时候，费尔巴哈将人区分为个体和类。在一般的意义上，人的类本质是指人类作为一个整体所具有的本质特征，表明人类与动物之间的区别。在具体的意义上，费尔巴哈认为，类本质指的是人作为人先天具有的以性本能为主要内容的类本能。显然，费尔巴哈没有从人的社会性的高度来把握和理解人的共同性。

在《手稿》中，马克思用类本质来指代人的生产劳动。因此，这是一个具有人本主义痕迹的概念。

---

① 马克思，恩格斯．马克思恩格斯文集：第1卷．北京：人民出版社，2009：159.

② 马克思，恩格斯．马克思恩格斯文集：第1卷．北京：人民出版社，2009：192.

作为类存在物，人把自身的类和其他物的类作为自己的对象，既在理论上把握类，也在实践上把握类。在这个过程中，人把自身当作现有的、有生命的类来对待，因为人把自身当作普遍的因而也是自由的存在物来对待。

在论述人与人的类本质相异化时，马克思将人与自然的异化作为一个重要方面展开论述，揭示了人与自然的辩证关系。对于作为类存在物的人而言，自然界是一种多维的存在，具有多重的价值。“从理论领域来说，植物、动物、石头、空气、光等等，一方面作为自然科学的对象，一方面作为艺术的对象，都是人的意识的一部分，是人的精神的无机界，是人必须事先进行加工以便享用和消化的精神食粮；同样，从实践领域来说，这些东西也是人的生活和人的活动的一部分。”① 马克思认为，自然界不仅是劳动的对象，还是科学研究的对象，也是艺术的对象。劳动是对自然的加工和改造的过程，科学和艺术也是对自然的加工和改造的过程，只是这种加工和改造的方式不同而已。对于人自身而言，“自然界，就它自身不是人的身体而言，是人的**无机的身体**。人靠自然界**生活**。这就是说，自然界是人为了不致死亡而必须与之处于持续不断的交互作用过程的、人的**身体**。所谓人的肉体生活和精神生活同自然界相联系，不外是说自然界同自身相联系，因为人是自然界的一部分”②。可见，人的发展是有自然前提的。作为人的生命活动的对象和工具，自然界为人的发展提供了生活资料，成为人的无机的身体，即人的一部分。同时，人的全部生活都要依赖于自然界，人是从自然界中产生和发展的，因此，人又是自然界的一部分。

在劳动实践的过程中，人应该尊重客观规律能动地改造自然界，进而使自然界更好地满足自己的生存和发展，即在利用和改造自然的过程中必须坚持合目的性和合规律性的统一。这也是人与其他动物的本质区别，是人的类本质的体现。“动物只生产它自己或它的幼仔所直接需要的东西；动物的生产是片面的，而人的生产是全面的；动物只是在直接的肉体需要的支配下生产，而人甚至不受肉体需要的影响也进行生产，并且只有不受这种需要的影响才进行真正的生产；动物只生产自身，而人再生产整个自然界；动物的产品直接属于它的肉体，而人则自由地面对自己的产品。动物只是按照它所属的那个种的尺度和需要来构造，而人却懂得按照任何一个种的尺度来进行生产，并且懂得处处都把固有的尺度运用于对象；因此，人也按照美的规律来构造。”③ 通过比较动

---

① 马克思，恩格斯．马克思恩格斯文集：第1卷．北京：人民出版社，2009：161.
② 马克思，恩格斯．马克思恩格斯文集：第1卷．北京：人民出版社，2009：161.
③ 马克思，恩格斯．马克思恩格斯文集：第1卷．北京：人民出版社，2009：162－163.

物生产和人的生产，马克思揭示出，美是合规律性和合目的性的统一、内在尺度和外在尺度的统一，因此，在实践的过程中，必须坚持合规律性和合目的性的统一、种的尺度和人的尺度的统一。这里，马克思还鲜明地提出了人化自然的概念。人化自然就是人类再生产出来的自然。正是通过实践创造对象世界，改造无机界，人证明自己就是有意识的类存在物，即一种能动性的存在物。

然而，在资本主义社会中，人和自然之间的统一被割裂，异化劳动使人与自然界发生了异化，自然界仅仅成为人们索取和掠夺的对象，而并非人的无机的身体。事实上，作为人的无机的身体，自然就是人的有机的身体。在此基础上，马克思指出："异化劳动，由于（1）使自然界同人相异化，（2）使人本身，使他自己的活动机能，使他的生命活动同人相异化，因此，异化劳动也就使**类**同人相异化；对人来说，异化劳动把**类生活**变成维持个人生活的手段。第一，它使类生活和个人生活异化；第二，它把抽象形式的个人生活变成同样是抽象形式和异化形式的类生活的目的。"[①] 可见，异化劳动将劳动仅仅变成了个人谋生的手段，使得人与人的类本质相异化。这样，人们的劳动堕落为从事单纯的物质生产，成为养家糊口的活动，这使人们丧失了精神生活，丧失了对自然的科学的和艺术的把握。

异化劳动的第四个表现是人与人的关系相异化。在这种关系中，人与人之间的关系成为地狱关系，他人成为自己的地狱。

在异化劳动前三个表现的基础上，人与人的关系发生了异化，即一部分人可以利用手中的生产资料，无偿地占有另一部分人的劳动，进而剥削和奴役这一部分人。"人同自己的劳动产品、自己的生命活动、自己的类本质相异化的直接结果就是**人同人相异化**。当人同自身相对立的时候，他也同**他**人相对立。凡是适用于人对自己的劳动、对自己的劳动产品和对自身的关系的东西，也都适用于人对他人、对他人的劳动和劳动对象的关系。"[②] 异化劳动导致了人与自己以及与他人的异化，即导致了人与人的关系的异化。在此情形下，人对自身的任何关系，只有通过对他人的关系才得到实现和确认，人自身失去了独立性。人与人的异化，也导致了阶级与阶级之间的对立，进而导致阶级冲突，为最终消除异化提供了手段。同时，"如果劳动产品不是属于工人，而是作为一种异己的力量同工人相对立，那么这只能是由于产品属于**工人之外的他人**。如果工人的活动对

---

① 马克思，恩格斯．马克思恩格斯文集：第 1 卷．北京：人民出版社，2009：161－162.

② 马克思，恩格斯．马克思恩格斯文集：第 1 卷．北京：人民出版社，2009：163－164.

他本身来说是一种痛苦，那么这种活动就必然给他人带来**享受**和生活乐趣。不是神也不是自然界，只有人自身才能成为统治人的异己力量”[①]。可见，异化的最终根源是人与人的关系的异化，是人的社会关系的异化。

在异化劳动的条件下，每个人都按照他自己作为工人所具有的那种尺度和关系来观察他人，处理与他人的关系。这样，工人与劳动的关系，就生产出资本家与这个劳动的关系。

在论述异化劳动四个表现或四个规定的基础上，马克思深刻揭露了资产阶级社会中资本和劳动的根本对立，阐述了异化劳动和私有制之间的复杂关系。“**私有财产**是**外化劳动**即工人对自然界和对自身的外在关系的产物、结果和必然后果。”[②] 这样，马克思通过自己的分析，就从外化劳动这一概念，即从外化的人、异化劳动、异化的生命、异化的人的概念中，得出了私有财产的概念。这里，马克思还没有完全厘清私有财产和异化劳动的真实的辩证关系，认为私有财产是异化劳动的结果。事实上，这是倒果为因的观点。但是，他对其也并非十分确定，不过他进一步探讨了两者的关系。“诚然，我们从国民经济学得到作为**私有财产运动**之结果的**外化劳动**（**外化的生命**）这一概念。但是，对这一概念的分析表明，尽管私有财产表现为外化劳动的根据和原因，但确切地说，它是外化劳动的后果，正像神**原先**不是人类理智迷误的原因，而是人类理智迷误的结果一样。后来，这种关系就变成相互作用的关系。”[③] 马克思既将私有财产作为异化劳动的结果，又将其视为异化劳动的原因，即强调两者是相互作用的复杂关系。二者究竟是谁决定谁呢？马克思在这里并没有给出明确的答案。“私有财产只有发展到最后的、最高的阶段，它的这个秘密才重新暴露出来，就是说，私有财产一方面是外化劳动的**产物**，另一方面又是劳动借以外化的**手段**，**是这一外化的实现**。”[④] 这表明私有财产不仅是异化劳动的产物，而且进一步强化了异化劳动，是异化劳动的表现形式。

从整体上看，马克思在《手稿》中尤其是在笔记本Ⅰ中并没有形成关于私有财产和异化劳动的科学关系的成熟思想。事实上，应该是私有财产导致了异化劳动，而不是相反。就这点而言，《手稿》尤其是笔记本Ⅰ具有不成熟性。但是，马克思已经明确论述了异化劳动给工人阶级带来的灾难性后果，提出要

---

① 马克思，恩格斯．马克思恩格斯文集：第1卷．北京：人民出版社，2009：165.
② 马克思，恩格斯．马克思恩格斯文集：第1卷．北京：人民出版社，2009：166.
③ 马克思，恩格斯．马克思恩格斯文集：第1卷．北京：人民出版社，2009：166.
④ 马克思，恩格斯．马克思恩格斯文集：第1卷．北京：人民出版社，2009：166.

消灭异化劳动，必须扬弃私有财产。由于马克思明确提出了扬弃私有财产的结论，将消灭私有财产和实现共产主义联系了起来，因此，我们又可以说，《手稿》具有成熟性。

总之，通过对异化劳动和私有制的分析，马克思已经意识到两者之间的复杂联系，为他之后科学揭示两者的辩证关系打下了一定的基础。事实上，马克思已经从经济事实中发现了共产主义的必然性。

4. 共产主义与异化劳动的扬弃和克服

在全面揭示异化劳动的规定之后，马克思不仅论述了异化劳动和共产主义的关系，而且从多个角度论述了共产主义的特征和要求，阐述了自己的共产主义观，为我们全面理解和掌握共产主义打开了一扇新的大门。

马克思写作《1844 年经济学哲学手稿》手迹

共产主义是对私有财产的积极扬弃。通过考察异化劳动与工人本身的关系，我们可以发现，“这一关系的产物或必然结果是**非工人**对**工人和劳动**的**财产关系**。**私有财产**作为外化劳动的物质的、概括的表现，包含着这两种关系：**工人对劳动、对自己的劳动产品**和对**非工人的关系**，以及**非工人对工人**和**工人的劳动产品**的关系”①。但是，无产和有产的对立，只要还没有被理解为劳动和资本的对立，它就还是一种无关紧要的对立。到了资本主义社会，这种有产和无产的对立，上升为资本和劳动的对立，到了不可调和的地步。这样，扬弃私有财产就被提上了议事日程。因此，“**共产主义**是被扬弃了的私有财产的**积极**表现；起先它是作为**普遍的**私有财产出现的”②。对私有财产的最初的积极

① 马克思，恩格斯．马克思恩格斯文集：第 1 卷．北京：人民出版社，2009：168.

② 马克思，恩格斯．马克思恩格斯文集：第 1 卷．北京：人民出版社，2009：183.

的扬弃，只是从私有财产的普遍性来看私有财产，因此，这是一种粗陋的共产主义，不过是私有财产的卑鄙性的一种表现形式，这种私有财产力图把自己设定为积极的共同体。科学的共产主义绝不是这种共产主义。通过对历史运动的考察，“不难看到，整个革命运动必然在**私有财产**的运动中，即在经济的运动中，为自己既找到经验的基础，也找到理论的基础”①。这就表明，马克思已经开始从经济运动的必然性中寻求共产主义的根据和出路。

马克思用两性关系进一步说明了这一点。人对人的直接的、自然的、必然的关系是男人对妇女的关系。“把**妇女**当做共同淫欲的**虏获物**和婢女来对待，这表现了人在对待自身方面的无限的退化，因为这种关系的秘密在**男人**对**妇女**的关系上，以及在对**直接的**、**自然的**类关系的理解方式上，都**毫不含糊地**、确凿无疑地、**明显地**、露骨地表现出来。”② 这种占有其实就是异化。因此，从两性关系就可以判断出人的整体的文化教养程度。

在此基础上，在《穆勒评注》中，马克思提出，私人所有的外化就是交往的异化。进而，他在《共产党宣言》中提出，共产党人可以把自己的理论概括为一句话：消灭私有制。因为，存在私有财产和私有制，就必然存在剥削，存在一个阶级对另一个阶级的压迫。同时，《共产党宣言》指出：“共产主义并不剥夺任何人占有社会产品的权力，它只剥夺利用这种占有去奴役他人劳动的权力。”③ 这就是说，在消灭私有财产和私有制的基础上，共产主义还必须消灭一无所有，让全体社会参与共同占有和享用社会财富。这就表明了共产主义对私有财产的消除之道。

具体而言，资本主义私有制和异化劳动给工人阶级和整个人类带来灾难性后果。要消除这种灾难，工人阶级必须采取革命运动，消灭资本主义私有制，使自身和全人类获得解放。“对异化的扬弃只有通过付诸实行的共产主义才能完成。要扬弃私有财产的**思想**，有**思想上的**共产主义就完全够了。而要扬弃现实的私有财产，则必须有**现实的**共产主义行动。历史将会带来这种共产主义行动，而我们**在思想中**已经认识到的那正在进行自我扬弃的运动，在现实中将经历一个极其艰难而漫长的过程。”④ 可见，马克思不仅强调了要从思想和行动

---

① 马克思，恩格斯．马克思恩格斯文集：第1卷．北京：人民出版社，2009：186.

② 马克思，恩格斯．马克思恩格斯文集：第1卷．北京：人民出版社，2009：184.

③ 马克思，恩格斯．马克思恩格斯文集：第2卷．北京：人民出版社，2009：47.

④ 马克思，恩格斯．马克思恩格斯文集：第1卷．北京：人民出版社，2009：231-232.

等不同角度来理解和推进共产主义，还明确指出了共产主义发展的长期性和艰难性，认为共产主义不可能一蹴而就。

同时，马克思充分肯定了工人阶级在实现共产主义中的作用。“当法国社会主义工人联合起来的时候，人们就可以看出，这一实践运动取得了何等光辉的成果。吸烟、饮酒、吃饭等等在那里已经不再是联合的手段，不再是联系的手段。交往、联合以及仍然以交往为目的的叙谈，对他们来说是充分的；人与人之间的兄弟情谊在他们那里不是空话，而是真情，并且他们那由于劳动而变得坚实的形象向我们放射出人类崇高精神之光。”① 只有诉诸无产阶级，共产主义运动才能不断发展。这不仅表明了马克思对资本主义制度下的工人抱有深切的同情，也表明他看到了工人阶级是推翻资本主义制度、建立共产主义社会的强大力量。当然，当时的马克思尚未从经济发展规律和社会发展主体相统一的高度看待这一问题。最为关键的是，当时的马克思还没有看到，无产阶级是代表先进生产力发展要求的阶级，能够建立起与先进生产力相适应的先进生产关系。

共产主义是人的本质的真正回归。由于私有制和异化造成了人的类本质的异化，因此，共产主义必须回归到人的本质中去。在马克思看来，“**共产主义**是对**私有财产**即**人的自我异化**的**积极的**扬弃，因而是通过人并且为了人而对**人的**本质的真正**占有**；因此，它是人向自身、也就是向**社会的**即合乎人性的人的复归，这种复归是完全的复归，是自觉实现并在以往发展的全部财富的范围内实现的复归”②。在扬弃私有财产的同时，共产主义还必须消灭人的自我异化，进而实现人的发展的总体性和全面性。“在被积极扬弃的私有财产的前提下，人如何生产人——他自己和别人；直接体现他的个性的对象如何是他自己为别人的存在，同时是这个别人的存在，而且也是这个别人为他的存在。但是，同样，无论是劳动的材料还是作为主体的人，都既是运动的结果，又是运动的出发点（并且二者必须是这个**出发点**，私有财产的历史必然性就在于此）。因此，**社会**性质是整个运动的普遍性质；**正像**社会本身生产作为**人的人**一样，社会也是由人**生产**的。活动和享受，无论就其内容或就其**存在方式**来说，都是**社会的**活动和**社会的**享受。”③ 可见，人在生产劳动中，不仅生产了产品，而且生产了社会，进而通过社会生产了人自身。因此，人的社会性是人的根本特性。当

① 马克思，恩格斯．马克思恩格斯文集：第 1 卷．北京：人民出版社，2009：232.
② 马克思，恩格斯．马克思恩格斯文集：第 1 卷．北京：人民出版社，2009：185.
③ 马克思，恩格斯．马克思恩格斯文集：第 1 卷．北京：人民出版社，2009：187.

然，消灭私有财产和消灭人的自我异化是同步的，因为人的自我异化的产生根源就是私有财产。“如果我们把**共产主义**本身——因为它是否定的否定——称为对人的本质的占有，而这种占有以否定私有财产作为自己的中介，因而还不是**真正的**、从自身开始的肯定，而只是从私有财产开始的肯定”①。从人的社会性看，共产主义是人的本质的真正占有，必须实现人性在更高层次上的复归。

当然，这种复归是在以往发展的全部财富的范围内的复归，是对资本主义社会的积极扬弃。为此，马克思还批判了那种粗陋的、平均的共产主义的思想。“粗陋的共产主义者不过是充分体现了这种忌妒和这种从**想象的**最低限度出发的平均主义。他具有一个**特定的、有限制的**尺度。对整个文化和文明的世界的抽象否定，向**贫穷的**、需求不高的人——他不仅没有超越私有财产的水平，甚至从来没有达到私有财产的水平——的**非自然的**［IV］简单状态的倒退，恰恰证明对私有财产的这种扬弃决不是真正的占有。”② 可见，平均的共产主义还没有达到私有制的水平，更谈不上要扬弃私有制。因此，这种共产主义并非科学的共产主义，而是对真正的共产主义的拙劣模仿。从这个意义上看，共产主义绝非简单地消灭私有制，实行平均主义，而是要在扬弃私有制的基础上，重建个人所有制，实现生产力的极大发展和人民精神的极大丰富，促进和实现人的自由而全面的发展。

共产主义将实现自然主义和人道主义的统一，实现人与自然的真正和解。在费尔巴哈那里，由于不懂得实践，因而割裂了人道主义和自然主义的关系。在《穆勒评注》中，通过对交往异化的分析，马克思得出了社会关系异化的概念。在此基础上，马克思对共产主义的理解达到了一个新的高度。“这种共产主义，作为完成了的自然主义，等于人道主义，而作为完成了的人道主义，等于自然主义，它是人和自然界之间、人和人之间的矛盾的**真正**解决，是存在和本质、对象化和自我确证、自由和必然、个体和类之间的斗争的真正解决。它是历史之谜的解答，而且知道自己就是这种解答。”③ 这里，完成了的自然主义就是彻底的自然主义，强调在考虑自然问题时将人包括进来；完成了的人道主义就是彻底的人道主义，强调在考虑人的问题时把自然界包括进来。在共产

① 马克思，恩格斯．马克思恩格斯文集：第1卷．北京：人民出版社，2009：231.
② 马克思，恩格斯．马克思恩格斯文集：第1卷．北京：人民出版社，2009：184.
③ 马克思，恩格斯．马克思恩格斯文集：第1卷．北京：人民出版社，2009：185-186.

主义社会中，将真正实现人和自然的和解与统一。同时，“自然界的**人的**本质只有对**社会的**人来说才是存在的；因为只有在社会中，自然界对人来说才是人与**人联系的纽带**，才是他为别人的存在和别人为他的存在，只有在社会中，自然界才是人自己的**合乎人性的**存在的**基础**，才是人的现实的生活要素。只有在社会中，人的**自然的**存在对他来说才是人的**合乎人性的**存在，并且自然界对他来说才成为人。因此，**社会**是人同自然界的完成了的本质的统一，是自然界的真正复活，是人的实现了的自然主义和自然界的实现了的人道主义”[①]。可见，人与自然的关系是人在社会实践中形成的，人将自身的价值尺度和内在尺度运用于自然界，将自然界看成人自身的一部分。

共产主义将建立在劳动实践的基础之上，将实现人的真正的自由的劳动。劳动实践对于人类文明和历史进步具有重大意义。“因为对社会主义的人来说，**整个所谓世界历史**不外是人通过人的劳动而诞生的过程，是自然界对人来说的生成过程，所以关于他通过自身而**诞生**、关于他的**形成过程**，他有直观的、无可辩驳的证明。”[②] 整个世界历史，即整个人类社会发展史都是人通过劳动，通过对自然界进行相互作用而形成和发展起来的。劳动是人的本质属性，是人的有意识的生命活动，创造了人类社会的全部物质财富和精神财富。在劳动实践的基础上，“社会主义是人的不再以宗教的扬弃为中介的**积极的自我意识**，正像**现实生活**是人的不再以私有财产的扬弃即**共产主义**为中介的积极的现实一样。共产主义是作为否定的否定的肯定，因此，它是人的解放和复原的一个**现实的**、对下一段历史发展来说是必然的环节。**共产主义**是最近将来的必然的形态和有效的原则，但是，这样的共产主义并不是人类发展的目标，并不是人类社会的形态”[③]。这里，马克思从否定之否定的角度论证共产主义实现的必然性，强调共产主义是实现人的解放的一个中介和环节。共产主义社会将消灭异化劳动，劳动将是人的类本质的实现，成为满足人的内在需要的自由劳动。

总之，关于共产主义的论述是《手稿》中的重要论题，表明了马克思对革命实践的追求。就其理论内容来看，马克思主义就是科学共产主义理论。

---

① 马克思，恩格斯．马克思恩格斯文集：第 1 卷．北京：人民出版社，2009：187.
② 马克思，恩格斯．马克思恩格斯文集：第 1 卷．北京：人民出版社，2009：196.
③ 马克思，恩格斯．马克思恩格斯文集：第 1 卷．北京：人民出版社，2009：197.

5. 科学共产主义理论的秘密发生地

“巴黎手稿”既不是马克思思想不成熟的作品，也不是马克思思想成熟的标志，而是体现马克思思想转变和转折的历史文献。换言之，“巴黎手稿”包含了马克思思想发展、马克思主义思想发展的“基因”和“秘密”。

从其思想主题来看，通过对异化的批判，马克思的旨趣是达至共产主义。马克思在《手稿》中提出：“现在让我们超出国民经济学的水平，试从前面几乎是用国民经济学家的原话所作的论述出发，来回答以下两个问题：（1）把人类的最大部分归结为抽象劳动，这在人类发展中具有什么意义？（2）主张细小改革的人不是希望**提高**工资并以此来改善工人阶级的状况，就是（像蒲鲁东那样）把工资的**平等**看做社会革命的目标，他们究竟犯了什么错误？**劳动**在国民经济学中仅仅以**谋生活动**的形式出现。”① 这里需要注意的问题是：第一，把人类的最大部分归结为抽象劳动也就是将人类的大多数归结为无产阶级，这样，就突出了无产阶级的历史主体地位，那么，马克思提出的第一个问题其实就是这样一个问题：无产阶级的出现对人类解放具有什么意义？第二，既然不能将工资的提高和平等作为无产阶级革命的目标，那么，马克思提出的第二个问题的实质就是这样的问题：无产阶级获得解放的现实途径是什么？是所有制的问题，还是分配的问题？第三，在国民经济学中劳动仅仅以谋生活动的形式出现，而没有看到劳动对于无产阶级解放的意义，这样，马克思就提出了这样的问题：无产阶级获得人类解放的可能性是什么？将这几个问题归结到一点，其实就是阶级解放的问题，尤其是无产阶级解放的问题。

在《〈黑格尔法哲学批判〉导言》中，马克思不满意青年黑格尔派将人的解放归结为“宗教解放”，明确将政治解放作为人的解放的重要环节，将实现普遍的人的解放作为目的。在《手稿》中，马克思突出了阶级解放的问题。假如说人的解放就是指将人从宗教的支配中解放出来，政治解放是指将国家从宗教的支配中解放出来，那么，阶级解放就是指将人从阶级支配中解放出来，尤其是将无产阶级从资产阶级的支配中解放出来。后来，在马克思思想的发展中，揭示出了这样一个真实的逻辑：私有制是造成一切支配的最终根源。因此，只

---

① 马克思，恩格斯．马克思恩格斯文集：第1卷．北京：人民出版社，2009：124.

有消灭生产资料私有制，才能消除阶级支配，进而才能消灭宗教和国家等外部异己的力量，最终才能使无产阶级获得解放。这样，才能真正实现人的解放。当然，无产阶级是以解放全人类为己任的。在总体上，马克思认为，无产阶级是实现人类解放的主体，消灭私有制是无产阶级实现解放的现实途径，自由劳动是无产阶级获得解放的可能性。显然，“巴黎手稿”第一次明确将实现无产阶级的解放确定为马克思主义的历史使命。这里提出的问题，不仅构成了整个“巴黎手稿”的思想主题，而且构成了整个马克思主义的思想主题。脱离无产阶级解放的马克思主义，不是科学的马克思主义；脱离无产阶级解放的共产主义，不是科学的共产主义。

从其哲学立场来看，通过“实践的人道主义”的诉求，马克思的旨趣是达到“实践的唯物主义”。尽管费尔巴哈明确反对绝对的唯心主义，不满意旧的唯物主义，但是，他用人道主义和自然主义这样不确切的术语来表明自己的哲学立场，不懂得实践在联结主体和客体、人和自然、个体和类等等关系中的作用，不懂得实践在联结人道主义和自然主义中的作用，更不懂得实践在改造世界中的作用，因此，费尔巴哈的人道主义只是一种实证的人道主义，只是一种理论的人道主义。至于在社会历史领域中，费尔巴哈还停留在唯心主义的水平上。在总体上，费尔巴哈是“半截子”唯物主义。在清算自己的理论地平线的过程中，马克思明确地提出，要实现人道主义和自然主义的统一，也就是要向上提升费尔巴哈的唯物主义。在马克思看来，“正像无神论作为神的扬弃就是理论的人道主义的生成，而共产主义作为私有财产的扬弃就是要求归还真正人的生命即人的财产，就是实践的人道主义的生成一样；或者说，无神论是以扬弃宗教作为自己的中介的人道主义，共产主义则是以扬弃私有财产作为自己的中介的人道主义。只有通过对这种中介的扬弃——但这种中介是一个必要的前提——积极地从自身开始的即**积极的**人道主义才能产生”①。这里，马克思明确地将自己的哲学立场称为“实践的人道主义”。

“实践的人道主义”试图将唯物主义和共产主义统一起来。一方面，这种实践的人道主义就是唯物主义。在“巴黎手稿”中，马克思赞同费尔巴哈将基于自身并积极地以自身为根据的肯定的东西同自称是绝对肯定的东西的那个否定的否定对立起来的看法，要求将辩证法置于唯物论的基础之上。他明确要求

① 马克思，恩格斯．马克思恩格斯文集：第 1 卷．北京：人民出版社，2009：216.

从客观的经济事实出发，坚持对社会历史进行经济分析。马克思认为，科学只有从自然界出发才是现实的科学。当然，这种唯物主义不是一般的唯物主义，也不同于费尔巴哈那样的唯物主义。马克思在“巴黎手稿”中已经提出了向上提升唯物主义的问题，力求探究和说明“人与人之间”的社会关系何以成为理论的基本原则。其实，这就是创立历史唯物主义的问题。另一方面，这种实践的人道主义就是共产主义。理论的人道主义只是要求扬弃无神论，而实践的人道主义要求扬弃私有制。在“实践的人道主义”的基础上，马克思和恩格斯在《德意志意识形态》中创造性地提出了“实践的唯物主义”，并将自己称为“实践的唯物主义者”。实践的唯物主义者也就是共产主义者，要求实际地反对并改变现存的事物，使现存世界革命化。当然，就其完成的理论形态和成熟的学科形态来说，马克思主义哲学就是辩证唯物主义和历史唯物主义。可见，“巴黎手稿”第一次明确提出了唯物主义和共产主义相统一的问题，既要求将共产主义建立在新的唯物主义的基础上，又要求这种新的唯物主义为共产主义服务。

从其理论内容来看，通过对异化劳动的批判，马克思的旨趣是发现人类社会历史的秘密和资本主义社会的秘密。在创作《手稿》的笔记本Ⅰ的基础上，马克思已经意识到了异化劳动理论的内在矛盾。异化劳动的前三个规定都是就主体自身而言的，遵循的是主体自我异化的逻辑，但是，第四个规定涉及人与人的关系，而这已经超出了主体自我异化逻辑的范围，具有社会关系异化的意味。换言之，第四个规定与自我异化的逻辑是矛盾的。这样，如何从前三者过渡到第四点就成为一个问题。在这种情况下，马克思在《穆勒评注》中提出，不论是生产本身内部的人的活动的交换，还是人的产品的相互交换，都相当于类活动和类享受，即它们的现实的、有意识的、真正的存在是社会的活动和社会的享受。因为人的本质是人的真正的共同存在性，所以人通过发挥自己的本质，创造、生产人的共同本质、社会本质。[①] 这里，马克思进一步发现了“交往异化”的问题，进而触及了“社会关系异化”的问题。这是马克思异化理论的一次重大突破和重大发展。

在分析和研究“交往异化”和“社会关系异化”等问题的基础上，马克思走向了人类社会历史的深处，发现了人类社会历史的秘密。一方面，着眼于交

---

① 马克思．穆勒《政治经济学原理》一书摘要//马克思．1844 年经济学哲学手稿．北京：人民出版社，2000：170.

往和社会关系，马克思力求按照社会历史的本来面目来探索和说明社会历史的一般规定。马克思在《关于费尔巴哈的提纲》中提出，人的本质在其现实性上是一切社会关系的总和，而社会生活的本质是实践的。这样，在社会实践的基础上，就将人和社会尤其是社会关系联系了起来。进而，马克思和恩格斯在《德意志意识形态》中提出了“生产”和“市民社会”的问题。尽管“市民社会”具有多重规定性，但是，生产关系是其基本的规定性。后来，马克思明确提出了生产关系的范畴。这样，马克思就发现了生产力和生产关系的矛盾运动在社会历史发展中的基础作用和动力作用。在此基础上，在科学回答社会存在和社会意识关系问题的基础上，马克思创立了唯物史观。显然，没有“巴黎手稿”就不可能完善唯物史观。另一方面，着眼于异化，马克思力求发现资本主义生产的秘密。异化劳动理论揭示了资本主义的内在矛盾，逼向了资本主义私有制的张力和紧张、矛盾和弊端、消除和出路等一系列问题。沿着这种思路，尽管马克思在《资本论》中没有从正面集中论及异化劳动问题，但是，马克思创造性地提出了拜物教理论。通过对商品拜物教、货币拜物教、资本拜物教的批判，马克思进一步得出了共产主义的结论。在马克思看来，“三大拜物教”的消除是同生产资料归全社会所有，联合起来的劳动者成为生产的主人，社会生产有计划地发展和进行，劳动产品不再表现为商品等经济条件联系在一起的。这些经济条件的实现过程就是共产主义。显然，没有“巴黎手稿”就不可能完善剩余价值理论。事实上，在“巴黎手稿”中，马克思第一次明确地从哲学、政治经济学和社会主义理论三个方面表明了共产主义问题，彰显了马克思主义的整体性。

拜物教释义

拜物教（fetishism）是把某种物当作神来崇拜的一种原始宗教。

在《资本论》及其手稿中，马克思从人的发展的角度将资本主义社会看作一个人对物的依赖的社会。这里的物不是指一般的物质，而是指商品、货币、资本这些支配性的物化的力量。进而，马克思借用拜物教这个术语，创造性地使用了商品拜物教、货币拜物教、资本拜物教三个术语，以此展开了资本逻辑批判。

在总体上，虽然从形式上看“巴黎手稿”是一部没有最终完成的作品，但是从内容上看，“巴黎手稿”包含着十分丰富的思想。马克思从唯物主义和共产主义的立场出发，系统考察了哲学、政治经济学和社会主义理论的各种历史文献和思想观点，在剖析资本主义经济制度和资产阶级经济学的过程中，提出了新的哲学观点、政治经济学观点和共产主义理论观点。因此，“巴黎手稿”虽然起初是为了研究政治经济学，但是在研究过程中，马克思运用唯物主义的方法论对政治经济学和共产主义的相关内容进行了全面考察，并将消灭异化、扬弃私有制和实现共产主义作为一个整体来展开，即将哲学、政治经济学和科学共产主义作为一个整体来论述，因此，“巴黎手稿”不仅是马克思思想的秘密的发生地，而且是马克思主义思想的秘密的发生地。

《1844年经济学哲学手稿》的出版和传播

《手稿》在马克思生前并没有公开问世，也无人知晓马克思写过这样一部著作。马克思逝世后，恩格斯也未发现《手稿》，因而也不知道《手稿》的主要内容。

1927年，苏联出版的《马克思恩格斯文库》在第3卷附录中摘要发表了《手稿》中的笔记本III的俄译文，并认为这是《神圣家族》的准备材料。直到1932年，德国社会民主党人齐·朗兹胡特、J.P.迈尔首次用德文原文编辑出版了《手稿》。1932年出版的MEGA[1]第1部分第3卷以德文原文发表了全部手稿，将其命名为《1844年经济学哲学手稿》。在1982年出版的MEGA[2]第1部分第2卷中，对其进行了重新编译。

《手稿》公开出版以后，在国际学界出现了“青年马克思”和“老年马克思”的争论。

1956年，人民出版社出版了《手稿》全文的第一个中译本。这一版本由中国人民大学何思敬教授翻译，由北京大学宗白华教授校对。1979年人民出版社还出版了刘丕坤的中译本，书名为《1844年经济学-哲学手稿》。

后来，中共中央马克思恩格斯列宁斯大林著作编译局根据马克思文献的国际出版情况出版了多个版本的《手稿》中译本。

第 5 章

结识恩格斯

终生友谊和密切合作的开始

1844 年 9 月，弗·恩格斯到巴黎拜访马克思，停留了几天；他们是从在“德法年鉴”共同工作时开始通信的，从那时起他们就开始合作，直到马克思逝世。这个合作的第一个成果，就是一部驳**布鲁诺·鲍威尔**的论战性著作（他们在黑格尔学派分裂的过程中同布鲁诺·鲍威尔之间也产生了原则性的分歧），即“神圣家族。驳布鲁诺·鲍威尔及其伙伴”（1845 年在美因河畔法兰克福出版）。①

1844 年，在巴黎会面后，马克思、恩格斯发现他们在所有重大问题上的观点都惊人地一致，由此开启了他们终生的合作，并在共同致力于无产阶级和全人类解放的事业的基础上，谱写了一段伟大的友谊。

1. 恩格斯的成长历程和思想转变

弗里德里希·冯·恩格斯于 1820 年 11 月 28 日出生于德国伍珀河谷巴门的一个纺织企业主家庭。他的父亲是一名虔诚的宗教信徒，不遗余力地用宗教正统思想来严厉地教育他。恩格斯并没有如父亲所愿，成为一名虔诚的宗教信徒，而且十分不满父亲的教育。1834 年 10 月，恩格斯进入埃尔伯费尔德中学学习。1837 年 9 月 15 日，在中学尚未毕业时，恩格斯就在父亲的安排下离开学校，到父亲在巴门的公司当办事员，并于 9 月 25 日获得了学校颁发的肄业证书。1838 年 7 月中至

---

① 恩格斯．马克思，亨利希·卡尔//马克思，恩格斯．马克思恩格斯全集：第 22 卷．北京：人民出版社，1965：393.

1841年3月下半月，恩格斯在不来梅一家贸易公司见习。在这段时间内，恩格斯一边坚持工作，并通过实践观察现实社会，一边利用一切业余时间如饥似渴地在知识的海洋里遨游，自学哲学、历史、文学和外语等各学科的知识。

在此期间，恩格斯阅读了施特劳斯的《耶稣传》。该书指出《圣经》是集体无意识的产物，对恩格斯影响很大，在推动他摆脱家庭灌输给他的宗教观点方面起了重要作用。因此，恩格斯称自己为施特劳斯主义者。受当时白尔尼的民主主义、青年黑格尔派的激进主义思想的影响，加之在实际生活中的体验，恩格斯对劳动人民受剥削的情况有了深入了解，逐渐转向了民主主义。1839年，恩格斯就为激进主义的团体"青年德意志"的机关报《德意志电讯》撰稿。约在1839年1月至3月初，恩格斯撰写了《伍珀河谷来信》，并将其匿名发表在谷兹科夫编辑的3—4月的《德意志电讯》上。该文是恩格斯根据自己青少年时期的亲身经历与观察写的，以生动的笔触揭露了社会生活的各个阴暗面，抨击了宗教虔诚主义的伪善，批判了当时的政治、经济、文化、教育等制度。

年轻的恩格斯的辩才

我当然是个 πρόμαχος①，但不是唯理论者，而是自由主义者。对立观点之间正在划清界限，它们彼此是针锋相对的。四个自由主义者（同时也是唯理论者）、一个曾经转向我们但是由于害怕破坏他从家庭继承下来的那些原则而立即跑回贵族阵营去的贵族、一个正如我们所希望的颇有前途的贵族，以及几个笨蛋，——这就是正在进行辩论的那伙人。我是以一个通晓古代、中世纪和现代生活的行家，以一个鲁莽人等等身份参加战斗的。但我进行的这场战斗已经不再是必要的了，因为我的部下做出了好成绩。昨天我向他们解释了1789年至1839年那段历史的历史必然性，此外，使我感到惊奇的是，我发现我在这场辩论中远远优越于这里所有的毕业班学生。在我彻底战胜了他们中间的两个人——已经好久了——以后，他们决定非派一个最聪明的人来同我对阵，把我打败不可。不幸的是，当时他正醉心于贺雷西的作品，所以他照样被我打得落花流水。这时他们害怕极了。而这个从前的贺雷西崇拜者现在对我很好，昨天晚上他把这一点告诉了我。如果你读读我正在评论的几本书，你马上就会相信我的评语是正确的。②

---

① 指先锋战士。

② 恩格斯．致威廉·格雷培//马克思，恩格斯．马克思恩格斯全集：第41卷．北京：人民出版社，1982：516.

1841年9月底至1842年10月8日，恩格斯作为志愿兵去柏林附近的一个炮兵部队服兵役。在此期间，恩格斯积极利用空余时间去柏林大学旁听，重点旁听了当时著名哲学家谢林的课程。谢林在柏林大学讲授天启哲学的唯心主义观点。为此，恩格斯撰写了《谢林论黑格尔》《谢林和启示》及《谢林——基督的哲学家，或变人间智慧为神的智慧》等文章，对谢林做了尖锐的批判。这也是恩格斯首次撰写理论著作。恩格斯还和青年黑格尔派走得很近，积极参加他们的活动，基本上接受了他们的观点。与此同时，费尔巴哈的《基督教的本质》一书更是对恩格斯产生了重大的影响，使得恩格斯一时称呼自己为费尔巴哈派。

1843年9月底或10月初至1844年1月中旬，恩格斯撰写了《国民经济学批判大纲》这一著名的政治经济学论著，并将其发表在1844年2月的《德法年鉴》上。在书中，恩格斯论述了资产阶级政治经济学的起源、作用和影响，阐明了私有制条件下竞争的后果。"资本对资本、劳动对劳动、土地对土地的斗争，使生产陷于高烧状态，使一切自然的合理的关系都颠倒过来。要是资本不最大限度地展开自己的活动，它就经不住其他资本的竞争。要是土地的生产力不经常提高，耕种土地就会无利可获。要是工人不把自己的全部力量用于劳动，他就对付不了自己的竞争者。"① 可见，私有制条件下的竞争导致卷入竞争的人都必须全力以赴，放弃人的真正的目的。

恩格斯揭示了资产阶级经济学的阶级实质："国民财富这个用语是由于自由主义经济学家努力进行概括才产生的。只要私有制存在一天，这个用语便没有任何意义。英国人的'国民财富'很多，他们却是世界上最穷的民族。……在目前的情况下，应该把这种科学称为**私**经济学，因为在这种科学看来，社会关系只是为了私有制而存在。"② 可见，资本主义私有制的存在决定了资产阶级政治经济学的发展和实质。

恩格斯揭示了资本主义生产方式的内在矛盾，明确提出劳动和资本的对立是资本主义一切矛盾的根源，强调只有消灭私有制才能消除资本主义制度的各种内在矛盾及其后果。这样，"瓦解一切私人利益只不过替我们这个世纪面临的大转变，即人类与自然的和解以及人类本身的和解开辟道路"③。可见，恩

---

① 马克思，恩格斯．马克思恩格斯文集：第1卷．北京：人民出版社，2009：76-77.
② 马克思，恩格斯．马克思恩格斯文集：第1卷．北京：人民出版社，2009：60.
③ 马克思，恩格斯．马克思恩格斯文集：第1卷．北京：人民出版社，2009：63.

格斯明确提出了消灭私有制、全面变革资本主义生产关系的思想，为变革资本主义社会打下了坚实基础。马克思对《国民经济学批判大纲》给予了高度评价，强调该书不仅是批判经济学范畴的天才大纲，还表述了科学共产主义的某些一般原则。《国民经济学批判大纲》和《英国状况——十八世纪》的发表，标志着恩格斯完成了从唯心主义转向唯物主义，从革命民主主义转向共产主义的转变。

通过大量的社会实践和调查研究，以及艰苦的理论学习和研究，恩格斯从另一条道路和马克思同步完成了两大转变。

2. 马克思、恩格斯的共同事业

作为19世纪无产阶级的两位最伟大的革命导师，马克思和恩格斯一生并肩作战，荣辱与共，使得自己的名字和另外一个名字紧密结合在一起。当人们提起马克思时，总会想到恩格斯，因为恩格斯是另一个马克思；当人们提到恩格斯时，总会想到马克思，因为他和马克思是一个珠联璧合、相得益彰的有机整体。

虽然马克思和恩格斯无论是家庭背景、成长经历、学历结构，还是自身的性格方面都存在着很大的差异，但是当他们从不同的角度和领域向普鲁士专制制度开战时，就表明他们从事着共同的事业，有可能成为共同革命的同志和亲密战友。在马克思主编《莱茵报》时期，恩格斯曾为该报撰稿，并积极关注马克思发表的文章。作为报刊主编，马克思自然也要审阅恩格斯的稿件。因此，虽然他们这时未曾谋面，但是已经有了一定程度的了解。1842年6—7月，恩格斯和埃德加尔·鲍威尔合写了长篇讽刺叙事诗《横遭灾祸但又奇迹般地得救的圣经，或信仰的胜利》，用诗歌的形式表明青年黑格尔派和宗教神学反动势力的英勇斗争，反对宗教黑暗势力。其中，恩格斯这样论述马克思："是谁跟在他[①]的身后，风暴似地疾行？是面色黝黑的**特利尔**之子，一个**血气方刚**的怪人。他不是在走，而是在跑，他是在风驰电掣地飞奔。他满腔愤怒地举起双臂，仿佛要把广阔的天幕扯到地上。不知疲倦的力士紧握双拳，宛若凶神附身，不停地乱跑狂奔！"[②] 从马克思批判封建专制制度的文章中，恩格斯看到了他愤世嫉俗的性格，并用形象生动的语言展示了一个无所畏惧、始终战斗着的马克思。

---

① 指布鲁诺·鲍威尔。

② 马克思，恩格斯．马克思恩格斯全集：第41卷．北京：人民出版社，1982：363－364.

1842年11月下半月，恩格斯动身前往英国，到曼彻斯特欧门-恩格斯公司实习经商。赴英途中，他访问了科隆的《莱茵报》编辑部，并和马克思初次见面。这次会晤非常匆促，双方并没有深入交流。当然，这并没有影响他们对彼此的认识，马克思非常重视恩格斯为《莱茵报》撰写的稿件。双方对彼此深入了解的转折点是1844年在《德法年鉴》上发表的文章。这不仅标志着他们各自完成了两大转变，也使得他们认识到彼此在思想方面的高度契合。马克思指出："自从弗里德里希·恩格斯批判经济学范畴的天才大纲（在《德法年鉴》上）发表以后，我同他不断通信交换意见，他从另一条道路（参看他的《英国工人阶级状况》）得出同我一样的结果。"① 恩格斯从另一条道路完成了思想转变，和马克思殊途同归，相得益彰。这样，马克思就和恩格斯开始了较为频繁的书信往来。恩格斯的研究也对马克思产生了很大的影响，推动了马克思对政治经济学的研究。在1864年7月4日给恩格斯的信中，马克思指出："你知道，首先，我对一切事物的理解是迟缓的，其次，我总是踏着你的脚印走。"②这表明了恩格斯对马克思思想的平行影响。

恩格斯回忆与马克思冷淡的初次会面

1842年10月以前，马克思在波恩；我在9月底或10月初从柏林归途中顺路访问了编辑部，据我记忆，当时在那里的只有莫·赫斯和曾任《爱北斐特日报》（好象当时它叫别的名称）编辑的腊韦博士；我记得鲁滕堡当时已经被逐，不过这一点我没有把握。11月底我赴英国途中又一次顺路到编辑部去时，遇见了马克思，这就是我们十分冷淡的初次会面。马克思当时正在反对鲍威尔兄弟，即反对把《莱茵报》搞成主要是**神学**宣传和无神论等等的工具，而不作为一个进行政治性争论和活动的工具；他还反对埃德加尔·鲍威尔的清谈共产主义，这种共产主义仅仅以"极端行动"的愿望作为基础，并且随后不久就被埃德加尔的其他听起来颇为激烈的言辞所代替。因为当时我同鲍威尔兄弟有书信来往，所以被视为他们的盟友，并且由于他们的缘故，当时对马克思抱怀疑态度。③

---

① 马克思，恩格斯．马克思恩格斯文集：第2卷．北京：人民出版社，2009：592－593.

② 马克思，恩格斯．马克思恩格斯全集：第30卷．北京：人民出版社，1975：410.

③ 恩格斯．致弗兰茨·梅林//马克思，恩格斯．马克思恩格斯全集：第39卷．北京：人民出版社，1974：452－453.

1844 年 8 月底，恩格斯前往巴黎拜访马克思，并逗留了十多天。在此期间，两人基本上形影不离，不仅一起参加工人集会和聚会，还利用一切可以利用的时间展开热烈的讨论。他们发现彼此在一切理论领域中都显出完全一致的意见，由此展开了密切的合作。

3. 与青年黑格尔派的决裂

虽然青年黑格尔派的思想对马克思产生了较大的影响，马克思也曾经是青年黑格尔派的重要成员，但是在编辑《莱茵报》的过程中，马克思日渐激进的革命民主主义立场，使他和青年黑格尔派之间的分歧越来越大。

在柏林，一部分青年黑格尔派成员成立了“自由人”小组，其成员主要包括埃德加尔·鲍威尔、麦克斯·施蒂纳等。他们的主要思想特征是：不加区分地、抽象地批判一切，而不提出任何积极的行动纲领，尤其是不付诸实践活动，成了思想上的巨人、行动上的矮子；盲目地鼓吹彻底否定，空喊共产主义和无神论的极端激进的口号。自由人的这种粗暴的言行使当时的资产者十分惊慌，但是却没有给专制政府以应有的威胁，反而败坏了民主主义运动的声誉。在此情形下，马克思与自由人的分歧越来越大。他反对自由人的空想的毫无根据的批判，并不再在《莱茵报》上刊发他们的文章。在 1842 年 11 月给卢格的信中，马克思对自由人进行了批判：“这班人已习惯于把《莱茵报》看成是**他们的**惟命是从的机关报，而我则决定不让他们再像以前那样空谈下去了。”[①]这也是马克思主编的《莱茵报》坚持革命民主主义立场的体现。

这时，自由人爱德华·梅因在给马克思的信中攻击他的所谓的保守主义立场，并要求他答复一些问题。于是，马克思给梅因回信，并在 1842 年 11 月 30 日给卢格的信中转述了相关内容：“我要求他们：少发些不着边际的空论，少唱些高调，少来些自我欣赏，多说些明确的意见，多注意一些具体的事实，多提供一些实际的知识。我说，我认为在偶然写写的剧评之类的东西里塞进一些共产主义和社会主义的信条，即新的世界观，是不适当的，甚至是不道德的。我要求他们，如果真要讨论共产主义，那就要用另一种完全不同的方式，更切实地加以讨论。我还要求他们更多地在批判政治状况当中来批判宗教，而不是

---

① 马克思，恩格斯．马克思恩格斯全集：第 47 卷．北京：人民出版社，2004：41.

在宗教当中来批判政治状况，因为这样做才更符合报纸的本质和读者的教育水平，因为宗教本身是没有内容的，它的根源不是在天上，而是在人间，随着以宗教为**理论**的被歪曲了的现实的消失，宗教也将自行消亡。最后，我向他们建议，如果真要谈论哲学，那么最好少炫耀'无神论'**招牌**（这看起来就像有些小孩向一切愿意听他们讲话的人保证自己不怕鬼怪一样），而多向人民宣传哲学的内容。"① 这样，马克思就驳斥了自由派的错误观点，开始和青年黑格尔派决裂。

在马克思与青年黑格尔派思想决裂的同时，恩格斯与青年黑格尔派思想的分歧也越来越大。这样，在彻底清算青年黑格尔派思想的基础上，马克思、恩格斯将开始第一次伟大的合作。

4. 清算青年黑格尔派的思想——《神圣家族》

青年黑格尔派布鲁诺·鲍威尔及其同伴们将自己装扮成黑格尔主义的卫道士，将自己看作高踞群众之上的人物，自命不凡地认为自己不会犯错误，因此，马克思将之讽刺为"神圣家族"。1844 年 9—11 月，马克思、恩格斯第一次分工合作，创作了著名的《神圣家族，或对批判的批判所做的批判。驳布鲁诺·鲍威尔及其伙伴》（简称《神圣家族》），不仅清算了青年黑格尔派和黑格尔本人的唯心主义观点，还初步阐述了唯物史观的一系列重要思想。这里，批判的批判是指青年黑格尔派的唯心主义观点。

针对青年黑格尔派忽视人民群众的历史作用，仅强调思想在变革社会中的作用的错误观点，马克思、恩格斯旗帜鲜明地指出："'**思想**'一旦离开'**利益**'，就一定会使自己出丑。另一方面，不难理解，任何在历史上能够实现的群众性的'**利益**'，在最初出现于世界舞台时，在'**思想**'或'**观念**'中都会远远超出自己的现实界限，而同一般的**人的**利益混淆起来。"② 只有切实代表和满足人民群众的利益，思想才能真正发挥自身的历史作用。当然，要充分发挥思想的作用，必须要有相应的主体。"**思想**永远不能超出旧世界秩序的范围，在任何情况下，思想所能超出的只是旧世界秩序的思想范围。思想本身根本**不能实现什么东西**。思想要得到实现，就要有使用实践力量的人。"③ 这里的人

① 马克思，恩格斯．马克思恩格斯文集：第 10 卷．北京：人民出版社，2009：3-4.
② 马克思，恩格斯．马克思恩格斯文集：第 1 卷．北京：人民出版社，2009：286.
③ 马克思，恩格斯．马克思恩格斯文集：第 1 卷．北京：人民出版社，2009：320.

不是指抽象的个人，而是指掌握了这种思想的广大人民群众。事实上，历史活动是群众的活动，随着历史活动的深入，结果必将是群众队伍的扩大。这样，马克思、恩格斯就明确阐述了人民群众才是社会历史的真正创造者和主人。这为他们的思想与人民群众的深刻结合打下了坚实的理论基础。同时，“批判的批判什么都没有创造，工人才创造一切，甚至就以他们的精神创造来说，就会使得整个批判感到羞愧”①。人民群众不仅是物质财富的创造者，也是精神财富的创造者，即人民群众全面创造了人类历史。

虽然资产阶级革命的主体也是人民群众，但是其实质是资产阶级领导的，代表的是资产阶级的而非广大人民群众的利益。因此，“这场革命只有对于**那样一些群众**来说才是‘不合时宜的’，那些群众认为在**政治**‘思想’中并没有体现关于他们的现实‘**利益**’的思想，所以他们的真正的根本原则和这场革命的根本原则并不是一致的，他们获得解放的现实条件和资产阶级借以解放自身和社会的那些条件是根本不同的”②。因此，资产阶级的利益和广大人民群众的利益是相悖的，只有无产阶级的利益才和广大人民群众的利益根本一致。只有无产阶级才能自己解放自己，而无产阶级解放自己的前提是解放全人类。“无产阶级能够而且必须自己解放自己。但是，如果无产阶级不消灭它本身的生活条件，它就不能解放自己。如果它不消灭集中表现在它本身处境中的现代社会的**一切**非人性的生活条件，它就不能消灭它本身的生活条件。无产阶级并不是白白地经受那种严酷的但能使人百炼成钢的**劳动**训练的。问题不在于某个无产者或者甚至整个无产阶级暂时**提出**什么样的目标，问题在于**无产阶级究竟是什么**，无产阶级由于其**身为无产阶级**而不得不在历史上有什么作为。它的目标和它的历史使命已经在它自己的生活状况和现代资产阶级社会的整个组织中明显地、无可更改地预示出来了。”③ 这样，无产阶级就成为革命的领导阶级，带领广大人民群众进行革命，其历史使命就是带领广大人民群众消灭私有财产和私有制。对此，马克思、恩格斯指出：“私有财产在自己的国民经济运动中自己使自己走向瓦解，但是私有财产只有通过不以它为转移的、不自觉的、同它的意志相违背的、为事物的本性所决定的发展，只有当私有财产造成**作为**无产阶级的无产阶级，造成意识到自己在精神上和肉体上贫困的那种贫困，造成

---

① 马克思，恩格斯．马克思恩格斯全集：第2卷．北京：人民出版社，1957：22.

② 马克思，恩格斯．马克思恩格斯文集：第1卷．北京：人民出版社，2009：287.

③ 马克思，恩格斯．马克思恩格斯文集：第1卷．北京：人民出版社，2009：262.

意识到自己的非人化从而自己消灭自己的那种非人化时，才能做到这一点。无产阶级执行着雇佣劳动由于为别人生产财富、为自己生产贫困而给自己做出的判决，同样，它也执行着私有财产由于产生无产阶级而给自己做出的判决。”[①]这样，马克思、恩格斯就全面阐述了革命的领导阶级和主体力量，以及无产阶级的历史使命。

针对鲍威尔等青年黑格尔派宣扬自我意识在社会发展进程中起绝对性作用的错误观点，马克思、恩格斯明确强调了物质生产的决定性作用的观点。“难道批判的批判以为，它不把比如说某一历史时期的工业，即生活本身的直接的生产方式认识清楚，它就能真正地认清这个历史时期吗？确实，唯灵论的、**神学的**批判的批判仅仅知道（至少它在自己的想象中知道）历史上的政治、文学和神学方面的重大事件。正像批判的批判把思维和感觉、灵魂和肉体、自身和世界分开一样，它也把历史同自然科学和工业分开，认为历史的诞生地不是地上的粗糙的**物质**生产，而是天上的迷蒙的云兴雾聚之处。”[②] 可见，物质生产才是真正的历史的诞生地，因此，必须从社会物质生产的角度考察人类社会历史的发展进程。同时，“《德法年鉴》已经指出，**现代国家承认人权**和**古代国家承认奴隶制**具有同样的意义。就是说，正如古代国家的**自然基础**是奴隶制一样，**现代国家**的**自然基础**是市民社会以及市民社会中的人”[③]。这样，马克思、恩格斯就初步揭示了生产力决定生产关系、经济基础决定上层建筑的唯物史观的基本观点，强调一定社会的经济结构决定了其政治结构，只不过他们这时还没有使用科学的“生产关系”的概念。这里的市民社会主要是指资产阶级的生产关系，是资产阶级社会的基础。

《神圣家族》首先由马克思开始撰写。1844 年 8 月底，恩格斯到达巴黎，并逗留了十多天。在此期间，恩格斯立即撰写了《神圣家族》中他所承担的章节，使得该书成为他和马克思的第一部合著。在写作过程中，马克思将原本计划的单纯的批判不断演变为阐述自己新的世界观的开端，因此手稿的篇幅不断扩大，最后变成了一本内容广博的著作。这样，恩格斯撰写的内容就显得较少。在大约 1845 年 1 月 20 日给马克思的信中，恩格斯指出：“你把《批判的批判》扩充到 20 个印张，这的确使我大吃一惊。但这是很好的事情。这么多的

---

① 马克思，恩格斯．马克思恩格斯文集：第 1 卷．北京：人民出版社，2009：261.

② 马克思，恩格斯．马克思恩格斯文集：第 1 卷．北京：人民出版社，2009：350－351.

③ 马克思，恩格斯．马克思恩格斯文集：第 1 卷．北京：人民出版社，2009：312.

列宁论《神圣家族》

恩格斯到英国后才成为社会主义者。他在曼彻斯特同当时英国工人运动的活动家发生联系，并开始在英国社会主义出版物上发表文章。1844年他在回德国的途中路过巴黎时认识了马克思，在此以前他已经和马克思通过信。马克思在巴黎时，受到法国社会主义者和法国生活的影响也成了社会主义者。在这里，两位朋友合写了一本书：《神圣家族，或对批判的批判所做的批判》。这本书比《英国工人阶级状况》早一年出版，大部分是马克思写的。它奠定了革命唯物主义的社会主义的基础，这种社会主义的主要思想，我们在上面已经叙述过了。“神圣家族”是给哲学家鲍威尔兄弟及其信徒所取的绰号。这班先生鼓吹一种批判，这种批判超越一切现实、超越政党和政治，否认一切实践活动，而只是“批判地”静观周围世界和其中所发生的事情。鲍威尔先生们高傲地把无产阶级说成是一群没有批判头脑的人。马克思和恩格斯坚决反对这个荒谬而有害的思潮。为了现实的人，即为了受统治阶级和国家践踏的工人，他们要求的不是静观，而是为实现美好的社会制度而斗争。在他们看来，能够进行这种斗争和关心这种斗争的力量当然是无产阶级。还在《神圣家族》一书出版以前，恩格斯就在马克思和卢格两人合编的“德法杂志”① 上发表了《国民经济学批判大纲》一文，从社会主义的观点考察了现代经济制度的基本现象，认为那些现象是私有制统治的必然结果。②

东西现在就要问世了，否则，谁知道它们还会在你的写字台里搁多久呢。不过，你把我的名字也署在封面上，那就未免欠妥了，因为我至多只写了一个半印张。”③ 这不仅反映了恩格斯与马克思的深厚友谊，以及对他们共同的思想和事业的尊重，也反映了恩格斯谦虚谨慎和实事求是的作风。《神圣家族》于1845年2月在美因河畔的法兰克福出版。之后，在给马克思的信中，恩格斯再次指出，他可是几乎什么也没有写，而且每一个人都能看出来马克思的文风。事实上，该书的主要思想是马克思、恩格斯共同持有的，也是他们一起清算青年黑格尔派、共同创立科学的世界观的开端，因此，马克思将该书以他和恩格斯两人共同署名，不仅是合适的，而且是必要的。

《神圣家族》是马克思、恩格斯终生合作及共同创立自己学说的开端，在他们思想发展进程中占据重要地位。

---

① 指《德法年鉴》。

② 列宁．弗里德里希·恩格斯//列宁．列宁选集：第1卷．北京：人民出版社，2012：92－93.

③ 马克思，恩格斯．马克思恩格斯文集：第10卷．北京：人民出版社，2009：29.

第 6 章

唯物史观的创立

第一个伟大发现的问世

> 正像达尔文发现有机界的发展规律一样，马克思发现了人类历史的发展规律，即历来为繁芜丛杂的意识形态所掩盖着的一个简单事实：人们首先必须吃、喝、住、穿，然后才能从事政治、科学、艺术、宗教等等；所以，直接的物质的生活资料的生产，从而一个民族或一个时代的一定的经济发展阶段，便构成基础，人们的国家设施、法的观点、艺术以至宗教观念，就是从这个基础上发展起来的，因而，也必须由这个基础来解释，而不是像过去那样做得相反。①

唯物史观是马克思的第一个伟大发现，也是他的“两大发现”之一。19世纪40年代，通过对人类社会发展历史的深入研究，马克思初步创立了唯物史观，揭示了人类社会发展的普遍规律，为他之后的理论研究和政治活动奠定了科学的理论基础。

1. 天才世界观的萌芽——《关于费尔巴哈的提纲》

恩格斯指出：“1845 年春天当我们在布鲁塞尔再次会见时，马克思已经从上述基本原理出发大致完成了阐发他的唯物主义历史理论的工作，于是我们就着手在各个极为不同的方面详细制定这种新形成的世界观了。”② 在此背景下，

---

① 恩格斯．在马克思墓前的讲话//马克思，恩格斯．马克思恩格斯选集：第 3 卷．北京：人民出版社，2012：1002.

② 马克思，恩格斯．马克思恩格斯文集：第 4 卷．北京：人民出版社，2009：232.

马克思创作了著名的《关于费尔巴哈的提纲》，同唯心主义和旧唯物主义彻底划清了界限，为创立新世界观奠定了基础。

针对旧唯物主义和唯心主义的缺陷，马克思指出："从前的一切唯物主义（包括费尔巴哈的唯物主义）的主要缺点是：对对象、现实、感性，只是从**客体的或者直观**的形式去理解，而不是把它们当做**感性的人的活动**，当做**实践**去理解，不是从主体方面去理解。因此，和唯物主义相反，唯心主义却把**能动的**方面抽象地发展了，当然，唯心主义是不知道现实的、感性的活动本身的。"① 这里，马克思不仅批判了包括费尔巴哈唯物主义在内的一切唯物主义，指出了旧唯物主义具有直观性的缺陷，即不从人的主体出发，仅从物质出发，强调人的受动性，还批判了唯心主义，指出了唯心主义仅从人的主体出发，强调人的主动性的东西，却忽视了人的受动性。这表明，马克思主义哲学既不是旧唯物主义，也不是唯心主义，而是对二者的超越和扬弃。同时，马克思对唯心主义片面地、抽象地夸大人的主观能动性的做法展开批评，高度重视实践的作用，强调思维是否具有客观真理性是一个实践的问题，思维的正确与否是要由实践来检验的，离开实践的思维是否具有现实性纯粹是一个经院哲学的问题。同时，马克思指出："环境的改变和人的活动或自我改变的一致，只能被看做是并合理地理解为**革命的实践**。"② 人通过实践改变环境的同时，环境也改变人，两者都是实践活动的结果。这一思想是对《1844年经济学哲学手稿》中论述的"整个所谓世界历史不外是人通过人的劳动而诞生的过程"的思想的深化和发展。这样，马克思就全面阐述了自己的哲学思想与旧唯物主义和唯心主义的区别，强调了实践的能动作用和重要性，强调实践不仅决定思维，还能改变客观环境，进而推动人自身的改变。总体上看，《关于费尔巴哈的提纲》中有12处提到实践，这主要是为制定唯物史观服务的，而绝非仅仅简单地阐述认识论问题。显然，只有把实践观点引入历史观，才有可能建立科学的唯物主义历史观。

费尔巴哈的唯物主义不仅从感性的直观入手，忽视了抽象的思维，还不将感性看作实践的、人的感性活动，忽视了实践的作用。马克思批判了费尔巴哈的宗教观，科学论述了**人的**本质。"费尔巴哈把宗教的本质归结于**人的**本质。但是，人的本质不是单个人所固有的抽象物，在其现实性上，它是一切社会关系的总和。"③ 人的本质既不是抽象的、无声的"类"和种种自然关系的共同

---

① 马克思，恩格斯．马克思恩格斯文集：第1卷．北京：人民出版社，2009：499.
② 马克思，恩格斯．马克思恩格斯文集：第1卷．北京：人民出版社，2009：500.
③ 马克思，恩格斯．马克思恩格斯文集：第1卷．北京：人民出版社，2009：501.

性，也不能归结为社会意识的本质，而是一切社会关系的总和。人的本质连同社会意识都从属于一定的社会形式，“费尔巴哈没有看到，‘宗教感情’本身是社会的产物，而他所分析的抽象的个人，是属于一定的社会形式的”①。这里，马克思用“社会关系”“社会形式”与“宗教感情”相对照，指出前两者对后者的制约作用，从一个侧面来理解历史观的基本问题。马克思还强调，全部社会生活在本质上都是实践的，不能将理论引向神秘主义，要将其放在实践中去理解，这最终消灭了历史观上导致神秘主义的种种可能性。在论述费尔巴哈的观点的过程中，马克思阐述了自己的历史观，即社会存在不仅是客观的、物质的，具有一定的唯物性质，还是实践的，具有一定的辩证性质，进而形成了唯物的、辩证的历史观。

在论述自己的哲学和费尔巴哈的观点的基础上，马克思科学阐述了新唯物主义的立脚点和实质。费尔巴哈的直观唯物主义，即旧的唯物主义，不将感性活动理解为实践活动，因此，至多只能达到对单个人和市民社会的直观。对此，马克思指出，旧唯物主义的立脚点是市民社会，新唯物主义的立脚点则是人类社会或社会的人类。这里的市民社会，主要是特指资本主义社会。新唯物主义，即实践的唯物主义的立脚点是人类社会，即共产主义社会。同时，马克思指出：“哲学家们只是用不同的方式**解释**世界，问题在于**改变**世界。”② 可见，马克思主义哲学和其他一切哲学的根本区别，在于其始终是立足于无产阶级的伟大实践，致力于改变世界。这就表明了马克思主义哲学的彻底的革命性和批判性，而这也是指导马克思一生革命实践科学研究工作的基本原则。改变世界，包括改变一个旧世界和建设一个新世界，是马克思、恩格斯以及一切真正信奉马克思主义的人始终努力的目标。

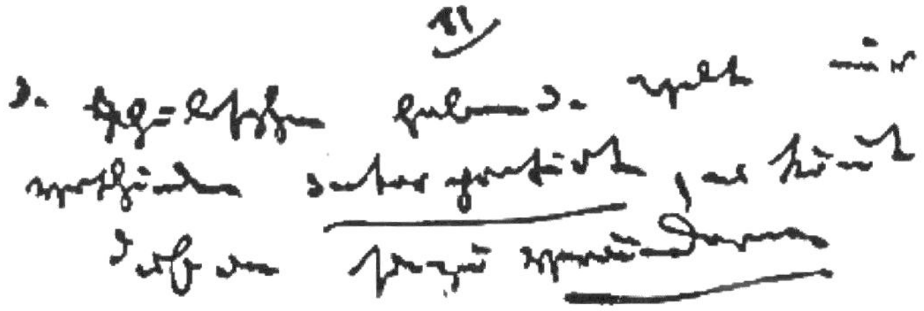

马克思《关于费尔巴哈的提纲》第十一条手迹

马克思去世后，恩格斯在他的遗稿中发现了《关于费尔巴哈的提纲》。恩格斯说：“这是匆匆写成的供以后研究用的笔记，根本没有打算付印。但是它

① 马克思，恩格斯．马克思恩格斯文集：第 1 卷．北京：人民出版社，2009：501.

② 马克思，恩格斯．马克思恩格斯文集：第 1 卷．北京：人民出版社，2009：502.

作为包含着新世界观的天才萌芽的第一个文献，是非常宝贵的。”① 可见，《关于费尔巴哈的提纲》在马克思的思想发展进程中具有重要意义，在唯物史观的创立过程中占据重要地位。

2. 唯物史观的初步阐述——给帕·瓦·安年科夫的信

帕·瓦·安年科夫出生于 1812 年，是俄国自由派地主、著作家、文学批评家和政论家。1846 年，在旅欧期间，他在布鲁塞尔见到了马克思，并受到了马克思非常友善的招待。同年，比埃尔·约瑟夫·蒲鲁东的《经济矛盾的体系，或贫困的哲学》（简称《贫困的哲学》）一书在巴黎出版，引起了较大的社会反响。1846 年 11 月 1 日，安年科夫写信给马克思，并在信中交流了对该书的看法。虽然安年科夫充分肯定了蒲鲁东关于文明不能拒绝通过分工、机器、竞争等所获得的一切的论述，但是他又认为蒲鲁东关于上帝、天命、精神和物质对抗等的思想混乱，强调该书的体系存在很大缺陷。安年科夫指出：“他的著作与其说是减少了我的怀疑，不如说是增加了我的怀疑，而且我确信，这本书对其他许多人也会产生同样的印象。这就是为什么我要向您了解他体系中所隐藏的缺陷，如果这种缺陷是存在的话。一句话，要了解您对这本书的意见。”② 为此，1846 年 12 月 28 日，马克思给安年科夫回信，批判了《贫困的哲学》一书，阐明了历史唯物主义的一些重要原理。

在马克思看来，《贫困的哲学》整体上是一本很坏的书。由于蒲鲁东无法解释社会发展的真正原因，认为社会发展看起来是和个人的发展不同、分离且毫不相干的，因此，他用上帝、普遍理性等词语来解释社会发展，将历史仅仅看作观念的历史，而并非现实的历史。对此，马克思指出：“社会——不管其形式如何——是什么呢？是人们交互活动的产物。人们能否自由选择某一社会形式呢？决不能。在人们的生产力发展的一定状况下，就会有一定的交换［commerce］和消费形式。在生产、交换和消费发展的一定阶段上，就会有相应的社会制度形式，相应的家庭、等级或阶级组织，一句话，就会有相应的市民社会。有一定的市民社会，就会有不过是市民社会的正式表现的相应的政治

① 马克思，恩格斯．马克思恩格斯文集：第 4 卷．北京：人民出版社，2009：266.

② 马克思恩格斯与俄国政治活动家通信集．北京：人民出版社，1987：5.

国家。”[1] 虽然马克思还没有明确提出生产关系的概念，但已经有了有关生产关系的思想，只不过用社会形式的概念来代替。

马克思初步提出了生产力决定生产关系、经济基础决定上层建筑、市民社会决定国家的历史唯物主义思想。“人们不能自由选择**自己的生产力**——这是他们的全部历史的基础，因为任何生产力都是一种既得的力量，是以往的活动的产物。可见，生产力是人们应用能力的结果，但是这种能力本身决定于人们所处的条件，决定于先前已经获得的生产力，决定于在他们以前已经存在、不是由他们创立而是由前一代人创立的社会形式。”[2] 显然，生产力的发展有其继承性，每一代人都在前人创造的生产力的基础上进行发展。这也表明了物质关系是一切关系形成的基础，为唯物史观揭示人类社会的发展是从低级阶段向高级阶段发展的这一规律奠定了基础。马克思还指出：“为了不致丧失已经取得的成果，为了不致失掉文明的果实，人们在他们的交往［commerce］方式不再适合于既得的生产力时，就不得不改变他们继承下来的一切社会形式。——我在这里使用‘commerce’一词是就它的最广泛的意义而言，就像在德文中使用‘Verkehr’一词那样。”[3] 显然，生产力决定生产关系的同时，生产关系也对生产力的发展具有相应的反作用。当生产关系不适应生产力的发展时，就会阻碍甚至是消解生产力的发展。同时，这里的交往是一种广义的范畴，既包括物质的交往，也包括精神、文化等方面的交往。生产力的发展在破坏着旧有的生产关系的同时，也要求建立与之相适应的新生产关系。可见，马克思初步揭示了生产力决定生产关系、生产关系反作用于生产力的历史唯物主义的思想。

在驳斥蒲鲁东关于将分工、机器、竞争和所有权看作经济进化的最初、第二、第三和最后一个范畴等错误观点的基础上，马克思指出：“蒲鲁东先生主要是由于缺乏历史知识而没有看到：人们在发展其生产力时，即在生活时，也发展着一定的相互关系；这些关系的形式必然随着这些生产力的改变和发展而改变。他没有看到：**经济范畴**只是这些现实关系的**抽象**，它们仅仅在这些关系存在的时候才是真实的。”[4] 因此，和资产阶级经济学家一样，蒲鲁东将经济

---

① 马克思，恩格斯．马克思恩格斯文集：第10卷．北京：人民出版社，2009：42-43.
② 马克思，恩格斯．马克思恩格斯文集：第10卷．北京：人民出版社，2009：43.
③ 马克思，恩格斯．马克思恩格斯文集：第10卷．北京：人民出版社，2009：43-44.
④ 马克思，恩格斯．马克思恩格斯文集：第10卷．北京：人民出版社，2009：47.

范畴看作永恒的规律，而非只适用于某一历史阶段的规律，客观上充当了资本主义私有制的辩护士。在蒲鲁东看来，这种现象是由垄断和竞争、自由和奴隶制等一连串对抗造成的。对此，马克思揭示了蒲鲁东的观点的根源："他们全都不了解，资产阶级生产形式是一种历史的和暂时的形式，也正像封建形式的情况一样。他们之所以犯这个错误，是由于在他们看来作为资产者的人是一切社会的唯一可能的基础，是由于他们不能想象会有这样一种社会制度：在那里人不再是资产者。"[①] 可见，资本主义生产方式只是历史发展进程中的一个阶段，其后必将存在一个没有资产阶级的社会。

虽然蒲鲁东对社会现实也存在诸多的不满，但是在变革社会现实方面，他是一个空论家，从小资产阶级利益出发幻想变革现代社会。在现实中，"蒲鲁东先生十分强烈地敌视一切政治运动。在他看来，现代各种问题不是解决于社会行动，而是解决于他头脑中的辩证的旋转运动。由于在他看来范畴是动力，所以要改变范畴，是不必改变现实生活的"[②]。可见，蒲鲁东害怕损失自身的小资产阶级利益，希望将社会各阶层的力量平衡起来，反对进行激烈的社会变革和推翻资本主义社会。同时，马克思揭示了蒲鲁东思想的阶级根源："蒲鲁东先生彻头彻尾是个小资产阶级的哲学家和经济学家。**小资产者**在已经发展了的社会中，迫于本身所处的地位，必然是一方面成为社会主义者，另一方面又成为经济学家，就是说，他既迷恋于大资产阶级的豪华，又同情人民的苦难。他同时既是资产者又是人民。他在自己的心灵深处引以为骄傲的，是他不偏不倚，是他找到了一个自诩不同于中庸之道的真正的平衡。这样的小资产者把**矛盾**加以神化，因为矛盾是他存在的基础。"[③] 显然，小资产阶级本身就是一个矛盾的混合体，其代表思想蒲鲁东主义自然也是一个充满矛盾的混合体。当然，在革命进程中，无产阶级要积极利用小资产阶级革命性的一面。小资产阶级将是一切正在酝酿着的社会革命的组成部分，是无产阶级革命必须争取和团结的对象。

在收到马克思的这封信后，安年科夫反复阅读该信。虽然安年科夫并非唯物主义者和共产主义者，但是信中的观点还是给他留下了深刻的印象。在1847年1月6日给马克思的信中，安年科夫说："您对蒲鲁东的著作的意见，

---

① 马克思，恩格斯．马克思恩格斯文集：第10卷．北京：人民出版社，2009：50.
② 马克思，恩格斯．马克思恩格斯文集：第10卷．北京：人民出版社，2009：51.
③ 马克思，恩格斯．马克思恩格斯文集：第10卷．北京：人民出版社，2009：52-53.

以其正确无误、清晰明白，而主要的是现实范围内的意图，对我起了真正振奋精神的作用。”[①] 在 1880 年彼得堡出版的《欧洲通报》第 15 年卷第 4 期上，安年科夫发表了回忆录《值得纪念的十年。1838—1848 年》。在书中，安年科夫回忆了他与马克思的交往，对马克思进行了高度的评价。这对于当时人们深入了解马克思产生了积极的作用。

在给安年科夫的信中，马克思较为系统地揭露和批判了蒲鲁东的思想的错误表现及其实质，初步阐述了唯物史观的一些基本原理，为《哲学的贫困》的创作奠定了基础。

3. 唯物史观的问世——《德意志意识形态》

为了批判费尔巴哈、鲍威尔、施蒂纳所代表的德国哲学和德国的“真正的社会主义”，1845 年秋至 1846 年 5 月，马克思、恩格斯共同撰写了《德意志意识形态》（简称《形态》）一书，首次较为系统地论述了唯物史观的基本原理。燕妮写道：“夏天，恩格斯和卡尔一道写文章批判德意志哲学，促使他们这样做的外部动力是《唯一者及其所有物》一书的出现。”[②]《形态》是唯物史观诞生的标志。

《形态》原计划是由马克思负责编辑的一部集体创作的作品，或者说是为一本杂志撰写的论文的汇集。赫斯为其撰写了批判青年黑格尔派卢格和批判“真正的社会主义者”库尔曼两章。但是，在《形态》的最后一稿中，马克思、恩格斯删去了卢格一章，对库尔曼一章进行了认真校订。

《形态》共由两卷构成。第一卷包括三章。第一章《一、费尔巴哈？唯物主义观点和唯心主义观点的对立》（简称《费尔巴哈章》）中，马克思、恩格斯从正面阐明了唯物史观的基本观点。第二、三章分别批判了鲍威尔和施蒂纳。施蒂纳这一章，篇幅较大，结构最为复杂。第二卷是对“真正的社会主义”的批判。这一章的手稿存在着丢失和残缺的问题。

---

① 马克思恩格斯与俄国政治活动家通信集．北京：人民出版社，1987：18.

② 中共中央马克思恩格斯列宁斯大林著作编译局．回忆马克思．北京：人民出版社，2005：152.

恩格斯回忆创作《德意志意识形态》的快乐日子

在摩尔的文稿里，我发现了一整堆稿子，是我们在1848年前那段时间合写的著作。有些我很快就要发表。

你来到这里以后，我要读其中一篇稿子给你听，你会笑破肚皮的。这篇稿子我已读给尼姆和杜西听过了。尼姆说：现在我才知道，为什么你们两个人那时候在布鲁塞尔天天晚上这样哈哈大笑，使得家里任何一个人都不能入睡。我们那时都是大胆的小伙子，海涅的诗篇同我们的散文相比，不过是天真的儿戏而已。①

在《形态》尤其是在《费尔巴哈章》中，马克思和恩格斯采取了一种新的合作方式——难解难分，不是按照计划各自负责撰写几章几节，而是采取了马克思写完恩格斯修改或者是恩格斯写完马克思修改，马克思写一段、恩格斯写一段的方式。在这个意义上，《形态》是马克思和恩格斯真正合作的产物。

在《形态》中，马克思、恩格斯从前提、观点和结论三个方面，第一次集中系统地阐述了唯物史观的基本原理。

马克思、恩格斯阐明了社会存在和社会意识的辩证关系的基本原理。社会存在和社会意识的关系问题是社会历史观的基本问题。在马克思、恩格斯之前，一切社会历史观都未科学解决这一问题。马克思、恩格斯第一次明确地提出："全部人类历史的第一个前提无疑是有生命的个人的存在。因此，第一个需要确认的事实就是这些个人的肉体组织以及由此产生的个人对其他自然的关系。当然，我们在这里既不能深入研究人们自身的生理特性，也不能深入研究人们所处的各种自然条件——地质条件、山岳水文地理条件、气候条件以及其他条件。"② 社会存在有一定的自然物质前提，即人口、资源、环境等。在此基础上，马克思、恩格斯全面论述了社会存在决定社会意识的基本原理，论述了人类社会产生的前提。

物质资料的生产是人类社会生存和发展的前提。"一切人类生存的第一个前提，也就是一切历史的第一个前提，这个前提是：人们为了能够'创造历史'，必须能够生活。但是为了生活，首先就需要吃喝住穿以及其他一些东西。

---

① 恩格斯．致劳拉·拉法格//马克思，恩格斯．马克思恩格斯全集：第36卷．北京：人民出版社，1975：33.

② 马克思，恩格斯．马克思恩格斯文集：第1卷．北京：人民出版社，2009：519.

因此第一个历史活动就是生产满足这些需要的资料，即生产物质生活本身。”① 这就突出了生产物质生活本身的重要性，而这一过程本身就是不断满足人类需要的一种物质变换的过程。

为了满足作为主体的人的需要和目的，产生了再生产。因此，“第二个事实是，已经得到满足的第一个需要本身、满足需要的活动和已经获得的为满足需要而用的工具又引起新的需要，而这种新的需要的产生是第一个历史活动”②。可见，物质资料的再生产也是人类社会发展的重要前提。

在上述两种关系的基础上，产生了人自身的生产。“一开始就进入历史发展过程的第三种关系是：每日都在重新生产自己生命的人们开始生产另外一些人，即繁殖。这就是夫妻之间的关系，父母和子女之间的关系，也就是家庭。”③ 人自身的生产是继物质资料的生产和再生产之后，决定人类社会发展的第三个因素。

当然，这三个因素是同时存在并发挥作用的，它们不是社会活动的三个不同阶段，而仅仅是三个不同的方面。

在人自身的生产的基础上，产生了社会生活的第四个要素，即社会关系。“社会关系的含义在这里是指许多个人的共同活动，不管这种共同活动是在什么条件下、用什么方式和为了什么目的而进行的。由此可见，一定的生产方式或一定的工业阶段始终是与一定的共同活动方式或一定的社会阶段联系着的，而这种共同活动方式本身就是‘生产力’；由此可见，人们所达到的生产力的总和决定着社会状况，因而，始终必须把‘人类的历史’同工业和交换的历史联系起来研究和探讨。”④ 可见，生产力决定生产关系，生产力总和决定社会状况。生产力总和既包括以往生产力和现时的生产力，又包括自然生产、物质生产、精神生产和人自身的生产等要素。这表明了马克思、恩格斯并非单纯的经济决定论者。

在社会存在的基础上，产生了社会意识。“只有现在，在我们已经考察了原初的历史的关系的四个因素、四个方面之后，我们才发现：人还具有‘意识’。但是这种意识并非一开始就是‘纯粹的’意识。‘精神’从一开始就很倒

① 马克思，恩格斯．马克思恩格斯文集：第 1 卷．北京：人民出版社，2009：531.
② 马克思，恩格斯．马克思恩格斯文集：第 1 卷．北京：人民出版社，2009：531－532.
③ 马克思，恩格斯．马克思恩格斯文集：第 1 卷．北京：人民出版社，2009：532.
④ 马克思，恩格斯．马克思恩格斯文集：第 1 卷．北京：人民出版社，2009：532－533.

霉，受到物质的‘纠缠’，物质在这里表现为振动着的空气层、声音，简言之，即语言。语言和意识具有同样长久的历史；语言**是**一种实践的、既为别人存在因而也为我自身而存在的、现实的意识。”[①] 可见，由于和他人交往的迫切需要，作为社会生活中第五个因素的语言和意识得以产生。这也反映了物质决定意识、精神有着自身的物质基础的客观事实。同时，“分工只是从物质劳动和精神劳动分离的时候起才真正成为分工。从这时候起意识**才能**现实地想象：它是和现存实践的意识不同的某种东西；它不用想象某种现实的东西就能**现实地**想象某种东西。从这时候起，意识才能摆脱世界而去构造‘纯粹的’理论、神学、哲学、道德等等”[②]。可见，随着脑体差别的出现，物质劳动和精神劳动之间出现了明显的分工，使得意识可以在一定程度上摆脱物质的纠缠，进行相对独立的创造。这表明了意识的独立性和创造性，可以对社会存在发挥相应的反作用。

显然，在社会存在的基础上，社会是一个由多重要素构成的复杂整体。

马克思、恩格斯从生产力和交往形式的矛盾运动中揭示人类历史发展的一般规律，初步揭示了人类社会发展阶段的理论，揭示了社会形态更迭演替的规律。他们将所有制形式划分为三个阶段或三种类型。

部落所有制是人类社会发展的第一个阶段。“第一种所有制形式是部落[Stamm]所有制。这种所有制与生产的不发达阶段相适应，当时人们靠狩猎、捕鱼、畜牧，或者最多靠耕作为生。在人们靠耕作为生的情况下，这种所有制是以有大量未开垦的土地为前提的。在这个阶段，分工还很不发达，仅限于家庭中现有的自然形成的分工的进一步扩大。因此，社会结构只限于家庭的扩大：父权制的部落首领，他们管辖的部落成员，最后是奴隶。”[③] 这一阶段建立在生产力水平极端不发达的基础之上，既包含原始社会的一些特征，即存在着部落首领和部落成员，也包含着阶级社会的一些特征，即存在着奴隶。这表明马克思、恩格斯还没有将原始社会末期和奴隶社会初期区分开来。

第二种所有制形式主要是指罗马城邦所有制，即罗马奴隶制社会。“第二种所有制形式是古典古代的公社所有制和国家所有制。这种所有制首先是由于

---

① 马克思，恩格斯．马克思恩格斯文集：第1卷．北京：人民出版社，2009：533.
② 马克思，恩格斯．马克思恩格斯文集：第1卷．北京：人民出版社，2009：534.
③ 马克思，恩格斯．马克思恩格斯文集：第1卷．北京：人民出版社，2009：521.

几个部落通过契约或征服联合为一个**城市**而产生的。在这种所有制下仍然保存着奴隶制。”[①] 在这种社会形态下，虽然私有制得到了很大的发展，但是部落社会的公社所有制形式依旧发挥着一定的作用，公民共同拥有支配那些做工的奴隶的权力。

第三种所有制形式是封建或等级所有制，即西欧的封建社会。“第三种形式是封建的或等级的所有制。古代的起点是**城市**及其狭小的领域，中世纪的起点则是**乡村**。地旷人稀，居住分散，而征服者也没有使人口大量增加，——这种情况决定了起点有这样的变化。因此，与希腊和罗马相反，封建制度的发展是在一个宽广得多的、由罗马的征服以及起初就同征服联系在一起的农业的普及所准备好了的地域中开始的。”[②] 在不同时代和国家，封建社会的发展存在着不同的起点和形式，并非千篇一律。

这三种所有制形式加上马克思、恩格斯正在研究的资本主义社会和共产主义社会，正好构成了五种社会形态。这表明马克思、恩格斯从生产力和生产关系辩证运动的角度初步提出了五种社会形态理论，具有重要的理论价值。

在科学阐明了社会的构成和社会的演变的基础上，马克思、恩格斯进一步科学揭示了社会发展的动力。

马克思、恩格斯科学阐述了生产力决定生产关系、经济基础决定上层建筑的基本原理。在现实中，“以一定的方式进行生产活动的一定的个人，发生一定的社会关系和政治关系。经验的观察在任何情况下都应当根据经验来揭示社会结构和政治结构同生产的联系，而不应当带有任何神秘和思辨的色彩。社会结构和国家总是从一定的个人的生活过程中产生的”[③]。显然，在生产力起决定性作用的前提下，生产关系决定社会关系和政治关系以及社会结构和政治结构。这表明，马克思、恩格斯明确提出了一个和政治关系、政治结构并列的社会关系和社会结构，丰富并发展了社会关系和社会结构的内涵，为我们全面研究一个社会的社会结构打下了理论基础。

在此基础上，他们指出：“人们的想象、思维、精神交往在这里还是人们物质行动的直接产物。表现在某一民族的政治、法律、道德、宗教、形而上学等的语言中的精神生产也是这样。人们是自己的观念、思想等等的生产者，但

---

① 马克思，恩格斯．马克思恩格斯文集：第 1 卷．北京：人民出版社，2009：521.

② 马克思，恩格斯．马克思恩格斯文集：第 1 卷．北京：人民出版社，2009：522.

③ 马克思，恩格斯．马克思恩格斯文集：第 1 卷．北京：人民出版社，2009：523－524.

这里所说的人们是现实的、从事活动的人们，他们受自己的生产力和与之相适应的交往的一定发展——直到交往的最遥远的形态——所制约。”① 可见，生产力决定生产关系，上层建筑受生产力和一定的生产关系的制约，物质生产也决定精神生产。

当然，这种考察要从现实的前提出发，并从中抽象出最一般的结果的概括。“这些抽象与哲学不同，它们绝不提供可以适用于各个历史时代的药方或公式。相反，只是在人们着手考察和整理资料——不管是有关过去时代的还是有关当代的资料——的时候，在实际阐述资料的时候，困难才开始出现。这些困难的排除受到种种前提的制约，这些前提在这里是根本不可能提供出来的，而只能从对每个时代的个人的现实生活过程和活动的研究中产生。”② 显然，在考察人类社会发展规律的过程中，必须研究特殊对象的特殊矛盾，坚持具体问题具体分析，反对抽象的历史哲学。这样，就体现出历史唯物主义是历史唯物论和历史辩证法的统一。

同时，生产力和生产关系的辩证关系并非单一的，而是复杂的。“按照我们的观点，一切历史冲突都根源于生产力和交往形式之间的矛盾。此外，不一定非要等到这种矛盾在某一国家发展到极端尖锐的地步，才导致这个国家内发生冲突。由广泛的国际交往所引起的同工业比较发达的国家的竞争，就足以使工业比较不发达的国家内产生类似的矛盾（例如，英国工业的竞争使德国潜在的无产阶级显露出来了）。”③ 在世界历史条件下，生产力和生产关系矛盾的不对称性和不平衡性，使经济相对落后国家的跨越发展成为可能。

马克思、恩格斯论述了生产力的特征。马克思、恩格斯在驳斥费尔巴哈的错误观点时指出：“他没有看到，他周围的感性世界决不是某种开天辟地以来就直接存在的、始终如一的东西，而是工业和社会状况的产物，是历史的产物，是世世代代活动的结果，其中每一代都立足于前一代所奠定的基础上，继续发展前一代的工业和交往，并随着需要的改变而改变他们的社会制度。”④ 显然，生产力的发展具有继承性和延续性，生产力的发展是各个世代的积累，没有凭空产生的生产力。在此基础上，产生了人化自然。

---

① 马克思，恩格斯．马克思恩格斯文集：第1卷．北京：人民出版社，2009：524-525.
② 马克思，恩格斯．马克思恩格斯文集：第1卷．北京：人民出版社，2009：526.
③ 马克思，恩格斯．马克思恩格斯文集：第1卷．北京：人民出版社，2009：567-568.
④ 马克思，恩格斯．马克思恩格斯文集：第1卷．北京：人民出版社，2009：528.

他们还论述了生产力发展的极端重要性。“生产力的这种发展（随着这种发展，人们的**世界历史性的**而不是地域性的存在同时已经是经验的存在了）之所以是绝对必需的实际前提，还因为如果没有这种发展，那就只会有**贫穷**、极端贫困的普遍化；而在**极端贫困**的情况下，必须重新开始争取必需品的斗争，全部陈腐污浊的东西又要死灰复燃。其次，生产力的这种发展之所以是绝对必需的实际前提，还因为：只有随着生产力的这种普遍发展，人们的**普遍**交往才能建立起来；普遍交往，一方面，可以产生一切民族中同时都存在着‘没有财产的’群众这一现象（普遍竞争），使每一民族都依赖于其他民族的变革；最后，地域性的个人为**世界历史性的**、经验上普遍的个人所代替。”① 可见，生产力的发展不仅可以创造相应的生产关系，还产生了普遍交往，从而为共产主义的最终实现奠定物质基础。反之，如果没有生产力的发展，就只会有贫困和极端贫困的普遍化，这样，不仅共产主义无法实现，甚至已经进入社会主义社会的国家也会出现倒退和复辟的现象。这再次表明共产主义社会是建立在高度发达的生产力的基础上的，必须消灭一无所有的贫困状态。

当然，大力发展生产力，并非简单地推动物质生产的发展，而是推动生产力总和的发展。马克思、恩格斯提出：“历史的每一阶段都遇到一定的物质结果，一定的生产力总和，人对自然以及个人之间历史地形成的关系，都遇到前一代传给后一代的大量生产力、资金和环境，尽管一方面这些生产力、资金和环境为新的一代所改变，但另一方面，它们也预先规定新的一代本身的生活条件，使它得到一定的发展和具有特殊的性质。由此可见，这种观点表明：人创造环境，同样，环境也创造人。”② 这里，马克思、恩格斯不仅强调了生产力发展的继承性和连续性，还提出了生产力总和的概念。

生产力总和的概念是不断发展的，必然随着时代的发展需要而被赋予新的内涵。这要求我们不仅要大力发展物质生产力，推动物质文明建设，还要大力发展文化生产力和自然生产力，推动精神文明建设和生态文明建设等，进而不仅满足人民群众的物质生活需要，还满足人民群众的精神文化需要和生态需要等，即全面满足人民群众对美好生活的向往。

在明确了社会发展动力、过程和规律的基础上，马克思、恩格斯科学地揭示出了社会发展的未来方向。

---

① 马克思，恩格斯．马克思恩格斯文集：第 1 卷．北京：人民出版社，2009：538.

② 马克思，恩格斯．马克思恩格斯文集：第 1 卷．北京：人民出版社，2009：544－545.

马克思、恩格斯阐述了共产主义的历史必然性。共产主义是建立在生产力高度发达的基础之上的。在资本主义社会，大工业的发展极大地推动了生产力的迅猛发展，然而，“生产力在其发展的过程中达到这样的阶段，在这个阶段上产生出来的生产力和交往手段在现存关系下只能造成灾难，这种生产力已经不是生产的力量，而是破坏的力量（机器和货币）。与此同时还产生了一个阶级，它必须承担社会的一切重负，而不能享受社会的福利，它被排斥于社会之外，因而不得不同其他一切阶级发生最激烈的对立；这个阶级构成了全体社会成员中的大多数，从这个阶级中产生出必须实行彻底革命的意识，即共产主义的意识，这种意识当然也可以在其他阶级中形成，只要它们认识到这个阶级的状况”[①]。资本主义无法控制自身的生产力的发展，使这种发展了的生产力成为一种破坏性的力量，并推动资本主义的最终灭亡。

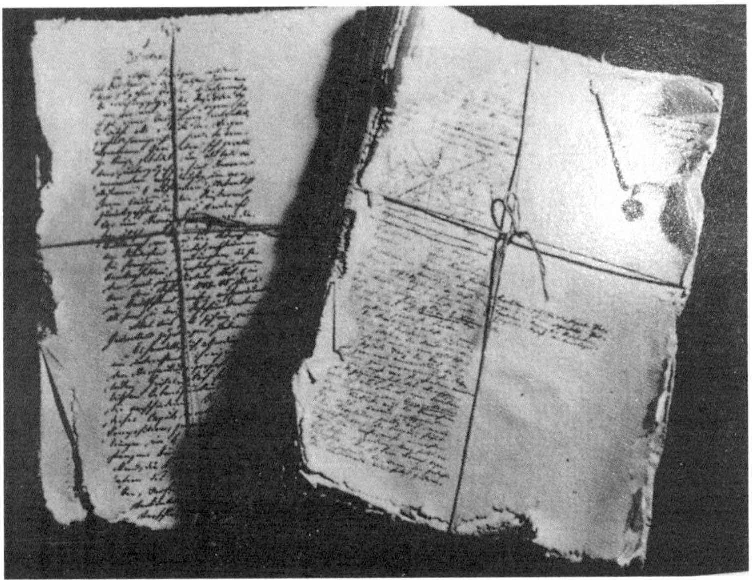

《德意志意识形态》手稿

马克思、恩格斯论述了共产主义革命的特殊性和革命的主体。在推动无产阶级力量发展壮大的同时，资本主义的发展也使得无产阶级的阶级意识不断觉醒，进而为无产阶级革命的发生和胜利奠定了阶级和思想基础。马克思、恩格斯指出：“共产主义革命则针对活动迄今具有的**性质**，消灭**劳动**，并消灭任何

① 马克思，恩格斯．马克思恩格斯文集：第1卷．北京：人民出版社，2009：542.

阶级的统治以及这些阶级本身，因为完成这个革命的是这样一个阶级，它在社会上已经不算是一个阶级，它已经不被承认是一个阶级，它已经成为现今社会的一切阶级、民族等等的解体的表现。”[①] 显然，共产主义革命必须消灭阶级统治，消灭异化劳动和被动劳动。只有工人阶级才能完成这一任务，并通过革命来解放自己。在实践中，“革命之所以必需，不仅是因为没有任何其他的办法能够推翻**统治**阶级，而且还因为**推翻**统治阶级的那个阶级，只有在革命中才能抛掉自己身上的一切陈旧的肮脏东西，才能胜任重建社会的工作”[②]。可见，只有在夺取政权、消灭私有制的过程中，无产阶级才能抛掉自己身上的旧东西，完成改造自身的艰巨任务，进而胜任建设新社会的工作。

马克思、恩格斯阐述了关于共产主义的观点，丰富和发展了共产主义的学说。在论述生产力发展和建立普遍交往时，马克思、恩格斯指出：“不这样，(1) 共产主义就只能作为某种地域性的东西而存在；(2) 交往的**力量**本身就不可能发展成为一种**普遍的**因而是不堪忍受的力量：它们会依然处于地方的、笼罩着迷信气氛的‘状态’；(3) 交往的任何扩大都会消灭地域性的共产主义。共产主义只有作为占统治地位的各民族‘一下子’同时发生的行动，在经验上才是可能的，而这是以生产力的普遍发展和与此相联系的世界交往为前提的。”[③] 可见，共产主义社会的创建要以生产力的巨大增长和高度发展以及普遍交往的形成为前提。

在世界历史的条件下，马克思、恩格斯提出了“同时胜利论”的重要观点，强调共产主义要在几个占统治地位的民族同时发生，这样，才能最终消灭地域性的共产主义，使共产主义最终取得胜利。必须指出的是，“同时胜利论”并不等于同步胜利论，更不等于几个主要资本主义国家要在同一天爆发革命。在世界历史的背景下，各个国家之间的发展不平衡，跨度比较大，因此，世界历史本身就是一个大尺度的时间概念，几十年甚至上百年仅仅是其中的很短的时段而已。因此，不能狭隘地理解“同时胜利论”，更不能用列宁的一国胜利论来否定它，后者只是对前者的补充和完善。

共产主义是理论、运动、理想、制度的统一。马克思、恩格斯指出：“共产主义对我们来说不是应当确立的**状况**，不是现实应当与之相适应的**理想**。我

---

① 马克思，恩格斯．马克思恩格斯文集：第 1 卷．北京：人民出版社，2009：543.
② 马克思，恩格斯．马克思恩格斯文集：第 1 卷．北京：人民出版社，2009：543.
③ 马克思，恩格斯．马克思恩格斯文集：第 1 卷．北京：人民出版社，2009：538－539.

们所称为共产主义的是那种消灭现存状况的**现实的**运动。这个运动的条件是由现有的前提产生的。”① 可见，共产主义是消灭现实状况的现实运动，这表明了共产主义的实现是一个动态的历史进程，不可能一蹴而就。当然，“共产主义和所有过去的运动不同的地方在于：它推翻一切旧的生产关系和交往关系的基础，并且第一次自觉地把一切自发形成的前提看做是前人的创造，消除这些前提的自发性，使这些前提受联合起来的个人的支配。因此，建立共产主义实质上具有经济的性质，这就是为这种联合创造各种物质条件，把现存的条件变成联合的条件”②。可见，共产主义是社会基本矛盾发展的产物，不仅要消灭私有制这一阶级社会的一切旧的生产关系和交往关系的基础，还要消灭一无所有，进而将生产资料私有制变成公有制。

共产主义与人的自由而全面的发展密切相连。马克思、恩格斯提出：“无产者，为了实现自己的个性，就应当消灭他们迄今面临的生存条件，消灭这个同时也是整个迄今为止的社会的生存条件，即消灭劳动。因此，他们也就同社会的各个人迄今借以表现为一个整体的那种形式即同国家处于直接的对立中，他们应当推翻国家，使自己的个性得以实现。”③ 无产阶级革命不仅不消灭人的个性，还追求个性自由，进而消灭异化，真正实现人的个性的丰富和发展。同时，马克思、恩格斯还指出：“许许多多人**仅仅**依靠自己劳动为生——大量的劳力与资本隔绝或甚至连有限地满足自己的需要的可能性都被剥夺——，从而由于竞争，他们不再是暂时失去作为有保障的生活来源的工作，他们陷于绝境，这种状况是以**世界市场**的存在为前提的。因此，无产阶级只有在**世界历史意义上**才能存在，就像共产主义——它的事业——只有作为‘世界历史性的’存在才有可能实现一样。而各个人的世界历史性的存在，也就是与世界历史直接相联系的各个人的存在。”④ 可见，共产主义的实现是世界历史性的事业。

在《形态》中，马克思、恩格斯实现了哲学立场转变与政治立场转变的统一。与《1844年经济学哲学手稿》中的“实践的人道主义”相对应，马克思、恩格斯将自己称为“实践的唯物主义者”，将“实践的唯物主义者”看作“共产主义者”。他们提出：“对**实践的**唯物主义者即**共产主义者**来说，全部问题都

---

① 马克思，恩格斯．马克思恩格斯文集：第1卷．北京：人民出版社，2009：539.
② 马克思，恩格斯．马克思恩格斯文集：第1卷．北京：人民出版社，2009：574.
③ 马克思，恩格斯．马克思恩格斯文集：第1卷．北京：人民出版社，2009：573.
④ 马克思，恩格斯．马克思恩格斯文集：第1卷．北京：人民出版社，2009：539.

在于使现存世界革命化，实际地反对并改变现存的事物。”① 这种新的唯物主义始终承认外部世界的客观性和优先性，同时，突出了实践的能动作用，最终追求的是共产主义的理想。显然，在马克思、恩格斯那里，哲学立场的转变和政治立场的转变是密切联系在一起的，或者说具有一种内在的统一的关系。

马克思论《德意志意识形态》的创作和出版

自从弗里德里希·恩格斯批判经济学范畴的天才大纲（在《德法年鉴》上）发表以后，我同他不断通信交换意见，他从另一条道路（参看他的《英国工人阶级状况》）得出同我一样的结果。当 1845 年春他也住在布鲁塞尔时，我们决定共同阐明我们的见解与德国哲学的意识形态的见解的对立，实际上是把我们从前的哲学信仰清算一下。这个心愿是以批判黑格尔以后的哲学的形式来实现的。两厚册八开本的原稿早已送到威斯特伐利亚的出版所，后来我们才接到通知说，由于情况改变，不能付印。既然我们已经达到了我们的主要目的——自己弄清问题，我们就情愿让原稿留给老鼠的牙齿去批判了。在我们当时从这方面或那方面向公众表达我们见解的各种著作中，我只提出恩格斯与我合著的《共产党宣言》和我自己发表的《关于自由贸易的演说》。我们见解中有决定意义的论点，在我的 1847 年出版的为反对蒲鲁东而写的著作《哲学的贫困》中第一次作了科学的、虽然只是论战性的概述。我用德文写的关于《雇佣劳动》一书，汇集了我在布鲁塞尔德意志工人协会上对于这个问题的讲演，这本书的印刷由于二月革命和我因此被迫离开比利时而中断。②

虽然由于书报检查令的存在，以及出版商对书中批判的人物的同情，《德意志意识形态》未能在马克思、恩格斯生前出版，但是该书第一次全面阐述了唯物史观的基本原理，标志着唯物史观的形成和确立。现在，经历万般艰辛，收录《德意志意识形态》的 MEGA² 第 1 部分第 5 卷终于在 2017 年正式出版了。

4. 唯物史观的深化——《哲学的贫困》

蒲鲁东主义对早期的工人运动具有较大影响。蒲鲁东是法国的一个排字工

---

① 马克思，恩格斯．马克思恩格斯文集：第 1 卷．北京：人民出版社，2009：527.

② 马克思．政治经济学批判序言//马克思，恩格斯．马克思恩格斯选集：第 2 卷．北京：人民出版社，2012：3-4.

人，是小资产阶级社会主义思想的重要代表人物。马克思曾对他寄予厚望。1846 年 5 月 5 日，马克思给他写信说："我们已经同英国建立了联系；至于法国，我们一致认为，我们在那里不可能找到比您更合适的通信人了。您知道，到目前为止，英国人和德国人比您自己的同胞更看重您。"① 马克思与蒲鲁东建立联系是为了保证能够了解各国的社会运动，以取得多方面的成果。然而，在《贫困的哲学》一书中，蒲鲁东公开阐发自己的小资产阶级社会主义思想，对工人运动的发展造成了很大的损害。

为此，在给安年科夫的信中，马克思初步对蒲鲁东进行了驳斥。然而，这封信是私人通信，并没有将马克思的思想公之于众。在这封信的基础上，马克思于 1847 年 1 月至 6 月 15 日创作了《哲学的贫困。答蒲鲁东先生的〈贫困的哲学〉》（简称《哲学的贫困》）一书，全面深入驳斥了蒲鲁东的思想，深化和阐发了唯物史观的基本原理，使之第一次公开问世。1847 年 6 月 15 日，马克思写了一篇简短的序言。该书于 1847 年 7 月初在布鲁塞尔和巴黎以法文出版。

马克思致蒲鲁东的信件

现在我们就**直接来谈正事**！我和我的两个朋友，即弗里德里希·恩格斯和菲力浦·日果（他们两人都在布鲁塞尔）一起同德国的共产主义者和社会主义者建立了经常性的通讯联系，借以讨论学术问题，评论流行的著作，并进行社会主义宣传（在德国，人们可以用这种办法进行社会主义宣传）。不过，我们这种通讯活动的主要目的，是要让德国的社会主义者同法国和英国的社会主义者建立联系，使外国人了解德国不断发展的社会主义运动，并且向德国国内的德国人报道法国和英国社会主义运动的进展情况。通过这种方式，可以发现意见分歧，交流思想，进行公正的批评。这是以**文字**形式表现的社会运动为了摆脱**民族**局限性而应当采取的一个步骤。而在行动的时刻，当然每个人都非常希望对外国情况了解得像本国情况一样清楚。②

针对蒲鲁东为维护资本主义制度而散布的取消阶级斗争和社会革命的改良主义观点，马克思科学阐述了社会革命的重要性。蒲鲁东劝说无产阶级通过和平手段去改革资本主义，在不触动资本主义私有制和雇佣劳动的基础上消除资本主义发展的一系列残酷后果。作为小资产阶级的代表，蒲鲁东们一方面担心

① 马克思，恩格斯．马克思恩格斯文集：第 10 卷．北京：人民出版社，2009：32.

② 马克思，恩格斯．马克思恩格斯文集：第 10 卷．北京：人民出版社，2009：31.

大资本主义的发展会逐渐压缩和消灭自身的生存境地，使自己沦为无产阶级，另一方面由于自身拥有一定的财产和生产资料，并非一无所有的无产阶级，因此，他们也拒斥无产阶级通过激烈的社会变革来消灭资本主义私有制的做法。如果遵循蒲鲁东的思想，无产阶级必然会放弃自己独立的阶级斗争。对此，马克思科学阐述了社会革命对于工人运动和无产阶级革命发展的重要性。

针对蒲鲁东运用形而上学的方法论将各种经济关系看作同等数量的社会阶段的错误观点，马克思强调了必须坚持具体问题具体分析的方法论原则。“谁用政治经济学的范畴构筑某种意识形态体系的大厦，谁就是把社会体系的各个环节割裂开来，就是把社会的各个环节变成同等数量的依次出现的单个社会。其实，单凭运动、顺序和时间的唯一逻辑公式怎能向我们说明一切关系在其中同时存在而又互相依存的社会机体呢?”[①] 这里，马克思提出了社会有机体的重要概念，强调社会有机体是由不同要素构成的，要具体分析这些要素，不能犯教条主义的错误。

这样，马克思就从根源上揭露了蒲鲁东主义的阶级根源和方法论根源。

虽然蒲鲁东明白在一定的生产关系中从事着相应的生产，但是他不明白这些生产关系也是由生产力决定的。对此，马克思指出：“随着新生产力的获得，人们改变自己的生产方式，随着生产方式即谋生的方式的改变，人们也就会改变自己的一切社会关系。手推磨产生的是封建主的社会，蒸汽磨产生的是工业资本家的社会。”[②] 这里，马克思不仅明确提出了生产力决定生产关系的重要原理，还提出了新生产力的重要概念，更是从技术的角度对人类社会发展形态进行了科学的划分，明确揭示了生产工具在划分社会形态过程中的标志性意义。

新生产力就是包含了科技含量的先进生产力，体现了生产工具是生产力的重要构成要素。同时，“在一切生产工具中，最强大的一种生产力是革命阶级本身。革命因素之组成为阶级，是以旧社会的怀抱中所能产生的全部生产力的存在为前提的”[③]。劳动者本身是生产力的重要因素，而且是最强大、最活跃的因素，而革命阶级本身就是先进生产力的代表。这样，马克思就丰富了生产力构成的学说。

在论述封建社会和资本主义社会的生产关系时，马克思还提出了生产方式的概念，论述了生产力和生产关系的矛盾运动。“生产方式，生产力在其中发

---

① 马克思，恩格斯．马克思恩格斯文集：第 1 卷．北京：人民出版社，2009：603－604.

② 马克思，恩格斯．马克思恩格斯文集：第 1 卷．北京：人民出版社，2009：602.

③ 马克思，恩格斯．马克思恩格斯文集：第 1 卷．北京：人民出版社，2009：655.

展的那些关系，并不是永恒的规律，而是同人们及其生产力的一定发展相适应的东西，人们生产力的一切变化必然引起他们的生产关系的变化吗？由于最重要的是不使文明的果实——已经获得的生产力被剥夺，所以必须粉碎生产力在其中产生的那些传统形式。从此以后，革命阶级将成为保守阶级。”[①] 生产力决定生产关系，生产关系必须适应生产力发展的要求。同时，生产力是文明的果实，即是一切文明的积极成果的总和，因此，为了保存已经获得的生产力，必须通过无产阶级的革命行动，打碎旧的生产关系的束缚，解放和发展生产力。这也表明了生产关系对生产力的反作用，先进的生产关系会促进生产力的发展，而落后的生产关系必然会阻碍生产力的发展。

这样，马克思就全面阐述了生产力和生产关系的辩证运动关系。

资本主义生产方式存在着不可调和的内在矛盾。资本主义生产方式具有二重性，这导致了资产阶级和无产阶级作为两大阶级之间的直接对立。马克思指出：“资产阶级借以在其中活动的那些生产关系的性质决不是单一的、单纯的，而是两重的；在产生财富的那些关系中也产生贫困；在发展生产力的那些关系中也发展一种产生压迫的力量；这些关系只有不断消灭资产阶级单个成员的财富和产生出不断壮大的无产阶级，才能产生**资产者的财富**，即资产阶级的财富；这一切都一天比一天明显了。”[②] 这里，马克思还初步揭示了资本主义积累的规律，即一边是资本家财富的积累，一边是工人阶级贫困的积累。这样，资本主义生产方式的发展就包含着极大的不合理性，主要是为占统治地位的少数资产阶级服务的，占人口绝大多数的广大无产阶级和劳动人民却日益贫困。这就使得资产阶级和无产阶级之间的阶级斗争日益尖锐化，进而使得资本主义社会被一个没有阶级和阶级对抗的新社会代替。

工人阶级是解决资本主义社会矛盾、实现社会根本改造的真正的社会力量。在反抗资产阶级和资本主义制度的过程中，工人阶级必须联合起来，“经济条件首先把大批的居民变成劳动者。资本的统治为这批人创造了同等的地位和共同的利害关系。所以，这批人对资本说来已经形成一个阶级，但还不是自为的阶级。在斗争（我们仅仅谈到它的某些阶段）中，这批人联合起来，形成一个自为的阶级。他们所维护的利益变成阶级的利益。而阶级同阶级的斗争就是政治斗争”[③]。可见，工人阶级成为自为阶级，是无产阶级和资产阶级进行

① 马克思，恩格斯．马克思恩格斯文集：第1卷．北京：人民出版社，2009：613－614.
② 马克思，恩格斯．马克思恩格斯文集：第1卷．北京：人民出版社，2009：614.
③ 马克思，恩格斯．马克思恩格斯文集：第1卷．北京：人民出版社，2009：654.

斗争的前提。

只有通过革命手段来改造社会，工人阶级才能争取自身的解放；只有消灭一切阶级，劳动阶级才能获得真正的解放。在此基础上，马克思指出："不能说社会运动排斥政治运动。从来没有哪一种政治运动不同时又是社会运动的。只有在没有阶级和阶级对抗的情况下，**社会进化**将不再是**政治革命**。"① 可见，政治运动本身就是社会运动。只有在消灭阶级和阶级对抗的情况下，社会运动才没有阶级性和政治性。

显然，无产阶级的历史使命就是推翻资产阶级社会，消灭一切阶级和阶级对抗，进入共产主义社会。

《哲学的贫困》是唯物史观公开问世的第一部著作，为唯物史观的传播打下了基础。马克思的战友们和朋友们把这一文献看作正在形成过程中的无产阶级政党的一项重大的理论成果，恩格斯称之为"我们的纲领"。

马克思对自己的这部著作也较为满意。他在 1859 年回忆说："我们见解中有决定意义的论点，在我的 1847 年出版的为反对蒲鲁东而写的著作《哲学的贫困》中第一次作了科学的、虽然只是论战性的概述。"② 除了历史观之外，《哲学的贫困》还表明马克思厘清了自己的经济观，为他的经济理论奠定了初步的基础。对此，马克思在 1880 年写的《关于〈哲学的贫困〉》中指出："我们决定重新发表《**哲学的贫困**》（初版已售完），是因为该书包含了经过 20 年的研究之后，在《**资本论**》中阐发的理论的萌芽。所以，阅读《**哲学的贫困**》以及马克思和恩格斯于 1848 年发表的《**共产党宣言**》，可以作为研究《**资本论**》和现代其他社会主义者的著作的入门……为了给只想阐明社会生产的真实历史发展的、批判的、唯物主义的社会主义扫清道路，必须断然同唯心主义的经济学决裂，这个唯心主义经济学的最新的体现者，就是自己并没有意识到这一点的蒲鲁东。"③ 总之，《哲学的贫困》在马克思思想发展进程中占据着重要的地位。

---

① 马克思，恩格斯．马克思恩格斯文集：第 1 卷．北京：人民出版社，2009：655.

② 马克思，恩格斯．马克思恩格斯文集：第 2 卷．北京：人民出版社，2009：593.

③ 马克思，恩格斯．马克思恩格斯全集：第 25 卷．北京：人民出版社，2001：425－426.

第 7 章

马克思主义的创立

《共产党宣言》

> 1847 年春，马克思和恩格斯加入秘密宣传团体“共产主义者同盟”，参加了该同盟的第二次代表大会（1847 年 11 月在伦敦举行）并起了突出的作用，他们受大会委托起草了 1848 年 2 月发表的著名的《共产党宣言》。这部著作以天才的透彻而鲜明的语言描述了新的世界观，即把社会生活领域也包括在内的彻底的唯物主义、作为最全面最深刻的发展学说的辩证法以及关于阶级斗争和共产主义新社会创造者无产阶级肩负的世界历史性的革命使命的理论。①

受共产主义者同盟的委托，马克思和恩格斯共同创作了世界上第一个科学的无产阶级政党的党纲——《共产党宣言》（简称《宣言》）。《宣言》的问世是马克思主义和工人运动紧密结合的产物，标志着马克思主义的正式创立，在马克思主义发展史上具有里程碑式的意义。

1. 共产主义者同盟的发展历史

共产主义者同盟的前身是 1836 年成立的德国第一个无产者的政治组织——正义者同盟，后者的前身是德国流亡者 1834 年在巴黎创立的流亡者同盟。在成立之初，正义者同盟是一个半宣传、半秘密的组织，主要开展秘密活动。到了 19 世纪 40 年代，正义者同盟在手工业帮工和工人中开展空想共产主义思想的

① 列宁．卡尔·马克思//列宁选集：第 2 卷．北京：人民出版社，2012：416.

宣传。

1843年，正义者同盟的代表沙佩尔邀请恩格斯加入同盟，但是恩格斯觉得时机还不成熟，就拒绝了这一建议。然而，这并不代表马克思、恩格斯与正义者同盟的成员间没有联系。事实上，马克思、恩格斯不仅与伦敦支部的成员保持通信联系，还与巴黎各支部的领导人艾韦贝克医生有着密切的交往，因而对正义者同盟内部的重要事件都有所了解。1847年1月20日，正义者同盟伦敦中央委员会派代表约瑟夫·莫尔来到布鲁塞尔找马克思，接着又到巴黎找恩格斯，请求他们加入并帮助改组同盟。恩格斯回忆道："他们确信我们的观点都是正确的，也确信必须使同盟摆脱陈旧的密谋性的传统和形式。如果我们愿意加入同盟，我们将有可能在同盟代表大会上以宣言形式阐述我们的批判的共产主义，然后可以作为同盟的宣言发表；同时我们也将有可能帮助同盟用新的符合时代和目的的组织来代替它的过时的组织。"① 在确信正义者同盟领导人愿意改组同盟并接受他们的理论作为纲领的基础之后，马克思、恩格斯同意加入。在布鲁塞尔，马克思将靠得比较近的朋友组成了一个同盟支部，恩格斯经常参加巴黎的三个同盟支部。在1877年11月10日致威廉·布洛斯的信中，马克思指出："恩格斯和我最初参加共产主义者秘密团体时的必要条件是：摒弃章程中一切助长迷信权威的东西。"② 这表明，马克思、恩格斯参加革命活动时就意识到个人迷信和个人崇拜的危害，并对其进行自觉抵制。

1847年6月初，恩格斯代表巴黎支部出席在伦敦召开的共产主义者同盟第一次代表大会。大会决定把正义者同盟改名为共产主义者同盟，把宣传口号由"人人皆兄弟"改为"全世界无产者，联合起来！"。这不仅取消了密谋时代遗留下来的一切旧的神秘名称，还公开宣布了共产主义者同盟的无产阶级性质和国际主义性质，也预示着共产主义者同盟将成为一个国际性的无产阶级政党的组织。在同盟的纲领方面，大会决定把恩格斯起草的《共产主义信条草案》作为讨论同盟纲领的基础。在组织结构方面，"组织本身是完全民主的，它的各委员会由选举产生并随时可以罢免，仅这一点就已堵塞了任何要求独裁的密谋狂的道路，而同盟——至少在平常的和平时期——已变成一个纯粹宣传性的团体"③。在保证民主的同时，共产主义者同盟由支部、区部、总区部、中央

① 马克思，恩格斯．马克思恩格斯文集：第4卷．北京：人民出版社，2009：235-236.
② 马克思，恩格斯．马克思恩格斯文集：第10卷．北京：人民出版社，2009：423.
③ 马克思，恩格斯．马克思恩格斯文集：第4卷．北京：人民出版社，2009：236.

委员会以及代表大会构成。中央委员会是同盟的最高机关，负责向代表大会报告 作。这表明共产主义者同盟已经采用民主集中制的组织原则。在同盟的目的方面，在《共产主义者同盟章程》中，恩格斯指出："推翻资产阶级政权，建立无产阶级统治，消灭旧的以阶级对立为基础的资产阶级社会和建立没有阶级、没有私有制的新社会。"① 可见，共产主义者同盟形成了完备的纲领和组织机构。

1847 年 8 月 5 日，在马克思的领导下，共产主义者同盟的支部和区部在布鲁塞尔成立。马克思当选为支部主席和区部委员会委员。1847 年 11 月 29 日至 12 月 8 日，共产主义者同盟召开第二次代表大会。马克思、恩格斯共同出席了大会，大会通过长时间的辩论使所有的分歧和怀疑得到消除，使新的原则得以一致通过。大会委托他们为共产主义者同盟起草一个准备公布的纲领，将无产阶级政党的基本原则通过纲领的形式公之于众。在 1848 年二月革命前，《宣言》正式问世。《宣言》继续使用共产主义者同盟的口号"全世界无产者，联合起来!"，来公开宣布无产阶级斗争的阶级性和国际性。到了 1864 年国际工人协会成立时，继续使用这一战斗口号。在 1848 年革命期间，虽然马克思、恩格斯积极参与革命，争取无产阶级的合法权益，但是他们明确反对那种将革命当作儿戏，不顾主客观形势人为制造革命的做法，尤其是从外部输入革命的做法。从总体上看，共产主义者同盟的成员积极参与 1848 年革命，并发挥了重要作用。

欧洲各国的反动政府也加大了对共产主义者同盟的镇压力度。1851 年 5 至 6 月，德国境内实行全国大逮捕，逮捕了丹尼尔斯、贝克尔、列斯纳、勒泽尔等共产主义者同盟的活动家。紧接着，普鲁士政府决定在科隆以图谋叛国的罪名审判他们，并在伪造完所有材料后于 1852 年 10 月 4 日开始审判。在审判期间，马克思通过各种方式对被捕的共产主义者同盟成员进行实际的援助，不仅为这些被告的辩护人提供各种有利的证据，还深刻揭露了普鲁士政府所干的一系列无耻勾当。马克思指出："警察局所干的违反誓约、伪造文件、篡改日期、窃盗等等一切骗人勾当，这些勾当甚至在普鲁士政治司法史册上都是没有先例的。"② 在反动政府的一手操作下，大部分共产主义者同盟成员被判有罪。"科伦共产党人案件"标志着共产主义者同盟在德国遭到了严重的镇压。1848

① 马克思，恩格斯．马克思恩格斯全集：第 4 卷．北京：人民出版社，1958：572.

② 马克思，恩格斯．马克思恩格斯全集：第 8 卷．北京：人民出版社，1961：429.

年革命失败后，在欧洲大陆反动势力日益猖獗的迫害之下，共产主义者同盟已经无法继续活动下去，现有的形式已经不适应斗争发展的需要。为此，根据马克思的建议，共产主义者同盟伦敦区部会议通过了解散同盟地方组织的决议。这标志着共产主义者同盟的解散及其活动的结束。

共产主义者同盟是工人运动和科学社会主义相结合的产物，是 19 世纪 30 年代和 40 年代工人运动发展史的集中体现，是无产阶级政党发展史上的重要阶段。虽然共产主义者同盟的规模不是很大，但还是为工人运动的发展的全部历史奠定了基石，为无产阶级政党的建立和发展奠定了基础。无论是就其纲领，还是就其成员来说，共产主义者同盟都是一个国际性的工人组织，也是德国社会民主党的第一个组织。1877 年 6 月中，恩格斯在《卡尔·马克思》中指出："凡是有德意志工人协会的地方，就有同盟；英国、比利时、法国、瑞士的几乎所有工人协会的领导成员，以及德国很多工人协会的领导成员，都加入了同盟，同盟在初生的德国工人运动中力量很大。同时我们的同盟第一个强调指出了整个工人运动的国际性质，并且在实践中实现了这点；它的成员中有英国人、比利时人、匈牙利人、波兰人和其他国籍的人，并且还举行了（特别是在伦敦）多次国际工人会议。"① 可见，共产主义者同盟实质上是一个国际性的工人组织，为第一国际的成立和发展奠定了重要基础。

2. 对工人运动中的错误思潮的回击

19 世纪 40 年代，马克思、恩格斯同魏特林主义、"真正的社会主义"、蒲鲁东主义等工人运动中的错误思潮进行了坚决的斗争，科学阐述了自己的思想，为工人运动的健康发展奠定了思想基础。

魏特林是一个裁缝帮工，是正义者同盟的骨干成员，其空想社会主义的观点在同盟中得到广泛传播。魏特林出版了《和谐与自由的保证》一书，为共产主义思想进行辩护。在 1844 年《评一个普鲁士人的〈普鲁士国王和社会改革〉一文》中，马克思指出，德国的"资产阶级，包括其哲学家和学者在内，有哪一部论述资产阶级解放——**政治**解放——的著作能和魏特林的《和谐与自由的

① 马克思，恩格斯．马克思恩格斯文集：第 3 卷．北京：人民出版社，2009：452-453.

保证》一书媲美呢？只要把德国的政治论著中那种褊狭卑俗的平庸气同德国工人的这部**史无前例**的光辉灿烂的处女作比较一下，只要把无产阶级巨大的**童鞋**同德国资产阶级极小的政治烂鞋比较一下，我们就能够预言**德国的灰姑娘**将来必然长成一个**大力士的体型**”①。这里，马克思高度评价了魏特林，并对其寄予厚望。魏特林认为，工人阶级需要通过革命行动来自己解放自己，但是在运用何种手段来实现解放方面，他陷入了空想社会主义的观点。在魏特林看来，德国的共产主义革命很快就会到来，无产阶级需要的是参加革命的热情，而非科学的理论指导和系统的组织工作。这是一种典型的宗派主义的观点，会将工人运动引入歧途，驱使工人们去做无谓的牺牲。

为此，在 1846 年 3 月 30 日布鲁塞尔共产主义通讯委员会会议上，马克思试图说服魏特林，引导其走上科学社会主义的道路，但没有成功，于是和他彻底决裂。据参加这次会议的安年科夫回忆，马克思对魏特林质问道：“魏特林，你在德国大叫大嚷地鼓动，请你讲一讲，你根据什么来证明你的活动是正确的？你根据什么来确定将来的活动？”② 显然，没有科学理论指导的鼓动，无法证明所从事的活动是正确的，只能给活动带来损害。马克思指出：“刚才所谈的这种激起人们虚幻的希望的做法，只会把受苦难的人们引向最终的毁灭，而不能拯救他们。特别是在德国，如果没有严格的科学思想和正确的学说来号召工人，那就等于玩弄空洞虚伪的传教把戏，一方面是一个慷慨激昂的预言家，另一方面只是一些张着嘴巴听他们说话的蠢材。……人们没有正确的理论就什么都做不成，事实上，除了喧嚣叫嚷、有害的感情冲动和使事业遭到失败，什么事也干不出来。”③ 显然，革命必须从客观的实际条件出发，而不能仅凭热情出发，否则只会适得其反。在马克思看来，魏特林对科学理论的蔑视是一种极端的无知，而无知从来也不能帮助任何人。通过这次大会，马克思全面揭露了魏特林思想的实质及其危害，使多数人认清魏特林思想的危害，这有利于德国工人运动的健康发展。

与此同时，一些德国的哲学家、半哲学家和美文学家，贪婪地抓住法国

---

① 马克思，恩格斯．马克思恩格斯全集：第 3 卷．北京：人民出版社，2002：390.

② 中共中央马克思恩格斯列宁斯大林著作编译局．回忆马克思．北京：人民出版社，2005：273.

③ 中共中央马克思恩格斯列宁斯大林著作编译局．回忆马克思．北京：人民出版社，2005：274.

的社会主义和共产主义的文献。然而，产生这些文献的历史环境却没有在当时的德国出现，德国面临的不是反对资产阶级的斗争，而是反对封建专制制度的斗争，因此，德国哲学家只能将法国的文献同自己的旧哲学信仰调和起来，甚至用自己的哲学观点去解释法国的社会主义思想，并将其称为“真正的社会主义”。

在理论上，以克利盖为代表的“真正的社会主义者”从唯心主义的角度出发，企图用抽象的人类之爱来代替阶级斗争，将共产主义归结为多愁善感的代名词，将共产主义变成一种新的宗教。对此，马克思、恩格斯于 1846 年 5 月 11 日撰写了《反克利盖的通告》一文，无情地嘲讽和深刻地批判了其错误观点。他们明确指出：“……（2）克利盖用以宣传这种倾向的幼稚而夸大的方式，大大地损害了共产主义政党在欧洲以及在美洲的声誉，因为克利盖算是德国共产主义在纽约的著作界代表。（3）克利盖在纽约以‘共产主义’的名义所鼓吹的那些荒诞的伤感主义的梦呓，如果被工人接受，就会使他们的意志颓废。”[①] 在马克思、恩格斯看来，“真正的社会主义者”的主张是幼稚和有害的，会对工人运动产生巨大危害。

克利盖认为，共产主义是一种充满爱且和利己主义相反的东西，一切社会祸害的根源是利己主义，因此，共产主义就是要消灭利己主义。显然，这一观点的实质是掩盖阶级斗争，在不触动资产阶级利益的前提下进行阶级调和。对此，马克思、恩格斯指出：“说共产主义不是‘破坏’，而是要使现存的腐朽关系以及资产阶级对这种关系的一切幻想‘实现’的这种懦怯而虚伪的说法，从头到尾贯串在每一号的《人民论坛报》中。克利盖和政治家们争论时所持的立场跟这种虚伪和懦怯是相吻合的。”[②] 可见，克利盖的所谓的共产主义立场具有虚伪性，会使无产阶级革命运动走上邪路。

针对克利盖将美国的土地改革运动描绘为社会主义运动的企图，在肯定美国改良主义运动的历史合理性的同时，马克思、恩格斯明确反驳道：“如果克利盖把解放土地的运动看作无产阶级运动在一定条件下的必要的初步形式，如果他认为这个运动由于发动它的那个阶级的生活状况必然会发展成为共产主义运动，如果他说明为什么美国共产主义最初应该以似乎和共产主义相矛盾的土地运动形式出现，那末他的意见也就没什么可反对的了。但克利盖却把某些

---

① 马克思，恩格斯．马克思恩格斯全集：第 4 卷．北京：人民出版社，1958：3.

② 马克思，恩格斯．马克思恩格斯全集：第 4 卷．北京：人民出版社，1958：8.

实在的人的这种只有次要意义的运动形式夸大为**一般**人的事业。克利盖把这件事说成一切运动的最终的最高的目的（虽然他知道这是违反真实的），从而把运动的特定目标变成十分荒唐的胡说。”① 这样，马克思、恩格斯就揭示了美国土地改革运动的实质及其与共产主义运动的内在关系。

在此基础上，马克思、恩格斯分析了“真正的社会主义”的思想的哲学实质。“这里克利盖是在**共产主义的幌子下**宣传陈旧的德国宗教哲学的幻想，而这种幻想是和**共产主义截然相反**的。**信念**，即对‘共性的圣灵’的信念，这正是共产主义为求本身实现时最不需要的东西。”② 可见，“真正的社会主义”并非共产主义思想，其实质是反共产主义的，恰好符合封建专制集团的心愿。

在宗教问题上，自称是无神论者的克利盖将共产主义视为一种新的宗教，在共产主义的招牌下贩卖基督教的那一套学说，企图使共产主义陷入宗教的幻想之中。在克利盖看来，共产主义斗争的目的是使爱的宗教成为真理，使基督教追求的天国居民的共同体成为现实。对此，马克思、恩格斯明确指出：“克利盖却没有发现，这些基督教的幻想只是现存世界虚幻的反映，因此它们的‘现实性’**已经表现**在这一现存世界的丑恶的关系中。”③ 这样，在批判克利盖的错误观点时，马克思、恩格斯揭示了基督教的实质。

综上，“真正的社会主义”实质上代表的是小资产阶级的利益。在《宣言》中，马克思、恩格斯进一步指出：“既然‘真正的’社会主义就这样成了这些政府对付德国资产阶级的武器，那么它也就直接代表了一种反动的利益，即德国小市民的利益。在德国，16世纪遗留下来的、从那时起经常以不同形式重新出现的小资产阶级，是现存制度的真实的社会基础。”④ 显然，“真正的社会主义”不仅反对共产主义运动，也反对资产阶级运动，是一个反动的倒退的小资产阶级社会主义流派。

总之，与工人阶级内部的各种错误思想的坚决的斗争，在清除其对无产阶级运动的影响的同时，也推动了马克思、恩格斯的正确思想在无产阶级内部的传播，为无产阶级政党的建立及其纲领的制定扫清了思想障碍。

---

① 马克思，恩格斯．马克思恩格斯全集：第4卷．北京：人民出版社，1958：11.

② 马克思，恩格斯．马克思恩格斯全集：第4卷．北京：人民出版社，1958：14.

③ 马克思，恩格斯．马克思恩格斯全集：第4卷．北京：人民出版社，1958：14.

④ 马克思，恩格斯．马克思恩格斯文集：第2卷．北京：人民出版社，2009：59.

3. 从《信条》到《宣言》

1847 年 6 月初，恩格斯和带着马克思的意见的沃尔弗参加了共产主义者同盟第一次代表大会。在此之前，恩格斯就为正义者同盟草拟了《共产主义信条草案》(简称《信条》)，为同盟的改组奠定了科学的理论基础。

《信条》是用当时容易被人接受的问答形式写成的，是恩格斯运用无产阶级的世界观拟定的世界上第一个工人政党的纲领草案。《信条》首次集中阐述了科学社会主义的一些科学原理，包括 22 条言简意赅的问答，约 3 500 字。为了巩固共产主义者同盟第一次代表大会的成果，同盟中央委员会决定召开第二次代表大会，并坚决要求马克思亲自参加这次大会，以保证大会能够在科学理论的指导下召开。

在共产主义同盟第二次代表大会召开之前，1847 年 10 月 22 日，共产主义者同盟巴黎区部讨论了纲领草案，恩格斯分析和批评了莫泽斯·赫斯写作的一篇草案修正稿，使其遭到了否认。在此情形下，1847 年 10 月底至 11 月，受共产主义者同盟巴黎区部委员会的委托，恩格斯为同盟起草新的纲领草案。在广泛征求共产主义者同盟盟员意见的基础上，恩格斯对《信条》进行了修改和补充，完成了著名的《共产主义原理》(简称《原理》)。

《原理》仍采用问答形式，基本上保持了《信条》原来的结构，将原有的 22 条问答变成了 25 条问答，但是内容上却大大增加，从 3 500 字增加到约 18 500 字。在《原理》中，恩格斯不仅明确强调共产主义是关于无产阶级解放的条件的学说，还阐述了无产阶级革命的道路和策略，提出了无产阶级专政思想的萌芽。“首先无产阶级革命将建立**民主的国家制度**，从而直接或间接地建立无产阶级的政治统治。”[①] 这为《宣言》提出无产阶级专政思想奠定了重要的基础。在此基础上，恩格斯对未来的共产主义社会进行了全面的构想。《原理》是以科学社会主义为理论依据的共产主义者同盟的纲领草案，相较于《信条》有了巨大的进步。

然而，恩格斯对此并不满意，并在 1847 年 11 月 23—24 日给马克思的信中指出：“请你把《信条》考虑一下。我想，我们最好不要采用那种教义问答

① 马克思，恩格斯. 马克思恩格斯文集：第 1 卷. 北京：人民出版社，2009：685.

形式，而把这个文本题名为《共产主义宣言》。因为其中或多或少要叙述历史，所以现有的形式完全不合适。我把我在这里草拟的东西[①]带去，这是用简单的叙述体写的，时间十分仓促，还没有作仔细的修订。我开头写什么是共产主义，接着写什么是无产阶级——它产生的历史，它和以前的劳动者的区别，无产阶级和资产阶级之间的对立的发展，危机，结论。其中也谈到各种次要问题，最后谈到了共产主义者的党的政策中应当公开的内容。这里的这个东西还没有提请批准，但是我想，除了某些小小不言的地方，要做到其中至少不包含任何违背我们观点的东西。”[②] 在完成《原理》后，恩格斯就试图创作一个新的纲领。

1847 年 11 月 29 日至 12 月 8 日，共产主义者同盟在伦敦举行第二次代表大会，马克思、恩格斯出席了大会。在大会上，马克思和恩格斯阐述了科学社会主义的思想。大会经过辩论，接受了他们的观点，并委托他们为同盟起草一个准备公布的“宣言”形式的纲领。

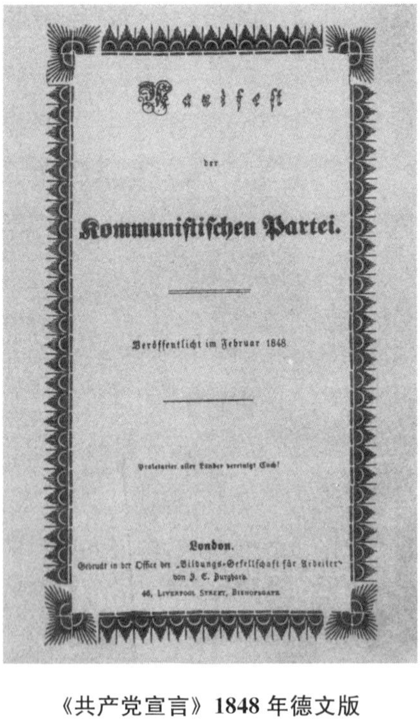

《共产党宣言》1848 年德文版

---

① 指《共产主义原理》。

② 马克思，恩格斯．马克思恩格斯文集：第 10 卷．北京：人民出版社，2009：55－56.

在《信条》和《原理》的基础上，马克思、恩格斯根据大会通过的纲领原则，力图将党的纲领写成一篇充满战斗性的宣言，并从 1847 年 12 月至 1848 年 1 月底用德文写成了《宣言》。在马克思的一本标有“1847 年 12 月于布鲁塞尔”字样的笔记本中，记载有《宣言》第三章的计划。这些草稿是在 1847 年 12 月同恩格斯共同拟定的。1885 年，恩格斯在唯一保存下来的一页《宣言》手稿上注明：“手稿，卡尔·马克思，《共产党宣言》第一稿。”当然，恩格斯也参与了这一稿的写作。在完成《宣言》之后，马克思将其寄往伦敦。弗里德里希·列斯纳为《宣言》的印刷做了大量准备工作，卡尔·沙佩尔审阅了该书的校样。在 1848 年 2 月下旬，《宣言》第一个德文单行本在伦敦印刷完成，一共印刷了几百本。其版权页上写着：1848 年“由布格哈德在伦敦主教路利物浦街 46 号工人教育协会所在地”印刷。这个版本并没有作者署名，直接交给共产主义者同盟的各个支部，再由各个支部转发出去。这标志着世界上第一个无产阶级政党的纲领正式问世。

4. 科学共产主义的经典

《宣言》是马克思、恩格斯为世界上第一个无产阶级政党——共产主义者同盟起草的党纲，是马克思主义的纲领性文件。

《宣言》明确描述了自身诞生的历史环境。“一个幽灵，共产主义的幽灵，在欧洲游荡。为了对这个幽灵进行神圣的围剿，旧欧洲的一切势力，教皇和沙皇、梅特涅和基佐、法国的激进派和德国的警察，都联合起来了。”① 这句脍炙人口的话表明了共产主义已经被欧洲的一切势力公认为一种势力，因此，共产党人必须向全世界公开自己的观点、目的和意图，并反驳反动阶级关于共产主义幽灵的神话。当然，从正面的意义上来说，这个“幽灵”其实就是“精灵”。

《宣言》全面描绘了资本主义的产生和发展的历史进程，科学评价了资产阶级的历史地位。在历史上，“美洲的发现、绕过非洲的航行，给新兴的资产阶级开辟了新天地。东印度和中国的市场、美洲的殖民化、对殖民地的贸易、交换手段和一般商品的增加，使商业、航海业和工业空前高涨，因而使正在崩溃的封建社会内部的革命因素迅速发展”②。这些因素推动了封建主义的瓦解，

① 马克思，恩格斯．马克思恩格斯文集：第 2 卷．北京：人民出版社，2009：30.
② 马克思，恩格斯．马克思恩格斯文集：第 2 卷．北京：人民出版社，2009：32.

促生了资本主义社会。和封建社会一样的是，资本主义社会并没有消灭阶级对立，只是用新的阶级、压迫条件和斗争形式来代替了旧的。和封建社会不一样的是，资产阶级社会使阶级对立简单化，社会日益分为资产阶级和无产阶级两个直接对立的阶级。

在历史上，资产阶级曾经起过非常革命的作用。在政治方面，随着生产的不断变革和社会状况的不断变动，资本主义社会消除了一切僵化的关系以及与其相适应的观念，使得一切等级的和固定的东西都烟消云散。在经济方面，资产阶级开创和推动了世界市场的形成，使得一切国家的生产和消费都成为世界性的，打破了过去那种地方的和民族的自给自足和闭关自守状态。资产阶级在推动生产力发展方面做出了巨大贡献，在不到一百年的阶级统治中所创造的生产力，比过去一切世代创造的全部生产力还要多，还要大。在精神方面，随着各国闭关自守的状态被打破，它们之间的相互依赖程度越来越深，不仅物质生产方面如此，精神生产也是如此。“各民族的精神产品成了公共的财产。民族的片面性和局限性日益成为不可能，于是由许多种民族的和地方的文学形成了一种世界的文学。”[2] 这里的文学泛指科学、艺术、哲学、政治等等方面的著作。可见，资本主义社会的存在具有合理性，资产阶级在人类历史发展进程中发挥了重大作用。在这个过程中，人类历史进入了“世界历史”。

然而，资本主义社会存在着不可调和

恩格斯论共产主义

在1847年，所谓社会主义者是指两种人。一方面是指各种空想主义体系的信徒，特别是英国的欧文派和法国的傅立叶派，这两个流派当时都已经缩小成逐渐走向灭亡的纯粹的宗派。另一方面是指形形色色的社会庸医，他们想用各种万应灵丹和各种补缀办法来消除社会弊病而毫不伤及资本和利润。这两种人都是站在工人运动以外，宁愿向“有教养的”阶级寻求支持。相反，当时确信单纯政治变革还不够而要求根本改造社会的那一部分工人，则把自己叫做**共产主义者**。这是一种还没有很好加工的、只是出于本能的、往往有些粗陋的共产主义；但它已经强大到足以形成两种空想的共产主义体系：在法国有卡贝的“伊加利亚”共产主义，在德国有魏特林的共产主义。在1847年，社会主义意味着资产阶级的运动，共产主义则意味着工人的运动。当时，社会主义，至少在大陆上，是上流社会的，而共产主义却恰恰相反。既然我们当时已经十分坚决地认定“工人的解放应当是工人阶级自己的事情”，所以我们一刻也不怀疑究竟应该在这两个名称中间选定哪一个名称。而且后来我们也根本没有想到要把这个名称抛弃。[1]

① 恩格斯．《共产党宣言》1890年德文版序言//马克思，恩格斯．马克思恩格斯选集：第1卷．北京：人民出版社，2012：392-393.

② 马克思，恩格斯．马克思恩格斯文集：第2卷．北京：人民出版社，2009：35.

的内在矛盾，必然灭走向灭亡。资本主义社会对劳动人民进行残酷的剥削，撕掉了人与人之间的温情脉脉的面纱，将人与人之间的关系变成纯粹利己主义的关系，将人的知识、尊严和价值都变成单纯的交换价值，使之可以而且只能用金钱来衡量。这种关系不仅存在于人与人之间，还被资产阶级扩展到全世界各个国家和地区。“资产阶级使农村屈服于城市的统治。它创立了巨大的城市，使城市人口比农村人口大大增加起来，因而使很大一部分居民脱离了农村生活的愚昧状态。正像它使农村从属于城市一样，它使未开化和半开化的国家从属于文明的国家，使农民的民族从属于资产阶级的民族，使东方从属于西方。”① 这样，资产阶级就将资本主义社会的不合理性扩展到全世界，使得整个世界完全丧失了价值和道德，变成了一个弱肉强食的自然界。这样，就形成了世界性的依附关系。

虽然资产阶级创造了巨大的生产力，但是囿于资本主义生产关系的局限性，它自身已逐渐支配不了这种生产力。“生产力已经强大到这种关系所不能适应的地步，它已经受到这种关系的阻碍；而它一着手克服这种障碍，就使整个资产阶级社会陷入混乱，就使资产阶级所有制的存在受到威胁。资产阶级的关系已经太狭窄了，再容纳不了它本身所造成的财富了。”② 显然，资本主义社会生产力发展具有二重性，即在推动资本主义生产关系向前发展的同时，也导致这一生产关系必然灭亡。这是由生产资料私有制和资本主义社会化大生产之间的矛盾决定的。

在此过程中，资本主义还产生了运用先进生产力这一武器的人，即无产阶级：“随着大工业的发展，资产阶级赖以生产和占有产品的基础本身也就从它的脚下被挖掉了。它首先生产的是它自身的掘墓人。资产阶级的灭亡和无产阶级的胜利是同样不可避免的。”③ 这就是著名的“两个不可避免”思想，又被称为“两个必然”思想，即资产阶级的灭亡和无产阶级的胜利是必然的，或者是不可避免的。

作为资本主义掘墓人的无产阶级，要充分发挥自身的历史作用、实现自身的历史使命，必须联合起来进行坚决的阶级斗争。阶级斗争就是指一个阶级起来推翻另一个阶级的统治，以夺取其生产资料归自己所有的一种斗争形式。《宣言》的开篇就用历史唯物主义的观点阐述了阶级社会的全部历史就是阶级

---

① 马克思，恩格斯．马克思恩格斯文集：第 2 卷．北京：人民出版社，2009：36.
② 马克思，恩格斯．马克思恩格斯文集：第 2 卷．北京：人民出版社，2009：37.
③ 马克思，恩格斯．马克思恩格斯文集：第 2 卷．北京：人民出版社，2009：43.

斗争的历史这一重要观点。因此，要推翻资产阶级的统治，无产阶级也必须采用阶级斗争的手段和方式。

在反对资产阶级的斗争过程中，无产阶级经历了许多不同的发展阶段。最早的是单个的工人运动，主要集中于单个的工人，慢慢发展到一个工厂的工人，然后是一个地方的某一劳动部分的工人，他们主要通过攻击生产工具来同资产阶级作斗争，没有认清资本主义剥削的实质，而无产阶级这时还是自在阶级，并没有成为自为阶级。这样，“工人有时也得到胜利，但这种胜利只是暂时的。他们斗争的真正成果并不是直接取得的成功，而是工人的越来越扩大的联合。这种联合由于大工业所造成的日益发达的交通工具而得到发展，这种交通工具把各地的工人彼此联系起来。只要有了这种联系，就能把许多性质相同的地方性的斗争汇合成全国性的斗争，汇合成阶级斗争。而一切阶级斗争都是政治斗争”①。可见，工人阶级的联合具有极其重要的意义，是其取得胜利的前提。

在资本主义社会，随着生产力的发展，“资产阶级再不能做社会的统治阶级了，再不能把自己阶级的生存条件当做支配一切的规律强加于社会了。资产阶级不能统治下去了，因为它甚至不能保证自己的奴隶维持奴隶的生活，因为它不得不让自己的奴隶落到不能养活它反而要它来养活的地步。社会再不能在它统治下生存下去了，就是说，它的生存不再同社会相容了”②。可见，无产阶级革命的爆发是不可避免的。

随着无产阶级革命的推进并不断取得胜利，中间阶级会逐渐站到无产阶级这一方来，而作为统治阶级的资产阶级内部也会有一部分人脱离本阶级而归附于革命的阶级。这就要求无产阶级在推进革命的过程中，必须加强对同盟军的建设，建立广泛的统一战线，从而更好地实现自身的历史使命。

《宣言》全面论述了共产党的性质、特点、纲领和策略，奠定了马克思主义建党学说的基础。“共产党人同其他无产阶级政党不同的地方只是：一方面，在无产者不同的民族的斗争中，共产党人强调和坚持整个无产阶级共同的不分民族的利益；另一方面，在无产阶级和资产阶级的斗争所经历的各个发展阶段上，共产党人始终代表整个运动的利益。”③ 可见，这是共产党人区别于其他无产阶级政党，也就是当时形形色色的社会主义派别的根本之处，即无产阶级

---

① 马克思，恩格斯．马克思恩格斯文集：第2卷．北京：人民出版社，2009：40.
② 马克思，恩格斯．马克思恩格斯文集：第2卷．北京：人民出版社，2009：43.
③ 马克思，恩格斯．马克思恩格斯文集：第2卷．北京：人民出版社，2009：44.

没有祖国，始终坚持整个无产阶级共同的和整个工人运动的利益。因此，“在实践方面，共产党人是各国工人政党中最坚决的、始终起推动作用的部分；在理论方面，他们胜过其余无产阶级群众的地方在于他们了解无产阶级运动的条件、进程和一般结果”①。与其他无产阶级政党相同的是，共产党人的最近目的也是使无产阶级成为阶级，推翻资本主义私有制和资产阶级的统治，并夺取政权。由于资产阶级私有制是人类社会历史上的最后一个私有制形式，因此，共产党人可以把自己的理论概括为一句话：消灭私有制。当然，消灭私有制不是指消灭一般的私有制，而是特指资本主义私有制，因为一般的私有制已经被资本主义社会化大生产消灭了。这为马克思主义建党学说的创立和发展奠定了基础。

《宣言》全面论述了共产主义社会的基本特征和具体要求。共产主义就是要废除资本主义私有制，建立共产主义社会。资产阶级社会和共产主义社会存在着本质的不同：“在资产阶级社会里，活的劳动只是增殖已经积累起来的劳动的一种手段。在共产主义社会里，已经积累起来的劳动只是扩大、丰富和提高工人的生活的一种手段。因此，在资产阶级社会里是过去支配现在，在共产主义社会里是现在支配过去。在资产阶级社会里，资本具有独立性和个性，而活动着的个人却没有独立性和个性。”② 可见，共产主义社会的劳动是有益于个人的独立性和个性的发展的，即共产主义的发展有着鲜明的人道主义目标。这与资本主义的发展建立在压榨广大劳动人民的剩余劳动和践踏他们的尊严的基础上是截然不同的。

要实现共产主义社会，必须推进共产主义革命。“共产主义革命就是同传统的所有制关系实行最彻底的决裂；毫不奇怪，它在自己的发展进程中要同传统的观念实行最彻底的决裂。”③ 这里的传统所有制关系和传统的观念，主要是指资产阶级的所有制关系和所有制观念，因为共产主义要消灭的是资产阶级私有制。这也表明了共产主义不仅要大力发展生产力，变革资本主义生产关系，而且必须大力推进思想文化建设，逐渐地消解资产阶级观念的影响。对此，马克思、恩格斯进一步指出：“无产阶级将利用自己的政治统治，一步一步地夺取资产阶级的全部资本，把一切生产工具集中在国家即组织成为统治阶

---

① 马克思，恩格斯．马克思恩格斯文集：第 2 卷．北京：人民出版社，2009：44.
② 马克思，恩格斯．马克思恩格斯文集：第 2 卷．北京：人民出版社，2009：46.
③ 马克思，恩格斯．马克思恩格斯文集：第 2 卷．北京：人民出版社，2009：52.

级的无产阶级手里，并且尽可能快地增加生产力的总量。”[①] 可见，共产主义不仅要采取剥夺剥削者的手段，而且必须在此基础上大力发展生产力的总量，即大力发展社会主义先进生产力，包括物质生产力、文化生产力、自然生产力等。

在此基础上，马克思、恩格斯科学阐述了未来共产主义社会的根本特征：“代替那存在着阶级和阶级对立的资产阶级旧社会的，将是这样一个联合体，在那里，每个人自由发展是一切人的自由发展的条件。”[②] 可见，每个人的自由而全面的发展是共产主义社会的根本特征，也是我们共产党人追求的根本目标，彰显了共产主义发展的人的维度。

在《宣言》最后，马克思、恩格斯旗帜鲜明地指出：“全世界无产者，联合起来！”只有这样，共产主义社会才能最终在世界范围内实现。“全世界无产者，联合起来！”已经镌刻在马克思的墓碑上，成为全世界无产阶级的口号。

马克思墓碑：全世界无产者，联合起来！

(Workers of All Lands Unite)

《宣言》的问世标志着马克思主义的诞生，是人类社会思想史上一件开天辟地的大事。因此，《宣言》一经发表，就首先对同时代人产生了深刻的影响。弗里德里希·列斯纳回忆说：“当我在 1847 年听到卡尔·马克思的演说，读懂

---

① 马克思，恩格斯．马克思恩格斯文集：第 2 卷．北京：人民出版社，2009：52.

② 马克思，恩格斯．马克思恩格斯文集：第 2 卷．北京：人民出版社，2009：53.

了《共产党宣言》之后，我才明白，仅凭个人的热情和善良的意志是不足以改造人类社会的……我抛弃了狂热和幻想，明确了目的，获得了知识……”① 这表明《宣言》的问世为广大工人阶级运用科学的理论武器反对资本主义社会奠定了理论基础。

5. 马克思主义：与时俱进的典范

与时俱进是马克思主义最根本的理论品质，贯穿于马克思主义产生、发展和完善的整个过程之中。19 世纪 70 年代到 90 年代，马克思、恩格斯共为《宣言》撰写了 7 篇不同版本的序言。这些序言不仅和《宣言》一道构成了一个严密完整的理论体系，而且根据时代历史条件的变化丰富和发展了《宣言》的主要思想，彰显了马克思主义与时俱进的理论品质。

《宣言》公开问世后的几十年间，整个欧美的社会历史条件和革命形势发生了巨大而深刻的变化。欧美各国资本主义大工业的发展，使得工人运动得到了快速发展，无产阶级政党得以纷纷建立。这就要求马克思主义的科学指导。在《1892 年波兰文版序言》中，恩格斯指出：“近来《宣言》在某种程度上已经成为测量欧洲大陆大工业发展的一种尺度。某一国家的大工业越发展，该国工人想要弄清他们作为工人阶级在有产阶级面前所处地位的愿望也就越强烈，工人中间的社会主义运动也就越扩大，对《宣言》的需求也就越增长。因此，根据《宣言》用某国文字发行的份数，不仅可以相当准确地判断该国工人运动的状况，而且可以相当准确地判断该国大工业发展的程度。”② 显然，各国工人运动的发展和无产阶级革命的需要，是马克思主义在各国传播的内在动因。其中，俄国和美国的变化最为显著，俄国从镇压欧洲革命运动的反动堡垒变为欧洲革命运动的先头部队，而美国则由于移民和大工业的发展成为资本主义发展的新中心，这使得资产阶级和无产阶级的力量迅速发展起来。在世界历史条件下，由于世界各国政治经济发展的不平衡性，各国无产阶级运动的发展也不尽相同，因此，《宣言》在各个国家出版和传播的情况也不尽相同。马克思、恩格斯从时代历史条件的发展变化出发，不断发展和完善《宣言》的主要思

---

① 中共中央马克思恩格斯列宁斯大林著作编译局．回忆马克思．北京：人民出版社，2005：242.

② 马克思，恩格斯．马克思恩格斯文集：第 2 卷．北京：人民出版社，2009：23.

想，但是他们一再强调，《宣言》是一个历史文件，他们已没有权利来加以修改。因此，借助于《宣言》在欧洲各国出版和再版的机会，马克思、恩格斯就通过撰写序言的方式来丰富和发展相关思想。他们一共为《宣言》撰写了 7 个版本的序言，分别是《1872 年德文版序言》《1882 年俄文版序言》《1883 年德文版序言》《1888 年英文版序言》《1890 年德文版序言》《1892 年波兰文版序言》《1893 年意大利文版序言》。其中，前两个版本的序言是马克思、恩格斯合写的，后五个序言是恩格斯单独完成的。

马克思主义基本原理是马克思主义中一以贯之的东西。在《1872 年德文版序言》中，马克思、恩格斯指出："不管最近 25 年来的情况发生了多大的变化，这个《宣言》中所阐述的一般原理整个说来直到现在还是完全正确的。某些地方本来可以作一些修改。这些原理的实际运用，正如《宣言》中所说的，随时随地都要以当时的历史条件为转移。"[①] 可见，《宣言》的基本原理是科学的、正确的，是用于指导各国革命和实践的一般原则，而在具体应用过程中这些原理必须和各国的实际相结合，没有一成不变的原则。当然，真理是一个历史过程，发现真理更是一个历史过程。由此观之，"很明显，对于社会主义文献所作的批判在今天看来是不完全的，因为这一批判只包括到 1847 年为止；同样也很明显，关于共产党人对待各种反对党派的态度的论述（第四章）虽然在原则上今天还是正确的，但是就其实际运用来说今天毕竟已经过时，因为政治形势已经完全改变，当时所列举的那些党派大部分已被历史的发展彻底扫除了"[②]。因此，必须坚持具体问题具体分析的原则和与时俱进的科学品质，要科学理解《宣言》中基本原理的适用性和具体措施的暂时性，将原则的坚定性和策略的灵活性紧密结合，正确处理马克思主义发展过程中变与不变的关系。

当然，根据最新研究成果，马克思、恩格斯在序言中也不断修正《宣言》中的一些不科学的表述。在《1883 年德文版序言》中，恩格斯指出："每一历史时代的经济生产以及必然由此产生的社会结构，是该时代政治的和精神的历史的基础；因此（从原始土地公有制解体以来）全部历史都是阶级斗争的历史，即社会发展各个阶段上被剥削阶级和剥削阶级之间、被统治阶级和统治阶

---

① 马克思，恩格斯．马克思恩格斯文集：第 2 卷．北京：人民出版社，2009：5.

② 马克思，恩格斯．马克思恩格斯文集：第 2 卷．北京：人民出版社，2009：6.

级之间斗争的历史。”[①] 这样，恩格斯就利用了文化人类学的最新研究成果，得出了原始社会不存在阶级和阶级斗争的结论，改变了之前《宣言》将一切社会的历史都视为阶级斗争的历史的观点，彰显了马克思主义与时俱进的理论品质。

在《1882 年俄文版序言》中，针对俄国与西方国家的不同国情，即俄国当时不仅面临着快速发展的资产阶级土地所有制，还有大半土地归农民及农村公社所有的情况，马克思、恩格斯指出：“那么试问：俄国公社，这一固然已经大遭破坏的原始土地公共占有形式，是能够直接过渡到高级的共产主义的公共占有形式呢？或者相反，它还必须先经历西方的历史发展所经历的那个瓦解过程呢？对于这个问题，目前唯一可能的答复是：假如俄国革命将成为西方无产阶级革命的信号而双方互相补充的话，那么现今的俄国土地公有制便能成为共产主义发展的起点。”[②] 可见，俄国革命可以与西欧无产阶级革命互补，俄国可以在一定条件下走一条非西欧发展道路。这就丰富和发展了《宣言》中关于人类社会历史发展的一般规律的思想，彰显了马克思主义与时俱进的理论品质。这种与时俱进的理论品质就是要求我们要把握“特殊对象的特殊矛盾”，而不能简单地将马克思主义视为超历史的一般历史哲学。

8月版

9月版

中国共产党第一次全国代表大会会址纪念馆珍藏的《共产党宣言》

（1920 年出版的第一个中文版《共产党宣言》）

---

① 马克思，恩格斯．马克思恩格斯文集：第 2 卷．北京：人民出版社，2009：9.

② 马克思，恩格斯．马克思恩格斯文集：第 2 卷．北京：人民出版社，2009：8.

《共产党宣言》在中国的翻译和传播（1920—1949）

1920年8月，陈望道翻译的《共产党宣言》的第一个全译本由上海社会主义研究社出版。由于排版出现纰漏，将《共产党宣言》印为《共党产宣言》。

1930年，上海中外社会科学研究社出版了华岗翻译的《共产党宣言》的中译本。

1938年，延安解放社出版了成仿吾、徐冰翻译的《共产党宣言》的中译本。

1943年8月，延安解放社出版了博古翻译的《共产党宣言》的中译本。该译本是根据俄文版《共产党宣言》翻译，并对成仿吾、徐冰译本进行重新校译而完成的。该译本首次收录了《共产党宣言》的《1872年德文版序言》《1882年俄文版序言》《1883年德文版序言》和《1890年德文版序言》的摘录。

1948年，为纪念《共产党宣言》发表一百周年，苏联外国文书籍出版局用中文出版了《共产党宣言》一书，并首次全部收录了《共产党宣言》的7个序言。

从《宣言》的7个不同版本的序言中，可以看出马克思主义不断发展的过程，彰显了马克思主义与时俱进的理论品质。

第 8 章

无产阶级作为革命主力登上历史舞台

1848 年欧洲革命及其经验总结

只有六月失败才造成了所有那些使法国能够发挥欧洲革命**首倡作用**的条件。只有浸过了六月起义者的**鲜血**之后，三色旗才变成了欧洲革命的旗帜——**红旗**！

因此我们高呼：**革命死了！——革命万岁！**①

1848 年革命是无产阶级作为革命主体和主力首次登上历史舞台的重大事件，在国际工人运动发展史上具有里程碑式的意义。马克思积极投身到这次革命的洪流之中，并将自己的全部财产都无私地贡献给了革命。革命失败后，马克思在颠沛流离之中退回书房科学地总结和提升了革命的经验教训，为下一次革命高潮的到来做好充分的理论准备。

1. 1848 年革命的历史进程

正当《共产党宣言》发表时，1848 年的欧洲革命爆发了。这不是历史的巧合，而是历史的必然。1848 年革命是一场席卷欧洲大陆的资产阶级民主革命。

1848 年 2 月 22—24 日，法国巴黎爆发了资产阶级民主革命，推翻了“七月王朝”②，建立了资产阶级共和派的临时政府，宣布成立法兰西第二共和国。

---

① 马克思．1848 年至 1850 年的法兰西阶级斗争//马克思，恩格斯．马克思恩格斯文集：第 2 卷．北京：人民出版社，2009：105.

② “七月王朝”是以银行大王路易·菲利普为首的代表金融资产阶级的利益的一个政府，推行极端反动的政策，反对任何经济和政治变革，不仅阻碍了资本主义的发展，还加剧了对无产阶级和农民的剥削，引起全国人民的不满，进而被二月革命推翻。

在二月革命的进程中，无产阶级和小资产阶级积极参与了革命，尤其是无产阶级登上了广阔的政治舞台，要求宣布法兰西第二共和国为社会共和国。然而，作为革命主力的无产阶级并没有取得革命果实，革命果实落到了资产阶级手里。二月革命拉开了欧洲 1848 年革命的序幕，给工人运动活动家带来了极大的震动。德国工人运动的先锋战士弗里德里希·列斯纳回忆道："这个消息使我们如何振奋，真是无法形容。我们陶醉于欢欣鼓舞之中。那时我们只有一种思想、一种感情：把毕生献给人类的解放！"① 3 月 13 日，奥地利首都维也纳爆发起义，推翻了梅特涅的警察政府，迫使奥地利皇帝同意立宪。3 月 18 日，普鲁士首都柏林爆发起义，组建了由资产阶级反对派组成的内阁。这进一步推动了德意志南部和中部各邦的革命运动。3 月 18—22 日，米兰人民发动起义，赶跑了拉德茨基的奥地利军队。威尼斯和罗马的人民群众也举行反抗封建专制的斗争。这些斗争使革命逐渐具有全欧洲的性质。

1848 年 6 月，巴黎无产阶级发动了著名的六月起义。二月革命后，资产阶级共和国政府不仅反对无产阶级将革命继续推向前进的要求，还推行反对无产阶级的政策，于 6 月 22 日颁布了封闭"国家工场"的法令，严重损害了工人阶级的合法权益。因此，巴黎工人阶级于 6 月 23—26 日举行了大规模的武装起义。6 月 25 日，起义者在枫丹白露哨兵站打死了镇压起义的让·巴·菲·布雷亚将军。在敌众我寡的情形下，经过四天的英勇斗争，起义最终被资产阶级共和国政府残酷镇压。对此，马克思指出："这是分裂现代社会的两个阶级之间的第一次大规模的战斗。这是保存还是消灭**资产阶级**制度的斗争。"② 可见，巴黎六月起义开创了无产阶级反抗资产阶级统治的一个新的历史阶段，即无产阶级不再仅仅作为资产阶级革命的参加者参与革命，而是开始寻求推翻资产阶级的统治，建立符合自己的阶级利益的阶级统治。马克思在《六月革命》中指出："巴黎工人被敌人的优势力量**镇压下去**了，但是并没有向他们**投降**，工人**被击溃**了，但真正**被打败**的是他们的敌人。暴力取得暂时胜利的代价是：二月革命的一切幻想和空想的破产，一切旧共和政党的瓦解，法兰西民族分裂为两个民族即有产民族和工人民族，三色旗的共和国今后只有**一种颜色**，即战败者

---

① 中共中央马克思恩格斯列宁斯大林著作编译局．回忆马克思．北京：人民出版社，2005：247.

② 马克思，恩格斯．马克思恩格斯文集：第 2 卷．北京：人民出版社，2009：101.

的颜色，**血的颜色**。它成了**红色共和国**。”① 可见，六月起义打碎了工人阶级关于二月革命的一切幻想，打碎了他们对于资产阶级的一切幻想，从此，工人阶级和有产阶级的对立成为一种不可调和的对立。

1848 年 10 月 6 日，奥地利维也纳的人民群众、大学生军团和维也纳国民自卫团发动起义，并取得胜利。这次起义的起因是大资产阶级支持的保皇派试图取消奥地利三月革命的成果，恢复专制制度，其直接的导火线是 10 月 5 日德意志皇帝命令维也纳的守备部队去征讨革命的匈牙利。经过 10 月 24 日至 11 月 1 日的激烈战斗，起义军最终被政府军队残酷地镇压。此外，“在德国，资产阶级为了不让人民胜利而自己甘愿受人摆布。历史上没有比**德国资产阶级**更**可耻更下贱的角色了**”②。可见，德国资产阶级的叛变是维也纳起义失败的重要原因。更进一步，欧洲资产阶级对革命果实的窃取和对革命的叛变，是整个 1848 年革命失败的重要原因。

1849 年 5 月初，革命的主战场转移到了萨克森、莱茵省和德国西南部。5 月 3 日，德累斯顿的工人和手工业者举行起义，经过 6 天艰苦卓绝的斗争后，起义被萨克森和普鲁士军队残酷镇压了。5 月 9 日，恩格斯的家乡爱北斐特爆发起义。此后，莱茵省的其他城市也纷纷举行了一些孤立的起义，但最终都遭到了失败。至此，1848 年革命基本上以失败告终。从历史上看，这场席卷欧洲的革命发生的原因是欧洲迅速发展的资产阶级和资本主义同当时的封建专制制度之间的矛盾愈演愈烈。虽然法国在大革命期间就消灭了封建专制制度，推行一系列发展资本主义的措施，然而代表大金融资产阶级的“七月王朝”却继续推行专制措施，限制和阻碍资本主义的发展，进而引发了新的资产阶级革命。在欧洲其他国家，革命的主要目的是推翻封建专制君主制，争取民族独立，建立统一的民族国家。

虽然 1848 年革命在资产阶级叛变革命的情况下被反动势力联合绞杀，但是这场革命产生了深远的历史影响，不仅是无产阶级独立登上历史舞台的重要标志，也使得反对资产阶级的斗争进入一个新的历史阶段。

2. 马克思对革命的科学预测和投身革命

1848 年革命期间，马克思从一个学者变成了一个无所畏惧的战士，运用

---

① 马克思，恩格斯．马克思恩格斯全集：第 5 卷．北京：人民出版社，1958：153.

② 马克思，恩格斯．马克思恩格斯全集：第 5 卷．北京：人民出版社，1958：541.

自己的全部力量同腐朽落后的统治阶级进行殊死搏斗，实现了理论和实践的统一、学者和战士的统一。

二月革命爆发后，马克思于2月8日以比利时民主协会的名义致函法国政府，希望欧洲各国能够以法国革命为榜样，进行革命运动。在此情形下，比利时的反动政府在与资产阶级进行谈判的同时，还集结军队镇压人民群众，同时挑衅居住在布鲁塞尔的德国工人和政治流亡者，将威廉·沃尔弗逮捕并驱逐出境。针对比利时政府的迫害，德国流亡者和比利时的民主派紧密团结在一起。为了推动革命的发展，刚刚摆脱了贫困生活的马克思倾其所有对革命进行了无私的资助，他从刚刚继承的父亲的遗产中拿出了几千法郎去武装布鲁塞尔的工人。对此，燕妮写道："革命的乌云愈来愈浓密。比利时的地平线也是一片昏暗。当局首先害怕工人以及人民群众的社会性的自发行动。警察、军队、自卫军全都动员起来了，各方面都处于战斗准备状态。当时德国工人决定，他们必须武装起来。他们得到了短剑、手枪等等。卡尔很愿意出钱，因为当时他刚得到一份遗产。"[①] 马克思的所作所为使得他成为比利时反动政府的眼中钉、肉中刺。

为此，反动政府对马克思一家进行了残酷的迫害。1848年3月3日傍晚五点，马克思接到了比利时政府发布的二十四小时内离境驱逐令。到了夜里，两个警察闯进了马克思的家里，拿着逮捕和传讯命令将他逮捕。这时，着急万分却又走投无路的燕妮不得不抛下三个年幼的孩子，在深夜中独自跑出去找人打听丈夫被捕的原因。在途中，燕妮被一个巡警抓住，以"游荡罪"关进了黑暗的监狱。根据燕妮的回忆，"这个地方是专门拘留那些无家可归的穷人、孤苦伶仃的流浪汉和陷入不幸深渊的女人的。我被推进黑暗的牢房。我一边啜泣，一边走进去，那里，一个不幸的难友把自己的床让给我。这是很硬的木板床。我就倒在这张床板上"[②]。第二天天刚亮，燕妮发现了被武装押送着的马克思。之后，审查官对燕妮进行了长达两个小时的审讯，没有从她那里得到任何他们想要的东西，不得不将她释放。这次审讯仅仅证明了燕妮的全部罪名就是虽然出身于普鲁士贵族，却赞成丈夫的民主信念。当天傍晚，燕妮终于回到

---

① 中共中央马克思恩格斯列宁斯大林著作编译局．回忆马克思．北京：人民出版社，2005：154.

② 中共中央马克思恩格斯列宁斯大林著作编译局．回忆马克思．北京：人民出版社，2005：154.

了三个可怜的孩子身边。之后，马克思带着比利时政府颁发的立即离开布鲁塞尔的驱逐令被释放。

马克思和燕妮的被捕很快成为公众事件，引起了社会各界的强烈反应。马克思获释后，立即于 3 月 6 日左右给法国《改革报》发去了一封抗议燕妮无故被捕事件的信，详细地描述了这一事件的经过及其给燕妮带来的屈辱："我被捕后，我的妻子就立刻去找比利时民主协会主席若特兰先生，请他采取必要的措施。当她回到家里的时候，在门口碰见了警察，后者彬彬有礼地告诉她，如果她想和马克思先生谈话，请随他走。我的妻子马上就接受了这个建议。她被带到警察局，警官一开头就对她说，这里没有马克思先生，接着就粗暴地审问她，问她是什么人，为什么到若特兰先生那里去，她是否持有身份证……他们以游荡罪名，把我的妻子送进市政厅监狱，和妓女一起关在阴暗的牢房里。次日上午十一时，一队宪兵在众目共睹之下把她送到侦讯室。不顾各方面的坚决抗议，把她拘留在禁闭室达二小时之久。她在那里忍受了严寒和宪兵的极其可恶的对待。"[②] 虽然马克思在社会各界面前揭露了反动政府的罪恶，但是他再也无法在布鲁塞尔从事革命活动。由于马克思早就打算回巴黎，并曾请求法国临时政府取消路易·菲利普先前颁布的驱逐令，因此，很快，马克思收到了法国临时政府委员弗洛孔写于 1848 年 3 月 1 日的回信："勇敢而正直的马克思：法兰西共和国是所有自由之友的避难所。暴政把您放逐，自由的法兰西向您、向所有为神圣事业和各国人民的友好事业而斗争的人们敞开着大门。法国政府的每一代表都应当以这种精神来理解自己的职责。"[③] 于是，马克思全家离开了居住了三年的布鲁塞尔，再次前往巴黎。

恩格斯笔下的处于
1848 年欧洲革命中的巴黎

我又一次看到巴黎是在 3 月和 4 月，在它暂时陶醉于共和国的蜜月中的时候，当时工人们不加考虑地相信共和国，满不在乎地下了决心，表示"甘愿贫困 3 个月来让共和国支配"，他们白天吃干面包和马铃薯，晚上在大街上种植自由树、放烟火和兴高采烈地唱"马赛曲"，而资产者则成天躲在家里，企图用五颜六色的灯盏来平息人民的怒火。[①]

到达巴黎后，马克思继续密切关注欧洲革命尤其是德国的三月革命的情况。在 1848 年 3 月 21—29 日期间，马克思和恩格斯一道起草了著名的《共产

① 恩格斯．从巴黎到伯尔尼//马克思，恩格斯．马克思恩格斯全集：第 5 卷．北京：人民出版社，1958：552.

② 马克思，恩格斯．马克思恩格斯全集：第 4 卷．北京：人民出版社，1958：556.

③ 马克思，恩格斯．马克思恩格斯全集：第 14 卷．北京：人民出版社，1964：746.

党在德国的要求》，制定共产党人的政治纲领、战略和策略。其中，德国的统一问题是德国革命的根本问题，即全德国宣布为一个统一的、不可分割的共和国。只有建立统一的共和国，才能为德国工人阶级在全国范围内实现团结一致扫清障碍。在争取德国统一的过程中，必须争取无产阶级的民主要求。为此，马克思和恩格斯提出了一系列变革政治制度的要求：给年满 21 岁的未受过刑事处分的人以选举权和被选举权；发给人民代表以薪金，使工人也有可能出席德国人民的国会；武装全体人民；免诉讼费；实现彻底的政教分离；等等。当然，实行这些措施、争取民主的斗争并非革命的最终目的，而是为了给无产阶级争取社会主义斗争创造有利条件。同时，革命还要消灭贵族政治统治的经济基础，即封建土地占有制。

为此，马克思和恩格斯明确提出了共产党人的土地纲领，提出了在无产阶级革命进程中如何对待农民这一问题：无偿废除压在农民头上的包括徭役租、代役租和什一税在内的一切封建义务；将包括各邦君主的领地和矿山、矿井在内的其他封建地产收归国有，并在这些土地上用最新的科学方法大规模经营农业；宣布农民的抵押地为国家所有；将租佃制流行的地区的地租或租金作为赋税缴纳给国家。这样，才能在减轻农民和小租佃者的负担的同时，不减少抵偿国家开支所需要的资金，进而使生产本身不遭到损失。

马克思糟糕的法语引起的逸事

下面是马克思在巴黎的一次经历，那时候他的法语还不是特别好。

有一次，他刚从一辆公共汽车（也可能是火车）下来，无意中踩了一位太太的脚。这位太太狠狠地瞪着他。马克思赶忙摘下帽子说："Madame，permettez-moi."［"夫人，劳您驾。"］她更加怒气冲冲地瞪着他，于是马克思带着"妇女是怪物"那种陈腐的想法走了。后来他才明白过来，在这种情况下，用"Pardonnez-moi!"［"对不起!"］更恰当些。①

此外，马克思、恩格斯还结合革命发展的实际，将《共产党宣言》中最后一部分关于共产党人要采取的社会建设的要求具体化：限制继承权；实行高额累进税，取消消费品税；建立国家工厂；国家保证所有的工人都有生活资

---

① 科明．我对卡尔·马克思的回忆//中共中央马克思恩格斯列宁斯大林著作编译局．回忆马克思．北京：人民出版社，2005：366.

料，并且负责照管丧失劳动力的人；实行普遍的免费的国民教育。

显然，这些措施有利于推进无产阶级革命，并最终消灭阶级和私有制。《共产党在德国的要求》是无产阶级在 1848 年革命中的第一个具体纲领，于 1848 年 3 月底以传单的形式在巴黎发表，并于 4 月初在德国许多报刊上发表，产生了广泛的影响。

在 1848 年革命期间，马克思积极投身革命，不仅将自己的全部财产都献给了伟大的革命事业，还与反动派进行了坚决彻底的斗争，并为革命的开展制定了重要的指导性文件，为革命做出了重要贡献。

3.《新莱茵报》的创刊

二月革命后，马克思于 1848 年 4 月回到德国继续进行革命工作。由于科隆是当时的大工业城市和德国工人运动集中地，因此，马克思将此处当作自己革命活动的中心，担任了《新莱茵报》的主编。与他并肩战斗的还有恩格斯、斐迪南 · 沃尔弗、格奥尔格 · 维尔特、 恩斯特 · 德朗克、斐迪南 · 弗莱里格拉特和毕尔格尔斯等人。

为了创办《新莱茵报》，马克思不仅与恩格斯一道四处筹集资金，还将自己的大部分家产拿了出来。然而，这距离办报所需的资金还有很大差距。在 1848 年 4 月 25 日给马克思的信中，恩格斯谈了在巴门筹措资金遇到的困难："认股的事，在这里希望极其渺茫。……问题的实质是，在这里甚至这些激进的资产者都把我们看成是他们未来的主要敌人，不愿意把武器交到我们手里，因为我们很快会把武器掉转过来反对他们自己。"① 这不仅反映了为报纸筹钱的困难，也反映了资产阶级和无产阶级之间不可弥合的分歧。马克思本来还想让恩格斯从他的父亲那里筹集到一笔钱，但事实上恩格斯的父亲宁愿叫恩格斯和马克思吃一千颗子弹，也不会送给他们一千塔勒。即便如此，当法兰西共和国临时政府的成员弗洛孔要为创办《新莱茵报》提供一笔资金时，马克思、 恩格斯也没有接受，因为他们作为德国人不愿意从即使是友好的法国政府那里领取津贴。这也表明马克思彻底的革命性，不愿意从统治阶级那里获得资助。在极其艰难的处境下，通过马克思的不懈努力，《新莱茵报》最终得以创刊。

---

① 马克思，恩格斯．马克思恩格斯全集：第 48 卷．北京：人民出版社，2007：24－25.

《新莱茵报》一经创刊，就立即投入到火热的1848年的欧洲革命之中。马克思亲自担任《新莱茵报》的主编和总策划，并在自己身边团结了一批杰出的共产主义者参与报纸的编辑和写作工作。其中，恩格斯不仅协助马克思编辑报纸，而且撰写了很多社论。威廉·沃尔弗不仅承担了编辑部的秘书工作，是马克思的得力助手，还撰写了大量文章，尤其是关于农业问题的文章。恩斯特·德朗克撰写了一些议会辩论情况的报道。毕尔格尔斯和斐迪南·沃尔弗主要研究外交政策问题。著名革命诗人格奥尔格·维尔特和斐迪南·弗莱里格拉特也加入了编辑部，并在和马克思等人一起从事革命工作的过程中使自己的创作活动达到了一个高峰。卡尔·沙佩尔负责校对工作。在《新莱茵报》的编辑中，马克思是灵魂。恩格斯指出："对我们来说，由马克思一人决断是理所当然和毋庸置疑的，我们大家都乐于接受它。首先是马克思的洞察力和坚定立场，才使得这家日报成了革命年代德国最著名的报纸。"① 马克思不仅制订了报纸的每一期的编排计划，选用要刊登的稿件，还负责报纸的日常财务工作。在此过程中，马克思用自己的人格魅力将这些个性差异很大的革命者紧密地团结在一起。根据李卜克内西的回忆："马克思是一个最容易接近的人，一个性格开朗、使别人感到亲切的人。恩格斯则比较严峻。他有军人作风，这往往引起别人的反感，马克思在交往中间则特别讨人喜欢。在《新莱茵报》编辑部，只要马克思在场，什么事情都顺顺当当。要是马克思不在，恩格斯在场的话，争论的气氛就来了。这是我亲耳听德朗克、'红色'沃尔弗和'被囚禁的'狼（鲁普斯）常常当着恩格斯的面说的，而恩格斯听了也只捻捻胡子一笑了之。我同马克思一共争吵过两次，同恩格斯争吵则是常有的事。"② 可见，马克思并非一些人眼中的"难以接近"的人，而是一个十分随和的人，是《新莱茵报》编辑部的核心。

在马克思的领导下，在编辑部成员的共同努力下，《新莱茵报》的发行量在三个月内就达到了近五千份。这在当时已经是十分庞大的数字，只有极少数报纸的发行量可能超过它。民主协会和工人联合会都订阅了《新莱茵报》。一些其他的民主党报和工人报刊不仅积极转载《新莱茵报》的文章，还将其对各种事件的观点作为自己的依据。《新莱茵报》不仅热情欢迎和讴歌巴黎无产阶

① 马克思，恩格斯．马克思恩格斯文集：第4卷．北京：人民出版社，2009：7.

② 中共中央马克思恩格斯列宁斯大林著作编译局．回忆马克思．北京：人民出版社，2005：100.

级的六月起义，还大力开展宣传活动，声援欧洲各国的革命运动。同时，马克思深入驳斥了资产阶级对革命的背叛行为，以及资产阶级对普鲁士专制国家的卑躬屈膝。通过这一系列活动，《新莱茵报》在群众中产生了重大影响。恩格斯指出："没有一家德国报纸——无论在以前或以后——像《新莱茵报》这样有威力和有影响，这样善于鼓舞无产阶级群众。"[①]《新莱茵报》在无产阶级革命群众中间的影响力日益增大，不仅引起了反动统治阶级的仇视，也引起了资产阶级的恐慌。因此，资产阶级最终背叛了无产阶级革命群众。

反动政府运用一系列卑劣的手段打击《新莱茵报》及其编辑。马克思曾两次无故遭到有陪审员的法庭的传讯。1848 年 7 月 5 日，《新莱茵报》发表了《逮捕》一文，被统治者指责为侮辱检察长茨魏费尔和诽谤逮捕哥特沙克和安内克的宪兵。于是，从 7 月 6 日开始，法庭开始侦讯马克思和恩格斯。然而，直到 1849 年 2 月 7 日，法庭的审判会才正式开始。马克思将法庭变成了一个正面阐述自己观点、宣传革命的舞台，即在敌人的地盘上用敌人的武器来打击敌人。

马克思从法律的角度指出，法庭对他的指控所依据的刑法典的条件完全不适用于该案件。马克思质问道："一般说来，如果你们要像检察机关所解释的那样，把关于诽谤的第三六七条运用于报刊，那末你们借助刑事立法就可以把你们在宪法中所承认的和通过革命才取得的出版自由取消。这样你们就是批准官员们的恣意专横，给官方的一切卑劣行为大开方便之门，专用惩罚对这种卑劣行为的揭露。既然如此，何必还要虚伪地承认出版自由呢?"[②] 这样，马克思就无情地揭露了法庭对《新莱茵报》的审判的实质。马克思进一步指出："报刊的义务正是在于为它周围左近的被压迫者辩护。此外，诸位先生，直接同个人、同活的个体及其个人生活发生接触的下级政权机关和社会权力机关是奴隶制度这一建筑的主要支柱。所以，只是一般地同现存关系、同最高权力机关作斗争是不够的。报刊必须反对**某一具体**的宪兵、**某一具体**的检察官、**某一具体**的行政长官。为什么**三月革命**会失败呢？三月革命只是改组了政治上层，而没有触动它的全部基础：旧官僚制度、旧军队、旧检察机关和那些从生到死终身为专制制度服务的旧法官。目前报刊的首要任务就是**破坏现存政治制度的一切基础**。（听众发出叫好声。）"[③] 这样，马克思将自己从被告变为原告，维

① 马克思，恩格斯．马克思恩格斯文集：第 4 卷．北京：人民出版社，2009：12.
② 马克思，恩格斯．马克思恩格斯全集：第 6 卷．北京：人民出版社，1961：274.
③ 马克思，恩格斯．马克思恩格斯全集：第 6 卷．北京：人民出版社，1961：277 - 278.

护了新闻出版自由，宣传了以推翻现存制度为使命的无产阶级革命思想。最终，马克思以雄辩的口才和精辟的辩词，不仅征服了旁听席上的广大群众，也征服了审判者，迫使法庭宣布其无罪。这时，旁听的广大群众发出了一片欢呼声。

1848 年 9 月，反动政府查封了《新莱茵报》。由于《新莱茵报》在无产阶级革命群众中的巨大影响力，群众大规模抗议政府这一倒行逆施的行为，迫使政府取消了这一禁令。到了 10 月份，《新莱茵报》再次出版。然而，这时候《新莱茵报》及其主编马克思所遭遇的环境也越来越恶劣。为此，马克思再次向《新莱茵报》投入了一笔巨款。在 1848 年 11 月中给恩格斯的信中，马克思指出："本来我可以更理智些，不为报纸投入这样一大笔款子，因为我被三四起违反出版法的诉讼案所纠缠，每天都可能被捕，那时我就会像鹿渴求清水那样渴求金钱了。但是问题在于，在任何情况下都要坚守这个**堡垒**，不放弃政治阵地。"① 可见，为了坚持《新莱茵报》这一阵地，马克思付出了重大的牺牲。在 1860 年 3 月 3 日给法律顾问维贝尔的信中，马克思再次回忆道："《**新莱茵报**》从来没有象《**国民报**》那样力图把革命变成摇钱树；而只是以牺牲大量资金为代价并且冒着个人的危险，我才得以把报纸一直维持到被普鲁士政府封闭的时候。"② 即便预测到对报刊的坚持会给自己带来更为可怕的困难，马克思依然选择义无反顾。

马克思的努力使得《新莱茵报》继续存在下去并顽强地进行斗争。在 1849 年德国五月起义期间，《新莱茵报》编辑部不仅发表了大量评论文章讴歌人民的斗争，谴责反动政府，还将自己武装起来，随时准备参加斗争。对此，恩格斯回忆道："在整个德国，人们感到惊讶的是，我们敢于在普鲁士的头等堡垒里面对着 8 000 驻军和岗哨作出这一切事情；但编辑室内的 8 支步枪和 250 发子弹，以及排字工人头上戴着的红色雅各宾帽，使得我们的报馆在军官们眼中也成了一个不能用简单的奇袭来夺取的堡垒。"③ 毫无疑问，这些都使得反动政府更加仇视马克思和《新莱茵报》，并加大了对他的迫害程度。在《新莱茵报》被正式停刊之前，1849 年 5 月 16 日，马克思接到当局把他驱逐出普鲁士的命令，借口是马克思曾于 1845 年脱离普鲁士国籍，是"外国人"的身份。于是，马克思不得不再次离开德国。到了 5 月底，《新莱茵报》被彻底查封。

① 马克思，恩格斯．马克思恩格斯全集：第 48 卷．北京：人民出版社，2007：40.
② 马克思，恩格斯．马克思恩格斯全集：第 30 卷．北京：人民出版社，1975：503.
③ 马克思，恩格斯．马克思恩格斯文集：第 4 卷．北京：人民出版社，2009：11.

《新莱茵报》的停刊和查封使马克思遭受了重大的损失。在 1850 年 5 月 20 日致约瑟夫·魏德迈的信中，燕妮说："您知道，我的丈夫为了报纸曾经作出了多大的牺牲，他投入了几千现款，而当继续办下去已经希望很小的时候，他却成了报纸的所有人，这是民主派的庸人劝说他这样干的，否则他们自己就必须负担债务。为了挽救报纸的政治荣誉，为了挽救科隆友人的公民荣誉，他挑起了一切重担，交出了自己的印刷机，献出了全部收入，甚至临行前还借了 300 帝国塔勒以偿付新租的房舍的租金，支付拖欠的编辑的酬金等等——而这时他已经被强行驱逐出境。"[①] 为此，马克思拿出了自己的最后一点积蓄，这直接导致他陷入了极其贫困的境地。在马克思离开德国前，全家仅剩下的一点值钱的东西就是燕妮结婚时带来的银器，但是为了支付流亡所需的费用，又不得不立刻送进当铺。

法庭对"新莱茵报"的审讯[②]

科伦[③]7 月 7 日。预审推事昨天传讯了"新莱茵报"负责发行人科尔夫和总编辑卡尔·马克思；他们两人被控侮辱和诬蔑逮捕安内克的宪兵和最高检察官茨魏费尔先生。审讯从 4 点钟开始，大约在 6 点钟结束。接着，预审推事和国家检察官**黑克尔**同被告一起前往报纸编辑部，在警察署长参与下进行搜查，他们想找到那篇引起指控的文章的手稿，查出它的作者。他们找到了一篇不知出自何人手笔的稿件，但它并不是引起指控的文章的副本。这篇稿件也被列入控告**马克思及其同谋者**的材料中。从上述这种做法来看，显然是打算把整个编辑部 en masse［完全］交付法庭审判，尽管负责发行人科尔夫（报纸是由他一个人签署的）也要负法律责任。

（载于 1848 年 7 月 8 日"新莱茵报"第 38 号）

在反动政府的镇压下，《新莱茵报》最终停刊。在 1849 年 5 月 19 日用红色油墨印的《新莱茵报》最后一期上，马克思指出："六月和十月的日子以后的无结果的屠杀，二月和三月以后的无止境的残害，——仅仅这种反革命的残酷野蛮行为就足以使人民相信，只有一个方法可以**缩短**、减少和限制旧社会的凶猛的垂死挣扎和新社会诞生的流血痛苦，**这个方法就是实行革命的恐怖**。"[④] 可见，只有用无产阶级的革命来反抗镇压 1848 年革命的反革命运动，才能使

① 马克思，恩格斯．马克思恩格斯全集：第 48 卷．北京：人民出版社，2007：478.
② 马克思，恩格斯．马克思恩格斯全集：第 5 卷．北京：人民出版社，1958：578.
③ 科伦即科隆。
④ 马克思，恩格斯．马克思恩格斯全集：第 6 卷．北京：人民出版社，1961：602.

无产阶级最终取得斗争的胜利。

针对统治阶级对《新莱茵报》最近几期号召人民起来革命、建立社会共和国的指责，马克思愤怒地指出："难道只是在'最近几号''新莱茵报'里我们才认为必须明显地以社会共和的精神发表言论吗？难道你们没有读过我们关于**六月革命**的文章，**难道六月革命的灵魂不就是我们报纸的灵魂吗**？……**我们铁面无情，但也不向你们要求任何宽恕。当轮到我们动手的时候，我们不会用虚伪的词句来掩饰恐怖手段**。但是**保皇恐怖主义者**，上帝和法律所宠爱的恐怖主义者，在实践上是残酷的、卑鄙的、下流的，在理论上是胆怯的、隐讳的、虚伪的，而在这两方面都是**无耻**的。"[①] 显然，马克思痛斥了反动统治阶级的虚伪性，阐述了无产阶级革命的要求。

在《马克思和〈新莱茵报〉（1848—1849年）》中，恩格斯说："我们不得不交出自己的堡垒，但我们退却时携带着自己的武器和行装，奏着军乐，高举着印成红色的最后一号报纸的飘扬旗帜，我们在这号报纸上警告科隆工人不要举行毫无希望的起义，并且对他们说：'《新莱茵报》的编辑们在向你们告别的时候，对你们给予他们的同情表示衷心的感谢。无论何时何地，他们的最后一句话将始终是：**工人阶级的解放！**'"[②] 可见，无产阶级革命群众必须坚持革命的原则性和策略的灵活性的统一，在始终坚持工人阶级的最终解放的同时，避免做无谓的牺牲，要为革命的长远发展保存力量。

1848年马克思的口音引起的逸事

在一次集会上，马克思作了关于工人协会的报告。马克思曾提出一个著名口号："全世界无产者，联合起来！"这是他在1848年革命后，由于反动派的迫害而流亡伦敦后从那里发出的。这个受到热烈欢迎的报告结束后，一个工人请求给他解释一下，"八叶"协会是不是一个秘密同盟。他把马克思的莱茵方言Arbeiter［工人］理解成了Achtblättler［八叶］。还有一个由同样原因造成的类似的误解，马克思说要建立一个Demokraten［民主党］，而被理解为建立一个Timokraten［财力党］。[③]

---

① 马克思，恩格斯．马克思恩格斯全集：第6卷．北京：人民出版社，1961：602-603.

② 马克思，恩格斯．马克思恩格斯文集：第4卷．北京：人民出版社，2009：11-12.

③ 库格曼．伟大的马克思的二三事//中共中央马克思恩格斯列宁斯大林著作编译局．回忆马克思．北京：人民出版社，2005：353.

在 1848 年革命期间，《新莱茵报》成为德国真正的无产阶级机关报和德国人民的真正利益的捍卫者，拯救了德国的革命荣誉。

在创办《新莱茵报》的过程中，马克思和恩格斯的伟大友谊得到了巩固和发展。这时，恩格斯成了马克思的最为得力的助手。对此，恩格斯指出："一般说来，马克思在这一时期的文章，几乎不能同我的分开，因为我们彼此有计划地作了分工。"[①] 这不仅表明了马克思和恩格斯为了革命事业需要而进行的不同分工，也表明了他们的伟大友谊建立在共同的伟大事业的基础之上。恩格斯的父亲坚决反对他从事革命事业，不仅不给他提供办报资金，甚至不支付他生活费，这样，忙于革命事业的恩格斯没有收入来源。由于马克思继承了一笔可观的遗产而相对宽裕，因此，马克思对恩格斯进行了无私的援助。在 1848 年 11 月中致恩格斯的信中，马克思指出："你还没有收到我寄去的钱，的确使我惊讶。**我**（不是发行部）很早以前就已经按照指定的日内瓦地址给你寄去了六十一塔勒——十一塔勒纸币和五十塔勒期票。因此，你查问一下并立即来信。我有邮局收条，可以把钱要回来。此外，我曾给日果寄去二十塔勒给你们用，稍后又给德朗克寄去五十塔勒，都是我自己的钱，共约一百三十塔勒。明天我再寄一些给你。但是你要查问一下那笔钱。"[②] 可见，和恩格斯在马克思第一次流亡时对他的无私资助一样，马克思也竭尽全力帮助恩格斯渡过难关。这时，一些人就挑拨马克思和恩格斯之间的友谊，让马克思不要过问恩格斯的事情。对此，马克思坚定地对恩格斯说："我能把你丢开不管吗？哪怕是一会儿，那也是纯粹的幻想，你永远是我的最知心朋友，正象我希望的我是你的最知心朋友一样。"[③] 这充分表明了马克思对恩格斯的深情厚谊，以及两人之间如美酒般愈来愈醇厚的友谊。

《新莱茵报》的实质是无产阶级的机关报，不仅在 1848 年欧洲革命和推动无产阶级运动进程中发挥了重要作用，而且在马克思的思想和实践发展进程中占据重要位置。

4. 马克思退回书房总结革命的经验教训

在 1848 年革命失败后，马克思撰写了《1848 年至 1850 年的法兰西阶级斗

---

① 马克思，恩格斯．马克思恩格斯全集：第 36 卷．北京：人民出版社，1975：312.
② 马克思，恩格斯．马克思恩格斯全集：第 27 卷．北京：人民出版社，1972：146.
③ 马克思，恩格斯．马克思恩格斯全集：第 27 卷．北京：人民出版社，1972：147.

争》《共产主义者同盟中央委员会告同盟书》和《路易·波拿巴的雾月十八日》等科学著作，全面总结和提升了1848年革命的经验教训，为新的革命高潮的到来做好充分的理论准备。

在科学总结法国1848年革命经验教训的基础上，马克思于1849年底至1850年3月底和1850年10月至11月1日撰写了《1848年至1850年的法兰西阶级斗争》一书，运用唯物史观分析了二月革命和六月起义等重大历史事件，阐明了无产阶级革命斗争的理论和策略。

马克思指出，革命是历史的火车头。革命是阶级斗争的最高形式，是推动历史向前发展的重要动力。无产阶级革命更是发挥着不可替代的作用。当然，革命尤其是无产阶级革命并不是凭空制造出来的。在1848年革命期间，虽然马克思热情地讴歌并积极参与革命，但是他明确反对输出革命，以及不顾主客观条件的发展，人为制造革命的做法。在此基础上，马克思指出："在这种普遍繁荣的情况下，即在资产阶级社会的生产力正以在整个资产阶级关系范围内所能达到的速度蓬勃发展的时候，也就谈不到什么真正的革命。只有在**现代生产力**和**资产阶级生产方式这两个要素**互相**矛盾**的时候，这种革命才有可能。"①1848年革命后，在英、法等国出现工商业繁荣的情况下，革命是不可能发生的，革命的发生必然和资本主义的危机紧密相连。

马克思第一次使用了"无产阶级专政"概念。在巴黎六月起义期间，无产阶级提出了"推翻资产阶级！工人阶级专政！"的革命口号。在划清革命的社会主义与各种空论的社会主义的界限时，马克思指出革命的社会主义"就是宣布**不断革命**，就是无产阶级的**阶级专政**，这种专政是达到**消灭一切阶级差别**，达到消灭这些差别所由产生的一切生产关系，达到消灭和这些生产关系相适应的一切社会关系，达到改变由这些社会关系产生出来的一切观念的必然的过渡阶段"②。可见，无产阶级专政并非革命的最终目的，而是一个消灭阶级差别的过渡阶段。

在此基础上，在1852年3月5日给约瑟夫·魏德迈的信中，在总结1848年欧洲革命经验教训的基础上，马克思阐述了自己在阶级和阶级斗争问题上的独特贡献。这主要体现在三个方面："（1）**阶级的存在**仅仅同**生产发展的一定历史阶段**相联系；（2）阶级斗争必然导致**无产阶级专政**；（3）这个专政不过是

---

① 马克思，恩格斯．马克思恩格斯文集：第2卷．北京：人民出版社，2009：176.

② 马克思，恩格斯．马克思恩格斯文集：第2卷．北京：人民出版社，2009：166.

达到**消灭一切阶**级和进入**无阶级社会**的过渡。”① 可见，无产阶级专政是阶级斗争的必然产物，无产阶级专政时期不是一个独立的社会发展阶段，只是阶级社会向无阶级社会过渡的一个时期。

Neue
Rheinische Zeitung
Organ der Demokratie.

№ 301. Köln, Samstag, den 19. Mai 1849.

Abschiedswort der Neuen Rheinischen Zeitung.

Kein offner Hieb in offner Schlacht –
Es fällen die Nücken und Tücken,
Es fällt mich die schleichende Niedertracht
Der schmutzigen West-Kalmücken!
Aus dem Dunkel flog der tödtende Schaft,
Aus dem Hinterhalt fielen die Streiche –
Und so lieg' ich nun da in meiner Kraft,
Eine stolze Rebellenleiche!

Auf der Lippe den Trotz und den zuckenden Hohn,
In der Hand den blitzenden Degen,
Noch im Sterben rufend: „Die Rebellion!“ –
So bin ich mit Ehren erlegen.
O, gern wohl bestreuten mein Grab mit Salz
Der Preuße zusammt dem Czare –
Doch es schicken die Ungarn, es schickt die Pfalz
Drei Salven mir über die Bahre!

Und der arme Mann im zerriss'nen Gewand,
Er wirft auf mein Haupt die Schollen;
Er wirft sie hinab mit der fleißigen Hand,
Mit der harten, der schwielenvollen.
Einen Kranz auch bringt er aus Blumen und Mai'n,
Zu ruh'n auf meinen Wunden;
Den haben sein Weib und sein Töchterlein
Nach der Arbeit für mich gewunden.

Nun Ade, nun Ade, du kämpfende Welt,
Nun Ade, ihr ringenden Heere!
Nun Ade, du pulvergeschwärztes Feld,
Nun Ade, ihr Schwerter und Speere!
Nun Ade – doch nicht für immer Ade!
Denn sie tödten den Geist nicht, ihr Brüder!
Bald richt' ich mich rasselnd in die Höh',
Bald kehr' ich reisiger wieder!

Wenn die letzte Krone wie Glas zerbricht,
In des Kampfes Wettern und Flammen,
Wenn das Volk sein letztes „Schuldig!“ spricht,
Dann stehn wir wieder zusammen!
Mit dem Wort, mit dem Schwert, an der Donau, am Rhein, –
Eine allzeit treue Gesellin
Wird dem Throne zerschmetternden Volke sein
Die Geächtete, die Rebellin!

F. FREILIGRATH.

An die Arbeiter Kölns.

Wir warnen Euch schließlich vor jedem Putsch in Köln. Nach der militärischen Lage Kölns wäret ihr rettungslos verloren. Ihr habt in Elberfeld gesehen, wie die Bourgeoisie die Arbeiter ins Feuer schickt und sie hinterher aufs Niederträchtigste verräth. Der Belagerungszustand in Köln würde die ganze Rheinprovinz demoralisiren und der Belagerungszustand wäre die nothwendige Folge jeder Erhebung von Eurer Seite in diesem Augenblicke. Die Preußen werden an Eurer Ruhe verzweifeln.

Die Redakteure der Neuen Rheinischen Zeitung danken Euch beim Abschiede für die ihnen bewiesene Theilnahme. Ihr letztes Wort wird überall und immer sein: Emancipation der arbeitenden Klasse!

Die Redaktion der Neuen Rhein. Zeitung.

Deutschland.

Proklamation an die Frauen.

《新莱茵报》终刊号

在总结德国 1848—1849 年革命经验的基础上，马克思、恩格斯于 1850 年 3 月 24 日以前撰写了《共产主义者同盟中央委员会告同盟书》，着重阐述了无产阶级政党对小资产阶级民主派的策略，强调必须建立独立的工人政党并坚持无产阶级独立的革命策略，同时强调了不断革命的重要性。

针对小资产阶级民主派掌握政权后只愿意实行代表本阶级利益的有限改革，不愿意为无产阶级利益彻底变革整个社会，马克思、恩格斯第一次比较完整地阐述了“不断革命论”：“我们的利益和我们的任务却是要不断革命，直到

① 马克思，恩格斯．马克思恩格斯文集：第 10 卷．北京：人民出版社，2009：106.

把一切大大小小的有产阶级的统治全都消灭，直到无产阶级夺得国家政权，直到无产者的联合不仅在一个国家内，而且在世界一切举足轻重的国家内都发展到使这些国家的无产者之间的竞争停止，至少是发展到使那些有决定意义的生产力集中到了无产者手中。对我们说来，问题不在于改变私有制，而只在于消灭私有制，不在于掩盖阶级对立，而在于消灭阶级，不在于改良现存社会，而在于建立新社会。”① 只有不断革命，无产阶级革命才能取得成功。在此过程中，无产阶级在革命中必须拥有和保持自己独立的武装，坚决反对任何企图解除工人武装的做法；必须维护农村无产阶级的利益，将没收过来的封建地产变成国有财产，同农村无产阶级联合起来。

在推进无产阶级革命的过程中，无产阶级政党必须坚持独立性。“工人，首先是共产主义者同盟，不应再度降低自己的地位，去充当资产阶级民主派的随声附和的合唱队，而应该谋求在正式的民主派旁边建立一个秘密的和公开的独立工人政党组织，并且应该使自己的每一个支部都成为工人协会的中心和核心，在这种工人协会中，无产阶级的立场和利益问题应该能够进行独立讨论而不受资产阶级影响。”② 可见，工人阶级及其政党只有始终坚持自身的独立性，才能将革命推向前进。

最后，马克思、恩格斯阐述了无产阶级革命要取得最终胜利的条件：“为了要达到自己的最终胜利，他们首先必须自己努力：他们应该认清自己的阶级利益，尽快采取自己独立政党的立场，一时一刻也不能因为听信民主派小资产者的花言巧语而动摇对无产阶级政党的独立组织的信念。他们的战斗口号应该是：不断革命。”③ 这样，马克思就将无产阶级革命理论和无产阶级政党应该坚持的立场有机统一起来。

在总结法国 1848 年革命经验和评述 1851 年 12 月 2 日路易·波拿巴政变④的基础上，马克思创作了《路易·波拿巴的雾月十八日》。马克思揭示了资产阶级共和国的实质是资产阶级对其他阶级的专制统治，因此，无产阶级革命必须集中一切力量摧毁旧的国家机器。在 1871 年 4 月 12 日给路德维希·库格曼

---

① 马克思，恩格斯．马克思恩格斯文集：第 2 卷．北京：人民出版社，2009：192.

② 马克思，恩格斯．马克思恩格斯文集：第 2 卷．北京：人民出版社，2009：193.

③ 马克思，恩格斯．马克思恩格斯文集：第 2 卷．北京：人民出版社，2009：199.

④ 1851 年 12 月 2 日，拿破仑的侄子路易·波拿巴发动政变，废除共和，复辟帝制，号称拿破仑第三。

的信中，马克思明确指出："如果你查阅一下我的《雾月十八日》的最后一章，你就会看到，我认为法国革命的下一次尝试不应该再像以前那样把官僚军事机器从一些人的手里转到另一些人的手里，而应该把它**打碎**，这正是大陆上任何一次真正的人民革命的先决条件。"① 显然，打碎旧的国家机器是无产阶级取得最终胜利的先决条件。

同时，1848 年革命失败的一个重要原因是没有形成巩固的工农联盟，没有得到广大农民的支持。对此，马克思深刻阐述了工农联盟的思想："农民的利益已不像拿破仑统治时期那样同资产阶级的利益、同资本相协调，而是同它们相对立了。因此，农民就把负有推翻资产阶级制度使命的**城市无产阶级**看做自己的天然同盟者和领导者。"② 显然，在工农联盟中，无产阶级必须成为领导阶级。一旦无产阶级革命得到了农民的支持，**"无产阶级革命就会形成一种合唱，若没有这种合唱，它在一切农民国度中的独唱是不免要变成孤鸿哀鸣的"**③。这样，马克思就明确将工农联盟作为无产阶级革命的一个基本策略，而非权宜之计。

在总结 1848 年革命经验教训的基础上，马克思发展了无产阶级革命理论，提出了无产阶级专政理论，科学提升了 1848 年革命的经验。

---

① 马克思，恩格斯．马克思恩格斯文集：第 10 卷．北京：人民出版社，2009：352.
② 马克思，恩格斯．马克思恩格斯文集：第 2 卷．北京：人民出版社，2009：570.
③ 马克思，恩格斯．马克思恩格斯文集：第 2 卷．北京：人民出版社，2009：573.

第9章

把目光投向中国和印度

马克思驳斥西方中心论

> 中国革命将把火星抛到现今工业体系这个火药装得足而又足的地雷上，把酝酿已久的普遍危机引爆，这个普遍危机一扩展到国外，紧接而来的将是欧洲大陆的政治革命。这将是一个奇观：当西方列强用英、法、美等国的军舰把“秩序”送到上海、南京和运河口的时候，中国却把动乱送往西方世界。①

19世纪50年代，马克思对中国和印度等东方国家进行了较为全面的研究，揭示了东方国家的经济社会结构，提出了中国革命和欧洲革命的互补、英国在印度要完成双重使命、生产力应该归人民所有、农村公社是东方专制主义的基础等一系列重要命题。

1. 马克思初步研究东方社会

19世纪50年代，在立足于无产阶级和全人类解放的背景下，马克思对东方社会进行了艰辛的研究和探索，不仅阅读了大量关于东方社会的书籍，还摘录了读书笔记，创作了大量的文章，取得了丰富的理论成果。

1848年欧洲革命失败后，欧洲反动势力卷土重来，西欧无产阶级革命运动陷入低潮，西欧资本主义国家进入了相对稳定的发展时期。因此，马克思从革命实践退回书房，潜心进行科学研究，为下一次革命高潮的到来做好理论准

---

① 马克思．中国革命和欧洲革命//马克思，恩格斯．马克思恩格斯文集：第2卷．北京：人民出版社，2009：612.

备。19世纪50年代，随着西方帝国主义国家对中国和印度等东方国家侵略的加剧，后者掀起了一系列反对西方殖民侵略的革命浪潮，呈现出一番新的气象。中国不仅于1851—1864年间发生了反抗封建专制统治的太平天国起义，于1856年爆发了第二次鸦片战争，也沉重地打击了清王朝的封建专制统治和帝国主义的殖民入侵。印度于1857—1859年间爆发了全国性的反抗英国殖民统治的民族大起义。同时，充当了镇压1848年革命的刽子手的俄国也在克里木战争中战败，国内各阶层的矛盾日益加剧，革命形势日益高涨。因此，马克思将目光转向了东方国家，试图揭示东方国家革命发生的原因及其影响，为西欧无产阶级革命寻找世界范围内的同盟军，寻找无产阶级革命运动和被压迫民族的解放运动的内在关联，从另一个角度推动对西欧资本主义社会的研究。

同时，马克思于19世纪50年代开始全身心地投入政治经济学的研究工作之中，开始了《资本论》的创作准备工作。要完成这一艰巨的历史使命，就需要加强对土地问题尤其是东方国家土地问题的研究，因此，马克思开始研究印度的土地关系和地租问题，尤其是对英国侵略和奴役印度期间的土地政策进行了深入研究。

可见，马克思研究东方社会不仅与无产阶级革命的总体实践密切相关，还与《资本论》的创作密切相关。

在《德意志意识形态》和《共产党宣言》等著作中，马克思站在世界历史的高度对中国和印度等东方国家展开了初步论述，揭示了机器大工业和世界历史对东方国家的革命性影响，强调世界历史的发展将使东方从属于西方。李卜克内西指出："共产主义者同盟解散以后，马克思全力以赴投入了他的科学研究和政论工作。他认识了戴维·乌尔卡尔特，此人对东方和东方问题以及俄国政策均有研究。"① 乌尔卡尔特给马克思介绍了大量关于东方国家的资料，客观上推动了马克思对东方国家的关注和研究。

1853年4—5月，马克思研究了亚洲殖民地和附属国的历史和发展前途问题，阅读和摘录了麦克库洛赫、克雷姆、贝尔尼埃、萨尔蒂科夫的著作以及其他有关中国和印度的历史和经济的著作，还研究了英国议会的蓝皮书和东印度

---

① 中共中央马克思恩格斯列宁斯大林著作编译局．回忆马克思．北京：人民出版社，2005：32.

公司的历史。

1853—1857 年，马克思不仅研究了文化史和斯拉夫人历史，阅读和摘录了加利阿尼、瓦克斯穆特、考尔福斯等人的著作，还研究了斯拉夫民族历史方面的书籍，对斯拉夫人的文化史以及古代俄罗斯的文化深感兴趣，并编制了公元 973 年至 1676 年的俄国历史事件一览表。

马克思不仅密切关注东方国家的革命情况，以及对西欧殖民主义国家的反抗，还高度关注俄国的克里木战争以及农奴制发展现状，并对上述问题展开全面的研究。

在研究东方社会的过程中，马克思摘录了大量的读书笔记。据统计，马克思于 1853 年研读和摘录了约翰·迪金逊的《印度政府》、托马斯·斯坦福德·莱佛士的《爪哇的历史》、马克·威尔克斯的《南印度历史概略》、约翰·福布斯·罗伊尔的《论印度生产资源的论文——印度状况长期持续不变的原因探究》、乔治·坎伯尔的《印度政府的体制》、约翰·查普曼的《印度的棉花和贸易》、罗伯特·巴顿的《亚细亚君主政体的原则》等著作。

同时，马克思以《纽约每日论坛报》《每日新闻》《新奥得报》等报刊为平台撰写了一系列关于中国、印度、俄国、波斯、土耳其等东方国家的评论文章，涉及东方社会的经济、政治、文化、社会等各个方面的内容，主要包括《中国革命和欧洲革命》《英人在华的残暴行动》《鸦片贸易史》《英中条约》《中国和英国的条约》《不列颠在印度的统治》《不列颠在印度统治的未来结果》等。马克思站在世界历史的高度对两次鸦片战争、太平天国革命起义、1857—1859 年印度民族大起义等重大历史事件进行了全面分析。

这些文章最重要的特点就是要把握新闻的时效性和准确性，让读者在第一时间了解和把握东方国家发生的历史事件及其原因、进程和影响。由于马克思敏锐的洞察力、缜密的分析能力和言简意赅的创作风格以及《纽约每日论坛报》等报刊的发行量巨大等因素，许多文章在西方国家得到了广泛的传播，不仅深刻地揭露西方殖民主义对东方国家的侵略，也有利于西方读者客观了解东方国家的历史、现实及其特点。

马克思对东方社会的研究形成了丰富的理论成果，该成果是其思想发展进程中的不可或缺的一环。

李大钊与《中国革命和欧洲革命》

中国共产党成立后，为了推动马克思主义在中国的传播，并运用马克思主义积极指导中国革命的开展，我们党第一位马克思主义者、我们党的主要创始人李大钊翻译了马克思的《中国革命和欧洲革命》一文。

1926年5月，中国共产党北京地委和北方区委的机关报《政治生活》第76期发表了猎夫（李大钊的笔名）翻译的马克思的《中国革命和欧洲革命》一文，译名为《马克思的中国民族革命观》。这也是马克思、恩格斯论述中国问题的众多文章中的第一篇中译文。

2. 中国革命和欧洲革命的互补

马克思将19世纪50年代发生的太平天国起义称为中国革命，全面论述了其爆发的背景、原因及其意义。

太平天国起义爆发后，马克思指出："不管引起这些起义的社会原因是什么，也不管这些原因是通过宗教的、王朝的还是民族的形式表现出来，推动了这次大爆发的毫无疑问是英国的大炮，英国用大炮强迫中国输入名叫鸦片的麻醉剂。"① 显然，西方国家的侵略和鸦片贸易是中国爆发太平天国起义的主要原因。

一方面，西方国家运用极端不义的战争手段对中国进行侵略和掠夺，以实现其卑劣企图。第一次鸦片战争之前，当中国开始禁止英国的鸦片走私时，英国就毫不犹豫地举起屠刀对准中国，用坚船利炮打开中国的市场。当军事入侵得手之后，英国侵略者强迫中国签订不平等条约，将其卑劣的意图合法化，并为下一次军事入侵埋下伏笔。第一次鸦片战争后签订的中英《南京条约》，就为第二次鸦片战争的爆发埋下了伏笔。

另一方面，西方国家通过极端卑劣的鸦片贸易对中国进行掠夺。1830年以前，中国在对英、美等国家的贸易方面基本上处于出超地位，中国的茶叶、丝绸等商品源源不断地进入西方国家，西方国家的白银也源源不断地流入中

① 马克思，恩格斯．马克思恩格斯全集：第12卷．北京：人民出版社，1998：114.

国。为了遏制贸易逆差，英国通过东印度公司加大了向中国走私倾销鸦片的力度，以国家的名义推行肮脏的、邪恶的鸦片贸易，使中国的巨额财富像潮水般涌入西方，不仅直接导致中国陷入银源枯竭的境地，还极大地破坏了中国的社会风尚、工业和政治结构。

在1850年的《国际述评（一）》中，马克思和恩格斯分析了世界历史背景下中国革命的可能性，指出西方列强入侵在将中国拖入世界历史、使牢固的中华帝国陷入了严重的社会危机的同时，也将中国“带到了一场必将对文明产生极其重要结果的社会变革的前夕。当我们欧洲的反动分子不久的将来在亚洲逃难，到达万里长城，到达最反动最保守的堡垒的大门的时候，他们说不定就会看见上面写着：République chinoise Liberté，Egalité，Fraternité［中华共和国——自由，平等，博爱］”①。这就将欧洲国家的命运和他们的侵略对象中国的命运结合在一起来考虑了。

太平天国起义爆发后，马克思借用黑格尔的著名命题“两极相联”来思考中国革命可能对文明世界产生的影响。“欧洲人民的下一次起义，他们下一阶段争取共和自由、争取廉洁政府的斗争，在更大的程度上恐怕要决定于天朝帝国（欧洲的直接对立面）目前所发生的事件，而不是决定于现存其他任何政治原因，甚至不是决定于俄国的威胁及其带来的可能发生全欧战争的后果。”② 中国革命是在西方国家开创的历史背景下进行的，必然会对西方国家产生相应的影响。

那时，“中国革命将把火星抛到现今工业体系这个火药装得足而又足的地雷上，把酝酿已久的普遍危机引爆，这个普遍危机一扩展到国外，紧接而来的将是欧洲大陆的政治革命”③。显然，这一论断打破了马克思从前关于东方国家从属于西方国家的论断，说明了中国也可以积极主动参与世界历史的进程，用自身的实际行动影响到西方国家，而不只是被动地接受和适应世界历史的进程。这也体现了马克思对西方中心论的严肃批评，表明了他绝非一个西方中心论者。

3. 中国是一块活的化石

1862年6月下半月至7月初，马克思在《中国记事》中指出：“在桌子开

---

① 马克思，恩格斯．马克思恩格斯全集：第10卷．北京：人民出版社，1998：277－278.

② 马克思，恩格斯．马克思恩格斯文集：第2卷．北京：人民出版社，2009：607.

③ 马克思，恩格斯．马克思恩格斯文集：第2卷．北京：人民出版社，2009：612.

始跳舞[1]以前不久，在**中国**，在这块活的化石上，就开始闹革命了。"[2] 这里，马克思提出了"中国是一块活的化石"的命题，用这一形象生动的命题来概括以中国为代表的东方社会的社会结构。

自然经济和小农生产是当时中国社会的主要经济结构。第一次鸦片战争后，在西方帝国主义列强坚船利炮的胁迫下，中国被迫打开了长期紧锁的大门，开放了广州、厦门、福州、宁波、上海五个通商口岸。在此背景下，西方国家误认为自己打开了一个世界上人口最多的国家的庞大的商品市场，相信西方商品会像潮水一样涌入中国市场。但事实并不尽然，1842 年到 1858 年期间，中国生产的茶叶和丝绸向英国的出口一直不断增长，而英国工业品向中国出口的数额整体上却长期保持停滞不变甚至相对减少的状态。

对此，马克思给出了合理的解释："除我们已证明与西方工业品销售成反比的鸦片贸易之外，妨碍对华出口贸易迅速扩大的主要因素，是那个依靠小农业与家庭工业相结合而存在的中国社会经济结构。"[3] 显然，在传统中国社会经济结构中，谈不上大宗进口外国货。只有抓住中国独特的经济结构，才能对中国的贸易情况和整个中国社会进行正确的分析和判断。

家长制和父权制是当时中国的主要社会结构和政治结构。皇帝被尊为全中国的君父，皇帝的官吏在各自的管区维持着这种父权关系。家长制的权威是中国这个庞大的国家机器的各部分间的唯一精神联系。这种社会结构和政治结构在一定程度上导致了中国社会的长期闭关自守的与世隔绝的状态，它们一旦遭到破坏，不仅会导致皇帝及其官员逐渐丧失自己的统治权，还会导致旧中国社会的解体。

随着西方殖民入侵的加剧，中国社会经济结构被破坏的程度也不断加深。英国的枪炮打破了中华帝国的野蛮的、封闭的、与文明世界相隔绝的状态，给中国社会造成了巨大的创伤。在走私鸦片贸易的过程中，英国人通过行贿腐蚀了大量中国官员，使得中国的财政、社会风尚、工业和政治结构都遭到了前所未有的破坏，并且不得不与外界接触。"与外界完全隔绝曾是保存旧中国的首要条件，而当这种隔绝状态通过英国而为暴力所打破的时候，接踵而来的必然是解体的过程，正如小心保存在密闭棺材里的木乃伊一接触新鲜空气便必然要

---

① 19 世纪 50 年代初，欧洲的贵族和资产阶级中间流行降神术之类的迷信活动，其中之一就是在桌子上跳舞。

② 马克思，恩格斯．马克思恩格斯全集：第 15 卷．北京：人民出版社，1963：545.

③ 马克思，恩格斯．马克思恩格斯文集：第 2 卷．北京：人民出版社，2009：672.

解体一样。”① 显然，西方殖民入侵对中国社会产生了巨大的破坏性影响，导致了中国社会结构的解体。

当然，马克思将中国比作一块活的化石，并非贬低中国和具有西方中心论的色彩，而仅仅是用一个形象的说法来揭示中国社会的经济、政治和社会结构，剖析中国传统社会的封闭性、停滞性和落后性。

《马克思恩格斯论中国》的翻译和传播

1937年，方乃宜翻译了马克思、恩格斯19世纪50年代关于中国问题的评论，以及马克思、恩格斯在《资本论》和其他著作中关于中国的论述，并命名为《马克思恩格斯论中国》。该书是第一本中文版的马克思和恩格斯关于中国问题的论文集，于1937年由莫斯科外国工人出版社用中文出版发行。

由于这个版本当时很难运送到中国来，我国于1938年3月和5月，分别用武汉中国出版社和延安解放社的名义在延安和汉口出版了该书。该书共分为三章：第一章标题为《古代东方的特点与中国》，是马克思《资本论》等著作的片段摘译；第二章标题为《关于中国的论文》，收有《中国革命和欧洲革命》《波斯和中国》等马克思、恩格斯关于中国问题的17篇论文；第三章标题是《世界商业与对华政策》，是马克思《资本论》等著作的片段摘译。1938年11月，上海珠林书店出版了由杨克斋发行的《中国问题评论集》一书，内容与《马克思恩格斯论中国》一书的第二章相同。

中华人民共和国成立后，《马克思恩格斯论中国》于1953年由人民出版社出版，并于1957年4月出了新版。1993年4月和1997年8月，由中共中央马克思恩格斯列宁斯大林著作编译局编译的《马克思恩格斯论中国》第2版和第3版由人民出版社出版发行。2015年12月，根据最新研究成果，中共中央马克思恩格斯列宁斯大林著作编译局重新编译了《马克思恩格斯论中国》一书，由人民出版社出版。

4. 英国在印度要完成破坏和建设的双重使命

在研究东方社会的过程中，马克思指出：“英国在印度要完成双重的使命：

① 马克思，恩格斯．马克思恩格斯文集：第2卷．北京：人民出版社，2009：609.

一个是破坏的使命，即消灭旧的亚洲式的社会；另一个是重建的使命，即在亚洲为西方式的社会奠定物质基础。”① 可见，要客观地、辩证地看待英国殖民入侵给印度造成的影响。

英国的殖民侵略给印度社会和印度人民造成了巨大的灾难。虽然整个印度社会的历史就是一部不断被征服的历史，阿拉伯人、土耳其人、鞑靼人、莫卧儿人和不列颠人都曾征服过印度并给印度带来了深重的灾难，但是在所有这些征服者当中，不列颠人给印度带来的灾难在程度上最为深重，且在本质上属于另一种。从程度上说，“不列颠东印度公司在亚洲式专制的基础上建立起来的欧洲式专制，这两种专制结合起来要比萨尔赛达庙里任何狰狞的神像都更为可怕”②。从本质上说，其他征服者仅仅触动印度社会的表面，且由于他们自身的文明程度低于印度，因此很快就被文明程度较高的印度人反过来征服了。“不列颠人是第一批文明程度高于印度因而不受印度文明影响的征服者。他们破坏了本地的公社，摧毁了本地的工业，夷平了本地社会中伟大和崇高的一切，从而毁灭了印度的文明。他们在印度进行统治的历史，除破坏以外很难说还有别的什么内容。”③ 概言之，英国人摧毁了印度的整个社会结构，使其同其一切传统和过去的全部历史断绝关系。

在此过程中，英国殖民者在印度犯下了大量罪行。在对印度征税时，英国施用了大量的刑讯，以致英国官方都承认普遍施用刑讯已成为英属印度的一种财政制度。在治理印度时，英国采取破坏民族的原则，即通过强行消灭土著王公的权力、破坏继承关系和干涉人民的宗教来实现。1848 年后，为了解决东印度公司的财政困难问题，英国殖民者通过排挤土著王公来扩大自己的地盘，通过强行改变印度的继承关系肆意兼并印度土著王公的土地。

在镇压印度 1857—1859 年民族大起义的过程中，英国殖民者更是犯下了滔天罪行。在此背景下，马克思强调印度民族大起义不是一场简单的兵变，而是反抗英国殖民主义侵略和争取民族解放的伟大运动。

英国的殖民侵略给印度社会带来了革命性的影响。虽然相对于英国对印度的破坏而言，英国的重建工作显得微乎其微，但还是在自觉不自觉地进行当中。英国人用刀和剑将政治上长期不统一、部落与部落存在严重对立的印度统

① 马克思，恩格斯．马克思恩格斯文集：第 2 卷．北京：人民出版社，2009：686.
② 马克思，恩格斯．马克思恩格斯文集：第 2 卷．北京：人民出版社，2009：678.
③ 马克思，恩格斯．马克思恩格斯文集：第 2 卷．北京：人民出版社，2009：686.

一起来，并将电报和自由报刊输入印度，来巩固这种统一。“第一次被引进亚洲社会并且主要由印度人和欧洲人的共同子孙所领导的自由报刊，是改建这个社会的一个新的和强有力的因素。”[①] 显然，先进技术和自由报刊对传统的印度社会产生了革命性的影响。

同时，与其说印度农业、工业遭到大规模破坏并逐渐走向灭亡的原因是英国的收税官和士兵的粗暴干涉，还不如说是英国蒸汽机和自由贸易的作用。“蒸汽机使印度能够同欧洲经常地、迅速地交往，把印度的主要港口同整个东南海洋上的港口联系起来，使印度摆脱了孤立状态，而孤立状态是它过去处于停滞状态的主要原因。”[②] 显然，以蒸汽机为代表的先进技术和自由贸易对印度社会产生了革命性的影响。

此外，为了满足工业和市场的需要，英国对印度的自给自足的自然经济进行了干涉和改造，“把纺工放在兰开夏郡，把织工放在孟加拉，或是把印度纺工和印度织工一齐消灭，这就破坏了这种小小的半野蛮半文明的公社，因为这摧毁了它们的经济基础；结果，就在亚洲造成了一场前所未闻的最大的、老实说也是唯一的一次**社会**革命”[③]。可见，在对印度社会产生巨大的破坏性影响的同时，资本主义大工业和世界市场发展也产生了革命性的影响。

为了实现自己的利益最大化，英国的工业巨头们决定将印度变成一个生产大国和资本主义世界市场上的一个环节，进而打算修建覆盖整个印度的铁路网。这客观上会对印度产生深远的革命性影响。一是修建铁路可以有效地改变印度社会由于极度缺乏交通工具而导致的生产力处于瘫痪的状态，使其可以更加有效地利用自身丰富的自然资源，改变其十分贫困的状况。二是修建铁路可以有效地为农业服务，例如在建筑路堤需要取土的地方建水库，给铁路沿线地区供水等，进而促进作为东方农业必要条件的水利事业的发展，避免或改善由于缺水而造成的地区性饥荒的情况。三是铁路可以缩减军事机构的数量和开支。四是铁路的修建正好可以有效地打破印度村社的自给自足的惰性和孤立状态，形成村社之间互相交往和来往的新的需要。五是铁路将会有效地将世界各地的先进技术和知识带到其途经的各个村庄。而要在印度这样庞大的国家维持铁路网，就必须要建立与铁路交通有关的各种必要的生产部门，从而使铁路系

---

① 马克思，恩格斯．马克思恩格斯文集：第2卷．北京：人民出版社，2009：686.
② 马克思，恩格斯．马克思恩格斯文集：第2卷．北京：人民出版社，2009：686－687.
③ 马克思，恩格斯．马克思恩格斯文集：第2卷．北京：人民出版社，2009：682.

统在印度真正成为现代工业的先驱。此外，由铁路系统产生的现代工业必然会瓦解印度种姓制度所凭借的传统的社会分工，而种姓制度是阻碍印度社会进步的主要因素。总之，现代大工业的发展将促进印度社会发生革命性变革。

当然，在侵略和统治印度的过程中，英国所做的一切完全是受极卑鄙的利益驱使的，并非想让印度变得更好。在此过程中给印度社会带来的一些革命性的影响，以及在印度所形成的亚洲社会的唯一一次社会革命，也只是充当了历史的不自觉的工具。

同时，英国给印度造成的革命性影响有其先天的、必然的、深刻的有限性和局限性："英国资产阶级将被迫在印度实行的一切，既不会使人民群众得到解放，也不会根本改善他们的社会状况，因为这两者不仅仅决定于生产力的发展，而且还决定于生产力是否归人民所有。"① 显然，要从根本上解放人民群众并改善其社会状态，就必须在发展生产力的同时，使生产力归人民所有，即将生产力的发展与生产力发展的成果归人民所有紧密结合起来。这是与英国殖民者征服和统治印度的初衷相反的，他们只会将印度发展了的生产力和生产力发展成果掌握在自己手中，而不会将其交给印度人民。

在此背景下，印度社会要实现重建必须具有一定的条件。

从内部来看，"使印度达到比从前在大莫卧儿人统治下更加牢固和更加扩大的政治统一，是重建印度的首要条件。不列颠人用刀剑实现的这种统一，现在将通过电报而巩固起来，永存下去。由不列颠的教官组织和训练出来的印度人军队，是印度自己解放自己和不再一遇到外国入侵者就成为战利品的必要条件。第一次被引进亚洲社会并且主要由印度人和欧洲人的共同子孙所领导的自由报刊，是改建这个社会的一个新的和强有力的因素"②。可见，印度社会实现重建的首要条件，是实现自身的统一。而印度新式军队的建立是印度人民自己解放自己的重要条件，印度人参与掌握的自由报刊也是重建印度社会的新的和强有力的因素。同时，印度社会正在崛起一个具有管理国家的必要知识并熟悉欧洲科学的新的阶级，这会为印度社会的重建奠定必要的阶级条件。先进科技的应用有利于打破印度的孤立和停滞状态，实现自身的重建。

从外部来看，由于印度社会已经完全沦为英国的殖民地，是世界市场的一个重要环节，因此，印度的重建与英国和整个世界的发展紧密相连。因此，

---

① 马克思，恩格斯．马克思恩格斯文集：第2卷．北京：人民出版社，2009：689.

② 马克思，恩格斯．马克思恩格斯文集：第2卷．北京：人民出版社，2009：686.

“在大不列颠本国现在的统治阶级还没有被工业无产阶级取代以前，或者在印度人自己还没有强大到能够完全摆脱英国的枷锁以前，印度人是不会收获到不列颠资产阶级在他们中间播下的新的社会因素所结的果实的。但是，无论如何我们都可以满怀信心地期待，在比较遥远的未来，这个巨大而诱人的国家将得到重建”①。可见，英国工人阶级革命运动是印度摆脱奴役、实现重建的前提性条件。这与中国革命引起西方革命、实现东西方革命互补的思想是一致的。同时，印度社会的重建与资产阶级历史时期处于同一个发展阶段，还必须利用资产阶级历史时期的一切积极成果。“资产阶级历史时期负有为新世界创造物质基础的使命：一方面要造成以全人类互相依赖为基础的普遍交往，以及进行这种交往的工具；另一方面要发展人的生产力，把物质生产变成对自然力的科学支配。”② 显然，只有加强与整个世界的联系，大力发展生产力尤其是发展人的生产力，印度才能在英国殖民者造成的废墟的基础上完成重建。

《马克思论印度》在中国的翻译和传播

1951 年 12 月，由季羡林、曹葆华根据英文本并参照德文版和俄文版翻译的《马克思论印度》出版，包括《不列颠在印度的统治》和《不列颠在印度统治的未来结果》两篇文章。

在翻译该书的过程中，季羡林和曹葆华除了从英文原文直接译出相关的注释之外，还在涉及印度历史和宗教的地方，由季羡林增加了若干注释，以便我国读者能更好地理解和把握马克思关于印度的论述。

只有全面客观看待西方殖民主义对东方国家的侵略的二重性影响，东方国家才能在世界历史条件下抓住发展机遇，实现民族独立、人民解放和全面发展。

5. 村社是东方专制主义的牢固基础

马克思在研究印度社会的过程中发现，印度的农业和商业所凭借的大规模公共工程由中央政府管理，而印度人又散处于全国各地，通过农业和制造业的家庭结合而聚居在各个很小的中心地点。因此，“从远古的时候起，在印度便产生了一种特殊的社会制度，即所谓**村社制度**，这种制度使每一个这样的小结

① 马克思，恩格斯．马克思恩格斯文集：第 2 卷．北京：人民出版社，2009：690.
② 马克思，恩格斯．马克思恩格斯文集：第 2 卷．北京：人民出版社，2009：691.

合体都成为独立的组织，过着自己独特的生活”[①]。这样，马克思就独立发现了东方专制制度的牢固的社会基础，即农村村社的存在。

在 1853 年 6 月 14 日给恩格斯的信中，马克思指出：“亚洲这一地区的停滞性质（尽管有政治表面上的各种无效果的运动），完全可以用下面两种相互促进的情况来解释：（1）公共工程是中央政府的事情；（2）除了这个政府之外，整个国家（几个较大的城市不算在内）分为许多**村社**，它们有完全独立的组织，自成一个小天地。”[②] 可见，农村村社的存在造成了亚洲社会的停滞性，是东方专制制度的社会基础。

从地理上看，每个村社都有一块面积在几百到几千英亩不等的耕地和荒地，各个村社的边界很少变动，即便在经受战争、饥荒或者疾病严重损害的情况下也是如此。

从政治上看，各个村社都有自己的管理机构及其官员和职员，主要包括帕特尔（居民首脑）、卡尔纳姆（负责督察耕种情况）、塔利厄尔（搜集关于犯罪和过失的情况）、托蒂（保护庄稼和帮助计算收成）、边界守卫员（负责保护村社边界）、婆罗门（主持村社的祭祀）和教师等，在一定程度上构成了一个地方的自治机构。村社居民们在这种简单的自治制的管理形式下生活，只要他们自己的村社完好无缺、内部的经济生活没有发生改变，外界发生的一切事情就都与他们无关。

从经济上说，村社制度对应的是大批建立在家庭工业基础上的家庭式公社，主要是手工业、手纺业和手耕农业的特殊结合，是一种典型的自给自足的自然经济。这样，农村村社使人的头脑局限在极小的范围内，成为迷信的驯服工具和传统规则的奴隶，表现不出任何伟大的作为和历史首创精神。农村村社的封闭性和孤立性将人的视野局限在很小的范围内，一方面使人安于现状，不敢甚至不愿去反抗征服者的统治和奴役，另一方面产生了一种野性的、盲目的、放纵的破坏力量，不仅表现为种族与种族之间、部落与部落之间长期旷日持久的战争，还表现为杀害生命成为印度的一种重要的宗教仪式。可见，农村村社是东方专制制度的社会基础，是理解东方社会的一把钥匙。

从远古的时候起，亚洲就存在三个政府部门，即对内进行掠夺的财政部门、对外进行掠夺的战争部门和公共工程部门。

---

① 马克思，恩格斯．马克思恩格斯文集：第 2 卷．北京：人民出版社，2009：681.

② 马克思，恩格斯．马克思恩格斯文集：第 10 卷．北京：人民出版社，2009：117.

公共工程部门的存在是东方国家区别于西方的重要特征，主要是由东方社会独特的自然和地理环境造成的。“气候和土地条件，特别是从撒哈拉经过阿拉伯、波斯、印度和鞑靼区直至最高的亚洲高原的一片广大的沙漠地带，使利用水渠和水利工程的人工灌溉设施成了东方农业的基础。”[①] 由于气候和土壤的条件，东方国家存在着大量的干旱甚至是沙漠地区，加之东方国家以农业为主导产业，这就使得灌溉和兴修水利成为东方国家面临的重要问题。因此，包括印度、中国、埃及、波斯、美索不达米亚在内的整个东方社会都需要履行灌溉职能。在小农经济条件下，东方国家的经济发展和生产力发展水平有限，加之自身幅员辽阔，这样，不仅本国的民众无力开展兴修水利的工作，民众之间也难以形成有效的联合，形成西方国家所存在的那种在生产力发展水平基础之上的自发的合作社组织。因此，兴修水利就成为东方国家政府必须完成的重要工作，具有重要的经济功能和社会功能。反之，如果中央政府忽视灌溉或排水等基本公共工程职能，则会造成无法估量的危害，“这就可以说明一件否则无法解释的事实，即大片先前耕种得很好的地区现在都荒芜不毛，例如巴尔米拉、佩特拉、也门废墟以及埃及、波斯和印度斯坦的广大地区就是这样。同时这也可以说明为什么一次毁灭性的战争就能够使一个国家在几百年内人烟萧条，并且使它失去自己的全部文明”[②]。这一点在西方国家看来是不可思议的。在接收了印度的财政部门和战争部门的同时，英国忽略了公共工程部门，使印度的农业迅速地衰败下去，造成了数以百万计的农民死亡。

在农村村社的作用下，以印度为代表的东方社会具有野蛮、封闭和停滞性的重要特点，这导致印度的历史就是一部不断被征服的历史。之所以出现这样的情况，是因为“这是一个不仅存在着伊斯兰教徒和印度教徒的对立，而且存在着部落与部落、种姓与种姓对立的国家，这是一个建立在所有成员之间普遍的互相排斥和与生俱来的排他思想所造成的均势上面的社会”[③]。可见，“印度社会根本没有历史”，即印度社会没有自己独立发展的历史。当然，在英国殖民者的侵略和掠夺下，农村村社正在逐渐走向灭亡，东方专制制度也逐渐被打破。

---

① 马克思，恩格斯．马克思恩格斯文集：第2卷．北京：人民出版社，2009：679.
② 马克思，恩格斯．马克思恩格斯文集：第2卷．北京：人民出版社，2009：680.
③ 马克思，恩格斯．马克思恩格斯文集：第2卷．北京：人民出版社，2009：685.

第 10 章

玉汝于成

马克思颠沛流离的生活

这里严寒已经降临，**我们家里一点煤都没有**，这逼着我又来压榨你，虽然对我来说这是世界上最苦恼的事。我决定这样做，只是由于强大的“外来压力”。我的妻子竭力向我证明说，由于泽稷的汇款比通常汇来得早，所以你估计错了，因此没有我的特别提醒，这个月你什么也不会寄来；又说，她已把自己的披肩等等拿去典当，但还是一筹莫展。总而言之，我**不得不**写信给你，而且也在这样做。的确，如果这样的情况继续下去，我宁愿被埋葬在百丈深渊之下，也不愿这样苟延残喘。老是牵累别人，同时自己也总是疲于同卑微的日常琐事作战，长此以往，实在难以忍受。我自己还能在埋头研究一般问题时忘却这种困苦，而我的妻子自然没有这样的避难所等等。①

1848 年革命失败后，马克思一家开始了长期的颠沛流离的流亡生涯，数十年如一年地陷入贫病交加的境地之中，经受了普罗米修斯式的无休止的苦难和打击。与普罗米修斯一人受苦不同的是，马克思夫妇和孩子们都遭受了常人无法想象也不曾经受的沉重的苦难。无产阶级和全人类解放的崇高事业、恩格斯的无私帮助和支持、沃尔弗的遗赠、燕妮的理解和支持、琳蘅的照料和帮助，以及孩子们的谅解和支持，不仅支撑着马克思走过这段困难岁月，也为马克思从事科学研究和革命活动提供了不竭动力。

① 马克思．马克思致恩格斯//马克思，恩格斯．马克思恩格斯全集：第 29 卷．北京：人民出版社，1972：256－257.

1. 马克思一家的困难生活

19 世纪 50 年代初期，为了钻研政治经济学，马克思坚持去当时条件最为优越的大英博物馆读书。恩格斯说："对研究来说，英国博物馆是无与伦比的，巴黎图书馆对我们这些人来说，由于使用不便、目录不全等等，根本无法同它相比。"① 这为马克思深入研究政治经济学及其他科学提供了良好的条件。因此，马克思从早晨九点到晚上七点总是在大英博物馆里，回到家里也来不及休息，继续通宵达旦地从事研究和写作。

由于马克思忙于从事科学研究，没有固定的工作，加之子女慢慢长大，家庭负担十分沉重，因此，马克思一家陷入极其困难的境地，真正成为一贫如洗的"无产阶级"。为了度过危机，燕妮于 1853 年 4 月给格奥尔格·荣克、克路斯、马克思的母亲和妹妹都写了求助信，但是都没有得到回音。就连马克思也放下骄傲的自尊去拜访格尔斯滕堡，希望获得帮助。最终，在 1853 年 4 月 27 日给恩格斯的信中，燕妮向他求助：能给我们寄点什么来吗？面包铺老板已声明从星期五起不再赊售面包了。很快，恩格斯给马克思寄来了一些钱，让他们家暂时摆脱了困难。然而，由于恩格斯这时仅仅是父亲工厂中的帮工，收入也不高，因此，对马克思的资助力度也有限。

1848 年，马克思在科隆时认识了《纽约每日论坛报》的编辑查理·德纳。该报是美国资产阶级创办的报刊，拥有 200 000 订户，代表资产阶级的进步倾向，反对美国的奴隶制，有时也宣传社会主义思想。1851 年 8 月 8 日，马克思告诉恩格斯，他接到德纳邀请他为该报撰稿的建议。为了宣传社会主义思想和解决生计问题，马克思欣然接受。从 1851 年秋季开始，马克思为该报撰稿，前后持续十年之久。由于该报的受众主要是美国人，因此，马克思必须用英文撰写稿件。由于马克思当时的英文还不熟练，因此，在为报刊撰稿的前几年，马克思的文章基本上都是由恩格斯翻译成英文的。此外，由于马克思有繁重的科学研究任务以及时常遭受贫苦交加的折磨，因此，恩格斯以马克思的名义撰写了许多稿件。然而，该报给的收入并不高。在 1854 年 3 月 9 日给恩格斯的信中，马克思指出："一想到今年春季和夏季仍要象过去一样忍受长时间的贫

① 马克思，恩格斯．马克思恩格斯全集：第 36 卷．北京：人民出版社，1975：202－203.

困，真叫人心烦，因为单靠《论坛报》那点收入实在不能填补过去的亏空。想到这些琐事没有尽头，我有时非常生气。”[①] 显然，极端贫困的生活也影响到了马克思的心情和科学研究工作。

与贫困相伴而来的是马克思一家时常遭受的疾病的打击和幼小孩子的不断离世。1854 年 5 月，马克思和孩子们都病倒了。经过燕妮的悉心照顾，他们逐渐痊愈。在 1854 年 6 月 3 日给恩格斯的信中，马克思指出：“现在我已经痊愈，孩子们虽然还不能出门，也全都下地了，但我的妻子感到很不舒服，大概是由于守夜和照料病人的缘故。……每星期二的通讯稿我不能寄出了，因为皮佩尔**在这一天**有课，不能给我当秘书，我妻子目前这样的状况，也不能烦劳她去抄写。你看，我简直成了彼得·施莱米尔[②]。”[③] 疾病不仅使马克思一家遭受了极大的痛苦，也严重影响了马克思的正常工作，导致家庭的经济状况更加糟糕。

1860 年 11 月，辛勤劳作的燕妮患上了可怕的天花。为了使孩子们不受感染，马克思将她们送到了李卜克内西家中，并每天给她们送食物。之所以不将她们送到学校寄宿，是因为在学校住宿要举行宗教仪式，即证明自己是宗教徒。在父母的影响和教育下，三个女儿都成了彻底的无神论者。这也表明了马克思一家坚定的革命性。燕妮患病的主要原因是家中遇到了许多麻烦事，使得她非常焦躁，减弱了自身对传染病的抵抗力。根据燕妮的回忆：“我的病越来越沉重，出现了可怕的天花的征候。我受了很多很多苦。脸上像火一样疼痛，整晚都失眠，体贴入微地照料着我的卡尔担忧万分，最后，我失去了一切感觉，但神智一直是清楚的。我躺在敞开的窗子的旁边，让 11 月的寒风一直吹着。房里火炉很热，他们在我发热的嘴唇上放了冰，不时喂我几滴葡萄酒。我几乎不能吃东西，听觉越来越迟钝，后来眼睛也闭上了，我不知道是不是长眠的时刻已经来临。”[④] 在马克思的悉心照料下，燕妮终于慢慢好转，但是过度的惊恐、各种忧虑和悲伤又使得马克思再次病倒。

马克思夫妇一生共生育了七个孩子。第一个女孩子出生于 1844 年 5 月

---

① 马克思，恩格斯．马克思恩格斯全集：第 28 卷．北京：人民出版社，1973：326.

② 有“可怜虫”的意思。

③ 马克思，恩格斯．马克思恩格斯全集：第 28 卷．北京：人民出版社，1973：363.

④ 中共中央马克思恩格斯列宁斯大林著作编译局．回忆马克思．北京：人民出版社，2005：183.

1 日，取名为燕妮·马克思。第二个女孩出生于 1845 年 9 月 26 日，取名为劳拉·马克思。1847 年，他们的第三个孩子，也是第一个男孩出生，取名为埃德加尔·马克思，以纪念马克思的好友、燕妮的弟弟埃德加尔。1849 年 11 月 5 日，他们的第四个孩子出生，取名为亨利希，又叫小福克斯，以纪念伟大的暗杀者盖伊·福克斯。1851 年，他们的第五个孩子出生，取名为弗兰契斯卡。1855 年，他们的第六个孩子出生，取名为爱琳娜。1857 年 7 月 8 日，他们的第七个孩子，也是最后一个孩子出生。可惜的是，这个孩子出生没多久就离开了人间。

由于困难的家庭条件，小福克斯也跟着马克思夫妇一道备受折磨，并于 1850 年夏天开始生病。“11 月，较弱的孩子由于肺炎引起的抽筋死去了。我是多么伤心啊！这是我失掉的第一个孩子呀！唉，那时我真没有想到后来我还会遭到什么样的痛苦，我只觉得这次的痛苦是超过一切的了！”① 埋葬了小福克斯后不久，为了离开这个伤心之地，马克思一家更换了住所，租住在同一条街道的另外一所住所中。

祸不单行。1852 年复活节，小弗兰契斯卡得了严重的支气管炎，在与死神顽强地搏斗了三天后，离开了疼爱她的父母。马克思夫妇将这个失去生命的小天使停放在后面的小房间里，而他们和三个活着的孩子睡在前面房间的地板上，为她痛哭。马克思夫妇甚至没有钱买小棺材，于是向厄内斯特·琼斯和班迪亚等德国朋友求助，但是他们也无能为力。最后，燕妮向一个经常拜访他们的法国流亡者寻求接济，“他立刻极友善而同情地给了我两英镑，这样才把我的可怜孩子现在安然躺睡的小棺材的钱付清。小女孩出世时没有摇篮，死后也好久得不到最后安息的一席之地。当我们看到她被送进坟墓时，我们是多么伤心啊！”② 显然，小弗兰契斯卡的离世再次给了马克思夫妇沉重的打击。

更为沉痛的打击接踵而至。1855 年，马克思夫妇唯一的男孩埃德加尔离开了他们。埃德加尔又名穆希，是一个十分活泼和勇敢的孩子。穷人家的孩子早当家，埃德加尔很早就能理解家庭的困难生活。在 1853 年 4 月 27 日给恩格斯的信中，燕妮在讲述面包店老板不肯继续赊售面包给他们家时指出：“昨天

① 中共中央马克思恩格斯列宁斯大林著作编译局．回忆马克思．北京：人民出版社，2005：158.

② 中共中央马克思恩格斯列宁斯大林著作编译局．回忆马克思．北京：人民出版社，2005：160.

他的进攻被穆希打退了。当面包铺老板问他：‘马克思先生在家吗?’，他回答说：‘不，他不在楼上’，然后就把我们的三个面包夹在腋下像箭一样飞跑开，并把这一切告诉了自己的摩尔。”① 埃德加尔扮演了一个小男子汉的角色，为这个困难的家庭遮风挡雨。就是这个坚强勇敢的男孩子，病魔也没有放过他。燕妮回忆道，1854 年的圣诞节后的一个星期，“在我们亲爱的埃德加②的身上，显出不治之症的初期迹象，一年后病魔就把他带走了。如果我们当时能够离开那窄小的、有碍健康的住所，把孩子送到海边去，也许他会得救。但事已如此，不能挽回了”③。显然，埃德加尔的不幸离世绝非不可避免的，而是由极端困难和恶劣的生活环境造成的。在 1855 年 4 月 6 日写给恩格斯的信中，马克思悲痛地说：“可怜的穆希已经不在世了。今天五、六点钟的时候他在我的怀中睡着了（真正睡着了）。我永远不会忘记，你的友谊在这个可怕的时刻怎样减轻了我们的痛苦。我对孩子有多大的悲伤，你是理解的。”④ 可见，在马克思十分悲痛的时候，恩格斯的友谊给予了他极大的帮助。在 4 月 12 日给恩格斯的信中，马克思再次指出：“亲爱的孩子曾使家中充满生气，是家中的灵魂，他死后，家中自然完全空虚了，冷清了。简直无法形容，我们怎能没有这个孩子。我已经遭受过各种不幸，但是只有现在我才懂得什么是真正的不幸。”⑤ 可见，失去埃德加尔令马克思十分痛苦。

显然，四个孩子的不幸离世，尤其是其中三个直接是由贫病交加导致的，是马克思全家心中永远的痛。

1857 年，美国爆发了一次严重的经济危机，使得《纽约每日论坛报》的发行量受到很大影响，因此，该报决定将马克思每周两篇的用稿量减为一篇，这样，他的收入就减少了一半。为了维持生计，马克思参与了德纳负责主编的《百科全书》，负责几篇关于军事和经济问题的文章。当然，军事问题的文章主要是请恩格斯撰写的。

这期间，为了给正在成长中的女孩子们提供较为宽敞的住房和较好的教育，马克思夫妇结束了过去那种颠沛流离的生活，单独租住了一幢房子。这使

---

① 马克思，恩格斯．马克思恩格斯全集：第 28 卷．北京：人民出版社，1973：654.

② 即埃德加尔。

③ 中共中央马克思恩格斯列宁斯大林著作编译局．回忆马克思．北京：人民出版社，2005：161.

④ 马克思，恩格斯．马克思恩格斯全集：第 28 卷．北京：人民出版社，1973：441.

⑤ 马克思，恩格斯．马克思恩格斯全集：第 28 卷．北京：人民出版社，1973：442.

得家庭支出日渐增多、债务越来越重。与他们被流放、被驱逐期间的贫困不一样的是，这次的贫困是为了过上正常的市民阶层的生活。这时，一些人对马克思家生活开销较大产生了质疑，认为马克思家开销小一点就可以不用过得那么窘迫。对此，燕妮回忆道：“在我们受人尊重的市民生活的最初阶段，我才感觉到流放的真正压力。可是这种转变是必要的，必须同过去决裂。即便为孩子们着想，我们也不得不选择这条正常的、受人尊重的市民生活的平坦大道。我们每个人都尽量使自己像一个市民，尽量去适应环境。当我们每人都成了庸人，就不能再像流浪汉那样生活了。但是这样做就像冒险翻空心筋斗一样，使人感到太困难了。”① 可见，为了女儿们的成长和教育，马克思夫妇宁愿在经济上承受更多的负担。然而，这种情况毕竟不可持续。

随着三个女儿年纪的增加，需要大量的教育支出。到了19世纪60年代，马克思的家庭状况又一次陷入了极度困难之中，已经无力继续送她们去读书，而且她们的穿着实在太不体面。在1863年1月24日给恩格斯的信中，马克思指出：“我们至今所处的状况，这样在文火上烤，把脑袋和心都烧光了，而且吞没了宝贵的光阴，去维持对我和孩子们都同样有害的虚假的门面——这种状况应该结束了！”② 在此情形下，燕妮同意了马克思之前提出的一个可以一劳永逸地解决困难的建议，即马克思在破产法庭上宣布自己是无支付能力的债务人，将两个大一点的女儿燕妮和劳拉送到别人家当家庭教师，将琳蘅送到别人家做家政服务，而马克思夫妇和爱琳娜将迁入西蒂区一所开支相对较小的模范公寓。只有这样，才能解决马克思一家面临的困难，甚至有可能重新恢复他们的自尊心。

反动统治阶级的迫害，导致了马克思一家长期颠沛流离。即便在马克思定居伦敦的情况下，统治阶级也对他进行了长期严密的监视。为了从事革命工作和谋生，马克思曾申请加入英国国籍，但是被英国政府拒绝，原因自然是马克思的革命者身份。统治阶级的迫害以及马克思不愿与他们妥协，使得他长期没有稳定的工作和收入，这是其家庭贫困的主要原因。流亡到伦敦后，由于孩子们逐渐长大，要接受教育，加之伦敦本身的物价较高，因此，马克思一家的开销越来越大。同时，由于马克思夫妇成长的家庭环境相对优越，因而他们对实

---

① 中共中央马克思恩格斯列宁斯大林著作编译局．回忆马克思．北京：人民出版社，2005：162-163.

② 马克思，恩格斯．马克思恩格斯全集：第30卷．北京：人民出版社，1975：312.

际生活的适应能力较差，加之马克思是职业革命家，燕妮也长期担任马克思的秘书，他们将绝大多数时间和精力奉献给了无产阶级革命工作，因此，马克思夫妇的家务管理能力较弱。根据弗兰契斯卡·库格曼的回忆：“马克思一家人在用钱方面都不善于节省和安排。据燕妮说，她母亲在婚后不久曾经得到一笔为数不大的遗产。这对年轻夫妇所获得的全是现款，他们把这笔钱放在一个双柄的小匣子里，乘车时随身带，下车时候就带在身边，在婚后旅行时还带到好些旅馆去。当贫穷的朋友或同志们到他们那里做客的时候，他们就把小匣子打开放在桌上，谁都可以在这里面任意取用，当然，这个小匣子很快就空了。”①尽管马克思一家生活十分困难，他们还是竭尽全力地帮助一些受难的战友和朋友，常把经济困难的朋友们或生病的战友们留在家里同他们分享最后一块面包。例如，约翰·格奥尔格·埃卡留斯曾在马克思家里住了几个月，当琳蘅的姐姐玛丽安遇到困难时，马克思夫妇将她接到家中居住了好多年。

虽然马克思的生活十分困难，但是他将自己的科学研究和政治工作看得比赚钱更加重要。在英国期间，马克思本可以利用自己的专业和学识谋取一个较好的工作，给全家提供稳定的物质保障。这也是1848年革命失败后，大部分革命者所选择的一条道路，即先找一份稳定的工作养活自己和家庭，再考虑革命事业。在此过程中，很多人最终放弃了革命事业，转而过上普通人的生活。为了能专心从事科学研究和政治工作，在征得燕妮同意的情况下，马克思做出了放弃谋取良好职位的决定。此后，无论面临如何困难的生活，他们都没有后悔。在1859年2月1日致约瑟夫·魏德迈的信中，马克思指出：“我必须不惜任何代价走向自己的目标，不允许资产阶级社会把我变成制造金钱的机器。”③ 可见，马克思从事科学研究和政治工作的决心和意志。在面临着种种极端困难的情形下，马克思指出：“我至今始终确信，凡是真正坚强的人——

马克思的求职经历

我甚至下决心做一个“务实的人”，并打算明年年初到一个铁路营业所去做事。但是由于我的字写得不好，没有谋得这个差事，我不知道这该说是幸运还是不幸。总之，您可以看到，我时间很少而且也不大能安静下来从事理论工作。②

---

① 中共中央马克思恩格斯列宁斯大林著作编译局．回忆马克思．北京：人民出版社，2005：346.

② 马克思致路德维希·库格曼//马克思，恩格斯．马克思恩格斯文集：第10卷．北京：人民出版社，2009：197.

③ 马克思，恩格斯．马克思恩格斯全集：第29卷．北京：人民出版社，1972：550-551.

举例来说罢，如老勒瓦瑟尔、科贝特、罗伯特·欧文、列列韦尔、梅利奈将军——一经踏上革命的道路，即使遇到失败，也总是能从中汲取新的力量，而且在历史的洪流中漂游得愈久，就变得愈坚决。”[①] 这表明了马克思始终对革命事业充满信心，坚信最终的胜利必然会到来。

面对困难，马克思不仅在精神上鼓励自己，坚信自己从事着一项伟大的事业，还在日常生活中通过其他方式来转移自己的注意力。马克思在 1864 年 7 月 4 日给恩格斯的信中指出，在患病而完全不能工作的时期，自己读了一些科学著作，如卡本特尔的《生理学》、洛德的《生理学》、克利克尔的《组织学》、施普尔茨海姆的《脑和神经系统的解剖学》以及施旺和施莱登关于细胞的著作等。读书能够转移马克思的注意力，缓解他遭遇的困难的情况。马克思还养成了钻研数学的习惯。每当马克思遇到极端困难的情形时，就通过钻研数学来缓解痛苦。马克思也有自己的兴趣爱好，如与沃尔弗、李卜克内西等人下棋和击剑，给孩子们讲故事。根据李卜克内西的回忆：“我时常和他一起击剑——我指的是真正的‘击剑’。法国人在牛津街的拉脱本广场上建造了一个‘练武厅’，人们可以在那里练习用马刀和剑格斗，用手枪射击。马克思有时也到那里去，并且很痛快地与法国人对阵。他尽量以猛攻来弥补自己技术上的不足。要是碰到一个不够老练的对手，马克思也能吓他个目瞪口呆。”[②] 这不仅反映了马克思对生活的热爱，也反映了他一往无前的无畏品德。

马克思生前的学生和好友、世界上第一本《马克思传》的作者梅林说：“在 19 世纪的天才人物当中，没有一个人曾经经受过比一切天才中最伟大的天才——卡尔·马克思——所经受的更痛苦的命运了。还在他开始进行社会活动的头十年当中，他就不得不同经常的贫困进行搏斗，而从移居到伦敦时起，他就面临着亡命生活的全部可怕的遭遇。但是真正当他通过不倦的努力在年富力强之际取得了最高成就的时候，他却遭到了真正普罗米修斯式的命运，而成年地、成十年地为日常生活需要所缠累，为一块必不可少的面包而操心苦恼。一直到逝世，他都没有能够在资产阶级社会中为自己争取到一个哪怕勉强过得去

① 马克思，恩格斯．马克思恩格斯全集：第 30 卷．北京：人民出版社，1975：522.

② 中共中央马克思恩格斯列宁斯大林著作编译局．回忆马克思．北京：人民出版社，2005：71－72.

的生活。”[①] 无论面临多么艰难困苦的环境，马克思为了无产阶级和全人类的解放而奋斗的初心和使命始终未改。

2. 恩格斯的长期无私帮助

为了帮助马克思解决经济问题，以便让他更好地投身到理论研究工作中，恩格斯不得不去做自己厌恶的事情——经商。列宁说：“如果不是恩格斯牺牲自己而不断给予资助，马克思不但无法写成《资本论》，而且势必会死于贫困。”[②] 这不仅充分表明了恩格斯对马克思长期的无私帮助的重要性，也证明了他们建立在共同信仰和事业基础上的坚不可摧的深厚友谊。

1848年革命失败后，马克思、恩格斯退回书房开始总结革命失败的经验教训。到了1850年，他们认为革命已经过去，短期内不会再有新的革命高潮的出现。这时的马克思已经将全部财产献给了无产阶级运动，而恩格斯也没有维持生计的工作。为了维持生计，帮助马克思解决后顾之忧，让他继续为无产阶级和全人类的解放从事科学研究和政治工作，并迎接新的革命形势，恩格斯于1850年11月义无反顾地回到曼彻斯特的“欧门-恩格斯”公司当店员。这样，他就做出了巨大的牺牲，使得自己的大量时间和精力无法用于热爱的科学研究和政治活动之中，况且恩格斯十分厌恶经商。

面对这段困难的时期，马克思想尽一切办法，不断给报刊撰稿以获取稿费，以至于影响到了他的学术研究工作。1853年9月15日给阿道夫·克路斯的信中，马克思指出：“我总是希望，在这个时间到来以前我能隐居几个月，搞我的《政治经济学》。但是看来办不到了。经常给报纸写乱七八糟的东西已经使我厌烦。这占去我许多时间，分散注意力，而到头来一事无成。不管你怎样力求不受限制，总还是被报纸及其读者捆住了手脚，特别是象我这样需要拿现金的人。纯粹的科学工作完全是另外一回事。”[③] 然而，有限的稿费还是无法满足多子女家庭的生活开销。在1851年2月3日给恩格斯的信中，马克思以幽默的口吻写道：“土地肥力和人的生殖能力成反比，这不免使像我这样多子女的父亲很受触动。尤其是，我的婚姻比我的工作更多产。”[④] 可见，多子

① 梅林．马克思传．北京：生活·读书·新知三联书店，1965：294.

② 列宁．列宁选集：第2卷．北京：人民出版社，2012：417.

③ 马克思，恩格斯．马克思恩格斯全集：第28卷．北京：人民出版社，1973：599-600.

④ 马克思，恩格斯．马克思恩格斯文集：第10卷．北京：人民出版社，2009：68.

女的家庭是导致马克思一家生活困难的重要原因。在漫长的贫困生活中，马克思经常由于没有衣服和鞋子而不能走出家门，有时没有钱买纸来写稿子，有时稿子写完了却没有邮票将其寄出。除此之外，马克思还要经常出入当铺，接受当铺的剥削，还要与小店老板们和房东进行无休止的争吵。对此，在 1852 年 8 月 24 日给恩格斯的信中，马克思说，没有比革命者要为面包操心更糟糕的了。在 1858 年 1 月 28 日给恩格斯的信中，马克思说："这里严寒已经降临，**我们家里一点煤都没有**，这逼着我又来压榨你，虽然对我来说这是世界上最苦恼的事。"① 这时，恩格斯的无私援助就经常成为马克思面对严峻的生活苦难的最后一根救命稻草。

由于恩格斯投入商业的初期仅是欧门-恩格斯公司的普通职员，自身的收入也不高，因此虽然竭尽全力地资助马克思，但是力度仍然有限。在 1857 年 1 月 22 日给马克思的信中，恩格斯指出："2 月初我将给你寄五英镑，往后你每月都可以收到这个数。即使我因此到新的决算年时负一身债，也没有关系。……当然，你不要因为我答应每月寄五英镑就在困难的时候也不再另外向我写信要钱，因为只要有可能，我一定照办。"② 随着恩格斯职务的提升和收入的提高，到了 1860 年，恩格斯每月给马克思的资助增加到了 10 英镑，并且经常给他们家一些额外的经济和实物资助。

此外，为了帮助马克思获得报酬，恩格斯不仅将他为《纽约每日论坛报》撰写的德文稿件翻译成英文，还直接以他的名义撰稿。在曼彻斯特工作时，恩格斯白天在公司上班，晚上为了帮助马克思翻译常常工作到深夜。在 1852 年 10 月 12 日给恩格斯的信中，马克思说："为德纳写的文章。但是，这篇文章应该整个送去，因为下一次我有一大堆政治材料。在搞这篇文章的时候，我头痛得很厉害。因此在翻译时请不要客气，对原文可以自由处理。"③ 两天后，恩格斯收到了该信，并在当天晚上给马克思的信中指出："要替你翻译全篇文章，我的身体不行。我是今天早晨收到文章的。整天在办事处，脑袋都忙昏了。今天晚上七、八点喝完茶才把这篇东西读了一遍。然后动手翻译。现在是十一点半，我译到文章自然分段的地方，并把译好的这一部分寄给你。十二点文章必须送到邮局。因此，你将收到我尽自己力量所能做到的一切。"④ 可见，

---

① 马克思，恩格斯．马克思恩格斯全集：第 29 卷．北京：人民出版社，1972：256.
② 马克思，恩格斯．马克思恩格斯全集：第 29 卷．北京：人民出版社，1972：95－96.
③ 马克思，恩格斯．马克思恩格斯全集：第 28 卷．北京：人民出版社，1973：157.
④ 马克思，恩格斯．马克思恩格斯全集：第 28 卷．北京：人民出版社，1973：157.

恩格斯竭尽全力帮助马克思翻译文章，以帮助他解决实际的生活困难。

马克思为《纽约每日论坛报》撰写的文章和稿酬①

1852年3月初，即马克思开始写作通讯的7个月后，马克思拿到了第一笔稿酬，即1851年的6英镑，每篇文章正好1英镑。以后几年的稿酬为：1852年25英镑，1853年76英镑，1854年83英镑，1855年45英镑。

在漫长的12年中，马克思在《纽约每日论坛报》上发表了大约480篇文章，但是，报社付给他的稿酬不过715英镑。马克思希望每年得到210英镑的要求从来没有如愿以偿。

对于马克思来说，恩格斯绝不仅仅是单纯的物质资助者，而是和他从事着共同事业的最重要的战友和精神支柱。1855年4月6日，当马克思夫妇的长子埃德加尔不幸去世后，为了减轻他们内心的痛苦，恩格斯坚持要他们到曼彻斯特去散散心。在1855年4月12日给恩格斯的信中，马克思同意和燕妮一起去曼彻斯特，并指出："我之所以能忍受这一切可怕的痛苦，是因为时刻想念着你，想念着你的友谊，时刻希望我们两人还要在世间共同做一些有意义的事情。"② 可见，恩格斯是马克思的重要精神支柱。在1865年7月31日给恩格斯的信中，马克思指出："我诚心告诉你，我与其写这封信给你，还不如砍掉自己的大拇指。半辈子依靠别人，一想起这一点，简直使人感到绝望。这时唯一能使我挺起身来的，就是我意识到我们两人从事着一个合伙的事业，而我则把自己的时间用于这个事业的理论方面和党的方面。就我的条件来说，我住的房子的确太贵，再就是我们这一年比往年生活得好一些。但是唯有这种办法能使孩子们维持那些可以使她们的前途得到保证的社交关系，况且，她们受过许多痛苦，也应当使她们至少有一个短时期的补偿。我想你也会有这样的看法：即使单纯从商人的观点来看，纯粹无产者的生活方式在目前也是不适宜的，如果只有我们夫妻两人，或者这些女孩子都是男孩子，这种生活方式当然很好。"③ 这表明了马克思、恩格斯的不同分工，以及马克思对恩格斯的信任和对孩子们的舐犊情深，为了孩子的成长而提供了远超自己经济能力支付范围的条件。

在长达四十余年的交往中，马克思和恩格斯之间的宝贵友谊也曾经历过一

---

① 克利姆．马克思文献传记．郑州：河南人民出版社，1992：258-260.

② 马克思，恩格斯．马克思恩格斯全集：第28卷．北京：人民出版社，1973：442.

③ 马克思，恩格斯．马克思恩格斯全集：第31卷．北京：人民出版社，1972：135.

次短暂的误会，但很快得到消除。1863 年 1 月 7 日，恩格斯在给马克思的信中写道："玛丽去世了。昨天晚上她很早就去睡了，当莉希在夜间十二点不到准备上床的时候，她已经死了。非常突然：不是心脏病就是脑溢血。今天早晨我才知道，星期一晚上她还是好好的。我无法向你说出我现在的心情。这个可怜的姑娘是以她的整个心灵爱着我的。"① 显然，革命伴侣的离世使恩格斯陷入了极其悲痛的境地之中，他在第一时间将这个消息告诉马克思，希望获得安慰。然而，马克思的家庭正陷入极端的困难之中，以至于没有立即给予恩格斯相应的安慰。在 1863 年 1 月 8 日给恩格斯的回信中，马克思指出，玛丽的噩耗使他感到极为意外和震惊，她非常善良、机智，而且又是那样眷恋恩格斯。紧接着，马克思就开始谈论自己家庭的极端困难的生活和各种不幸。

对于马克思的态度，恩格斯感到十分失望，于是没有及时给他回信。几天后，在 1863 年 1 月 13 日给马克思的信中，恩格斯指出："我的一切朋友，包括相识的庸人在内，在这种使我极其悲痛的时刻对我表示的同情和友谊，都超出了我的预料。而你却认为这个时刻正是表现你那冷静的思维方式的卓越性的时机。"② 事实上，马克思并非对恩格斯的悲痛无动于衷，只是在极度的困难中没有充分顾及他的悲痛之情。在发出 1 月 8 日的那封信后，马克思就已经意识到自己不应该用那种态度给恩格斯回信，不应该继续过多地谈论自己家庭的不幸。处于异常悲痛之中的恩格斯自然也没有心情去冷静地思考这封回信。这样，将近二十年来一起共同经历风雨的这对老朋友之间的友谊第一次产生了"误会和裂痕"。

不过，马克思很快就意识到自己的过失，并在 1863 年 1 月 24 日给恩格斯的信中指出："从我这方面来说，给你写那封信是个大错，信一发出我就后悔了。然而这决不是出于冷酷无情。我的妻子和孩子们都可以作证：我收到你的那封信（清晨寄到的）时极其震惊，就象我最亲近的一个人去世一样。而到晚上给你写信的时候，则是处于完全绝望的状态之中。在我家里呆着房东打发来的评价员，收到了肉商的拒付期票，家里没有煤和食品，小燕妮卧病在床。在这样的情况下，我通常只有靠犬儒主义来解救。"③ 显然，马克思坦率地向恩格斯致歉，并说明了内在原因。

---

① 马克思，恩格斯．马克思恩格斯全集：第 30 卷．北京：人民出版社，1975：308.
② 马克思，恩格斯．马克思恩格斯全集：第 30 卷．北京：人民出版社，1975：310.
③ 马克思，恩格斯．马克思恩格斯全集：第 30 卷．北京：人民出版社，1975：311－312.

在收到马克思这封回信后，恩格斯意识到他并非那种冷冰冰的人，也十分重视他们之间的宝贵友谊。这样，这对好朋友之间的误会就彻底消除了。在 1863 年 1 月 26 日给马克思的信中，恩格斯指出："对你的坦率，我表示感谢。你自己也明白，前次的来信给我造成了怎样的印象。同一个女人在一起生活了这样久，她的死不能不使我深为悲恸。我感到，我仅余的一点青春已经同她一起埋葬掉了。我接到你的信时，她还没有下葬。应该告诉你，这封信在整整一个星期里始终在我的脑际盘旋，没法把它忘掉。不过不要紧，你最近的这封信已经把前一封信所留下的印象消除了，而且我感到高兴的是，我没有在失去玛丽的同时再失去自己最老的和最好的朋友。"① 这里，恩格斯向马克思说明了失去妻子时的悲痛的心情，以及将他视为自己最好的朋友，将他的友谊作为自己面对一切困难的重要支柱。

这种情感对于马克思同样如此。在 1863 年 1 月 28 日给恩格斯的信中，马克思写道："现在我也可以坦率地告诉你，尽管最近这几个星期我受尽了一切压抑，但是再也没有比担心我们的友谊发生裂痕的忧虑那样使我感到沉重。我向我妻子讲过很多次，由于生活上的琐事和她的极度紧张，我在这样的时刻竟还以我个人的穷困来烦扰你，而不是来安慰你，同这点比起来，所有那些讨厌的事情，对我说来，都算不了什么。"② 这件事情从另一个角度反映了马克思和恩格斯之间的真正友谊。他们不仅是志同道合的革命战友，还将对方作为自己最好的朋友和生命的重要支柱。根据弗兰契斯卡·库格曼的回忆："某次，有一个党内同志来看望马克思，他冒昧地谈到弗里德里希·恩格斯，说像恩格斯这样有钱的人应该为马克思摆脱困苦的物质生活多操些心。马克思当即严厉地打断他说：'恩格斯和我的友谊是深厚而真挚的，谁都没有权利来干预。'"③ 马克思严厉地打断别人讲话的情形在他的一生中很少出现，这反映了他对恩格斯的友谊的重视，将其看作是神圣不可侵犯的。

总之，为了全力资助马克思这位普罗米修斯式的殉道者，恩格斯终其一生付出了巨大的努力，使得马克思能够从事科学研究和革命活动，也使得自己的名字和马克思紧紧地结合在一起，成为人类历史上关于伟大友谊和崇高事业的

---

① 马克思，恩格斯．马克思恩格斯全集：第 30 卷．北京：人民出版社，1975：314.

② 马克思，恩格斯．马克思恩格斯全集：第 30 卷．北京：人民出版社，1975：316－317.

③ 中共中央马克思恩格斯列宁斯大林著作编译局．回忆马克思．北京：人民出版社，2005：340.

一座丰碑。对此，列宁指出："古老传说中有各种非常动人的友谊故事。欧洲无产阶级可以说，它的科学是由这两位学者和战士创造的，他们的关系超过了古人关于人类友谊的一切最动人的传说。"① 可见，马克思和恩格斯的友谊是伟大而神圣的。

3. 威廉·沃尔弗的遗赠

除了恩格斯长期的无私帮助之外，马克思的朋友和战友威廉·沃尔弗也对他进行了无私的援助。沃尔弗一辈子勤俭节约、省吃俭用，将自己一生的绝大部分积蓄捐赠给马克思，资助他继续从事他们共同的事业——无产阶级和全人类的解放事业。

1809 年 6 月 21 日，威廉·沃尔弗出生于西里西亚弗兰肯施坦附近的塔尔瑙的一个贫苦的世袭依附农民家庭。他的父母历经艰辛，克服一切障碍将他送到施威德尼茨的中学和布勒斯劳的大学。在学校期间，沃尔弗一边如饥似渴地读书，一边依靠做私人教师来获取自己的大部分生活费。1834 年，在大学毕业前夕，由于参加大学生协会，沃尔弗被捕，被关进了季别尔要塞，并长期饱受折磨。到了 1839 年，由于健康状况恶化，沃尔弗被赦免。历经种种曲折和艰辛，沃尔弗先在一个波兰地主家中做家庭教师，后得到王国政府的许可做私人教师，进而可以维持自己的俭朴生活。当生活稳定下来，沃尔弗便继续进行反对专制政府的斗争，并遭到追捕。

为了逃避警察的追捕，沃尔弗来到布鲁塞尔，并于 1846 年 4 月底见到了马克思和恩格斯。对此，恩格斯回忆道："我们看到了一个身材矮小但很健壮的人；他的面容说明他既善良而又沉着坚定；一付德国东部农民的样子，穿着一身德国东部小城市市民的衣服。这就是威廉·沃尔弗。他由于违反出版法而被追缉，幸而没有关进普鲁士的监狱。第一眼看到他，我们并没有料想到，这个外表并不出众的人，竟是一个十分难得的人物。"② 马克思和沃尔弗很快就建立了真挚的友谊，并找到了共同的可以为之奋斗终生的目标。

1847 年 1 月，沃尔弗和马克思一起参加了正义者同盟。作为同盟中央委员会的成员，他不仅是《共产党在德国的要求》一文的签署人之一，还在制定

---

① 列宁．列宁选集：第 1 卷．北京：人民出版社，2012：95.

② 马克思，恩格斯．马克思恩格斯全集：第 19 卷．北京：人民出版社，1963：63.

有关无产阶级解决土地问题的马克思主义政策方面发挥了重要作用。

在1848年革命中，比利时政府对居住在布鲁塞尔的德国工人和政治流亡者进行挑衅，首先逮捕并驱逐沃尔弗。这也反映了反动政府对他的仇恨和恐惧。

在创办《新莱茵报》的过程中，沃尔弗成为马克思最出色的助手，不仅担任编辑部的秘书，还充分利用自己出身农民家庭的经历，撰写了以《西里西亚的十亿》为代表的大量论述农业问题的文章。这组文章通过大量事实和统计材料揭示了地主对农民的剥削，要求地主以赎金的形式将从农民那里盗走的10亿法郎归还给农民。这组文章在当时引发了很大的反响。《新莱茵报》被停刊后，沃尔弗被普鲁士政府驱逐出境。

1848年革命失败后，在坚守完自己的岗位后，沃尔弗先到了巴登，后到了瑞士，不得不继续从事维持生计的私人教师工作。1851年6月，沃尔弗到了伦敦，和马克思再次相遇，并经常和他一起下棋。根据李卜克内西的回忆："50年代初期，我们这些流亡者经常在一起下棋。我们时间有的是，尽管'Time is money'['时间即金钱']，可我们仍然没有钱。红色沃尔弗在巴黎认识了一伙棋艺很高明的人，并从他们那里学到了一手，在他的带动下，我们用心地练起了这种'智者的游戏'。有时下得还相当激烈。输的人也不会遭到嘲笑。比赛总是搞得非常活跃，有时还很热闹。马克思一陷入困境就生气，输一盘就发火。"① 这反映了沃尔弗和马克思等革命者苦中作乐，充满了革命乐观主义的精神。

由于伦敦的私人教师工作的竞争十分激烈，因而沃尔弗竭尽全力地工作也无法糊口。到了1853年年底，沃尔弗还欠下大约37英镑的债务。于是，1854年1月初，沃尔弗搬到了英国的曼彻斯特，继续从事私人教师的工作。由于过度认真地投入教学工作，沃尔弗在赢得学生普遍尊敬的同时，也使得自己本来就很羸弱的身体遭到了很大的摧残。1864年5月初，55岁的沃尔弗病重。消息传到马克思那里后，他立即动身前往曼彻斯特，希望见到这位老朋友和战友最后一面。在1864年5月9日给燕妮的信中，马克思在谈论沃尔弗时指出："从伦敦到达这里以后，当天晚上我就去看他，但是他当时昏迷不醒。第二天早晨，他认出了我。当时恩格斯和两位医生在场。我们离开时，他（用微弱的

---

① 中共中央马克思恩格斯列宁斯大林著作编译局．回忆马克思．北京：人民出版社，2005：79.

声音）叫住我们说：‘你们还来吗？’”① 虽然远道而来的马克思给了沃尔弗极大的安慰，但是到了5月9日，沃尔弗还是离开了他为之奋斗一生的共产主义事业。对此，马克思和恩格斯感到十分悲痛。马克思将沃尔弗称为一个最完美的人，是他为数不多的朋友和战友中的一个。恩格斯说，马克思和他失去了一位最忠实的朋友，德国革命失去了一位有无比价值的人。

可能意识到自己将不久于人世，沃尔弗在1863年12月就立下遗嘱，指定恩格斯、博尔夏特和马克思为遗嘱执行人。在1864年5月10日给燕妮的信中，马克思说出了沃尔弗的遗言：“（1）一百英镑给曼彻斯特席勒协会，（2）一百英镑给恩格斯，（3）一百英镑给博尔夏特，（4）其余约六百到七百英镑以及他的书籍和其他财物都给我（如果我死在他**之前**，则给你和孩子们——他仔细地考虑到一切意外情况）。”③ 可见，这位一生勤俭节约的私人教师将自己的全部积蓄都献给了革命事业，尤其是将绝大部分积蓄捐赠给了正陷入贫病交加之中的马克思一家。

燕妮回忆说：“5月9日鲁普斯④逝世了。在他的遗嘱中除了其他一些人可以得到一小笔钱外，他指定卡尔、我和孩子们为主要继承人。这时我们才知道，这位俭朴节省度日的人，由于非常勤勉和努力，积存了一千英镑这笔数目可观的财产。他并不想在晚年安稳地和无忧无虑地来享受自己劳动的果实。他给了我们帮助，减轻了我们的负担，使我们过了一年不再操心的日子。”⑤ 可见，沃尔弗的遗赠对于解决马克思的生活困难，让他安心从事科学研究和政治活动发挥了重要作用。沃尔弗去世后，马克思非常悲痛地给他致墓前悼词，

马克思撰写沃尔弗传记的计划

《布勒斯劳报》上刊登的那篇写得很好的悼念我们不能忘怀的亡友威·沃尔弗的文章，我们估计是您写的。我丈夫想写他的详细传记，但是缺乏关于我们这位朋友早期生活的材料。如蒙您在这方面给他帮助，把您所知道的关于沃尔弗童年和他早期生活的一切事情尽可能详细地告诉他，他将非常感激。从1845年起，我们一直和他保持极密切的关系。所以，需要知道的主要是关于他早年生活的情况。我丈夫得了一种既危险而又很顽固的病，刚好不久，他要我请求您阁下——死者的忠实的老朋友提供这种友好的帮助，望您很快就能把您记得的关于我们永远亲爱的沃尔弗的一切事情都告诉我们。②

① 马克思，恩格斯．马克思恩格斯全集：第30卷．北京：人民出版社，1975：652.

② 马克思，恩格斯．马克思恩格斯全集：第30卷．北京：人民出版社，1975：683.

③ 马克思，恩格斯．马克思恩格斯全集：第30卷．北京：人民出版社，1975：655.

④ 指威廉·沃尔弗。

⑤ 中共中央马克思恩格斯列宁斯大林著作编译局．回忆马克思．北京：人民出版社，2005：167-168.

以至于有几次嗓子都哽住了。

除了和马克思夫妇是终生的朋友和战友之外，沃尔弗和他们的孩子们也有着频繁的书信往来。在 1864 年 5 月 13 日给燕妮的信中，马克思指出："鲁普斯把我们孩子们的所有信件都细心地保存下来，并且在最后几个星期里一再向博尔夏特夫人说，小杜西[①]的那些来信使他如何地高兴。"[②] 沃尔弗去世后，马克思终其一生都在怀念和感谢他。1867 年，马克思历经数十年完成的科学巨著《资本论》第一卷公开出版。马克思在扉页上写道：献给我的难以忘怀的朋友——勇敢的忠实的高尚的无产阶级先锋战士威廉·沃尔弗。在马克思的极其简单的工作室的办公桌上，除了放着燕妮和三个女儿的照片之外，还有沃尔弗和恩格斯的照片。

沃尔弗的遗赠反映了他将一生都献给了无产阶级和全人类解放的伟大事业，也反映了他和马克思之间的伟大的无产阶级革命友谊。

4. 燕妮的理解和支持

在长期颠沛流离的流亡和贫困的生活中，燕妮始终守在马克思的身边，不离不弃，和他一起把毕生精力献给了无产阶级和全人类解放的壮丽事业。

燕妮不仅是马克思的妻子，而且是一位坚强的革命者。在和马克思结婚后，燕妮直接参加德意志工人协会的工作，给工人们朗诵文学作品。《德意志-布鲁塞尔报》这样报道："宴会之后，演出了文艺节目，马克思夫人参加了表演。她在演出中显示了天才的朗诵才能……当你看到杰出的妇女们怎样为无产阶级的教育事业工作，从而为别人做出富有教益的榜样时，你会产生一种愉快的印象。"[③] 可见，燕妮很早就独立参加革命工作，从事无产阶级的教育事业。婚后不久，燕妮就开始担任马克思的秘书和助手。由于马克思的字迹非常潦草[④]，有时连他自己都抱怨无法认清所写的东西，更别说一般的编辑了，因

---

① 指爱琳娜·马克思。

② 马克思，恩格斯．马克思恩格斯全集：第 30 卷．北京：人民出版社，1975：657.

③ 维诺格拉茨卡娅．燕妮·马克思．北京：生活·读书·新知三联书店，1981：131.

④ 关于马克思潦草的字迹，有很多材料可以佐证。在马克思逝世后，为了整理马克思浩如烟海的笔记和手稿，尤其是在整理《资本论》后几卷的过程中，恩格斯的身体状况日益衰弱，承受不了这种高强度的劳动。因此，恩格斯首先着力培养了几个能够看得懂马克思字迹的年轻人帮助从事这项工作。

此，马克思的很多手稿由燕妮誊抄。对此，燕妮深情地回忆道："卡尔的秘书最初是威·皮佩尔，后来由我来担任；我坐在他的小房间里转抄他那潦草不清的文章的那些日子，是我一生中最幸福的时刻。"① 在燕妮看来，成为马克思最忠实的助手，和他并肩战斗是自己一生最幸福的事情。

当然，燕妮所做的工作绝非誊写稿件那么简单，她也积极投身到马克思那富有创造性的创作过程之中。拉法格回忆道："马克思本人对于他夫人的才智与批判力非常敬佩（他在 1866 年曾这样告诉我），他把自己的一切手稿都交给她看，并且非常重视她的意见。她总是把他的手稿誊写得清清楚楚以便付印。"② 可见，燕妮的卓越才能和敏锐的批判力为马克思的创作提供了不可或缺的帮助。同时，这些工作也有利于燕妮在思想上取得进步，避免她完全陷入琐碎的家庭事务之中。对此，燕妮回忆说，她幸亏每星期给《纽约每日论坛报》抄写两次文章，因此可以经常了解世界大事。直到女儿们慢慢长大，并开始分担母亲的艰辛的劳动，成为父亲的得力助手之后，燕妮才从繁忙的秘书工作中脱身。在 1859 年 12 月 23 日或 24 日给恩格斯的信中，燕妮开玩笑地说："小燕妮今天代我抄写文章。我想，我的女儿们很快就要使我退休了，那时我就将列入'享受赡养权的人'的名单了。可惜，我多年的秘书工作并没有可能得到年金。"③ 显然，燕妮一直享受着这份繁重的秘书工作。

虽然燕妮的大部分时间都在与各种困难作斗争，花费了大量的精力照顾全家的生活起居和抚育子女，但是她从未将自己仅当作一个家庭主妇，而是一位坚定的革命者。19 世纪 60 年代，当马克思在孩子们的要求下完成那份著名的自白时，燕妮也回答了自白上的问题。其中，燕妮讨厌的东西是"债务"，座右铭是"永不绝望"。这不仅表明了困难的家庭生活给燕妮带来的沉重的痛苦，也反映了她的坚韧以及她始终保持着一个革命者的乐观主义精神。在 1850 年 5 月 20 日给约瑟夫·魏德迈的信中，燕妮写道："您不要以为这些小事所造成的烦恼已把我压倒，我非常清楚地知道，在我们的斗争中我们决不是孤独的，而且我有幸是少数幸福者中的一个，因为我的身旁有我亲爱的丈夫，我的生命

---

① 中共中央马克思恩格斯列宁斯大林著作编译局．回忆马克思．北京：人民出版社，2005：159.

② 中共中央马克思恩格斯列宁斯大林著作编译局．回忆马克思．北京：人民出版社，2005：199.

③ 马克思，恩格斯．马克思恩格斯全集：第 29 卷．北京：人民出版社，1972：642.

的支柱。”[①] 这不仅反映了燕妮坚定的革命信念，也表明了她和马克思之间的深厚感情，将他当作自己生命的支柱。有一次，库格曼称呼燕妮为“尊敬的夫人”，对此，燕妮在1867年12月24日给他的信中指出：“在搁笔之前，我还要责问您一件事：您为什么要这样庄重地称呼我为‘尊敬的’，对我这个老兵、白发斑斑的运动参加者、忠实的战友和伙伴使用这样的字眼?”[②] 可见，燕妮认为自己是一个1848年革命之前就参与革命活动的老兵，而不是一个尊敬的贵妇人。虽然燕妮出身于普鲁士贵族家庭，但是她已经完成了和有产阶级的彻底决裂，与广大无产阶级一样，在经济上一无所有、一贫如洗，成为争取无产阶级解放大军中的先锋战士。在1863年1月28日给蓓尔达·马克海姆的信中，年近半百的燕妮指出，她的腿脚还很壮实，她仍旧是个老游击队员，为了党她准备奔向任何地方，准备完成任何行军。历史表明，燕妮将一生都奉献给了无产阶级和全人类解放的事业，是一位真正的、彻底的革命者。

燕妮对马克思的理解和支持不仅源于他们共同的崇高信念和革命乐观主义精神，也源于他们之间长久的相濡以沫的爱情和婚姻生活。无论遭受多少不幸和苦难，马克思夫妇始终相濡以沫，携手面对。正是在这一次次艰难困苦中，他们的感情日渐深厚，远远超出了青年时代那种敏感的、细腻的、浪漫的、炽热的爱情范畴，逐渐成长为一种坚定的、包容的，却又醇厚持久的爱情。在长期的婚姻生活中，马克思夫妇相互理解和包容，谁也离不开谁。曾经和马克思夫妇有过密切交往的斯蒂凡·波尔恩回忆道：“我很少见到这样幸福的婚姻，夫妇二人能够如此同甘共苦（他们的苦难够多的了），并且任何痛苦都能在最充分的相互支持的意识中得以化解。”[③] 可见，相濡以沫的、坚实稳定的婚姻是马克思夫妇不离不弃、携手并肩面对种种苦难的重要支撑。

在这样的条件下，马克思和燕妮的爱情超越了一切关于爱情的神话，令世人感动和震撼。虽然婚后的马克思和燕妮都是十分内敛、不轻易表露感情的那种人，但是在巨大的情感和短暂的分别的作用下，他们也会通过文字的形式表达对彼此的深厚情感。在1856年6月21日给燕妮的信中，刚与燕妮短暂分别的马克思饱含深情地指出：“诚然，世间有许多女人，而且有些非常美丽。但

---

① 马克思，恩格斯．马克思恩格斯全集：第27卷．北京：人民出版社，1972：632.

② 马克思，恩格斯：马克思恩格斯全集：第31卷．北京：人民出版社，1972：598.

③ 中共中央马克思恩格斯列宁斯大林著作编译局．回忆马克思．北京：人民出版社，2005：378.

是哪里还能找到一副容颜，它的每一个线条，甚至每一处皱纹，能引起我的生命中的最强烈而美好的回忆？甚至我的无限的悲痛，我的无可挽回的损失，我都能从你的可爱的容颜中看出，而当我遍吻你那亲爱的面庞的时候，我也就能克制这种悲痛。‘在她的拥抱中埋葬，因她的亲吻而复活’，这正是你的拥抱和亲吻。我既不需要婆罗门和毕达哥拉斯的转生学说，也不需要基督教的复活学说。”① 1861 年，马克思去欧洲大陆，一方面去荷兰处理家庭事务，并借此机会从亲戚那里给生活无依的家庭弄一笔钱，另一方面去德国处理一些政治事务。由于这次外出时间较长，因此，燕妮和孩子们都非常挂念马克思的健康情况，并希望他早日归来。在柏林期间，马克思会见了拉萨尔，并得到了后者的热情接待和悉心照料。燕妮给拉萨尔写信：“但愿您别久留摩尔。我情愿把一切珍贵的东西都让给您，但是却不能让出摩尔。在这一点上我是个贪婪的私有者和嫉妒者；这里，不存在任何人情，而起作用的是狭隘的、纯粹的和彻底的利己主义。”② 虽然马克思夫妇将自己的一切献给了革命事业，但是在爱情和婚姻方面，他们都认为彼此只属于自己。1863 年，马克思回到阔别多年的故乡特利尔处理家庭事务，并在 12 月 25 日给燕妮的信中指出：“每天我都去瞻仰威斯特华伦家的旧居（在罗马人大街），它比所有的罗马古迹都更吸引我，因为它使我回忆起最幸福的青年时代，它曾收藏过我最珍贵的瑰宝。此外，每天到处总有人向我问起从前‘特利尔最美丽的姑娘’和‘舞会上的皇后’。做丈夫的知道他的妻子在全城人的心目中仍然是个‘迷人的公主’，真有说不出的惬意。”③ 只要走到一切与燕妮相关的地方，马克思总会情不自禁地想起她，想起他们一同经历的那些美好的岁月。

对于马克思而言，对燕妮的深厚情感与无限愧疚始终交织在一起。马克思深爱着这位出身于贵族家庭，却义无反顾地抛弃一切、与他一道参加革命的妻子，因此，他一直竭尽全力给《纽约每日论坛报》《新奥得报》等报刊撰稿，希望给她和孩子们提供相对稳定的生活。然而，由于反动统治阶级的迫害以及马克思不愿意和统治阶级作任何形式的妥协，燕妮和孩子们也跟着马克思一起遭受贫病的折磨。在 1858 年 7 月 15 日给恩格斯的信中，马克思说，他的妻子没有花过一法郎替自己添置衣物，孩子们的夏季衣服还不如贫民。作为丈夫和

---

① 马克思，恩格斯．马克思恩格斯全集：第 29 卷．北京：人民出版社，1972：516.
② 维诺格拉茨卡娅．燕妮・马克思．北京：生活・读书・新知三联书店，1981：208.
③ 马克思，恩格斯．马克思恩格斯全集：第 30 卷．北京：人民出版社，1975：640.

父亲，马克思对妻女充满了深深的愧疚。在 1858 年 1 月 28 日给恩格斯的信中，马克思在描述家庭极端贫困的情况时指出："如果这样的情况继续下去，我宁愿被埋葬在百丈深渊之下，也不愿这样苟延残喘。老是牵累别人，同时自己也总是疲于同卑微的日常琐事作战，长此以往，实在难以忍受。我自己还能在埋头研究一般问题时忘却这种困苦，而我的妻子自然没有这样的避难所等等。"① 在谈论贫困生活时，马克思首先想到的是比他承受了更多痛苦的妻子，对她充满了愧疚。这种愧疚是源自马克思对家人内心深处的深沉的爱，以及想给她们带来稳定的生活却没有实现的无奈。

在这个意义上，马克思曾不止一次说过若有来生，他将不会再结婚。在 1858 年 2 月 22 日给恩格斯的信中，马克思指出："对有志于社会事业的人来说，最愚蠢的事一般莫过于结婚，从而使自己受家庭和个人生活琐事的支配。"② 可见，贫困的家庭生活使得马克思耗费了大量的时间和精力。在 1866 年 8 月 13 日给未来女婿拉法格的信中，马克思指出："我已经把我的全部财产献给了革命斗争。我对此一点不感到懊悔。相反地，要是我重新开始生命的历程，我仍然会这样做，只是我不再结婚了。既然我力所能及，我就要保护我的女儿不触上毁灭她母亲一生的暗礁。"③ 这不仅表明了马克思将一生献给无产阶级和全人类解放事业的决心和勇气，也表明了他对家人的愧疚，尤其是对妻子的深深愧疚，因此不希望女儿活得像母亲那样艰辛。马克思所说的后悔结婚，并非他与燕妮没有感情或者感情破裂，或者他是一个不负责任的父亲。事实上，马克思深爱着妻子和孩子，将她们看得比自己的生命更加重要。然而，他所从事的事业注定了家人将和他一起过着颠沛流离、贫病交加的生活。坚定的理想信念注定马克思不可能改变自己所选择的艰险万分的道路，而他又不愿意家人跟着他一起颠沛流离，因此，他说自己后悔结婚。这恰恰证明了马克思对无产阶级和全人类解放事业的执着追求和百折不挠，对妻女的深切的爱和无限的愧疚，也淋漓尽致地展现了他的丰满人格和伟大品德。虽然马克思对妻女感到非常愧疚，但是她们丝毫没有责怪他，并在他的影响和帮助下，成为坚定的革命者，将她们的一生都献给了无产阶级和全人类解放事业。

---

① 马克思，恩格斯．马克思恩格斯全集：第 29 卷．北京：人民出版社，1972：256－257.
② 马克思，恩格斯．马克思恩格斯全集：第 29 卷．北京：人民出版社，1972：274.
③ 马克思，恩格斯．马克思恩格斯全集：第 31 卷．北京：人民出版社，1972：521.

拉法格记忆中的马克思夫人燕妮

马克思夫人虽然生长在一个德意志的贵族家庭并受这样的教育，但没有人比她更具有强烈的平等思想了。社会地位的差别对于她是不存在的。身穿工作服的工人在她家里，在她的餐桌上，受到殷勤而亲切的款待，就好像公爵或王子一样。从各国来的许多工人都享受她的这种款待，而且，我敢断定，那些受到她朴实真诚和亲切招待的人，没有一个会想到他们的女主人是阿盖尔公爵家族的女系后裔，她的哥哥曾经是普鲁士国王的内务大臣。她抛开了这一切而跟随她的卡尔，即使贫困交加，她也从不后悔。

她有一种明澈而光辉的智慧。她给她朋友们的那些毫不费力信手写出的信，简直就是一个活跃而独创的心灵的真正杰作。接到她信的人都把收到她信的日子视为节日。约翰·菲力浦·贝克尔曾发表过她的一部分信。海涅这位无情的讽刺作家，多少有点害怕马克思的嘲笑，但他对于马克思夫人那种锐敏的睿智十分敬仰。①

燕妮不仅充分理解马克思的事业，还一直践行着婚前对他的承诺，用自己的努力为他前行的道路扫清障碍，并和他携手并肩致力于无产阶级和全人类的解放事业的早日实现。

5. 无怨无悔的琳蘅

马克思的家中还有一根重要的顶梁柱——琳蘅。爱琳娜在给李卜克内西的信中指出："你写摩尔的时候，可别忘了琳蘅（我知道你是不会忘记母亲的），海伦在某种程度上是我们全家的轴心，一切都围着她转动，她是我们最好最忠诚的朋友。因此，你写摩尔的时候，千万别忘了海伦。"② 这表明了琳蘅在马克思家中的重要地位和作用。

琳蘅出生于1823年，原名是海伦·德穆特。当她9岁时，就来到燕妮的家中做用人。虽然燕妮和琳蘅名义上是主仆关系，但是燕妮并没有将她当作仆

---

① 拉法格．忆马克思//中共中央马克思恩格斯列宁斯大林著作编译局．回忆马克思．北京：人民出版社，2005：198－199.

② 中共中央马克思恩格斯列宁斯大林著作编译局．回忆马克思．北京：人民出版社，2005：111.

人来看待，而是当作自己的好朋友。1845年4月，为了帮助马克思和燕妮分担家务，燕妮的母亲将琳蘅送给燕妮家中。从此，这位勤劳朴实的人的命运就和马克思一家的命运紧密相连，他们一起承担着生活的重担。当马克思一家第一次流亡巴黎时，琳蘅就自愿和他们一起流亡，不离不弃。当马克思一家被反动当局驱逐出巴黎时，其家庭情况已经到了捉襟见肘的地步。如果琳蘅继续跟着他们一起流亡，将会遭受无穷尽的迫害和极端的贫困，因此，马克思劝她回到德国去，以结束这种颠沛流离的生活。琳蘅表面上答应了马克思，但实际上她却不忍心和马克思一家分离，因此，她将自己的行李打包装进了一个箱子里，就离开了巴黎。然而，这个箱子和她本人并没有在德国出现，而是先后出现在马克思在布鲁塞尔的家中。从此，再也没有什么压力能够迫使琳蘅和马克思一家分离。

琳蘅跟随着马克思一家流亡，与他们同甘共苦，甚至比他们过得更艰难。她既是马克思一家最为紧密的朋友，又是燕妮最为得力的助手。19世纪50年代初，马克思和李卜克内西经常下棋下到深夜，直到琳蘅断然下令他们不要再下了，他们才恋恋不舍地离开棋局。根据李卜克内西的回忆："第二天早上，我还没有起床就有人来敲门，进来的是琳蘅。'图书馆'（孩子们这样叫我，琳蘅也跟着这样叫，我们之间都不用Mr.和Herr〔先生〕称呼的），'图书馆，马克思夫人让我来请求你以后晚上不要再和摩尔下棋，他输一盘就受不了。'她告诉我，他的情绪很坏，家里气氛紧张，马克思的夫人也不耐烦了。"① 这不仅反映了琳蘅帮助燕妮处理了大量棘手的问题，保证了家庭的和谐，也反映了作为无产阶级革命家的马克思的可亲可爱的一面。同时，琳蘅帮助马克思一家料理家务、做饭、缝洗衣裳等。对此，拉法格回忆琳蘅时指出："她是一个料理家务的能手，善于应付最艰难的情况。由于她办事有条理、节俭、能干，因而马克思家从未穷得无法维持，至少没有缺少过必要的东西。她什么事都会做——做饭烧菜，料理家务，给孩子们穿戴，剪裁衣衫，同马克思夫人一起缝纫。在她所照管的这个家里，她同时是主妇又是管家。"② 正如没有恩格斯的长期无私的援助，马克思一家的生活必将难以为继一样，没有琳蘅的悉心照料

① 中共中央马克思恩格斯列宁斯大林著作编译局．回忆马克思．北京：人民出版社，2005：80.

② 中共中央马克思恩格斯列宁斯大林著作编译局．回忆马克思．北京：人民出版社，2005：200.

和无私付出，马克思一家的生活必将更加艰难。

对于琳蘅的帮助，马克思全家一直心存感激。在 1861 年 3 月 11 日给路易莎·魏德迈的信中，燕妮这样描述："家务事上琳蘅和过去一样忠实而诚恳地帮助我。问问你的丈夫，他就会告诉你，她对我说来是多么珍贵啊。她和我们同甘共苦已经 16 个年头了。"① 可见，燕妮对琳蘅十分信任和感谢。由于马克思一心从事无产阶级和全人类解放事业，没有时间来处理琐碎的家务，而燕妮又长期担任马克思的秘书，要协助马克思处理很多革命工作，加之他们又都不擅长处理家庭事务，因此，和燕妮一样，琳蘅也是这个家庭在日常生活中的实际领导者，以至于马克思和孩子们都非常尊重她，甚至有点怕她。对此，李卜克内西指出："琳蘅是家里的执政者，马克思夫人是最高统治者。而马克思就像驯羊一般地服从琳蘅的执政。"② 在燕妮患天花期间，为了避免琳蘅受感染，马克思不让她照顾燕妮，而是自己不辞辛苦地照顾燕妮。这表明了马克思一家并没有将琳蘅看作家中的用人，而是将她作为重要的家庭成员。在长期颠沛流离的岁月中，马克思一家和琳蘅结下了深厚的情谊，不仅有友情的成分，也有亲情的成分。无论马克思一家生活多么艰难，他们都竭尽全力地帮助琳蘅。当琳蘅的姐姐玛丽安遇到生活的困难时，马克思夫妇毫无保留地接纳了她，并在家中居住条件极其困难的情形下，让她在家里住了几年。这也表明了马克思夫妇与琳蘅的深厚情谊，他们绝非简单的主仆关系。

正如马克思夫妇将一生献给了无产阶级和全人类的解放事业一样，琳蘅也将其一生献给了马克思全家，为他们从事的事业做了大量的辅助性工作。在马克思夫妇生病和临终之际，琳蘅始终在无微不至地照顾他们。在 1883 年 3 月 15 日给左尔格的信中，恩格斯指出："我们那个好样的老琳蘅看护他要胜过任何母亲照顾自己的孩子，她走上楼去，立刻又走下来，说他处在半睡状态，我可以跟她一起上去。当我们进去的时候，他躺在那里睡着了，但是已经长眠不醒了。"③ 可见，琳蘅对马克思的照顾无微不至。在燕妮和马克思逝世后，琳蘅搬到恩格斯的家中，开始照顾恩格斯的生活起居，直至她逝世为止。琳蘅的

---

① 中共中央马克思恩格斯列宁斯大林著作编译局．回忆马克思．北京：人民出版社，2005：182.

② 中共中央马克思恩格斯列宁斯大林著作编译局．回忆马克思．北京：人民出版社，2005：81.

③ 马克思，恩格斯．马克思恩格斯文集：第 10 卷．北京：人民出版社，2009：504.

悉心照料为恩格斯排除日常生活的琐碎和干扰，进而集中精力整理马克思浩如烟海的手稿，整理《资本论》第二、三卷，以及从事科学研究和无产阶级革命实践做出了重要的贡献。在此过程中，琳蘅也与恩格斯结下了更为深厚的友谊。同时，琳蘅还协助恩格斯发现了马克思的大量鲜为人知的手稿，为这些手稿和著作的问世做出了自己的贡献。

1890年10月，劳累了一生的琳蘅突然出现了身体不适的状况，恩格斯立即请了医生来为她诊治，医生根据症状推断可能是子宫肌瘤。此后一段时间，琳蘅似乎恢复了健康，病情相对稳定。然而，到了11月2日中午11点到12点，琳蘅的病情突然恶化，她出现了高烧症状，处于昏迷状态，神志不清。虽然恩格斯想尽一切办法来抢救琳蘅，但是她还是于11月4日白天两点半去世。在1890年11月5日给左尔格的信中，恩格斯说："今天我要告诉你一个悲痛的消息。我的善良的、亲爱的、忠实的琳蘅，在得了短期的不太痛苦的病之后，昨天白天安详地逝世了。我同她在这个房子里一起度过了幸福的七年。我们是最后的两个1848年前的老战士。现在又只剩下我一个人了。如果说马克思能够长年地，而我能够在这七年里安静地工作，这在很大程度上我们要归功于她。我还不知道现在我将怎样。听不到她对党的事务的极中肯的忠告，我会痛感到是个损失。"① 显然，恩格斯不仅将琳蘅看作一个无微不至地照顾马克思一家和他自己的老朋友，而且将她视为从1848年之前就参加革命的老战士。这表明，在跟随着马克思一家过着颠沛流离的生活时，在马克思一家浓厚的革命氛围的感染下，琳蘅完成了从马克思家的一个普通成员向无产阶级革命者的转变，她的思想境界和思考问题的能力有了很大提高，对党的事务能够提出十分中肯的忠告。

关于琳蘅的私生子弗雷迪的生父问题

琳蘅有一昵称为弗雷迪的私生子，关于其生父为何人的问题，原本就是一个历史悬案。

1898年9月2日，恩格斯的女秘书路易莎·弗赖贝格尔（考茨基前妻）写信给德国社会民主党领袖倍倍尔，声称看过马克思和恩格斯关于这个问题的通信，后来恩格斯把信烧毁了。路易莎还说，弗雷迪经常出入恩格斯住宅的后门，以看望自己的母亲。

① 马克思，恩格斯．马克思恩格斯全集：第37卷．北京：人民出版社，1971：494.

马克思和恩格斯之间的通信发生在1851年，而路易莎担任恩格斯秘书工作是在1890年。在前后相差将近四十年的时间里，假如要保密的话，恩格斯为什么不及时销毁这封信，要在四十年后让路易莎看呢？以烧毁为借口，死无对证。况且，路易莎来到恩格斯家中工作时，琳蘅已经去世，弗雷迪难道有"通灵术"，能够与死去的母亲见面？

据伯恩施坦推断，弗雷迪的生父是一个并不为马克思家庭所欢迎的人。西方学者卡弗曾经怀疑私生子的真正父亲是奥古斯特·维利希，并引用了燕妮一封怀疑奥古斯特·维利希偷偷摸摸出入自己家中的信件作为证据。奥古斯特·维利希，为德国早期工人运动活动家和共产主义者同盟成员，后来成为维利希-沙佩尔宗派集团首领。中国学者余斌从那一时期马克思和恩格斯之间的通信以及燕妮的附笔中推断，当时与马克思一家走得非常近、曾在马克思离家之际给予燕妮很大帮助的康拉德·施拉姆，最有可能是弗雷迪的生父。①

琳蘅去世后，根据燕妮和马克思的遗嘱，恩格斯将她和他们合葬在一起，让他们永世相伴。

6. 环绕膝下的子女们

马克思夫妇一生共育有七个孩子，然而由于种种不幸的遭遇和苦难，最终只活下来了三个女儿：燕妮、劳拉和爱琳娜。令人欣慰的是，在父母的言传身教的感召下，她们都逐渐成长为知书达礼、意志坚定的优秀青年。

马克思夫妇虽然没有给女儿们提供富足的生活，但是十分注重对她们的教育，并且形成了一套独特的教育方法和教育理念。马克思善于讲故事，极富幽默感。虽然马克思的工作十分繁忙，但是他仍然很喜欢和孩子们在一起，和她们在一起就是最好的休息。周末，马克思夫妇也会带着孩子们去郊游，让她们接触大自然，也使自己得到放松。这时，马克思就给三个女儿讲故事，故事讲得特别引人入胜，使得年纪较大的燕妮和劳拉听得如痴如醉。由于这些故事都是在散步的过程中讲述的，因此，两个女儿不断要求："再给我们讲一里吧！"

① 卢刚．"马克思有私生子"？你咋不上天呢！．世界社会主义研究动态，2015（118）．

小女儿爱琳娜回忆道："摩尔给我讲的无数奇妙的故事我都爱听，最喜欢听的是《汉斯·勒克勒》。这个故事一月一月地继续讲下去，因为很长很长，总也讲不完。汉斯·勒克勒是一个像霍夫曼笔下的魔术师一样的人物。他开了一个玩具铺，欠下不少债。他铺子里都是些稀奇古怪的东西：木头做的男人和女人，巨人和矮子，国王和王后，师傅和徒弟，飞禽和走兽（数量很多，就像在挪亚方舟里那样），桌子，椅子，车辆和大大小小的箱子。可是，尽管他是一个魔术师，他手头总是不富裕，所以不得不违背自己的心愿，把他那些宝贝玩意儿一件一件地卖给魔鬼。经过许多奇遇和周折，这些东西又重新回到了汉斯·勒克勒的铺子里。其中有些场面就像霍夫曼的小说描绘的那样惊险恐怖，有些又非常滑稽可笑。整个故事讲得有声有色，充满着离奇的幻想和幽默感。"① 可见，马克思善于通过讲故事的方式来教育和培养孩子。

马克思还常常给孩子们朗读优秀文学作品，包括荷马的全部作品、《一千零一夜》、《尼贝龙根之歌》、《古德龙》和《堂吉诃德》。同时，莎士比亚的作品是马克思全家的必读之书，因此爱琳娜六岁时就能背诵莎士比亚剧本中许多场的台词。

通过讲故事和朗诵经典文学作品，马克思教育女儿们追求善良和真理。

虽然马克思给女儿们讲故事和朗诵文学作品，但是他从来不向她们灌输任何结论，而是希望她们坚持独立思考。当爱琳娜六岁生日那天，马克思将《莽汉彼得》这一不朽名著作为生日礼物送给她。之后，马克思又送给她马利亚特全集和库伯的作品，不仅和她一起读完了这些书，还和她平等认真地讨论书中的内容。对此，爱琳娜回忆道："她说她也要当一名'舰长'，并且问她父亲，她能不能穿上'男孩子的衣服'，应征入伍到战舰上去，父亲告诉她说，这完全可以，不过在计划尚未完全成熟时，不要走漏一点风声。然而，还未等计划成熟，我又热衷于阅读瓦尔特·司各脱的作品了，听说自己与可恨的坎伯尔家族有点亲戚关系而感到十分厌恶。这以后我们又计划搞苏格兰高地革命，重演'四五年事件'（1745年）。"② 针对爱琳娜小时候种种奇思妙想和异想天开，马克思并没有制止或觉得这些想法幼稚，而是和她一道参与这些想法的实施

① 中共中央马克思恩格斯列宁斯大林著作编译局．回忆马克思．北京：人民出版社，2005：208.

② 中共中央马克思恩格斯列宁斯大林著作编译局．回忆马克思．北京：人民出版社，2005：209.

过程。

在此过程中，马克思积极引导爱琳娜读书，并指点她书中的经典内容，力图教会她独立思考和理解，但是又不能让她觉察到这是刻意安排的。这样，马克思通过润物细无声的方式来教育孩子们，使她们在精神方面能够独立健康地成长。这也表明了马克思对孩子们的尊重，将她们当成独立平等的个体来看待，而不是站在家长的角度，以一种居高临下的姿态来对待。马克思和孩子们之间的平等交往，换来了她们对他的真心尊敬和爱戴。

在教育孩子方面，燕妮也付出了大量的心血，和马克思的教育珠联璧合、相得益彰。虽然和马克思一样，燕妮想方设法想让孩子们过上好一点的日子，但是面对苦难这个最好的老师，燕妮总是教育孩子们“在艰难的日子里要勇敢坚定，世界是属于勇敢的人的”“痛苦可以锻炼人”“披荆斩棘，攀登高峰”。燕妮身上具有这些优秀的品质，她的言传身教为孩子们的成长提供了行动指南。燕妮也以平等的方式对待孩子，她和孩子们的关系是同志式的，说话的语气无拘无束，和孩子们平等相处。在给路易莎·魏德迈的信中，燕妮将用同志式的平等的态度对待孩子作为一条重要的经验向朋友推广，强调成为亲爱的孩子们的忠实而不苛求尊敬的伙伴。

小燕妮和劳拉一边在学校里读书，一边在家中接受家庭教育，学习语言、绘画、唱歌和音乐，她们不仅学习成绩很好，而且多才多艺，都成长为品学兼优、全面发展的人。燕妮回忆道：“1860 年夏天，大女孩们中学毕业，开始选修专科学校为非中学生开设的个别课程。她们跟科尔姆先生和马乔尼先生继续学习法文和意大利文；燕妮在 1862 年以前还同时向奥尔德菲尔德先生学绘画。”① 小燕妮和劳拉在学校经常获得一等奖，她们的英语和法语都特别好，意大利语可以看懂但丁的作品，西班牙文也懂一些。恩格斯经常用意大利语同她们通信。然而，她们对自己的母语德语不感兴趣，怎么也学不好。这令她们的母亲十分苦恼，即便时刻和她们讲德语，运用各种手段对她们恩威并施，也收效甚微。小燕妮具有出色的绘画才能，家中最好的装饰品就是她的素描。劳拉对绘画没有兴趣，对钢琴非常用心。可惜的是，由于家中极端困难的经济条件，小燕妮和劳拉很晚才开始学音乐，更没有钱买钢琴，只能租一个快可以算是一堆废铜烂铁的钢琴让劳拉练习。

---

① 中共中央马克思恩格斯列宁斯大林著作编译局．回忆马克思．北京：人民出版社，2005：165.

小女儿爱琳娜是马克思夫妇的掌上明珠，也是全家的小宝贝。她出生在埃德加尔去世时，因此，全家人将对埃德加尔的爱都转移到他的妹妹身上，两个姐姐是用母亲般的关怀照顾她。爱琳娜特别喜欢听童话故事，也特别会讲故事。令母亲欣慰的是，通过听父母讲故事，爱琳娜不仅学会了德语，而且说得非常清楚。

当然，马克思夫妇对孩子们最重要的教育是身教，而非言传。爱琳娜回忆道："有时我以为他们对工人事业的献身精神就像一条纽带把他们紧密地联系在一起；他们有饱满的乐观情绪，谁也不像他们那样爱开玩笑，爱说俏皮话。常常有这样的情形，在需要保持严肃气氛的时候，他们两人却笑出了眼泪，使那些本来为这种不拘礼节而皱眉的人，也不得不跟着他们一同大笑。"[①] 这种革命乐观主义精神不仅支撑着马克思夫妇勇敢地面对前进道路上的一切艰难险阻，也对孩子们产生了深远的影响。

三个女儿的健康成长给马克思夫妇带来了很多快乐。在1861年3月11日给路易莎·魏德迈的信中，燕妮说："现在谈谈我们生活中最美好最愉快的一面——谈谈我们可爱的孩子们。你的丈夫很喜欢我们的小女孩，那时她们都还小，我相信他现在如果看到这些身材苗条、含苞待放的少女，一定会更高兴。我不管你是否把我看做是一个夸耀自己儿女的溺爱的母亲，我也要称赞我可爱的孩子们。"[②] 这同样适用于马克思。对于马克思而言，爱琳娜就是他的宠儿，她的笑声和唠叨，替他驱散了许多忧愁。

---

① 中共中央马克思恩格斯列宁斯大林著作编译局．回忆马克思．北京：人民出版社，2005：211.

② 中共中央马克思恩格斯列宁斯大林著作编译局．回忆马克思．北京：人民出版社，2005：180.

第 11 章

剩余价值理论的科学探索

《资本论》“三大手稿”

我以上简短地叙述了自己在政治经济学领域进行研究的经过，这只是要证明，我的见解，不管人们对它怎样评论，不管它多么不合乎统治阶级的自私的偏见，却是多年诚实研究的结果。但是在科学的入口处，正像在地狱的入口处一样，必须提出这样的要求：

“这里必须根绝一切犹豫；

这里任何怯懦都无济于事。”①

从 19 世纪 40 年代中叶起，马克思就开始研究政治经济学，并在 19 世纪 50 年代和 60 年代继续这一艰辛的探究，创作了著名的《资本论》“三大手稿”，尤其是《〈政治经济学批判〉导言》（简称《导言》）和《〈政治经济学批判〉序言》（简称《序言》）。在这些科学文献中，马克思提出了科学的劳动价值论，为剩余价值理论的问世奠定了科学基础。

1. 马克思探索政治经济学的历程

在《莱茵报》时期，马克思第一次遇到要对林木盗窃法和摩泽尔河地区农民利益等物质利益问题发表意见的难事，并发现单纯从法律方面无法解释这些问题，必须从经济角度深入到社会生活的内部展开研究。此后，马克思又遇到关于自由贸易和保护关税的辩论，进一步促使他去研究经济问题。

---

① 马克思．《政治经济学批判》序言//马克思，恩格斯．马克思恩格斯文集：第 2 卷．北京：人民出版社，2009：594.

在初步创立唯物史观的过程中，马克思全面揭示了生产力决定生产关系、经济基础决定上层建筑的基本原理。这一科学结论的得出，也是建立在马克思对政治经济学研究的基础之上的。1847 年，《哲学的贫困》的问世标志着马克思对经济学的研究到了一个新的阶段，为他的经济学研究和经济理论的问世作了初步的准备。同年，马克思在布鲁塞尔工人协会向工人阶级作了论述资本主义剥削根源的系列报告。1848 年 1 月 9 日，在布鲁塞尔民主协会召开的公众大会上，马克思发表了著名的《关于自由贸易问题的演说》。

1848 年革命失败后，马克思几经辗转于 1849 年 8 月流亡伦敦。1849 年 11 月—1850 年 9 月，马克思不仅在伦敦德意志工人教育协会多次发表演讲，阐述无产阶级的经济学思想和《共产党宣言》的基本观点，还在家里多次对共产主义者同盟的成员详细地讲解这些问题。威廉·李卜克内西回忆说："在 1850 年和 1851 年，马克思在一个政治经济学讲习班讲课。他这样做也不完全是自愿的。但是，在他给一小部分朋友讲了几次以后，由于我们的要求，他终于答应给较多的听众讲授。在这次使一切有幸参加听讲的人都感到极大愉快的讲授中，马克思已经基本上阐述了他在《资本论》中所阐述的理论体系。"①在讲授时，马克思具备了一位优秀教师的一切素质，不仅十分讲究方法，还在黑板上写下了《资本论》开始部分的各种公式。

"马克思老爹"的由来

1847 年，马克思在布鲁塞尔工人协会作了一系列论述资本主义剥削根源的报告，阐明资本的利益和工人利益不可调和的根本原因，将工人协会发展成一所共产主义的学校。通过这些报告，马克思赢得了布鲁塞尔工人的信任，成为他们的朋友、顾问和导师。

由于马克思渊博的学识和为工人阶级服务的高尚品德，布鲁塞尔工人将不到 30 岁的马克思亲切地称为"马克思老爹"。每当他们遇到无法解释的问题时，他们总会第一时间去向"马克思老爹"请教。

1850 年夏天，马克思意识到资本主义的发展进入了一个新的相对稳定的时期，短期内将不再爆发严重的危机，因此，他决定利用这段时间，继续先前

---

① 中共中央马克思恩格斯列宁斯大林著作编译局．回忆马克思．北京：人民出版社，2005：52.

的政治经济学研究，为无产阶级及其政党取得最终的胜利进行理论上的准备。为此，马克思在英国进行了数十年如一日的政治经济学研究。在当时，英国资本主义生产方式的发展为马克思的研究提供了得天独厚的条件。威廉·李卜克内西指出："马克思只有在英国才能成其为马克思。德国直到19世纪中叶仍然是一个经济很不发达的国家，在这样的国度里，马克思不可能对资产阶级经济学进行批判，也不可能了解资本主义的生产过程，正像经济不发达的德国不可能有经济发达的英国那种政治机构一样。马克思和其他任何人一样，依赖于他所处的周围环境和条件；没有这样的环境，缺乏这样的条件，他就不会成为现在这样的人。"①可见，长期近距离地接触和观察英国这一当时资本主义生产方式最发达的国家，是马克思研究政治经济学的重要条件。同时，伦敦大英博物馆收有世界上最丰富的藏书，包括大量珍贵的政治经济学书籍，为马克思潜心研究政治经济学提供了极其丰富的参考资料。1850年6月，马克思取得在大英博物馆进行阅读和写作的资格。从此，马克思多年间从每天早上9点到晚上7点一直在大英博物馆从事研究工作。

1850年9月—1853年8月，马克思写作了24本关于政治经济学问题的摘录笔记，即著名的《伦敦笔记》。在此过程中，马克思开始打算撰写一部关于政治经济学的著作来探讨资本主义的生产方式问题。在1851年4月2日给恩格斯的信中，马克思指出："我已经干了不少，再有五个星期我就可以把这整个经济学的玩意儿干完。完成这项工作以后，我将在家里研究经济学，而在博物馆里从事别的科学研究。这开始使我感到厌烦了。实际上，这门科学自亚·斯密和大·李嘉图以后就没有什么进展，虽然在个别的常常是极其精巧的研究方面做了不少事情。"②这也表明了马克思对政治经济学研究的深入，抓住了资产阶级政治经济学的要害。1853年8月12日，在《战争问题。——英国的人口和商业报告书。——议会动态》中，马克思明确揭示了资产阶级政治经济学的秘密："这个秘密不过就在于把一个特定的历史时代独有的、适应当时物质生产水平的暂时的社会关系，变为永恒的、普遍的、不可动摇的规律，经济学家们称之为自然规律。"③ 从这个意义上看，无产阶级政治经济学就是要揭示

---

① 中共中央马克思恩格斯列宁斯大林著作编译局．回忆马克思．北京：人民出版社，2005：63.

② 马克思，恩格斯．马克思恩格斯全集：第48卷．北京：人民出版社，2009：237－238.

③ 马克思，恩格斯．马克思恩格斯全集：第9卷．北京：人民出版社，1961：280.

资产阶级生产方式的秘密仅仅适用于资本主义社会，而并非是永恒的。虽然马克思这时对自己的政治经济学研究抱有乐观的态度，但是最了解马克思为人的恩格斯却不这样认为。在 1851 年 4 月 3 日给马克思的回信中，恩格斯说："你终于把经济学搞完了，我很高兴。这件事情确实拖得太久了，而只要你那里有一本你认为是重要的书还没有看，你是不会动笔去写的。"①果然不出恩格斯所料，马克思并没有很快就动笔去创作他的政治经济学研究作品，而是继续进行长期的深入研究。

《伦敦笔记》

从 1850 年 9 月到 1853 年 8 月，马克思在英国伦敦潜心研究政治经济学，摘录了 24 本笔记，共 1 250 多页，称为《伦敦笔记》。在笔记中，马克思摘录了阅读过的论著、文献和资料，并在很多地方加上简短的评论。

为了拓展对政治经济学的研究，马克思这一时期还研究和摘录了科学技术的发展著作，包括赖特迈耶尔的《古代各民族的采矿业和冶金业》、英国农业化学家约翰斯顿的《农业化学和地质学讲义》以及德国化学家李比希等人的著作。这些内容在《伦敦笔记》中也有所涉及。

马克思之所以没有按期完成政治经济学的研究有着深刻的原因。一方面，"英国博物馆中堆积着政治经济学史的大量资料，伦敦对于考察资产阶级社会是一个方便的地点，最后，随着加利福尼亚和澳大利亚金矿的发现，资产阶级社会看来进入了新的发展阶段，这一切决定我再从头开始，批判地仔细钻研新的材料。这些研究一部分自然要涉及似乎完全属于本题之外的学科，在这方面不得不多少费些时间。"② 这样，马克思就要耗费大量的时间研究资本主义社会发生的新变化。另一方面，为了解决生计问题，马克思长期为《纽约每日论坛报》撰稿，因此他研究政治经济学的时间被经常性地打断。例如，为了撰写关于英国统治印度和中国鸦片战争等实践的文章，马克思阅读了大量关于亚洲历史和文化的材料；为了撰写关于丹麦的文章，马克思研究了丹麦历史，阅读和摘录了德罗伊森和扎姆韦尔的《公国》、奥尔斯豪森的《丹麦王室法》；为了撰写关于西班牙革命的文章，马克思研究了西班牙历史，摘录了沙多勃利昂的《维罗那会议》，等。此外，在 1857 年 1 月 20 日给恩格斯的信中，马克思指

---

① 马克思，恩格斯．马克思恩格斯全集：第 48 卷．北京：人民出版社，2009：244.

② 马克思，恩格斯．马克思恩格斯文集：第 2 卷．北京：人民出版社，2009：593.

出："这样一来，我完全搁浅了。我仅有的一点现款已投入一所新住宅，住在这里绝不能象在第恩街那样一天一天地熬日子；既没有指望，家庭费用又越来越大。我根本不知道怎么办才好，我的处境的确比五年前更惨。我曾以为苦水已喝到头了。但是不然。而且最糟糕的是，这回的危机不是暂时的。我不知道如何才能脱身。"①显然，极端困难的家庭生活也对马克思的政治经济学工作产生了很大干扰。

1857 年夏天，资本主义世界爆发了严重的经济危机，其表现是生产规模急剧缩小，大批工厂倒闭和破产，市场商品过剩和价格下降，失业现象增多等。这是资本主义世界第一次具有世界性质的经济危机。这次危机使得《纽约每日论坛报》的销量受到了很大的影响。因此，该报决定解聘除了马克思之外的欧洲各国的全部通讯员，同时将马克思的用稿量从之前的八篇减少为四篇。这就意味着马克思的收入减少了一半。但是，马克思并没有纠结于自己的经济损失，而是抱着对革命事业的无限忠诚，忘我地投入到政治经济学研究中去，以便为即将到来的政治危机做准备。为此，马克思不仅详细地研究经济危机的成因和发展，加强对政治经济学的研究和创作，还在《纽约每日论坛报》上发表大量关于经济危机的评论，并同恩格斯深入讨论了危机问题。在此过程中，恩格斯向马克思提供了许多有关曼彻斯特的危机进程及其后果的材料。

19 世纪 40 年代中期，马克思曾打算将自己的政治经济学著作命名为《政治和政治经济学批判》。1851 年，马克思计划将自己的著作分为三卷出版，分别是《政治经济学批判》《社会主义者批判》和《政治经济学史》。遗憾的是，由于种种原因，这两个计划都没有完成。从 1857 年 8 月开始，马克思开始撰写自己的政治经济学著作，将之命名为《政治经济学批判》。在 1857 年 12 月 8 日给恩格斯的信中，马克思指出，他现在发狂似地通宵总结《1857—1858 年经济学手稿》，以便在洪水之前至少把一些基本问题搞清楚。正如在 1848 年革命失败后马克思指出的那样：**"新的革命，只有在新的危机之后才可能发生。但新的革命正如新的危机一样肯定会来临。"**②马克思希望这次危机能够带来新的革命高潮。在 1857 年 12 月 8 日给施拉姆的信中，燕妮指出："您也许会想象得到，摩尔是多么兴奋。他以往的工作能力和精力已经全部恢复了，而且精神焕发心情愉快，这是自从我们遭到很大不幸——失去了我们可爱的孩子（这

---

① 马克思，恩格斯．马克思恩格斯全集：第 29 卷．北京：人民出版社，1972：92.
② 马克思，恩格斯．马克思恩格斯文集：第 2 卷．北京：人民出版社，2009：176.

使我一直悲恸不已）以后，几年来所没有的。卡尔白天为糊口而工作，夜里则为完成他的政治经济学而工作。”[①]这表明了马克思对政治经济学研究的重视。

在 1858 年 2 月 22 日给拉萨尔的信中，马克思谈到了将《政治经济学批判》分册出版的计划，并请求拉萨尔为他寻找合适的出版社。马克思写道：“在我进行了 15 年研究工作以后的今天，当我能够动笔的时候，也许会受到外部暴风雨般的运动的干扰。这没有关系。如果我完成得太晚，以致世界不再关心这类东西，那显然是我自己的过错……”[②]这也表明了马克思出版《政治经济学批判》的迫切心情。1858 年 3 月，经过拉萨尔的联系，柏林的一家出版社同意出版《政治经济学批判》。为了《政治经济学批判。第一分册》能够早日问世，马克思立即着手对手稿进行加工。然而，由于马克思过度认真负责的态度，这一过程开展得极为缓慢。在 1858 年 11 月 12 日给拉萨尔的信中，马克思指出该书迟迟未能寄出的原因：“我有双重理由不允许这部著作由于医疗上的原因而受到损害：1. 它是 15 年的即我一生中的黄金时代的研究成果。2. 这部著作第一次科学地表述了关于社会关系的重要观点。因此，我必须对党负责，不让这部著作为肝病期间出现的那种低沉、呆板的笔调所损害。”[③]在数十年如一日研究政治经济学的过程中，始终有两种相互矛盾的想法在马克思的脑海中盘旋，一种是希望自己的研究成果早日问世，从而为我们党的胜利扫清理论上的障碍，一种是力图使自己的著作更加完美，成为一个艺术的整体，进而经得起任何时间和实践的检验。在实践中，往往是后一种想法最终战胜前一种想法。

到了 1859 年 1 月，马克思终于完成了《政治经济学批判。第一分册》。在 1859 年 1 月 21 日给恩格斯的信中，马克思诙谐地说：“未必有人会在这样缺货币的情况下来写关于‘货币’的文章！写这个问题的大多数作者都同自己研究的对象有最好的关系。”[④]这表明了马克思在极其困难的情况下完成这一著作，也显示了马克思的革命乐观主义精神。在完成这一著作后，马克思窘迫地没有钱将之寄给出版商，在恩格斯的资助下，马克思终于将手稿寄出。最终，《政治经济学批判。第一分册》于 1859 年 6 月在柏林出版，其内容包括序言、

---

① 马克思，恩格斯．马克思恩格斯全集：第 29 卷．北京：人民出版社，1972：632.

② 马克思，恩格斯．马克思恩格斯文集：第 10 卷．北京：人民出版社，2009：150.

③ 马克思，恩格斯．马克思恩格斯文集：第 10 卷．北京：人民出版社，2009：167－168.

④ 马克思，恩格斯．马克思恩格斯全集：第 29 卷．北京：人民出版社，1972：371.

第一章《商品》、第二章《货币或简单流通》三部分。这标志着马克思的政治经济学理论第一次公开问世。

在困难的日子里，支撑着马克思的政治经济学研究的不仅有对无产阶级革命事业的忠诚，还有对科学研究的献身精神。在1859年2月1日给魏德迈的信中，马克思强调希望为我们的党取得科学上的胜利。拉法格回忆道："马克思认为，不论从事哪一种科学研究，都不应该为这种研究会得出什么结果而烦心；同时他又认为，如果一个有学问的人不愿意自己堕落，就决不应该不积极参加社会活动，不应该整年整月地把自己关在书斋或实验室里，像一条藏在乳酪里的蛆虫一样，逃避生活，逃避同时代人的社会斗争和政治斗争。马克思曾说过：'科学绝不是一种自私自利的享乐。有幸能够致力于科学研究的人，首先应该拿自己的学识为人类服务。'他最喜欢的名言之一是'为人类工作'。"①显然，马克思的科学研究是为无产阶级和全人类的解放事业服务的。

2. 天才的大纲——《1857—1858年经济学手稿》

1857年7月—1858年6月，马克思撰写了一部有50个印张的《1857—1858年经济学手稿》，标题为《政治经济学批判》。这部手稿是《资本论》的第一稿，包含着十分丰富的内容，具有极其重要的价值。

马克思第一次提出了劳动二重性理论，创立了剩余价值理论，奠定了他的第二个伟大发现的基础。通过考察商品发展从低级形式向发达形式的历史过程，马克思揭示了劳动力如何在资本主义社会条件下成为商品，并创造出比自身价值更大的价值，即剩余价值。这里，马克思第一次明确提出了生产资料的价值（不变资本）和劳动力的价值（可变资本）的概念，为科学揭示剩余价值的产生奠定了基础。剩余价值的产生的源泉是可变资本，不变资本在生产过程中只发生价值的转移，而不发生价值的增殖。剩余价值的产生是资本的价值增殖的过程。"资本的价值增殖过程是通过简单生产过程并在简单生产过程中实现的，这是靠活劳动同它的物质存在要素发生合乎自然的关系。但是，只要活劳动进入这种关系，这种关系就不是为活劳动本身而存在，而是为资本而存

① 中共中央马克思恩格斯列宁斯大林著作编译局．回忆马克思．北京：人民出版社，2005：187.

在；活劳动本身已经是资本的要素。”[①]可见，劳动力是剩余价值产生的源泉。资本主义生产的目的就是获取剩余价值。为了获得更多的剩余价值，资本家往往缩短必要劳动时间，延长剩余劳动时间。同时，马克思明确指出劳动的二重性，包括具体劳动和抽象劳动两个方面，具体劳动创造商品的使用价值，抽象劳动创造商品的价值。

马克思的《大纲》

在马克思和恩格斯生前，《1857—1858 年经济学手稿》一直没有发表，1939—1941 年才在莫斯科第一次用德文原文出版，编者加的标题是《政治经济学批判大纲（草稿）（1857—1858）》，从此这部手稿就以《政治经济学批判大纲》（Grundrisse）之名而闻名于世，人们习惯将其简称为《大纲》。

《大纲》是马克思思想成熟时期作品的一个重要组成部分。

马克思从人的发展角度论述了人类社会发展的历史进程，提出了三种社会形态理论。“人的依赖关系（起初完全是自然发生的），是最初的社会形式，在这种形式下，人的生产能力只是在狭小的范围内和孤立的地点上发展着。以物的依赖性为基础的人的独立性，是第二大形式，在这种形式下，才形成普遍的社会物质变换、全面的关系、多方面的需要以及全面的能力的体系。建立在个人全面发展和他们共同的、社会的生产能力成为从属于他们的社会财富这一基础上的自由个性，是第三个阶段。”[②] 从人的发展角度来看，社会形态的演进包括人对人的依赖、人对物的依赖和人的自由而全面发展三个阶段。人对人的依赖是前资本主义社会的主要特征。这一阶段和生产力发展的极端低下联系在一起。以物的依赖性为基础的人的独立性是资本主义社会的主要特征。这一阶段和资本主义条件下生产力的快速发展密切相连。虽然这一阶段使人获得了一定程度的独立发展，但这种发展仍不充分和全面，人的劳动是异化的，人要受商品、货币和资本的统治和奴役。“全面发展的个人——他们的社会关系作为他们自己的共同的关系，也是服从于他们自己的共同的控制的——不是自然的产物，而是历史的产物。要使**这种**个性成为可能，能力的发展就要达到一定的程度和全面性，这正是以建立在交换价值基础上的生产为前提的，这种生产才在产生出个人同自己和同别人相异化的普遍性的同时，也产生出个人关系和个

① 马克思，恩格斯．马克思恩格斯文集：第 8 卷．北京：人民出版社，2009：77.

② 马克思，恩格斯．马克思恩格斯文集：第 8 卷．北京：人民出版社，2009：52.

人能力的普遍性和全面性。”[1]这里，马克思运用唯物辩证法详细地考察了资本主义对于人的发展所起的历史作用，在产生异化的同时也促进了人的独立性和全面发展，为人的自由而全面发展的共产主义阶段奠定了必要的基础。在共产主义条件下，随着生产力高度发达和物质财富极大丰富，人们不再受生产力水平低下和物的统治，彻底摆脱了被动和异化劳动，实现了自由劳动，最终将实现人的自由而全面发展。人的全面发展阶段不仅建立在人对物的依赖的资本主义社会的基础之上，也是人对人的依赖阶段对应的前资本主义社会的更高层次的复归。显然，马克思的“三种社会形态理论”与“五种社会形态理论”并不矛盾，二者只是在考察问题的角度和标准上存在着差异。

在所有制的问题上，马克思依次考察了前资本主义社会的亚细亚的所有制形式、古代的所有制形式、日耳曼的所有制形式等，通过对前资本主义社会的“猴体解剖”来推进对资本主义社会的“人体解剖”。第一种所有制形式即亚细亚的所有制形式产生的前提是自然形成的共同体。马克思认为部落是在家庭的基础上形成的，家庭是人类社会早期的最基本的单位。这时，由于文化人类学研究成果还没有大量涌现，马克思没有厘清氏族是人类社会早期最基本的单位。在亚细亚生产方式下，存在着东方专制制度及其君主、贡赋和大型的公共工程，即存在着阶级社会的一些特征。这表明亚细亚生产方式是原始社会和阶级社会的混合体。第二种所有制形式即古代的所有制形式是在原始部落的基础上发展起来的，其存在的第一个前提仍然是共同体。然而，这种形式不再以土地作为自己的基础，而是以城市作为农民的已经建立的居住地。在古代的所有制形式中，公社的财产和私人的财产是分开的。而在亚细亚生产方式下，个人的财产和公社的财产并未分开，个人只不过是公社财产的占有者。在第三种形式即日耳曼的所有制形式下，公社成员既不像在东方特有的形式下那样是共同财产的共有者，也不像古典古代形式下那样土地为公社所占领，而是公社一部分土地留给公社自身而非其成员支配，另一部分土地被分割为罗马人的私有财产。这时，由于共同体在很大程度上是由贵族代表的，因此贵族成为公有地的占有者，并逐渐将之变成自己的私有地。因此，日耳曼的所有制形式逐渐发展成封建社会的生产关系。从整体上看，马克思将亚细亚的、古典古代的和日耳曼的所有制形式看作是分别对应前资本主义社会的原始社会、奴隶社会和封建

---

① 马克思，恩格斯．马克思恩格斯文集：第8卷．北京：人民出版社，2009：56.

社会的三种形式，并通过这种历史考察，来加强对资本主义生产方式的研究。

此外，在《1857—1858 年经济学手稿》中，马克思还论述了机器体系的发展及其应用的意义，强调科学技术是极其重要的生产力，科学预测了未来共产主义社会的某些特征。在这部手稿中，马克思事实上完成了对资产阶级政治经济学的批判工作，完成了第二个伟大发现——剩余价值理论的奠基。从整体上看，这一手稿构成了《资本论》的第一个手稿，是《资本论》创作史上的第一个里程碑。

3. 打开政治经济学的钥匙——《政治经济学批判》的“导言”和“序言”

1857 年 8 月下旬，马克思为《政治经济学批判》写了一篇“总的导言”，即《导言》。1859 年 1 月，马克思指出：“我把已经起草的一篇总的导言压下了，因为仔细想来，我觉得预先说出正要证明的结论总是有妨害的，读者如果真想跟着我走，就要下定决心，从个别上升到一般。”①可见，全面把握《导言》是科学理解马克思政治经济学研究的一把钥匙。

马克思论述了政治经济学研究的对象和方法。资产阶级经济学者割裂了资本主义发展进程中的生产、分配、交换和消费的关系，将它们并列起来，指出发生变化的只是分配方式，因此把分配提到首位，作为政治经济学的首要研究对象。在马克思看来，分配只不过是生产形式的另一种表现，由生产决定。生产、分配、交换和消费是一个紧密联系的有机整体，而生产是这个整体的出发点和决定因素。因此，政治经济学将一定社会发展阶段和一定生产关系下的生产作为自己的研究对象。这里，生产不是抽象的永恒不变的东西，是由特定的社会历史条件决定的，因此，马克思将现代资本主义生产作为主要研究对象。在此基础上，马克思还探讨了政治经济学的起点范畴，要求这个范畴包含着以后一切矛盾的萌芽，而不能从人口这样简单直观的范畴开始。

在批判地吸收资产阶级经济学家的理论成果的基础上，马克思对黑格尔的辩证法进行了积极改造，创立了自己的政治经济学研究方法，即从抽象上升到具体的研究方法。“从抽象上升到具体的方法，只是思维用来掌握具体、把它当做一个精神上的具体再现出来的方式。但决不是具体本身的产生过程。”②

---

① 马克思，恩格斯．马克思恩格斯文集：第 2 卷．北京：人民出版社，2009：588.

② 马克思，恩格斯．马克思恩格斯文集：第 8 卷．北京：人民出版社，2009：25.

这一方法要求以现实为依据，从简单的抽象规定开始，上升到越来越具体的抽象规定。这种方法才是科学上正确的方法，因为具体之所以为具体，是由于它是许多规定的综合，因而是多样性的统一。这里的具体是思维具体，而不是感性具体。研究资本主义社会还必须坚持“人体解剖”和“猴体解剖”相统一的方法。人体解剖就是从事物最发达的形式入手，加强对事物的成熟和典型形态的研究；猴体解剖是从事物最初的形式入手，加强对事物的原初形态的研究。人体是在猴体的基础上发展起来的，人体中既包含着猴体身上的一些未克服的遗物，也将猴体中一些原来只是征兆的东西发展得充分。因此，“人体解剖对于猴体解剖是一把钥匙。反过来说，低等动物身上表露的高等动物的征兆，只有在高等动物本身已被认识之后才能理解。因此，资产阶级经济为古代经济等等提供了钥匙。”①可见，研究资本主义生产关系可以为研究前资本主义社会提供一把钥匙。即便如此，“如果说资产阶级经济的范畴适用于一切其他社会形式这种说法是对的，那么，这也只能在一定意义上来理解。这些范畴可以在发展了的、萎缩了的、漫画式的种种形式上，总是在有本质区别的形式上，包含着这些社会形式。”② 可见，在坚持人体解剖的基础上，必须始终坚持具体问题具体分析的方法论原则，不能人为地将资本主义社会的发展情况套用到前资本主义社会之中。

马克思阐述了意识形态上层建筑和经济基础之间、文学艺术和物质生产之间的内在关系。“**物质生产的发展例如同艺术发展的不平衡关系**。进步这个概念决不能在通常的抽象意义上去理解。就艺术等等而言，理解这种不平衡还不像理解实际社会关系本身内部的不平衡那样重要和那样困难。”③ 可见，作为上层建筑的重要范畴的艺术与作为经济基础的物质生产之间存在着不平衡的关系。艺术发展有着自身的规律，在受经济基础制约的同时，可以沿着特定的轨道前进。在人类社会发展史上，艺术的繁盛时期决不是同社会的一般发展成比例的，也决不是同社会的物质基础的一般发展成比例的。例如，希腊人的诗歌和莎士比亚的文学作品所达到的成就并没有随着物质基础的发展而被超越，仍然能够给我们艺术享受，而且在某方面来说是一种规范和高不可及的范本。“一个成人不能再变成儿童，否则就变得稚气了。但是，儿童的天真不使成人

① 马克思，恩格斯．马克思恩格斯文集：第8卷．北京：人民出版社，2009：29.
② 马克思，恩格斯．马克思恩格斯文集：第8卷．北京：人民出版社，2009：30.
③ 马克思，恩格斯．马克思恩格斯文集：第8卷．北京：人民出版社，2009：34.

感到愉快吗？他自己不该努力在一个更高的阶梯上把儿童的真实再现出来吗？在每一个时代，它固有的性格不是以其纯真性又活跃在儿童的天性中吗？为什么历史上的人类童年时代，在它发展得最完美的地方，不该作为永不复返的阶段而显示出永久的魅力呢？有粗野的儿童和早熟的儿童。古代民族中有许多是属于这一类的。希腊人是正常的儿童。他们的艺术对我们所产生的魅力，同这种艺术在其中生长的那个不发达的社会阶段并不矛盾。”① 可见，虽然物质生产和精神发展存在着一定的同步性，但也存在着不平衡性。这种不平衡性使得文明的发展之间也存在着不平衡性，进而产生了文明的多样性。

此外，马克思提出了人类把握世界方式的理论，将之区分为艺术的、宗教的、伦理的和哲学的等方式，展现了主体把握客体方式的多样性和丰富性。

马克思的阅读兴趣和文学素养

他能背诵海涅和歌德的许多诗句，并且常在谈话中引用他们的句子；他经常研读诗人们的著作，从整个欧洲文学中挑选诗人，他每年总要重读一遍埃斯库罗斯的希腊原文作品，把这位作家和莎士比亚当作人类两个最伟大的戏剧天才。他特别热爱莎士比亚，曾经专门研究过他的著作，连莎士比亚剧中最不惹人注意的人物他都很熟悉。马克思一家对这位伟大的英国戏剧家有一种真诚的敬仰。马克思的三个女儿都能背诵莎士比亚的许多作品。1848 年以后，当马克思想使自己的英语知识达到完善的境地时（他的英文阅读能力已经很高了），他把莎士比亚特殊风格的词句都搜寻出来并加以分类。他对威廉・科贝特（这位作者也是他很敬重的）的论战性著作也下了同样的功夫。但丁与白恩士也是他所喜爱的诗人。听自己的女儿们背诵苏格兰诗人白恩士的讽刺或咏唱诗人的情歌，对于他是一件莫大的乐事。②

1858 年 11 月—1859 年 1 月，马克思为《政治经济学批判。第一分册》撰写了《序言》，全面回顾了自己的政治经济学研究历程和发现唯物史观的历史进程，并对唯物史观进行了科学的阐述。“人们在自己生活的社会生产中发生一定的、必然的、不以他们的意志为转移的关系，即同他们的物质生产力的一定发展阶段相适合的生产关系。这些生产关系的总和构成社会的经济结构，即

① 马克思，恩格斯．马克思恩格斯文集：第 8 卷．北京：人民出版社，2009：35－36.

② 保尔・拉法格．忆马克思//回忆马克思．北京：人民出版社，2005：189.

有法律的和政治的上层建筑竖立其上并有一定的社会意识形式与之相适应的现实基础。物质生活的生产方式制约着整个社会生活、政治生活和精神生活的过程。不是人们的意识决定人们的存在，相反，是人们的社会存在决定人们的意识。”[①]这样，马克思就科学回答了社会历史观的基本问题，揭示出了生产力决定生产关系、经济基础决定上层建筑、社会存在决定人们的社会意识等历史唯物主义的基本原理，进而揭示了人类社会发展的一般规律和经济的社会形态演进的一般进程。

随着生产力的发展，生产关系必将进行相应的发展，新的更高的社会形态必将取代旧的社会形态。然而，“无论哪一个社会形态，在它所能容纳的全部生产力发挥出来之前，是决不会灭亡的；而新的更高的生产关系，在它的物质存在条件在旧社会的胎胞里成熟以前，是决不会出现的。”[②] 这里，“两个决不会”的思想揭示了新的社会形态取代旧的社会形态必须要建立在更高水平的生产力发展的基础之上，因此，我们判断一个社会形态是否还有生命力，必须从社会生产力和生产关系之间的现存冲突中去解释，而不能靠我们的主观臆测。

马克思论亚细亚生产方式的停滞性

亚洲这一地区的停滞性质（尽管有政治表面上的各种无效果的运动），完全可以用下面两种相互促进的情况来解释：(1) 公共工程是中央政府的事情；(2) 除了这个政府之外，整个国家（几个较大的城市不算在内）分为许多**村社**，它们有完全独立的组织，自成一个小天地。[③]

在此基础上，马克思揭示了经济的社会形态演进的几个阶段。“大体说来，亚细亚的、古希腊罗马的、封建的和现代资产阶级的生产方式可以看做是经济的社会形态演进的几个时代。”[④] 这里的生产方式不是指生产力和生产关系的矛盾统一体，而是指社会形态。马克思将亚细亚生产方式看作是人类社会的原初阶段，这表明他还没有发现原始社会的存在。资产阶级社会是社会生产过程中最后一个对抗形式。这种对抗不仅推动了生产力的发展，也为解决这种对抗创造相应的物质条件，使得人类社会的史前时期最终结束，真正的人类社会历史将在资本主义社会之后开始。这表明，共产主义社会并非意味着人类社会的终结，仅仅意味着资本主义社会的结束和真正的

---

① 马克思，恩格斯．马克思恩格斯文集：第 2 卷．北京：人民出版社，2009：591.
② 马克思，恩格斯．马克思恩格斯文集：第 2 卷．北京：人民出版社，2009：592.
③ 马克思，恩格斯．马克思恩格斯文集：第 10 卷．北京：人民出版社，2009：117.
④ 马克思，恩格斯．马克思恩格斯文集：第 2 卷．北京：人民出版社，2009：592.

人类历史的开端。

在《序言》中，马克思运用大量的篇幅阐述唯物史观的发现过程和主要内容，表明马克思一直将唯物史观和剩余价值理论这两大发现作为一个整体来研究。因此，剩余价值理论的问世，标志着唯物史观已经成为科学。

《政治经济学批判》的“导言”和“序言”是科学理解马克思的整个政治经济学研究的一把钥匙，也为科学理解马克思的全部思想提供了重要的视角。

4.《资本论》主要问题的确定——《1861—1863 年经济学手稿》

1861 年 8 月—1863 年 7 月，马克思撰写了《1861—1863 年经济学手稿》。这部手稿包括 23 个笔记本，共计 200 个印张，被认为是《资本论》的第二稿，是《资本论》创作史上的第二个里程碑。

1859 年 6 月，《政治经济学批判。第一分册》出版后，马克思根据同柏林出版商弗·敦克尔签订的临时协议，准备将《1857 —1858 年经济学手稿》的主要内容《资本》这一章作为第二分册出版。马克思非常重视这一册的内容。在 1859 年 11 月 7 日给恩格斯的信中，马克思指出：“我认为这个分册具有决定性的重要意义。实际上，这是全部资产阶级污垢的核心…… ”①这样，马克思自己就充分肯定了《政治经济学批判》第二分册的重要价值。为此，马克思继续深入研究政治经济学，重读了恩格斯的《英国工人阶级状况》和古典经济学家亚当·斯密和大卫·李嘉图的著作，以及其他一些经济学家的著作。马克思希望尽快完成第二分册，并打破资产阶级用来对付第一分册时所采用的沉默的阴谋，迫使他们对这一著作进行回应。

正当一切都按照计划有条不紊地进行时，一件意料不到的事情发生了。1860 年 1 月，马克思听说波拿巴的代理人卡尔·福格特出版了一本名为《我对〈总汇报〉的诉讼。速记报告、文件和评注》的小册子，对马克思进行疯狂的人身攻击。为了揭露福格特的诽谤性攻击，维护无产阶级政党的声誉，马克思不得不中断第二分册的写作，搜集大量资料创作了《福格特先生》。虽然该书取得了预期的效果，但是在写作过程中，由于马克思必须对那些本身毫无价

---

① 马克思，恩格斯．马克思恩格斯文集：第 10 卷．北京：人民出版社，2009：178.

值的琐事进行大量调查、打官司等，因此，马克思的政治经济学研究工作中断了一年半之久。直到1861年8月，马克思才重新开始第二分册的写作。

虽然在《1857—1858年经济学手稿》中已经有了关于资本一般的内容，但是时隔三年后，马克思在重写第二分册时，并没有简单照搬之前的内容，而是对之进行了重新加工和创作。在此过程中，马克思放弃了将《政治经济学批判》分册出版的计划，并创作了规模宏大的《1861—1863年经济学手稿》。在1862年6月18日给恩格斯的信中，马克思指出："我正在把这一卷大加扩充，因为德国的狗东西是按篇幅来估量一本书的价值的。"[①] 当然，这部手稿篇幅的巨大主要是由于研究内容的丰富决定的。这部手稿事实上包含了《资本论》理论部分和历史部分的所有主要问题。

马克思深入研究了生产劳动和非生产劳动问题。在马克思看来，不能仅从劳动的物质内容方面来看生产劳动和非生产劳动，而应该从一定的社会生产关系的角度来看待这一问题。在资本主义生产方式下，生产劳动同资本的可变部分相交换，是为资本生产剩余价值的劳动。即，只有生产资本的雇佣劳动才是生产劳动。非生产劳动就是不同资本交换，而直接同工资或利润交换的劳动，即不存在资产阶级意义上的资本和雇佣劳动。例如，徭役农民的农业劳动。可见，生产劳动和非生产劳动始终是从货币所有者、资本家的角度来区分的，而不是从劳动者的角度来区分的，其实质是看这种劳动能否创造超过自身价值的剩余价值。在未来共产主义社会，当工人创造的价值超过自己消费的价值而有余额时，真正的生产劳动才会出现。

马克思详细分析了科学的应用、机器的发明的重大作用。科学技术的应用引起了生产方式的改变，进而引起生产关系和社会关系的相应变化。这些变化最终必然引起工人阶级生活方式的改变。

马克思提出了重建"个人所有制"的观点。"如果单个工人作为**单独的人**要再恢复对生产条件的所有制，那只有将生产力和大规模劳动发展分离开来才有可能。资本家对这种劳动的**异己的所有制**，只有通过他的所有制改造为非孤立的单个人的所有制，也就是改造为**联合起来的、社会的个人的**所有制，才可能被消灭。"[②] 可见，马克思对未来社会的所有制问题进行了思考和构想。

---

① 马克思，恩格斯．马克思恩格斯文集：第10卷．北京：人民出版社，2009：184.

② 马克思，恩格斯．马克思恩格斯文集：第8卷．北京：人民出版社，2009：386.

从整体上看，这部手稿全面阐述了《资本论》中许多重要的问题，如生产劳动和非生产劳动的区分、货币转化为资本、绝对和相对剩余价值、劳动对资本的形式上和实际上的从属、自然力和科学的应用、分工和协作、剩余价值转化为资本。这些内容反映了《资本论》第一卷的整体框架。在这个意义上，恩格斯指出这部手稿是《资本论》第一卷的现有的最早文稿。这部手稿还阐述了《资本论》第二、三卷的部分内容，如资本主义再生产过程中的货币运动、剩余价值和利润、利润转化为平均利润、借贷资本和商业资本、利润率随资本主义生产的进步而下降等。这部手稿在《剩余价值理论》部分系统批判了资产阶级政治经济学，并提出了许多科学创见，构成了《资本论》第四卷《剩余价值理论》的唯一稿本。对此，在 1863 年 8 月 15 日给恩格斯的信中，马克思指出："现在我看着这整个庞然大物，而且回想起我曾不得不把一切统统推翻，而**历史**部分甚至要根据一部分以前根本不知道的材料去加工。"[2] 可见，马克思创作《剩余价值理论》的艰辛。

马克思写作

《资本论》的第一个计划

……我很高兴地从您的信中得知，您和您的朋友对于我的《政治经济学批判》都抱有十分浓厚的兴趣。第二部分终于脱稿，只剩下誊清和付排前的最后润色了。这部分大约有 30 印张。它是第一分册的续篇，将以《资本论》为标题单独出版，而《政治经济学批判》只作为副标题。其实，它只包括本来应构成第一篇第三章的内容，即《资本一般》。这样，这里没有包括资本的竞争和信用。这一卷的内容就是英国人称为"政治经济学原理"的东西。这是精髓（同第一部分合起来），至于余下的问题（除了不同的国家形式对不同的社会经济结构的关系以外），别人就容易在已经打好的基础上去探讨了。[1]

这部手稿起初是马克思作为《政治经济学批判。第二分册》来创作的，即作为《政治经济学批判》的续篇。然而，随着政治经济学研究的深入，马克思于 1862 年 12 月 28 日写信告诉路·库格曼，他打算把《政治经济学批判》的下一分册改为以《资本论》为标题，以《政治经济学批判》为副标题的独立著作。这也是这部手稿不仅包含着《资本论》第一卷的轮廓，还包含着《资本论》第二、三、四卷许多内容的内在原因。当然，这部手稿和《政治经济学批判》第一分册是有着内在联系的有机整体，构成了政治经济学的理论精髓。在此基础上，政治经济学余下的篇章将较为容易，因为主要涉及一些具体的问题。虽然在 1862 年底，马克思就开始为完成这部手稿做最后的誊写和润色工

① 马克思．马克思致路德维希·库格曼//马克思恩格斯文集：第 10 卷，北京：人民出版社，2009：196.

② 马克思，恩格斯．马克思恩格斯全集：第 30 卷．北京：人民出版社，1974：364.

作，但是在此过程中他又对之进行了很大的扩充。1863 年上半年，马克思在大英博物馆集中精力深入研究技术史和生产工业史、工业革命的性质和特点、工业革命对工人阶级的状况和斗争的影响等内容，以及钻研政治经济学的相关著作。直到 1863 年 7 月，马克思才完成这部手稿。

显然，《1861—1863 年经济学手稿》包含着十分丰富的内容，是《资本论》创作史上的又一个里程碑。

5.《资本论》第三卷的奠基——《1863—1865 年经济学手稿》

随着《1861—1863 年经济学手稿》的深入，马克思产生了将《资本论》写成三卷书的想法。因此，在完成《1861—1863 年经济学手稿》后，马克思于 1863 年 8 月—1865 年底分别写作了《资本论》三册的手稿，即《1863—1865 年经济学手稿》，包括第一册《资本的生产过程》、第二册《资本的流通过程》和第三册《总过程的各种形态》。因此，这部手稿被看作是《资本论》的第三卷。

马克思重点研究了资本流通和剩余价值，即重点研究《资本论》第二、三卷的相关问题。在此过程中，马克思一边写作，一边阅读了大量法文资料、关于日本的资料和德国农业化学家李比希和申拜因的相关著作。马克思时常生病，导致写作的时断时续。随着国际工人协会于 1864 年 9 月的成立，马克思承担了指导国际工人协会的工作。在实现革命家和思想家完美统一时，马克思从事政治经济学研究的时间大大减少，以至于不断推迟完成这部手稿的日期。更为重要的是，马克思极其严格的自我要求，使得他的研究不断向后推迟。在 1865 年 7 月 31 日给恩格斯的信中，马克思强调，只要再写三章内容，他就可以结束《资本论》的理论部分（前三册）。然而，“我不能下决心在一个完整的东西还没有摆在我面前时，就送出任何一部分。不论我的著作有什么缺点，它们却有一个长处，即它们是一个艺术的整体；但是要达到这一点，只有用我的方法，在它们没有**完整地**摆在我面前时，不拿去付印。”① 这充分反映了马克思精益求精的精神，也指明了马克思主义的整体性。到了 1865 年 12 月底，经过艰苦的努力，马克思终于完成了这部手稿。

---

① 马克思，恩格斯．马克思恩格斯文集：第 10 卷．北京：人民出版社，2009：231.

马克思区分了作为资本产物的商品和作为资本前提的商品，指出作为资本产物的商品量是资本的转化形式，而这个商品量的价值的实现是实现资本的价值和剩余价值的前提条件。在再生产过程中，固定资本、劳动力和科学等要素都可以变成相应的“可变因素”。因此，只要充分发挥这些因素的潜力，在不追加投资的情形下，再生产的扩大也有可能实现。在再生产过程中，各个社会生产部门之间相互影响并互为前提，它们彼此具有平行性、相继性和循环的关系。

马克思的简陋的工作室

如果你想真正了解马克思精神生活的深处，就必须知道这个具有历史意义的房间。这房间在二层楼上，有一扇可以俯瞰公园的宽大的窗户，光线很充足。在壁炉的两边和窗子的对面，靠墙放着装满书籍的书柜，书柜上堆着一包一包的报纸和稿件，直挨到天花板。壁炉的对面，在窗子的一边有两张桌子，也放满了各种各样的文件、书籍和报纸；在房间正中光线最好的地方，是一张非常朴素的小小的写字台（三英尺长两英尺宽），还有一把木头的安乐椅。在这椅子和对着窗子的一个书柜中间放有一张皮面的沙发，马克思有时躺在这上面休息。壁炉上也放着书，还放有雪茄烟、火柴盒、烟盒、镇纸以及他的女儿们、他的夫人、沃尔弗和恩格斯的照片。[①]

《1863—1865 年经济学手稿》为《资本论》的创作和问世奠定了重要的基础，是《资本论》创作史上的第三个里程碑。这部手稿的主体部分，构成了之后恩格斯整理的《资本论》第三卷的主要材料。在 1885 年 6 月 3 日给左尔格的信中，恩格斯指出：“第三卷则又如雷鸣电闪，因为它第一次从总的联系中考察了全部资本主义生产，完全驳倒了全部官方的资产阶级经济学。”[②]这也表明了《1863—1865 年经济学手稿》的重要价值。

《1863—1865 年经济学手稿》的完成标志着马克思已经整体上完成了《资本论》所有重大问题的研究。这时，马克思已经建构起了《资本论》的严密的理论体系。这样，《资本论》公开问世的条件就成熟了。

---

① 保尔·拉法格．忆马克思//回忆马克思．北京：人民出版社，2005：188.

② 马克思，恩格斯．马克思恩格斯文集：第 10 卷．北京：人民出版社，2009：535.

第 12 章

剩余价值学说的创立

《资本论》和马克思的第二个伟大发现

> 自从政治经济学提出了劳动是一切财富和一切价值的源泉这个原理以后，就不可避免地产生了一个问题：雇佣工人拿到的不是他的劳动所生产的价值总额，而必须把其中的一部分交给资本家，这一情况怎么能和上面的原理相容呢？不论是资产阶级经济学家或是社会主义者都力图对这个问题作出有科学根据的答复，但都徒劳无功，直到最后才由马克思作出了解答。①

1867 年，《资本论》第一卷德文版在德国汉堡公开出版。这不仅标志着马克思历经二十余年艰辛的政治经济学的研究成果终于展示在世人面前，也标志着剩余价值学说的公开问世，在马克思思想发展进程中具有里程碑式的意义。《资本论》是马克思费尽毕生精力创作的科学巨著，是工人阶级的圣经，彰显了马克思勇攀高峰的科学精神，以及为无产阶级和劳苦大众著书立说的高尚情怀和决心。

1. 《资本论》的科学探险历程

从 19 世纪 40 年代为了弄清物质利益问题的实质而加强对政治经济学的研究开始，到 19 世纪 50 年代初为了厘清东方国家的土地关系和地租问题而研究东方社会，再到历时十余年创作《资本论》“三大手稿”，无不反映出马克思从

---

① 恩格斯．卡尔·马克思//马克思恩格斯文集：第 3 卷．北京：人民出版社，2009：460.

事政治经济学研究的历程之艰辛。

马克思曾说，科学绝不是一种自私自利的享乐，凡是有幸能够献身于科学研究的人，首先应当拿自己的知识为人类服务。《资本论》的创作就鲜明地体现了这一点。在研究物质利益背后原因的过程中，为了创立和完善唯物史观，马克思必须剖析资本主义社会、研究资本主义生产方式，而这就要求加强对政治经济学的深入研究。在揭示资本主义社会产生、发展和灭亡规律的基础上，马克思通过研究政治经济学和创作《资本论》，进一步揭示了人类社会的发展规律，为唯物史观的发展和完善奠定了牢固的基础。为了揭示资本主义必然灭亡的规律，就必须驳斥资产阶级政治经济学关于资本主义是永恒的谬论。这就要求马克思创立无产阶级政治经济学，为无产阶级革命的胜利奠定科学的理论基础。同时，在揭示资本主义社会必然灭亡的基础上，《资本论》还对未来社会进行了科学的探索和预测，为无产阶级更好地建设未来社会指明了正确的方向。因此，《资本论》的创作从整体上服从和服务于无产阶级和全人类解放的伟大事业，具有重大的理论和实践价值。

在完成《资本论》“三大手稿”之后，马克思开始投入到《资本论》的创作工作中去。为了使《资本论》能够早日问世，马克思采用了类似 1848—1850 年英国工厂主所使用的换班制度，白天去博物馆，夜里写作。1865 年 12 月底，马克思基本上完成了《资本论》的初稿创作工作。虽然手稿已经完成，但是其篇幅十分庞大，单是论述地租的结构就几乎构成了一本书，因此，除了马克思，没有任何人能够轻易编纂出版这部手稿。从 1866 年 1 月 1 日起，马克思开始誊写和润色工作。对于马克思而言，经过这么久的“产痛”之后，他自然乐于舐净这“孩子”。在此过程中，马克思十分重视《资本论》的整体结构。在 1866 年 2 月 20 日给恩格斯的信中，马克思指出：“你明白，在像我这样的著作中细节上的缺点是难免的。但是**结构**，即整个的内部联系是德国科学的辉煌成就，这是单个的德国人完全可以承认的，因为这决不是**他的**功绩，而是全**民族**的功绩。”[①]《资本论》是一个有机的整体，代表了德国科学的辉煌成就。

在整理《资本论》的过程中，由于长期的夜间过度工作，马克思的旧病复发，身上起了痈和各种各样的小疮，使得腰部和腿部十分虚弱，并且差点送了

① 马克思，恩格斯．马克思恩格斯文集：第 10 卷．北京：人民出版社，2009：236.

命。在1866年2月10日给恩格斯的信中，马克思指出："'坐'自然谈不上，这在目前对我说来还很困难。白天哪怕只有短暂的时间，我也还是躺着继续苦干。真正理论部分我无法推进。脑力太差，对此不能胜任。"[①]当时，马克思的身体已经处于极度虚弱的状态，其健康状况十分令人担忧。同一天，在给马克思的回信中，恩格斯指出："为了摆脱该死的痈，你的确应该采取一些合理的措施了，即使因此让书耽误三个月也无妨。事情确实会逐渐变得非常严重的，当你的脑子，如你自己所说的，不能胜任理论工作时，那你的确应该休息一下，别管这些高深的理论吧。放弃一段时期的夜间工作，过一过多少有点规律的生活。"[②]最后，严重的病痛的折磨，使得马克思不得不放慢《资本论》的整理进程。此外，这一时期马克思的家庭经济状况依旧十分艰难，使得马克思不得不耗费许多时间来解决生计问题，这事实上也影响到了《资本论》的创作工作。

即便如此，马克思还是不顾病痛和经济困难，竭尽全力地创作《资本论》。在1866年2月13日给恩格斯的信中，马克思指出："昨天我又躺倒了，因为左腰部的毒痈发作了。假如我有足够的钱——也就是说＞0——来养家，而我的书[③]又已完成，那我是今天还是明天被投到剥皮场上，换句话说，倒毙，对我都无所谓了。但在上述情况下，这暂时还不行。"[④] 在极端的贫病交加的情况下，马克思将创作《资本论》视为比自己生命还重要，可以为之牺牲生命。当时，马克思的一个工人朋友齐·迈耶尔给他写信，但是他并没有及时回信。这使得迈耶尔十分不高兴，认为马克思不再将他视为朋友。为此，《资本论》第一卷完成后，马克思在1867年4月30日抽出时间给迈耶尔回信："我为什么不给您回信呢？因为我一直在坟墓的边缘徘徊。因此，我不得不利用我还能工作的**每**时**每**刻来完成我的著作[⑤]，为了它，我已经牺牲了我的健康、幸福和家庭。我希望，这样解释就够了。我嘲笑那些所谓'实际的'人和他们的聪明。如果一个人愿意变成一头牛，那他当然可以不管人类的痛苦，而只顾自己身上的皮。但是，如果我没有全部完成我的这部书（至少是写成草稿）就死去

---

① 马克思，恩格斯．马克思恩格斯全集：第31卷．北京：人民出版社，1972：177.

② 马克思，恩格斯．马克思恩格斯全集：第31卷．北京：人民出版社，1972：179.

③⑤ 指《资本论》。

④ 马克思，恩格斯．马克思恩格斯文集：第10卷．北京：人民出版社，2009：234.

的话，那我的确会认为自己是**不实际的**。”[1] 只要《资本论》没有完成，马克思就不会轻言生死。

经过不懈的努力，到了 1866 年 11 月，马克思终于看到了胜利的曙光。在 1866 年 11 月 10 日给恩格斯的信中，马克思指出：“**手稿的第一部分终将在下星期就要寄给迈斯纳了**。今年夏天和秋天的拖延的确不是由于理论，而是由于身体情况和生活问题引起的。”[2] 在第二天给马克思的回信中，恩格斯指出：“得知手稿将发出的消息，我真象心上的一块石头落了地一样。现在终于到了如刑法典所说的‘开始实行’的时候。因此我要特别为你的健康干一杯。你的灾难在很大程度上是由这本书造成的；你一旦摆脱了它，就又会成为完全另外的一个人了。”[3] 恩格斯希望《资本论》的出版，能够使马克思摆脱这种创作过程中的无休止的困扰，从而恢复自己的健康。

到了 1867 年 3 月底，《资本论》第一卷终于完成。马克思第一时间向恩格斯分享了这个令人振奋的消息。1867 年 4 月 4 日，恩格斯回信说：“乌拉！当我终于在白纸黑字上看到第一卷**已经完成**，你想立刻把它带到汉堡去的消息时，我禁不住这样欢呼起来。”[4] 为了保险起见，马克思不打算通过邮寄的方式将书稿寄给汉堡的出版商迈斯纳，而是打算亲自将手稿交到他的手上。然而，马克思囊中羞涩、身无分文，甚至连常用的衣服和手表都在当铺里，更别说去汉堡的路费。关键时刻，恩格斯再次伸出了援助之手，给马克思寄来了 35 英镑，使得马克思能够从当铺赎回自己的衣物并支付去汉堡的路费。

1867 年 4 月 10 日，马克思乘船从伦敦去往汉诺威。这也是马克思在长期离群索居的生活后的一次长时间外出。4 月 13 日，马克思到达汉诺威与出版商迈斯纳会面，并将一切出版事宜安排妥当。为了让书稿能尽快问世，迈斯纳请求马克思留在汉诺威校对清样，完成书稿的最后出版。为此，马克思在汉诺威逗留了一个多月，住在好朋友路·库格曼医生的家中，并得到库格曼夫妇十分热情的招待和无微不至的照顾。在汉诺威期间，是马克思一生中最为愉悦的时光之一。库格曼夫妇介绍马克思与当地许多知名人物会面，使得马克思充分了解到他和恩格斯在德国社会的影响力。马克思还和朋友们一起谈论艺术、科

---

① 马克思，恩格斯．马克思恩格斯文集：第 10 卷．北京：人民出版社，2009：253.

② 马克思，恩格斯．马克思恩格斯全集：第 31 卷．北京：人民出版社，1972：265.

③ 马克思，恩格斯．马克思恩格斯全集：第 31 卷．北京：人民出版社，1972：266.

④ 马克思，恩格斯．马克思恩格斯全集：第 31 卷．北京：人民出版社，1972：285.

学、诗歌、哲学等内容，给朋友们留下了极其深刻的印象。在此期间，还发生了一件令人吃惊的事情。德国首相俾斯麦专门派人拜访和拉拢马克思，希望马克思利用自己的天才和学识为德国人民谋福利。毋庸置疑的是，马克思当即拒绝了俾斯麦的“好意”。总之，这件事反映了马克思在德国的影响力，以及德国政府对马克思的恐惧，以至于马克思一到德国，就被政府重点“保护”。

在汉诺威，马克思竭尽全力校对《资本论》的清样。他和恩格斯都十分期待《资本论》的出版，从而为无产阶级政党的科学上的胜利奠定理论基础。在一定程度上，恩格斯希望《资本论》尽快出版的心情比马克思还要迫切，他期待借此机会能够彻底结束马克思的生活困境。在1867年4月27日给马克思的信中，恩格斯指出：“我一直认为，使你长期以来呕尽心血的这本该死的书，是你的一切不幸的主要根源，如果不把这个担子抛掉，你就永远不会而且也不能摆脱困境。这个一辈子也搞不完的东西，使你在身体、精神和经济方面都被压得喘不过气来，我非常清楚地了解，你现在摆脱这个梦魇后，会感到自己像换了一个人似的，这主要是因为，当你重新投入这个世界时，会感到它已经不像过去那样黑暗。”[①] 这不仅反映出马克思为完成《资本论》所付出的常人无法想象的努力，也反映出恩格斯对马克思的深厚情谊。

燕妮为《资本论》的创作保驾护航

为了让马克思专心地创作《资本论》，燕妮反对他过多地看与之无关的材料，并对给他寄材料的人提出“警告”。对此，柯瓦列夫斯基回忆道：燕妮非常关心全部《资本论》的尽快完成，因此她开玩笑地吓唬我说，如果我寄去的东西影响她丈夫完成工作的话，她就不再请我吃羊肉饼（chop）了。

对恩格斯的支持和帮助，马克思时刻铭记在心。在1867年8月16日给恩格斯的信中，马克思动情地写道：“**序言**也已校完并于昨日寄回。这样，**这一卷就完成了**。其所以能够如此，我只有感谢你！没有你为我作的牺牲，我是决不可能完成这三卷书的巨大工作的。我满怀感激的心情拥抱你！”[②] 显然，没有恩格斯，就没有《资本论》。

1867年9月14日，《资本论》第一卷在德国汉堡公开出版，印数为

---

① 马克思，恩格斯．马克思恩格斯文集：第10卷．北京：人民出版社，2009：248.

② 马克思，恩格斯．马克思恩格斯全集：第31卷．北京：人民出版社，1972：328－329.

1 000 册。

《资本论》第一卷的完成体现了马克思严谨科学的研究态度和不畏艰险、勇攀高峰的科学精神。马克思有一个特点，假如他发现自己一个月前写的某些东西已经不适合他的要求，他一定把写过的东西从头全部审阅一遍。《资本论》第一卷出版后，资产阶级对这一科学巨著进行了缄默抵制，企图将之扼杀在悄无声息之中。在 1867 年 12 月 24 日给路德维希·库格曼的信中，燕妮伤心地说："看来，德国人宁愿用沉默和不作声来表示自己的赞同。您认真地推动了那些拖拉疲塌的人。亲爱的库格曼先生，请您相信我，恐怕没有一本书是在比这更困难的条件下写成的，我大概可以就此写一部秘史，它将揭示出很多、多到无限的暗自的操心、忧虑和苦恼。如果工人们知道，为了完成这部只是为了他们和保护他们的利益而写的著作，曾经不得不作出多大的牺牲，那末他们大概就会表现出更多的关心。"① 可见，马克思创作《资本论》所经历的艰辛，足以写一本秘史。

2. 揭示剩余价值的秘密——《资本论》第一卷

《资本论》第一卷主要阐述资本的生产过程中包含的各方面的关系，揭示了资本主义社会的经济运动规律，尤其是剩余价值产生的秘密，进而在政治经济学领域实现了革命性变革。

在《〈资本论〉第一版序言》中，马克思阐述了《资本论》的研究对象，即资本主义生产方式以及和它相适应的生产关系和交换关系。由于当时的资本主义生产方式的典型地点是英国，因此，马克思主要以英国作为研究对象来展开论述。如果德国的读者以为书中论述的情况仅仅是英国的，而与自身无关，甚至因为本国没有出现这样的情形而沾沾自喜时，那么就大错特错了。马克思所论述的英国的情形也是德国将要面临的情形。马克思以英国为典型揭示出资本主义社会的发展规律，像德国这样刚步入资本主义社会的国家也必将要接受这一规律。"一个国家应该而且可以向其他国家学习。一个社会即使探索到了本身运动的自然规律——本书的最终目的就是揭示现代社会的经济运动规律——，它还是既不能跳过也不能用法令取消自然的发展阶段。但是它能缩短和减轻分

① 马克思，恩格斯．马克思恩格斯全集：第 31 卷．北京：人民出版社，1972：598.

娩的痛苦。”[①]《资本论》的最终目的就是揭示资本主义社会的经济运动规律。在方法方面，贯穿全书的是唯物辩证法。在建立《资本论》的理论体系时，马克思采用的是从抽象上升到具体的逻辑方法。

马克思从商品这一资本主义社会最简单最普遍的细胞开始研究。商品包含着资本主义社会生产关系的一切矛盾的胚胎。这是因为商品具有使用价值和价值两个因素，而这又是由生产商品的具体劳动和抽象劳动的劳动二重性决定的。其中，具体劳动创造商品的使用价值，抽象劳动创造商品的价值。劳动的二重性是理解马克思主义政治经济学的枢纽，决定了商品的使用价值和价值之间的不可调和的矛盾，进而反映出资本主义社会私人劳动和社会劳动之间的矛盾。在 1867 年 8 月 24 日给恩格斯的信中，马克思在论及《资本论》第一卷时指出，“我的书最好的地方是：(1) 在**第一**章就着重指出了劳动或是表现为使用价值或是表现为交换价值这种**劳动的二重性**（这是对事实的全部理解的基础）”[②]。这表明劳动二重性在马克思的政治经济学中的枢纽作用。劳动二重性学说是马克思对劳动价值论的卓越贡献，彻底超越了古典政治经济学。

在商品生产和交换发展的基础上，货币得以产生。货币的产生和使用使得商品的使用价值和价值之间、具体劳动和抽象劳动之间、私人劳动和社会劳动之间的矛盾，转化为商品和货币之间的矛盾。从形式上看，货币是商品交换的最后产物，又是资本发展的最初表现形式。在资本主义社会中，货币转化为资本的过程在剩余价值的产生过程中发挥着起点的作用。货币转化为资本以及剩余价值产生的决定性条件是劳动力成为商品。资产阶级经济学家认为资本家购买的是工人的劳动。在马克思看来，资本家购买的并非是工人的劳动本身，而是工人的劳动力。作为一种商品，劳动力的价值是由生产这种劳动力所耗费的社会必要劳动时间决定的，其出现是历史发展的结果。通过出卖劳动力，工人获得了一定的工资。然而，工人的工资仅是他创造的全部价值的一部分，另一部分被资本家无偿占有，这部分被称为剩余价值。这样，马克思就驳斥了资产阶级经济学家关于资本家养活工人的谎言，揭示出这样的事实：工人通过辛勤的劳动养活了自己和资本家。这样，马克思就明确揭示了剩余价值规律，揭示了资本家剥削工人的根源。

---

① 马克思，恩格斯．马克思恩格斯文集：第 5 卷．北京：人民出版社，2009：9－10.

② 马克思，恩格斯．马克思恩格斯文集：第 10 卷．北京：人民出版社，2009：268.

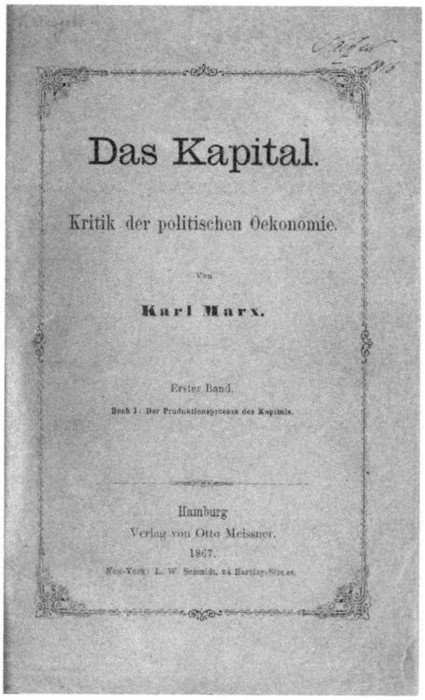

《资本论》第一卷德文第一版封面（1867）

在揭示劳动二重性的基础上，马克思分析了资本主义生产过程的二重性。相对于一般生产过程，即仅是生产使用价值的劳动过程而言，资本主义生产过程不仅是生产使用价值的劳动过程，还是生产剩余价值的价值形成和价值增殖过程。这部分剩余价值是工人在剩余劳动时间内创造的，而在必要劳动时间内创造的价值则由资本家以工资的形式付给他们。马克思将资本家用于购买工人劳动力的那部分资本称为可变资本，将购买生产资料的那部分资本称为不变资本。在价值形成和价值增殖过程中，不变资本并不发生价值增殖，仅是将自身的价值转移到产品上，而可变资本不仅生产出劳动力的价值，还创造出相应的剩余价值。因此，剩余价值的产生来源于可变资本。

资本家往往通过两种方式获得更多的剩余价值。一种是绝对剩余价值生产，即靠延长工人的工作日来增加剩余价值。一种是相对剩余价值的生产，即在工作时间不变的条件下通过提高劳动生产率来增加剩余价值。在资本主义发展的早期阶段，资本家大量地使用女工和童工，并毫无节制地延长其劳动时间，即主要通过提高绝对剩余价值的方法来提高剥削率。随着工人阶级力量的不断壮大，他们发动了一系列工人运动，要求缩短工作日，加之延长劳动时间、增加劳动强度总是有限度的，因此，资产阶级逐渐减少通过绝对剩余价值的方法来加大对工人的剥削程度。在资本主义的发展进程中，资本家逐渐开始使用提高相对剩余价值的方法来提高剥削率。无论是绝对剩余价值还是相对剩余价值，都是为了提高资本家对工人的剥削程度，其实质是一样的。

资产阶级经济学家将资本主义的原始积累看作是喜欢劳动的一些人通过勤俭节约积累起来的。为此，马克思揭示了资本主义原始积累的产生的历史进程及其实质。在历史上，劳动者的生产资料被剥夺的过程是通过血与火的文字载入人类编年史的，而绝非田园诗般的过程。虽然圈地运动、殖民制度、奴隶贸易等推动了资本原始积累的完成，但在人类历史上都留下了黑暗的一页。因此，“资本来到世间，从头到脚，每个毛孔都滴着血和肮脏的东西”。

虽然资本家获得了大量的剩余价值，但是他们并没有将这些剩余价值都用于个人的消费，而是将其中一部分用于扩大再生产。资本主义的生产过程是不断扩大再生产的过程，即是通过剩余价值不断资本化而使生产规模不断扩大的社会生产过程。在此过程中，通过将剩余价值不断资本化，资本不断得到积累。资本主义再生产的过程，一方面不断创造出相应的物质财富，被资本家无偿占有；另一方面不断生产出除了劳动力之外一无所有的无产阶级，即在造成资本家财富积累的同时，也造成广大工人阶级贫困的积累。这样，资本积累必然导致生产社会化和生产资料私有制这一资本主义社会的基本矛盾的加剧。“生产资料的集中和劳动的社会化，达到了同它们的资本主义外壳不能相容的地步。这个外壳就要炸毁了。资本主义私有制的丧钟就要响了。剥夺者就要被剥夺了。”①这样，马克思就揭示出资本主义必然灭亡的历史规律。

最后，资本主义必将经历一个否定的否定的发展过程。共产主义社会必然会取代资本主义社会，并将重建个人所有制。

马克思运用唯物辩证法揭示了资本主义产生、发展和灭亡的规律，科学论证了资本主义被共产主义取代的历史必然性，为无产阶级和全人类的解放提供了强大的理论武器。

3.《资本论》第一卷的宣传、普及和传播

《资本论》是工人阶级的圣经，其宣传和普及工作是国际工人运动发展进程中的一件大事。《资本论》的宣传、普及和传播过程，也是马克思主义在各

① 马克思，恩格斯．马克思恩格斯文集：第5卷．北京：人民出版社，2009：874.

国发展和传播的过程。

在《资本论》正式出版以前，马克思已经努力将该书的内容尽快介绍给欧洲各国的工人阶级，并且为《资本论》的翻译工作物色合适的译者，同时筹划在工人阶级的报刊上宣传该书。

《资本论》出版后，资产阶级继续用缄默来抵制这一科学巨著，企图将之扼杀在无形之中。这令马克思、恩格斯十分不安。在 1867 年 11 月 2 日给恩格斯的信中，马克思指出："对我的书的沉默，很使我不安。我没有得到任何消息。德国人是非常奇怪的家伙。**他们**作为英国人、法国人甚至意大利人在这方面的奴仆所做出的功绩，的确使他们有权对我的书置之不理。我们的人在那里又不善于宣传。那就只好象俄国人那样——等待。忍耐是俄国外交和成功的基础。但是咱们大伙都只有一条命，等到头来会等死的。"[①]这充分表明马克思对《资本论》的宣传、普及和传播工作的重视。事实上，对于资产阶级的态度，恩格斯早就有了心理准备。在《资本论》出版之前，恩格斯在 1867 年 9 月 11 日给马克思的信中就指出："看来，莱比锡的迈斯纳的人还要把书的发行拖延很久。到处都还没有广告。你认为，为了推动事情，我是否需要从资产阶级的观点对书进行抨击？迈斯纳或济贝耳一定会把这种文章登在报纸上的。"[②]恩格斯希望在资产阶级的报刊上发表抨击《资本论》的文章，以引起资产阶级的关注和回应。

以恩格斯为代表的马克思的战友们通过作报告、在报纸上发表书评和内容介绍，甚至是写批判文章等方式，来向人们介绍《资本论》的主要思想。其中，从 1867 年 10 月到 1868 年 5 月，恩格斯先后撰写了九篇关于《资本论》的书评，在报刊上发表，向人们介绍该书的主要思想。约翰·菲利普·贝克尔在《先驱报》上宣传《资本论》。李卜克内西在《民主周报》上登载了该书的内容提要。威廉·艾希霍夫在柏林多次作了关于《资本论》的演讲。施韦泽于 1868 年 1—5 月在《社会民主党人报》上发表了题为《卡尔·马克思的著作》的几篇介绍《资本论》的文章。

在工人运动活动家的积极推动下，资产阶级报刊也对《资本论》的出版进行了简要的介绍。在 1868 年 1 月 30 日给路·库格曼的信中，马克思摘录了德国一家名叫《星期六评论》的"贵族文化"报纸在其德文新书评论栏中刊登的《资本论》的一篇短评："虽然我们认为，作者的观点是危险的，但仍然不能不

① 马克思，恩格斯．马克思恩格斯全集：第 31 卷．北京：人民出版社，1972：378.

② 马克思，恩格斯．马克思恩格斯全集：第 31 卷．北京：人民出版社，1972：351.

承认他的逻辑严密，文字有力，他甚至使最枯燥无味的政治经济学问题具有一种独特的魅力。”① 对于这一评价，马克思幽默地指出，他受到的待遇相对来说还是很不坏的。

1868 年 9 月，国际工人协会在布鲁塞尔召开第三次代表大会，德国代表们于 9 月 11 日提出一项决议案，建议各国工人学习马克思的《资本论》，并把这一著作译成各种文字，以推动《资本论》在世界范围内的传播。该决议案还高度评价了马克思的历史功绩，指出他是对资本主义作出科学分析的第一人。在这次大会上，当工人运动的老战士列斯纳在大会上宣读《资本论》中摘录的片段时，全场爆发出热烈的掌声。德国和美国等国家的工人团体都积极组织学习《资本论》。《资本论》在工人阶级中间的传播，是对马克思辛勤劳动的最好的报酬。

虽然资产阶级对《资本论》进行缄默抵制，但是《资本论》以其严密的逻辑结构、深刻的理论分析、深邃的历史目光和丰富的文献材料使得很多人对之给予了高度的评价。其中包括一些并不赞成马克思思想的人。德国著名哲学家费尔巴哈在 1867—1869 年撰写的《幸福论》中引用了《资本论》作为论据，强调“这一著作中至少提供了大量的最富有兴趣的同时也是使人战栗的不可争辩的事实”②。这些事实为费尔巴哈证明自己的观点提供了论据，即没有生活上最必要的东西，也就没有道德的必要性。马克思创办《德法年鉴》的合伙人阿尔诺德·卢格也对《资本论》给予了高度评价。他在 1869 年 1 月 25 日给施泰因塔耳的信中指出：“这是一部**划时代**的著作；它清楚地、往往是尖锐地阐明了社会的各个时期的发展、灭亡、分娩时的痛苦和可怕的苦难日子。……马克思有渊博的学问和运用辩证法的出色才能。这部书超越了许多人和许多报刊作家的视野，它无疑会给自己开辟道路，尽管它研究的范围很广，然而正是由于这个缘故它将产生强大的影响。”③虽然卢格和马克思因为政见不同而进行过激烈的论战，已经很久不联系了，但还是高度评价了《资本论》的科学性。

马克思的诗人朋友、也是《新莱茵报》的主要编辑之一弗莱里格拉特读完《资本论》后，在 1868 年 4 月 3 日给马克思的信中指出：“你知道我并不是一个专家……然而我可以说，在读过，或者研究过你的书之后，我已经获得了各

---

① 马克思，恩格斯．马克思恩格斯全集：第 32 卷．北京：人民出版社，1974：522.

② 路·费尔巴哈．费尔巴哈哲学著作选集（上）．北京：商务印书馆，1984：569.

③ 马克思，恩格斯．马克思恩格斯全集：第 32 卷．北京：人民出版社，1974：684.

种不同的启示和丰富的享受了……（我）乐于承认和钦佩你的精神、知识和可惊的涉猎，正是这样，你才在这部著作中为自己建造了青铜般不朽的碑记。”[①]弗莱里格拉特用诗人特有的语言风格高度评价了《资本论》。不同的人对《资本论》的评论都印证了恩格斯的一句话，“任何人，不管他对社会主义采取什么态度，都不得不承认，社会主义在这里第一次得到科学的论述”[②]。这充分表明了《资本论》的强大生命力。

《资本论》第一卷出版后，首先试图翻译该书的不是经济相对发达和工人运动发展程度较高的英法等西欧国家，而是资本主义正处于起步阶段，工人运动相对薄弱的俄国。这令马克思感到十分惊讶。1868 年 10 月 12 日，马克思在给路·库格曼的信中指出，在俄国流亡者中间，有人试图将《资本论》第一卷翻译成俄文。经过长期艰辛的努力，1872 年 3 月 27 日，由丹尼尔逊和洛帕廷翻译的《资本论》第一卷的第一个外文译本即俄译本正式出版，发行量 3 000 册，并在半个月时间内就售出 900 册。这在当时已经是一个相当可观的数字。当这一译本从圣彼得堡寄到马克思手中时，马克思和全家人都感到无比欣喜，觉得这是一个时代的标志性事件。在专制制度下，《资本论》在俄国的出版必须经过严格的书报检查，然而圣彼得堡的书报检查官却出人意料地批准了该书的出版，其原因是“尽管作者就其观点来说是坚定的社会主义者，而且全书具有十分明显的社会主义性质，然而，鉴于该书的论述绝非所有人都能接受和理解，作者的论证方法又处处具有严谨的数学科学形式，委员会认为不能对该著作提出司法上的追究 ”[③]。《资本论》在俄国的出版得益于圣彼得堡书报检查官员关于大多数人无法理解和接受的判断。

然而，事实并非如此。《资本论》在俄国得到了广泛的传播，并引发了社会各阶层的热烈讨论。这大大出乎了俄国官方的预料，以至于他们不得不采取措施来限制和打压《资本论》的传播。哥尔布诺娃在 1880 年 7 月 25 日给恩格斯的信中指出：“读《资本论》的人越多，书中所阐述的原则被读者和青年掌握得越多，这部著作在我们那些检察官和法院侦查员那里的名声也就越坏，因此，近来在法院开庭时发生了一些十分可笑的事情。”[④] 在 1881 年 1 月 16 日给马克思

---

① 马克思：马克思致库格曼书信集．北京：人民出版社，1957：60.

② 马克思，恩格斯．马克思恩格斯全集：第 16 卷．北京：人民出版社，1964：411－412.

③ 马克思，恩格斯．马克思恩格斯全集：第 33 卷．北京：人民出版社，1973：493.

④ 马克思恩格斯与俄国政治活动家通信集．北京：人民出版社，1987：349.

的信中，查苏利奇指出："您的《资本论》在俄国大受欢迎。尽管该书被没收了，保存下来的本子数量不多，但是我国或多或少受过一些教育的人中有很多人在阅读和反复阅读它，而那些严肃认真的人则在研究它。"[①]即便遭到俄国官方的种种打压，《资本论》仍然像思想的火炬一样在俄国各阶层中广泛传播。

为了使法国工人摆脱蒲鲁东主义的影响，马克思十分重视《资本论》第一卷法文版的出版事宜。在 1869 年 3 月 20 日给恩格斯的信中，马克思指出："我打算**加入**英国**国籍**，为的是能够安全地去巴黎。如果不去一趟，我的书的法文版永远也出不成。我到那里去是完全必要的。"[②] 意料之中的是，英国并没有批准马克思加入英国国籍，他的巴黎之行也未能实现。约 1872 年 1 月 15 日—2 月 15 日，马克思通过龙格同约·鲁瓦商洽把《资本论》第一卷译成法文，并同巴黎出版商莫·拉沙特尔签订分册出版《资本论》第一卷法文版的合同。从 1872 年 3 月—1875 年 1 月底，马克思开始校订由鲁瓦翻译的《资本论》第一卷法文译稿。约翰·斯温顿在《马克思谈〈资本论〉的翻译》一文中指出："马克思说，他的德文原文往往含糊，译成英文时会感到非常困难。'但是看看法译本吧'，他一面说一面拿给我一本法文版的《资本论》，接着说，'它就清楚得多，文风也比德文原文好。应该根据这个版本译成英文。如果纽约有人试图把这本书译成英文，我希望你就这样告诉他。我在修订约·鲁瓦译的这个法译本时确实花了不少心血；我认真推敲了法文译稿上的每个字，很难从德文译成英文的许多文字和段落，按法译本就很容易了。'他再次说道：'把它译成英文时，就用法译本吧。'"[③]马克思为《资本论》法文版付出了极其艰辛的劳动。1875 年 4 月 28 日，马克思在《资本论》第一卷法文版跋中指出，这个版本在原本之外有独立的科学价值。

从 1872 年 9 月至 1875 年 11 月间，《资本论》第一卷法文版分九册出版。在马克思看来，分册出版使得每一册的本子都比较薄，价格也相对便宜，工人们能买得起，且携带和阅读起来比较方便。和俄国政府一样，法国政府也没有干涉《资本论》的出版，原因是法国人看不懂这一本大部头的德国人的著作，书不会有销路和市场。然而，《资本论》法文版得到了较为广泛的传播。

---

① 马克思恩格斯与俄国政治活动家通信集．北京：人民出版社，1987：377.

② 马克思，恩格斯．马克思恩格斯全集：第 32 卷．北京：人民出版社，1974：264.

③ 中共中央马克思恩格斯列宁斯大林著作编译局．回忆马克思．北京：人民出版社，2005：376－377.

《资本论》第一卷法文版封面（1872）

在参照《资本论》法文译稿的基础上，马克思修订了《资本论》第一卷德文第二版。1873 年 1 月 24 日，在《资本论》第一卷的第二版跋中，马克思指出："《资本论》在德国工人阶级广大范围内迅速得到理解，是对我的劳动的最好的报酬。"① 1873 年 6 月初，《资本论》第一卷德文第二版在汉堡出版。1873 年 3 月—4 月，马克思和比尼亚米通信，商谈把《资本论》第一卷译成意大利文并在意大利出版。由于政府的迫害，这个想法没有实现。

由于马克思一生的大部分时间在英国并以英国资本主义生产方式为典型研究政治经济学，因此，《资本论》第一卷出版后，他就希望翻译出版英译本，但是一时没有找到合适的译者。

1877 年 10 月 19 日，马克思把《资本论》第一卷手稿寄给左尔格，以便译成英文在美国出版，并指明了在准备出美国版时正文应该修改的地方。遗憾的

① 马克思，恩格斯．马克思恩格斯文集：第 5 卷．北京：人民出版社，2009：15.

是，这一计划也未能实现。马克思逝世后，面对《资本论》第一卷在英美两国的刊物中时常被误解和攻击的情形，恩格斯意识到，只有出版《资本论》英译本，才能让英美两国的广大公众真正了解和掌握《资本论》的主要内容和精神实质。为此，在恩格斯的悉心指导下，马克思、恩格斯的老朋友赛米尔·穆尔和马克思的女婿艾威林开始将《资本论》译成英文。在此过程中，马克思的女儿爱琳娜也做了大量的工作，不仅核对引文，还将引自英国作者和蓝皮书并由马克思翻译成德文的许多文字恢复成原文。在他们的不懈努力下，1887 年初，《资本论》第一卷英译本由英国出版商威·斯·桑南夏恩分两册在伦敦出版。

马克思还十分重视《资本论》的普及和宣传工作，一直想尽可能地把《资本论》第一卷的内容介绍给工人阶级中的大多数。70 年代中期，德国工人领袖莫斯特为广大读者着想，编写了一本题为《资本和劳动》的《资本论》提要。该小册子出版后，马克思帮助作者进行了再版的修订工作，甚至重新写作了部分章节，花费了大量心血。1877 年 10 月，经过马克思修订的《资本和劳动》的英译本在美国出版。1882 年 7 月 25 日，通过恩格斯给纽约的赫普纳去信，马克思建议不出《资本论》的浅释，而是再版经过马克思修订的莫斯特的《资本和劳动》。1880 年 6 月 27 日，在给荷兰社会主义者纽文胡斯的信中，马克思支持他用荷兰文通俗地叙述《资本论》的意图；1881 年年初，马克思收到纽文胡斯寄来的对《资本论》第一卷的简明叙述的《资本和劳动》后，开列了一份该书再版时应该修改的地方的修正表。

《资本论》在中国的早期翻译和传播

20 世纪初，一些留学国外的学者陆续将《资本论》介绍到中国。1902—1903 年，梁启超曾在刊物上介绍过马克思和《资本论》，将马克思称为“社会主义之泰斗”，将《资本论》看作是马克思的主要作品。这是我国最早提及《资本论》的文献。

1906 年，我国资产阶级民主革命派朱执信发表《德意志革命家小传》，介绍了马克思的生平和《资本论》的主要内容，涉及劳动价值论、剩余价值理论、资本积累论和无产阶级贫困化理论等内容。

五四运动后，我们党的主要创始人李大钊和陈独秀都撰写过介绍《资本论》主要内容的相关文章。

最早翻译《资本论》的是北京大学马克思主义研究会的一些青年学生，但是译稿没有出版。在参照这个译稿的基础上，陈启修以《资本论》德文版为依据，于 1930 年 3 月在上海昆仑书店出版了《资本论》第一卷第一分册。这是中文版第一个公开发行的版本。

此后，侯外庐和王思华以《资本论》德文版为依据，参照日文版和英文版，于 1932 年 9 月出版了《资本论》上册，1936 年 6 月以世界名著译社名义出版中、下册和第一卷合订本。这是《资本论》第一卷在我国的第一个中文全译本。

《资本论》中译本在我国影响最大的当属郭大力和王亚南两位先生的译本。从 1928 年到 1938 年，郭大力和王亚南历经十年，克服了种种艰辛翻译了《资本论》第一、二、三卷，并于 1938 年 8、9 月由上海读书生活出版社出版。

正如恩格斯所言，自从世界上有资本家和工人以来，没有一本书像《资本论》这样对于工人具有如此重要的意义。

4. 资本的流通过程——《资本论》第二卷

早在《资本论》第一卷出版前，马克思就已经构想出《资本论》的整体概况。在 1867 年 4 月 30 日致齐格弗里特·迈耶尔的信中，马克思指出：“我希望整部著作能够在明年这个时候出版。**第二卷**是理论部分的续篇和结尾，**第三卷是 17 世纪中叶以来的政治经济学史。**”[①] 经过慎重的思考，马克思决定将《资本论》分为四卷出版，第一卷研究资本的生产过程，第二卷研究资本的流通过程，第三卷研究资本主义生产的总过程，第四卷研究剩余价值学说史。

《资本论》第一卷出版后，马克思于 1867 年 8 月开始着手修订《资本论》后几卷的工作，并希望年内能够将之出齐，从而使《资本论》真正成为一个艺术的整体。虽然在 1863 年和 1867 年之间，马克思已经为《资本论》后几卷写成了初稿，但是由于种种原因，马克思生前未能将之出版。

一方面，19 世纪 70 年代和 80 年代，欧美资本主义国家发生了很多新的变化，促使马克思进一步思考加强对资本主义社会的研究。在 1879 年 4 月 10 日给丹尼尔逊的信中，马克思指出：“在**英国的危机**发生以前，**在美国、南美**

① 马克思，恩格斯．马克思恩格斯文集：第 10 卷．北京：人民出版社，2009：254.

洲、德国和奥地利等地就**出现**如此严重的、至今几乎已经持续五年之久的危机，这还是从来没有过的事。因此，必须注意目前事件的进展，直到它们完全成熟，然后才能把它们‘消费到生产上’，我的意思是‘**理论上**’。”[①] 马克思十分关注资本主义社会新出现的危机的情况，并希望从理论上厘清这一问题。在 1880 年 6 月 27 日写给纽文胡斯的信中，马克思指出，资本主义社会的一些经济现象进入新的发展阶段，需要重新加以研究，因此，他对于《资本论》第二卷在当下的德国不能出版一事感到高兴。恩格斯指出，马克思直到去世之前还在搜集材料，以《资本论》第二卷为例，马克思留下了上千页的手稿和堆积如山的书籍。仅仅为了弄清俄国的土地和地租问题，马克思阅读的俄国的资料就有两立方米之多。显然，马克思耗费多年的时间研究资本主义社会出现的一些新情况，使得《资本论》后几卷一直没有出版。

另一方面，马克思为国际工人协会的创立和发展做了大量的工作。1864 年，国际工人协会成立后，马克思就承担了繁重的指导“国际”的工作以及之后指导各国工人政党发展的工作。马克思还担任总委员会的德国通讯书记和俄国通讯书记，为这两个国家无产阶级运动的发展耗费了大量的心血。虽然马克思也意识到参与实际的工作使得《资本论》后几卷的出版不断推后，也有朋友劝说马克思适当减少“国际”的工作，而全身心投入《资本论》的创作过程，但是作为无产阶级革命家，马克思还是义无反顾地投身到“国际”的事业中去。由于这个原因，他的病体的严重症状在 1864 年和 1865 年就显露出来了。人的时间和精力总是有限的，尤其是对于年过半百，且身受多种疾病折磨的马克思更是如此。此外，马克思还耗费了大量的时间和精力修订出版《资本论》第一卷德文第二版和法文版，以及研究其他领域的问题。

从 19 世纪 60 年代开始，马克思先后为《资本论》第二卷准备了多份手稿。在《1861—1863 年经济学手稿》中，马克思已经涉及了一些《资本论》第二卷的内容。马克思于 1865 年又写了一份手稿，是《资本论》第二卷最早的一个独立的，但多少带有片断性质的文稿，包含了《资本论》第二卷的所有三个部分。1868 年底—1870 年 7 月，马克思又恢复第二卷手稿的写作工作，撰写了第二卷的第 II 稿，也是唯一一部相当完整的手稿，构成了《资本论》第二卷的基础。恩格斯指出：“1870 年以后，又有一个间歇期间，这主要是由

① 马克思，恩格斯．马克思恩格斯文集：第 10 卷．北京：人民出版社，2009：431.

马克思的病情造成的。他照例是利用这类时间进行各种研究。农学，美国的特别是俄国的土地关系，货币市场和银行业，最后，还有自然科学，如地质学和生理学，特别是独立的数学研究，成了这个时期的许多札记本的内容。1877 年初，他感到健康已经恢复到可以进行原来的工作了。”[①] 1877 年 10 月—1878 年 7 月，马克思写了《资本论》第二卷的新手稿。此后，1878 年 7 月 2 日和 1880—1881 年，马克思又对第二卷进行了两次加工。

马克思生前已经意识到自己可能完成不了《资本论》的后续出版工作，因此，他曾对爱琳娜说，希望恩格斯能根据他的手稿做出点事情。这也可以视为马克思的临终嘱托。马克思逝世后，为了完成好友的嘱托，恩格斯放下自己手头许多重要的工作，全身心地投入到《资本论》后几卷的整理和出版的伟大事业中。

编辑《资本论》第二卷最大的困难在于如何加工和处理马克思的浩如烟海的材料。在《资本论》第二卷序言中，恩格斯指出：“只要列举一下马克思为第二册留下的亲笔材料，就可以证明，马克思在公布他的经济学方面的伟大发现以前，是以多么无比认真的态度，以多么严格的自我批评精神，力求使这些伟大发现达到最完善的程度。正是这种自我批评的精神，使他的论述很少能够做到在形式上和内容上都适应他的由于不断进行新的研究而日益扩大的眼界。”[②]这充分表明了马克思的科学研究的精神。

虽然《资本论》第二卷先后存在多个文稿，但这些文稿多半带有片断性质。“材料的主要部分，虽然在实质上已经大体完成，但是在文字上没有经过推敲，使用的是马克思写摘要时惯用的语句：不讲究文体，有随便的、往往是粗鲁而诙谐的措辞和用语，夹杂英法两种文字的术语，常常出现整句甚至整页的英文。”[③] 在已经完成的部分中，有些部分作了详细的论述，有些只是作了一些提示，而搜集的一些事实材料则基本上没有分类。章节之间的衔接往往只是用几个不连贯的句子来完成。此外，马克思的潦草得有时自己都辨认不清的字体也为编辑加工增加了很多困难。最为关键的是，在编辑《资本论》第二卷的过程中，恩格斯强调不仅要使本书成为一部连贯的著作，而且要使之成为马克思的而非自己的著作。这无疑给恩格斯的编辑工作增加了难度。在克服了所

① 马克思，恩格斯．马克思恩格斯文集：第 6 卷．北京：人民出版社，2009：7.
② 马克思，恩格斯．马克思恩格斯文集：第 6 卷．北京：人民出版社，2009：4.
③ 马克思，恩格斯．马克思恩格斯文集：第 6 卷．北京：人民出版社，2009：3.

有这些困难后，经过两年的努力，《资本论》第二卷于1885年问世。恩格斯为《资本论》第二卷撰写了序言。为了驳斥资产阶级经济学家对马克思的诋毁，恩格斯简要地叙述了剩余价值理论的创立和发展史，高度评价了剩余价值学说，指出这一理论就像晴天霹雳一样，震动了一切文明国家。在序言中，恩格斯还指出，马克思曾多次对他讲，《资本论》第二卷和第三卷是献给自己的妻子燕妮的。

Das Kapital.

Kritik der politischen Oekonomie.

Von

Karl Marx

Zweiter Band.

Buch II: Der Cirkulationsprocess des Kapitals.

Herausgegeben von Friedrich Engels.

Das Recht der Uebersetzung ist vorbehalten.

Hamburg

Verlag von Otto Meissner.

1885.

《资本论》第二卷汉堡版扉页（1885）

《资本论》第二卷主要研究资本的流通过程和剩余价值的实现，主要包括《资本形态变化及其循环》《资本周转》和《社会总资本的再生产和流通》三篇内容。

第一篇主要论述资本的形态变化及其循环。产业资本循环包括三个阶段，即资本家在市场上购买生产资料和劳动力、资本家用购买的商品从事生产消费、资本家将自己生产的商品拿到市场上出售。在这个过程中，资本依次从一种形式过渡到另一种形式，经历了各个不同阶段的循环过程。在此基础上，马克思分析了货币资本的循环、生产资本的循环和商品资本的循环为代表的资本的三种循环。只有这三种资本循环保持统一，且每一种资本都能完成自己的循环，产业资本才能正常运行。当然，无论是货币资本循环，还是生产资本循环或商品资本循环，其共同点都是为了满足资本主义生产的目的和动机，即实现价值增殖。在这三种资本循环的统一过程中，才能实现总过程的连续性。然而，资本主义的基本矛盾导致的资本主义生产的无序性和对抗性，不断破坏着这种连续性，使得经济危机的发生不可避免。

第二篇主要论述资本的周转。资本周转就是单个资本的周而复始、不断往复的循环过程。由于资本主义生产的目的是为了获得更多的剩余价值，也就是使资本家的预付资本得到增殖，因此，研究资本周转首先要分析预付资本的运动。资本周转的中心问题是周转的速度问题，其速度的快慢直接影响剩余价值的生产和实现。在付出同样预付资本的情况下，资本周转的速度越快，资本的剩余价值就越多，反之就越少。从时间来看，资本周转的时间包括生产时间和流通时间。从预付资本的方式来看，资本分为固定资本和流动资本。其中，固定资本和流动资本的构成直接影响着资本周转的速度。

第三篇主要论述社会总资本的再生产和流通问题，即阐述了社会再生产的形式和条件。资本再生产的过程不仅包括资本的生产过程，还包括资本周转或循环。马克思指出："把甚至阻碍再生产按原有规模进行的那些干扰撇开不说，再生产只能有两种正常的情况：或者是再生产按原有的规模进行；或者是发生剩余价值的资本化，即积累。"① 前者是简单再生产，后者是扩大再生产，前者是后者的基础和组成部分。同时，马克思在批判前人理论的基础上，第一次将社会总生产分为生产资料的生产和消费资料的生产两大部类，并考察了两者的关系。两大部类的年总产品的价值都是由消耗的不变资本、可变资本和剩余价值组成。其中，第一部类给第二部类提供生产资料并满足自己对生产资料的需求，第二部类给第一部类提供生活资料并满足自己对生活资料的需求。因此，在纯粹的资本主义形态下，简单再生产的条件是第一部类的可变资本价值和剩余价值的总和等于第二部类可变资本的价值，扩大再生产的条件是第一部类的可变资本价值和剩余价值的总和大于第二部类可变资本的价值。在此情形下，从简单再生产过渡到扩大再生产，就要求第一部类的生产优先增长，这就要求各生产部门必须按照一定的比例进行生产和交换。然而，在资本主义条件下，这是与资本主义私有制和生产的无政府状况相违背的，社会总资本的再生产是在资本主义周期性经济危机中实现的。

从整体上看，资本的流通过程和《资本论》第一卷阐述的资本的生产过

---

① 马克思，恩格斯．马克思恩格斯文集：第 6 卷．北京：人民出版社，2009：359.

程是统一的，第二卷是第一卷的继续和补充。资本的整个运动过程是资本生产过程和资本流通过程的统一。当然，资本的流通过程与《资本论》第三卷论述的资本主义生产的总过程紧密相关，因此，用恩格斯的话说，第二卷是第三卷的引言。可见，《资本论》第二卷在《资本论》前三卷中发挥着承上启下的重要作用。

5. 资本主义生产的总过程——《资本论》第三卷

马克思生前为创作《资本论》第三卷进行了艰辛的探索。

早在《1857—1858 年经济学手稿》中，马克思就阐述了《资本论》第三卷中的一些重要理论问题，包括剩余价值及其转化形式利润之间的关系、利润和利润率形成的机制和利润率下降这一资本主义生产的重要规律。在《1861—1863 年经济学手稿》中，马克思进一步充实和完善了《资本论》第三卷的理论内容，提出和解决了成本价格、生产价格和平均利润、商业资本和货币资本、地租、收入及其源泉等问题，为《资本论》第三卷的内容和结构打下了基础。1864 年下半年，马克思撰写了《资本论》第三卷的前半部分手稿，包括剩余价值转化为利润、利润转化为平均利润和利润率趋向下降的规律等问题。1865 年下半年，马克思撰写了《资本论》第三卷后半部分手稿，包括商业资本、货币资本、地租等问题。这部手稿是马克思生前留下的《资本论》第三卷的唯一一部完整的手稿，成为恩格斯编辑出版《资本论》第三卷的基础。《资本论》第一卷出版后，马克思撰写了《资本论》第三卷的手稿，留下了第一章的两个修改稿的开头部分，以及用方程式来说明剩余价值率和利润率关系的手稿。在此期间，为了完善地租理论，马克思收集了大量关于美国和俄国土地关系的新材料，准备补充到手稿之中，但是最后未能实现。

路·库格曼对马克思的劝说和评价

就在那些日子快结束的时候，马克思和我父亲作了一次时间比较长的散步，他们之间突然产生了裂痕，而且以后再也没有恢复过去的关系。关于这件事父亲只隐约地谈过。大概他企图劝说马克思放弃一切政治宣传，集中精力从事《资本论》第三卷的著述。我父亲认为，那不光是白浪费了宝贵的时间，而且马克思也没有组织才能。父亲后来常常说："马克思比当代超出了整整一个世纪，但是要取得目前的成就，最好由那些没有超出当代水平的人去干，因为鼠目寸光的人看得清楚的那些眼前的东西，高瞻远瞩的人反而会忽视。”

也许父亲当时表现了过分的热心，在某种程度上成了“凶恶的温采尔”，马克思不能忍受比他年轻得多的朋友的这种干预，他认为这是侵犯了他的自由。因此，他们的通信中断了。[①]

在完成《资本论》第二卷的编辑工作后，恩格斯从 1885 年 2 月开始立即着手辨认和口述第三卷的手稿，到 7 月底形成了一部“誊清稿”。参照整理第二卷时的情形，恩格斯曾乐观地认为除了某些极为重要的章节之外，《资本论》第三卷的困难主要是技术性的。然而，正是这些最为重要的章节给恩格斯的编辑加工造成了极大的困难。同时，“读者从下面的叙述将会知道，本册的编辑工作根本不同于第二册。第三册只有一个初稿，而且极不完全。每一篇的开端通常都相当细心地撰写过，甚至文字多半也经过推敲。但是越往下，文稿就越是带有草稿性质，越不完全，越是离开本题谈论那些在研究过程中冒出来的、其最终位置尚待以后安排的枝节问题，句子也由于表达的思想是按照形成时的原样写下来的而越冗长，越复杂。”[②]这一卷的手稿中还包含着很多马克思病痛发作时写作困难的痕迹，使得文字的处理更加困难。

此外，马克思逝世后，独自领导国际工人运动，为马克思和他本人以前的各种著作进行再版和翻译订正、作序和增补等工作，也耗费了恩格斯的大量精力。其中，由恩格斯亲自审定的《资本论》一卷的英文版更是占用了他的大量时间。年岁增加而导致的视力衰退以及健康状况的恶化等，对恩格斯整理《资本论》第三卷造成了极大的困扰。在上述因素的作用下，恩格斯历时十年才完成了《资本论》第三卷的编辑加工，并在 1894 年将之出版，最终完成了好友马克思的遗愿。

《资本论》第三卷主要揭示资本主义生产的总过程，共七篇五十二章。同时，恩格斯在卷末写了《价值规律和利润率》和《交易所》两个增补。

第一篇主要分析剩余价值到利润、剩余价值率到利润率的转化。由于资本主义社会的商品价值表现为成本价格和利润之和，而在成本价格中并没有显现

---

① 弗兰契斯卡·库格曼．伟大的马克思的二三事//回忆马克思．北京：人民出版社，2005：359.

② 马克思，恩格斯．马克思恩格斯文集：第 7 卷．北京：人民出版社，2009：4-7.

出不变资本和可变资本的区别。这就使得一些人认为价值的变化不是来源于可变资本，而是来源于全部的预付资本，这样，剩余价值率就转化为利润率，剩余价值自然也就转化为利润。因此，资本起源和产生的秘密就被掩盖了。

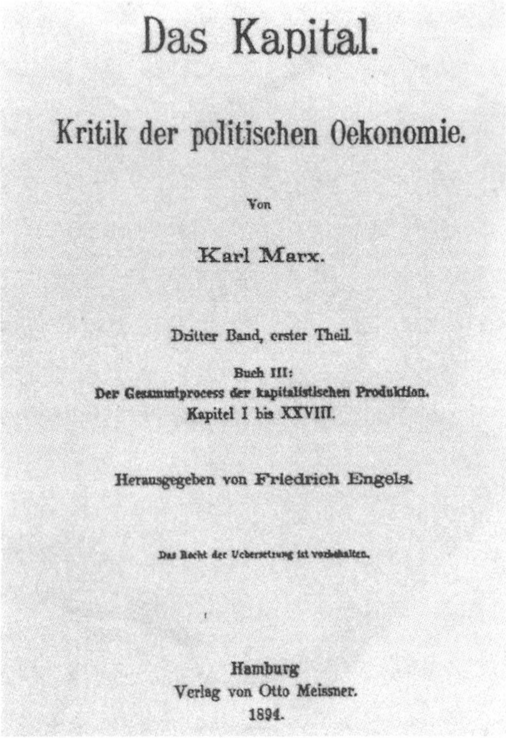

Das Kapital.

Kritik der politischen Oekonomie.

Von

Karl Marx.

Dritter Band, erster Theil.

Buch III:
Der Gesammtprocess der kapitalistischen Produktion.
Kapitel I bis XXVIII.

Herausgegeben von Friedrich Engels.

Das Recht der Uebersetzung ist vorbehalten.

Hamburg
Verlag von Otto Meissner.
1894.

《资本论》第三卷汉堡版上册扉页（1894）

第二篇主要考察利润转化为平均利润、价值转化为生产价格。在现实社会，等量资本获得等量利润。这似乎违背了价值规律，也是古典政治经济学长期未能解决的重要课题，最终导致了古典政治经济学的破产。通过研究资本主义生产方式，马克思破解了这一难题。在竞争的环境下，资本在不同的部分之间转移，使得个别利润率转化为平均利润率、个别利润转化为平均利润，等量资本获得等量利润。在平均利润率下，商品价值转化为生产价格，而这里的生产价格等于成本价格加上平均利润。一旦生产价格形成，商品的市场价格就以生产价格为中心上下波动，这样，价值规律的作用形式就发生了变化。因此，等量资本获得等量利润并未违背价值规律。

第三篇主要论述利润率趋向下降的规律及其内在矛盾。在资本主义条件下，随着生产力的发展，资本的有机构成不断提高，一般利润率逐渐下降。这是一般规律。然而，由于资本家通过提高剩余价值率等因素来加强对工人的剥削程度，因此，利润率下降又受到一些因素的阻碍，进而形成了利润率下降的内在矛盾。这一矛盾表明资本主义生产方式并非永恒的，仅仅是与资本主义社会物质生产相适应的暂时的生产方式。

第四篇主要论述商品资本和货币资本转化为商品经营资本和货币经营资本，以及商业资本的由来及其特征。商业资本是产业资本的买卖职能独立化的结果，有助于缩短产业资本的流通时间，降低全社会流通费用，进而扩大产业资本的剩余价值。在资本主义生产中，商业资本不参与价值的创造，但是参与利润的平均化，而商业利润是对产业利润的扣除。

第五篇主要论述货币资本到生息资本的转化。生息资本是将资本作为商品投入流通，能够带来相应的利润。资本家通过借入资本取得其使用价值后从事生产经营，经过一定的期限向贷出者还本付息。这样，资本的所有者和使用者就分离开来。资本使用者所获得的利润中有一部分属于资本所有者，另一部分属于自己。生息资本的发展使得银行和信用体系得以产生。信用体系的发展又催生了股份资本和股票的产生，即虚拟资本运动得以产生。随着股份资本和股份公司的出现，资本的职能和资本所有权逐渐分离。这也是当时资本主义社会发展变化的新情况之一，是资本主义生产方式在自身范围内的发展。马克思逝世后，恩格斯在编辑这一卷的过程中将资本主义生产方式出现的新变化增补进来。恩格斯指出，卡特尔等垄断组织的出现，为将来由社会共同占有生产资料打下了一定的基础。

第六篇主要阐述资本主义条件下的地租。地租是土地所有者凭借土地这一生产资料而索取的收入，是土地所有者在经济上的实现形式。在创作《资本论》的过程中，“马克思为了写地租这一篇，在 70 年代曾进行了全新的专门研究。他对于俄国 1861 年‘改革’以后必然出现的关于土地所有权的统计资料及其他出版物，——这是他的俄国友人以十分完整的形式提供给他的，——曾经根据原文进行了多年的研究，并且作了摘录，打算在重新整理这一篇时使用。由于俄国的土地所有制和对农业生产者的剥削具有多种多样的形式，因此在地租这一篇中，俄国应该起在第一册研究工业雇佣劳动时英国所起的那种作用。”[①]马克思十分重视俄国的土地和地租问题。资本主义地租是租佃资本家使

① 马克思，恩格斯．马克思恩格斯文集：第 7 卷．北京：人民出版社，2009：10－11.

用土地所有者的土地而交纳的、由雇佣工人创造的剩余价值。因此，农业工人遭到土地所有者和租佃资本家的双重剥削。从形式上看，资本主义地租分为级差地租和绝对地租，前者产生于土地经营的垄断，后者产生于资本主义土地私有权的垄断。

第七篇主要论述资本主义制度下各种收入及其来源。资产阶级将各种收入归结为“三位一体”的公式，即资本-利润，土地-地租，劳动-工资。对此，马克思指出上述各种收入都来源于劳动者创造的价值和使用价值，而分配关系的形式归根结底是由生产关系的性质决定的。资产阶级的“三位一体”的公式掩盖了资本主义剥削的秘密。根据“三位一体”的公式，存在着无产阶级、资产阶级和土地所有者阶级。在实践中，无产阶级接受整个资产阶级的剥削，而无产阶级反抗资产阶级的斗争，必将推动资本主义生产方式的最终瓦解和新的更高级生产方式的产生。

《资本论》第三卷的问世标志着《资本论》理论部分的终结，使得《资本论》的理论部分成为一个完整的整体呈现在世人面前。正如恩格斯所指出的那样，这一卷就像晴天霹雳，完全驳倒了全部官方的资产阶级经济学，也为无产阶级的解放提供了锐利的思想武器。

6.《资本论》对马克思主义整体性的贡献

尽管《资本论》主要是一部政治经济学的著作，但是，马克思在《资本论》中也进一步丰富和发展了马克思主义哲学、科学社会主义理论等，事实上，《资本论》是一部体现马克思主义整体性的马克思主义百科全书。

在发现唯物史观之后，马克思开始运用这一科学的世界观和方法论来分析和研究资本主义生产方式的矛盾运动，在创立科学的劳动价值论尤其是劳动二重性学说的基础上，科学揭示出剩余价值规律，从而发现了资本主义剥削的秘密，这样，唯物史观就已经不是假设，而成为科学地证明了的原理。在此基础上，马克思科学地揭示出资本主义必然灭亡和社会主义必然胜利的历史趋势，敲响了私有制的丧钟，吹响了重建个人所有制的号角，要求联合起来的劳动者以计划的理性的人道的方式控制和调节人与自然之间的物质变换。这样，在唯物史观和剩余价值理论的基础上，社会主义就从空想成为科学。

在研究资本主义生产方式矛盾运动过程中，马克思发现，分析经济形式，既不能用显微镜，也不能用解剖刀，而必须用抽象力。在《1857—1858 年经济学手稿》中，马克思基本上已经得出了《资本论》中的基本结论，但是，《1857—1858 年经济学手稿》并没有完成。其所以如此，一个重要原因就在于，马克思遇到了研究方法和叙述方法的矛盾。为此，他不得不求救于黑格尔，重新捡起了黑格尔的辩证法。马克思甚至形成了自己撰写一部辩证法著作的想法。

马克思清醒地意识到，黑格尔的辩证法是唯心主义的辩证法，唯心主义的实质已经窒息了辩证法的革命实质，因此，当务之急是将黑格尔颠倒了的东西再颠倒过来，在唯物主义的基础上重建辩证法，也就是创立唯物辩证法。在撰写《资本论》的过程中，马克思卓越地完成了这一任务。在《资本论》第一卷第二版的“跋”中，马克思明确地指出：“我的辩证方法，从根本上来说，不仅和黑格尔的辩证方法不同，而且和它截然相反。在黑格尔看来，思维过程，即甚至被他在观念这一名称下转化为独立主体的思维过程，是现实事物的创造主，而现实事物只是思维过程的外部表现。我的看法则相反，观念的东西不外是移入人的头脑并在人的头脑中改造过的物质的东西而已。”[①]马克思反复强调，黑格尔是唯心主义者，而自己是唯物主义者。在政治经济学的科学研究中，必须坚持从经济事实出发这一唯一的唯物主义的方法。

在唯物辩证法的基础上，在政治经济学的研究中，马克思科学地区分了研究方法和叙述方法。在他看来：“当然，在形式上，叙述方法必须与研究方法不同。研究必须充分地占有材料，分析它的各种发展形式，探寻这些形式的内在联系。只有这项工作完成以后，现实的运动才能适当地叙述出来。这点一旦做到，材料的生命一旦在观念上反映出来，呈现在我们面前的就好像是一个先验的结构了。”[②]按照这种区分，马克思将商品这个最简单的经济具体性作为《资本论》的起点范畴。马克思在商品的二重性（价值和使用价值）中展现出了劳动的二重性（具体劳动和抽象劳动），认为后者决定前者，前者是后者的表现。然后，通过对劳动二重性的分析，马克思展现出了资本主义生产方式的矛盾运动。这样，马克思就发现，每个个别的商品都表现为一定部分的资本和资本所创造的剩余价值的承担者。显然，马克思从对资本主义社会中的最简单、最基本、最常见、最平凡、碰到过亿万次的现象——商品的分析开始，揭

---

① 马克思，恩格斯．马克思恩格斯文集：第 5 卷．北京：人民出版社，2009：22.

② 马克思，恩格斯．马克思恩格斯文集：第 5 卷．北京：人民出版社，2009：21－22.

示出了资本主义的一切矛盾。

列宁论《资本论》的逻辑

虽说马克思没有遗留下“逻辑”（大写字母的），但他遗留下《资本论》的逻辑，应当充分地利用这种逻辑来解决这一问题。在《资本论》中，唯物主义的逻辑、辩证法和认识论［不必要三个词：它们是同一个东西］都应用于一门科学，这种唯物主义从黑格尔那里吸取了全部有价值的东西并发展了这些有价值的东西。①

在区分清楚研究方法和叙述方法关系的基础上，在政治经济学的研究中，必须将逻辑的东西和历史的东西区分清楚，坚持逻辑和历史相一致的辩证思维原则。按照这一原则，马克思科学地安排了《资本论》的体系结构。在第一卷中，撇开流通领域，专门考察了资本的生产。在第二卷中，考察了资本的流通，把生产过程只看作是生产资本流通过程的因素。在第三卷中，考察了资本主义生产的总过程，考察了其具体性或总体性。在这一卷中，马克思给自己规定的理论任务是，揭示和说明资本运动过程之外整体考察时所产生的并同在资本主义社会表面上所表现出来的形式接近的各种具体形式。第四卷为《剩余价值理论史》。在这一卷中，马克思专门地系统地分析了关于资本主义的理论概念的发展史。这里，前三卷属于逻辑的东西，第四卷属于历史的东西。通过这样的结构体系安排，《资本论》就实现了逻辑和历史的统一。其实，按照马克思的最初设想，历史的东西为第一卷，逻辑的东西为第一卷后面的内容。不论四卷的次序如何安排，坚持逻辑和历史的统一，是《资本论》在方法论上的特质。在每一个具体问题的阐述上，马克思都坚持了这一原则。

马克思的《剩余价值理论》

从 1861 年 8 月到 1863 年 7 月，马克思写成了《1861—1863 年经济学手稿》。这一手稿包括 23 个笔记，共 1 472 页，总篇幅相当于 200 个印张。其中，《剩余价值理论》占该手稿总篇幅的一半以上，约有 110 个印张。

从 1862 年春天开始，马克思转入了《剩余价值理论》的写作。其基本内容包括在第 VI—XV 笔记本中，后来在第 XXIII 笔记本中又增写了《剩余价值理论》的最后部分，约 60 页手稿。

在 1861—1863 年手稿的最后写作阶段，从第 XX 笔记本的第 1291a 页到第 XXI 笔记本的第 1301 页，马克思又补写了对配第等一些早期古典经济学家

---

① 列宁．黑格尔辩证法（逻辑学）的纲要//列宁全集：第 55 卷．北京：人民出版社，1990：290.

的许多理论观点的评论和札记的判断。

所有这些加在一起，构成了《剩余价值理论》的全部内容。

在 1866 年 10 月 13 日给库格曼的信中，马克思指出，《资本论》全部著作分为以下几个部分：第一卷为资本的生产过程，第二卷为资本的流通过程，第三卷为总过程的各种形式，第四卷为理论史。

恩格斯生前没有来得及整理《资本论》第四卷即《剩余价值理论》。

1905 年—1910 年，考茨基对马克思的上述手稿作了删改和变动，编辑出版了《剩余价值理论》。因此，对于考茨基编辑的这一版本是否为《资本论》第四卷，学术界存在着争议。

在 $MEGA^2$①中，马克思的《1861—1863 年经济学手稿》收录在第 II 部分第 3 卷中，共有 6 个分册。

《资本论》的方法高度地体现出了唯物辩证法和历史唯物论的有机统一。在坚持从经济事实出发辩证地研究资本主义生产方式的矛盾运动的过程中，马克思进一步发现了人类社会的客观性、系统性和矛盾性。

在坚持社会存在决定社会意识的历史唯物论的基本原理的前提下，通过对资本主义生产方式的矛盾运动的分析和考察，马克思进一步发现了经济因素在人类社会中的基础性和决定性的作用。马克思指出："我的观点是把经济的社会形态的发展理解为一种自然史的过程。不管个人在主观上怎样超脱各种关系，他在社会意义上总是这些关系的产物。同其他任何观点比起来，我的观点是更不能要个人对这些关系负责的。"②这里，通过与自然史的对比，马克思进一步阐明了社会史（人类社会）的客观性。社会发展的过程其实就是一个类似自然历史的发展过程。即，他们都是不以人的意志为转移的客观过程。在分析社会现象时，只要把社会关系归结为生产关系，把生产关系归结为生产力，那么，就有可靠的根据把人类社会看作是一种自然史的过程。

将人类社会看作是一个自然史的过程，就是要求对社会进行经济分析的同时，要用辩证的眼光来审视社会。人类社会是一个由多重要素构成的整体。在自然界提供的人口资源环境等物质条件的支撑下，经济的、政治的、文化的、

---

① $MEGA^2$ 为《马克思恩格斯全集》历史考证版第二版。

② 马克思，恩格斯．马克思恩格斯文集：第 5 卷．北京：人民出版社，2009：10.

社会生活的等要素的相互作用的不可分割性，使人类社会成为一个整体。在其内在矛盾的推动下，这个整体表现为一个历史过程。这一点，在资本主义社会中表现得更为明显和集中。资本主义既不是单子社会，也不是一成不变的社会。马克思指出，“现在的社会不是坚实的结晶体，而是一个能够变化并且经常处于变化过程中的有机体”①。这样，经过政治经济学研究，马克思将自己在《哲学的贫困》等著作中提出的“社会有机体”的概念发展成为一个科学实证的概念，发展成为一种哲学分析的科学方法。在一般意义上，社会有机体指明了人类社会的系统性和过程性。

在社会有机体中，生产力、生产关系、经济基础、上层建筑，是其基本的构成因子或要素。这些因子处于复杂的相互作用的过程中。这样，生产力和生产关系的矛盾、经济基础和上层建筑的矛盾，就构成了人类社会的基本矛盾。在社会基本矛盾的推动下，人类社会不仅表现为一个自然史的过程，而且表现为不断变化、不断建构、不断进步的过程。社会的过程性来自社会的矛盾性。随着社会基本矛盾运动的发展，人类社会经历了原始社会、奴隶社会、封建社会、资本主义社会。在资本主义社会中，社会基本矛盾表现为生产资料的私人占有制和社会化大生产的矛盾。凭借资本主义自身的力量，不仅难以克服这一矛盾，而且会窒息社会生产力的发展。这样，在发生资本主义经济危机的基础上，私有制的丧钟必然会敲响，剥夺者必然会被剥夺。因此，《资本论》第三卷的最后一个范畴为“阶级”。

在历史唯物论和唯物辩证法的指导下，从“商品”范畴开始，到“阶级”范畴结束，就形成了《资本论》的理论内容和逻辑结构。在此基础上，马克思提出了这样一个问题：“是什么形成阶级？这个问题自然会由另外一个问题的解答而得到解答：是什么使雇佣工人、资本家、土地所有者成为社会三大阶级的成员？”②这样，在历史维度上，马克思就回到了《1844年经济学哲学手稿》笔记Ⅰ提出的问题上；在逻辑维度上，马克思就从哲学和政治经济学过渡到了科学社会主义理论上。

从资本主义向共产主义的过渡具有经济上的必然性。通过研究资本主义生产方式发展的历史总趋势，尤其是通过研究生产资料所有制结构的历史演变，马克思发现，这一发展遵循着否定之否定的辩证规律。资本主义生产方式既和

---

① 马克思，恩格斯．马克思恩格斯文集：第5卷．北京：人民出版社，2009：10-13.

② 马克思，恩格斯．马克思恩格斯文集：第7卷．北京：人民出版社，2009：1002.

前资本主义社会形态相联系，又和未来的共产主义社会形态相联系。马克思发现："从资本主义生产方式产生的资本主义占有方式，从而资本主义的私有制，是对个人的、以自己劳动为基础的私有制的第一个否定。但资本主义生产由于自然过程的必然性，造成了对自身的否定。这是否定的否定。这种否定不是重新建立私有制，而是在资本主义时代的成就的基础上，也就是说，在协作和对土地及靠劳动本身生产的生产资料的共同占有的基础上，重新建立个人所有制。"[②]这里的个人所有制其实就是社会所有制，就是未来的共产主义的所有制。这是一个在消灭造成剥削和压迫、奴役和异化的私有制的基础上，同时消灭个人的一无所有的处境，最终使每一个人都成为所有者的所有制。在此基础上，才能实现各尽所能、按需分配。

恩格斯论《资本论》对于工人阶级运动的意义

《资本论》在大陆上常常被称为"工人阶级的圣经"。任何一个熟悉工人运动的人都不会否认：本书所作的结论日益成为伟大的工人阶级运动的基本原则，不仅在德国和瑞士是这样，而且在法国，在荷兰和比利时，在美国，甚至在意大利和西班牙也是这样；各地的工人阶级都越来越把这些结论看成是对自己的状况和自己的期望所作的最真切的表述。[①]

共产主义不仅要同传统的所有制实行彻底的决裂，重新建立个人所有制，而且要对人自身进行共产主义改造，使之成为自由的全面的发展的人。因此，共产主义社会就是一个自由人的联合体。马克思提出，所谓的自由人联合体，就是他们用公共的生产资料进行劳动，并且自觉地把他们许多个劳动力当作一个社会劳动力来使用。"这个联合体的总产品是一个社会产品。其一部分重新用作生产资料，依旧是社会的。另一部分则作为生活资料由联合体成员消费，在他们之间进行分配。这种分配的方式会随着社会生产有机体本身的特殊方式和随着生产者的相应的历史发展程度而改变。仅仅为了同商品生产进行对比，我们假定，每个生产者在生活资料中得到的份额是由其劳动时间决定的。这样，劳动时间就会起双重作用。一方面，劳动时间的社会的有计划的分配，调节着各种劳动职能同各种需要的适当的比例。另一方面，劳动时间又是计量生产者在共同劳动中个人所占份额的尺度，因而也是计量生产者在共同产品的个人可消费部分中所占份额的尺度。"[③]显然，实现人的自由而全面的发展，就是共产主义理想。这样，马克思就在经济必然性分析的基础上回归到了《共产党

① 马克思，恩格斯．马克思恩格斯文集：第 5 卷．北京：人民出版社，2009：34.
② 马克思，恩格斯．马克思恩格斯文集：第 5 卷．北京：人民出版社，2009：874.
③ 马克思，恩格斯．马克思恩格斯文集：第 5 卷．北京：人民出版社，2009：96.

宣言》上：每一个人的自由发展是其他一切人自由发展的前提条件。

共产主义是建立在劳动普遍化基础上的社会。在消灭“三大差别”的基础上，通过消灭私有制来消除异化劳动，未来的劳动将成为自由劳动。在自由劳动的基础上，联合起来的劳动者将以计划的合理的人道的方式调节人与自然之间的物质变换。这样，人类社会将从必然王国进入自由王国。这样看来，“这个领域内的自由只能是：社会化的人，联合起来的生产者，将合理地调节他们和自然之间的物质变换，把它置于他们的共同控制之下，而不让它作为一种盲目的力量来统治自己；靠消耗最小的力量，在最无愧于和最适合于他们的人类本性的条件下来进行这种物质变换。但是，这个领域始终是一个必然王国。在这个必然王国的彼岸，作为目的本身的人类能力的发挥，真正的自由王国，就开始了”①。这个自由王国就是人的自由而全面发展的社会，就是自由人联合体。这样，马克思不仅科学地回答了《1844 年经济学哲学手稿》提出的人道主义和自然主义相统一的共产主义社会何以可能的问题，而且使共产主义理想建立在了对社会发展客观规律的科学把握的基础之上，从而使共产主义成为科学共产主义。

总之，唯物辩证法在本质上是批判的和革命的，实践的唯物主义就是要坚持历史唯物论，将唯物辩证法和历史唯物论统一起来研究资本主义生产方式的矛盾运动，最终就是要揭示共产主义的历史必然性，彻底地改变世界，使现存世界革命化。这就是马克思在《资本论》中展现的马克思主义的整体性。这就是马克思《资本论》的伟大贡献。

7. 最后的理论兴趣——《评阿·瓦格纳的〈政治经济学教科书〉》

在马克思实现政治经济学领域革命的同时，资产阶级经济学却日益庸俗化了。其中，“讲坛社会主义”就是一种庸俗的资产阶级经济学思潮。从 19 世纪 60—70 年代的德国开始，一些人利用大学讲坛主张在不触动资本家的阶级利益的条件下去逐步实现“社会主义”，由此形成了“讲坛社会主义”。马克思和恩格斯对之进行了严肃而深刻的理论批判。

马克思首先捍卫和发展了建立在劳动价值论尤其是劳动二重性学说基础上

---

① 马克思，恩格斯．马克思恩格斯文集：第 7 卷．北京：人民出版社，2009：928－929.

的剩余价值理论，丰富和发展了马克思主义政治经济学。

在价值问题上，瓦格纳认为，在劳动内，马克思发现了只有他在那里所说的“交换价值的共同的社会实体”，而在社会必要劳动时间内发现了交换价值量的尺度。对此，马克思指出，自己从未说过“交换价值的共同的社会实体”的问题，也没有将之归结为劳动。马克思强调，对于自己来说，“对象既不是‘价值’，也不是‘交换价值’，而是**商品**”[②]。关键是，瓦格纳没有看到马克思和李嘉图的本质区别。马克思指出，李嘉图实际上只是把劳动当做价值量的尺度来考察，因而，他看不到其价值理论和货币本质之间的任何联系。

卡弗谈马克思文献中的辩证规律

辩证规律（这里的辩证规律指相互作用——引者注）在马克思 1859 年的《政治经济学批判》的序言中没有出现，在他的流行著作《工资、价格和利润》中没有出现，在他的伟大作品《资本论》和与此相关的手稿中，或者在他最后的理论兴趣——关于瓦格纳（德国政治经济学家）的评论中也没有出现过。[①]

在此基础上，马克思进一步突出了商品在政治经济学中的起点范畴的位置。在方法论上，马克思既不是从“概念”出发，也不是从“价值概念”出发，而是从“商品”出发。马克思明确指出：“我的出发点是劳动产品在现代社会所表现的最简单的社会形式，这就是‘商品’。我分析商品，并且最先是在它所表现的形式上加以分析。”[③]通过对商品的分析，马克思发现了商品的二重性。按自然形式来看，商品是使用物，具有使用价值；另一方面，商品又是交换价值的承担者，具有交换价值。因此，这里的关键不是把价值区分为使用价值和交换价值，而是把它们看作是统一的价值的两个矛盾的方面。这也就是把劳动产品的具体社会形式区分为上述两个方面。这里，单纯的表现形式并不构成本身的内容。

在价值的问题上，瓦格纳运用语言学的拙劣技巧，把政治经济学中叫做“使用价值”的东西，按照所谓的德语用法改称为“价值”，这样，就形成了“一般价值”的概念，然后，又利用它从“一般价值”中得出“使用价值”。这里的把戏是，只要在“价值”的前面重新加上“使用”即可。在马克思看来，关键的问题不是语言问题，而是实践问题。从科学的实践观出发，在劳动二重

---

① 特雷尔·卡弗．马克思与恩格斯：学术思想关系．北京：中国人民大学出版社，2008：126.

② 马克思，恩格斯．马克思恩格斯全集：第 19 卷．北京：人民出版社，1963：400.

③ 马克思，恩格斯．马克思恩格斯全集：第 19 卷．北京：人民出版社，1963：412.

性理论的基础上，马克思深刻地指出，"'**价值**'这个普遍的概念是从人们对待满足他们需要的外界物的关系中产生的，因而，这也是'**价值**'**的种概念**，而价值的其他一切形态，如化学元素的原子价，只不过是这个概念的属概念"[①]。在马克思看来，价值表示的主体和客体之间所具有的需要和需要的满足、目的和目的的实现之间的客观关系。在哲学上如此，在经济学上也如此。

瓦格纳从"财物"上规定价值，硬把利润说成是价值的构成因素。这样，他就忽略了马克思在商品二重性的基础上分析的劳动的二重性。在马克思看来，商品的二重性是由劳动的二重性决定的。具体劳动创造使用价值，抽象劳动创造价值。在此基础上，马克思论证了剩余价值本身是从劳动力特有的"特殊的"使用价值中产生的。马克思指出，"我把资本家看成资本主义生产的必要的职能执行者……他不仅'剥取'或'**掠夺**'，而且迫使进行**剩余价值的生产**，也就是说帮助创造属于剥取的东西……甚至在**只是等价物**交换的商品交换情况下，资本家只要付给工人以劳动力的实际价值，就完全有权利，也就是符合于这种生产方式的权利，获得**剩余价值**"[②]。显然，所有这一切并不使"资本家的利润"成为价值的"构成"因素。在资本主义条件下，劳动力成为商品是问题的关键。

在揭示剩余价值规律产生的基础上，马克思进一步揭示了资本主义生产和剥削的秘密。瓦格纳之流认为，马克思只不过是说明由工人生产的"剩余价值不合理地为资本主义企业主所得"的问题而已。其实，马克思的论断与之完全相反。在马克思看来，"商品生产发展到一定的时候，必然成为'资本主义的'商品生产，按照商品生产中占统治地位的**价值规律**，'剩余价值'归资本家，而不归工人"[③]。社会主义的必然性只能建立在这个经济规律的基础上。

同时，在批判瓦格纳唯心主义历史观和庸俗社会进化论的基础上，在捍卫唯物史观基本原理的过程中，马克思进一步丰富和发展了唯物史观。

瓦格纳抽象地看待人，从人的"自然愿望"出发看待社会经济现象。对此，马克思进行了历史唯物主义的追问。在马克思看来，如果这里指的是"一般的人"这个范畴，那么，他根本没有"任何"需要，因为需要总是具体的人的需要。如果指的是孤立地站在自然面前的人，那么，他应该被看作是一种非

---

① 马克思，恩格斯．马克思恩格斯全集：第19卷．北京：人民出版社，1963：406.
② 马克思，恩格斯．马克思恩格斯全集：第19卷．北京：人民出版社，1963：401.
③ 马克思，恩格斯．马克思恩格斯全集：第19卷．北京：人民出版社，1963：428.

群居的动物，因为人总是以社会性的关系对待自然的。如果这是一个生活在不论哪种社会形式中的人，那么，出发点是，应该具有社会人的一定性质，即他所生活的那个社会的一定性质，因为在这里，生产，即他获取生活资料的过程，已经具有这样或那样的社会性质。由此，马克思指出，“我的这种不是从人出发，而是从一定的社会经济时期出发的**分析**方法，同德国教授们把概念归并在一起（‘以言语掉弄舌锋，以言语构成一个系统’）的方法毫无共同之点”[①]。历史唯物主义的方法就是从一定的社会经济时期出发的方法，要求坚持在对经济事实进行分析的基础上把握人，而不是相反。

这种唯物主义要求人们正确处理社会存在和社会意识、经济基础和上层建筑的关系。但是，瓦格纳之流根本不可能意识到这一点。在他看来，先有作为上层建筑的法，然后才有作为经济基础的贸易。这是一种典型的历史唯心主义。对此，马克思严正地指出，“实际情况却相反：先有**交易**，后来才由交易发展为**法制**”[②]。其实，马克思在分析商品流通时就已经指出，还在不发达的物物交换的情况下，参加交换的个人就已经默认彼此是平等的个人，是他们用来交换的财物的所有者；他们还在彼此提供自己的财物，相互进行交易的时候，就已经做到这一点了。这种通过交换和在交换中才产生的实际关系，后来获得了契约这样的法的形式。但是，这一形式既不构成自己的内容，即交换，也不构成存在于这一形式中的人们的相互关系。也就是说，法律规范和道德规范是在经济基础上产生的，并且反映经济基础的内容和要求，而不是相反。

瓦格纳之所以会犯这样唯心主义的错误，就在于他采用了洛贝尔图斯的概念和方法。马克思指出，“按照洛贝尔图斯的意见，使用价值是一个‘逻辑的’概念；从而，由于人需要呼吸，‘呼吸’就是一个‘逻辑的’概念，而决不是‘生理学的’概念。洛贝尔图斯把‘逻辑的’概念和‘历史的’概念对立起来，就完全暴露出他的肤浅”[③]。这里的逻辑的和历史的关系，其实就是理论的和实践的关系。在唯物辩证法看来，逻辑的和历史的一致，就是理论的和实践的一致。尽管人有感性的需要，但是，这种需要不是主观的，而是客观的。因此，人类对需要的表达必须遵循唯物主义的原则。这样，马克思就揭示出了历史唯物论和唯物辩证法的一致和统一。

---

① 马克思，恩格斯．马克思恩格斯全集：第19卷．北京：人民出版社，1963：415.
② 马克思，恩格斯．马克思恩格斯全集：第19卷．北京：人民出版社，1963：422－423.
③ 马克思，恩格斯．马克思恩格斯全集：第19卷．北京：人民出版社，1963：420.

由于瓦格纳之流不懂得辩证法，因此，在社会历史问题上，他们鼓吹庸俗进化论。在瓦格纳看来，在关于资本家阶级对工人阶级的剥削的问题上，也就是关于资本主义生产的性质的问题上，马克思的看法是正确的；但是，马克思存在着一个错误，这就是，马克思把这种经济看作是暂时的。与之相对的是，亚里士多德的错误在于把奴隶制经济看作不是暂时的。这样，瓦格纳就力图将现成的资本主义制度说成是固定不变的即永恒的，把解决社会问题归结为消除各种营私舞弊的现象、改革赋税制度和实行工人保险等改良主义，否定革命的作用。尤其是，瓦格纳之流认为，资产阶级国家有一个特殊的社会使命。事实上，这是为容克地主土地占有制作辩护，极力吹捧和颂扬俾斯麦的警察官僚国家。对此，马克思严正地指出，这些人一只脚“仍然站在旧的垃圾上”，是“从地主的农奴变成了国家的，俗称政府的农奴”[①]。这样，马克思就揭露出了瓦格纳之流的阶级实质，突出了革命在社会发展中的推动作用。

最后，马克思进一步系统地论述了人与自然的辩证关系及其类型，进一步突出了人与自然之间物质变换的重要性，从而进一步完善了马克思主义生态思想。

在瓦格纳之流看来，人对自然的关系首先是一种理论关系，而不是实践的关系，即以活动为基础的关系。对此，马克思从历史发生的角度指出，“人处在一种**对作为**满足他的需要的资料的**外界物**的**关系中**。但是，人们决不是首先‘处在这种对**外界物**的理论关系中’。正如任何动物一样，他们首先是要**吃、喝**等等，也就是说，并不‘处在’某一种关系中，而是**积极地活动**，通过活动来取得一定的外界物，从而满足自己的需要。（因而，他们是从生产开始的。）”[②]。人是一种具有吃喝等感性需要的感性存在物。只有在这些需要满足之后，人才可能从事创造历史的活动。但是，人并不能自我满足这些需要，必须诉诸外部世界。自然是人之外的唯一的外部世界。这样，在人与自然之间就建立起了一种需要和需要的满足的关系。在此基础上，人类成为一种具有目的性的存在物。人类的目的也是在改变自然中实现的。这样，在人与自然之间就建立起了目的和目的实现之间的关系。显然，在人与自然之间具有价值关系。

自然界走着自己的路，并不会自动地满足人的需要，这样，人就决心以自己的行动改变世界。因此，人类满足需要、实现目的的活动，是从生产实践开始的。在《资本论》第一卷中，马克思就提出，劳动是人与自然之间的物质变

---

① 马克思，恩格斯．马克思恩格斯全集：第19卷．北京：人民出版社，1963：415.

② 马克思，恩格斯．马克思恩格斯全集：第19卷．北京：人民出版社，1963：405.

换过程。就物质变换问题，马克思指出，“在说明生产的‘自然’过程时我也使用了这个名称，指人与自然之间的物质变换”①。所谓人与自然之间的物质变换指的是，在人与自然之间存在着物质、能量和信息等方面的变换。在这个物质变换的过程中，人类满足了自己的需要，开始实现自己的目的。物质变换是一个典型的生态学过程，反映出人类在参与地球物理化学循环的过程中与自然建立起了内在关系，即有机关系。不过，动物是通过自身的存在来实现物质变换的，人类是通过劳动（生产实践）实现这种物质变换的。这样，在人与自然之间就形成了改造与被改造的关系，即实践关系。这既是实践的历史发生之谜，也是实践的社会功能所在。

在人类改变自然的过程中，就形成了人与自然之间的理论关系，即在人与自然之间形成了一种认识和被认识的关系。针对这一实践过程，马克思指出：“由于这一过程的重复，这些物能使人们‘满足需要’这一属性，就铭记在他们的头脑中了，人和野兽也就学会‘从理论上’把能满足他们需要的外界物同一切其他的外界物区别开来。在进一步发展的一定水平上，在人们的需要和人们借以获得满足的活动形式增加了，同时又进一步发展了以后，人们就对这些根据经验已经同其他外界物区别开来的外界物，按照类别给以各个名称。”③其实，这就是概念、理论产生的一般基础和过程。但是，瓦格纳不懂得这一点，所以陷入了唯心主义当中，胡乱使用人、法等概念。

马克思生态学批评的核心要素

马克思关于“物质变换的裂缝”的概念是其生态学批评的核心要素。资本主义条件下的人类劳动过程本身被定义为“人和自然之间的物质变换的一般条件，是人类生活的永恒的自然条件”。而“物质变换的裂缝”并不意味着什么，就是对“人类生活的永恒的自然条件”的破坏。进而，就提出了地球的可持续性问题，也就是要确保现在的条件能够传承下去，使未来世代的条件等于或者优于当代的条件。②

在实践的基础上，不仅人与自然的价值关系、实践关系、理论关系缠绕在了一起，而且形成了社会关系。马克思指出，人们“在生产过程中，即在占有这些物的过程中，经常相互之间和同这些物之间保持着劳动的联系，并且也很快必须为了这些物而同其他的人进行斗争”④。事实上，人们总是在一定的社

---

① 马克思，恩格斯．马克思恩格斯全集：第 19 卷．北京：人民出版社，1963：422.

② John Bellamy Foster. Marx's Ecology in Historical Perspective. International Socialism Journal. 2002（96）.

③ 马克思，恩格斯．马克思恩格斯全集：第 19 卷．北京：人民出版社，1963：405.

④ 马克思，恩格斯．马克思恩格斯全集：第 19 卷．北京：人民出版社，1963：405.

会关系中与自然界发生关系的。社会关系影响和制约着人与自然的关系。在资本主义社会中，资本主义生产关系最终导致了人与自然之间物质变换关系的断裂，结果导致了资本主义生态危机。因此，马克思在《资本论》中提出了按照计划的科学的人道的方式调节人与自然之间物质变换的科学设想，将之作为了共产主义的发展方向。

总之，《评阿·瓦格纳的〈政治经济学教科书〉》是马克思晚年的一篇重要文献，围绕着劳动价值论和剩余价值理论等问题，马克思科学、集中、系统地概括了自己的哲学、政治经济学和社会主义理论等方面的观点。

第13章

马克思主义与工人运动的密切结合

国际工人协会

> 1864年9月28日在伦敦圣马丁堂为声援当时再次遭到俄国蹂躏的波兰而召开的群众大会，为提出这项建议创造了条件，建议被热烈地通过了。国际工人协会成立了；大会选出了一个临时总委员会，驻地设在伦敦。从这一届起到海牙代表大会时止，每届总委员会的灵魂都是马克思。国际总委员会所发表的一切文件，从1864年的成立宣言直到1871年关于法兰西内战的宣言，几乎都是由他起草的。叙述马克思在国际中的活动，就等于撰写欧洲工人还记忆犹新的这个协会本身的历史。①

马克思首先是无产阶级革命家。在19世纪50年代和60年代，在从事科学研究的同时，马克思积极参加和指导各国革命运动，尤其是为国际工人协会（第一国际，简称“国际”）的创立和发展呕心沥血，不仅用自己的科学学说来指导各国革命运动，而且通过各国革命运动的实践来检验、丰富和发展自己的学说，实现了革命家和思想家的完美的有机的统一。在这个过程中，马克思进一步成为全世界无产阶级革命的伟大导师。

1. 马克思在“国际”创建前的革命活动

1848年后，欧洲在整个50年代都进入了反动势力统治下的反动年代，民主运动和无产阶级解放运动直到60年代才出现了复兴势头。在这段时期内，

---

① 恩格斯．卡尔·马克思//马克思，恩格斯．马克思恩格斯文集：第3卷．北京：人民出版社，2009：456.

马克思在生活上面临着经济拮据的艰难处境，在科学上面临着创作《资本论》的繁重任务。即使如此，马克思还是毅然决然地投入到了无产阶级革命实践活动中。

在“科伦共产党人案件”时期，为了拯救被捕的共产党人和挫败反动当局的阴谋，马克思和恩格斯承担了为被告辩护的工作，通过各种途径把辩护材料寄往德国，在报纸上撰文揭露普鲁士司法当局的龌龊行为。马克思夫人燕妮这样描绘马克思当时的工作紧张程度：“马克思派”在夜以继日地工作，脑袋和手脚一刻也闲不下来。马克思组织了一套完整的办事机构。两三个人写材料，另外一些人跑东跑西，还有些人四处化缘，以便使写材料的人能够有饭吃，把前所未有的揭露丑行的证据公之于众。马克思和恩格斯帮助被告的辩护人彻底推翻了起诉书中罗列的一切不实之词。但是，欲加之罪何患无辞。大多数被告还是被宣判有罪。审判以后，在马克思的倡议下，在伦敦成立了一个科伦被判罪共产党人及其家属的救济委员会。马克思发出救济的呼吁，认为帮助无产阶级先进战士减轻痛苦是每一个有觉悟的工人的义务。1852 年 10 月底至 12 月初，马克思创作完成了《揭露科伦共产党人案件》这一科学文献。在这一小册子中，马克思为无产阶级政党的荣誉进行了热情的辩护，对普鲁士当局的无耻诉讼和警察陷害进行了严厉的批判。同时，马克思与德国工人运动活动家保持联系，积极引导他们向科学共产主义的方向发展，努力成为无产阶级革命家。

马克思撰写《揭露科伦共产党人案件》时的困顿生活

……我的手稿《揭露科伦共产党人案件》。这部手稿昨天寄到瑞士去了；在那里排印，并且将发送到德国，作为给普鲁士先生们的新年礼物。如果你认为在美国市场上能收回生产费用，那你就在美国出版吧。收回得多些，就更好了。在这种情况下，应该在报刊上预先登广告，以便引起读者的好奇心。如果小册子在美国印，就应象在瑞士一样，匿名出版。如果你们考虑到，小册子的作者因无裤子和鞋子而被囚禁在家里，他的一家人过去和现在每分钟都受到确实极端贫困的威胁，那末你们是能够赏识这本小册子的幽默的。案件使我的处境更加恶化了，因为五个星期以来，我不是为糊口而挣钱，而是必须为党工作，揭露政府的阴谋诡计。此外，案件使德国出版商完全离开了我，我本来希望就出版我的《政治经济学》能同他们签订合同。最后，贝尔姆巴赫的被捕，使我失去了出售你寄来的那些《雾月》的希望，这本东西早在 5 月就通过他订购了三百本。总而言之，情况很糟。①

在 50 年代初期，一直关注英国工人运动的马克思积极参加了英国宪章派的活动。1852 年 5 月 8 日，宪章派开始发行其报纸《人民报》。在最初一年半里，马克思在该报上发表了 17 篇文章，向工人阶级的读者阐明了无产阶级革命策略的基本原理。尽管自己生活拮据，但是，考虑到报社经济困难，马克思未领取丝毫报酬和稿费。1854 年 3 月 6—18 日，英国第一次工人议会在曼彻斯特举行。马克思作为名誉代表受到邀请。尽管未能成行，但是，他在给工人议会的信中发出了“在全国范围内把工人阶级组织起来”的号召。1855 年 6 月 24 日和 7 月 1 日，宪章派组织了两次声势浩大的群众示威，抗议英国议会通过的损害工人利益的法案。马克思和李卜克内西一道参加了这两次示威，第二次险遭逮捕。1856 年 4 月 14 日，在纪念《人民报》创刊四周年的宴会上，马克思发表了演说，满怀信心地预言社会主义革命必然到来。这一演说极大地鼓舞了人心。1858 年初，该报落入了资产阶级企业家手中，马克思不得已退出了《人民报》的活动。

在 50 年代，马克思还同美国工人运动保持联系。魏德迈等人在美国积极宣传马克思主义，马克思积极支持他们发行《改革报》的工作，允许他们免费发表马克思、恩格斯为美国报纸撰写的相关文章。马克思还支持魏德迈在美国建立无产阶级组织的尝试，尤其赞同他参加 1853 年 3 月成立的美国工人同盟的工作。1857 年 1 月，与魏德迈有联系的德国流亡者在纽约成立了共产主义者俱乐部。俱乐部的成员经常在一起研究马克思和恩格斯的著作。他们曾经给马克思去信，建议马克思在欧洲重建共产主义者同盟。对此，马克思回答说，欧洲各国工人运动发展的新的条件不允许重新恢复同盟这样相对狭隘的形式，首先是应该制定革命的理论，为建立群众性的组织准备条件。

1859 年，马克思参与了德国流亡者主办的《人民报》的工作，使之成为无产阶级革命者的舆论工具。该年年初，马克思想方设法扩大和加强国际无产阶级的联系，同原来共产主义者同盟成员的关系越来越密切。在这样的情况下，就需要创办一个无产阶级自己的刊物。恰好在这个时候，作为伦敦德意志

① 马克思．马克思致阿道夫·克路斯//马克思，恩格斯．马克思恩格斯全集：第 28 卷．北京：人民出版社，1973：563.

工人教育协会和其他德国工人联合会的机关报的《人民报》于1859年5月7日创刊。马克思接到报纸的约稿后，积极引导报纸向科学的方向发展。从7月初开始，马克思实际上成为编辑和行政负责人，积极参加文章的选编，为报纸募集资金和收集资料。1859年6月4日，《〈政治经济学批判〉序言》在该报上发表。在这一科学文献中，马克思集中阐述了唯物史观的基本原理。该文对于无产阶级革命运动的科学发展具有巨大的指导意义。同时，报纸还积极报道无产阶级的罢工斗争，发表反对小资产阶级的思想意识的文章。由于经费原因，该报于1859年8月20日停刊。尽管其存在时间很短，但是，《人民报》在传播科学共产主义思想和宣传无产阶级政党的策略原则方面做出了重要贡献。

在60年代，马克思积极地参与了伦敦德意志工人教育协会的活动。1850年9月，共产主义者同盟内部发生分裂，宗派主义在协会中取得优势地位。在这种情况下，马克思和恩格斯等人发表了《退出伦敦德意志工人教育协会的声明》。到了50年代末，经过一些无产阶级革命家的努力，协会努力克服宗派主义，力求同英国的工人组织和其他民族的无产阶级建立更为密切的联系。由于情况发生了变化，马克思、恩格斯恢复了在协会的工作。马克思竭力用无产阶级的国际主义精神教育工人。在波兰起义期间，协会同其他流亡的无产阶级和民主人士参加了英法工人维护波兰的活动。1863年10月底，马克思以协会的名义起草了《伦敦德意志工人教育协会支援波兰的呼吁书》，号召为波兰起义者募捐。马克思明确地提出："波兰问题就是德国问题。没有独立的波兰，就不可能有独立统一的德国，就不可能使德国摆脱从第一次瓜分波兰时开始造成的对俄国的从属地位。"①这一文件表明了马克思主义对于民族解放运动的看法，进一步将民族解放和阶级解放联系在了一起。通过诸如此类的活动，马克思加强了自己与无产阶级运动先进分子的联系。

同时，马克思密切关注全德工人联合会的成立。在50年代和60年代，德国工人阶级的斗争意识重新高涨，迫切要求团结起来，建立一个工人自己的政治组织。为适应这一要求，1863年5月，以拉萨尔为首的全德工人联合会成立。尽管马克思不同意拉萨尔的纲领，与之断绝了联系，但是，当听到联合会成立后，马克思还是肯定性地指出："在德国工人运动沉寂了15年之后，拉萨尔又唤醒了这个运动，这是他的不朽的功绩。"②马克思在坚持批判拉萨尔错误

---

① 马克思，恩格斯．马克思恩格斯全集：第15卷．北京：人民出版社，1963：614.
② 马克思，恩格斯．马克思恩格斯选集：第4卷．北京：人民出版社，2012：475.

的同时，力求使联合会成为工人阶级的战斗组织。1862 年，李卜克内西回到德国以后参加了联合会的活动。马克思、恩格斯对之寄予了厚望，帮助他组织科学共产主义思想的宣传，认为这是形成革命的德国工人阶级力量的最好手段。1864 年春天，在庆祝联合会成立一周年的会议上，当提到马克思和恩格斯的名字时，与会者报以热烈的欢呼和鼓掌。1864 年夏天，当两名德国工人为逃避普鲁士反动当局的迫害而来到伦敦时，他们告诉马克思，莱茵省的工人始终坚持马克思和恩格斯的思想。

总之，在 50 年代和 60 年代，新的革命高潮开始出现，迫切要求形成无产阶级的国际团结。在这期间，马克思通过自己的言传身教，促进了各国无产阶级的国际团结，促进了各国无产阶级的国际斗争，这样，就奠定了国际工人协会成立的思想基础。

2. 国际工人协会的成立

到了 19 世纪 60 年代，1848 年革命后出现的反动时期终于结束，工人运动和民族解放运动风起云涌，无产阶级革命实践的发展出现了加强国际联合的需要，在这种情况下，国际工人协会应运而生。

国际工人协会的成立有其历史必然性。在 19 世纪中期，尽管资本主义经济获得了迅速发展，但是，1857 年经济危机的爆发，进一步加深了无产阶级和殖民地人民的苦难，进一步激化了阶级矛盾和民族矛盾，从而引发了工人运动和民族运动的高涨。

从资本主义体系的核心来看，在资本主义经济发展的过程中，到 60 年代，欧洲产业工人已经达到 874 万人，手工业工人达到 1 123 万人，工人阶级队伍持续扩大。但是，工人的实际生活处境并未得到有效改善。例如，英国劳动生产率提高了数倍，但是，工人的实际工资只增加了 19%。因此，工人运动在经历了十年的沉寂之后重新高涨起来。在英国，1859 年 7 月，伦敦建筑工人举行了争取九小时工作日的罢工。次年，伦敦各行业工人组成职工委员会，后来成为英国工人运动的中心。在法国，1864 年，工人举行了数次罢工，迫使法国政府废除了禁止工人罢工、集会和结社的反动法令。在德国，1863 年 5 月，全德工人联合会成立。在美国，1857 年建立了共产主义者俱乐部，1863 年建立了全国性的工人联合会。

从资本主义体系的外围来看，反对殖民统治的民族解放运动和反对封建统治的民主运动也日益发展起来。在欧洲，1859 年，德国和意大利的民族统一运动重新兴起。1863 年—1864 年，波兰爆发了反抗沙皇俄国统治的波兰起义。就波兰起义问题，马克思认为，这次起义又广泛地揭开了革命的纪元，革命的熔岩将从东方流向西方。在美洲，1861 年—1865 年，美国爆发了实行奴隶占有制的南方各州和工业化的北方各州之间的美国内战；在亚洲，1857 年—1859 年，印度人民发起了反对英国殖民统治的武装起义；1851 年—1864 年，中国爆发了太平天国运动。马克思曾对太平天国寄予厚望。此外，缅甸、朝鲜、波斯等地也爆发了反对封建统治和殖民统治的斗争。

在工人运动和民族运动遥相呼应的情况下，迫切要求工人阶级联合起来，共同斗争。在这个过程中，各国工人阶级相互声援和密切配合，保证斗争取得了预期成果。这样，就为协会的成立奠定了政治基础。其中，波兰起义成为促成协会成立的契机。1863 年 7 月 22 日，英国工人在伦敦举行群众大会声援波兰民族起义的正义斗争，法国工人代表团也参加了这次大会。会后，英法两国工人代表达成协议，准备建立一个无产阶级国际组织。这样，协会的成立就成了水到渠成的事情。

马克思从上述事态中看到了资本主义社会完全形成的最后阶段的性质和矛盾，因此，他密切关注着上述事态的发展，并且积极参与其中。马克思参加了英国和爱尔兰工人声援美国北方各州的废奴运动，出席了由波兰、德国、英国和爱尔兰工人发起和组织的支持波兰起义的会议。1863 年 7 月 22 日，马克思参加了在圣詹姆斯大厅举行的英法两国工人集会，见证了英法两国工人的联合行动。

1864 年 9 月 17 日和 24 日，英国工联的机关刊物《蜂房报》两次刊登了出席群众大会的邀请函，欢迎大家参加 1864 年 9 月 28 日举行的英法两国工人集会。

1864 年 9 月 28 日，在这个星期四的晚上，在伦敦的圣马丁堂里，来自英国、法国、德国、波兰、意大利和瑞士等国家的工人代表，以及一些资产阶级和民主党派的流亡者组织的代表齐聚一堂，举行声援波兰起义的大会。参加大会的工人至少有 2 000 名，连走廊里也挤满了人。大会由英国激进的慈善事业家比斯利教授主持，奥哲尔代表英国工人宣读了呼吁书，托伦代表法国工人宣读回应书。这两个文件表达了国际无产阶级为反对资产阶级而加强联合斗争和国际团结的共同愿望，受到大会的支持和欢迎。经过大家的讨论，决定成立一个工人阶级的国际性组织，并选出了一个由各国工人代表组成的临时委员会（至1864年10月5日）。后来，这个委员会称为中央委员会（至1866年的日内瓦代表大会）。再后来，在各个国家都建立了中央委员会之后，又改称为总委员会（直到1876年的费城代表大会宣布协会解散为止）。在10月11日的委员会会议上，宣布成立国际工人协会（即“国际”。后来，第二国际成立以后，协会被称为“第一国际”）。这样，世界上第一个无产阶级群众性的国际组织就成立了。

虽然马克思不是“国际”的发起人，但是，是“国际”当之无愧的创始人。在1864年9月28日的会议之前，英国工联领袖克里默专门发给马克思会议的请柬和邀请书。当得知大会的代表主要是真正工人运动的领袖之后，马克思认为这是一项可以取得显著成效的事业，于是决定走出书斋，再度走进实践，参加会议。这样，作为大会筹备委员会的成员之一，马克思坐在了1864年9月28日大会的主席台上。在临时委员会的选举中，马克思被选举为委员。在1864年10月5日举行的临时委员会的第一次会议上，马克思被选举为一个由九人组成的特别委员会（小委员会）的成员。从1865年夏天起，这个委员会称为常务委员会。1871年，称为执行委员会。在“国际”成立初期，该委员会的主要职责是起草纲领性的文件；后来，该委员会担负起了总委员会执行机构的职责。这一机构准备和提供总委员会的所有的重要决议和讨论，实际上发挥着领导机构的作用。在整个“国际”存在的时间

马克思谈国际工人协会的成立

巴黎人方面派来了一个代表团，由一个名叫**托伦**的工人率领，他是**巴黎最近一次选举中的真正工人候选人**，是一个很可爱的人（他的伙伴们也都是很可爱的小伙子）。定于1864年9月28日在圣马丁堂召开群众大会，召集人是奥哲尔（鞋匠，这里的各工联的伦敦理事会的主席，也是工联的鼓动争取选举权的协会的主席，这个协会同布莱特有联系）和克里默——泥水匠，泥水匠工会的书记（这两个人为声援北美而在圣詹姆斯大厅组织过由布莱特主持的工联群众大会，也为欢迎加里波第而组织过游行示威）。一个叫做**勒·吕贝**的人被派到我这里来，问我是否愿意作为德国工人的代表参加会议，是否愿意专门推荐一个德国工人在会上讲话等等。我推荐了埃卡留斯，他干得很出色，而我也在讲台上扮演哑角加以协助。我知道伦敦和巴黎方面这一次都显示了真正的“实力”，因此我决定打破向来谢绝这类邀请的惯例。

会场上挤得使人**透不过气来**（因为工人阶级现在显然重新开始觉醒了）……①

① 马克思，恩格斯．马克思致恩格斯//马克思恩格斯全集：第31卷．北京：人民出版社，1972：11-12.

中，从1864年到1872年，马克思是其唯一的一个自始至终的成员。同时，马克思还担任总委员会的德国通讯书记和俄国通讯书记，负责总委员会与这两个国家工人阶级的联络。

在这个过程中，发生了一个小插曲。起初，马克思并不知道自己被选举进入了小委员会，甚至几乎不知道“国际”通过的许多纲领性的文件。原来，在1864年10月5日召开的临时委员会会议上，马克思因故提前退场，而选举是在他退场之后举行的。但是，总书记忘记将选举的结果和往后几次会议的时间通知他。两周后，马克思缺席会议的真相大白。从那时起，马克思就恪尽职守，全身心地投入“国际”的工作中，保证参加每周举行一次的总委员会的会议。

“国际”成立后，首先需要制定自己的章程，以确定自身的性质和奋斗目标。起初，小委员会在马克思缺席的情况下提出了一个充满马志尼色彩的草案。对此，在1864年10月18日出席小委员会的会议时，马克思批评了该建议。在11月4日给恩格斯的信中，马克思指出：“委员会全会于10月18日召开。因为埃卡留斯来信告诉我，危险在于迟缓，我就出席了会议，当我听到好心的勒吕贝宣读妄想当做原则宣言的一个空话连篇、写得很糟而且极不成熟的导言时，我的确吃了一惊，导言到处都带有马志尼的色彩，而且披着法国社会主义的轮廓不清的破烂外衣。此外，意大利的章程大体上被采用了，这个章程追求一个事实上完全不可能达到的目的，即成立欧洲工人阶级的某种中央政府（当然是由马志尼在幕后操纵），至于其它错误就更不用说了。我温和地加以反对，经过长时间的反复讨论后埃卡留斯提议由小委员会重新‘修订’这些文件。”[①]在此情形下，小委员会委托马克思修订和完成章程的起草工作。此外，马克思还撰写了一份不在原计划范围内的文件——《国际工人协会成立宣言》。

3. “国际”的《成立宣言》和《共同章程》

在1864年10月21—27日之间，马克思为国际工人协会用英文起草了两个纲领性文件。

一个是《协会临时章程》（简称为《临时章程》）。在撰写这一文件时，马

① 马克思，恩格斯．马克思恩格斯文集：第10卷．北京：人民出版社，2009：214.

克思彻底改写了 1864 年 10 月 18 日临时委员会会议上提交的文件中的引言部分，又把章程的条款部分由 40 条压缩到 10 条。在修订组织原则时，马克思只保留了个别有关组织形式的条款。《临时章程》于 1864 年 10 月 27 日得到小委员会的认同，11 月 1 日由临时委员会一致通过批准。《临时章程》规定了“国际”的性质、组织结构和活动方式，确定“国际”要成为追求共同目标即工人阶级的保护、发展和彻底解放的各国工人团体进行联络和合作的中心，体现了民主集中制的原则。在引言部分，马克思言简意赅地阐明了无产阶级运动的基本的纲领性的原理。1866 年 9 月 5 日，在国际日内瓦代表大会上，批准了《临时章程》，被称为《国际工人协会共同章程》（简称《共同章程》）。两天以后，9 月 8 日的会议批准的补充修改内容，后来被称为《组织条例》，附在《共同章程》后面。

另外一个是《国际工人协会成立宣言》（简称为《成立宣言》）。《成立宣言》原来不在“国际”工作计划的范围内，是根据马克思的提议新增加的内容。在《成立宣言》中，马克思回顾了 1848 年到 1864 年期间工人阶级的命运，肯定了工人阶级取得的争取十小时工作日、开展合作运动的成就，深刻论述了工人阶级国际团结的必要性和重要性。同样，《成立宣言》于 1864 年 10 月 27 日得到小委员会的认同，11 月 1 日由临时委员会一致通过批准。恩格斯认为，《成立宣言》是章程的一种具有约束性的解释。

恩格斯论国际工人协会的成立和“共同章程”

当欧洲工人阶级又强大到足以对统治阶级政权发动另一次进攻的时候，产生了国际工人协会。它的目的是要把欧美整个战斗的工人阶级联合成**一支**大军。因此，它不能从《宣言》中提出的那些原则**出发**。它必须有一个不致把英国工联，法国、比利时、意大利和西班牙的蒲鲁东派以及德国的拉萨尔派拒之于门外的纲领。这样一个纲领即国际章程绪论部分，是马克思起草的，其行文之巧妙连巴枯宁和无政府主义者也不能不承认。至于说到《宣言》中所提出的那些原则的最终胜利，马克思把希望完全寄托于共同行动和讨论必然会产生的工人阶级的精神的发展。反资本斗争中的种种事件和变迁——失败更甚于胜利——不能不使进行斗争的人们明白自己一向所崇奉的那些万应灵丹都不灵，并使他们的头脑更容易透彻地了解工人解放的真正的条件。马克思是正确的。1874 年，当国际解散的时候，工人阶级已经全然不是 1864 年国际成立时的那个样子了。①

在撰写上述两个文件的过程中，马克思明确地意识到，不仅必须将科学共产主义的基本原理贯穿到其中，将无产阶级的革命目的公布于众，而且必须将

① 恩格斯．共产党宣言·1890 年德文版序言//马克思，恩格斯．马克思恩格斯文集：第 2 卷．北京：人民出版社，2009：20.

这些基本原理以一种能够适合于当时工人运动发展的情况表达出来，并能为各种工人运动派别所接受。对此，在 1864 年 11 月 4 日给恩格斯的信中，马克思指出："要把我们的观点用目前水平的工人运动所能接受的形式表达出来，那是很困难的事情。几星期以后，这些人将同布莱特和科布顿一起举行争取选举权的群众大会。重新觉醒的运动要做到使人们能像过去那样勇敢地讲话，还需要一段时间。这就必须做到实质上坚决，形式上温和。"[①]这在于，在当时的工人运动中，既有英国的工联主义者，也有法国和比利时的蒲鲁东主义者，还有德国的拉萨尔分子。如果只强调科学共产主义的原则，那么，不利于团结这些人。但是，如果一味地迁就这些人，那么，国际工人运动就会脱离科学共产主义的轨道。这样，实质上坚决和形式上温和，就成为可行的选择。马克思出色地完成了这一历史任务，体现出了他高超的领导能力和决策能力。

为了实现阶级解放，必须充分发挥经济斗争和社会斗争的作用。在《成立宣言》中，马克思首先用详尽的数字和资产阶级国家官方文件深刻揭示出，在 1848 年到 1864 年期间，尽管资本主义工业获得了空前的发展，但是，工人阶级的贫困没有丝毫减轻。例如，英格兰和威尔士两处的男性土地所有者人数已经由 1851 年的 16 934 人，减少到 1861 年的 15 066 人，即土地集中程度在 10 年中增大了 11％。但就大多数来说，货币工资的提高很少表示福利的实际增长，正如就伦敦贫民院或孤儿院的被收容者来说，购买其生活必需品在 1852 年花 7 英镑 7 先令 4 便士，到 1861 年要花 9 英镑 15 先令 8 便士。这表明，"不论是机器的改进，科学在生产上的应用，交通工具的改良，新的殖民地的开辟，向外移民，扩大市场，自由贸易，或者是所有这一切加在一起，都不能消除劳动群众的贫困；在现代这种邪恶的基础上，劳动生产力的任何新的发展，都不可避免地要加深社会对比和加强社会对抗。"[②]由于资本主义经济的发展无法消除劳动群众的贫困，只会加深两极分化和阶级对立，因此，无产阶级必须起来进行经济斗争和社会斗争。在《成立宣言》中，马克思以赞扬的口吻评价了 1848 年革命以来的两个重大的事件。

一是工人阶级取得了争取十小时工作日斗争的胜利。长期以来，资本家靠延长工作日来榨取工人阶级的剩余价值，结果超出了工人的体力、道德和智力等方面的极限，因此，工人阶级进行了 30 年的惊人斗争，终于利用土地巨头

---

① 马克思，恩格斯．马克思恩格斯文集：第 10 卷．北京：人民出版社，2009：216.

② 马克思，恩格斯．马克思恩格斯文集：第 3 卷．北京：人民出版社，2009：10.

和金融巨头之间的矛盾，迫使英国议会于 1847 年 6 月 8 日通过了十小时工作日法案。马克思认为，“十小时工作日法案不仅是一个重大的实际的成功，而且是一个原则的胜利；资产阶级政治经济学第一次在工人阶级政治经济学面前公开投降了”①。这里的问题涉及一个大的争论，即构成资产阶级政治经济学实质的供求规律的盲目统治和构成工人阶级政治经济学实质的由社会预见指导社会生产之间的争论。工人阶级政治经济学即马克思主义政治经济学，承认和尊重工人阶级争取经济权益的经济斗争。

二是工人阶级创造了合作工厂和合作运动。我们要看到，“劳动者在经济上受劳动资料即生活源泉的垄断者的支配，是一切形式的奴役的基础，是一切社会贫困、精神沉沦和政治依附的基础”②。因此，无产阶级革命最终要夺回生产资料的所有权。在此之前，工人阶级可以采用合作运动来对抗雇佣劳动制度。在欧洲，由欧文播下的合作制的种子，在 1848 年之后的欧洲工人的手中开始生根和抽芽。工人阶级在这方面进行了许多试验。这表明，大规模的生产，并且是按照现代科学要求进行的生产，没有那个雇用工人阶级的雇主阶级也能够进行；为了有效地进行生产，劳动工具不应当被垄断起来作为统治和掠夺工人的工具。因此，马克思兴高采烈地指出，合作运动“注定要让位于带着兴奋愉快心情自愿进行的联合劳动”，因此，“对这些伟大的社会试验的意义不论给予多么高的估价都是不算过分的”③。在马克思看来，合作运动是走向联合劳动的重要步骤。他认为，这是“劳动的政治经济学对财产的政治经济学”的一个更大的胜利。财产的政治经济学即资本的政治经济学，劳动的政治经济学即工人的政治经济学。

总之，经济斗争和社会斗争也是无产阶级革命的重要选项。在《共同章程》中，马克思明确提出：“由于经济斗争而已经达到的工人力量的联合，同样应该成为这个阶级在反对它的剥削者的政权的斗争中所掌握的杠杆。”④工人阶级应该创造性地运用这些形式，为取得最终胜利而服务。这里，马克思通过对工人阶级的经济斗争和社会斗争的评论，巧妙地指明了共产主义所具有的“社会预见指导社会生产”和“联合劳动”等特征和要求。

---

① 马克思，恩格斯．马克思恩格斯文集：第 3 卷．北京：人民出版社，2009：12.
② 马克思，恩格斯．马克思恩格斯文集：第 3 卷．北京：人民出版社，2009：226.
③ 马克思，恩格斯．马克思恩格斯文集．第 3 卷．北京：人民出版社，2009：12－13.
④ 马克思，恩格斯．马克思恩格斯文集．第 3 卷．北京：人民出版社，2009：228.

由于经济斗争和社会斗争难以从根本上解决问题，因此，无产阶级必须夺取政权。夺取政权是无产阶级的历史使命。虽然经济斗争和社会斗争能够在一定程度上改善工人阶级的现实处境，但是，难以从根本上改变工人阶级受剥削和受压迫的地位。此外，为了解放劳动群众，合作劳动必须在全国范围内推广和发展，因而必须依靠全国的财力。但是，由于财力掌握在土地巨头和资本巨头的手中，他们总是想方设法利用其政治特权来维护和永久保持他们的经济垄断。因此，他们不仅不会促进劳动解放，恰恰相反，他们会继续在它的道路上设置种种障碍。这样看来，“夺取政权已成为工人阶级的伟大使命”①。在《共同章程》中，马克思进一步指出：“由于土地巨头和资本巨头总是要利用他们的政治特权来维护和永久保持他们的经济垄断，来奴役劳动，所以，夺取政权已成为无产阶级的伟大使命。”②只有夺取政权，使自己上升为统治阶级，成为社会的主人，无产阶级才可能开始获得真正的解放。这里，马克思深刻阐明了关于夺取政权是无产阶级伟大使命的科学社会主义思想。

在争取解放的过程中，工人阶级只能自己解放自己，也必须自己解放自己。与过去的一切革命不同，工人阶级的革命不是改朝换代，而是要改天换地。除了工人阶级之外，没有任何一个阶级能够承担起这一历史使命。这在于，无产阶级是与社会化大生产相联系的阶级，除了自己的劳动力以外一无所有。因此，马克思在《共同章程》中提出，“工人阶级的解放应该由工人阶级自己去争取；工人阶级的解放斗争不是要争取阶级特权和垄断权，而是要争取平等的权利和义务，并消灭一切阶级统治”③。工人阶级的解放必须依靠自身的力量，这是工人阶级解放的特殊性。只有在无产阶级解放自身的过程中，全人类才能获得解放。

各国无产阶级在自己解放自己的过程中，必须联合起来，共同行动。在以往的实践中，工人阶级的一切努力之所以没有收到应有的效果，就在于各个国家内部的不同劳动部门的工人不够团结，就在于各国工人阶级彼此之间缺乏亲密的联合和合作。1848 年欧洲革命期间，欧洲各国的反动统治者建立了一个镇压无产阶级运动的联盟，而各国工人阶级的联合组织还没有建立，因此，还无法联合起来反对统治阶级的统治，最终导致了革命的失败。这样，就提出了

---

① 马克思，恩格斯．马克思恩格斯文集：第 3 卷．北京：人民出版社，2009：13.
② 马克思，恩格斯．马克思恩格斯文集：第 3 卷．北京：人民出版社，2009：229.
③ 马克思，恩格斯．马克思恩格斯文集：第 3 卷．北京：人民出版社，2009：226.

两个方面的要求。

一方面，无产阶级必须建立自己的政党。在《成立宣言》中，马克思指出，工人们似乎已经了解到夺取政权问题，因此，英国、德国、意大利和法国都同时活跃起来了，并且同时都在努力从政治上改组工人政党。在《共同章程》中，马克思指出："无产阶级在反对有产阶级联合力量的斗争中，只有把自身组织成为与有产阶级建立的一切旧政党不同的、相对立的政党，才能作为一个阶级来行动。为保证社会革命获得胜利和实现革命的最高目标——消灭阶级，无产阶级这样组织成为政党是必要的。"①只有无产阶级组织成为政党，在政党的领导下夺取政权，建立无产阶级自己的政权，工人阶级才可能彻底摆脱资产阶级的剥削和压迫，才能彻底改变自己的处境。可见，成立无产阶级政党，是无产阶级完成自身历史使命的基本前提和重要保证。

另一方面，各国工人阶级的合作也是实现自身阶级解放的前提条件和重要保障。在《成立宣言》中，马克思深刻阐述了工人阶级的国际团结的必要性和重要性。"工人的一个成功因素就是他们的人数；但是只有当工人通过组织而联合起来并获得知识的指导时，人数才能起举足轻重的作用。过去的经验证明：忽视在各国工人间应当存在的兄弟团结，忽视那应该鼓励他们在解放斗争中坚定地并肩作战的兄弟团结，就会使他们受到惩罚，——使他们分散的努力遭到共同的失败。"②这表明，工人阶级运动要取得成功，必须要联合起来，共同行动和共同斗争。从根本上来看，《共同章程》提出，"劳动的解放既不是一个地方的问题，也不是一个国家的问题，而是涉及存在现代社会的一切国家的社会问题，它的解决有赖于最先进的国家在实践上和理论上的合作"③。只有坚持无产阶级的国际主义，工人阶级才能自己解放自己。在这个过程中，还必须坚持科学共产主义理论的指导。作为科学共产主义理论的马克思主义，在揭示世界历史发展客观规律的基础上，已经科学地揭示出无产阶级是一种世界历史性的存在，无产阶级解放是一种世界历史性的解放，因此，无产阶级解放必须坚持国际主义原则。

在坚持无产阶级的国际主义精神的过程中，工人阶级还必须与被压迫民族团结起来。资产阶级往往利用民族情绪和民族意识来破坏工人运动和民族运动

---

① 马克思，恩格斯．马克思恩格斯文集：第 3 卷．北京：人民出版社，2009：228.
② 马克思，恩格斯．马克思恩格斯文集：第 3 卷．北京：人民出版社，2009：13 - 14.
③ 马克思，恩格斯．马克思恩格斯文集：第 3 卷．北京：人民出版社，2009：226.

的团结和统一，怂恿工人为“祖国”而战。其实，在世界历史的条件下，无产阶级和资产阶级之间绝没有共同利益，工人阶级和被压迫民族之间才存在着共同利益。因此，马克思在《成立宣言》中提出了这样的问题：既然工人阶级的解放要求工人们兄弟般的合作，那么，在那种为追求罪恶目的而利用民族偏见并在掠夺战争中洒流人民鲜血和浪费人民财富的对外政策下，工人阶级又怎么能完成这个伟大任务呢？在《共同章程》中，马克思明确提出了：“加入协会的一切团体和个人，承认真理、正义和道德是他们彼此间和对一切人的关系的基础，而不分肤色、信仰或民族”[①]。因此，工人阶级必须反对和揭露本国资产阶级政府的对外侵略政策，支持民族解放运动，努力做到使私人关系间应该遵循的那种简单的道德和正义的准则，成为各民族之间的关系中的至高无上的准则。在马克思看来，为这样一种对外政策而进行的斗争，是争取工人阶级解放的总斗争的一部分。

无产阶级的国际团结同样需要应有的组织形式。国际工人协会成立的目的就是使工人阶级联合起来共同反对资产阶级的统治。在《共同章程》中，马克思指出：“本协会的成立，目的是要成为追求共同目标即工人阶级得到保护、发展和彻底解放的各国工人团体进行联络和合作的中心。”[②] 为此，马克思再次发出了《共产党宣言》中提出的响彻云霄的战斗号召：“全世界无产者，联合起来！”

总之，《成立宣言》和《共同纲领》是马克思为第一国际起草的纲领性文献，为国际工人协会和工人运动的健康发展奠定了科学的理论基础。在这个意义上，马克思是第一国际当之无愧的“灵魂”。

4. “国际”在1871年前的主要活动

1864年以后，在马克思的正确指导下，在总委员会的领导下，国际工人协会卓有成效地开展了一系列重要活动，把国际工人运动推进到了联合斗争的新阶段，有效地推进了工人运动和民族运动的发展，促进了科学共产主义思想在国际工人运动中的广泛传播。

按照《共同章程》，“国际”定期召开代表大会或代表会议，就一系列涉及

---

① 马克思，恩格斯．马克思恩格斯文集：第3卷．北京：人民出版社，2009：227.

② 马克思，恩格斯．马克思恩格斯文集：第3卷．北京：人民出版社，2009：227.

工人阶级利益的广泛问题进行讨论。在历次代表大会上，讨论了正常工作日问题、妇女和儿童劳动问题、工会的地位和作用问题、土地所有制问题、对待农民的策略问题、政治斗争的必要性问题、对目前和未来的国家的立场问题、社会主义经济纲领问题等。通过这种讨论，尤其是在马克思的调停下，会议总是不断地把争论拉回到核心问题上，直接达成协议和采取共同行动，而对阶级斗争和把工人组织成为阶级的需要则给以直接的支持和帮助。特别是马克思为 1866 年日内瓦代表大会起草的《给临时中央委员会代表的关于若干问题的指示》，成为指导国际工人协会指导各国工人阶级斗争的具体行动纲领。例如，在国际联合行动方面，马克思提出："协会的伟大的目的之一就是要使各国工人在求解放的大军中，不仅在**感情**上是，而且是**行动**上也是兄弟和同志。"[①]为此，马克思提出一项伟大的"国际联合行动"，就是由工人阶级自己对所有国家的工人阶级状况进行统计调查。马克思提出的指示共有 9 点，其中作为代表大会决议通过的有以下 6 点：关于国际联合行动、限制工作日、儿童劳动和妇女劳动、合作劳动、工会、常备军。

国际工人协会（第一国际）大事记

时间	主要事件
1864 年	国际工人协会成立。马克思加入"国际"
1865 年	伦敦代表会议。讨论波兰问题等
1866 年	日内瓦代表大会。讨论工会问题等
1867 年	洛桑代表大会讨论土地所有制问题等
1868 年	布鲁塞尔代表大会。讨论战争与和平问题，通过关于土地所有制的社会主义纲领等
1869 年	巴塞尔代表大会。讨论农民问题等
1870 年	普法战争爆发，协会延期应届代表大会
1871 年	伦敦代表会议。讨论《关于工人阶级的政治行动》等
1872 年	海牙代表大会。与无政府主义斗争，通过《关于工人阶级的政治行动》，马克思退出国际等
1873 年	"国际"总委员会迁往纽约
1876 年	费城代表大会。宣告"国际"解散

从阶级团结的高度出发，"国际"大力支持各国工人运动的发展，并呼吁其他国家的工人给予配合和支持。1865 年 4 月 25 日，柏林印刷工人来信，报

① 马克思，恩格斯．马克思恩格斯全集：第 21 卷．北京：人民出版社，2003：266.

道了500名莱比锡排字工人的罢工，要求给以援助。马克思在总委员会的会议上宣读了这封来信。信中说，每一次工人的行动，每一次工人的罢工，都具有国际意义。这在于，工人们争取实现局部的和地方的目的的斗争，实际上也是为整个阶级的事业而战斗。在这种情况下，总委员会要求伦敦排字工人工联给以支持和帮助。马克思参加了访问这个工联代表团的活动。自此，经常不断地组织对工人罢工的国际主义的声援和支援，就成为总委员会和整个“国际”的重要的日常工作。1866年3月26日，爱丁堡的1 000名缝纫工人举行罢工，要求增加工资和缩短工时。为此，他们成立了一个全行业的联合会。企业主暗中从国外招聘工人来英国务工，企图破坏罢工，妄图使奴隶制度永远存在下去。针对这一点，总委员会在国外的报纸上发出警告，从而挫败了企业主的阴谋。企业主不得不把工人的工资提高了15%。对此，马克思指出，“能够维护本阶级的共同利益，而不会在资本反对劳动的斗争中充当资本的顺从的雇佣兵，对于德国工人来说，是关乎荣誉的事情”①。按照这一原则和精神，“国际”支持了1867年1月巴黎铜器工人举行的罢工，迫使企业主同意工人提出的条件。“国际”援助了1868年1月日内瓦建筑工人的罢工，每月给断绝生路的3 000多名罢工工人及其家属捐款4万法郎，迫使企业主缩短工人的工时，增加了工人要求的一半的工资。通过上述活动，国际工人协会教育了工人，增强了工人阶级的团结意识和联合意识，同时壮大了“国际”自身的力量。

通过各种活动，“国际”还大力支持被压迫民族的民族解放运动。在“国际”成立最初的几个月中，马克思用了不少时间来论证无产阶级对波兰问题的国际主义立场。他积极参与了1863年波兰起义纪念活动的筹备工作。在1865年的伦敦代表会议上，专门讨论了波兰问题。1865年4月13日，在关于波兰问题的动议的《更正》中，马克思指出：“保守的欧洲的口号是：被奴役的欧洲要以被奴役的波兰为基础。‘国际工人协会’的口号正相反：自由欧洲要靠自由和独立的波兰来支撑。”②按照这一原则和精神，“国际”积极支持波兰的民族解放运动。1867年1月22日，马克思在总委员会和波兰流亡者举行的纪念波兰起义的大会上发表了热情洋溢的演说。大会决议指出，没有独立的波兰，就没有自由的欧洲。1868年，总委员会还谴责了英国政府对沙皇俄国的奴颜婢膝的政策。国际工人协会的上述行动，极大地鼓舞了波兰民族解放运

---

① 马克思，恩格斯．马克思恩格斯全集：第21卷．北京：人民出版社，2003：234.
② 马克思，恩格斯．马克思恩格斯全集：第21卷．北京：人民出版社，2003：148.

动。在爱尔兰的问题上，同样如此。过去，马克思认为，只有英国工人阶级取得胜利，爱尔兰才能获得解放。通过与工联主义的斗争，马克思认识到，在当时的条件下，只有推翻英国在爱尔兰的统治，才能给予英国工人阶级必要的革命的推动，否则，英国工人阶级就不能摆脱工人联合主义的影响，就不能打倒自己的敌人——资产阶级。通过讨论，“国际”达成了这样的共识，爱尔兰问题不是单纯的民族问题，而是土地问题、生存问题，因此，不革命，即死亡。这就是当前的口号。按照这一原则和精神，国际工人协会积极支持爱尔兰民族解放运动。1869年10月24日，在总委员会参与下，伦敦20万人举行示威抗议。马克思同自己的两个女儿参加了游行。1870年2月—4月，为了揭露英国对爱尔兰的殖民政策，马克思的爱女燕妮在父亲的帮助下为巴黎的《马赛报》撰写了8篇文章。同样，国际工人协会的上述行动极大地鼓舞了爱尔兰民族解放运动。

国际工人协会还积极支持美国的废奴运动。受总委员会的委托，马克思于1864年11月下旬给林肯发去了一封热情洋溢的贺信：“欧洲的工人坚信，正如美国独立战争开创了资产阶级取胜的新纪元一样，美国反对奴隶制的战争将开创工人阶级取胜的新纪元。他们认为，由工人阶级忠诚的儿子阿伯拉罕·林肯来领导自己国家进行解放被奴役种族和改造社会制度的史无前例的战斗，是即将到来的时代的先声。”[①]虽然林肯出身平民家庭，但是，他代表的仍然是资产阶级的利益。因此，在给林肯的贺信中，马克思始终站在工人阶级的角度来评价林肯所从事的事业的价值，并希望这一事业能够开创工人阶级解放的新纪元。然而，正当美国的废奴运动取得决定性胜利的时刻，林肯于1865年被一个同情南方奴隶主的人刺杀身亡。对此，马克思严正指出：“‘那些至高无上的伯爵们’实在太凶狠了。对林肯的杀害在全世界掀起轩然大波，引起强烈的反响。他们之中任何一个人之死都决不会享受到这种荣誉。”[②]这里，马克思不仅强烈地谴责了这一令人发指的行径及其幕后操纵者，还高度评价了林肯的历史功绩。

在从实践上推动工人运动发展的同时，“国际”在马克思的引导下还积极开展理论工作和理论斗争。在这个过程中，马克思尤其注重对工人阶级开展科学共产主义理论教育。在“国际”内部，围绕着罢工问题，展开了争论。来自

---

① 马克思，恩格斯．马克思恩格斯全集：第16卷．北京：人民出版社，1964：21.

② 奇金．马克思的自白．北京：中央编译出版社，2011：10.

英国的韦斯顿反对罢工。在他看来，要求改善工人劳动条件的罢工一旦取得成功，就会提高工人的工资，工资提高后就会导致物价上涨，因此，罢工斗争毫无意义。对此，在1865年6月20日和27日总委员会举行的两次会议上，马克思批驳了韦斯顿的观点，同时深刻而通俗地阐明了价值、价格和工资的科学理论。马克思指出，利润是从资本家无偿获取的剩余价值中产生的，工资和利润都是新创造的产品价值的组成部分，资本主义生产的总的趋势是降低工资的平均水平，工人们通过斗争可以提高工资，但只有消灭雇佣劳动才能彻底解决资产阶级社会中的社会问题。因此，工会的重要作用在于，不仅是工人进行经济斗争和社会斗争的中心，而且是教育工人同资本家进行决战的学校。马克思的报告产生了巨大的影响。在参加和领导“国际”的工作中，马克思把他准备的《资本论》中的全部知识都带进了“国际”。自此，“国际”的工作就有了基本的遵循。当《资本论》第一卷德文版出版不久，1868年，在“国际”的布鲁塞尔代表大会上，就通过了德国代表团提出的号召全世界的工人阶级学习《资本论》的决议案。在《资本论》的教育下，一批先进的无产阶级革命战士成长了起来。

可见，在1871年之前，国际工人协会取得了一系列的重大成就。

5. 马克思在“国际”的繁忙的九年

自从参加“国际”以后，马克思就全身心地投入到了“国际”的工作中。“国际”工作占用了马克思的大量时间。

马克思1865年一周工作日程

2月28日。托伦和弗里布尔从巴黎来了。**中央委员会**开了会，他们在会上作解释并同勒·吕贝争辩到夜里十二点。之后在博勒特酒馆有一个夜间会议，在那里我又在大约两百张会员证上签了名。（我现在已经改变了这种笨方法，即把我们的签名在制锌版时就加上去，只有总书记才必须亲笔签名。但是还有一千张会员证，是过去印的，因此只好照旧签名。）

3月1日。波兰大会。

3月4日。**小委员会开会讨论法国人问题**，到夜里一点钟。

3月6日。**小委员会开会**讨论同上问题，到夜里一点钟。

3月7日。**中央委员会会议开到夜里十二点钟。通过决议。**

……

亲爱的，有什么办法呢？既然走了第一步，就得走第二步呀！①

“国际”需要马克思做的工作太多了。尽管总委员会每周举行一次例会，但是，其余的时间仍然被各种谈判、讨论和小委员会的会议占用去。马克思总要参加小委员会的每周一次的会议。会议一般在星期六举行。马克思有时也把自己的住宅中的书房让出来用于开会。总委员会的成员和来伦敦国际工人协会办事的各国工人经常出入马克思的住宅。这样，马克思的住宅就不仅成为流亡者和无产者的集结地，而且越来越像国际无产阶级运动的指挥部。

在“国际”中，马克思一直担任德国通讯书记。为了吸引德国工人参加“国际”，马克思花费了不少心思。当时，主要有两个方面的障碍。从当时德国的法律规定来看，俾斯麦政府通过了禁止德国工人团体参加国外组织的法律。从工人运动内部来看，全德工人联合会的拉萨尔分子采取了宗派主义的立场。针对前一个障碍，马克思提出，按照德国工人个人入会的组织形式，来保证德国工人参加“国际”。1865年初，马克思给德国工人大量签发了会员证。这样，在表面上不违背资产阶级法律的情况下解决了德国工人加入国际工人协会的问题。针对后一个障碍，马克思积极做拉萨尔派的思想工作。为了在德国宣传“国际”的思想，马克思和恩格斯同意给由拉萨尔分子发行的《社会民主党人报》撰稿。马克思把《成立宣言》寄给了该报。1864年12月底和1865年1月初，该报分两期发表了宣言。马克思高兴地向总委员会报告了这一消息。在马克思和恩格斯的指导下，李卜克内西和倍倍尔密切合作，充分发挥了德意志工人教育协会在工人运动中的作用，“国际”在德国建立了自己的支部。1867年，李卜克内西和倍倍尔双双被选入德国国会。他们开始将议会作为工人阶级的一个全国性的讲坛。在1869年8月7—9日举行的爱森纳赫代表大会上，德国社会民主工党成立。这是国际共产主义运动史上第一个在民族国家范围内建立的无产阶级政党。这次大会通过的纲领基本上是一个马克思主义的纲领。这样，在马克思的帮助下，德国工人就实现了团结统一。

除了担任德国通讯书记外，马克思还担任国际的俄国通讯书记。1870年

① 马克思．马克思致恩格斯//马克思，恩格斯．马克思恩格斯全集：第31卷．北京：人民出版社，1972：102.

春天，国际工人协会俄国支部成立。1870 年 3 月 12 日，俄国支部给马克思去信，请求他担任俄国支部在总委员会中的代表。在这个过程中，马克思与俄国革命活动家的联系越来越广。他经常帮助俄国的革命家，与他们保持通信联系，把“国际”的工作状况和总委员会的决议告诉他们，给他们寄去必要的文件和资料。俄国支部的成员把马克思写给国际的重要文件译为俄文出版。

随着国际工人运动的发展和胜利，马克思的影响越来越大。在这种情况下，俾斯麦试图让马克思“与政府靠拢”，妄图用金钱和美女“收买”马克思，将“国际”纳入自己的掌控之中。1865 年 10 月 8 日，一位俾斯麦的御用文人给马克思去信，要求马克思为《国家通报》撰稿。1867 年 4 月 23 日，俾斯麦派了一位律师拜访马克思，希望马克思为德国人民谋福利。马克思对之都严词拒绝。甚至，俾斯麦政府给“国际”日内瓦德语支部寄去了一笔赠款，但是，马克思丝毫不领情。1867 年 6 月初，俾斯麦派出自己的外甥女与马克思“偶遇”，但是，这位年轻美貌的小姐无功而返。显然，马克思十分重视自己和“国际”的声誉。任何招数和诡计都奈何不了马克思和他的事业。

马克思的辛勤浇灌和耕耘，必将使国际工人运动枝繁叶茂、开花结果。果然，这一天来临了！请看 1871 年 3 月的巴黎！请看那些冲天的巴黎人！

第 14 章

无产阶级夺取政权的伟大尝试

《法兰西内战》

> 工人阶级反对资本家阶级及其国家的斗争，由于巴黎的斗争而进入了一个新阶段。不管这件事情的直接结果怎样，具有世界历史意义的新起点毕竟是已经取得了。①

1871 年 3 月 28 日，作为无产阶级专政伟大尝试的巴黎公社正式成立，宣告人类历史进入了一个新纪元。马克思和“国际”积极支持巴黎工人的伟大创举。在总结巴黎公社经验的基础上，马克思创作了《法兰西内战》，丰富和发展了科学社会主义理论。

1. 巴黎公社的历史发展进程

巴黎公社革命是人类社会历史上具有划时代意义的重大历史事件，在工人运动发展史和社会主义发展史上写下了浓墨重彩的华丽篇章。

19 世纪后期，资本主义的快速发展，不仅使工人阶级力量的发展壮大，也使得资本主义国家之间的矛盾激化。1870 年 7 月 19 日，法国皇帝路易·波拿巴为了转移国内阶级矛盾和阻止德国的统一，悍然发动了普法战争。然而，战争的天平很快向普鲁士方面倾斜。1870 年 9 月 1—2 日，两国军队在法国东北部城市色当附近展开了一场决定性的会战，十余万法国军队战败并全部投降，国王拿破仑三世也成为普鲁士的俘虏。消息传来后，9 月 4 日，巴黎人民

---

① 马克思．马克思致路德维希·库格曼//马克思，恩格斯．马克思恩格斯文集：第 10 卷．北京：人民出版社，2009：354.

举行了革命起义，推翻了法兰西第二帝国的统治，成立了共和国，组成了以梯也尔为首的自称为“国防政府”的临时政府。临时政府是一个彻头彻尾的卖国政府，以出卖国家主权为条件与普鲁士媾和。1871 年 1 月 18 日，普鲁士国王威廉一世宣布德意志帝国成立，自己为德意志皇帝。1871 年 2 月 26 日，以俾斯麦为代表的德国政府与以梯也尔和法夫尔为代表的法国临时政府签订了一个初步合约。根据初步合约，法国将阿尔萨斯全省和和洛林东部给德国，并赔偿德国 50 亿法郎的战争赔款；在赔偿款付清之前，德国军队继续占领法国的部分领土。1871 年 5 月 10 日，双方以此为基础，签订了正式和约。1871 年 1 月 28 日，俾斯麦同临时政府的代表茹·法夫尔签订了《停战和巴黎投降协定》。这样，临时政府就沦为彻头彻尾的卖国政府，彻底走到广大工人群众的对立面。

资产阶级临时政府深知，广大工人阶级不可能同意他们签署的卖国条约。当临时政府签署了投降条约之后，巴黎工人运用自己掌握着的武装，站在反抗德国侵略的第一线，迫使战胜了十余万法军的德国军队不敢越雷池一步。同时，只要工人手里还有武器，大土地占有者和资本家的统治就时刻处于危险之中。这是临时政府不能容忍的一件事情。因此，临时政府必须首先解除巴黎工人的武装。1871 年 3 月 18 日凌晨，临时政府命令其军队向国民自卫军进攻，企图夺取他们的大炮。这些大炮是在巴黎被围期间由公众捐款制造的。对此，工人阶级进行了激烈的反抗，加之临时政府的军队中有许多同情工人和手工业者的士兵，迫使临时政府撤出巴黎，逃亡凡尔赛。因此，巴黎工人夺取了行政管理机关的权力，并通过普选于 1871 年 3 月 26 日选出了公社委员会，于 3 月 28 日建立了巴黎公社。这样，之前执行着政府职能的国民自卫军中央委员会，就将自己的权力交给了公社。

在巴黎公社成立大会上，广大人民群众发自内心的响彻云霄的“公社万岁”的欢呼声使得资产阶级胆战心惊。资产阶级深知，只有将巴黎公社革命迅速扼杀，他们才能维持自身的统治。因此，为了尽快绞杀巴黎公社革命，资产阶级大力组织军队，并通过向德国卑躬屈膝，使得德国提前释放了几万名法国战俘。虽然公社委员会在很短的时间内组织了一支几万人的武装队伍，但是他们并没有趁反动军队立足未稳时对其发动进攻，没有没收法兰西银行，没有建立无产阶级和广大农民的革命同盟军，没有和巴黎以外的工人阶级取得联系，也没有和其他国家的工人联合起来建立牢固的革命同盟军。

事实上，巴黎公社革命爆发后，马克思就通过密使建议公社委员们要乘胜追击，建议他们在蒙马特尔高地北部进行防御，要求他们将那些能使国防政府成员声名狼藉的全部卷宗寄到伦敦，以迫使临时政府不敢轻举妄动。然而，公社委员们并没有采纳这些重要的建议。因此，面对这些武装到牙齿的反革命军队的进攻，力量单薄的巴黎公社被迫进行防御作战，并很快处于下风。在 1871 年 4 月 6 日致威廉·李卜克内西的信中，马克思指出："看来巴黎人是要失败了。这是他们的过错，但这种过错实际上是由于他们过分**仁慈**而造成的。中央委员会以及后来公社都给了梯也尔这个邪恶的小矮子以集中敌人兵力的时间：(1) 因为它们愚蠢地不愿意开始**内战**，好像梯也尔力图用暴力解除巴黎武装并不是开始内战似的；好像只是为解决对普鲁士人的和战问题而召集的国民议会不曾立即对**共和国**宣战似的！(2) 为了避免篡夺政权的嫌疑，它们进行公社的选举，而组织公社的选举等等又花费了许多时间，因而它们失去了宝贵的时机（当反动派在巴黎——旺多姆广场——失败以后，本来是应该立刻向凡尔赛进军的）。"[①] 这时，马克思已经预测到巴黎公社可能会失败。

当凡尔赛军队向巴黎进攻时，公社战士同巴黎的工人、手工业者、小商贩和知识分子一道为保卫巴黎而并肩战斗。当凡尔赛军队攻占巴黎之后，英勇的公社战士与之展开了激烈的巷战，甚至连妇女和儿童都拿起武器来保卫革命的成果。"巴黎全体人民——男人、妇女和儿童——在凡尔赛军队开进城内以后还战斗了一个星期的那种自我牺牲的英雄气概，反映出他们事业的伟大，而士兵们穷凶极恶的暴行则反映出雇用他们作为保镖的那个文明所固有的精神。"[②] 从 1871 年 5 月 21 日开始，巴黎公社进入最危急的关头，反动政府对公社战士进行了血腥的镇压，犯下了残酷的暴行。"只是在经过八天的战斗之后，最后一批公社捍卫者才在贝尔维尔和美尼尔芒坦的高地上倒下去，这时对赤手空拳的男女老幼已进行了一个星期的越来越疯狂的屠杀达到了顶点。用后装枪杀人已嫌不够快了，于是便用机关枪去成百上千地屠杀战败者。最后一次大屠杀是在拉雪兹神父墓地上的一堵墙近旁发生的，这堵'公社战士墙'至今还伫立在那里，作为无声的雄辩见证，说明一旦无产阶级敢于起来捍卫自己的权利，统治阶级的疯狂暴戾能达到何种程度。后来，当发觉不可能把一切人杀尽的时候，就开始了大逮捕，并从俘虏群中任意拉出一些牺牲品来枪杀，其余的人则

---

① 马克思，恩格斯．马克思恩格斯文集：第 10 卷．北京：人民出版社，2009：351.

② 马克思，恩格斯．马克思恩格斯文集：第 3 卷．北京：人民出版社，2009：174.

赶到大营房里去，让他们在那里等待军事法庭的审判。”[①]根据凡尔赛政府报告估计，在最后一周浴血奋战之中，有 17 000 名公社战士被屠杀。1871 年 5 月 28 日，巴黎公社失败后，有 399 823 人被告密，有差不多 40 000 人被捕，有 36 000 人被军事法庭判决。事实上的数字要高于凡尔赛政府报告中的数字。最终，在德法两国反动统治阶级的联合绞杀下，巴黎公社宣告失败。对此，马克思在《法兰西内战》结尾处指出：“工人的巴黎及其公社将永远作为新社会的光辉先驱而为人所称颂。它的英烈们已永远铭记在工人阶级的伟大心坎里。那些扼杀它的刽子手们已经被历史永远钉在耻辱柱上，不论他们的教士们怎样祷告也不能把他们解脱。”[②] 显然，巴黎公社将永远载入史册之中。

虽然巴黎公社只存在了 72 天，但却是国际工人运动的一个伟大创举，将工人阶级反抗资产阶级的斗争推进到了一个新的发展阶段，开创了人类历史的新纪元。

2. 巴黎公社的主要革命措施

巴黎公社革命成功后，成立了公社委员会。公社委员会分为多数派和少数派。多数派是布朗基派，少数派是国际工人协会会员，他们多半是蒲鲁东派社会主义的信徒。其中，公社的政治方面的措施主要由布朗基派负责，经济方面的措施主要由蒲鲁东派负责。虽然布朗基派和蒲鲁东派都有着深刻的历史局限性，但是由他们组成的公社也推行了一系列有价值的措施，做了很多正确的事情。由于资产阶级国家是一个虚幻的共同体，资产阶级将自己的狭隘的阶级利益说成是全社会的利益，并将国家机器变成凌驾于全社会之上的主人，以便统治广大工农群众，因此，要开创一个新社会，在打碎资产阶级国家机器的基础上，无产阶级要将国家机关变成服务于全社会的社会公仆。为了实现这一目标，巴黎公社采取了一系列民主措施。

在废除旧政府的物质力量方面，巴黎公社废除了常备军和警察。3 月 30 日，公社取消了征兵制和常备军，把一切能荷枪作战的公民都要参加的国民自卫军宣布为唯一的武装力量。组建人民的武装、废除常备军具有十分重大的意义。它是一切社会进步在经济方面的第一个必要条件，既消除了一个捐税与国债之源，使农民免除血税，不再成为所有国税和国债的不竭源泉，也消除了阶

---

① 马克思，恩格斯．马克思恩格斯文集：第 3 卷．北京：人民出版社，2009：107.

② 马克思，恩格斯．马克思恩格斯文集：第 3 卷．北京：人民出版社，2009：181.

级统治僭取政府权力的危险。它还是抵御外国侵略的最可靠的保障，其他国家要维持这样的军事机器，必将耗资巨大无法负担。同时，在巴黎公社成立之前，国民自卫军中央委员会就下令废除了声名狼藉的巴黎“风纪警察”。巴黎公社成立后，废除独立的警察，而代之以公社的勤务员。由于军队和警察是上层建筑的重要组成部分，是国家的暴力机器，是阶级统治的重要工具，因此，巴黎公社的上述措施从根本上废除了旧政府的物质力量，为建立工人阶级的新政府奠定了基础。

要全面废除旧政府的影响，不仅要废除旧政府的物质力量，还要摧毁作为压迫工具的精神力量，即主要是僧侣势力方面。为此，公社于 4 月 2 日下令，宣布教会与国家分离，取消国家用于宗教事务的一切开支，剥夺一切教会所占有的财产，并将其转为国家财产。4 月 8 日，公社下令把一切宗教象征、神像、教义、祷告，从学校中革除出去。同时，“从一切公立学校中取消宗教教育（同时实施免费教育），使其成为私人生活范围之内的事，靠信徒的施舍维持；使一切教育机构不受政府的监护和奴役——随着这一切的实现，精神的压迫力量即被摧毁，科学不仅成为人人有份的东西，而且也摆脱掉政府压制和阶级偏见的桎梏”[①]。在教育方面，公社强调必须坚持教育的独立性和人民性，取消国家和教会对学校的干预。同时，在对待法国农民方面，公社用启发人们智慧的教师代替麻痹他们头脑的教士，即用教师代替各级僧侣。唯此，才能真正促进农民的解放。

巴黎公社成立

① 马克思，恩格斯．马克思恩格斯文集：第 3 卷．北京：人民出版社，2009：222－223.

虽然资产阶级提出了廉价政府的口号，但是他们并没有也不可能实现这一目标，只有巴黎公社才实现了这一目标。因为公社成立后，就取消了常备军和国家官吏这两项最大的开支。同时，公社于 4 月 1 日规定，包括所有公社委员在内的公务人员的薪金，不得超过 6 000 法郎。而这些行政、司法和国民教育方面的公务人员都是由普选选出的人员担任，而且规定选举者可以随时撤换被选举者。这样，即使公社没有另外给代表机构的代表签发限权委托书，也能有效地防止人们去追求升官发财，进而防止国家和国家机关的异化，即由社会公仆变为社会主人。为了保证廉价政府的实现，公社“彻底清除了国家等级制，以随时可以罢免的勤务员来代替骑在人民头上作威作福的老爷们，以真正的责任制来代替虚伪的责任制，因为这些勤务员总是在公众监督之下进行工作的。他们所得的报酬只相当于一个熟练工人的收入，每月 12 英镑，最高薪金每年也不超过 240 英镑”①。这样的薪金只略高于伦敦国民教育局秘书工资的五分之一。这样，公社彻底废除了国家等级制，不仅将国家机关工作人员变成对选民负责，并且随时可以被罢免的勤务员，还取消了公职人员的高薪制，建设廉价政府。

巴黎公社实行真正意义上的普选权，由人民直接行使权力，由各公社选举它们的行政的和创制法律的公职人员。在此过程中，“法官的虚假的独立性被取消，这种独立性只是他们用来掩盖自己向历届政府奴颜谄媚的假面具，而他们对于那些政府是依次宣誓尽忠，然后又依次背叛的。法官和审判官，也如其他一切公务人员一样，今后均由选举产生，对选民负责，并且可以罢免。”②可见，法官和审判官由选举产生，并且可以随时罢免。这样，可以保证巴黎公社成为真正的人民政府。

为了维持社会的正常运转，巴黎公社还颁布一些具体的法令。“关于房租和商业期票的法令，真是绝妙的措施；如果不颁布这些法令，四分之三的商人和手工业者就要破产。”③ 这样，公社就事实上保护了商人和手工业者的合法权益。公社于 4 月 16 日下令，对被厂主停工的工厂进行登记，并制订计划，将这些工厂的原有工人联合成合作社以开工生产，同时还要把这些合作社组成一个大的联社。同时，为了维护工人阶级的合法权益，公社于 4 月 20 日废止

---

① 马克思，恩格斯．马克思恩格斯文集：第 3 卷．北京：人民出版社，2009：196.
② 马克思，恩格斯．马克思恩格斯文集：第 3 卷．北京：人民出版社，2009：155.
③ 马克思，恩格斯．马克思恩格斯全集：第 17 卷．北京：人民出版社，1963：674.

了面包工人的夜工，还取消了从第二帝国时起用于剥削工人的职业介绍所，将职业介绍所交由巴黎 20 个区的区政府接管。由于当铺是供私人来剥削工人的工具，与工人占有自己的劳动工具的权利和进行借贷的权利相抵触，因此，公社于 4 月 30 日下令封闭当铺。

从整体上看，“**公社**——这是社会把国家政权重新收回，把它从统治社会、压制社会的力量变成社会本身的充满生气的力量；这是人民群众把国家政权重新收回，他们组成自己的力量去代替压迫他们的有组织的力量；这是人民群众获得社会解放的政治形式，这种政治形式代替了被人民群众的敌人用来压迫他们的假托的社会力量（即被人民群众的压迫者所篡夺的力量）（原为人民群众自己的力量，但被组织起来反对和打击他们）。”① 可见，巴黎公社革命不是为了改朝换代，不是用一个剥削阶级取代另一个剥削阶级，而是为了彻底消灭剥削阶级。

显然，巴黎公社实质上是工人阶级的政府，是无产阶级夺取政权、实行无产阶级专政的第一次伟大尝试。

3. 马克思和“国际”对公社的支持和帮助

在巴黎公社存在期间，马克思积极担当公社的顾问和导师，不仅为公社的发展出谋划策，还反击各国反动政府对公社的种种污蔑，向全世界积极宣传公社的伟大意义。巴黎公社失败后，马克思主动担负起援助公社流亡者的重任，竭尽全力使他们摆脱凡尔赛反动军队的逮捕和迫害。

虽然在 1870 年 9 月法兰西共和国宣布成立时，马克思劝工人阶级不要过早地进行起义，以免遭到普鲁士军队和本国资产阶级的联合绞杀，但是当巴黎公社爆发后，他不仅无条件地支持巴黎公社，还驳斥了当时关于巴黎公社的一些错误观点。库格曼认为，巴黎公社是条件不成熟的产物，是不应该发生的，因此，其本身并不具有重要的意义。对此，在 1871 年 4 月 12 日给库格曼的信中，马克思指出：“这些巴黎人，具有何等的灵活性，何等的历史主动性，何等的自我牺牲精神！在忍受了六个月与其说是外部敌人不如说是内部叛变所造成的饥饿和破坏之后，他们起义了，在普军的刺刀下起义了，好像法国和德国之间不曾发生战争似的，好像敌人并没有站在巴黎的大门前似的！历史上还没

① 马克思，恩格斯．马克思恩格斯文集：第 3 卷．北京：人民出版社，2009：195.

有过这种英勇奋斗的范例!”①显然，马克思对巴黎公社革命给予了极高的评价，将之看作无产阶级政党从六月起义以来最光荣的业绩，看成是无产阶级政党的事业。在 1871 年 4 月 17 日给库格曼的信中，马克思指出，如果斗争只是在有利的条件下进行，那么创造世界历史就太过容易了。因此，“这一次，起决定作用的不利的‘偶然情况’，决不应该到法国社会的一般条件中去寻找，而应该到普鲁士人盘踞法国并兵临巴黎城下这样一种情况中去寻找。这一点，巴黎人是知道得非常清楚的。但是，资产阶级的凡尔赛恶棍们也知道这一点。正因为如此，这些恶棍才要巴黎人抉择：或是进行战斗，或是不战而降。工人阶级在后一场合下的消沉，是比无论多少‘领导者’遭到牺牲更严重得多的不幸”②。可见，无产阶级的革命必须充分发挥自身的主观能动性，不战而降和意志消沉比失败更为可怕。在特定的情况下，无产阶级必须具有明知不可为而为之的勇气和决心，进而去创造属于自身的历史。

从 1871 年 3 月底开始，公社就派出密使前往伦敦寻求马克思的指导。马克思与奔波于法国和德国之间的商人艾劳和波克罕建立了联系。在 1871 年 4 月 25 日给马克思的信中，已经当选巴黎工人委员会委员的弗兰克尔指出：“假若您愿意为我出出主意，那我真是求之不得。因为我现在可以说是单枪匹马却仍然要对我将在公共劳动部门推行的全部改革单独负责。从您上封信的字里行间可以看出，您将尽力而为，使全体人民，全体工人，尤其是德国人了解巴黎公社与德国的旧式团体完全是两码事。因此，您无论如何会对我们的事业大力支持的。”③ 可见，公社的健康发展亟须马克思的科学指导。马克思对此也是不遗余力，不仅建议公社不能将大量宝贵的时间浪费在琐碎事务和个人争执方面，还提醒公社委员会要当心德国和法国的反动势力联合起来对付公社。在 1871 年 6 月 12 日给爱德华·斯宾塞·比斯利的信中，马克思较为详细地阐述了他于 1871 年 5 月 11 日通过一位德国商人将写有俾斯麦和法夫尔在法兰克福达成秘密协议的详情细节的书信交给巴黎公社。“如果公社听从我的警告，那该多好啊！我曾建议公社委员们加强蒙马特尔高地的北部，即对着普鲁士人的那一面，而且当时他们还是有时间这样做的；我曾事先告诉他们，如果不这样

---

① 马克思，恩格斯．马克思恩格斯全集：第 10 卷．北京：人民出版社，2009：352－353.
② 马克思，恩格斯．马克思恩格斯文集：第 10 卷．北京：人民出版社，2009：354.
③ 转引自德曼弗雷德·克利姆．马克思文献传记．郑州：河南人民出版社，1992：333.

做的话，他们就会陷入罗网；我向他们揭露了皮阿、格鲁塞和韦济尼埃；我曾要求他们立即把那些足以使国防政府成员声名狼藉的全部案卷寄到伦敦来，以便在一定程度上遏制公社敌人的疯狂行为。——如果公社听从我的警告，那么凡尔赛分子的计划总会部分地遭到失败的。”[①] 可惜的是，这些中肯的建议并没有被公社委员会采纳。

为了维护自己狭隘的阶级利益，资产阶级报刊对巴黎公社进行种种污蔑。对此，在 1871 年 4 月 6 日给李卜克内西的信中，马克思要求他千万不要相信报纸上出现的关于巴黎内部事件的种种胡说八道，认为它们都是谎言和欺骗。为此，必须对资产阶级的污蔑进行反驳，向世人展示巴黎公社的真实情况。在 1871 年 5 月 13 日给莱奥·弗兰克尔和路易·欧仁·瓦尔兰的信中，马克思指出：“为了维护你们的事业，我已经写了几百封信，寄给世界各地凡有我们支部的地方。何况工人阶级从公社成立那天起就是拥护公社的。甚至英国的资产阶级报纸也放弃了它们最初那种凶狠的态度。有时，我还能在这些报纸上发表一些对你们有利的文章。”[②] 可见，马克思为公社的事业作出了巨大的努力，还在资产阶级的报刊上为公社发声，有力地驳斥了资产阶级对公社的污蔑。

小燕妮笔下救助公社战士的马克思

你们可以想象，所有这些困难和牵挂使可怜的摩尔多么不安。他不仅要和各国统治阶级的政府进行斗争，而且还要和“身体肥胖、和蔼可亲和年纪四十的”房东太太们进行短兵相接的搏斗，因为这些房东太太由于某个公社社员没有付房租就对摩尔发起攻击。他刚要专心地进行抽象思考，斯密斯太太或者布朗太太就会闯进来。[③]

巴黎公社失败后，为了使公社社员从凡尔赛警察的搜捕下脱险，马克思想尽一切办法，多次为他们提供英国和德国的护照，使他们顺利逃出魔爪。在 1871 年 6 月 12 日给比斯利的信中，马克思指出：“我的一位女友在三四天内就要到巴黎去。我给了她几份合法的护照，让她带给现在还匿居在巴黎的一些公社委员。如果您或者您的某一个朋友有事要托她在那里办理的话，请写信告

① 马克思，恩格斯．马克思恩格斯文集：第 10 卷．北京：人民出版社，2009：359.

② 马克思，恩格斯．马克思恩格斯文集：第 10 卷．北京：人民出版社，2009：355.

③ 燕妮·马克思．燕妮·马克思致路德维希·库格曼和盖尔特鲁黛·库格曼//马克思，恩格斯．马克思恩格斯全集：第 33 卷．北京：人民出版社，1973：667.

诉我。”[①]通过这种方式，马克思帮助很多公社战士逃出凡尔赛，脱离生命危险，为革命保存了火种和希望。同时，刚从战争环境中逃出的大量的流亡者到达伦敦等城市后，都面临着基本的衣食住行等生存问题。为此，马克思作出了巨大的努力，不仅不顾自己的实际经济状况慷慨解囊，还积极在工人群众中宣传巴黎公社的英雄事迹，为流亡的公社战士募集资金。在1871年7月27日给库格曼的信中，马克思指出，自己不仅要处理国际的众多工作，还要关怀伦敦的大量巴黎公社流亡者，因此，即使一天有四十八小时，他仍然是几个月也做不完这些工作。马克思还竭尽全力为公社流亡者寻找居住地。这样，马克思就像斗士一样，发挥自己的全部力量来保护公社的流亡者。

在统治阶级看来，马克思和巴黎公社的流亡者是一体的，马克思是流亡者的首领，因此，统治阶级不仅加大了对公社流亡者的迫害程度，也加大了对马克思的监视和诽谤力度。资产阶级报刊上每天发表关于马克思的文章以及他同公社之间的关系的无稽之谈，并纷纷从巴黎寄到他那里。在1871年12月21—22日给路·库格曼的信中，小燕妮指出：“一些下流报刊作家的卑鄙诽谤唆使英国人反对公社社员，以致大家都以毫不掩饰的恐惧的眼光看着他们。雇主们不愿意同他们打交道。用化名找到了工作的人，一旦被发现他们是什么人，就被解雇。例如，可怜的赛拉叶夫妇找到了法语教员的工作。但是，几天以前他们接到通知：再也不需要前公社委员及其夫人为之效劳了。根据我亲身的经验，我也能举出这样的例子。譬如，门罗一家人断绝了同我的一切来往，因为他们可怕地发现，我是煽动捍卫非法的公社运动的首领的女儿。”[②]可见，统治阶级在利用各种手段迫害公社流亡者的同时，也对马克思及其家人进行了残酷的迫害。这也反映了马克思在工人群众中间的巨大影响力，以及统治阶级对他的恐惧和仇恨。

马克思倾注了自己的全部热情和能力来指导巴黎公社革命和救助公社流亡者，为巴黎公社事业的推进和公社革命火种的保存作出了重要贡献。

4.《法兰西内战》对公社经验的科学概括

巴黎公社成立后，马克思就开始搜集和研究公社活动的各种材料，将资料

---

① 马克思，恩格斯．马克思恩格斯文集：第10卷．北京：人民出版社，2009：358.

② 马克思，恩格斯．马克思恩格斯全集：第33卷．北京：人民出版社，1973：666-667.

编辑成一个笔记本，并建议国际工人协会总委员会发表一篇告全体会员的宣言。1871 年 4 月 18 日，受总委员会委托，马克思开始起草这一宣言。到 5 月 10 日，已完成了宣言的初稿，5 月中旬就写好了宣言的第二稿。5 月下半月，马克思已在写宣言的最后一稿了。5 月 23 日，他向总委员会阐述了这个文件的一系列论点。1871 年 5 月 30 日，巴黎公社失败后的第三天，马克思就在第一国际宣读了《法兰西内战》，并得到总委员会的一致批准。《法兰西内战》将巴黎公社的一些有创造性的实践上升为无产阶级革命的普遍经验，将巴黎公社的教训总结提升出来，从正反两方面丰富和发展了无产阶级革命和无产阶级专政理论。

资产阶级政权是代表资产阶级利益的政权，是资产阶级的统治工具。“现代工业的进步促使资本和劳动之间的阶级对立更为发展、扩大和深化。与此同步，国家政权在性质上也越来越变成了资本借以压迫劳动的全国政权，变成了为进行社会奴役而组织起来的社会力量，变成了阶级专制的机器。每经过一场标志着阶级斗争前进一步的革命以后，国家政权的纯粹压迫性质就暴露得更加突出。”①可见，资产阶级国家政权的实质是劳动和资本的对立。因此，工人阶级不能简单地掌握现成的国家机器，必须打碎资产阶级的政府权力，建立自己的政府机器。巴黎公社对之进行了积极的探索，用工人阶级的政府取代资产阶级的政府。公社的真正秘密就在于：它实质上是工人阶级的政府，是生产者阶级同占有者阶级斗争的产物，使人类社会历史上第一次占人口大多数的工农群众成为统治阶级，进而实现工农群众的彻底解放。在此基础上，“公社是想要消灭那种将多数人的劳动变为少数人的财富的阶级所有制。它是想要剥夺剥夺者。它是想要把现在主要用做奴役和剥削劳动的手段的生产资料，即土地和资本完全变成自由的和联合的劳动的工具，从而使个人所有制成为现实。”② 可见，公社是要通过剥夺剥夺者，将生产资料变成自由的和联合的劳动的工具，进而实现真正的个人所有制。这里的个人所有制就是《资本论》中所讲的重建个人所有制的问题，其实就是社会所有制。巴黎公社为无产阶级革命和无产阶级专政提供了一个全新的样板。对此，在 1891 年《法兰西内战》德文第三版的导言中，恩格斯指出：“近来，社会民主党的庸人又是一听到无产阶级专政这个词就吓出一身冷汗。好吧，先生们，你们想知道无

---

① 马克思，恩格斯．马克思恩格斯全集：第 17 卷．北京：人民出版社，1963：152.

② 马克思，恩格斯．马克思恩格斯文集：第 3 卷．北京：人民出版社，2009：158.

产阶级专政是什么样子吗？请看巴黎公社。这就是无产阶级专政。”① 显然，巴黎公社丰富和发展了无产阶级革命和专政的经验，开创了无产阶级革命和专政的新阶段。

在总结巴黎公社经验教训的基础上，马克思意识到无产阶级革命不可能一蹴而就，而是需要一个长期探索的过程。工人阶级知道，“为了谋求自己的解放，并同时创造出现代社会在本身经济因素作用下不可遏止地向其趋归的那种更高形式，他们必须经过长期的斗争，必须经过一系列将把环境和人都加以改造的历史过程”②。无产阶级要实现自身的解放，必须在改造环境的同时，加强对人的改造。而改造人是一项更为复杂的系统工程，需要相当长的历史时期。以旧社会走出的旧军人为例，马克思指出：“士兵们在工人阶级的敌人的训练下所养成的根深蒂固的习性，自然不可能在他们转到工人方面来的一刹那间就改变。克莱芒·托马也是被这些士兵处死的。”③旧社会和旧军队中走出来的人保留着一些根深蒂固的旧习性，要改造这些旧习性，需要一个长期的过程。为此，马克思进一步指出：“工人阶级知道，他们必须经历阶级斗争的几个不同阶段。他们知道，以自由的联合的劳动条件去代替劳动受奴役的经济条件，只能随着时间的推进而逐步完成（这是经济改造）；他们不仅需要改变分配，而且需要一种新的生产组织，或者毋宁说是使目前（现代工业所造成的）有组织的劳动中存在着的各种生产社会形式摆脱掉（解除掉）奴役的锁链和它们的目前的阶级性质，还需要在全国范围内和国际范围内进行协调的合作。”④无产阶级斗争要取得胜利需要经历不同的发展阶段，具有长期性。资产阶级既得利益集团和他们的自私心理必然会抗拒无产阶级革命的事业，进而延缓和阻挠无产阶级革命事业的发展。正如奴隶制和农奴制的经济规律的自发作用被代替经历了漫长的发展过程一样，“自由的联合的劳动的社会经济规律的自发作用”代替“资本和地产的自然规律的自发作用”也必然要经历漫长的发展过程。当然，在意识到无产阶级革命的长期性和艰巨性的同时，无产阶级也必须充分发挥自己的主观能动性，通过公社的政治组织形式，向这一目标大步迈进。总之，无产阶级和资产阶级斗争必然将经历相当长的历史时期。

---

① 马克思，恩格斯．马克思恩格斯文集：第3卷．北京：人民出版社，2009：111－112.
② 马克思，恩格斯．马克思恩格斯文集：第3卷．北京：人民出版社，2009：159.
③ 马克思，恩格斯．马克思恩格斯文集：第3卷．北京：人民出版社，2009：144.
④ 马克思，恩格斯．马克思恩格斯文集：第3卷．北京：人民出版社，2009：198－199.

马克思着力歌颂的主角是英勇、无私的巴黎工人。在他看来，“冲天的巴黎人”是新道德的代表。面对战争和破坏，面对长达四个月之久的封锁，英勇的巴黎工人开始了建设新社会的历史进程，表现出了伟大、高尚的品质，努力劳动、用心思索、战斗不息、流血牺牲的巴黎，正放射着它的历史首创精神的炽烈的光芒。马克思也尽情地歌颂了巴黎劳动妇女的美德。在这次斗争中，真正的巴黎妇女又出现在最前列，她们像古典古代的妇女那样具有英勇、高尚和献身的精神。

巴黎公社失败的重要原因是没有建立起牢固的无产阶级的革命同盟军，以至于公社最后在德法两国反动派的联合绞杀下失败。因此，马克思强调，工人阶级与农民及其他非无产阶级群众的联盟，是无产阶级取得胜利和建设新社会的重要条件。在第二帝国时期，反动政府对农民阶级进行了残酷的剥削和压迫。巴黎公社爆发后，“公社能使农民免除血税，能给他们一个廉价政府，能把现今吸吮着他们鲜血的公证人、律师、法警和其他法庭吸血鬼，换成由他们自己选出并对他们负责的领工资的公社勤务员。公社能使他们免除乡警、宪兵和省长的残暴压迫，能用启发他们智慧的学校教师去代替麻痹他们头脑的教士。”① 可见，公社能够给农民带来实实在在的好处，是农民唯一的希望。因此，为了维护农民的利益，农民和工人必须结成无产阶级的革命同盟军。同时，广大农民和工人之间存在着紧密的联系。资本主义的发展必然会导致现代农业的发展和资本主义农场经营的竞争，使农民被剥夺的速度加快，进而导致农村无产阶级的增加。

对于中等资产阶级和小资产阶级而言，他们的命运是要么跟着统治阶级走，要么跟着工人阶级走，因此，他们也是无产阶级革命必须争取的对象。巴黎公社从实际上拯救了中等阶级，将其从债务中解放了出来。因此，无产阶级是真正代表农民、中等阶级和小资产阶级利益的阶级，无产阶级应该和这些阶级建立广泛的革命同盟军。“当然，在法国，像在绝大多数的欧洲大陆国家一样，在城市生产者和农村生产者之间、在工业无产阶级和农民之间是存在着深刻的矛盾的。”② 可见，无产阶级和农民阶级之间也存在着一定的矛盾。这种矛盾也存在于无产阶级与中等阶级和小资产阶级之间。因此，在建立无产阶级革命同盟军的过程中，无产阶级必须保持自身的独立性，积极

① 马克思，恩格斯．马克思恩格斯文集：第 3 卷．北京：人民出版社，2009：161.
② 马克思，恩格斯．马克思恩格斯文集：第 3 卷．北京：人民出版社，2009：201.

引导和教育其他非无产阶级革命群众。在革命发生的过程中，大量非无产阶级加入革命队伍中来，将自己的阶级思想带入到革命中来，进而影响革命的健康发展。这也是巴黎公社革命失败的一个重要原因。总之，通过总结和提升巴黎公社的经验教训，马克思丰富和发展了无产阶级革命同盟军思想。

《法兰西内战》一经发表就产生了很大的轰动。作为总委员会的宣言，《法兰西内战》没有署上马克思的名字。1871 年 6 月 13 日，它首次以 35 页小册子的形式用英文出版，印数为 1 000 份。两个星期之后销售一空。在马克思建议下，又印刷了第二版，印数为 2 000 份。同时，又以传单形式发行。7 月 25 日，马克思向总委员会通报说，第二版已脱销。8 月初，第三版印刷，印数为 1 000 份。不久，这一文献又用 9 种欧洲文字发表。恩格斯指出："自伦敦有史以来，还没有一件公诸于世的文献，像国际总委员会的宣言那样，产生如此强烈的影响。大型报刊起初本来打算施展其保持完全沉默的惯技，但是，只过了几天它们就深深感到，这一次再这样做已经行不通了。"②这也使得反动统治阶级对马克思更为仇恨。在 1871 年 6 月 18 日给库格曼的信中，马克思写道："现在再谈谈**宣言**③，这你大概已经收到了吧！它引起了一片疯狂的叫嚣，而我目前荣幸地成了伦敦受诽谤最多、受威胁最大的人。在度过二十年单调的沼泽地的田园生活之后，这的确是很不错的。政府的报纸《观察家报》以向法庭起诉来威胁我。看他们敢！对这帮恶棍我一点也不在乎！"④这不仅反映了《法兰西内战》产生的巨大影响，也反映了马克思顽强的革命斗争精神，以及对反动派的无情批判和蔑视。

马克思关于
《法兰西内战》作者的声明

由 30 人以上组成的总委员会，当然不可能自己直接草拟它的文件。它不得不将这一工作委托给委员会的这个或那个委员，而自己保留有否决文件或修改文件的权利。我写的"法兰西内战"这一宣言曾由国际总委员会一致通过，因而它是表达总委员会观点的正式文件。至于对茹尔·法夫尔之流的个人指责，则是另一回事。在这个问题上，总委员会的绝大多数只得信赖我的正直。所以我支持一位总委员会委员的建议，要约翰·黑尔斯先生在他给侯里欧克先生的回信中说明我是宣言的作者。对这些指责，只由我一个个人承担责任，我在此建议茹尔·法夫尔之流向法院控诉我诬蔑他们。①

---

① 马克思．致"每日新闻"编辑//马克思，恩格斯．马克思恩格斯全集．第 17 卷．北京：人民出版社，1963：401.

② 马克思，恩格斯．马克思恩格斯全集：第 17 卷．北京：人民出版社，1963：408.

③ 指《法兰西内战》。

④ 马克思，恩格斯．马克思恩格斯全集：第 33 卷．北京：人民出版社，1973：236.

《法兰西内战》用振奋人心的革命文体写成。这是它的一个重要特点。在“国际”成立之初，为了争取多数，马克思不得不采用温和的形式来表述自己的观点。但是，巴黎公社革命的爆发说明，工人阶级的思想已大为成熟，工人阶级的团结已大为加强，“国际”的作用越来越重要，因此，马克思又能够采用《共产党宣言》那样激动人心、充满战斗力和号召力的语言了。这篇气势磅礴的宣言激励着工人阶级为实现自己的解放不屈不挠地奋斗着!

《法兰西内战》是马克思对巴黎公社经验教
训的科学总结和提升，是马克思主义关于无产阶级革命和无产阶级专政的一篇纲领性文献，在马克思革命生涯和思想发展史上占据重要的地位。

5. 巴黎公社精神永存

巴黎公社是无产阶级夺取政权的第一次伟大尝试。对此，马克思明确指出：“他担心结局快要到来了；但是即使公社被搞垮了，斗争也只是延期而已。公社的原则是永存的，是消灭不了的；在工人阶级得到解放以前，这些原则将一再表现出来。”[①]巴黎公社在国际工人运动史上和人类社会发展史上都占据重要的地位，给整个人类社会留下了宝贵的精神财富。

无产阶级的国际主义精神在巴黎公社运动中得到了充分体现。1874 年 9 月 12—17 日期间，在给左尔格的信中，恩格斯指出：“公社无疑是国际的精神产儿，尽管国际没有动一个手指去促使它诞生；要国际在一定程度上对公社负责是完全合理的。[②]”显然，国际工人协会在巴黎公社爆发的过程中发挥了重要的作用，尤其是“国际”宣扬的无产阶级国际主义精神对公社产生了重要影响。早在普法战争期间，“国际”的巴黎会员和柏林支部都发表反对普法战争的文章，法国和德国的工人阶级也表示反对这场战争。在 1870 年 7 月 12 日的《觉醒报》上，“国际”的巴黎会员发表了《告全世界各民族工人书》，呼吁世界各国工人阶级联合起来反对普法战争。马克思高度评价了作为胜利一方的德国工人阶级摆脱狭隘的民族主义立场，反对战争的做法。“国际的原则在德国工人阶级中间传播非常广，扎根非常深……法国工人的呼声已经在德国得到了反响。7 月 16 日在不伦瑞克举行的工人群众大会宣布完全赞同巴黎宣言，唾

① 马克思，恩格斯．马克思恩格斯全集：第 17 卷．北京：人民出版社，1963：677.
② 马克思，恩格斯．马克思恩格斯文集：第 10 卷．北京：人民出版社，2009：398-399.

弃对法国持民族对立态度的主张。"[①] 虽然德国和法国是普法战争中敌对的双方，但是两国的工人阶级却摒弃了狭隘的民族利益，不仅互通和平与友谊的信息，还共同反对这场不义的战争。"单是这一史无前例的伟大事实，就向人们展示出更加光明的未来。这个事实表明，同那个经济贫困和政治昏聩的旧社会相对立，正在诞生一个新社会，而这个新社会的国际原则将是**和平**，因为每一个民族都将有同一个统治者——**劳动**！这个新社会的开路先锋就是国际工人协会。"[②] 显然，无产阶级的国际主义精神在建设新社会过程中发挥着重要作用。巴黎公社成立后建立的公社委员会中就有各国工人阶级的代表。当凡尔赛军队进攻巴黎时，一些其他国家的革命者也参与到保卫公社的战斗之中，如波兰人雅罗斯拉夫·东布罗夫斯基和瓦列里·符卢勃列夫斯基，匈牙利人列奥·弗兰克尔，俄国女革命者伊·鲁·托马诺夫斯卡娅等。这不仅反映了无产阶级国际主义精神在巴黎公社中的运用，也反映了巴黎公社对无产阶级国际主义精神的弘扬。

巴黎公社的彻底的民主精神也在运动中得到了彰显。巴黎公社不仅是人类历史上第一个由多数人占统治地位的政权，也是第一个实行彻底的民主制的政权，它将彻底的民主精神作为宝贵的财富流传至今。为了推行彻底的民主制，巴黎公社首先在制度上实行普选制。"公社是由巴黎各区通过普选选出的市政委员组成的。这些委员对选民负责，随时可以罢免。其中大多数自然都是工人或公认的工人阶级代表。"[③]公社委员由选举产生并对选民负责的做法，可以从制度上保障公社委员坚持民主。这一做法同样适合于每一个地区的农村公社。这些地区的农村公社通过设在中心城镇的代表会议来处理它们的共同事务，这些代表会议又向设在巴黎的国民代表会议派出代表，并且可以约束和随时罢免代表。同时，巴黎公社将官员变成为人民服务的社会公仆，并领取工人的平均工资。"警察不再是中央政府的工具，他们立刻被免除了政治职能，而变为公社的承担责任的、随时可以罢免的工作人员。其他各行政部门的官员也是一样。从公社委员起，自上至下一切公职人员，都只能领取相当于**工人工资**的报酬。"[④] 这样，巴黎公社就从制度上保证国家公职人员成为真正的社会公仆，

① 马克思，恩格斯．马克思恩格斯文集：第3卷．北京：人民出版社，2009：116.
② 马克思，恩格斯．马克思恩格斯文集：第3卷．北京：人民出版社，2009：117.
③ 马克思，恩格斯．马克思恩格斯文集：第3卷．北京：人民出版社，2009：154.
④ 马克思，恩格斯．马克思恩格斯文集：第3卷．北京：人民出版社，2009：154.

而不是为了升官发财。从实质上说，“**公社**——这是社会把国家政权重新收回，把它从统治社会、压制社会的力量变成社会本身的充满生气的力量；这是人民群众把国家政权重新收回，他们组成自己的力量去代替压迫他们的有组织的力量；这是人民群众获得社会解放的政治形式，这种政治形式代替了被人民群众的敌人用来压迫他们的假托的社会力量（即被人民群众的压迫者所篡夺的力量）（原为人民群众自己的力量，但被组织起来反对和打击他们）”[①]。这也是巴黎公社存在的伟大意义，以及实行彻底民主制的前提。

虽然巴黎公社最终失败了，但是公社的国际主义精神和民主精神在世界范围内得到了广泛的传播。尤其是由工人欧仁·鲍狄埃创作的《国际歌》，对于巴黎公社的精神的传播发挥了重要的作用。1871 年夏天，巴黎公社失败后，公社战士法国人鲍狄埃流亡伦敦。在流亡期间，他偷偷写下《国际歌》，讴歌巴黎公社战士崇高的共产主义理想和英勇不屈的革命气概，指出虽然革命失败了，但是革命的烈火不仅没有被浇灭，还会继续熊熊燃烧，成为照亮工人阶级前进的灯塔，也继续向资本主义制度宣战。1888 年，皮埃尔·狄盖特将《国际歌》谱成歌曲，使之在世界各国广泛传唱，成为激励各国工人阶级和共产党人砥砺前行的重要精神动力。《国际歌》是鲍狄埃在切身总结巴黎公社经验教训的基础上写就的，运用马克思主义的立场、观点和方法，将马克思主义的基本原理和巴黎公社的伟大实践紧密结合起来，是将马克思主义大众化的一次成功尝试。

《国际歌》开头就强调：“起来，饥寒交迫的奴隶，起来，全世界受苦的人！”这是号召所有被压迫阶级起来革命，建立无产阶级的广泛的革命同盟军。接着，“满腔的热血已经沸腾，要为真理而斗争！”无产阶级在开展革命时有自己的理想和信仰，是为了追求革命的真理，而不仅仅是为了改朝换代。当然，在此过程中，无产阶级必须将“旧世界打个落花流水，奴隶们起来起来！不要说我们一无所有，我们要做天下的主人！”。无产阶级必须团结起来，建立革命的同盟军，充分发挥历史合力的作用，进而挣脱自己身上的锁链，要成为统治阶级，做天下的主人。

《国际歌》的第二段强调：“从来就没有什么救世主，也不靠神仙皇帝。要创造人类的幸福，全靠我们自己！”这样，就鲜明地驳斥了英雄史观和天命史

---

① 马克思，恩格斯．马克思恩格斯文集：第 3 卷．北京：人民出版社，2009：195.

《国际歌》法文原版

观等唯心史观的错误思想，明确强调人民群众是社会历史的主人，革命的主体是人民群众，革命的动力也来源于人民群众。当然，人民群众在进行革命的过程中，必须“夺回劳动果实，让思想冲破牢笼”，即不仅要进行经济革命，夺回劳动资料和劳动成果，摆脱剥削，实行生产资料公有，还要进行思想革命，摆脱思想束缚，使得自身的阶级意识和科学意识觉醒。在此基础上，《国际歌》指出：“快把那炉火烧得通红，趁热打铁才能成功！”这就要求要坚持马克思主义的不断革命论思想，将革命进行到底，不能像巴黎公社革命过程中那样给资产阶级反扑留有时间和余地，“宜将剩勇追穷寇，不可沽名学霸王”。《国际歌》在强调人民群众是社会历史创造者的同时，指出了剥削阶级的危害，强调一切生产资料要归劳动者所有。《国际歌》指出："压迫的国家，空洞的法律，苛捐杂税榨穷苦"。这就表明了阶级社会中的国家和法律的虚伪性，仅仅是统治阶级实行阶级统治的工具。在此情形下，"豪富们没有任何义务，穷人的权利是句空话；受监视的'平等'呻吟已久"。富豪和穷人的权利与义务是不平等的，资产阶级的平等具有虚伪性。要实现真正的平等，必须打碎资产阶级的国家机器，将统治阶级从劳动者手中通过不劳而获窃取的劳动果实夺回来，采取剥夺剥削者的政策。

《国际歌》在每一段的结尾都强调："这是最后的斗争，团结起来到明天，英特纳雄耐尔就一定要实现！"无产阶级和资产阶级的斗争是现代社会直接对立的两大阶级之间的决斗，要充分发挥无产阶级的国际主义精神，夺取最终的胜利。

《国际歌》将马克思主义的基本原理用言简意赅、通俗易懂的歌词的形式阐述得淋漓尽致，对于马克思主义学说的广泛传播发挥了极大的作用。

第 15 章

共产主义发展的科学预测

《哥达纲领批判》

> 在共产主义社会高级阶段，在迫使个人奴隶般地服从分工的情形已经消失，从而脑力劳动和体力劳动的对立也随之消失之后；在劳动已经不仅仅是谋生的手段，而且本身成了生活的第一需要之后；在随着个人的全面发展，他们的生产力也增长起来，而集体财富的一切源泉都充分涌流之后，——只有在那个时候，才能完全超出资产阶级权利的狭隘眼界，社会才能在自己的旗帜上写上：各尽所能，按需分配！①

19 世纪 70 年代后，在总结巴黎公社实践经验的基础上，通过批判德国社会民主党制定的《哥达纲领》，马克思在《哥达纲领批判》中对未来社会进行了科学的预测和探索，将理论和实践、现实研究和未来指向紧密地结合起来，为世界范围内的社会主义革命和建设事业指明了科学的方向。

1. 德国工人阶级政党的创立过程

德国社会民主党的建立是国际工人运动发展史上的一个标志性事件。从 1848 年革命失败后，德国工人阶级就意识到建立独立的无产阶级政党的重要性，并为之进行了积极的探索。

1863 年 5 月，一批工人群众在莱比锡成立了全德工人联合会。这是德国工人运动的一个重要的进步，然而，由于拉萨尔当选了全德工人联合会的主

---

① 马克思．哥达纲领批判//马克思，恩格斯．马克思恩格斯文集：第 3 卷．北京：人民出版社，2009：435－436.

席，将其思想塞进了联合会的章程，并重用了一批拉萨尔主义者，使得这一组织成为名副其实的拉萨尔派。在全德工人联合会，拉萨尔强调工人阶级可以放弃阶级斗争，可以在国家的帮助之下建立合作社。拉萨尔否定了工人阶级的经济斗争，从而也否定了工会运动；他看不起无产阶级的同盟军——农民和小资产者，将其他阶级看作是反动的一帮。在德国国家统一问题上，拉萨尔依靠普鲁士，与普鲁士首相俾斯麦进行秘密谈判，并企图使全德工人联合会执行同普鲁士友好的策略，而不是把它引到革命民主的道路上去。因此，拉萨尔的思想越来越成为工人运动发展的障碍。虽然拉萨尔于 1864 年因为与人决斗而不幸身亡，但是其追随者贝克尔、施韦泽等人继承了其衣钵，继续垄断全德工人联合会的领导权，并继续鼓吹和坚持拉萨尔的机会主义纲领。

1863 年 7 月，德意志工人协会联合会成立。马克思同意李卜克内西加入该组织，但是必须与拉萨尔主义划清界限，并与之进行斗争。李卜克内西同意马克思的意见。在马克思、恩格斯的指导下，李卜克内西和倍倍尔等人不断抵制和反对拉萨尔的宗派主义和机会主义观点，以第一国际宣言的精神改造德意志工人协会联合会，使之摆脱了资产阶级的影响和控制，转向了马克思主义，变成了一个由工人阶级先进分子掌握领导权的独立的工人群众组织。马克思十分支持李卜克内西等人的活动，认为其活动有利于对抗拉萨尔主义的影响。在 1864 年 6 月 9 日给恩格斯的信中，马克思指出："李卜克内西住在柏林对我们来说自然有十分重要的意义，这会使我们有可能把伊戚希①打个措手不及，并且在适当的时机向工人说明我们对他所持的立场。我们无论如何必须让他留在那里，并且给予他一些帮助。你要是现在给他寄钱去，这会使他感到很大鼓舞。"②

第一国际成立后，马克思当选为德国通讯书记，并为了争取德国工人阶级加入"国际"做了大量卓有成效的工作。1864 年 12 月 27 日，全德工人联合会在都塞多尔召开代表大会，马克思希望大会能够通过加入"国际"的决议，但是遭到拉萨尔分子的破坏而未能实现。1868 年，在全德工人联合会汉堡大会上，大多数代表冲破了拉萨尔分子的阻挠，通过了德意志工人协会联合会加入第一国际的决议。这表明德意志工人联合会同过去的宗派主义立场决裂，为统一的德国社会民主党的建立奠定了组织基础。在此基础上，1869 年 8 月，德国社会民主工党（爱森纳赫派）成立。

---

① 指拉萨尔。

② 马克思，恩格斯．马克思恩格斯全集：第 30 卷．北京：人民出版社，1974：402－405.

19 世纪 70 年代，德国统一完成后，统治阶级对工人阶级的压迫越来越严重，德国工人阶级急切需要统一的工人阶级政党。在反抗资产阶级的斗争中，由于以拉萨尔主义为指导的拉萨尔派和以马克思主义为指导的爱森纳赫派事实上处于分裂和对立状态，不利于德国工人阶级联合起来反抗资产阶级。因此，德国成立统一的无产阶级政党问题被提上日程。1875 年 2 月，爱森纳赫派和拉萨尔派在哥达召开了合并预备会议，并拟定了合并纲领草案《德国工人党纲领》，又称《哥达纲领》。在德国社会民主党成立之前，马克思就告诫爱森纳赫派的领导人李卜克内西等人，新成立的社会民主党必须要摒弃拉萨尔思想的影响，必须坚持以科学的理论为指导思想，不能对拉萨尔派作出无原则的让步。但是，由于爱森纳赫派急于完成合并，因而对拉萨尔派做出了原则性的让步，使得拉萨尔主义在《哥达纲领》中占主导地位。

《哥达纲领》主张，对于工人阶级而言，其他阶级只是反动的一帮，因此，不能建立无产阶级同盟军；实行铁的工资规律，即工人工资的平均数等于维持生活和生育所必需的生活费的数额；无产阶级的使命是通过合法手段建立所谓的现代国家和现代社会；无产阶级的解放必须在所谓的现代民族国家的范围内进行，并且意识到无产阶级努力的结果将是各民族的国际的兄弟联合；工人阶级的解放必须依靠国家的帮助，即依靠国家投资通过合作社的方式帮助工人阶级获得解放，等等。在马克思看来，这是一个极其糟糕的，会使党的精神退步的纲领。

巴黎公社革命后，欧洲工人运动的重心从法国转移到德国，德国工人运动日益重要，而马克思、恩格斯又是德国人，因此，他们给予德国工人运动的关注和指导更多一些。在此情形下，巴枯宁派认为，马克思、恩格斯支持并赞同《哥达纲领》的主要思想。事实恰恰相反，马克思、恩格斯对之持强烈的批判态度。1875 年的 4 月底 5 月初，马克思完成了《德国工人党纲领批注》，逐条地批判了《哥达纲领》中的错误观点。同时，马克思于 1875 年 5 月 5 日给德国社会民主党人威廉·白拉克写了一封信，阐明了他和恩格斯关于合并和纲领所持的立场："在合并大会以后，恩格斯和我将要发表一个简短的声明，内容是：我们同上述原则性纲领毫不相干，同它没有任何关系。这样做是必要的，因为在国外有一种为党的敌人所热心支持的见解——一种完全荒谬的见解，仿佛我们从这里秘密地操纵所谓爱森纳赫党的运动。"① 显然，《哥达纲领批判》

① 马克思，恩格斯．马克思恩格斯文集．第 3 卷．北京：人民出版社，2009：425.

的创作是完全必要的。马克思还批判了爱森纳赫派的妥协主义的立场，指出拉萨尔派是由于形势所迫才同意合并。因此，“如果一开始就向他们声明，决不拿原则做交易，那么他们就**不得不**满足于一个行动纲领或共同行动的组织计划。可是并没有这样做，反而允许他们拿着委托书来出席，并且自己承认这种委托书是有约束力的，这就等于向那些本身需要援助的人无条件投降”①。可见，《哥达纲领》是一个历史性的倒退，是对拉萨尔主义的无条件的投降。

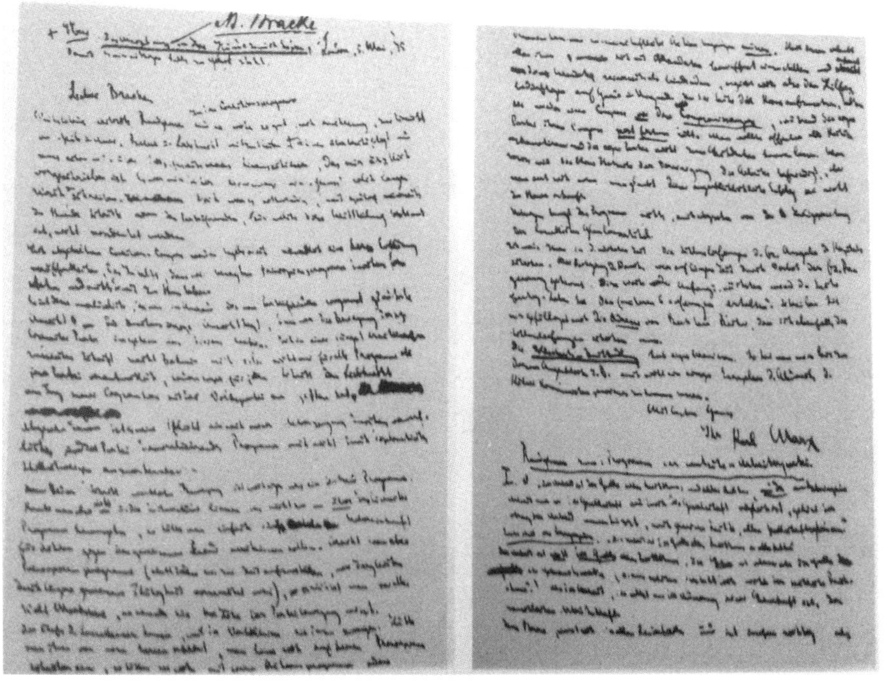

马克思 1875 年 5 月 5 日给白拉克的信和《德国工人党纲领批注》的开头部分

《德国工人党纲领批注》和马克思给白拉克的信合称为《哥达纲领批判》。虽然马克思将《哥达纲领批判》寄给了德国社会民主党的领导人，但是为了维护刚刚合并的德国社会民主党的内部的团结，并没有将之公开发表。马克思逝世后，德国社会民主党内的机会主义思潮日益抬头。为了反击机会主义思想，彻底肃清拉萨尔主义的影响，恩格斯顶住巨大的压力，不顾党内一些领导人的强烈反对，于 1891 年将《哥达纲领批判》公开发表。

---

① 马克思，恩格斯．马克思恩格斯文集：第 3 卷．北京：人民出版社，2009：426.

2. 对拉萨尔及其错误思想的批判

> **马克思论决斗**
>
> 决斗本身是不合理的，这是毫无疑问的。它是前一个文化阶段的残余，这也是毫无疑问的。但是，**资产阶级**社会的片面性造成这样的结果：与这个社会相对立，个人权利有时以封建的形式被巩固下来。在美国，公民决斗权最明显地表明了这一点。个人之间能够发生不可忍受的冲突，以致他们认为决斗是唯一的出路。但是，老实说，对待一些无所谓的家伙，例如军需部长官，或次官，或尉官，就谈不上这种不共戴天的仇恨。在这方面理应有深刻的个人关系。否则，决斗完全是滑稽剧。如果由于顾及所谓的“社会舆论”而去决斗，那决斗始终是滑稽剧。
>
> ……
>
> 我们党必须坚决反对这些等级制的礼节并以无礼的嘲笑来回答那种强求服从这些礼节的无耻要求。现在是一个严重的时期，不能采取这种幼稚的行动。①

拉萨尔（1825—1864），出身于德国犹太人的资产阶级家庭，早年参加工人运动，对德国工人运动的发展起过一定的积极作用。但是，拉萨尔很快就走向了科学社会主义的对立面，是德国小资产阶级社会主义的重要代表人物，是德国工人运动中机会主义的鼻祖。

1848年革命期间，马克思就认识了拉萨尔。马克思移居英国后，拉萨尔经常给马克思写信。马克思起初十分欣赏拉萨尔的才干，并对他给予了很高的评价。拉萨尔读过马克思的著作，声称自己属于马克思代表的无产阶级政党。然而，他没有真正掌握马克思的学说，对之仅仅是一知半解，经常将从马克思那里抄来的正确的东西同他自己的通常是错误的论述混在一起，以马克思的学说为幌子，来掩盖自己的错误观点。拉萨尔还利用马克思对他的信任，以马克思的好朋友和战友自居，骗取工人阶级的信任，掩盖自己投靠俾斯麦政府的真实面目。

对于拉萨尔本人，马克思一方面充分肯定了其对于德国工人运动的贡献，另一方面也全面批判了其机会主义观点对于德国工人运动的巨大危害。虽然马克思很早就看清了拉萨尔的唯心主义和机会主义观点，以及拉萨尔本人追求名利、爱慕虚荣的面目，但是鉴于拉萨尔在德国工人运动中的重要影响，马克思起初并没有公开揭露拉萨尔，而是对他进行批评教育，希望他改正错误观点，转到无产阶级革命的立场上来。然而，拉萨尔一再拒绝马克思的教育，并在错误的道路上越走越远。到了19世纪50年代末期，拉萨尔基本形成

① 马克思．马克思致斐·拉萨尔//马克思，恩格斯．马克思恩格斯全集：第29卷．北京：人民出版社，1972：542－543.

了自己的一套机会主义理论。在此情形下，马克思对拉萨尔的批判和斗争也日益尖锐。

1862 年 7 月，拉萨尔跟伯爵夫人一起去伦敦参加世界博览会，并经常去马克思家中做客。这次会面，拉萨尔给马克思留下了很不好的印象。马克思指出："一年不见，他完全发疯了。在苏黎世住了一阵（和吕斯托夫、海尔维格等等一起），然后到意大利旅行，再加上他的《尤利安・施米特》等等，完全冲昏了他的头脑。他现在深信他不仅是最伟大的学者，最深刻的思想家，最有天才的研究家等等，而且是唐璜和革命的红衣主教黎塞留。"[①] 这样，拉萨尔本人就成为工人运动发展的障碍。

到了 1863 年年初，马克思和拉萨尔最终不可避免地决裂了。在 1865 年 2 月 23 日给路・库格曼的信中，马克思指出："我想对您简略地说明一下我与**拉萨尔**的关系。在他从事鼓动的时期，我们的关系就已经断绝了，这是（1）由于他大肆自我吹嘘，甚至还把从我和其他人的著作里极其无耻地剽窃去的东西也拿来吹嘘；（2）因为我**谴责了**他的**政治**策略；（3）因为早在他开始进行鼓动**以前**，我在伦敦这里就向他详细解释和'证明'：所谓'**普鲁士国家**'实行直接的**社会主义**干涉是荒谬的。他在给我的信（从 1848 年到 1863 年）中像同我会面时一样，老说他是我所代表的党的追随者。但是，一当他在伦敦（1862 年底）确信，他**对**我不能施展他的伎俩，他就决定以'工人独裁者'的身份来**反对**我和原来的党。"[②] 显然，马克思已经看清了拉萨尔的本质。因此，马克思密切关注拉萨尔窃取全德工人联合会主席的职务并在工人阶级内部贩卖自己的那一套机会主义观点的做法，对之进行了严厉的批判。

即便如此，鉴于拉萨尔在工人运动中的地位，加之拉萨尔已经不幸死去，马克思仍然没有全面公开清算拉萨尔主义的错误。直到充满拉萨尔主义色彩的《哥达纲领》通过，马克思才不得不全面彻底清算拉萨尔主义的错误，以保证德国社会民主党在正确的轨道上发展。

第一，马克思批判了拉萨尔将其他阶级看作是反动的一帮的思想。拉萨尔看不起农民的作用，主张其他阶级都是反动的一帮，不仅对工人阶级的解放没有益处，反而会危害工人阶级的解放事业。在历史剧《弗兰茨・冯・济金根》中，拉萨尔从根本上抹杀了农民战争在反封建斗争中的重要作用。马克思已经

---

① 马克思，恩格斯．马克思恩格斯全集：第 30 卷．北京：人民出版社，1974：260.
② 马克思，恩格斯．马克思恩格斯文集：第 10 卷．北京：人民出版社，2009：219.

对之进行了批评。然而，《哥达纲领》继续将“工人阶级的解放应当是工人自己的事情”改成了“劳动的解放应当是工人阶级的事情”，并指出其他一切阶级只是反动的一帮，反对无产阶级建立革命同盟军。事实上，劳动的解放与工人阶级的解放不尽相同，劳动的解放是抽象的，工人阶级的解放是具体的。对此，马克思明确指出：“说什么对工人阶级说来，中间等级‘同资产阶级一起’并且加上封建主‘只组成反动的一帮’，这也是荒谬的。”① 事实上，在资本主义社会，中间等级的大部分是要转入无产阶级的队伍的，因此，他们在一定程度上也是革命的。在革命运动中，工人阶级必须寻求农民、小手工业者、小工业家的帮助，建立无产阶级革命的同盟军，以反抗资产阶级的统治。在马克思看来，拉萨尔将其他阶级看作是反动的一帮的实质是同专制主义者和封建主义者结成反资产阶级联盟。

第二，马克思批判了拉萨尔的“各民族的国际的兄弟联合”代替无产阶级国际团结的口号。在世界历史条件下，无产阶级所受的压迫并非仅仅是在一国范围内的，而是国际性的。1848 年欧洲革命和 1871 年巴黎公社革命的重要原因就是各国统治阶级的联合镇压，因此，各国无产阶级必须充分发挥国际主义性质，建立革命同盟军。这样，无产阶级的国际团结就成为一项基本原则，而并不仅仅是斗争策略。然而，《哥达纲领》指出：“工人阶级为了本身的解放，首先是**在现代民族国家的范围内**进行活动，同时意识到，它的为一切文明国家的工人所共有的那种努力必然产生的结果，将是各民族的国际的兄弟联合。”②《哥达纲领》从狭隘的民族立场出发，用从资产阶级的和平和自由同盟那里抄来的抽象的“各民族的国际的兄弟联合”来代替无产阶级的国际团结的口号，不仅丝毫不提无产阶级政党的阶级属性，也不谈无产阶级的国际主义原则。对此，马克思严正地指出：“**关于**德国工人阶级的**国际职责**竟一字不提！德国工人阶级竟然应当这样去对付为反对它而已经同其他一切国家的资产者实现兄弟联合的本国资产阶级，对付俾斯麦先生的国际阴谋政策！”③ 只有始终坚持国际主义原则，在世界范围内实现无产阶级的解放，才能真正实现一国范围内无产阶级的解放。

第三，马克思批判了拉萨尔所谓的铁的工资规律。“铁的工资规律”强调工人工资永远围绕着维持工人生活所必需的费用这个极限进行上下波动，工人

① 马克思，恩格斯．马克思恩格斯文集：第 3 卷．北京：人民出版社，2009：438.
② 马克思，恩格斯．马克思恩格斯文集：第 3 卷．北京：人民出版社，2009：438.
③ 马克思，恩格斯．马克思恩格斯文集：第 3 卷．北京：人民出版社，2009：439.

只能领到最低的工资。《哥达纲领》强调废除工资制度和铁的工资规律，消除一切社会的和政治的不平等。“铁的工资规律”掩盖了资本主义剥削的实质，将资本主义私有制条件下资本家剥削工人的剩余价值规律替换为“铁的工资规律”。对此，马克思严正地指出：“如果这个理论是正确的，那么，我即使把雇佣劳动废除一百次，也还废除**不了**这个规律，因为在这种情况下，这个规律不仅支配着雇佣劳动制度，而且支配着**一切**社会制度。”① 只有雇佣劳动理论才真正揭示了资本主义剥削的实质。只有废除雇佣劳动制度及其背后的资本主义私有制，才能为工人阶级的真正解放奠定经济基础。

第四，马克思批判了拉萨尔主义鼓吹的“自由国家”荒谬理论。《哥达纲领》将通过合法的手段建立“自由国家”作为社会民主党的奋斗目标，并强调要建立现代国家和现代社会。对此，马克思指出：“德国工人党——至少是当它接受了这个纲领的时候——表明：它对社会主义思想领会得多么肤浅，它不把现存社会（对任何未来社会也是一样）当做现存**国家的**（对未来社会来说是未来国家的）**基础**，反而把国家当做一种具有自己的‘**精神的、道德的、自由的基础**’的独立存在物。”② 显然，德国工人党没有厘清国家和社会的关系，将国家看作是独立于社会的一种存在物。在马克思看来，现代社会就是资本主义社会；现代国家实质上是一种虚构，在德国、瑞士、英国和美国等国有不同的表现形式。现代国家是建立在现代资产阶级社会的基础之上的。随着资产阶级社会的消亡，现代国家也将不复存在。因此，无产阶级政党应该建立共产主义社会中的国家制度，而并非抽象的现代国家和现代社会。

第五，马克思批判了拉萨尔鼓吹的依靠国家帮助建立生产合作社的荒谬理论。《哥达纲领》指出：“为了**替社会问题的解决开辟道路**，德国工人党要求**在劳动人民的民主监督下**，依靠**国家帮助**建立生产合作社。在工业和农业中，生产合作社**必须**广泛**建立，以致能从它们里面产生总劳动的社会主义的组织**。”③ 这就是拉萨尔鼓吹的依靠国家帮助建立生产合作社的观点。由于德国的劳动人民大多是农民而非工人，因此，在所谓的劳动人民的民主监督下，并非真正代表工人阶级利益。而在国家帮助下建立合作社，更是体现了对国家的迷信，其实质是反对阶级斗争，主张通过和平的方式来获取统治阶级的让步。为此，拉

① 马克思，恩格斯．马克思恩格斯文集：第 3 卷．北京：人民出版社，2009：440－441.
② 马克思，恩格斯．马克思恩格斯文集：第 3 卷．北京：人民出版社，2009：444.
③ 马克思，恩格斯．马克思恩格斯文集：第 3 卷．北京：人民出版社，2009：442.

萨尔积极投靠俾斯麦政府，成为后者的帮凶和利益代言人，一方面建议俾斯麦尽快实现普选权，以防止工人阶级暴动，另一方面拿俾斯麦反动政府来威胁广大工人群众。对此，马克思严正地指出："如果说工人们想要在社会的范围内，首先是在本国的范围内创造合作生产的条件，这只是表明，他们力争变革现存的生产条件，而这同靠国家帮助建立合作社毫无共同之处！"① 只有彻底变革资本主义私有制，才能真正建立起工人合作社。

第六，马克思批判《哥达纲领》将劳动看作是一切财富和一切文化的源泉的错误观点。《哥达纲领》指出："劳动是一切财富和一切文化的源泉，**而因为**有益的劳动只有在社会中和通过社会才是可能的，所以劳动所得应当不折不扣和按照平等的权利属于社会一切成员。"② 这里，拉萨尔空谈劳动是一切财富和一切文化的源泉。事实上，"劳动**不是**一切财富的**源泉**。**自然界**同劳动一样也是使用价值（而物质财富就是由使用价值构成的！）的源泉，劳动本身不过是一种自然力即人的劳动力的表现"③。劳动加上自然界才是一切财富和一切文化的真正源泉。离开了自然界，既失去了劳动资料，也没有了劳动对象，单纯谈劳动，就没有任何意义。同时，劳动是一切财富的源泉的观点脱离生产资料所有制这个前提，是一种资产阶级的观点。对此，马克思指出："一个除自己的劳动力以外没有任何其他财产的人，在任何社会的和文化的状态中，都不得不为另一些已经成了劳动的物质条件的所有者的人做奴隶。他只有得到他们的允许才能劳动，因而只有得到他们的允许才能生存。"④ 可见，无产者想要劳动需要得到资产阶级的同意。占有生产资料的资产阶级即便不从事劳动，也可以获得财富。从根本上来看，拉萨尔的这一观点是为资产阶级剥削工人服务的，将资产阶级的不劳而获的财富说成是通过劳动获得的。

总之，通过《哥达纲领批判》，马克思全面彻底地批判了拉萨尔主义的错误观点，为德国社会民主党的发展奠定了科学的理论基础。

3. 无产阶级专政学说的发展

在《哥达纲领批判》中，在批判拉萨尔主义关于"自由国家"谬论以及阐

---

① 马克思，恩格斯．马克思恩格斯文集：第3卷．北京：人民出版社，2009：442.

② 马克思，恩格斯．马克思恩格斯文集：第3卷．北京：人民出版社，2009：428.

③ 马克思，恩格斯．马克思恩格斯文集：第3卷．北京：人民出版社，2009：428.

④ 马克思，恩格斯．马克思恩格斯文集：第3卷．北京：人民出版社，2009：428.

明社会主义革命理论的基础上，马克思丰富和发展了关于过渡时期和无产阶级专政的思想，为无产阶级夺取和巩固政权奠定了理论基础。

在总结 1848 年革命经验教训的基础上，马克思就提出了无产阶级专政的重要思想。在 1852 年 3 月 5 日给魏德迈的信中，马克思明确地将“过渡时期”与无产阶级专政联合起来，强调阶级斗争必然导致无产阶级专政，而这个专政不过是达到消灭一切阶级和进入无阶级社会的过渡。这表明从资本主义社会过渡到社会主义社会，必然要经历一个长期的过程，其间存在着一个政治上的“过渡时期”。

在总结巴黎公社经验教训的基础上，马克思认识到无产阶级斗争要想取得胜利需要经历不同的发展阶段，必须对旧社会的人进行长期的改造，进而培养一批建设新社会的人。作为无产阶级夺取政权的第一次伟大尝试，巴黎公社将无产阶级专政的理论运用到实践之中。只有通过无产阶级革命，共产主义制度才能最终实现。无产阶级在夺取政权后，不能简单地掌握资产阶级的国家机器，必须打碎旧的国家机器，对整个社会进行革命的改造，消灭资本主义私有制并建立社会主义公有制。这样，才能最终实现共产主义。要完成这一历史任务，无产阶级必须顺应社会发展规律的客观要求，继续推行无产阶级专政。

然而，《哥达纲领》认为，德国社会民主党的任务是建立所谓的现代国家和现代社会。马克思对此进行了批判，并揭露了《哥达纲领》的实质：“纲领的政治要求除了人所共知的民主主义的陈词滥调，如普选权、直接立法、人民权利、国民军等等，没有任何其他内容。这纯粹是资产阶级的人民党、和平和自由同盟的回声。所有这些要求，只要不是靠幻想夸大了的，都已经实现了。不过实现了这些要求的国家不是在德意志帝国境内，而是在瑞士、美国等等。”[①] 显然，《哥达纲领》的政治要求已经在一些资产阶级国家实现，因此，这个纲领实质上已经沦为资产阶级政党的纲领。

在推翻资本主义社会后，无产阶级及其政党必须建立自己的国家制度。“在资本主义社会和共产主义社会之间，有一个从前者变为后者的革命转变时期。同这个时期相适应的也有一个政治上的过渡时期，这个时期的国家只能是**无产阶级的革命专政**。但是，这个纲领既不谈无产阶级的革命专政，也不谈未来共产主义社会的国家制度。”[②] 显然，《哥达纲领》没有谈论无产阶级专政和

---

① 马克思，恩格斯．马克思恩格斯文集：第 3 卷．北京：人民出版社，2009：445.

② 马克思，恩格斯．马克思恩格斯文集：第 3 卷．北京：人民出版社，2009：445.

对未来共产主义社会制度的设计，脱离了无产阶级政党纲领所应该坚持的根本。

无产阶级革命胜利后，必须建立无产阶级专政的国家。这并非未来的共产主义社会的组织形式，而仅仅是一种特定历史条件下的组织形式。无产阶级专政的国家必将在无产阶级获得彻底解放之后退出历史舞台。在《哥达纲领批判》中，为了避免陷入纯粹的空想，马克思并未对未来国家制度问题进行具体的分析，只是指明了其演进方向和探讨的原则。在未来的共产主义国家，虽然国家的政治职能将消失，但其社会职能仍然得以保留。“在共产主义社会中国家制度会发生怎样的变化呢？换句话说，那时有哪些同现在的国家职能相类似的社会职能保留下来呢？这个问题只能科学地回答；否则，即使你把‘人民’和‘国家’这两个词联接一千次，也丝毫不会对这个问题的解决有所帮助。”[①] 可见，只有立足于共产主义的实践，才能预测未来的共产主义的国家制度，否则只能陷入空想。

通过厘清过渡时期和无产阶级专政的思想，马克思丰富和发展了无产阶级革命和无产阶级专政学说，为科学预测未来的共产主义社会奠定了重要的理论基础。

4. 未来社会发展阶段学说的确立

在揭示“过渡时期”和无产阶级专政的历史必然性的基础上，马克思在《哥达纲领批判》中首次将共产主义社会划分为第一阶段和高级阶段两个阶段，第一次科学地提出了共产主义社会发展阶段的学说。

社会形态是生产力和生产关系的统一体，是马克思始终关注的重大课题。1867 年《资本论》第一卷的出版，不仅标志着剩余价值理论的问世，也使得唯物史观成为科学。通过对政治经济学的深入分析，马克思在《资本论》第三卷中指出，资本主义生产方式有利于“高级的新形态”的各种要素的创造。在这种新形态中，“社会上的一部分人靠牺牲另一部分人来强制和垄断社会发展（包括这种发展的物质方面和精神方面的利益）的现象将会消灭；另一方面，这个阶段又会为这样一些关系创造出物质手段和萌芽，这些关系在一个更高级

---

① 马克思，恩格斯．马克思恩格斯文集：第 3 卷．北京：人民出版社，2009：444－445.

的社会形式中，使这种剩余劳动能够同物质劳动一般所占用的时间的更大的节制结合在一起。”[①] 这里，“高级的新形态”和“更高级的社会形式”指的就是共产主义社会发展的两个阶段。

在《哥达纲领批判》中，马克思坚持一切从实际出发的方法，强调共产主义社会是在资本主义社会的基础之上发展起来的。“我们这里所说的是这样的共产主义社会，它不是在它自身基础上已经**发展了的**，恰好相反，是刚刚从资本主义社会中**产生出来的**，因此它在各方面，在经济、道德和精神方面都还带着它脱胎出来的那个旧社会的痕迹。”[②] 共产主义社会不是空中楼阁，是建立在发达资本主义社会的基础之上的。因此，刚刚从资本主义社会进入的共产主义社会，还不能完全消除资本主义社会的痕迹，依然保留着资本主义社会的许多特征。当然，作为两种不同的社会形态，共产主义社会存在着不同于资本主义社会的本质特征。从整体上看，共产主义社会第一阶段具有以下特征。

从生产资料所有制来看，社会主义社会将采用生产资料公有制，即社会成员共同占有生产资料的形式。这与资本主义社会的生产资料归资产阶级私人占有存在着本质的区别。然而，《哥达纲领》却抽象地宣称“劳动是一切财富和一切文化的源泉”，忽略了生产资料所有制问题的重要性。对此，马克思指出：“只有一个人一开始就以所有者的身份来对待自然界这个一切劳动资料和劳动对象的第一源泉，把自然界当做属于他的东西来处置，他的劳动才成为使用价值的源泉，因而也成为财富的源泉。资产者有很充分的理由硬给劳动加上一种**超自然的创造力**，因为正是由于劳动的自然制约性产生出如下的情况：一个除自己的劳动力以外没有任何其他财产的人，在任何社会的和文化的状态中，都不得不为另一些已经成了劳动的物质条件的所有者的人做奴隶。他只有得到他们的允许才能劳动，因而只有得到他们的允许才能生存。”[③] 社会主义社会和资本主义社会的首要区别是在生产资料与劳动的结合方式上。建立社会主义公有制，是社会主义社会最基本的经济特征。

从分配方式来看，由于共产主义社会第一阶段是在资本主义社会的基础上建立起来的，其自身的生产力发展水平还不高，还不能彻底消灭私有制和取消商品经济，必须采用按劳分配的方式。马克思指出：“消费资料的任何一种分

---

① 马克思，恩格斯．马克思恩格斯文集：第7卷．北京：人民出版社，2009：928.

② 马克思，恩格斯．马克思恩格斯文集：第3卷．北京：人民出版社，2009：434.

③ 马克思，恩格斯．马克思恩格斯文集：第3卷．北京：人民出版社，2009：428.

配，都不过是生产条件本身分配的结果；而生产条件的分配，则表现生产方式本身的性质。例如，资本主义生产方式的基础是：生产的物质条件以资本和地产的形式掌握在非劳动者手中，而人民大众所有的只是生产的人身条件，即劳动力。既然生产的要素是这样分配的，那么自然就产生现在这样的消费资料的分配。如果生产的物质条件是劳动者自己的集体财产，那么同样要产生一种和现在不同的消费资料的分配。"[①] 显然，生产方式的性质决定分配的性质。虽然在生产资料公有制的条件下必然产生一种不同于资本主义社会的分配方式，但是，这时还不具备实行"按需分配"的条件，因此，只能实行按劳分配。当然，社会主义社会的按劳分配与资产阶级宣扬的那种"多劳多得，少劳少得"的按劳分配在形式上是相同的，但实质却完全不同。二者是建立在不同的生产资料所有制的基础之上的。这种按劳分配是社会主义公有制在分配领域的要求和表现，是建立在消灭剥削现象的基础之上的，进而实现了劳动平等和分配正义。然而，从实质上说，这种按劳分配的权利仍然是资产阶级法权，用同一个尺度来衡量不同的人。由于劳动者在各个生产中的体力和智力存在差异，以及劳动者是否结婚以及婚后子女多少的情况不尽相同。"因此，在提供的劳动相同，从而由社会消费基金中分得的份额相同的条件下，某一个人事实上所得到的比另一个人多些，也就比另一个人富些，如此等等。要避免所有这些弊病，权利就不应当是平等的，而应当是不平等的。"[②] 可见，按劳分配形式上平等，实质上却不平等，仅仅是共产主义社会第一阶段必须采取的措施。

从上层建筑来看，旧的道德和精神依然存在，并发挥一定的影响。经济基础决定上层建筑。由于社会主义公有制还没有完成建立起来，旧的经济基础依旧存在并发挥作用，因此，旧的道德和精神依旧存在。同时，由于道德和精神具有相对独立性，因此，即便到了社会主义社会，消灭旧的道德和精神的痕迹依旧任重道远。因此，要建立起社会主义新道德和社会主义新精神，社会主义社会必须进行长期的道德革命和精神革命。这就使得社会主义精神文明建设成为社会主义社会的重要特征。作为上层建筑的政治部分，由于还没有完全消灭国家，因此，政治权利仍然保留着资本主义社会的许多弊端。"这些弊病，在经过长久阵痛刚刚从资本主义社会产生出来的共产主义社会第一阶段，是不可避

---

① 马克思，恩格斯．马克思恩格斯文集：第3卷．北京：人民出版社，2009：436.

② 马克思，恩格斯．马克思恩格斯文集：第3卷．北京：人民出版社，2009：435.

免的。权利决不能超出社会的经济结构以及由经济结构制约的社会的文化发展。”[①] 可见，经济决定政治，政治权利无法超越经济发展的界限。因此，在共产主义社会第一阶段，必须坚持无产阶级专政，以改造旧的上层建筑的弊端的延续。

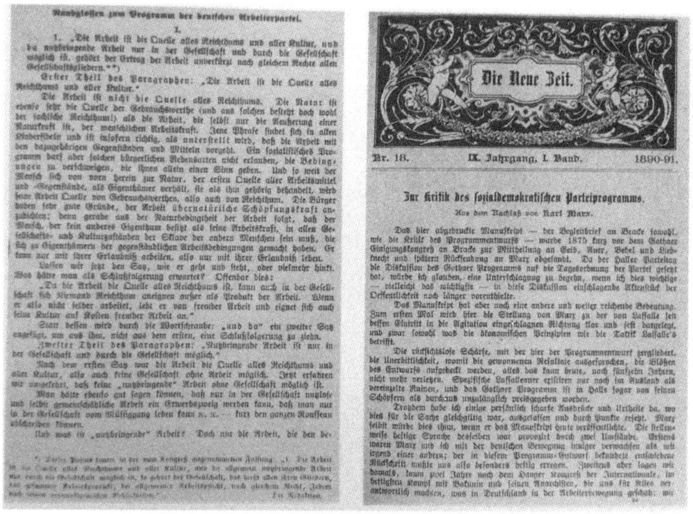

Randglossen zum Programm der deutschen Arbeiterpartei.

Die Neue Zeit.

Nr. 18. IX. Jahrgang, I. Band. 1890-91.

Zur Kritik des sozialdemokratischen Parteiprogramms.

Aus dem Nachlaß von Karl Marx.

《新时代》1890－1891 年第 9 年卷第 1 册第 18 期

发表的《哥达纲领批判》和恩格斯写的序言

在共产主义社会第一阶段的基础上，人类社会必将逐渐进入共产主义社会高级阶段。“在共产主义社会高级阶段，在迫使个人奴隶般地服从分工的情形已经消失，从而脑力劳动和体力劳动的对立也随之消失之后；在劳动已经不仅仅是谋生的手段，而且本身成了生活的第一需要之后；在随着个人的全面发展，他们的生产力也增长起来，而集体财富的一切源泉都充分涌流之后，——只有在那个时候，才能完全超出资产阶级权利的狭隘眼界，社会才能在自己的旗帜上写上：各尽所能，按需分配！”[②] 可见，“按需分配”是共产主义社会高级阶段的特征，是共产主义社会高级阶段的“旗帜”。

在明确提出共产主义社会第一阶段和高级阶段的思想的基础上，马克思明确论述了两个阶段的区别和联系。共产主义社会第一阶段和高级阶段，都属于共产主义社会的社会形态范畴。虽然共产主义社会第一阶段直接脱胎于资本主义社会，但是仍然和资本主义社会有着本质的区别，“这里通行的是调节商品

---

① 马克思，恩格斯．马克思恩格斯文集：第 3 卷．北京：人民出版社，2009：435.

② 马克思，恩格斯．马克思恩格斯文集：第 3 卷．北京：人民出版社，2009：431.

交换（就它是等价的交换而言）的同一原则。内容和形式都改变了，因为在改变了的情况下，除了自己的劳动，谁都不能提供其他任何东西，另一方面，除了个人的消费资料，没有任何东西可以转为个人的财产”①。显然，生产资料归集体还是个人所有是共产主义社会区别于资本主义社会的主要区别。虽然共产主义社会高级阶段的按需分配和共产主义社会第一阶段的按劳分配的形式不同，但都是建立在生产资料公有制的基础之上的。虽然共产主义社会第一阶段的按劳分配实质上是不平等的，但是这种不平等是为了推动生产力的发展和人的全面发展，将会为共产主义社会高级阶段按需分配和真正的平等的实现打下基础。

总之，马克思运用科学方法预测和分析了共产主义社会的发展阶段，科学指出共产主义社会高级阶段是第一阶段的发展目标和必然产物，共产主义社会高级阶段建立在第一阶段的基础之上。

5. 未来社会的分配和建设原则

在《哥达纲领批判》中，马克思全面论述了社会主义社会的分配原则，还论述了社会主义社会的社会建设原则。

通过批判拉萨尔的不折不扣的劳动所得的谬论，马克思论述了社会主义社会的分配原则。《哥达纲领》指出，劳动的解放要求把劳动资料提高为社会公共财产，要求集体调节总劳动并公平分配劳动所得，即坚持拉萨尔“不折不扣的劳动所得”。对此，马克思指出，不能将社会总产品全部用于分配。从生产的角度看，在进行个人分配之前，必须从中扣除以下部分：“**第一**，用来补偿消耗掉的生产资料的部分。**第二**，用来扩大生产的追加部分。**第三**，用来应付不幸事故、自然灾害等的后备基金或保险基金。”② 显然，这是维持生产和扩大再生产必须扣除的部分。从消费角度看，在进行个人分配之前，还必须从中扣除同生产没有直接关系的一般管理费用、用来满足共同需要的部分、为丧失劳动能力的人设立的基金。显然，只有从社会总产品中扣除上述部分，才能将剩余部分用于分配给个人。同时，必须从劳动所得中扣除应付不幸事故和自然灾害等突发情况的保障基金，以保障工人的正常生活水准。因此，拉萨尔所谓的不折不扣的劳动所得实际上恰恰是有折有扣的劳动所得。

---

① 马克思，恩格斯．马克思恩格斯文集：第3卷．北京：人民出版社，2009：434.

② 马克思，恩格斯．马克思恩格斯文集：第3卷．北京：人民出版社，2009：432.

在此基础上，马克思论述了共产主义社会第一阶段和高级阶段的不同分配方式。一个社会的分配方式是由生产关系尤其是生产资料所有制的性质决定的。在共产主义社会第一阶段，由于这一社会身上还带有很多的资本主义社会的痕迹，因此，“每一个生产者，在作了各项扣除以后，从社会领回的，正好是他给予社会的。他给予社会的，就是他个人的劳动量。……至于消费资料在各个生产者中间的分配，那么这里通行的是商品等价物的交换中通行的同一原则，即一种形式的一定量劳动同另一种形式的同量劳动相交换”①。这种分配方式就是各尽所能、按劳分配，根据劳动者劳动的多少来领取相应的消费资料。事实上，“这种**平等的**权利，对不同等的劳动来说是不平等的权利。它不承认任何阶级差别，因为每个人都像其他人一样只是劳动者；但是它默认，劳动者的不同等的个人天赋，从而不同等的工作能力，是天然特权。**所以就它的内容来讲，它像一切权利一样是一种不平等的权利**”②。可见，按劳分配仍然是资产阶级法权。到了共产主义社会高级阶段，生产力的发展消灭了人为的社会分工和脑体劳动的差别，劳动从人们谋生的手段变成了生活的第一需要，而生产力的发展和个人的全面发展也使得集体财富的一切源泉都得到充分涌流，只有到这时，才能实行“各尽所能、按需分配”的原则。显然，按需分配是建立在共产主义社会生产力高度发达和个人的全面发展的基础之上的，是彻底摆脱了资产阶级法权的共产主义社会高级阶段的分配原则。

马克思论未来社会谁来擦皮鞋

某次，有个绅士问马克思，在将来的国家里谁来擦皮鞋。马克思恼怒地回答他：“你来擦!”那位冒失的绅士困惑地哑口无言。这大概是马克思失去耐性的唯一的一次。

那位绅士走后，我母亲直爽地说：“博士先生，我不想为那位提出愚蠢问题的先生辩护，但是，在您回答他的时候，我想，他默不作声还比较好，如果他说自己不适宜于擦皮鞋，那就更糟。”马克思也认为是这样，我母亲接着又说：“我不能想像您能在彻底平等的时代中生活，因为您完全具有贵族的情趣和习惯。”马克思回答说：“我也有同感，这时代必将到来，不过那时我们肯定已不在人世了。”③

① 马克思，恩格斯．马克思恩格斯文集：第 3 卷．北京：人民出版社，2009：434.

② 马克思，恩格斯．马克思恩格斯文集：第 3 卷．北京：人民出版社，2009：435.

③ 弗兰契斯卡·库格曼．伟大的马克思的二三事//中共中央马克思恩格斯列宁斯大林著作编译局．回忆马克思．北京：人民出版社，2005：342.

马克思论述了社会主义社会建设的思想。在批判《哥达纲领》滥用“现代国家”“现代社会”等字眼的过程中，马克思指出，“现代社会”就是存在于一切文明国度中的资本主义社会，“现代国家”是一种虚构，可以讨论的是“现代国家制度”。“现代国家制度”现存的根基即资产阶级社会。由于资产阶级社会注定要消亡，而未来的共产主义社会第一阶段仍然存在无产阶级专政的国家，仍然具有政治和社会双重职能。即便到了共产主义社会高级阶段，国家的政治职能会消失，但社会职能仍然会保留下来，而且会不断被强化。因此，在共产主义社会的第一阶段，要逐步强化国家的社会职能，加强社会建设。为此，马克思探讨了社会主义社会建设的问题。

针对《哥达纲领》有关限制妇女劳动和禁止儿童劳动的思想，马克思强调要对之进行具体的分析，不能一概而论。在马克思看来，禁止儿童劳动必须给出相应的年龄界限，因为在实践中，“**普遍禁止**儿童劳动是同大工业的存在不相容的，所以这是空洞的虔诚的愿望。实行这一措施——如果可能的话——是反动的，因为在按照不同的年龄阶段严格调节劳动时间并采取其他保护儿童的预防措施的条件下，生产劳动和教育的早期结合是改造现代社会的最强有力的手段之一”①。可见，教育和生产劳动结合不仅对于儿童成长和发展具有重要的作用，有利于培养共产主义新人，还是改造现代社会、建设未来共产主义社会的有力武器。

在教育方面，马克思反对《哥达纲领》提出的由国家实行国民教育的观点。马克思指出：“‘**由国家实行国民教育**’是完全要不得的。用一般的法律来确定国民学校的经费、教员资格、教学科目等等，并且像美国那样由国家视察员监督这些法律规定的实施，这同指定国家为人民的教育者完全是两回事！相反，应当把政府和教会对学校的任何影响都同样排除掉。”② 显然，排除政府和教会对学校的影响，是教育独立发展的前提。马克思强调要把技术学校（理论的和实践的）和国民学校联系起来，即强调教育要坚持理论和实践的统一。

在劳动保护方面，马克思批评了《哥达纲领》中关于实行有效的责任法的局限性，论述了劳动保护的思想。“在正常的工作日这一条中，忽略了工厂立法中关于卫生设施和安全措施等等那一部分。只有当这些规定遭到破坏时，责

---

① 马克思，恩格斯．马克思恩格斯文集：第3卷．北京：人民出版社，2009：448-449.

② 马克思，恩格斯．马克思恩格斯文集：第3卷．北京：人民出版社，2009：447.

任法才发生效力。”[①] 可见，马克思高度重视资本主义工厂立法中关于卫生和安全设施的规定。

总之，通过论述社会主义社会的分配原则和社会建设的措施，马克思丰富和发展了对未来共产主义社会的构想，为未来共产主义社会的建设描绘了科学的蓝图。

① 马克思，恩格斯．马克思恩格斯文集：第 3 卷．北京：人民出版社，2009：449.

第16章

国际无产阶级革命的领袖和导师

马克思晚年的革命实践活动

> ……马克思由于在理论上和实践上的成就已经赢得了这样的地位，各国工人运动的最优秀的人物都充分信任他。他们在紧要关头都向他请教，而且总是发现他的建议是最好的。他已经在德国、法国、俄国赢得了这种地位，至于在比较小的国家就更不用说了。所以，并不是马克思把自己的意见，更谈不上把自己的意志强加于人，而是这些人自己来向他求教的。马克思所起的特殊的、对运动极端重要的影响，正是建立在这种基础上的。①

巴黎公社失败之后，马克思并没有马上返回书房，而是进一步积极地投入到了无产阶级革命的实践洪流中，为捍卫科学共产主义理论和国际工人协会的纯洁性而不懈地工作，谱写马克思主义发展史和国际共产主义运动史的新篇章。

1. 1871年后的第一国际活动

巴黎公社失败后，尽管“国际”面临着更为复杂的情况，但是，仍然在卓有成效地开展工作。随着《法兰西内战》的出版，马克思事实上成为“国际”的领袖，在工人阶级中间享有崇高的威望，以至于敌对势力都将其视为“国际”的“最高首脑”。

---

① 恩格斯．致爱德华·伯恩施坦//马克思，恩格斯．马克思恩格斯选集：第4卷．北京：人民出版社，2012：545.

为了进一步明确无产阶级运动的思想任务，并完善其组织形式，马克思和恩格斯于 1871 年 7 月 25 日建议国际工人协会总委员会于 9 月在伦敦召开代表大会。这样，筹备这次代表会议的重担就落到了马克思和恩格斯的肩上。8 月 15 日，马克思在总委员会会议上提议，代表会议只限于谈论组织问题和策略问题，这样，就为这次代表会议确定了正确方向。

9 月中旬，参加这些会议的各国代表陆续来到伦敦，马克思不仅亲切地接见了他们，还为他们提供一切力所能及的帮助。后来，参加伦敦代表大会的西班牙代表安塞尔莫·罗伦佐回忆道："不一会我坐的马车已停在一所住宅的门前。车夫去叩门，从门里走出一位长者，在路灯的照耀下，很像伟大艺术家笔下的一位尊贵的大主教。我畏缩而恭敬地走过去，说明我是国际西班牙联合会的代表。长者拥抱了我，吻了我的前额，用西班牙语讲了几句客气话，就把我引进住宅。他就是卡尔·马克思。他的家人都已休息，他亲自殷勤地给我端来美味的晚餐。晚饭后，我们长时间地一面喝茶，一面交谈，谈到革命思想、宣传工作、组织工作，在谈到西班牙所取得的成就时，马克思表示很满意。这时，他根据我的那个提请代表会议批准的报告提纲，谈了他自己的看法。"① 马克思还同罗伦佐热烈地探讨西班牙文学，评论了卡德龙、劳贝·德·维加、提尔索·德·莫利纳的作品，并以渊博的学识和深刻的见解使后者感到十分钦佩。这次会议持续到深夜，罗伦佐就留宿在马克思家中。通过与各国的代表亲切地交谈，马克思了解到了各国工人运动的发展状况，并指导了他们的实际工作。

1871 年 9 月 17—23 日，"国际"工人代表会议在伦敦手工业工人俱乐部召开，马克思作为德国通讯书记代表德国、恩格斯代表意大利出席了这次大会。马克思在大会的开幕式上作了发言。他指出，总委员会召开代表会议，是为了同各国代表商定各种必要的措施，来消除"国际"在许多国家所遭到的危险，并且着手进行符合形势需要的新的组织工作。无产阶级政党问题是这次会议的重点问题，也是同无政府主义和工联主义争论的焦点问题。

为此，在代表会议上，巴黎公社的参加者瓦扬于 9 月 20 日提出了《关于工人阶级的政治行动》的最初草案，主张工人阶级应该在政治上联合起来。无政府主义者代表反对这一方案，主张建立一个脱离政治的工会国际联合会来代

① 中共中央马克思恩格斯列宁斯大林著作编译局编．回忆马克思．北京：人民出版社，2005：313.

替“国际”。从巴黎公社的经验教训出发，马克思对瓦扬的方案进行了辩护并加以发展，指出无产阶级不建立政党就不可能取得革命的胜利。马克思还主张无产阶级必须进行政治斗争，其最高形式就是无产阶级革命。针对无政府主义关于取消无产阶级革命的主张的谬论，马克思旗帜鲜明地指出：“我们应当向各国政府声明：我们知道，你们是对付无产者的武装力量；在我们有可能用和平方式的地方，我们将用和平方式反对你们，在必须用武器的时候，则用武器。”① 显然，和平方式和武装斗争都是无产阶级的手段，无产阶级不能放弃革命的权利。恩格斯也在发言中支持瓦扬的建议，主张建立独立的无产阶级政党。

在马克思、恩格斯的共同努力下，大会通过了瓦扬的《关于工人阶级的政治行动》的决议，并委托马克思拟定该方案的最后文本。在决议的最终定稿中，马克思、恩格斯指出，“工人阶级在它反对有产阶级联合权力的斗争中，只有组织成为与有产阶级建立的一切旧政党对立的独立政党，才能作为一个阶级来行动；工人阶级这样组织成为政党是必要的，为的是要保证社会革命获得胜利和实现这一革命的最终目标——消灭阶级”②。这一决议为建立独立的无产阶级政党奠定了基础。

为了更好地推动国际工人协会的发展，根据马克思等代表的建议，代表大会委托总委员会出版新的《国际工人协会共同章程》。在马克思的努力下，经过修订的《国际工人协会共同章程》于1871年出版了英文版和法文版、1872年出版了德文版。新章程包括历次代表大会提出的全部修改意见，同时删除了已经失效的条款，为保证国际的思想统一和维护组织纪律发挥了积极作用。

马克思为伦敦代表会议的顺利召开付出了大量的心血，在会议进程中先后作了97次发言。在马克思的努力下，伦敦代表会议取得了可喜的成就。马克思对之表示满意，并在1871年9月23日给妻子燕妮的信中指出：“今天代表会议终于结束了。这是一件繁重的工作。上午和下午都开会，间歇时专门委员会开会，听取目睹者的谈话，准备报告，等等。但是工作却比以往所有代表大会加在一起做得还要多，因为没有列席群众，没有必要发表装腔作势的演说。”③ 从总体上看，“国际”伦敦代表会议是巴黎公社后一次具有重要意义的

---

① 马克思，恩格斯．马克思恩格斯全集：第17卷．北京：人民出版社，1963：700.
② 马克思，恩格斯．马克思恩格斯全集：第17卷．北京：人民出版社，1963：455.
③ 马克思，恩格斯．马克思恩格斯全集：第33卷．北京：人民出版社，1963：298.

会议，有利于指导各国工人运动的健康发展和无产阶级建党工作的开展。

国际工人协会伦敦代表会议主要文献

1871 年 9 月 17—23 日

卡·马克思：《关于社会主义民主同盟的活动》（1871 年 9 月 18 日在代表会议一个委员会会议上的发言记录）。

弗·恩格斯：《关于工人阶级的政治行动》（1871 年 9 月 21 日在代表会议上的发言提纲）。

卡·马克思和弗·恩格斯：《1871 年 9 月 17 日至 23 日在伦敦举行的国际工人协会代表会议的决议》。

卡·马克思：《伦敦代表会议关于瑞士罗曼语区的分裂的决议》。

由于伦敦代表会议通过的决议受到了改良主义和无政府主义分子的攻击，加之资产阶级当局进一步加大对工人运动的镇压，“国际”处于非常危险的时期。为此，1872 年 5 月 28 日，马克思在总委员会会议上提出筹备应届“国际”代表大会，以保证“国际”的纯洁性并在正确的轨道上发展。马克思在筹备代表大会时，和德国、西班牙、意大利、美国的国际活动家进行了广泛的通信，要求他们派代表参加会议，并向他们阐述这次会议是同巴枯宁派决战的一次会议。在 1872 年 6 月 21 日给左尔格的信中，马克思指出：“应届代表大会（有关此事的正式通知将在下星期发往纽约）将于 1872 年 9 月的第一个星期一在海牙（荷兰）召开。你们仅仅用一份书面报告来敷衍我们，这是绝不允许的。**这次代表大会将关系到国际的存亡。您**应该来，而且**至少再来一人，甚至两人。**”[①] 可见，马克思十分重视这次代表大会的召开，将之看作是关系到“国际”存亡的重要会议。

由于当时荷兰政府没有公开镇压工人运动，而巴枯宁主义者和英国改良主义者在荷兰也没有什么活动，因此，马克思建议在荷兰海牙召开代表大会。经过一段时间的紧张筹备工作，1872 年 9 月 2—7 日，国际工人协会代表大会在荷兰海牙举行。出席这次大会的有来自 15 个全国性组织的 65 名代表，是历次代表大会中组成最有代表性的大会。马克思在爱妻燕妮和爱女爱琳娜的陪同下，与恩格斯于 9 月 1 日一起到达海牙。这是马克思第一次参加“国际”的代

① 马克思，恩格斯．马克思恩格斯全集：第 33 卷．北京：人民出版社，1963：491.

表大会。他的到来引起了极大的轰动。欧洲反动政府派出的间谍和记者也云集于此，密切监视着马克思的一举一动。马克思全程参加并领导了这次会议。

在9月5日的一次公开会议上，马克思用德文宣读了他起草的《总委员会向在海牙举行的国际工人协会第五次年度代表大会的报告》。随后，其他几位代表分别用英语、法语和荷兰语宣读了这份报告。据库诺回忆，马克思谈话不太流利。当谈话时，他不时摘下自己的单片眼镜，然后又从容地贴到右眼上。那时，马克思已经55岁了，但仍很健壮，浓密的头发和胡须稍有灰白。

报告最终被大会通过。该报告重点强调了组织对工人斗争的重要性："如果我们回顾一下1848年时期，工人阶级在没有国际组织时和有了国际时的区别就显得特别明显。要使工人阶级自己认识到1848年六月起义是它自己的先进战士的事业，曾经需要很长的岁月。而巴黎公社却立即受到了整个国际无产阶级欢欣鼓舞的声援。"[①] 在马克思的努力下，大会通过了总委员会起草的关于修改共同章程和组织条例的一系列决议，扩大了总委员会的权力，以保证总委员会更好地履行职责，同时通过了把伦敦代表会议《关于工人阶级的政治行动》的决议稍加修改列入章程的决议。决议指出："无产阶级在反对有产阶级联合力量的斗争中，只有把自身组织成为与有产阶级建立的一切旧政党不同的、相对立的政党，才能作为一个阶级来行动。为保证社会革命获得胜利和实现革命的最高目标——消灭阶级，无产阶级这样组织成为政党是必要的。"[②]海牙代表大会的决议为后来建立各国独立的工人阶级政党奠定了基础。

由于国际工人协会在欧洲大陆面临着各种严峻的局势，在内遭到巴枯宁主义、布朗基主义等错误思潮的挑战，使得"国际"面临着随时分裂的危险，在外遭到欧洲各国反动政府的镇压，使得"国际"在欧洲各国举步维艰。因此，如果"国际"继续留在伦敦，不仅存在着被统治阶级镇压的危险，也存在着被英国改良主义者或布朗基分子占据总委员会多数的危险。于是，马克思、恩格斯等人于9月6日建议将国际工人协会总委员会迁往纽约。为了使建议获得多数人的支持，马克思做了大量的努力和工作。大多数代表怀着沉重的心情投票通过了这一提议。因为他们知道，这个决议一旦通过并付诸实施，马克思就不得不离开总委员会。许多代表认为马克思会彻底退出国际工人运动，将过一种平静的学者生活，专心致志从事学术研究，尤其是完成《资本论》后几卷的

---

① 马克思，恩格斯．马克思恩格斯全集：第18卷．北京：人民出版社，1964：152.

② 马克思，恩格斯．马克思恩格斯文集：第3卷．北京：人民出版社，2009：228.

工作。

“国际”海牙代表大会结束后的第二天，马克思和绝大多数代表一起前往阿姆斯特丹，参加由地方支部召开的庆祝海牙代表大会的群众集会。马克思在群众大会上发表了著名的演讲，不仅向广大工人群众阐述了海牙代表大会通过的决议，而且阐述了许多重要思想，为无产阶级运动的策略提供了科学基础。根据库诺的回忆，大多数人从海牙到阿姆斯特丹，当地的“国际”委员在那里租了一个大厅，以便举行公开的宣传大会。大厅很窄，既没有凳子，也没有椅子，来开会的人只能站着听。第一位主讲人就是马克思。马克思一部分用法语、一部分用荷兰语发表了演讲。

马克思在演讲中指出，工人阶级必须在政治领域同资产阶级进行斗争。在此过程中，“必须考虑到各国的制度、风俗和传统；我们也不否认，有些国家，像美国、英国，——如果我对你们的制度有更好的了解，也许还可以加上荷兰，——工人可能用和平手段达到自己的目的。但是，即使如此，我们也必须承认，在大陆上的大多数国家中，暴力应当是我们革命的杠杆；为了最终地建立劳动的统治，总有一天正是必须采取暴力”①。马克思第一次明确指出无产阶级可以通过和平手段在一些国家取得胜利。当然，这必须建立在各国无产阶级充分意识到自身的历史使命，紧紧地抓住历史机遇，并合理地运用自己的力量的基础之上。同时，马克思并没有否定暴力革命的作用。在一定意义上，和平斗争需要特定的社会历史条件，而暴力革命更加具有普遍性。这表明，和平斗争和暴力革命，都是革命的选项，其目的都是推翻资产阶级的统治，建立无产阶级政权。

马克思在海牙（1872 年 9 月 8 日）

关于海牙代表大会把总委员会的驻地迁往纽约的决议问题，马克思饱含深情地谈道：“至于我个人，我将继续自己的事业，为创立这种对未来具有如此

① 马克思，恩格斯．马克思恩格斯全集：第 18 卷．北京：人民出版社，1964：179.

良好作用的所有工人的团结而不倦地努力。不，我不会**退出国际**，我将一如既往，把自己的余生贡献出来，争取我们深信迟早会导致无产阶级在全世界统治的那种社会思想的胜利。”① 这里，马克思依然表达了自己的雄心壮志：将自己的一生献给无产阶级革命和全人类解放事业。

代表大会闭幕后，马克思和恩格斯邀请代表们到海牙附近的海滨避暑地斯赫维宁根午餐。饭前大家都去洗海水澡。马克思还把自己的女儿介绍给大家认识。

2. 第一国际的解散及其贡献

“国际”总委员会迁往纽约后，马克思一如既往地帮助和指导总委员会的工作。在马克思的努力下，左尔格加入了新的总委员会，后来又当选为总委员会的总书记。在马克思、恩格斯的指导和帮助下，在左尔格等人的努力下，“国际”美国支部积极组织和参加工人的日常斗争活动，建立工会、组织罢工，取得了重要的成就，使得国际工人协会在美国的影响力显著增加。然而，海牙代表大会后，巴枯宁分子、布朗基派等派别对海牙代表大会的决议十分不满，并采取了一系列宗派主义活动，给“国际”带来了分裂的危险。

为了捍卫国际的纯洁性，在1873年2月12日给总委员会委员弗里德里希·波尔特的信中，马克思指出：“每一个人和每一个团体都有权**退出国际**，如果出现这种情形，总委员会就应正式**确认**这种**退出**，而绝对不要宣布**暂时开除**。**暂时开除**的规定是指这样的情况，即某些团体（支部或联合会）只是对总委员会的权力提出异议，或者只是违反章程或条例的某一条款。但是，在章程中没有一条谈到那些否认整个组织的团体，根据一个简单的理由，即从章程中**自然而然得出的结论**是：这样的团体不再属于国际。”② 这里，马克思就突出了党的建设的重要思想，强调一切组织成员和地方支部都必须遵守上级机关的决议和章程，即必须坚持集中的思想。对于违反纪律的组织和个人，就不能仅仅是暂时开除，而应该采取严厉的组织措施，将其正式从“国际”中开除。根据马克思的提议，总委员会于1873年5月30日作出决议，在组织上与拒绝海牙代表大会决议的巴枯宁分子和一些改良主义者划清界限，即实际上将他们开

① 马克思，恩格斯．马克思恩格斯全集：第18卷．北京：人民出版社，1964：180.
② 马克思，恩格斯．马克思恩格斯全集：第33卷．北京：人民出版社，1973：566.

除出了国际。

然而，“国际”事实上的分裂已经形成，加之欧洲各国对工人运动的镇压，以及工人运动的发展要求各国建立独立的以马克思主义为指导的无产阶级政党，因此，作为各国工人阶级的联合组织的国际工人协会已经不适宜继续存在。为此，在 1873 年 9 月 27 日给左尔格的信中，马克思指出：“鉴于欧洲的形势，我认为，暂时让国际这一形式上的组织退到后台去，是绝对有利的，但是，如果可能的话，不要因此就放弃纽约的中心点而让培列之流的白痴或克吕泽烈之流的冒险家篡夺领导权并败坏整个事业。”[①] 在他看来，由于形势的发展，国际工人协会需要暂时退出历史舞台。到了 1873 年底，“国际”的组织活动几乎全部停止。根据马克思的建议，1876 年 7 月 15 日，在美国费城代表会议上通过了关于解散“国际”的决议。在完成了自身的历史使命后，第一国际光荣地退出了历史舞台。

虽然国际工人协会的组织形式被放弃了，但是第一国际在国际共产主义运动史上作出了重大的贡献，推动了工人运动和民族解放运动的结合。对此，马克思在《哥达纲领批判》中指出：“各国工人阶级的国际活动绝对不依赖于**‘国际工人协会’**的存在。‘国际工人协会’只是为这种活动创立一个中央机关的第一个尝试；这种尝试由于它所产生的推动力而留下了不可磨灭的成绩”[②]。历史确实如此。“国际”有力地推动了各国工人阶级运动的发展。同时，由于当时的波兰和爱尔兰等国仍然遭受西方资本主义国家的压迫，因此，这些国家的民族解放不仅依赖于本国工人阶级的斗争，也依赖于资本主义国家的工人反抗本国资产阶级的斗争，而其阶级解放也以本国的民族解放为前提。为此，国际工人协会采取了一系列措施推进波兰和爱尔兰等国民族解放运动的发展，使工人运动和民族解放运动成为一个紧密联系的整体。

在国际工人协会的推动下，马克思主义在工人运动中得到广泛传播。“国际”不仅坚持以马克思主义为指导，还号召各国工人群众认真学习和研究马克思的著作。《资本论》第一卷出版后，1868 年 9 月 11 日，德国代表团在布鲁塞尔代表大会上提出了关于马克思《资本论》的下列决议案：“我们，布鲁塞尔国际工人代表大会的德国代表，建议所有国家的工人都来学习去年出版的卡·马克思的《资本论》；呼吁协助把这部重要著作翻译成目前还没有翻译出来的

---

① 马克思，恩格斯．马克思恩格斯文集：第 10 卷．北京：人民出版社，2009：396.

② 马克思，恩格斯．马克思恩格斯文集：第 3 卷．北京：人民出版社，2009：439.

各种文字。马克思的功绩是不可估量的，他是经济学家当中对资本和它的组成部分作出科学分析的第一个人。”这项决议由代表大会一致通过，1868 年 9 月 15 日发表在约·格·埃卡留斯给《泰晤士报》写的通讯中。

资产阶级对马克思的污蔑

包括资产阶级民主派在内的广大阶层，根据反动派和自由派报刊的庸俗描绘，总是把马克思想像成为一个极其狂热、令人讨厌和狂妄自大的人，说他对什么都讽刺一番，而且总是尖酸刻薄，冷嘲热讽。此外，无论警方或非警方，都散布恐怖气氛，说“国际”为了搞全面的流血革命并彻底破坏一切文明，在进行阴谋活动。关于有马克思参加的德累斯顿工人联欢会，麦克斯·凯格尔写过这样一首诗：

上面，乐队旁坐着
社会主义者奈斯托尔①，
他就是马克思，
只要听到他的名字，
好市民都哆嗦不止。②

第一国际用无产阶级国际主义精神团结教育了世界无产阶级。在国际主义精神的推动下，英国、法国和德国等国的工人阶级紧密地团结在一起，共同反对普法战争。这表明，国际主义理念已经植根于各国工人阶级的思想和行动之中。1872 年 9 月 8 日，在阿姆斯特丹群众大会的演讲中，马克思指出：“公民们，让我们回忆一下国际的一个基本原则——团结。如果我们能够在一切国家的一切工人中间牢牢地巩固这个富有生气的原则，我们就一定会达到我们所向往的伟大目标。革命应当是团结的，巴黎公社的伟大经验这样教导我们。巴黎公社之所以失败，就是因为在一切主要中心，如柏林、马德里以及其他地方，没有同时爆发同巴黎无产阶级斗争的高水平相适应的伟大的革命运动。”③ 可见，团结是“国际”的一个基本原则，对于无产阶级革命和国际工人运动的胜利具有重要作用。

---

① 奈斯托尔是希腊神话中参加过特洛伊之战的最老最贤明的英雄。在文学中，常把他当作饱经世故的聪明的长者。

② 威廉·布洛斯．马克思的人格//回忆马克思．北京：人民出版社，2005：324.

③ 马克思，恩格斯．马克思恩格斯全集：第 18 卷．北京：人民出版社，1964：180.

第一国际培养一大批工人运动的优秀代表人物。在 1873 年 9 月 27 日给左尔格的信中，马克思指出，“事变的发生以及形势的不可避免的发展和复杂化将会自然而然地促使国际在更完善的形式下复活。在目前，只要同各个国家中最能干的人物不完全失去联系就够了”①。在解体之前，“国际”的当务之急就是将骨干保存下来。在马克思、恩格斯的指导和帮助下，第一国际培养了左尔格、拉法格、李卜克内西等一大批工人运动的优秀代表人物。这些人作为革命的火种，为“国际”解散后各国无产阶级政党的建立和发展发挥了举足轻重的作用，有力地推动了各国工人运动的发展，将第一国际的事业继承和发展下去。

在从国际工人协会成立到总委员会迁往纽约的九年当中，马克思牺牲了自己的科学研究事业和身体健康，为无产阶级革命事业呕心沥血、废寝忘食，从而使国际工人协会取得了极其辉煌的成就，极大地推动了全世界无产阶级革命事业的发展。

3. 清算巴枯宁的无政府主义

尽管伦敦代表会议取得了对无政府主义的胜利，但是，巴枯宁主义者不甘心自己的失败，而是变本加厉地在“国际”内部大搞宗派活动，因此，马克思不得不领导“国际”进一步开展了反对巴枯宁无政府主义的斗争。

巴枯宁（1814—1876）是俄国无政府主义和民粹主义创始人。从 1840 年起，他开始侨居国外，并参加德国 1848—1849 年革命。1849 年，巴枯宁因参与领导德累斯顿起义被判死刑，后改为终身监禁。他于 1851 年被引渡给沙皇政府，并于 1861 年从西伯利亚流放地逃到伦敦。巴枯宁很早就与马克思保持较为密切的联系，马克思对他也曾寄予厚望。然而，巴枯宁却辜负了马克思的期望，在无政府主义的道路上越走越远。

1868 年，巴枯宁参加国际工人协会活动后，在“国际”内部成立了社会主义民主同盟这一秘密团体，开展分裂“国际”的活动，妄图夺取总委员会的领导权。巴枯宁派主张无产阶级放弃政治斗争、反对建立无产阶级革命政党、立即废除国家、否定一切权威和把废除继承权作为社会革命的起点等无政府主义的观点。

1869 年 6 月，巴枯宁要求将继承权问题列入国际工人协会巴塞尔代表大

---

① 马克思，恩格斯．马克思恩格斯文集：第 10 卷．北京：人民出版社，2009：396－397.

会的议程。1869 年 7 月 20 日，马克思在国际工人协会总委员会开会讨论继承权问题时作了发言。在此基础上，马克思于 1869 年 8 月 2—3 日起草了《总委员会关于继承权的报告》。1869 年 9 月 11 日，在国际工人协会巴塞尔代表大会的会议上，卡留斯宣读了马克思的《总委员会关于继承权的报告》，并得到总委员会的批准。针对巴枯宁派将废除继承权作为社会革命的起点的看法，马克思对之进行了批判，强调这一看法在理论上是错误的，在实践中是有害的。巴枯宁派的观点实质上是将继承法看作是资本主义生产资料私有制产生的原因。事实恰好相反。作为上层建筑的继承法是现存社会经济组织的结果。“我们应当同原因而不是同结果作斗争，同经济基础而不是同它的法律的上层建筑作斗争。假定生产资料从私有转变为社会所有，那么继承权（就它有某种社会意义来说）就会自行消亡，因为一个人死后留下的只能是他生前所有的东西。”[①] 因此，消灭继承权是废除生产资料私有制后进行社会改造的结果，而非这种社会改造的起点。巴枯宁派的这种观点只会将工人阶级对资本主义社会的斗争引向错误的轨道上去。工人阶级反抗资本主义社会斗争的目标绝非是废除继承权，而是要彻底消灭资本主义的剥削制度。

在伦敦代表会议上，马克思与巴枯宁主义进行了坚决的斗争，使多数与会代表认清了其实质。然而，巴枯宁派却反对和攻击伦敦代表会议的决议，继续贩卖无政府主义思想。

为此，1872 年 1 月中至 3 月初，马克思和恩格斯用法文起草了反对巴枯宁主义的通告——《所谓国际内部的分裂》。1872 年 3 月 5 日，马克思向总委员会介绍了这一通告。由于马克思认为当时的主要任务是维持“国际”内部的团结，从思想上粉碎、孤立和打击巴枯宁主义者，因此，这一文献只是作为“国际”成员阅读的内部通告，没有公开散发。在马克思看来，“国际”是团结的，这种团结是无产阶级力量和成就的保证。委员会一致通过了这个文件，并授权小委员会予以发表。在这一文献中，马克思、恩格斯向全世界无产阶级揭露了无政府主义的真正目的，揭露了他们与工人阶级的异己分子的联系和巴枯宁同盟的敌视工人运动的活动。这一文献是捍卫无产阶级党性原则和批判以极左言词掩盖无政府主义宗派活动的光辉典范。1872 年 5 月底，由总委员会全体委员署名的《所谓国际内部的分裂》第一次用法文印成单行本，并分发给协会的所有联合会。

---

① 马克思，恩格斯．马克思恩格斯文集：第 3 卷．北京：人民出版社，2009：88.

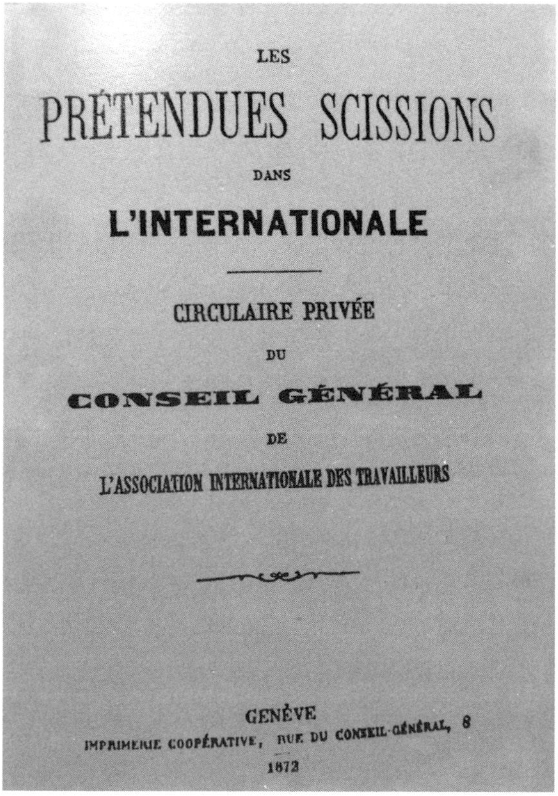

马克思和恩格斯撰写的《所谓国际内部的分裂》的扉页

在海牙代表大会上，马克思与巴枯宁主义进行了一次更为全面和彻底的斗争。马克思参加海牙代表大会的一个重要目的是和巴枯宁主义进行彻底的清算。作为海牙代表大会的参加者的泰奥多尔·库诺回忆说："这是马克思和巴枯宁之间的一次决定性的斗争。当时要解决的问题是：国际应当成为一支纪律严明的、能对付有组织的敌人的优秀的部队，还是应当四分五裂，每一个成员都要发号施令。而巴枯宁这位永无谬误的大独裁者要领导所有的国际成员，迎合他们的虚荣，使他们成为他的盲目服从的工具。"① 最终，在马克思直接领导下，海牙国际代表大会从理论和组织上彻底揭露和清算了巴枯宁等人反对无产阶级革命、破坏国际工人运动的种种罪恶活动，并决定把巴枯宁等人开除出"国际"。

① 中共中央马克思恩格斯列宁斯大林著作编译局．回忆马克思．北京：人民出版社，2005：303.

在海牙代表大会结束不久，巴枯宁分子就与英国改良主义者结成联盟来反对“国际”。无政府主义者于1872年9月15—16日在瑞士展开国际代表大会，巴枯宁派在会上宣布否定海牙代表大会的决议，宣扬无政府主义思想。同时，西班牙和比利时的无政府主义者、英国的改良主义者也召开代表大会，宣布谴责海牙代表大会的决议。在此情形下，马克思、恩格斯领导“国际”总委员会同巴枯宁主义者和改良主义者进行坚决的斗争，并在组织上跟他们划清界限，即实际上将他们开除出了“国际”。

为了驳斥巴枯宁主义关于无产阶级放弃政治斗争和废除国家的谬论，马克思应意大利《人民报》编辑恩·比尼亚米的请求，于1872年12月底—1873年1月初，撰写了《政治冷淡主义》一文。巴枯宁分子散布政治冷淡主义的目的是解除工人的武装，使得工人阶级在资本主义社会中充当顺从的奴仆，反对无产阶级革命和无产阶级专政。

虽然马克思从理论上对巴枯宁主义进行了全面的驳斥，但是巴枯宁却并未就此收手，而是在无政府主义的道路上越走越远。1873年，巴枯宁在日内瓦匿名出版了《国家制度和无政府状态》一书，大肆贩卖无政府主义那一套废除国家、消除权威和集中、绝对自由等荒谬观点，并且疯狂攻击科学社会主义。

为此，1874年—1875年初，马克思撰写了《巴枯宁〈国家制度和无政府状态〉一书摘要》，彻底揭露了巴枯宁的无政府主义思想，论证了工人阶级建立独立的无产阶级政党和开展政治斗争的必要性，阐述了无产阶级专政和工农联盟的相关思想。在马克思看来，社会革命是需要一定的条件的。“彻底的社会革命是同经济发展的一定历史条件联系着的；这些条件是社会革命的前提。因此，只有在工业无产阶级随着资本主义生产的发展，在人民群众中至少占有重要地位的地方，社会革命才有可能。无产阶级要想有任何胜利的可能性，至少应当善于变通，直接为农民做很多的事情，就像法国资产阶级在进行革命时为当时法国农民所做的那样。”① 在推进社会革命的过程中，必须充分尊重和保护农民的实际利益，建立牢固的工农联盟。同样，无产阶级必须通过无产阶级专政，来消灭和改造资产阶级社会的经济条件，并通过无产阶级专政来加速这一改造的过程。针对巴枯宁主义关于废除国家的观点，马克思指出，只有在阶级和阶级统治消失以后，政治意义上的国家才会消亡。

---

① 马克思，恩格斯．马克思恩格斯文集：第3卷．北京：人民出版社，2009：404.

通过批判巴枯宁的无政府主义，马克思有力地清除了无政府主义在工人阶级内部的影响，从而保证工人运动在正确的轨道上健康发展。

4. 反对工联改良主义的斗争

伦敦代表会议之后，工联主义者在口头上赞同会议的决议，而事实上却在“国际”内部大肆宣扬工联主义思想，企图用工联主义精神来解释伦敦会议的决议。在国际工人协会期间，马克思对英国的工联改良主义进行了坚决的斗争。

工联主义最早于 19 世纪中叶在英国职工联合会中形成。作为一种在工人运动内部滋生的资产阶级改良主义思潮，他们主张同资产阶级进行合作，鼓吹劳资“利益协调”的自由主义学说，提出了“正直的工作，公平的报酬”的口号，宣扬在资本主义范围内改善工人的劳动条件和经济生活，反对进行推翻资本主义制度的政治斗争，只同意工会进行争取普选权和劳动立法的运动。

在“国际”英国曼彻斯特支部讨论土地国有化问题时，出现了思想十分混乱的情况，一些改良主义者主张土地私有化。为此，欧·杜邦在 1872 年 3 月 3 日写信给恩格斯，告诉他曼彻斯特支部的成员在土地问题上思想混乱，并请马克思和恩格斯发表自己的见解，以便他能在支部会议召开之前考虑他们的意见。为了反对改良主义的主张，马克思于 1872 年 3 月至 4 月撰写了《论土地国有化》一文，全面阐述了土地国有化的必要性和重要性问题。

马克思明确指出工人阶级的未来将取决于土地问题的解决。马克思驳斥了土地私有化的主张，强调土地私有化并非是所谓的天然权利，仅仅是历史发展在一定阶段的产物，是少部分人靠掠夺获得的权利。“社会的经济发展，人口的增长和集中，迫使资本主义农场主在农业中采用集体的和有组织的劳动以及利用机器和其他发明的种种情况，将使土地国有化越来越成为一种**‘社会必然’**，这是关于所有权的任何言论都阻挡不了的。社会的迫切需要将会而且一定会得到满足，社会必然性所要求的变化一定会进行下去，迟早总会使立法适应这些变化的要求。”① 可见，土地国有化才是社会发展的必然要求。

在资本主义社会，由于存在资本主义私有制，私人调节生产存在着无法克

① 马克思，恩格斯．马克思恩格斯文集：第 3 卷．北京：人民出版社，2009：230－231.

服的弊端，无法满足生产增长的各种需要。在土地问题上，一方面，居民的需要不断增长，另一方面，农产品的价格不断上涨。这进一步表明土地国有化已成为一种社会必然。然而，“在一个资产阶级的政权下，实行土地国有化，并把土地分成小块租给个人或工人合作社，这只会造成他们之间的残酷竞争，促使‘**地租**’逐渐上涨，反而为土地占有者提供了新的便利条件，靠生产者来养活自己”[①]。可见，资本主义制度不是土地国有化的社会条件，资产阶级政权条件下土地国有化的实质是资产阶级剥削工人的工具。因此，只有在工人阶级掌握政权的国家里，真正的土地国有化才有可能。“土地国有化将彻底改变劳动和资本的关系，并最终消灭工业和农业中的资本主义生产方式。只有到那时，阶级差别和各种特权才会随着它们赖以存在的经济基础一同消失。靠他人的劳动而生活将成为往事。与社会相对立的政府或国家政权将不复存在！农业、矿业、工业，总之，一切生产部门将用最合理的方式逐渐组织起来。**生产资料的全国性的集中**将成为由自由平等的生产者的各联合体所构成的社会的全国性的基础，这些生产者将按照共同的合理的计划进行社会劳动。这就是19世纪的伟大经济运动所追求的人道目标。”[②] 可见，社会主义条件下的土地国有化将消灭阶级差别和各种特权，并且有着自身鲜明的人道目标。当然，这个人道目标就是在解放无产阶级的基础上解放全人类。1872年5月8日，杜邦在曼彻斯特支部会上宣读了马克思的报告。这一报告对于驳斥改良主义者主张的土地私有化发挥了重要作用。

这种改良主义思想也祸及美国，一些改良主义者在纽约和其他地方建立了其主要成员为资产阶级的支部，妄图利用国际工人协会在美国的组织来实现自己的目的，企图控制“国际”在美国的所有组织。在这种情况下，马克思主义同改良主义的斗争就变得更为尖锐。马克思密切注视着美国支部的情况。他翻阅了美国的大量报纸、小册子和其他材料，并写下了很大的一本笔记。1872年3月5日和12日，马克思根据自己搜集的材料，向总委员会报告了美国支部的分裂情况，并建议采取措施来加强美国支部的无产阶级成分。根据马克思的提议，总委员会决定：把作为资产阶级影响策源地的纽约第十二支部开除出“国际”；为了防止伪改革家、资产阶级骗子手和卖身投靠的政客钻进“国际”，新成立的支部必须保证至少三分之二的成员是雇佣工人；组成由无产阶级各支

---

① 马克思，恩格斯．马克思恩格斯文集：第3卷．北京：人民出版社，2009：232.

② 马克思，恩格斯．马克思恩格斯文集：第3卷．北京：人民出版社，2009：233.

部构成的临时联合会委员会，作为“国际”在美国的唯一领导机关。

在这个过程中，马克思在给左尔格和其他美国支部领导人的信中，为他们制定了基本的行动路线，即彻底克服宗派主义，争取把美国的当地工人尤其是加入工会的工人吸引到协会的队伍中来，无论如何要防止资产阶级激进派篡夺美国工人运动的领导权。

5. 指导建立工人阶级的政党

巴黎公社失败的原因之一是没有一个坚强的无产阶级政党和科学理论的指导。因此，巴黎公社革命后尤其是第一国际解散后，在马克思、恩格斯的关怀和指导下，在欧美各国工人阶级先进分子的努力下，欧美各国工人政党纷纷成立。

1869—1883 年期间成立的欧美全国性工人政党

成立时间	政党名称
1869 年	德国社会民主工党（爱森纳赫派），1875 年起为德国社会民主党
1876 年	荷兰社会主义者同盟
1877 年	北美社会主义工人党
1878 年	丹麦社会民主党
1879 年	法国工人党
1881 年	英国社会民主联盟
1882 年	意大利社会主义党

德国工人阶级政党的建立。在马克思、恩格斯的指导和帮助下，1869 年，德国社会民主工党（爱森纳赫派）在爱森纳赫城成立。这是在民族国家范围内建立的第一个工人阶级政党。1875 年，以拉萨尔主义为指导思想的拉萨尔派和以马克思主义为指导思想的爱森纳赫派在哥达召开合并预备会议，成立了德国社会民主党。为了帮助其健康发展，马克思创作了《哥达纲领批判》。在 1881 年的议会选举中，德国社会民主党获得了 31 万张选票、12 个议席。

法国工人阶级政党的建立。在巴黎公社革命爆发前，法国工人阶级就进行过建立统一的无产阶级政党的努力。在瓦尔兰、弗兰克尔和拉科尔等人的领导下，第一国际的巴黎的各个支部建立了统一的联合委员会，使得第一国际在巴黎的支部实现了组织上的联合。然而，由于种种原因，建立法国统一的社会主义政党的目标没有实现。巴黎公社革命失败后，大量的无产阶级革命者被迫流亡国外，法国工人运动一时陷入低潮，但还是逐渐得到恢复和发展。1876 年后，流亡国外的一些革命者逐渐回到法国，继续进行工人运动并着手建立党的组织。1876 年和 1878 年，法国工人分别在巴黎和马赛召开了两次全国性的代表大会，为建立法国工人阶级政党做准备。在第二次工人代表大会上，社会主义者茹尔·盖得将一批代表团结在自己周围，将法国工人运动的发展推向了一个新的阶段。1877 年 1 月，盖得等人创办了《平等报》。1879 年 10 月，法国工人党在马赛成立，并委托盖得制定党的纲领。在制定党的纲领的过程中，盖得得到了马克思、恩格斯的直接指导和大力帮助。

纲领分为理论和实践两部分。纲领的实践部分由盖得和拉法格事先拟好，并经过马克思、恩格斯的同意。1880 年 5 月，由马克思口授、盖得笔录的《法国工人党纲领导言（草案）》是纲领的理论部分。马克思起草的《法国工人党纲领导言（草案）》非常简明扼要，通俗易懂，全面论述了无产阶级政党的经济方面的最终目的，即“法国社会主义工人确定其经济方面努力的最终目的是使全部生产资料归集体所有，并决定提出下述最低纲领参加选举，以此作为组织和斗争的手段”①。同时，马克思还论述了要实现生产资料集体占有的条件，认为这种集体占有只有通过组成为独立政党的生产者阶级或无产阶级的革命活动才能实现。由于无产阶级革命要实现生产者的解放和自由，而生产者阶级的解放是不分性别和种族的全人类的解放，因此，生产者只有在占有生产资料之后才能获得自由。在此基础上，马克思还论述了无产阶级革命的策略，要建立上述组织，就必须使用无产阶级所拥有的一切手段，包括借助于由向来是欺骗的工具变为解放工具的普选权。在马克思看来，无产阶级革命必须调动一切手段，包括普选权。这样，马克思就为法国工人党的发展制定了科学完备的理论纲领。

此外，马克思为法国工人党主办的《平等报》和《社会主义评论》撰稿。1880 年 4 月，应法国社会主义者的请求，马克思撰写了《工人调查表》一文，发表在 4 月 20 日《社会主义评论》上，之后又印成单行本在法国全国发行。《工人调查表》是一份对工人阶级进行详尽调查的提纲，由四个部分 100 个问题构成。通过调查表的形式，弄清法国无产阶级的生活、劳动和斗争的条件，揭示工人阶级的经济诉求，进而向工人阶级进行社会主义宣传教育，促使工人阶级认清资本主义制度的剥削的实质。在马克思的关怀和指导下，法国工人运动和无产阶级政党得到了较快的发展，不仅以马克思主义为指导思想，还对马

① 马克思，恩格斯．马克思恩格斯文集：第 3 卷．北京：人民出版社，2009：568.

克思主义进行宣传。

英国工人阶级政党的建立。马克思的一生绝大部分时间都生活居住在伦敦，因此对英国的工人运动和无产阶级政党的建立十分关心。由于英国受工联主义和改良主义影响深重，因此，在英国建立无产阶级政党必须首先批判和肃清改良主义观点对英国工人运动的影响。为此，马克思同机会主义的改良主义进行了长期坚决的斗争。1872 年 8 月 27 日，马克思参加总委员会会议时，批判了英国工联主义者的活动，提出了工会组织的任务在于成为劳资斗争中的组织核心的思想。英国自由主义者海德门在同马克思接触后，尤其是在阅读了《资本论》之后，逐渐走向了社会主义，并于 1881 年 6 月组建了一个半无产阶级半资产阶级的团体——民主联盟。然而，海德门对马克思主义和社会主义仅仅是一知半解，甚至将马克思主义当作他充当英国社会主义运动领袖的工具。在民主联盟的成立大会上，海德门散发自己的小册子《大家的英国》，来解释民主联盟的纲领。这本小册子一方面大量剽窃马克思的《资本论》的观点，另一方面极力鼓吹民族沙文主义，片面强调盎格鲁-萨克逊民族的优越性。对这一纲领，马克思十分气愤，不仅对之进行了严厉的驳斥，还强调真正的社会主义纲领与这种庸俗的民族沙文主义的纲领是根本不相容的。在马克思、恩格斯的关怀和帮助下，1883 年，民主联盟通过了社会主义纲领，宣布马克思主义为联盟的理论纲领。

美国工人阶级政党的建立。1869 年，英国统治阶级同美国统治阶级进行了一场战争，马克思在给合众国全国劳工同盟的公开信中指出："一个光荣的任务落在你们的肩上，那就是要向世界证明：现在，工人阶级终于不再作为一个驯服的追随者，而是作为一支独立的力量登上历史舞台，他们已经意识到自己的责任，并能在他们的所谓的主人们叫嚷战争的地方卫护和平。"[①] 马克思对美国工人阶级寄予厚望。1876 年，美国工人党成立，并创立了自己的报纸《劳动旗帜》。这是以左尔格、麦克唐奈和魏德迈等马克思主义者和拉萨尔主义分子联合后成立的以马克思主义为指导思想的无产阶级政党。马克思同左尔格等人经常保持联系，并为该党报纸《劳动旗帜》撰稿。在 1877 年党的代表大会上，工人党改组为北美社会主义工人党，拉萨尔分子在这次会议上占了上风，左尔格等人被迫退党。马克思和恩格斯坚决站在左尔格和麦克唐奈等人的

---

① 马克思，恩格斯．马克思恩格斯全集：第 16 卷．北京：人民出版社，1964：402－403.

一边，支持他们同机会主义的斗争，促使他们加强与群众的联系，克服在革命理论和策略问题上的教条主义态度，避免脱离实际的空洞宣传。

为了帮助美国共产党人掌握科学共产主义的思想观点，马克思对当时的一些错误思想进行了批判。1880 年，美国资产阶级经济学家亨利·乔治出版了《进步与贫困》一书，宣扬在保存资本主义国家的前提下，土地国有化的方法是解决资本主义社会的矛盾的灵丹妙药，对此，在 1881 年 6 月 2 日给约翰·斯温顿的信中，马克思指出："至于亨利·乔治先生的书，我认为它是拯救资本主义制度的最后的尝试。当然，这并不是作者的本意，但是更早的一些李嘉图的追随者（激进派），早就设想可以通过由国家占有地租的办法使一切得到纠正。"① 这样，马克思就揭露出了《进步与贫困》一书的实质。在 1881 年 6 月 20 日给左尔格的信中，马克思进一步揭露了亨利·乔治观点的实质："所有这一切无非是企图在社会主义的伪装下**挽救资本家的统治**，并且实际上是要在比现在**更广泛的基础上**来**重新巩固**资本家的统治。亨利·乔治的论调显然也露出了这种狡猾的，同时也是愚蠢的用心。"② 在马克思看来，亨利·乔治的观点具有反动性，是代表资产阶级而非无产阶级及其政党的利益的。

在与左尔格等美国工人活动家保持密切联系的同时，马克思对他们的下一代寄予厚望。在 1881 年 6 月 20 日给左尔格的信中，马克思指出："这里所有的人都很喜欢你的儿子。半年多来，咳嗽、感冒、咽喉痛和风湿病使我深居简出，回避社会交往，所以我和他大约每星期进行一次随便的短时间的谈话，我发现，他对我们观点的领会实际上比看起来的要好得多。总之他是一个有才能的、能干的青年，并且很有学识，性格可爱，而最主要的是精力充沛。"③ 可见，马克思希望革命者的下一代将革命事业的接力棒传承下去。

欧美各国无产阶级政党的成立和发展使得工人阶级及其政党作为一支重要的力量在国家政治生活中发挥着日益重要的作用，推动了工人运动和社会主义运动在欧美各国的开展。

6. 反对德国机会主义的斗争

随着工人运动的发展和各国工人阶级政党的建立，各种非无产阶级力量也

---

① 马克思，恩格斯．马克思恩格斯全集：第 35 卷．北京：人民出版社，1971：184.

② 马克思，恩格斯．马克思恩格斯文集：第 10 卷．北京：人民出版社，2009：463.

③ 马克思，恩格斯．马克思恩格斯全集：第 35 卷．北京：人民出版社，1971：190.

大量涌入无产阶级队伍和工人阶级政党中，从而使各种机会主义流行开来，严重干扰了无产阶级革命事业的健康发展。因此，马克思、恩格斯同之进行了坚决的斗争。

哥达合并的一年以后，杜林主义在德国党内受到了欢迎。为此，马克思和恩格斯展开了反对杜林主义的斗争。

杜林（1833—1921）出生于普鲁士官僚家庭，曾任柏林大学讲师。他对马克思主义的哲学、政治经济学和科学社会主义进行了全面的攻击。在哲学上，他将实证论、机械唯物主义和露骨的唯心主义糅和在一起，用“世界模式”构造现实世界；在经济学上，歪曲和攻击马克思的劳动价值论和剩余价值学说，是资产阶级庸俗经济学的鼓吹者；在社会主义理论上，用资产阶级改良主义的精神来阐述他的“社会主义”。由于他对时政多有贬斥且言词激烈，又以“左”的面目出现，因此，不仅在年轻的大学生中“圈粉”无数，而且在他周围出现了一个新的宗派。伯恩施坦、莫斯特和恩斯都是杜林主义的狂热信徒。

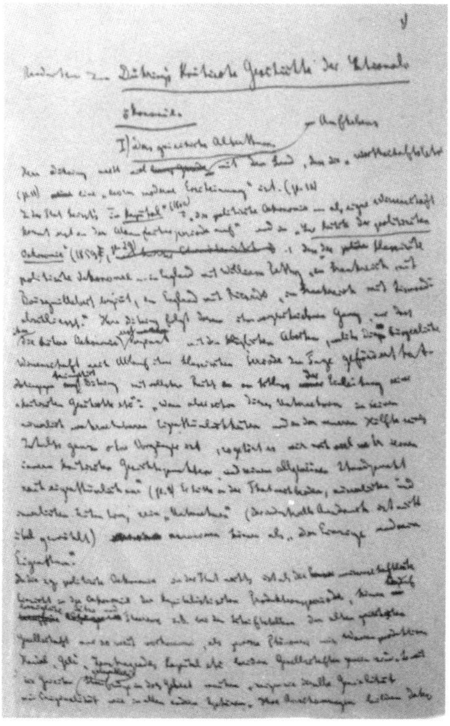

马克思为《反杜林论》写的《评杜林〈国民经济批判史〉》手稿中的一页

在社会主义从空想变为科学的前提下，再宣扬杜林主义这样的东西，不仅是愚蠢的、无聊的，而且是反动的。1876 年 5 月 25 日，在给恩格斯的信中，马克思指出：“我的意见是这样的：‘我们对待这些先生的态度’只能通过对杜林的彻底批判表现出来。他显然在崇拜他的那些舞弄文墨的不学无术的钻营之徒中间进行了煽动，以便阻挠这种批判；他们那一方面把希望寄托在他们所熟知的、李卜克内西的软弱性上。李卜克内西就应该（这一点必须告诉他）向这些喽罗们说清楚：他不止一次地要求这种批判；多年来（因为事情是从我第一次自卡尔斯巴德回来时开始的），我们把这看作是次要的工作，没有接受下来。正如他所知道的和他给我们的信件所证明的那样，只是在他多次寄来各种无知之徒的信件，使我们注意到那些平庸思想在党内传播的危险性的时候，我们才感到这件事情的重要性。”① 在马克思的建议下，为了捍卫科学社会主义，恩格斯不得不放下手头正在撰写的《自然辩证法》的工作，创作《欧根·杜林先生在科学中实行的变革。哲学。政治经济学。社会主义》这一著名的马克思主义百科全书，即《反杜林论》。

马克思积极支持恩格斯的工作，不仅帮助恩格斯搜集了有关方面的材料，而且直接撰写了《反杜林论》第二编第十章。杜林极力缩小其思想先驱的历史贡献，而马克思充分估计了从配第、布阿吉尔贝尔到李嘉图的古典政治经济学在经济学方面所做的成就和贡献；同时，马克思也指出了资产阶级经济学的局限性。马克思还揭露了杜林歪曲马克思主义政治经济学的企图：杜林把马克思主义政治经济学的原理同小资产阶级和资产阶级的说教混为一谈，极力贬低科学共产主义理论的价值。

在《反杜林论》中，恩格斯不仅对杜林主义进行了全面、彻底的批判，而且第一次详细地集中地阐明了马克思主义哲学、马克思主义政治经济学和科学社会主义的基本原理。

在克服了杜林主义给党造成的思想混乱和分裂危险以后，德国社会民主党力量迅速壮大，进而对反动统治阶级的统治造成了很大的冲击，引起了俾斯麦反动政府的强烈不满。1878 年 5 月和 6 月，德国皇帝威廉一世先后两次遭到刺杀，使得急于限制社会民主党发展的俾斯麦政府找到了限制借口，将这件本来与社会民主党毫无关联的刺杀事件嫁祸于社会民主党。1878 年 10 月，在国会多数成员的支持下，俾斯麦政府通过并实施了《反对社会民主党企图危害社

---

① 马克思，恩格斯．马克思恩格斯全集：第 34 卷．北京：人民出版社，1972：15.

会治安的法令》（简称为“非常法”），以达到反对工人运动和社会主义运动的目的。该法对德国社会民主党人进行全面的镇压，不仅取缔社会民主党的一切组织和群众性的工人组织，还查禁社会主义的和工人的刊物、没收社会主义文献，使得德国社会民主党处于非法的状态，给德国社会民主党的发展造成了极其严重的困难，使得许多基层党组织瓦解，导致了机会主义在党内抬头。

这时，德国社会民主党决定在苏黎世创办一份党的机关报，为了争夺对报纸的控制权，由卡·赫希柏格、爱·伯恩施坦和卡·奥·施拉姆组成的“苏黎世三人团”（简称为“三人团”）站在机会主义的立场上联合起来，并在 1879 年《社会科学和社会政治年鉴》杂志上发表了《德国社会主义运动的回顾》一文，大肆宣传机会主义的观点，试图取消无产阶级政党的阶级斗争的性质，使党成为改良主义政党。为此，马克思和恩格斯于 1879 年 9 月创作了《给奥·倍倍尔、威·李卜克内西、威·白拉克等人的通告信》（简称《通告信》），有力地驳斥了“三人团”的机会主义观点，全面阐述了无产阶级政党的性质和作用等基本观点。

在“三人团”看来，为了争取社会上层，党不能吓唬他们，党应该在“非常法”的压迫下，表明自己取消阶级斗争，不打算走暴力的、流血的革命的道路，而走合法的道路，即走改良主义道路的观点。对此，马克思、恩格斯严正指出：“只要取消了阶级斗争，那么无论是资产阶级或是‘一切独立的人物’就‘都不怕和无产者携手并进了’！但是上当的是谁呢？只能是无产者。”[①] 事实表明，取消阶级斗争只会使无产阶级陷入资产阶级的圈套。“三人团”还指出，社会民主党的许多不必要的措施加强了资产阶级对我们的怨恨，最终导致了“非常法”的通过。由于担心阶级斗争吓跑资产阶级，“三人团”认为，只要有了合法活动，有了人民的选举，就无需其他东西了。马克思、恩格斯将之辛辣地称为“议会症”：“难道德国社会民主党确实染上议会症了吗，以为有了人民的选举，圣灵就会降临到当选者的头上，可以把党团会议变成永无谬误的宗教会议，把党团决议变成不容触犯的教条？”[②] 在“三人团”看来，只有取消阶级斗争，取消任何对资产阶级过激的行动，才能做到不增加任何资产阶级对工人阶级的怨恨，即通过无产阶级政党的妥协

① 马克思，恩格斯．马克思恩格斯文集：第 3 卷．北京：人民出版社，2009：480.

② 马克思，恩格斯．马克思恩格斯文集：第 3 卷．北京：人民出版社，2009：475.

来使反动政府废除“非常法”。这样，马克思和恩格斯就有力驳斥了“三人团”取消阶级斗争的错误观点。

德国社会民主党之所以被俾斯麦政府宣布为非法，是因为它是德国唯一严肃的政党，且危及俾斯麦政府的反动统治。因此，如果党的机关报放弃了反对党的角色，对反动政府的镇压表现温顺和克制，那么只能证明自己应该挨脚踢。事实上，取消阶级斗争，将之当作一种“粗野的”现象放到一边，就取消了社会主义的基础和无产阶级政党的根本，社会主义的基础就只剩下“真正的博爱”和关于“正义”的空话。在此基础上，马克思、恩格斯指出：“根据我们的全部经历，摆在我们面前的只有一条路。将近40年来，我们一贯强调阶级斗争，认为它是历史的直接动力，特别是一贯强调资产阶级和无产阶级之间的阶级斗争，认为它是现代社会变革的巨大杠杆；所以我们决不能和那些想把这个阶级斗争从运动中勾销的人们一道走。”① 无产阶级和资产阶级的斗争是现代社会变革的巨大杠杆，因此，决不能取消阶级斗争，更不能放弃无产阶级的阶级斗争的权利。

“三人团”不仅认为党要放弃无产阶级的性质，还要放弃无产阶级的领导权。在“三人团”看来：“拉萨尔认为有巨大政治意义的运动，即他不仅号召工人参加，而且号召一切诚实的民主派参加的、应当由独立的科学代表人物和**一切富有真正仁爱精神的人领导**的运动，在约翰·巴·施韦泽的领导下，已堕落为**产业工人争取自身利益的片面斗争**。”② 对此，马克思、恩格斯指出：“拉萨尔的党‘宁愿以**极片面的**方式充当**工人党**’。讲这种话的先生们，自己就是一个以极片面的方式充当工人党的政党的党员，他们现在正在这个党中占据显要的职位。这是一件绝对说不通的事。如果他们所想的正是他们所写的，那么他们就应当退出党，至少也应当放弃他们的显要职位。如果他们不这样做，那就是承认他们想利用自己的职务之便来反对党的无产阶级性质。所以，党如果还让他们占据显要的职位，那就是自己出卖自己。”③ 显然，无产阶级政党必须摒弃小资产阶级观点，坚持无产阶级性质，无条件掌握无产阶级的科学世界观。这样，马克思和恩格斯就有力驳斥了“三人团”关于取消党的无产阶级性质的荒谬观点。

---

① 马克思，恩格斯．马克思恩格斯文集：第3卷．北京：人民出版社，2009：484.

② 马克思，恩格斯．马克思恩格斯文集：第3卷．北京：人民出版社，2009：477.

③ 马克思，恩格斯．马克思恩格斯文集：第3卷．北京：人民出版社，2009：478－479.

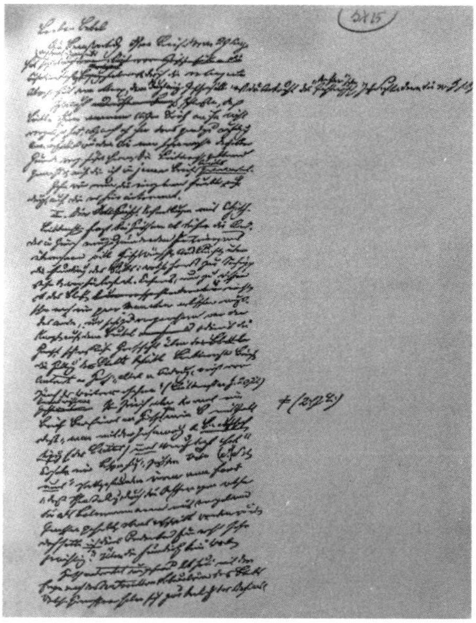

马克思、恩格斯《通告信》第一页手稿

无产阶级是受压迫受剥削最深的阶级，因此，无产阶级要实现解放，必须始终坚持无产阶级的领导权，紧紧抓住包括革命手段在内的一切可能的手段，来夺取革命的胜利，使自身成为领导阶级。然而，在“三人团”看来，在实行“非常法”的情况下，社会民主党在批评现存制度和建议改变现存制度时，必须心平气和、务实谨慎。这样，“三人团”就将改良主义视为反对“非常法”的最有力的武器，企图将无产阶级政党变成改良主义政党。“在这些先生看来，社会民主党应当**不是**片面的工人党，而应当是‘一切富有真正仁爱精神的人’的全面的党。为了证明这一点，它首先必须抛弃无产者粗野的热情，在有教养的博爱的资产者领导下，‘养成良好的趣味’和‘学会良好的风度’。那时，一些领袖的‘有失体统的举止’也就会让位于可以很好调教出来的‘资产阶级的举止’（好像这里所指的那些人外表上有失体统的举止并不是最不值得谴责的东西似的！）。”[①] 这里，“三人团”强调无产阶级放弃革命的领导权，让有教养的资产阶级来代表无产阶级的利益，其实质是使党成为小资产阶级政党。对此，马克思、恩格斯指出：“如果占选民总数十分之一到八分之一并分散在全国各地的五六十万社会民主党选民都极其有理智，不去用脑袋撞墙壁，不去以

① 马克思，恩格斯．马克思恩格斯文集：第 3 卷．北京：人民出版社，2009：479.

一对十地试图进行‘流血革命’，那么这就说明，他们今后永远**不可能**去利用重大的外部事件、由这一事件所引起的突然的革命高潮以及人民在由此发生的冲突中所争得的**胜利**!”[①] 放弃暴力革命的权利，就等于放弃了无产阶级所追求的胜利。当然，坚持无产阶级的领导权并非不允许其他阶级的人参加无产阶级运动和无产阶级政党。但是，如果其他阶级的人参加无产阶级运动，则不仅不能让资产阶级和小资产阶级的偏见影响无产阶级运动的发展，还必须用无产阶级世界观来影响和改造他们，使其最终接受无产阶级政党的纲领和无产阶级的科学的世界观。这样，马克思和恩格斯就有力驳斥了“三人团”关于取消党的领导权和革命权的荒谬观点。

在“三人团”看来，工人阶级要解放，必须服从有教养的资产者的领导，因为只有资产阶级才有时间来研究有利于工人的东西。因此，工人阶级不仅不能反对资产阶级，还必须争取他们。这样，“三人团”就将工人阶级解放的希望寄托在资产阶级身上。同时，“三人团”强调工人阶级政党也不能完成解放工人阶级的任务。“德国的社会主义‘过于重视争取**群众**，而忽略了在所谓社会上层中大力〈!〉进行宣传’。因为‘党还缺少适于在帝国国会中代表它的人物’。但是，‘最好甚至必须把全权委托书给予那些有足够的时间和可能来认真研究有关问题的人。普通的工人和小手工业者……只是在极少的例外情况下才有必要的空闲时间来做这种事情’。”[②] 在“三人团”看来，由于有教养的资产阶级有充裕的时间可以从事无产阶级政党的宣传和组织工作，因此，让他们领导工人阶级是无产阶级政党的重要工作。可见，“三人团”的目标是将工人阶级的政党变成改良主义的政党，放弃通过革命推翻资产阶级统治的权利，成为资产阶级的附庸。对此，马克思、恩格斯明确指出，工人阶级的解放应当是工人阶级自己的事情。如果德国社会民主党的机关报采取了“三人团”的观点，“那么很遗憾，我们就没有别的路可走，而只好公开对此表示反对，并收回迄今为止我们在同国外的关系方面代表德国党的时候所表现出来的团结精神”[③]。这表明马克思、恩格斯坚持无产阶级立场的坚定性，以及与“三人团”斗争的不可调和性。

《通告信》是马克思、恩格斯反对德国社会民主党内出现的机会主义思潮的

---

① 马克思，恩格斯．马克思恩格斯文集．第3卷．北京：人民出版社，2009：480.
② 马克思，恩格斯．马克思恩格斯文集：第3卷．北京：人民出版社，2009：479.
③ 马克思，恩格斯．马克思恩格斯文集：第3卷．北京：人民出版社，2009：485.

党内纲领性的文献，在反对苏黎世“三人团”的斗争中发挥了关键的作用，对于在“非常法”期间德国社会民主党在正确的轨道上发展发挥了科学引导作用。

为了同马克思和恩格斯进一步商讨党的发展事宜，从未和马克思、恩格斯见过面的倍倍尔决定于 1880 年 12 月上半月去伦敦。到达伦敦后，倍倍尔就住在恩格斯的家中。在伦敦逗留期间的唯一一个星期日，马克思邀请大家去他家里吃饭。马克思和恩格斯的好客和亲切接待给倍倍尔留下了深刻的印象，他们在友好的气氛中讨论了许多问题。

恩格斯后来在回顾德国社会民主党在“非常法”时期所取得的巨大成就时指出，这同样是一个革命的时期。这是与马克思的努力和奋斗密不可分的。

显然，马克思不仅是第一国际名副其实的灵魂，而且是国际无产阶级革命当之无愧的领袖和导师。

第 17 章

探索东方社会发展道路的特殊性

马克思俄国问题的通信和札记

> 极为相似的事变发生在不同的历史环境中就引起了完全不同的结果。如果把这些演变中的每一个都分别加以研究，然后再把它们加以比较，我们就会很容易地找到理解这种现象的钥匙；但是，使用一般历史哲学理论这一把万能钥匙，那是永远达不到这种目的的，这种历史哲学理论的最大长处就在于它是超历史的。①

社会发展规律具有普遍性和特殊性相统一的辩证特征，东方社会和西方社会具有不同的历史传统和现实境遇，因此，尽管西方社会成为现代化的先行者，但是，不能简单地将西方发展模式和西方发展理论套用在东方，东方社会必须走出一条符合自身实际的发展道路。这是马克思晚年深入思考的重大课题。在研究《资本论》第二卷和第三卷关于地租问题的过程中，马克思阅读了大量关于俄国农业公社（村社）的材料，并由此对俄国村社和俄国社会发展道路问题进行了全面深入的研究，强调不能将西欧资本主义起源道路的理论套用到俄国，而必须从俄国实际出发，探索适合俄国实际的独特发展道路问题。

1. 马克思主义在俄国的广泛传播

19 世纪 40 年代和 50 年代，马克思就与安年科夫、萨宗诺夫等俄国革命者保持着长期的通信联系。在 1846 年 12 月 28 日给安年科夫的信中，马克思

---

① 马克思．给《祖国纪事》杂志编辑部的信．马克思，恩格斯．马克思恩格斯文集：第 3 卷．北京：人民出版社，2009：466－467.

对普鲁东的《贫困的哲学》一书展开批判，为后来《哲学的贫困》的创作奠定了基础。这些通信促使马克思主义在俄国一些革命者和知识分子中间得到了初步的传播。

《政治经济学批判》一书出版后，西方资产阶级及其控制的报刊对之进行缄默抵制，因此，该书在西方国家并未很快产生应有的影响。然而，俄国思想界却率先介绍了该书的情况。在 1860 年 5 月 10 日给马克思的信中，萨宗诺夫指出："您的成就在有思想的人中间享有崇高威望；如果有关您的学说在俄国得到广泛传播的消息能使您感到愉快，那我现在愿意告诉您：今年年初，某教授[①]在莫斯科举行了一系列关于政治经济学的公开讲演，第一次讲演就是介绍您最近发表的著作（《政治经济学批判》——引者注）。给您寄上一份《北方日报》，您可以看出您的名字在我的祖国受到多大重视。"[②] 由此可见，马克思的著作在俄国得到了一定程度的传播，并在俄国知识分子中受到了重视。

1867 年，《资本论》第一卷出版后，在西欧资本主义国家再度遭到资产阶级的缄默抵制。然而，俄国却首先组织人翻译和出版了这一科学巨著。马克思在 1868 年 10 月 12 日给路·库格曼的信中指出："几天以前，彼得堡的一位书籍出版商告诉我一个令人吃惊的消息：《资本论》的俄文译本现在正在付印。他要求我把我的相片寄给他，好把它印在扉页上，而这件小事我是不能拒绝'我的亲爱的朋友们'即俄国人的。这是命运的捉弄：二十五年以来我不仅用德语而且用法语和英语不断地同俄国人进行斗争，他们却始终是我的'恩人'。1843—1844 年在巴黎时，那里的俄国贵族给我捧场。我的反对蒲鲁东的著作（1847），以及由敦克尔出版的著作（1859）[③]，在任何地方都不如在俄国销售得多。第一个翻译《资本论》的外国又是俄国。"[④] 1872 年，《资本论》第一卷第一个外文译本——俄文版公开出版。

《资本论》的发行在俄国产生了极为强烈的反响。哥尔布诺娃于 1880 年 7 月 25 日给恩格斯的信中指出："我还请您单独转告马克思先生，他的大作《资本论》在俄国广泛传播，不仅在学者中间，而且更多是在对社会科学和人民的

---

① 指伊·康·巴布斯特。
② 马克思恩格斯与俄国政治活动家通信集．北京：人民出版社，1987：34.
③ 指《哲学的贫困》《政治经济学批判》。
④ 马克思，恩格斯．马克思恩格斯全集：第 32 卷．北京：人民出版社，1974：554.

处境多少有点兴趣的人们中间传播；很多男教师和女教师都在读《资本论》，就是说，那些对自己的职业持严肃认真态度的人在读《资本论》。”① 由于《资本论》引发了俄国知识阶层的广泛阅读和严肃思考，沙皇专制政府对《资本论》的强大影响力感到十分恐惧，于是下令没收这一巨著。俄国社会革命党执行委员会 1880 年 10 月 25 日致马克思的信中指出：“俄国生活中各种美好的意图，在您的学术著作中都得到了科学的论证。《资本论》已经成了受过教育的人手中必备的书籍。但是，在一个拜占庭式黑暗和亚洲式专制的帝国里，社会思想的任何进步，都被说成是革命运动。十分清楚，您的名字也就和俄国的内部斗争不可分割地联系在一起了；它引起了一些人的深深尊敬和热爱，同时也遭到了另一些人的排挤和压制。您的著作被查禁，而研究您的著作这一事实本身，也被看作是政治上不可靠的标志。”② 这样，马克思和《资本论》就成为俄国社会内部斗争的一个焦点。无论是支持还是反对，俄国社会各阶层都绕不开马克思和《资本论》。

1869 年，由巴枯宁翻译的《共产党宣言》第一个俄译本在《钟声》印刷所出版。这也是《共产党宣言》的第一个外文译本，并被当时的西方人看作是著作界的一件奇闻。巴枯宁的译本存在着诸多的错误，有些部分甚至遭到了巴枯宁的曲解，无法满足马克思主义在俄国传播和发展的需要，因此，重新翻译《共产党宣言》成为马克思主义在俄国发展和传播亟需完成的一件大事。1881 年 12 月，马克思结识了俄国革命者尼·亚·莫洛佐夫，交给他几部适合在日内瓦作为《俄国社会革命丛书》出版的著作，并表示愿意为这些著作的俄译本作序。之后，普列汉诺夫着手将《共产党宣言》译成俄文。1881 年 1 月，普列汉诺夫通过彼·拉甫罗夫写信给马克思、恩格斯，请求他们为《共产党宣言》俄文第二版撰写序言。马克思、恩格斯欣然接受，并很快撰写了序言。《〈共产党宣言〉1882 年俄文版序言》（简称《序言》）于 1882 年 2 月 5 日在俄国民意党人的杂志《民意》上用俄文发表，进一步促进了马克思主义在俄国的传播和发展。

随着马克思主义在俄国的传播，一些革命者逐渐认识到这一学说的巨大价值，并积极向马克思靠拢，希望他对俄国革命给予指导。1864 年，第一国际建立后，欧洲各国纷纷建立“国际”的支部。1870 年 3 月，第一国际俄国支部

---

① 马克思恩格斯与俄国政治活动家通信集．北京：人民出版社，1987：348－349.
② 马克思恩格斯与俄国政治活动家通信集．北京：人民出版社，1987：368－369.

成立，其成员主要是受革命民主主义者车尔尼雪夫斯基的思想影响的居住在日内瓦的俄国流亡者。1870 年 3 月 12 日，国际俄国支部的成员给马克思写信，邀请他担任支部在伦敦国际协会总委员会中的代表。“我们坚决希望您作为我们的代表，这是由于您的名字完全当之无愧地受到大多数出身于劳动人民的俄国青年大学生的尊敬。这些青年无论在思想上还是在社会地位方面都与特权阶级的寄生虫没有也不愿意有任何共同之处，这些青年反对他们的压迫，为人民的政治和社会解放而与人民一起斗争。”[1] 这不仅反映出马克思的思想在俄国青年大学生中间广泛传播，也反映出青年大学生对马克思的高度尊敬和对马克思思想的高度认可。令马克思高兴的是，一些青年革命者抛弃了泛斯拉夫主义的幻想，看到了俄国与西欧的命运是联系在一起的，并同巴枯宁主义划清了界限。

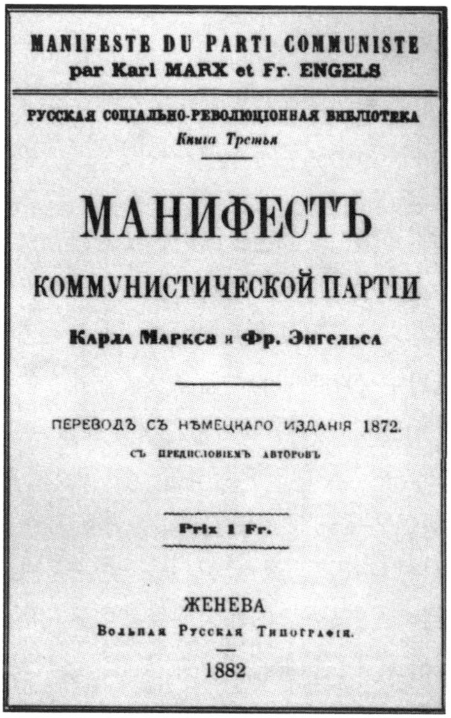
MANIFESTE DU PARTI COMMUNISTE
par Karl MARX et Fr. ENGELS

РУССКАЯ СОЦІАЛЬНО-РЕВОЛЮЦІОННАЯ БИБЛІОТЕКА
Книга Третья

МАНИФЕСТЪ
КОММУНИСТИЧЕСКОЙ ПАРТІИ
Карла Маркса и Фр. Энгельса

ПЕРЕВОДЪ СЪ НѢМЕЦКАГО ИЗДАНІЯ 1872.
СЪ ПРЕДИСЛОВІЕМЪ АВТОРОВЪ

Prix 1 Fr.

ЖЕНЕВА
Вольная Русская Типографія.
1882

《共产党宣言》1882 年俄文第二版

1870 年 3 月 22 日，“国际”总委员会接受了俄国支部加入“国际”的要求。马克思也欣然接受了俄国支部的请求，担任总委员会中俄国支部通讯书记

① 马克思恩格斯与俄国政治活动家通信集．北京：人民出版社，1987：49.

一职。这对于马克思指导俄国革命具有重要作用。1870 年 3 月 24 日，马克思回信说："俄国社会主义者致力于把那个束缚着波兰的锁链砸碎的同时，也就担负起了消除军事统治的崇高任务，而消除军事统治乃是欧洲无产阶级共同解放的一个十分必要的先决条件。"① 马克思高度评价了俄国革命的意义。然而，俄国革命者对马克思的高度尊重令他多少有点不习惯。在 1870 年 3 月 24 日给恩格斯的信中，马克思风趣地指出："这些家伙把我当成'高龄老人'，这一点我永远不能原谅他们。显然，他们以为我的年龄好象在八十到一百之间"②。

作为总委员会的俄国通讯书记，马克思与俄国革命者定期通信，将"国际"的状况和总委员会的决议定期告诉他们，并给他们寄去一些重要文件，对于提高俄国革命者的思想觉悟发挥了重要作用。马克思还积极引导和帮助俄国革命者摆脱民粹派空想社会主义的影响，树立科学的共产主义观念，进而为俄国革命培养了一大批优秀人才。在马克思的指导和帮助下，俄国支部将"国际"的《成立宣言》和《共同章程》等重要文件翻译成俄文出版。在俄国支部成员中，吴亭和托马诺夫斯卡娅都曾去马克思的家中拜访过他，并就俄国社会问题进行了深入的谈论。

在马克思的影响下，俄国支部在国际内部反对巴枯宁主义的斗争中立场十分坚决，始终站在马克思这一边，在彻底清算巴枯宁主义的斗争中发挥了应有的作用。在此过程中，包括普列汉诺夫在内的一大批俄国青年革命者逐渐成长起来，成为推动马克思主义在俄国的传播以及成立独立的无产阶级政党并开展革命运动的主力。他们坚信，只有马克思主义才能推动俄国革命取得最终胜利。1883 年，普列汉诺夫等人成立了俄国第一个马克思主义团体"劳动解放社"，为之后俄国社会民主党的成立奠定了组织基础。在 1885 年 4 月 23 日给查苏利奇的信中，恩格斯指出："我再对您说一遍，得知在俄国青年中有一派人真诚地、无保留地接受了马克思的伟大的经济理论和历史理论，并坚决地同他们前辈的一切无政府主义的和带点泛斯拉夫主义的传统决裂，我感到自豪。如果马克思能够多活几年，那他本人也同样会以此自豪的。这是一个对俄国革命运动的发展将会具有重大意义的进步。"③ 在马克思的影响下，出现了一批俄国马克思主义者。

---

① 马克思，恩格斯．马克思恩格斯全集：第 16 卷．北京：人民出版社，1964：463.

② 马克思，恩格斯．马克思恩格斯全集：第 32 卷．北京：人民出版社，1974：452.

③ 马克思，恩格斯．马克思恩格斯文集：第 10 卷．北京：人民出版社，2009：532.

马克思思想在俄国的传播和影响，促使他本人对俄国社会有了新的认识，进而对俄国革命和俄国发展道路展开研究和探索。在此基础上，马克思创作了《给〈祖国纪事〉杂志编辑部的信》（1877 年）、《给维·伊·查苏利奇的复信》（1881 年）、《关于俄国一八六一年改革和改革后的发展的札记》（1881 年底—1882 年）、《序言》以及给丹尼尔逊等人的大量通信，构成了一个丰富的理论宝库。

2. 与俄国革命者和思想家的交往

在研究和探索俄国社会发展道路的过程中，马克思对俄国经济、社会和文化等各方面进行了全面的了解和把握，并与俄国革命者和思想家进行了深入的交往和深刻的思想交锋。

从 1868 年开始，在创作《资本论》第二卷和第三卷的过程中，为了研究有关地租和土地关系的文献，马克思就非常注意农村公社在俄国的社会经济制度中的地位和作用，并请求丹尼尔逊等人为他提供相关资料。为此，丹尼尔逊等人常年为马克思提供各种关于俄国社会的统计资料和书籍，为他全面深入了解和研究俄国社会和撰写《资本论》提供了很大的帮助。在 1872 年 12 月 12 日给丹尼尔逊的信中，马克思指出："在《资本论》第二卷关于土地所有制那一篇中，我打算非常详尽地探讨俄国的土地所有制形式。"① 当时，成箱成箱的俄国书籍、统计资料往返于彼得堡和伦敦之间，供马克思研究使用。在 1877 年 9 月 27 日致左尔格的信中，马克思指出："这次危机是欧洲历史的**一个新的转折点**。俄国——我曾经根据非官方的和官方的**俄文**原始材料（官方材料只有少数人能看到，而我是由彼得堡的朋友们给弄到的）研究过它的情况——早已站在变革的门前，为此所必需的一切因素都已成熟了。"② 这些资料为马克思研究俄国提供了很大的帮助。

19 世纪 70 年代和 80 年代，在研究俄国村社和俄国社会发展道路问题的过程中，马克思阅读了浩如烟海的著作和资料，做了大量的笔记、批注和摘录。在 1881 年马克思开列的题为《我书架上的俄国书籍》的书单上就有一百二十多种书。这还不包括马克思使用过的大量的统计资料。马克思曾详细研究

---

① 马克思，恩格斯．马克思恩格斯全集：第 33 卷．北京：人民出版社，1972：549.

② 马克思，恩格斯．马克思恩格斯全集：第 34 卷．北京：人民出版社，1972：275.

了 1861 年以后俄国出版的各种文件汇编和统计资料汇编。这些材料都是不对外公开的，里面包含了大量骇人听闻的资料，是丹尼尔逊等人通过各种途径为马克思寻找到的。单是在创作《资本论》第二卷的过程中，为了弄清俄国的统计数字，马克思所查阅的资料就达两立方米之多。

如果仅仅是为了研究《资本论》后几卷关于土地和地租问题，马克思显然无须查阅这么多资料，并且为之中断了《资本论》的写作工作长达几年之久。这表明马克思已经将俄国村社和俄国社会发展道路问题作为一个单独的领域来展开研究。然而，由于马克思生前很少向人提及他从事这方面的研究及其意义，以至于遭到了很多人的误解。当马克思批评恩格斯因个人的兴趣爱好过多而分散研究精力、没有为全人类工作时，恩格斯也批评了马克思："我倒很乐意烧掉那些关于农业情况的俄文书刊，这些书多年来使你不能写完《资本论》!"① 恩格斯当时也没有完全理解马克思研究俄国村社问题的意义，认为这影响了《资本论》的写作。

在阅读的关于农村公社的材料中，马克思非常推崇弗列罗夫斯基和车尔尼雪夫斯基的著作。1869 年 9 月 30 日，丹尼尔逊在给马克思的信中提及弗列罗夫斯基《俄国工人阶级状况》一书，并给他寄了一本，希望对《资本论》的创作有所帮助。弗列罗夫斯基亲自到各地做过旅行和观察，对地主、资本家和官吏有烈火般的仇恨，用生动的笔触描述了俄国农民的家庭生活，如骇人听闻地把老婆往死里打、酗酒、蓄妾等，为马克思全面了解俄国村社和农民生活提供了大量第一手资料。

为了阅读《俄国工人阶级状况》和车尔尼雪夫斯基的经济学著作，马克思从 1870 年初开始自学俄语。马克思曾说，外国语是斗争的武器。在一定意义上，不懂得一个国家的语言，就无法深入了解其历史和文化的精髓，也就无法深刻把握和解决其现实问题。从少年时起，马克思就形成了一套学习语言的特有的方法，即通过熟背诗文来学习不熟悉的语言。在自学俄语时，作为一位年过半百的老人，时间和精力更加不允许他像一般初学者那样从一个一个字母和单词开始学起。于是，马克思直接阅读俄文著作，并在旁边放一本查阅俄文单词的词典。每当遇到不会的俄文单词时，马克思就查阅词典，并在阅读书目的边上写上标记。这样，通过不间断的阅读，马克思认识的单词越来越多，需要

---

① 中共中央马克思恩格斯列宁斯大林著作编译局．回忆恩格斯．北京：人民出版社，2005：126.

查阅的单词越来越少。于是，大约过了六个月，马克思就已经能够较为自如地阅读俄文著作了。对此，在 1870 年 1 月 17 日给恩格斯的信中，燕妮说："不过我现在要对他的过失开列一个正式清单。他从德国回来特别是在远征汉诺威之后，身体不好，不停地咳嗽，他不去关心自己的健康，却非常热心地研究起俄语来。"[①] 马克思不顾健康情况学习俄语，并将之当成"生命攸关的大事"。在 1871 年 1 月 21 日致齐格弗里特·迈耶尔的信中，马克思说明了学习俄语的直接原因和艰辛的程度。"1870 年初我开始自学俄语，现在我可以相当自如地阅读了。这是在我接到从彼得堡寄来的弗列罗夫斯基的一部十分重要的著作《俄国工人阶级（特别是农民）的状况》以后才开始的，同时我也想读一读车尔尼雪夫斯基的（杰出的）经济学著作（七年前他因此被判处在西伯利亚服苦役）。成绩是要付出努力才取得的，象我这样年纪的人，为了学会一种与古典语、日耳曼语和罗曼语截然不同的语言，是要下一番功夫的。"[②]

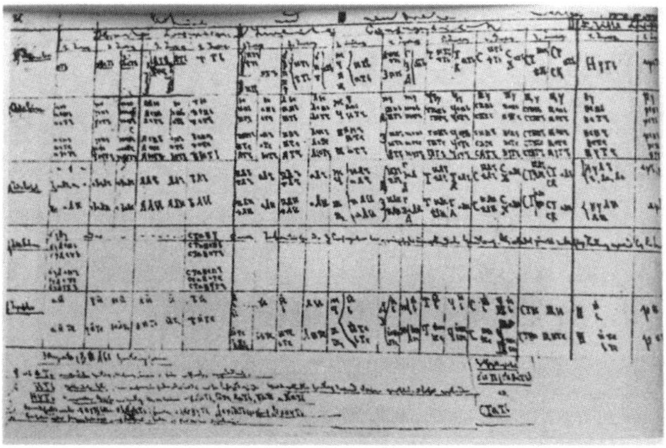

马克思学习俄语时制作的俄语语法图表

在读完《俄国工人阶级状况》一书后，马克思对之给予了高度评价，指出这是一部说出俄国经济状况真相的著作，是所谓的"俄罗斯乐观主义"的死敌，是继恩格斯的《英国工人阶级状况》问世以后的最重要的一本书。在 1870 年 3 月 24 日国际工人协会总委员会致日内瓦的俄国支部委员会委员的信中，马克思高度评价了《俄国工人阶级状况》："这对于欧洲来说是一个真正的发现。在大陆上甚至被一些所谓革命家散布的**俄国乐观主义**，在这部著作里被

① 马克思，恩格斯．马克思恩格斯全集：第 32 卷．北京：人民出版社，1974：694.
② 马克思，恩格斯．马克思恩格斯全集：第 33 卷．北京：人民出版社，1973：176－177.

无情地揭露了。如果我说，从纯粹的理论观点来看，这部著作在某些地方还不是完全无可非议的，那也不会降低它的价值。这是一位严肃的观察家、勤劳无畏的劳动者、公正的批评家、大艺术家、而首先是一个愤恨形形色色的压迫、憎恶各种各样的民族颂歌、热情地分担生产者阶级的一切痛苦和希望的人的作品。”①《俄国工人阶级状况》对于马克思研究俄国村社和俄国社会发展道路发挥了重要作用。

与此同时，马克思阅读了俄国伟大的思想家和文学家车尔尼雪夫斯基的《穆勒政治经济学概述》等著作，认为他是俄国思想界真正懂经济学的伟大思想家，将他看作是俄国革命者的伟大导师。车尔尼雪夫斯基由于在俄国的巨大影响，被沙皇亚历山大二世视为巨大的威胁，将其长年流放在广袤严寒的西伯利亚，以达到对他的身体和精神的双重摧残，为此，马克思曾请求丹尼尔逊提供车尔尼雪夫斯基的生平资料，打算撰写一本车尔尼雪夫斯基的传记，在欧美世界介绍车尔尼雪夫斯基的著作和思想，给沙皇政府以压力，以达到营救他的目的。可惜的是，由于种种原因，这一计划最终未能实施。马克思还指出，弗列罗夫斯基和车尔尼雪夫斯基的作品为俄国争得了真正的荣誉，表明俄国也开始参加到19世纪的共同运动之中。

车尔尼雪夫斯基和弗列罗夫斯基关于俄国村社和俄国社会发展道路的观点给马克思留下了深刻的印象，并产生了一定的影响。早在1857年4月，车尔尼雪夫斯基就指出：“无论希望俄国进行什么改革，但是我们总不可侵犯我们过去生活所遗留给我们的那种神圣的、有益的习惯，单靠这一宝贵遗产，就可绰绰有余地抵偿我们过去生活中的贫苦，——我们总不可以去侵犯公社的土地使用制，去侵犯这样一种良好制度，即是现在西欧农民阶级为了过幸福的生活所须实现的制度。他们的实例要成为我们的教训。”② 车尔尼雪夫斯基主张俄国不要片面地走西欧国家的发展道路，而是要积极利用俄国村社的宝贵遗产，在村社的基础上独立探索自己的发展道路。在1877年《给〈祖国纪事〉杂志编辑部的信》中，马克思论述了车尔尼雪夫斯基关于俄国社会发展道路的观点：“这个人在几篇出色的文章中研究了这样一个问题：俄国是应当像它的自由派经济学家们所希望的那样，首先摧毁农村公社以过渡到资本主义制度呢，

---

① 马克思，恩格斯．马克思恩格斯全集：第16卷．北京：人民出版社，1964：463-464.

② 转引自普列汉诺夫．普列汉诺夫哲学著作选集：第1卷，北京：生活·读书·新知三联书店，1959：148.

还是与此相反，俄国可以在发展它所特有的历史条件的同时取得资本主义制度的全部成果，而又可以不经受资本主义制度的苦难。他表示赞成后一种解决办法。”① 这一观点对马克思研究俄国社会发展道路产生了一定的推动作用。

早在车尔尼雪夫斯基之前，俄国另一位伟大的民主主义者赫尔岑就已经提出了“村社社会主义”思想。赫尔岑曾向往西方的先进文化，并对俄国官方的斯拉夫文化进行了尖锐的批评和斗争。然而，在 1848 年革命期间，旅居欧洲的赫尔岑亲眼目睹了革命的失败和资本主义生产方式给广大人民群众带来的深重灾难，从而对西欧资本主义产生怀疑，并把目光重新转回俄罗斯。在此之前，哈克斯特豪森于 1845 年发现了俄国农民的公社所有制，并于 1847 年出版了《俄国的国内状况、国民生活、特别是农村设施概论》一书，较为详细地介绍了俄国村社的情况。在阅读了哈克斯特豪森关于俄国村社的著作之后，赫尔岑对俄国村社和俄国社会进行了新的思考，并在此基础上提出了“村社社会主义”理论，即俄国在村社的基础上，依靠农民的力量，直接过渡到社会主义。车尔尼雪夫斯基关于俄国村社和俄国社会发展道路的设想是对赫尔岑的思想的直接继承和发展。

赫尔岑和车尔尼雪夫斯基关于俄国社会发展道路的观点，被俄国 19 世纪中叶产生的一个带有浓厚空想社会主义思想色彩的小资产阶级流派——民粹派所继承和发展，形成了一个完整的村社社会主义理论。那就是，**“相信俄国生活的特殊方式，相信俄国生活的村社制度，由此相信农民社会主义革命的可能性”**②。这一思想主张俄国积极利用自己的国情，走一条不同于西欧资本主义的发展道路，具有重要的探索价值。然而，这一思想人为地将农村公社理想化，将俄国农民看作是天然的共产主义选民，看不到资本主义的历史进步性和工人阶级的历史作用，强调俄国可以在农村公社的基础上直接进入共产主义社会，又具有鲜明的空想社会主义色彩。其中，《俄国工人阶级状况》就是民粹派的重要代表作。单从书名上看，人们可能认为它是一本描写工人阶级的书，而事实上，该书主要是描述俄国村社和农民生活状况的，强调俄国工人与西欧产业工人的不同仍然在于他们并没有完全脱离农村公社，指出俄国村社优越于西方的大土地所有制和小土地所有制。

对此，马克思从无产阶级的立场、观点和方法出发，对俄国民粹派及其村

① 马克思，恩格斯．马克思恩格斯文集：第 3 卷．北京：人民出版社，2009：464.
② 列宁．列宁全集：第 1 卷．北京：人民出版社，1984：229.

社社会主义思想进行了批判和驳斥。民粹主义者特卡乔夫于 1874 年发表了《致弗里德里希·恩格斯先生的公开信》一文，公开指责恩格斯对俄国实际状况极端无知，并阐述了自己关于俄国社会情况和发展前途的看法。特卡乔夫从民粹派的立场出发，宣扬了俄国社会发展的优势，认为俄国人参加革命的准备比西欧资本主义国家更充分，俄国农村公社有可能轻而易举地使俄国社会实现革命的变革。在看了这篇文章后，马克思附上自己的意见，建议恩格斯予以反驳。为此，恩格斯于 1875 年撰写了《论俄国的社会问题》一文，全面驳斥了民粹派的空想的社会主义的观点。

《资本论》俄译本的出版，在俄国自由派和民粹主义者之间引发了一场论战。庸俗经济学代表人物茹科夫斯基在自由派报纸《欧洲通报》上攻击马克思。为此，俄国民粹派思想家米海洛夫斯基于 1877 年 10 月在《祖国纪事》杂志上发表了《卡尔·马克思在尤·茹科夫斯基先生的法庭上》来捍卫马克思的思想。但是，他是站在民粹主义的立场上“捍卫”马克思，并对《资本论》进行了刻意的曲解，得出马克思不同意俄国探索一条不同于西欧已经走过的而且正在走着的发展道路的结论。为了反驳米海洛夫斯基对《资本论》的曲解，马克思于 1877 年 10 月至 11 月间创作了《给〈祖国纪事〉杂志编辑部的信》，批判了以米海洛夫斯基为代表的民粹派任意曲解《资本论》的原意，强调俄国应该立足自身实际，探索适合自身实际的发展道路。

马克思还通过丹尼尔逊等人了解俄国思想界的发展动向。在 1873 年 3 月 22 日致丹尼尔逊的信中，马克思指出，“如果您能告诉我**一些**关于契切林对俄国公社土地占有制的历史发展的看法以及他在这个问题上和别利亚耶夫的论战的**情况**，我将非常感谢。关于这种占有制形式在俄国（历史地）形成的途径问题，当然是次要的，它和关于这个制度的意义问题不能相提并论”①。在这场论战中，《资本论》发挥了重要的作用，成为论战双方争论的焦点。在 1878 年 8 月 11 日致恩格斯的信中，拉甫罗夫指出：“您有没有注意到去年俄国报刊上围绕他（指马克思）的名字而进行的激烈的论战？茹柯夫斯基（叛徒）和契切林反对马克思，季别尔和米海洛夫斯基支持马克思。”② 围绕着《资本论》与俄国农村村社的命运问题，俄国思想界进行了激烈的争论。这一情况表明，马克思的思想与东方社会问题存在着内在的关联。

---

① 马克思，恩格斯．马克思恩格斯全集：第 33 卷．北京：人民出版社，1973：577.

② 马克思恩格斯与俄国政治活动家通信集．北京：人民出版社，1987：279.

马克思论俄罗斯文学

马克思非常喜欢俄罗斯文学作品，对俄罗斯文学有着较为深入的了解。在能够熟练使用俄语后，马克思开始津津有味地阅读俄国诗人和散文家的著作。马克思特别喜爱普希金、果戈里和谢德林。

马克思还对 19 世纪俄国诗歌和散文的繁荣表示赞赏，对一些俄国文学家进行了准确的评价。据库格曼的女儿弗兰契斯卡的回忆，马克思曾经这样评价过俄罗斯文学：屠格涅夫非常真实地描写了俄国人民的特性和他们那种斯拉夫民族的深沉的感情，莱蒙托夫对自然的描写是独一无二的，没有哪一位作家在这方面能够超过他。

同时，马克思非常推崇杜勃罗留波夫的著作，将他和莱辛、狄德罗同样看待。虽然杜勃罗留波夫只活了 25 年，但他的思想却照亮了黑暗的俄罗斯现实王国，起到了巨大的思想解放作用。

在此基础上，俄国著名的女革命者查苏利奇于 1881 年 2 月 16 日给马克思写了一封信，代表后来加入“劳动解放社”的同志们，请求马克思谈谈他对俄国历史发展前景尤其是对俄国村社命运的看法。在这封信中，查苏利奇介绍了《资本论》在俄国受欢迎的程度，指出该书在关于俄国土地问题和农村公社问题的争论中所起的作用，并且强调这个问题对于俄国，甚至对俄国社会主义政党都是个生死攸关的问题。在查苏利奇看来，俄国农村公社面临着向社会主义方向发展或者灭亡两种可能的命运。为此，她询问马克思：“最近以来我们经常听到一种意见，说农村公社是一种陈腐的形式，历史、科学社会主义，总而言之，所有一切最不容争辩的东西，都已断定这种陈腐的形式必然灭亡。宣扬这一论点的人，都自称是您的真正的门徒，是‘马克思主义者’。他们经常挂在嘴上的最有力的论据是：‘马克思是这样说的’。”① 针对这种情形，查苏利奇请马克思发表一下对俄国农村公社命运的看法，同时请求马克思阐述一下对那种认为由于历史发展的必然性，所有国家都必须经过资本主义生产的一切阶段的看法。这封信促使马克思系统地阐述了他长期研究俄国村社后形成的看法。

在接到查苏利奇的信后，马克思立即着手给她回信，先后撰写了四封草

① 马克思恩格斯与俄国政治活动家通信集．北京：人民出版社，1987：378.

稿，并于同年3月8日写了一封简短的回信，并嘱咐她不要将此信公开发表。在信中，马克思明确提出了“不通过资本主义制度卡夫丁峡谷”的重要设想，强调俄国可以在积极利用国内外条件的基础上走出一条不同于西欧资本主义发展道路的道路。

马克思与俄国革命者和思想家的长期交往和思想交锋，对于他全面了解和把握俄国政治经济文化社会全貌，探索俄国社会发展道路产生了重要的推动作用。

3. 俄国革命的发生及其历史意义

在1848年革命中，沙皇俄国充当了镇压欧洲无产阶级运动和民族解放运动的刽子手，成为欧洲现存秩序的主要支柱和反动势力的最后堡垒。这使马克思认识到，无产阶级革命运动和民族解放运动要取得胜利，就必须首先推翻沙皇俄国的专制制度，使俄国成为无产阶级革命运动和民族解放运动的推动因素。为此，马克思站在无产阶级和全人类解放的高度，阐明了俄国革命的重要意义。

1861年农奴制改革及其导致的后果对俄国革命的发生具有重要影响。在1860年1月11日左右给恩格斯的信中，马克思着重指出：“据我看来，现在世界上所发生的最大的事件，一方面是由于布朗的死而展开的美国的奴隶运动，另一方面是俄国的奴隶运动。”① 在马克思看来，废除农奴制的运动具有世界历史性的意义。1861年2月19日，沙皇亚历山大二世签署了废除农奴制的法令，包括《1861年2月19日宣言》《关于脱离农奴依附关系的农民的一般法令》等17个文件，在政治上规定农奴在法律上享有人身自由权利，地主不能买卖农奴和干涉农奴的生活；在经济上规定土地仍然归属地主所有，农奴可以得到一定数量的份地，但必须出钱向地主赎买。

由于大部分农奴根本没有赎买的资金，这就造成了他们不得不向地主借贷以赎买份地的事实，依然依附于地主，只是从以前的人身依附转为经济依附而已，并没有获得真正的解放。对此，马克思指出：“从前在农奴制时期，地主关心的是把农民当做必要的**劳动力**加以支持。这种情况已经成为过去了。现在

---

① 马克思，恩格斯．马克思恩格斯全集：第30卷．北京：人民出版社，1974：6－7.

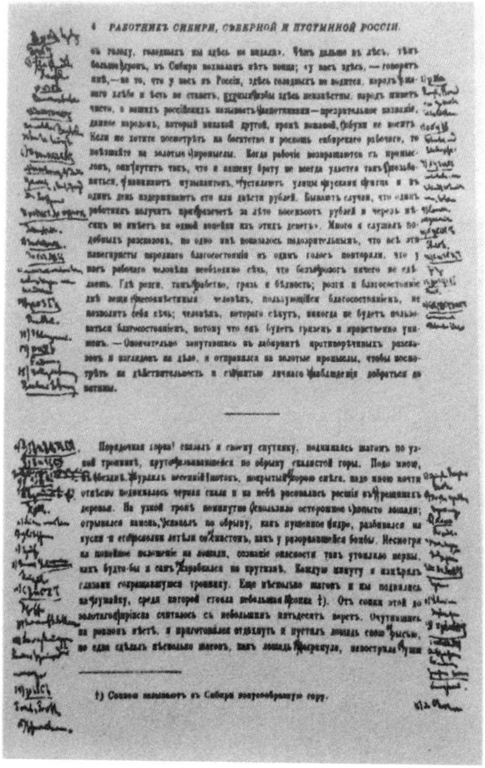
4 РАБОТНИКЪ СИБИРИ, СѢВЕРНОЙ И ПУСТЫННОЙ РОССІИ.

马克思在《俄国工人阶级状况》上题的批注

农民在经济上依附于他们原先的地主。”① 通过高价赎买，国家对农民进行了一次新的掠夺。而对农民的过分剥夺，使农民无力耕种土地，也为后来俄国农业大饥荒埋下了伏笔，更加激化了俄国社会已有的各种矛盾，直接形成了 19 世纪 70 年代俄国日益高涨的革命形势，使俄国处于革命的前夜。同时，农奴制改革后，俄国经历了一个从公社农业和宗法制家庭工业向现代工业过渡的过程，进一步激化了资本主义生产方式与俄国传统生产方式之间的矛盾，导致了俄国社会矛盾的日益尖锐。

19 世纪 70 年代，俄国民粹派发动了一系列刺杀沙皇的行动，使俄国革命形势不断高涨。在 1877 年 9 月 27 日致左尔格的信中，马克思深刻论述了俄国面临的严重危机及其日益高涨的革命形势：“俄国大学生的愚蠢行为仅仅是一个预兆，本身毫无意义。但是，它毕竟是一个预兆。俄国社会的一切阶层目前

① 马克思，恩格斯．马克思恩格斯全集：第 19 卷．北京：人民出版社，1963：463－464.

在经济上、道德上和智力上都处于土崩瓦解的状态。这一次，革命将从一向是反革命安然无恙的堡垒和后备军的东方开始。”① 虽然马克思不赞成单纯的刺杀行动，但还是认为俄国革命形势正在不断走向高涨。

从 1866 年至 1880 年，亚历山大二世遭到的精心策划的未遂刺杀至少有 5 次。经过锲而不舍的努力，民意党人终于在 1881 年 3 月 13 日将他刺杀身亡。尽管这次事件暴露出了俄国大学生反对沙皇斗争的鲁莽性，但是，在 1881 年 4 月 11 日给女儿燕妮的信中，马克思还是对之给予了高度评价，“你是否注意到了圣彼得堡对谋杀事件组织者的审判？这真是一些能干的人，他们没有戏剧式的装腔作势，而是一些普通的、实干的英雄人物。空谈和实干是不可调和的对立面……”“力图使欧洲相信，他们的行动方式是俄国独特的、历史上不可避免的行动方式，对此不应多作道德说教——赞成或是反对”②。显然，民意党人的革命行动打击了沙皇的专制统治。

民意党人的暗杀行动招致了继位者亚历山大三世的残酷报复。他首先将参与刺杀的民意党人安·伊·热里雅鲍夫、索·李·彼洛夫斯卡娅、尼·伊·雷萨科夫、提·米·米哈伊洛夫、尼·伊·基巴耳契奇和格·米·格耳夫曼交由法院审判。1881 年 4 月 10 日，法院作出判决，除了因怀孕而缓期的格耳夫曼被判处服无期苦役之外，其他人都被判处绞刑。格耳夫曼也于 1882 年 2 月 14 日死去。亚历山大三世还残酷地打击和报复俄国革命者，使得革命力量遭受了重大的损失，但是，他本人却因害怕民意党人采取新的恐怖行动，终日藏匿在彼得堡附近的加特契纳行宫内而不敢外出。对此，人们戏谑地将亚历山大三世称为“加特契纳的俘虏”。1887 年 3 月，列宁的胞兄民意党人亚历山大·伊里奇·乌里扬诺夫因参与刺杀沙皇亚历山大三世的行动而被捕，后被残忍杀害。

俄国革命旨在推翻沙皇专制统治，是具有资产阶级革命性质的民族的民主的革命，并非无产阶级领导的社会主义革命。这一革命具有重要的意义。由于俄国充当了镇压 1848 年革命的刽子手，因此，俄国爆发推翻沙皇专制制度的革命具有阶级解放和民族解放的双重意义：一是可以使俄国成为西欧无产阶级革命运动的推动因素，至少不会再次成为扼杀西欧无产阶级的刽子手。二是不仅有利于俄国国内各族人民摆脱沙皇的专制统治，为俄国内部各民族和各个阶级从沙皇大民族主义和专制统治的压迫中解放出来创造最基本的条件，还有利

① 马克思，恩格斯．马克思恩格斯全集：第 34 卷．北京：人民出版社，1972：275.
② 马克思，恩格斯．马克思恩格斯全集：第 35 卷．北京：人民出版社，1971：173.

于推动包括波兰、土耳其等直接遭受俄国统治和剥削的各民族从沙皇专制统治下解放出来，推动被压迫民族的民族解放运动取得胜利。同时，俄国革命对于俄国村社的正常发展具有极其重要的作用。在给查苏利奇的复信中，马克思一再强调“要挽救俄国公社，就必须有俄国革命”，将俄国革命看作是保证俄国村社正常发展的前提性条件。“如果革命在适当的时刻发生，如果它能把自己的一切力量集中起来以保证农村公社的自由发展，那么，农村公社就会很快地变为俄国社会新生的因素，变为优于其他还处在资本主义制度奴役下的国家的因素。”① 显然，只有实现推翻沙皇专制制度的民族的民主的革命，俄国才能走上正常的发展道路。

在此基础上，在《序言》中，马克思、恩格斯指出：“对于这个问题，目前唯一可能的答复是：假如俄国革命将成为西方无产阶级革命的信号而双方互相补充的话，那么现今的俄国土地公有制便能成为共产主义发展的起点。”②俄国革命与西欧无产阶级革命实现互补是俄国在农村公社基础上进入共产主义的前提条件。这一思想是对马克思 19 世纪 50 年代提出的中国革命引起欧洲革命思想的深化和发展，完善了东西方革命互补的思想。当然，这一思想与世界革命“同时胜利论”无关。

俄国革命是马克思研究俄国社会和探索俄国社会发展道路过程中着力研究的一个重要课题，其发生对于俄国和整个西欧社会都具有重大的深远的历史意义。

4. 俄国与西方的不同国情和选择

在研究俄国村社和俄国社会发展道路的过程中，马克思一再强调俄国必须立足自身国情，不能简单地照搬西欧资本主义起源的发展道路。

在 1877 年《给〈祖国纪事〉杂志编辑部的信》中，马克思指出，俄国应该走适合自身的发展道路。米海洛夫斯基紧紧抓住马克思在《资本论》德文第一版注释增补材料中针对赫尔岑的一段批判性插话不放，得出马克思不同意俄国探索自己发展道路的结论。事实并非如此。马克思责难赫尔岑是因为“他不是在俄国而是在普鲁士的政府顾问哈克斯特豪森的书里发现了‘俄国’共产主

---

① 马克思，恩格斯．马克思恩格斯文集：第 3 卷．北京：人民出版社，2009：582.

② 马克思，恩格斯．马克思恩格斯文集：第 2 卷．北京：人民出版社，2009：8.

义，并且俄国公社在他手中只是用以证明腐朽的旧欧洲必须通过泛斯拉夫主义的胜利才能获得新生的一种论据”[①]。显然，马克思反对的是赫尔岑不是从俄国国情出发，而是从书本出发探索俄国社会发展道路的做法，尤其是不同意他从反动派那里引经据典的做法。

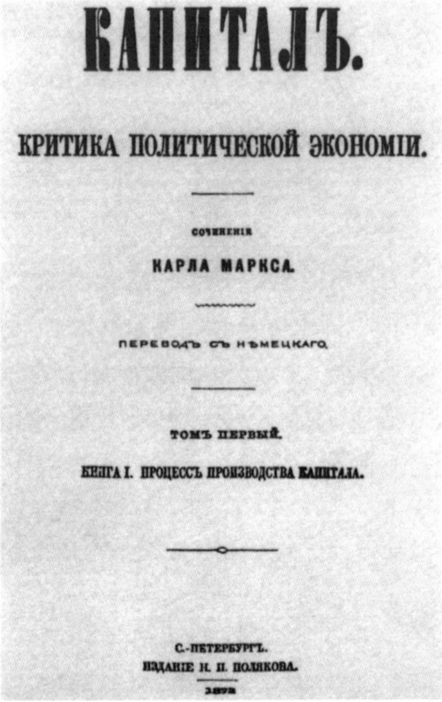

КАПИТАЛЪ.

КРИТИКА ПОЛИТИЧЕСКОЙ ЭКОНОМІИ.

СОЧИНЕНІЕ
КАРЛА МАРКСА.

ПЕРЕВОДЪ СЪ НѢМЕЦКАГО.

ТОМЪ ПЕРВЫЙ.
КНИГА I. ПРОЦЕССЪ ПРОИЗВОДСТВА КАПИТАЛА.

С.-ПЕТЕРБУРГЪ.
ИЗДАНІЕ Н. П. ПОЛЯКОВА.
1872

马克思《资本论》第一卷 1872 年俄文版

针对米海洛夫斯基的曲解，马克思指出，在《资本论》第一卷德文第二版的跋中，他高度尊重地谈到了俄国的伟大学者和批评家车尔尼雪夫斯基，并提到了车尔尼雪夫斯基关心的一个问题，即“俄国是应当像它的自由派经济学家们所希望的那样，首先摧毁农村公社以过渡到资本主义制度呢，还是与此相反，俄国可以在发展它所特有的历史条件的同时取得资本主义制度的全部成果，而又可以不经受资本主义制度的苦难。他表示赞成后一种解决办法”[②]。马克思强调，既然米海洛夫斯基可以从他对赫尔岑的责难中得到他不同意俄国探索自己发展道路的结论，那么也可以从他对车尔尼雪夫斯基的高度评价中得

① 马克思，恩格斯．马克思恩格斯文集：第 3 卷．北京：人民出版社，2009：463.
② 马克思，恩格斯．马克思恩格斯文集：第 3 卷．北京：人民出版社，2009：464.

到他赞同俄国探索自己发展道路的结论。

在此基础上，马克思指出："如果俄国继续走它在 1861 年所开始走的道路，那它将会失去当时历史所能提供给一个民族的最好的机会，而遭受资本主义制度所带来的一切灾难性的波折。"① 马克思希望俄国能立足自身国情、抓住历史机遇，不要走 1861 年改革后所走的资本主义道路。同时，马克思严厉驳斥了米海洛夫斯基将他关于西欧资本主义起源的概述变成了一般发展道路的历史哲学理论："一切民族，不管它们所处的历史环境如何，都注定要走这条道路，——以便最后都达到在保证社会劳动生产力极高度发展的同时又保证每个生产者个人最全面的发展的这样一种经济形态。"② 对此，马克思不仅指出这会给他带来过多的荣誉和侮辱，还以古代罗马平民的历史命运为例来反驳这一理论。

在历史上，罗马平民原先是自己耕种小块土地的自由农民，但在罗马历史发展的过程中，他们被剥夺了。这一使他们同自己生产资料分离的运动，蕴含着大地产和大货币资本的形成。按照一般发展道路的历史哲学理论，这一过程应该导致的后果是资本主义生产关系的形成，出现一大批资本家和雇佣劳动者。然而，罗马的无产者并没有变成雇佣工人，却成为无所事事的游民，和他们同时发展起来的生产方式不是资本主义的，而是奴隶制的。显然，这一事例是对一般历史哲学理论的辛辣嘲讽，并证明了这一理论是错误的。在此基础上，马克思从哲学的高度指出："极为相似的事变发生在不同的历史环境中就引起了完全不同的结果。如果把这些演变中的每一个都分别加以研究，然后再把它们加以比较，我们就会很容易地找到理解这种现象的钥匙；但是，使用一般历史哲学理论这一把万能钥匙，那是永远达不到这种目的的，这种历史哲学理论的最大长处就在于它是超历史的。"③ 在马克思看来，各国的社会发展道路是具体的、历史的，应根据自己国情进行探索和选择，不能盲目照搬西欧的发展道路，更不能将西欧发展道路上升为所谓的一般的历史哲学理论。换言之，应该注意的是特殊性的普遍性。

在 1881 年给查苏利奇的复信中，针对俄国一些自称是马克思主义者的人关于俄国必须走西欧资本主义起源道路的观点，马克思明确强调西欧资本主义

---

① 马克思，恩格斯．马克思恩格斯文集：第 3 卷．北京：人民出版社，2009：464.

② 马克思，恩格斯．马克思恩格斯文集：第 3 卷．北京：人民出版社，2009：466.

③ 马克思，恩格斯．马克思恩格斯文集：第 3 卷．北京：人民出版社，2009：466－467.

历史起源的必然性仅限于西欧，并将这一思想贯穿到复信的四个草稿和正式复信的全过程之中。马克思一再强调西欧资本主义生产的起源是这样的：“在资本主义制度的基础上，生产者和生产资料彻底分离了……全部过程的基础是**对农民的剥夺**。这种剥夺只是在英国才彻底完成了……但是，**西欧的其他一切国家**都正在经历着同样的运动。”[①] 显然，这一思想是对那种关于“世界上所有国家都必须经过资本主义生产的一切阶段”的说法的明确反对。事实上，“在这种西方的运动中，问题是把**一种私有制形式变为另一种私有制形式**。相反，在俄国农民中，则是**要把他们的公有制变为私有制**”[②]。西欧资本主义起源的实质是把个人分散的生产资料转化为社会积聚的生产资料，这个过程的实质是将小私有制形式变为大私有制形式，而这种情况在俄国根本不可能存在，因为俄国农民手中的土地是公有的，从来没有成为他们的私有财产。可见，西欧资本主义起源的历史必然性仅限于西欧，俄国面临与西欧国家不同的情况，因此，俄国应该根据自身国情探索自己的发展道路。

在《序言》中，马克思、恩格斯进一步指出：“《共产主义宣言》的任务，是宣告现代资产阶级所有制必然灭亡。但是在俄国，我们看见，除了迅速盛行起来的资本主义狂热和刚开始发展的资产阶级土地所有制外，大半土地仍归农民公共占有。”[③] 当时，资产阶级土地所有制在俄国才开始发展，还没有占统治地位，占统治地位的土地所有制仍是农民公共占有的形式，因而《共产党宣言》所揭示的历史任务在俄国实现的条件还不成熟。因此，俄国是否一定要走这样一条道路，即资本主义所有制发展到无法继续发展下去而导致自身灭亡的道路，还有待探讨。紧接着，他们这样提问：“那么试问：俄国公社，这一固然已经大遭破坏的原始土地公共占有形式，是能够直接过渡到高级的共产主义的公共占有形式呢？或者相反，它还必须先经历西方的历史发展所经历的那个瓦解过程呢？”[④] 无疑，马克思、恩格斯还是希望俄国能够走出一条非欧非资本主义的发展道路，但是这一切都得取决于俄国所面临的内外条件的发展。

总之，在马克思看来，俄国与西欧国家存在着不同的国情，不能将西欧资本主义发展道路当作一般历史哲学理论套用到俄国，俄国必须立足自身的国情

---

① 马克思，恩格斯．马克思恩格斯文集：第3卷．北京：人民出版社，2009：589.
② 马克思，恩格斯．马克思恩格斯文集：第3卷．北京：人民出版社，2009：583，590.
③ 马克思，恩格斯．马克思恩格斯文集：第2卷．北京：人民出版社，2009：8.
④ 马克思，恩格斯．马克思恩格斯文集：第2卷．北京：人民出版社，2009：8.

探索适合自己的发展道路。

5. 不通过“卡夫丁峡谷”的科学设想

在探索俄国社会发展道路的进程中，马克思一再强调俄国可以走出一条不同于西欧的发展道路。在给查苏利奇的复信中，马克思详细考察了俄国农村公社的产生，揭示了原始公社和农村村社之间的区别，阐述了农村公社所兼具的公有和私有的二重性，并在此基础上先后四次强调，俄国公社可能不通过资本主义制度的“卡夫丁峡谷”，而占有资本主义制度所创造的一切积极的成果。①

农村公社是在原始公社的基础上发展起来的。在给查苏利奇的复信的一稿、二稿和三稿中，马克思都明确指出原始公社和农业公社之间存在的不同：其一，原始公社是建立在血缘亲属关系基础上的，其结构是一种系谱树结构，而农业公社则是最早打破单纯血缘关系的自由人的社会组织。其二，农业公社中的房屋、园地是农民的私有财产，而在原始公社中则仍然是公有财产。其三，虽然耕地在农业公社中是公有财产，但定期在各个社员中分配，农民自己耕种自己的土地，产品归自己所有，而在原始公社中，生产是共同进行的，只有产品才拿来分配。当然，农村公社和原始公社之间也存在着密切的联系，即农业公社是原始公社的最近的类型，是从公有制到私有制、从原生形态到次生形态的过渡时期。原生形态是建立在原始公社基础上的社会，次生形态则是包括建立在奴隶制和农奴制基础上的一系列社会。这样，马克思就进一步划清了原生形态社会和次生形态社会的关系，丰富和发展了马克思主义社会形态理论。

“卡夫丁峡谷”的由来

公元前 321 年，在第二次萨姆尼特战争时期，萨姆尼特人在古罗马卡夫丁城（今蒙泰萨尔基奥）附近的卡夫丁峡谷包围并击败了罗马军队。按照意大利双方交战的惯例，罗马军队必须在由长矛交叉构成的“轭形门”下通过。这被认为是对战败军的最大羞辱。“通过卡夫丁峡谷”一语即由此而来。

马克思详细考察了农村公社的二重性及其发展前景。一方面，公社内部的耕地是公有财产，定期在其成员之间进行分配，农民自己耕种自己的土地，产

① 马克思，恩格斯．马克思恩格斯文集：第 3 卷．北京：人民出版社，2009：575，578，580，587.

品归为己有；另一方面，在公社内，房屋和园地已经成为农民的私有财产。这种二重性一方面赋予了农村公社强大的生命力，另一方面也是其解体的根源。换言之，农村公社面临着两种可能的发展命运：一种是集体因素战胜私有因素，使农村公社获得新生；一种是后者战胜前者，使农村公社彻底瓦解。“先验地说，两种结局都是可能的，但是，对于其中任何一种，显然都必须有完全不同的历史环境。一切都取决于它所处的历史环境。”[①] 早在1871年1月7日托马诺夫斯卡娅给马克思的信中就已经谈到，“至于您在有关俄国公社土地所有制的命运问题上所预见的二者必择其一，那末，遗憾的是，它的解体和转为小私有制是十分可能的……您一定熟悉1847年出版的哈克斯特豪森的著作(指《俄国的国内状况、国民生活、特别是农村设施概论》)，其中详细地研究了俄国公社土地所有制……从您目前阅读的有关公社土地所有制的文章中，您可以看到，车尔尼雪夫斯基常常提到这一本书并引用其中的话”[②]。可见，马克思之前就已经提到农村公社可能面临的两种命运，或者是集体因素战胜私有制因素，或者是转为小私有制。这也是马克思最早关于俄国村社的性质及其可能遭遇的历史命运的看法。显然，俄国村社的二重性为俄国选择一条不同于西欧的发展道路奠定了重要的基石。

在此基础上，马克思在给查苏利奇的复信的初稿中指出：“在俄国，由于各种独特情况的结合，至今还在全国范围内存在着的农村公社能够逐渐摆脱其原始特征，并直接作为集体生产的因素在全国范围内发展起来。正因为它和资本主义生产是同时存在的东西，所以它能够不经受资本主义生产的可怕的波折而占有它的一切**积极的成果**。”[③] 这里，马克思提出了俄国可以在农村公社的基础上不经历资本主义的苦难，而占有其一切积极成果的思想。

这种跨越无论从理论上还是从实践上都是可能的。从理论上看，一方面，俄国社会内部面临着一些有利条件。一是俄国农村公社即便在遭受1861年改革的沉重打击下，依然在全国范围内保存下来。这在欧洲是唯一的。二是公社土地公有制为俄国农民从小地块个体耕种转化为集体耕种创造了必要条件，且农民已经习惯于劳动组合关系，有助于他们从小地块劳动向合作劳动过渡。三是俄国的土地十分广袤，适合于使用大机器生产。四是俄国社会长期以来从农

① 马克思，恩格斯．马克思恩格斯文集：第3卷．北京：人民出版社，2009：574.
② 马克思恩格斯与俄国政治活动家通信集．北京：人民出版社，1987：69－70.
③ 马克思，恩格斯．马克思恩格斯文集：第3卷．北京：人民出版社，2009：571.

民身上榨取过多，有义务帮助农民实现向合作劳动和集中耕种的过渡。另一方面，在世界历史条件下，俄国面临着有利的外部条件。一是俄国不像印度那样，是外国公司的猎获物。二是俄国村社和控制着世界市场的西方生产同时存在，使俄国有可能获得西方国家的先进技术以及其他方面的帮助。换言之，没有“世界历史”这样的环境，跨越无从谈起。

从实践上看，随着 1861 年改革的推进，俄国的生产力得到了一定程度的跨越式发展。针对资本主义制度的俄国崇拜者主张在俄国走资本主义道路，否认俄国可以不经受资本主义的苦难而占有西欧资本主义的积极成果的观点，马克思提出了这样一个诘问：“如果资本主义制度的俄国崇拜者要否认这种进化的**理论上的**可能性，那我要向他们提出这样的问题：俄国为了采用机器、轮船、铁路等等，是不是一定要像西方那样先经过一段很长的机器工业的孕育期呢？同时也请他们给我说明：他们怎么能够把西方需要几个世纪才建立起来的一整套交换机构（银行、信用公司等等）一下子就引进到自己这里来呢？”① 这一思想在马克思给查苏利奇的复信初稿中出现了两次，二稿中出现了一次。这不仅表明了俄国资本主义得到了迅速的发展，在很短的时间内就完成了西方国家几个世纪才走完的路，还表明了移植西欧国家的先进生产力为俄国不通过资本主义卡夫丁峡谷、实现跨越式发展奠定了必要的物质基础。要实现这一目标，俄国不仅必须吸收和移植西欧的机器、轮船和铁路等当时工业化的最新发展成果，还必须吸收和移植银行、信用公司等当时市场化的最新发展成果。这表明生产力是不可跨越的，尤其是以工业化和市场化为代表的现代化是不可跨越的。显然，马克思不仅论述了俄国实现跨越式发展的可能性，还深刻论述了跨越和非跨越的辩证统一，进而在这一问题上体现出了唯物论和辩证法的统一。

要将跨越设想转化为现实，必须具备一系列的条件。在给查苏利奇的正式复信中，马克思指出：“这种农村公社是俄国社会新生的支点；可是要使它能发挥这种作用，首先必须排除从各方面向它袭来的破坏性影响，然后保证它具备自然发展的正常条件。”② 俄国村社的正常发展是俄国实现跨越的前提条件。要实现村社的正常发展，必须做到以下几点。

一是在经济上要有改造的需要。农奴制改革后，国家借助手中的种种力量瓦解和消除农村公社、强行推动资本主义发展，不仅导致了农村公社的不断解

① 马克思，恩格斯．马克思恩格斯文集：第 3 卷．北京：人民出版社，2009：571.
② 马克思，恩格斯．马克思恩格斯文集：第 3 卷．北京：人民出版社，2009：590.

体，还加重了农民的负担。因此，只有将压在村社肩上的重担除掉，使它获得正常数量的耕地，并将农民大规模组织起来进行合作劳动，才能消除外部力量对农村公社的破坏性影响，使得村社置于正常条件之下。同时，要消除内部力量对农村公社的破坏性影响，主要是要消除农村公社自身所包含的私有制根源，使公社内部集体因素战胜私人占有的根源。

二是在物质上要有实现改造的条件。大规模地改造俄国村社需要一定的物质条件，那么，“设备、肥料、农艺上的各种方法等等集体劳动所必需的一切资料，到哪里去找呢？俄国‘农村公社’比同一类型的古代公社大大优越的地方正是在这里。在欧洲，只有俄国的‘农村公社’在全国范围内广泛地保存下来了。因此，它目前处在这样的历史环境中：它和资本主义生产的同时存在为它提供了集体劳动的一切条件”[①]。可见，和资本主义社会处于同一时代，积极利用资本主义创造的先进生产力成就和先进科技成果，成为不通过卡夫丁峡谷的重要条件。与此同时，长期依靠农村公社维持生存的俄国社会也有义务为农村公社的发展提供智力上的和物质的创办费用，以使得农村公社积极利用机器进行大规模组织起来的、实行合作劳动的农业经营。

三是在政治上要有改造的革命，即俄国发生革命，并实现俄国革命和西方革命的互补。1861 年改革不仅没有使农民获得解放，还加剧了俄国社会的种种矛盾。尤其是农村公社，遭到国家的种种苛捐杂税的压榨、资本家和高利贷商人的剥削，处于极其危险的境地之中，因此，要挽救俄国公社，就必须有俄国革命。而俄国革命与西欧无产阶级革命实现互补，是俄国在农村公社基础上进入共产主义的前提条件。

马克思提出的跨越资本主义制度卡夫丁峡谷的设想的实质是希望以俄国为代表的经济文化相对落后的国家积极利用世界历史创造的条件，探索出一条适合自己实际的发展道路。

这样，马克思不仅在社会发展问题上彻底终结了西方中心论，而且进一步突出了历史唯物主义的辩证法向度。马克思的探讨已经蕴含着“世界体系论”和“依附论”等非欧非资本主义发展的思想，为东方社会走出一条适合自己实际的发展道路指明了方向。

---

① 马克思，恩格斯．马克思恩格斯文集：第 3 卷．北京：人民出版社，2009：578.

第 18 章

走向自然、数学和科技

马克思参与自然辩证法构思的心路历程

……马克思在他所研究的每一个领域，甚至在数学领域，都有独到的发现，这样的领域是很多的，而且其中任何一个领域他都不是浅尝辄止。

……在马克思看来，科学是一种在历史上起推动作用的、革命的力量。任何一门理论科学中的每一个新发现——它的实际应用也许还根本无法预见——都使马克思感到衷心喜悦，而当他看到那种对工业、对一般历史发展立即产生革命性影响的发现的时候，他的喜悦就非同寻常了。例如，他曾经密切注视电学方面各种发现的进展情况，不久以前，他还密切注视马塞尔·德普勒的发现。①

1. 与自然科学家的交往和互动

马克思不仅论及了许多科学家的生平和思想，充分肯定科学家在科学技术史上的卓越贡献，而且十分重视与科学家的交往，甚至与一些科学家建立起了牢不可破的友谊关系。

达尔文的生物进化论是 19 世纪自然科学的“三大发现”之一，不仅第一次把生物学放在完全科学的基础之上，而且有力地冲破了神创论的统治和机械论的禁锢。生物进化论的问世，引起了马克思的极大兴趣。1860 年 11 月底至 12 月 19 日，在研究自然科学的过程中，马克思阅读了达尔文《物种起源》一

---

① 恩格斯．在马克思墓前的讲话//马克思，恩格斯．马克思恩格斯文集：第 3 卷．北京：人民出版社，2009：601－602.

书。1860 年 12 月 19 日，在致恩格斯的信中，马克思谈到，生物进化论“为我们的观点提供了自然史的基础”。这样，马克思就进一步回到了《德意志意识形态》中提出的“历史科学”问题上，表达了对自然史的兴趣。在此基础上，1861 年 1 月 16 日，在致拉萨尔的信中，马克思对达尔文的生物进化论给予了高度评价。在他看来，达尔文的《物种起源》，不仅第一次给了自然科学中的“目的论”以致命的打击，而且也根据经验阐明了其合理的意义。这样，就进一步恢复了唯物论的权威。进而，马克思将生物进化论和唯物史观联系起来，认为《物种起源》可以用来当作历史上的阶级斗争的自然科学根据。这样，就进一步突出了社会规律的类自然规律性。

为了表示对达尔文的尊敬，按照英国当时学术界的礼节传统，1873 年 9 月 25 日至 30 日之间，马克思把《资本论》第一卷德文第二版寄赠给达尔文。同时，他也将《资本论》赠送给了斯宾塞。在赠送给达尔文的书的扉页上，马克思作了这样的题签：

赠给查理士·达尔文先生

您的诚实的仰慕者　卡尔·马克思

1873 年 6 月 16 日于

伦敦海特兰公园英丹那别墅一号

对于马克思的善意和惠赠，达尔文表示感谢。1873 年 10 月 1 日，马克思接到达尔文的来信。达尔文在信中表示[①]：

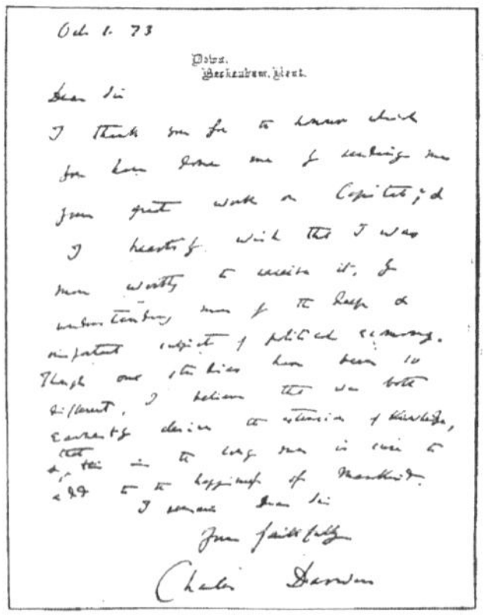
Oct. 1. 73

Down, Beckenham, Kent.

Dear Sir

I thank you for the honour which you have done me by sending me your great work on Capital; & I heartily wish that I was more worthy to receive it, by understanding more of the deep & important subject of political Economy. Though our studies have been so different, I believe that we both earnestly desire the extension of Knowledge, & that this in the long run is sure to add to the happiness of Mankind.

I remain Dear Sir

Yours faithfully

Charles Darwin

达尔文致马克思信的原件

① 朱建中．关于达尔文给马克思的一封信．化石，1977（4）．

亲爱的先生：

承蒙您寄赠的伟大著作——《资本论》，我向您表示深切的谢意。我曾渴望荣幸地得到它，以便更好地理解政治经济学这项重要而深刻的课题。尽管我们过去研究领域曾是如此地不同，但我相信，我们两人都严肃地希望扩展知识领域，而这无疑将最终造福于全人类。

我坚信，敬爱的先生。

您忠实的查理士·达尔文

1873年10月1日

1882年5月3日，恩格斯在致爱德华·伯恩施坦的信中指出："达尔文的信——一封极为亲切的信——当然是写给马克思的。"[1] 显然，造福于全人类是马克思和达尔文的共同志向。对人类福祉有所贡献是他们惺惺相惜的根本原因。

在充分肯定达尔文在科学上的伟大贡献的同时，马克思也清醒地意识到了达尔文的局限性。在1860年12月19日致恩格斯的信中，马克思指出，《物种起源》"用英文写得很粗略"。在1861年1月16日致斐迪南·拉萨尔的信中，马克思认为，"粗率的英国式的阐述方式当然必须容忍"。在此基础上，1862年6月18日，马克思在致恩格斯的信中明确指出，"我重新阅读了达尔文的著作，使我感到好笑的是，达尔文说他把'马尔萨斯的'理论**也**应用于植物和动物，其实在马尔萨斯先生那里，全部奥妙恰好在于这种理论**不是**应用于植物和动物，而是只应用于人类，说人类是按几何级数增加的，把人类与植物和动物对立起来。值得注意的是，达尔文在动植物界中重新认识了他的英国社会及其分工、竞争、开辟新市场、'发明'以及马尔萨斯的'生存斗争'。这是霍布斯所说的一切人反对一切人的战争，这使人想起黑格尔的《现象学》，那里面把市民社会描写为'精神动物世界'，而达尔文则把动物世界描写为市民社会"[2]。显然，马克思立场鲜明地反对达尔文把关于自然界物竞天择、适者生存的规律简单地照搬照抄到人类社会，更反对用生物进化论为阶级社会中的剥削现象辩护。1869年2月15日，在给拉法格夫妇的信中，马克思进一步重申

① 马克思，恩格斯．马克思恩格斯全集：第35卷．北京：人民出版社，1971：308.

② 马克思，恩格斯．马克思恩格斯文集：第10卷．北京：人民出版社，2009：184.

了这一立场。

关于达尔文拒绝马克思的真相

至于马克思欲把《资本论》献给达尔文却遭到了后者拒绝一事，纯属以讹传讹。这一误解起因于对一封致达尔文的信的错误鉴定，人们起初认为该信来自马克思。事实上，这封信来自马克思女婿爱德华·艾威林。艾威林对达尔文的非宗教的观点极为推崇，征询达尔文的意见能否将自己的一本书献给达尔文。由于达尔文不想公开地与一个无神论者牵扯在一起，所以，回信婉拒了艾威林的请求。

法国学者皮埃尔·特威利尔在法国刊物《研究》1977 年第 4 期发表《关于达尔文-马克思的通信的一项更正》一文，在考证的基础上恢复了这一历史事件的真相。

尽管马克思向达尔文赠书及达尔文简短的礼节性回复，是两位伟人唯一的一次交往。但是，生物进化论毕竟成为马克思主义形成和发展的重要的自然科学基础之一。马克思逝世后，恩格斯指出，正像达尔文发现有机界的发展规律一样，马克思发现了人类历史的发展规律。

达尔文生物进化论的问世在英国引起了轩然大波，保守势力对之发起了猛烈攻击。在这种情况下，为了捍卫生物进化论，赫胥黎挺身而出，成为“达尔文的斗犬”。在这场严酷的斗争中，赫胥黎先后出版了《人类在自然界的位置》《脊椎动物解剖学手册》《进化论和伦理学》等著作。这些作品也成为马克思、恩格斯的读物。赫胥黎经常到政府为工人开办的免费夜校去讲课。在 19 世纪 60 年代初期，马克思不仅鼓励周围的人去听赫胥黎的演讲，而且他本人也亲自去听讲。据德国工人运动和国际工人运动的著名活动家列斯纳回忆：“我把 1860 年到 1864 年的几年时间用来充实自己的知识。我按时去听伦敦大学的教授们赫胥黎、丁铎尔和霍夫曼所做的生理学、地质学和化学方面的讲演。德国工人们一般都踊跃地去听这些杰出的学者们的讲演。而鼓动我们去听讲的是马克思；有时他本人也去听讲。”[①] 当时捍卫进化论的战幕早已拉开。这样，马克思就亲自领略到了战争的硝烟。

① 中共中央马克思恩格斯列宁斯大林著作编译局．回忆马克思．北京：人民出版社，2005：255.

马克思、恩格斯十分重视赫胥黎的观点，特别重视其哲学世界观方面的问题。1868年11月8日，赫胥黎在爱丁堡作了题为《论生命的物质基础》的演讲。对此，在1868年12月12日致恩格斯的信中，马克思严肃地指出："赫胥黎最近在爱丁堡所作的演讲，再次表现出比近几年更具有唯物主义的精神，但他又给自己留了一条新的后路。当我们真正观察和思考的时候，我们永远也不能脱离唯物主义。但这一切只有运用在因果关系上才是正确的，而'你们的伟大的同乡休谟'也已经证明，这些范畴与自在之物没有任何关系。因此，你们愿意相信什么就可以相信什么。这正是需要证明的。"① 赫胥黎在科学上坚持自发的唯物主义立场，但是，在哲学上采取了在唯物主义和唯心主义之间摇摆的立场，最终向不可知论缴械。马克思充分肯定了赫胥黎的唯物主义立场，也严肃地批评了其不可知论。

在与科学家交往的同时，马克思、恩格斯更为重视无产阶级自身科学技术队伍的培养和建设。他们积极引导一些科学家树立科学社会主义的世界观和方法论，投身无产阶级解放和人类解放的伟大事业。在马克思、恩格斯的亲切教诲下，肖莱马和穆尔等一些"红色"科学家成长了起来。这些科学家在科学上的见解也促进了马克思、恩格斯的科学研究事业。在这个过程中，马克思、恩格斯与这些科学家建立了崇高而深厚的友谊。

出生于德国达姆斯塔德城的肖莱马从小就喜爱化学，通过刻苦自学，成为化学家。1859年，他来到英国曼彻斯特欧文学院做化学教授的助手。1863年，在曼彻斯特经商的恩格斯在席勒协会（一个德侨的进步组织）结识了比自己年轻十四岁的肖莱马。1865年3月6日，恩格斯在致马克思的信中说："现在我必须去席勒协会主持理事会。附带提一下，那里有一位先生是化学家，不久前他给我讲解了丁铎尔的日光实验。这很妙。"② 这位化学家可能指的就是肖莱马。经过恩格斯的介绍，肖莱马很快与马克思相识。由于三人在政治立场和学术志趣上高度一致，自此，马克思、恩格斯和肖莱马成为忘年之交、莫逆之交。

肖莱马是有机化学的创始人之一，是马克思、恩格斯学习自然科学的得力助手和重要参谋。鉴于肖莱马在有机化学上的成就，马克思给其取了"氯化马"这样一个绰号。肖莱马多次为马克思提供他所需要的自然科学等方面的书籍。1867年11月30日，马克思在给恩格斯的信中说，自己当天早上收到肖莱

① 马克思，恩格斯．马克思恩格斯全集：第32卷．北京：人民出版社，1974：213.

② 马克思，恩格斯．马克思恩格斯全集：第31卷，北京：人民出版社，1972：92-93.

马寄来的一本书，马克思要恩格斯转达他对肖莱马的谢意。由罗斯科撰写的《简明化学教程》是学习化学的重要教科书。该书的德文版由肖莱马同作者共同整理而成。1867年12月7日，马克思在致恩格斯的信中表示："肖莱马的教科书我非常喜欢。"后来，当得知肖莱马在修订自己的著作的时候，马克思迫不及待地向恩格斯询问该书在什么时候能够出版，表示急于读到该书。为此，马克思几次给恩格斯写信，询问肖莱马著作的出版进展情况。当肖莱马终于把经过修改再版的《简明化学教程》寄给马克思的时候，马克思异常喜悦。1869年3月20日，他从伦敦写信给在曼彻斯特的恩格斯。信中说："十分感谢肖莱马寄来了第二版的化学书，明天我将开始重新阅读第二部分，即有机化学（我估计，正是在这里该会看到一些改动），作为星期天的一种享受。"① 从马克思和肖莱马的这些日常交往中可以看出，马克思是多么尊重科学家的工作，多么虚心地向科学家学习。

不仅如此，马克思在创作《资本论》中遇到的许多自然科学问题，大多由肖莱马提供资料和帮助解决。1868年1月3日，马克思在致恩格斯的信中提出："我想向肖莱马打听一下，最近出版的有关农业化学的书籍（德文的）哪一本最新最好？此外，矿肥派和氮肥派之争现在进行得怎样了？（从我最近一次研究这个问题以来，德国出版了许多新东西。）他对近来**反对**李比希的土壤贫瘠论的那些德国作者的情况了解点什么吗？他知道慕尼黑农学家弗腊斯（慕尼黑大学教授）的冲积土论吗？为了写地租这一章，我至少要对这个问题的最新资料有所熟悉。肖莱马既是这方面的专家，他也许可以提供一些情况。"② 在接到马克思的来信后，恩格斯于1868年1月6日给出了这样的答复：肖莱马将根据最近几年的年度报告为马克思编一个索引。至于弗腊斯的书，肖莱马不知道。更为重要的是，肖莱马还参与了《资本论》手稿的整理和审阅工作。1867年8月15日，恩格斯在致马克思的信中问道："你打算什么时候收回一部分印张？肖莱马请求我在看完之后一个印张接着一个印张地给他，当然，这将取决于你。现在我（粗略地）读完了全书，仍然觉得第二卷也**非常需要**，你愈快地写完愈好。现在我还要把整本书，即理论方面所有最重要的地方，再看一遍。这些家伙看到最困难的问题，如象李嘉图的利润理论，'以这种方法'

---

① 马克思，恩格斯．马克思恩格斯全集：第32卷．北京：人民出版社，1974：264.

② 马克思，恩格斯．马克思恩格斯全集：第32卷．北京：人民出版社，1974：5-6.

如此轻易地得到解决，一定会感到惊奇。”[①] 显然，马克思之所以虚心向肖莱马学习自然科学，一个重要的目的就是完成《资本论》的创作，将剩余价值理论科学而系统地表述出来。

在马克思、恩格斯得到肖莱马的无私帮助和热情支持的同时，肖莱马也在马克思恩格斯的关怀和指导下在学术上和政治上迅速进步。按照从抽象到具体的辩证思维方法，马克思在《资本论》中将商品作为资本主义生产方式发生发展的“细胞”，由此揭示了资本主义生产的秘密。肖莱马大胆地将马克思的这一方法运用到自己的科学研究中，把有机化合物中最简单、最普遍、最大量存在的脂肪烃看成是一切有机物的“细胞”，着重研究了碳氢原子的同分异构现象，突破了当时的一些常规看法，创立了有机化学。1868 年 3 月 29 日，恩格斯从曼彻斯特给在伦敦的马克思写信。信中说，“肖莱马出色地发现了 CnH2n+2 系碳氢化合物的沸点定律”。马克思、恩格斯为肖莱马取得的成就感到高兴。不仅如此，马克思、恩格斯在政治上非常信任肖莱马。在“非常法”时期，甚至让他去德国执行过“秘密任务”。肖莱马的住址一度成为马克思与恩格斯的秘密通信处。在马克思、恩格斯的直接帮助和教育下，肖莱马迅速成为优秀的德国社会民主党党员和坚定的共产主义战士。

除了肖莱马之外，穆尔也是马克思、恩格斯在科学和政治上的朋友。在马克思和恩格斯的通信中，有一百多处提到了穆尔的名字。穆尔在数学上有极高的天赋，是自学成才的业余数学家，成为马克思理想的数学顾问。1873 年 5 月 25 日，马克思在致恩格斯的信中写道：“我在这里向穆尔讲了一件我私下为之忙了好久的事。然而，他认为这个问题无法解决，至少暂时无法解决，因为涉及这个问题的因素很多，而且大部分还有待于发现。事情是这样的：你知道那些统计表，在表上，价格、贴现率等等在一年内的变动等情况是以上升和下降的曲线来表示的”。[②] 直到马克思晚年，仍然在关注着穆尔在数学方面的科学研究。不仅如此，穆尔还是《资本论》英文版的重要译者，为《资本论》的传播作出了重要贡献。在“非常法”时期，穆尔的住址同样成为马克思和恩格斯的秘密通信处。

进入 70 年代后，出于健康方面的考虑，马克思不时到曼彻斯特修养放松一下。在修养和治病期间，马克思经常会见自己忠实的朋友和自然科学顾问肖

① 马克思，恩格斯．马克思恩格斯全集：第 31 卷．北京：人民出版社，1972：328.

② 马克思，恩格斯．马克思恩格斯文集：第 10 卷．北京：人民出版社，2009：389.

莱马和业余数学家穆尔。1870 年 5 月 31 日，他从曼彻斯特写信给在伦敦的女儿燕妮。信中说："在我们星期天散步的时候——肖莱马和穆尔当然也参加了——他在人们面前获得了非凡的成功。他给人留下了强烈的印象。"[①] 马克思逝世后，动物学教授雷伊·朗凯斯特和化学教授肖莱马参加了马克思的葬礼。后来，肖莱马遭到了德国反动当局的迫害，被迫离开了自己的故乡。此外，医生库格曼等也是马克思的学生和至交。

2. 关注自然、土地和生态学问题

作为唯一的一门科学的历史科学，包括自然史和人类史两个不可分割的方面。马克思同样十分重视对自然问题的研究，形成了唯物的辩证的历史的实践的自然观。进而，马克思从资本逻辑批判的高度，研究了影响和制约自然可持续性的社会问题，完善了自己的生态学思想。

马克思是以研究自然哲学的方式登上历史舞台的。在博士论文中，通过比较德谟克利特和伊壁鸠鲁自然哲学的差别，马克思已经确立了物质自我运动的科学原则，初步实现了唯物论和辩证法的统一。这样，从一开始，马克思的自然哲学就与黑格尔的自然哲学存在着本质差别。1858 年 2 月 22 日，马克思又一次回到伊壁鸠鲁的论题上。在给斐迪南·拉萨尔的信中，马克思谈道："关于伊壁鸠鲁则可以详细地指出：虽然他是以德谟克利特的自然哲学为出发点，但是他到处都把问题要点颠倒过来。至于西塞罗和普卢塔克没有理解这一点，那几乎无可责怪，因为像培尔，甚至像黑格尔本人这样的聪明人都没有想到这一点。不过，对黑格尔这样一个最早了解全部哲学史的人，是不能要求他在细节上也不犯错误的"。[②] 这样，马克思进一步阐明了伊壁鸠鲁哲学的实质。1864 年 4 月 14 日，在给自己的表舅菲力浦斯的信中，马克思谈到了"宇宙空间的黑暗"问题。他指出："在没有视力去看光的地方和没有有机物去感觉热的地方，为什么还要有光和热呢？勇敢的伊壁鸠鲁早就有一个非常聪明的想法：把诸神赶到太空中去（也就是赶到**无人居住**的宇宙空间中去）。的确，只有在这些无比寒冷、漆黑一团的'没有物体的宇宙空间'，才有罗[③]的'真

---

① 马克思，恩格斯．马克思恩格斯全集：第 32 卷．北京：人民出版社，1974：669.

② 马克思，恩格斯．马克思恩格斯文集：第 10 卷．北京：人民出版社，2009：148.

③ 指罗德黑岑。

正的狗东西们’的位置。”① 在伊壁鸠鲁看来，存在着无数的世界。这些世界按照其本身的自然规律产生和存在。虽然诸神也存在，但是，存在于世界之外，存在于各个世界之间的空间，对宇宙的发展和人的生活毫无影响。这里，马克思肯定的仍然是伊壁鸠鲁的唯物主义立场。沿着伊壁鸠鲁的上述哲学思路，在科学实践观的基础上，马克思不仅形成了自己的自然观，而且形成了自己的生态学思想。

在研究政治经济学的过程中，马克思始终保持着自然研究的热情。1870年4月14日，马克思在给恩格斯的信中要求他介绍关于爱尔兰的纯泥炭沼泽或沼泽的资料：“如果你十分简要地给我讲讲爱尔兰的 bogs 和 peats 等等，我要谢谢你。在我读过的全部蓝皮书里，bog 时而在山上，确切些说，在山坡上，时而在平原。情况到底怎样？爱尔兰人所说的 townlands 是什么意思？”② 1870年4月15日，恩格斯在给马克思的信中作了这样的答复：Bogs 指纯泥炭沼泽或沼泽，主要出现在两种类型的地方：一是平原、盆地（旧湖泊）或洼地，二是有平坦或波状山顶的高地。前者的排水道逐渐被堵塞，后者由于树木被伐光，青苔、野草和荆棘丛生，这里排水量低于平均降雨量。Townlands 是爱尔兰的基层行政单位。在马克思晚年，不时地涉及自然问题。这种注重研究自然事实的科学作风，体现的正是马克思的哲学立场和科学精神。

资本主义农业的发展，造成了土地的不可持续性问题。从1840年以后的30年里，德国化学家李比希一直在研究生物化学和农业化学等方面的问题。他用实验方法证明：农作物需要碳酸、氨、氧化镁、磷、硝酸以及钾、钠和铁的化合物等无机物，人和动物的排泄物只有转变为碳酸、氨和硝酸等，才能被农作物吸收，因此，应该施用无机肥料来提高农业收成。从19世纪50年代开始，随着《资本论》创作的深入，马克思开始关注和研究土地的可持续性问题。1851年2月3日，在致恩格斯的信中，马克思诙谐地谈道：“……我的新地租理论目前只是使我获得了任何一个正直的人所必然追求的自信心。不过，无论如何，你对新地租理论表示满意，我是高兴的。土地肥力和人的生殖能力成反比，这不免使像我这样多子女的父亲很受触动。尤其是，我的婚姻比我的工作更多产。”③ 在研究中，马克思同样发现了资本主义生产方式造成的不可

---

① 马克思，恩格斯．马克思恩格斯全集：第30卷．北京：人民出版社，1975：651.

② 马克思，恩格斯．马克思恩格斯全集：第32卷．北京：人民出版社，1974：462.

③ 马克思，恩格斯．马克思恩格斯文集：第10卷．北京：人民出版社，2009：68.

持续性的问题。为了解决这一问题，1851 年 4—5 月，马克思研究了关于应用电提高土壤肥力方面的著作。1851 年 8—11 月，马克思特别研究了农学和农业化学问题，专门阅读了李比希和约翰斯顿的著作。到 60 年代，由李比希理论引发的土地肥力递减的辩论越发激烈。1862 年，李比希出版了其先驱性的著作《有机化学在农业和生理学中的应用》（1840 年首次出版）的第七版。对英国人来说，1862 年版包含了一个新的、大篇幅的甚至是中伤性的引言。其整个内容的立足点建构在他于 19 世纪 50 年代末发展了的理论之上。李比希揭露了英国的集约型农业或“广施化肥的耕作方法”是一种“掠夺体系”，与理性农业背道而驰。它们使食物与纤维在城乡之间的远程运输成为必需；但是，却没有提供像氮、磷和钾这样的社会营养物的再循环，而这些物质有助于分解以人类与动物的排泄物形式存在的城市垃圾与污染。整个国家的土壤营养物以这种方式被掠夺。对李比希来说，这是大英帝国掠夺别国土壤资源（包括骨头）的殖民政策的组成部分。① 1865 年 12 月，马克思在大英博物馆集中精力研究李比希和申拜因有关农业化学的著作，以满足地租问题研究的需要。1866 年 2 月 20 日，马克思致恩格斯的信中指出：“由李比希‘发现’并推动申拜因进行他的研究的事实是：土壤**上**层所含的氨总是比**下**层的多，虽然，由于植物吸收，土壤上层所含的氨似乎应当少些。这个**事实**是所有的化学家所公认的。只是原因**不详**。”② 因此，在《资本论》第一卷中，马克思对李比希大加赞赏，认为其不朽功绩之一在于，从自然科学的观点出发阐明了现代农业的消极方面。据此，1865—1866 年，马克思在起草《资本论》第三卷时提出，资本主义生产方式造成了人与自然之间的物质变换的断裂。这样，马克思就将资本逻辑批判当作其生态学思想的现实指向。

《资本论》第一卷出版之后，马克思的视野发生了转换。1868 年 3 月 25 日，马克思在给恩格斯的信中指出：“必须认真研究全部近代和现代农业文献。物理学派同化学派是对立的。”③ 1867 年 12 月下半月，马克思继续研究有关农业著作。1874 年 2—3 月初，为了写作《资本论》后几卷，研究土地问题，马克思对植物生理学和干预土地的人工肥料理论进行研究。他阅读了约·奥的

① BELLAMY FOSTER J. Marx's Ecology in Historical Perspective. International Socialism Journal. Issue 96 (Winter 2002).

② 马克思，恩格斯．马克思恩格斯全集：第 31 卷．北京：人民出版社，1972：185.

③ 马克思，恩格斯．马克思恩格斯文集：第 10 卷．北京：人民出版社，2009：286.

《李比希的土壤贫瘠化学说和经济人口论》一书和其他农业化学方面的著述。1875 年 11—12 月，马克思研究农业化学，对恩格尔加尔特的《农业化学基础》一书作了详细的摘要，还研究了有关物理学和俄国农业问题等方面的著作。1878 年 5 月底—6 月，马克思继续研究农业化学和地质学，阅读了朱克斯、约翰斯顿、科佩等人的著作，并作了摘录。在“地质学与农业的关系”这一大标题下，马克思思考了土地种类的产生和可用性等问题，考察了劣等的天然不肥沃的土地用于耕种的例子。马克思注意到，如果土地只能为植物提供很少的有机营养物，那么，只有那些需要很少的无机营养物的植物才能在上面生长。所以，树木茂盛的地方往往农作物生长不好，因为很多树木只需要和包含相对较少的无机物质。马克思认为，这一点很重要。在关于弗·舍德勒的著作《自然，包括物理学、天文学、化学、矿物学、地质学、生理学、植物学和动物学的学说》1852 年版的笔记中，也包含同样的内容。在这一期间，马克思特别注意到了岩石的风化问题，将地质学和农学联系了起来。岩石的风化具有双重的功效，一是岩石的物理和化学分解的过程，二是从岩石中产生适合耕种的土地的过程。当然，后者是一个漫长的历史演变过程。其中，从响岩的风化中产生的浅色的黏土质土地不利于耕种。从砂岩风化中产生的土地是最不肥沃的土地之一，因为它缺少钾盐和碳酸氢钠，也无法保持湿度。只有掺了大量黏土质或泥灰质等粘合材料的砂岩才适合耕种。泥灰质土壤最肥沃；碳酸钙含量不得低于 10%高于 60%。[①] 在论述到亚细亚生产方式的问题时，马克思、恩格斯已经谈论过气候、土壤、农业和社会制度之间的复杂关系。马克思晚年也谈到了气候条件对土壤的影响，以及气候、土壤对农业的影响。

在研究土地可持续性问题的过程中，1868 年 1 月，马克思偶然阅读到了卡尔·弗腊斯的著作。弗腊斯是 19 世纪前半叶德国植物学家、化学家、农学家和语言学家，是达尔文以前的早期进化论者之一。在 1868 年 1 月 3 日给恩格斯的信中，马克思已经提到了“慕尼黑农学家弗腊斯（慕尼黑大学教授）的冲积土论”。1868 年 3 月 14 日，马克思在致恩格斯的信中谈到，除了阅读毛勒等人的著作外，自己还看了弗腊斯等人关于农业的一些著作。1868 年 3 月 25 日，马克思在致恩格斯的信中谈到，弗腊斯的《各个时代的气候和植物界，二者的历史》（1847 年）一书十分有趣。该书证明，气候和植物在有史时期是有

---

① 关于马克思地质学笔记和农学的关系问题，参见 C.-E. 福尔格拉夫．马克思论发达的资本主义生产对社会物质变换的逐渐破坏．马克思主义与现实，2017（1）．

变化的。他是达尔文以前的达尔文主义者，他认为物种甚至产生于有史时期。此外，弗腊斯还是农学家。他断定，农民非常喜欢的“湿度”会随着耕作的发展而逐渐消失，最后形成了草原。在这个过程中，耕作的最初影响是有益的，但是，砍伐树木等等生态破坏行为，最后会导致土地荒芜。“结论是：耕作——如果自发地进行，而不是**有意识地加以控制**（他作为资产者当然想不到这一点）——会导致土地荒芜，像波斯、美索不达米亚等地以及希腊那样。可见，他也具有不自觉的社会主义倾向！”[①] 与李比希相比，弗腊斯关于物质变换断裂有着更为成熟的想法。弗腊斯详细地描述了为了发展对森林的砍伐已经导致了干旱和大气变暖的现象，这就浪费了土地并且毁灭了很多文明的形式。李比希试图通过运用适量的化学肥料来解决土地肥力衰竭问题，而弗腊斯提出技术可以充分利用自然的弹力，例如河流的冲击力。作为掠夺式农业的替代，马克思心中已经有了农业依靠自身新陈代谢来恢复的想法。这里，马克思将他把人与自然物质变换“有意识地控制”问题与气候变化的问题紧密相连归功于弗腊斯，认为这比资本主义历史的发展有更长远的视野。[②] 这样，马克思就进一步将生态恶化问题与社会形态的变革联系了起来。在《资本论》第三卷中，马克思提出了联合起来的生产者有意识地控制人与自然之间物质变换的思想。这样，就进一步突出了马克思生态学思想的共产主义理想愿景。同样，恩格斯在《关于弗腊斯〈各个时代的气候和植物界〉的札记》中讲道：“文明是一个对抗的过程，这个过程以其至今为止的形式使土地贫瘠，使森林荒芜，使土壤不能产生其最初的产品，并使气候恶化。土地荒芜和温度升高以及气候的干燥，似乎是耕种的后果。”[③] 1876 年，在《劳动在从猿到人的转变中的作用》一文中，恩格斯阐述了同样的思想。显然，马克思关于弗腊斯的摘录笔记（“弗腊斯笔记”）可以称为马克思的“生态学笔记”，表明马克思生态学思想进入了一个新的发展阶段。

其实，在马克思的那个时代，作为一门科学的生态学已经开始了自己的发展历程。1841 年，在《宇宙统一论》中，傅里叶已经提出，无节制砍伐森林会造成山体滑坡、气候变化和蓄水量的变化，野蛮地对待自然会累及子孙后

① 马克思，恩格斯．马克思恩格斯文集：第 10 卷．北京：人民出版社，2009：286.

② 马克思关于弗腊斯的摘录笔记和毛勒的笔记一起都将收在 MEGA IV/18 中出版。日本学者平子友长正在编辑和整理这一卷。本段中关于弗腊斯和李比希的比较，参考了平子友长内部文稿的一些看法。

③ 恩格斯．自然辩证法．北京：人民出版社，1984：311.

代。在扬弃空想社会主义的过程中，马克思、恩格斯自然会注意到这一看法。1864 年，美国学者乔·珀·马什在游历了森林砍伐一空的地中海地区以后，在其著作《人与自然》中提出这样的警告：由于对自然资源的掠夺性使用，人类正在断送自己的生存基础。在马克思定期阅读的一些杂志和熟悉的评论家的文章中，都谈到了马什的《人与自然》一书。1866 年，德国学者海克尔提出了“生态学”的概念。在他看来，生态学是研究生物体有机体与其周围环境（包括非生物环境和生物环境）相互关系的科学。马克思、恩格斯多次提及海克尔，想必会知晓“生态学”一词。事实上，海克尔认为，马克思所讲的自然史就是生态学。1875—1876 年，马克思仔细阅读了《林业与森林保护，着重论述普鲁士的森林保护立法》（1869 年）一书，写作了大量的旁注，并在一个笔记本上记下了这一书名。该书作者支持森林经营共同体的思想。马克思还阅读和摘录了《森林的自然选择和干草的利用》（1869 年）一书。在这本 220 页的书中，有 193 页上有马克思的旁注。这些旁注涉及森林对气候的影响，森林中的干草覆盖层和腐殖质层对新的物质材料，或者是发现对于更大区域的水资源的影响。该书的结束语是：“工人越贫穷，森林就越贫瘠。”在这个过程中，最具传奇色彩的是马克思与雷·兰基斯特的交往。① 兰基斯特是赫胥黎的追随者，并被认为是他们那一代中最伟大的达尔文主义科学家。他是当时英国最坚定的唯物主义生物学家。在其孩童时代，达尔文就曾把他扛在肩膀上。尽管不是马克思主义者，但是，兰基斯特是马克思的一个忘年交，也是一位社会主义者。在马克思生命的最后几年里，他一直是出入马克思家的一位常客。马克思及其爱女爱琳娜也曾去兰基斯特在伦敦的住宅拜访过他。唯物主义是马克思和兰基斯特的最重要的共同之处。马克思对兰基斯特关于退化过程的研究很感兴趣。退化的概念表明，进化未必是简单地向前的。马克思试图促使兰基斯特的著作在俄国出版。兰基斯特写信给马克思说，我也被“《资本论》这部伟大的著作所吸引，它带给我无比的喜悦，受益匪浅”。兰基斯特成为他那个时代的最有生态学意识的思想者之一。他曾写过一些论述由于人为原因而引起物种灭绝的很有说服力的文章，并且探讨了伦敦的污染问题和其他一些直到 20 世纪晚期才被发现的生态环境问题。在这种唯物主义传统的影响下，针对当时流行的“生态演替”这一生态学中的反唯物主义的错误思想，1935 年，兰基斯特

① BELLAMY FOSTER J. Marx's Ecology in Historical Perspective. International Socialism Journal. Issue 96（Winter 2002）.

的学生亚·坦斯莱在《植被概念和术语的使用和滥用》的论文中创造性地提出了“生态系统”的概念。这样，在生态学上就已经宣告了生态中心主义的死亡。由此，我们可以窥视到马克思对现代生态学发展的影响。

显然，马克思晚年已经在彻底唯物主义的基础上将社会发展的历史洞察与深入的生态学的洞察有机地结合起来了。1866 年 8 月 7 日，在致恩格斯的信中，马克思摘录一位科学家的论述说道：“不以伟大的自然规律为依据的人类计划，只会带来灾难”，“破坏的工作不可能永久继续下去，恢复工作才是永恒的”①。这样，在突出尊重自然规律的基础上，突出了人类恢复自然的重要性。在此基础上，1868 年 7 月 11 日，马克思从伦敦给在汉诺威的库格曼写信讲道：“自然规律是根本不能取消的。在不同的历史条件下能够发生变化的，只是这些规律借以实现的**形式**。”② 这样，进一步突出了马克思自然观和马克思生态学的唯物主义性质。由上可见，马克思这些结论是在批判和研究资本主义造成的人与自然之间物质变换断裂的基础上形成的。

3. 研究数学和创作《数学手稿》

在马克思的科学生涯中，始终保持着对数学的浓厚兴趣。在马克思成堆的手稿中，竟然留下了一部主要是研究微积分问题的《数学手稿》。恩格斯曾经指出，马克思始终坚持独立的数学研究，而且有独到的发现。由于马克思主要致力于哲学、政治经济学和社会主义理论等方面的研究，因此，马克思的《数学手稿》，不能不说是科学史上的一件奇闻。

早在中学学习时期，马克思就认真地学习过数学。1835 年 9 月 24 日，当他中学毕业时，毕业证书的评语写道，“数学课程是令人满意的勤勉”。后来，在紧张的科学研究和严酷的革命斗争中，马克思往往将学习和研究数学看作是一种休闲放松的方式。当他工作繁忙的时候，往往忙里偷闲，去学习和研究数学。1865 年 5 月 20 日，马克思在致恩格斯的信中说：“在工作之余——当然不能老是写作——我就搞搞微分学 $\frac{dx}{dy}$。我没有耐心再去读别的东西。任何其他读物总是把我赶回写字台前。”③ 由于演算数学能够使自己心无旁骛，这样，

---

① 马克思，恩格斯．马克思恩格斯全集：第 31 卷．北京：人民出版社，1972：251.

② 马克思，恩格斯．马克思恩格斯选集：第 4 卷．北京：人民出版社，2012：473.

③ 马克思，恩格斯．马克思恩格斯文集：第 10 卷．北京：人民出版社，2009：229.

马克思就能从创作《资本论》的繁重工作中暂时解脱出来，得以放松。当他自己和家人生病的时候，马克思也往往会去演算数学，将之看作是减缓痛苦的一种重要方式。1860 年 11 月 23 日，马克思在致恩格斯的信中谈到，自己的爱妻燕妮染上了天花，而且非常厉害。尽管她曾种过两次牛痘，但是，由于家里遇到了许多麻烦事，燕妮在对付这些问题的过程中身体抵抗力下降了，许多星期以来，非常焦躁，在出入公共场所的时候，不幸患上了这样一种麻烦的病。为了避免传染给家人，而自己手头又十分拮据难以雇看护，马克思就不得不亲自照顾病患。这样一来，把马克思搞得身心疲惫。因此，马克思讲道："写文章现在对我来说几乎是不可能了。我能用来使心灵保持必要平静的唯一的事情，就是数学。"① 1865 年 8 月，马克思在患病期间阅读了天文学方面的书籍。同样，1881 年 10—11 月，在燕妮病危的日子里，马克思仍然坚持研究数学，并写出了一篇有较高学术价值的有关微积分的论文。显然，学习和研究数学成为马克思战胜疾病和痛苦的有力武器。

当然，马克思研究数学是与创作《资本论》密切联系在一起的，是为完善科学的剩余价值理论服务的。在政治经济学研究中，往往会涉及大量的计算问题，这样，就促使马克思投入学习和研究数学当中。1858 年 1 月 11 日，马克思在致恩格斯的信中指出："在制定政治经济学原理时，计算的错误大大地阻碍了我，失望之余，只好重新坐下来把代数迅速地温习一遍。"② 进而，在马克思看来，高等数学中的许多公式，对自己解决工资问题很有帮助。1868 年 1 月 8 日，他在致恩格斯的信中表明："工资第一次被描写为隐藏在它后面的一种关系的不合理的表现形式，这一点通过工资的两种形式即计时工资和计件工资得到了确切的说明。（在高等数学中常常可以找到这样的公式，这对我很有帮助。）"③ 即，工资计算需要高等数学。在分析经济危机时，同样遇到了数学问题。1873 年 5 月 31 日，马克思在给恩格斯的信中谈道："为了分析危机，我不止一次地想计算出这些作为不规则曲线的升和降，并曾想用数学方式从中得出危机的主要规律（而且现在我还认为，如有足够的经过整理的材料，这是可能的）。"④ 这样，数学又成为分析和表达经济危机的重要工具。尽管马克思认

---

① 马克思，恩格斯．马克思恩格斯全集：第 30 卷．北京：人民出版社，1975：113.
② 马克思，恩格斯．马克思恩格斯全集：第 29 卷．北京：人民出版社，1972：247.
③ 马克思，恩格斯．马克思恩格斯选集：第 4 卷．北京：人民出版社，2012：467.
④ 马克思，恩格斯．马克思恩格斯文集：第 10 卷．北京：人民出版社，2009：389-390.

为研究政治经济学既不能用显微镜，也不能用解剖刀，而只能用抽象力，但是，马克思仍然把数学作为政治经济学研究的重要方法。或者说，马克思将数学看作是辩证思维的辅助工具。

在用数学方法研究政治经济学的过程中，马克思产生了“经济学数学化”的科学设想。1861 年，马克思相信，自己在“数学上”毫无疑问是正确的。在 1861 年底撰写的《政治经济学批判》第Ⅲ笔记本中，在“2. 绝对剩余价值”的标题下，马克思加了这样一个评注：“从严谨的数学的角度来看，这里阐述的观点也是正确的。因而，用微分计算，假设 $y=f(x)+C$，其中 C 是不变量。x 变为 $x+\Delta x$，不会改变 C 的值。因为不变量不发生变化，所以 $dC=0$。可见，不变量的微分是 0。”[①] 这段话是马克思对剩余价值生产的数学说明和数学表达。1862 年 10—11 月，在《1861—1863 年经济学手稿》的第 XV 笔记本中，马克思写下了自己对高等数学的期望：“资本不是简单的数字。它不是简单的商品，而是自乘的商品；不是简单的量，而是量的比例。它是作为本金、作为既定的价值同作为剩余价值的它自己的比例。C 的价值（按一年计算）等于 $C\left(1+\frac{1}{n}\right)1$ 或 $C+\frac{c}{x}$。正像用简单的计算方法不可能理解或推算出等式 $ax=n$ 中的 x 一样，也无法理解或推算出自乘的商品，自乘的货币，资本。”[②] 这一数学公式反映的就是价值为 1 000 英镑的商品作为资本具有 1 050 英镑的价值之类的情况。1864 年，马克思在“直接生产过程的结果”这一章中，对如何解释剩余价值作了这样的纲领性的定位：某个价值额所以变成资本，是由于它的量会增大，由于它会转化为一个变动的量，由于它从一开始就是一个会产生流数的流动量。无论怎样达到这一点，这种 x 转化为 $x+\Delta x$ 的实际程序决不会使这个过程的目的和结果发生任何改变。当然，即使没有资本主义生产过程，x 也可以转化为 $x+\Delta x$。这里，x 转化为 $x+\Delta x$ 的过程的这个目的，表明了研究必须经历的途径。这个式子必须是变量的函数，或者在过程中转化为变量的函数。而问题就在于找出这个组成部分，同时指出通过什么中介过程使原来的常量变为变量。[③] 在马克思 1846 年的一个经济学笔记中，最后连续几页都是各种代数运算；在以后的许多笔记中，也都记有数学公式和几何图形，

① 马克思，恩格斯．马克思恩格斯全集：第 32 卷．北京：人民出版社，1998：192.
② 马克思，恩格斯．马克思恩格斯全集：第 35 卷．北京：人民出版社，2013：333.
③ 马克思，恩格斯．马克思恩格斯文集：第 8 卷．北京：人民出版社，2009：455-456.

还有连续几个整页的演算草稿。在为撰写《政治经济学批判大纲》准备材料的笔记中，马克思画了一些几何图形，记录了分数指数和对数的公式。显然，马克思试图用数学公式尤其是高等数学的公式来表达经济发展规律尤其是资本主义经济发展规律。就此而论，马克思科学地预测到了“经济学数学化”的科学发展趋势。

当然，马克思学习和研究数学也是与完善马克思主义理论体系联系在一起的。马克思和恩格斯是珠联璧合的整体，但是，他们又有各自的学术兴趣和研究领域。在致力于哲学、政治经济学和社会主义理论研究的同时，恩格斯专门致力于自然辩证法和军事辩证法的研究，而且取得了一系列重大成果。在马克思主义创立之初，由于当务之急是将唯心主义从其最后的避难所——社会历史领域中驱逐出去，因此，马克思、恩格斯将主要精力放在创立唯物史观上。随着社会历史奥秘的发现，创立和确立辩证唯物主义自然观摆在了马克思、恩格斯面前。恩格斯指出：“可是要确立辩证的同时又是唯物主义的自然观，需要具备数学和自然科学的知识。马克思是精通数学的，可是对于自然科学，我们只能作零星的、时停时续的、片断的研究。”① 显然，马克思学习和研究数学是与创立和确立马克思主义自然观联系在一起的。另外，恩格斯在军事辩证法（军事哲学）上卓有建树，为自己赢得了“将军”的绰号。1863 年 7 月 6 日，马克思在致恩格斯的信中说：“有空时我研究微积分。顺便说说，我有许多关于这方面的书籍，如果你愿意研究，我准备寄给你一本。我认为这对你的军事研究几乎是必不可缺的。况且，数学的这一部分（仅就技术方面而言），例如同高等代数相比，要容易得多。除了普通的代数和三角方面的知识外，并不需要先具备什么知识，但是必须对圆锥曲线有一个一般的了解。”② 事实上，微积分对军事技术的发展至关重要。1865 年 10 月 20 日—11 月 2 日左右，马克思在曼彻斯特的恩格斯处做客。在此期间，恩格斯向马克思多次请教微积分问题。1881 年，马克思将自己写作的《关于导函数概念》一文誊清并寄给了恩格斯。恩格斯仔细地阅读了这份手稿，并于 1881 年 8 月 18 日给马克思写了回信，他说：“昨天，我终于鼓起勇气，没用参考书便研究了你的数学手稿，我高兴地看到，我用不着参考书。为此我向你表示祝贺。事情是这样清楚，真是奇怪，为什么数学家们要那样顽固地坚持把它搞得神秘莫测。不过这是那些先

---

① 马克思，恩格斯．马克思恩格斯选集：第 3 卷．北京：人民出版社，2012：385.

② 马克思，恩格斯．马克思恩格斯文集：第 10 卷．北京：人民出版社，2009：206.

生们的思想方法的片面性造成的。肯定地、直截了当地令$\frac{dy}{dx}=\frac{0}{0}$，这是他们难以理解的。但是很明显，只有当量 x 和 y 的最后的痕迹消失，剩下的只是它们的变化过程的表示式而不带任何量时，$\frac{dy}{dx}$才能真正表示出在 x 和 y 上已经完成了的过程。”① 最后，恩格斯还形象地说道：“这件事引起我极大的兴趣，以致我不仅考虑了一整天，而且做梦也在考虑它：昨天晚上我梦见我把自己的领扣交给一个青年人去求微分，而他拿着领扣溜掉了。”② 此外，马克思还将《关于微分》的论文，经整理和誊清后，寄给恩格斯，征求意见。在存放《关于微分》手稿的信封上，马克思写有“给弗雷德”的字迹。1882 年 11 月 21 日，恩格斯在致马克思的信中谈到这篇论文并且说：“你的方法和老方法的根本差别在于：你把 x 变为 x'，也就是使之**真正起变化**，而其他人则是从 $x+h$ 出发，这终归是两个量的和，而不是表示一个量在变化。因此，你的 x 纵然通过 x' 再变回到原来的 x，毕竟和原先的已不是一回事；而如果先把 h 加到 x 上，然后再把它减去，x 是始终保持不变的。但是，变化的每一图解都只能表示出**已经完成了**的过程，即**结果**，也就是一个已经变为常数的量；表示线段 x 及其附加线段的是 $x+h$，也就是一根线段的两节而已。从这里已经可以看出，x 如何变为 x' 并再变为 x，这是不可能用图解表示出来的。”③ 在此基础上，恩格斯对马克思的数学研究成果及其贡献给予了高度的评价。

马克思学习和研究数学经历了一个艰辛的科学探索过程，大体上可以区分为三个阶段。

从 19 世纪 50 年代中期到 50 年代末期为第一阶段。在这一阶段，马克思主要系统地复习了初等数学，主要是集中精力复习初等代数。马克思的最初笔记内容，就是关于算术、代数、三角和解析几何等方面书籍的提要。马克思大约对博埃齐的《论算术》、弗朗克尔的《工商银行实用算术》、费勒和奥德曼的《商用算术大全》、拉克罗阿的《初等代数学》、马克劳林的《代数学》、哈衣马斯的《圆锥曲线论与代数学在几何学中的应用》等数学名著进行了认真的研读并作了详尽的笔记。例如，1864 年 4 月 14 日，在给自己的表舅菲力浦斯的信中，马克思谈到了算术和算盘的问题，“在博物馆里，我在博埃齐（他是民族

---

① 马克思，恩格斯．马克思恩格斯文集．第 10 卷．北京：人民出版社，2009：464－465.

② 马克思，恩格斯．马克思恩格斯文集：第 10 卷．北京：人民出版社，2009：466.

③ 马克思，恩格斯．马克思恩格斯文集：第 10 卷．北京：人民出版社，2009：489.

大迁徙时期的著作家）《论算术》一书中读到关于古罗马人的除法（他当然不知道**任何其他除法**）。从这本书以及其他我用来与之相比较的一些著作中，可以看出：不太大的计算，例［如］在家庭开支和商业中，从来不用［数字］而只用石子和其他类似的标记在算盘上进行。在这种算盘上定出几条平行线，同样几个石子或其他显著的标记在第一行表示几个，在第二行表示几十，在第三行表示几百，在第四行表示几千，余类推。这种算盘几乎整个中世纪都曾使用，直到今天中国人还在使用。至于更大一些的数学计算，则在有这种需要之前古罗马人就已经有了乘法表或毕达哥拉斯表，诚然，这种表还很不方便，还很繁琐，因为这种表一部分是用特殊符号，一部分是用［希腊］字母（后用罗马字母）编制成的。但是，［既然］一切除法都是把被除数分解为［两个］因数，因为表上列入的数字很大，所以，要分解诸如 MDXL 之类的数是够用的。每一个数，例如 M，单独分解为它用除数得出的因数，于是结果就出来了。例如，M 除［以］2＝D（500），D 除以 2＝250，［余类推］。在作很大的计算时，旧方法造成不可克服的障碍，这一点从杰出的数学家阿基米得所变的戏法中就可以看出来”[①]。在此期间，马克思还阅读了鲍波于 1828 年出版的数学史著作《从最古到最新时代的数学史》，大量摘录了该书导言、纯数学、应用数学等方面的内容。尤其是，马克思对鲍波论及算盘计数法的内容很感兴趣。此外，马克思对初等数学上的一些重要史实作了记载。最后，马克思对数学和力学的关系问题进行了一些初步研究。他认为，杠杆原理实际上包括了反比问题，而力学实际上就是一种应用数学。

从 19 世纪 60 年代初期到 60 年代末期为第二阶段。在这一阶段，已到知天命年龄的马克思主要学习了微积分，并且研究了微积分的发展史。为此，他认真地阅读了数量庞大、内容复杂的各种有关书籍和文献。在关于微积分的三大册笔记中，马克思对拉克罗阿的《微积分学》、布夏拉的《微积分学初步》、哈依德的《微分学原理》、霍尔的《微积分学与变分学》以及赫明的《初等微积分学》等教科书和学术著作，进行了专门摘录。在马克思的《数学手稿》中，编制了一个简要的书目索引。从内容来看，这个索引包括主要数学家的生卒年和生平简历，马克思已经阅读过的或将要阅读的微积分方面的著作。在这些著作中，包括牛顿的《自然哲学的数学原理》的第一卷和第二卷、牛顿的

① 马克思，恩格斯．马克思恩格斯全集：第 30 卷．北京：人民出版社，1975：650. 由于手稿残缺，［］中的文字为马克思著作编辑者补缺的字。

《运用数量级数，流数的分析学……》、莱布尼茨的著作、泰勒的《增量方法》、达兰贝尔的《流体论》、欧勒的《无限分析引论》和拉格朗日的《解析函数论》等。同时，马克思研究了微积分的发展史。1882 年 11 月 22 日，马克思在致恩格斯的信中集中表达了自己对微积分发展阶段的看法："我未尝不可以用同样的态度去看待所谓微分方法本身的发展过程——这种方法始于牛顿和莱布尼茨的神秘方法，继之以达兰贝尔和欧拉的理性主义方法，终于拉格朗日的严格的代数方法（但始终是从牛顿—莱布尼茨的原始的基本原理出发的）——，我未尝不可以用这样的话去对待分析的这一整个历史发展过程，说它在微分的几何应用方面，即在几何图解方面，**实际上**并未引起任何实质性的变化。"① 这里，马克思将微积分的发展划分为"神秘的微分学""理性的微分学"和"纯代数的微分学"三个阶段，探讨了微积分发展的规律，是对微积分发展史的科学概括。

从 19 世纪 70 年代到 1883 年为第三阶段。1878 年 12 月，马克思阅读了奥·卡斯帕里和艾·杜布瓦-雷蒙论述莱布尼茨的著作以及笛卡儿的物理学和数学方面的著作。不过，在这一阶段，马克思主要进行了一些独立的微积分研究。《数学手稿》中的一些重要的数学论文，大都完成于这一阶段。《数学手稿》主要包括以下内容：第一，关于导函数。这一章包括"论导函数概念"、"关于用符号$\frac{dy}{dx}$代替$\frac{0}{0}$"和"关于切线问题"三个部分。在马克思看来，"全部微分学本来产生于求任意一条曲线上任何一点的**切线**的问题"②。通过研究微积分，他在提出微分是"扬弃了的差"的思想的基础上，揭示了无穷小量实质上不过是无穷小量在矛盾运动中的"0"与"非 0"的对立统一关系，并由此把微分也概括为否定之否定的过程。这样，马克思就不仅揭示了无穷小量本来所包含的客观世界中的量的矛盾运动过程中的辩证内容，而且也揭示了整个微积分的客观的辩证实质。第二，关于微分。为了完成这篇论文，马克思专门写了三份比较完整的研究微分的草稿，还写了不少札记和补充片段。第三，关于微分学的历史。马克思对微分学发展的每一阶段的代表人物的不同理论和方法进行了比较研究，既肯定了他们在微积分发展史上的贡献和作用，也指出其局限和不足，在对他们进行科学评价的同时，批判了其唯心主义和形而上学。

① 马克思，恩格斯．马克思恩格斯文集：第 10 卷．北京：人民出版社，2009：490.
② 马克思．数学手稿．北京：人民出版社，1975：20.

这是运用唯物辩证法对微积分前两百年发展历史的科学概括，有助于科学把握高等数学的内在发展规律，为推动高等数学的发展提供了科学的方法论指导。第四，关于泰勒定理。为了还原微分学的本来面目，马克思很注意弄清微分学的代数来源问题，因此，他在二项式定理、泰勒定理、马克劳林定理和拉格朗日的导函数理论方面，查阅了大量资料，写了许多提要和批注。马克思将内容概括为四个部分，并且加上了标题：(1) 在代数基础上泰勒定理的拉格朗日推演；(2) 泰勒定理建立在从二项式定理的代数语言到微分表达法的翻译上；(3) 马克劳林定理也是从二项式定理的代数语言到微分语言的简单翻译；(4) 关于泰勒定理的其他事项。在此基础上，马克思写作了《泰勒定理、马克劳林定理和拉格朗日的导函数理论》和《泰勒定理》两篇篇幅很长的重要手稿。第五，求曲变形的面积。在这部分手稿中，马克思对牛顿关于积分的论述作了详细的批注。第六，关于函数。这部分主要考察了函数概念的来源和数学定义。第七，关于初等数学的一些札记。这部分是马克思研究初等数学的札记，主要是对《从最古到最新时代的数学史》一书的摘录。

尽管马克思在研究数学和创作《数学手稿》的过程中，还不了解微积分的真正的理论基础——极限理论，但是，马克思毕竟开创了数学辩证法的哲学传统，科学预言了经济学的数学化趋势，因此，马克思的数学研究和《数学手稿》具有重要的科学方法论意义。

拉法格记忆中的马克思数学名言

除了读诗歌和小说，马克思还有一种独特的精神休息方法，那就是演算他十分喜爱的数学。代数甚至是他精神上的安慰，在他那惊涛骇浪的生活中最痛苦的时刻，他总是借此自慰。在他夫人病危的那些日子里，他不能再继续照常从事科学工作，在这种沉痛的心情下，他只有把自己沉浸在数学里才勉强得到些微的安宁。在这个精神痛苦的期间，他写了一篇关于微积分的论文，据看过这篇论文的专家们说，这篇论文有很高的科学价值。在高等数学中，他找到最合逻辑的同时又是形式最简单的辩证运动。他还认为，一种科学只有在成功地运用数学时，才算达到了真正完善的地步。①

马克思在去世前曾经希望把自己的数学研究成果公开出版，但是，这一愿

① 保尔·拉法格．忆马克思//回忆马克思．北京：人民出版社，2005：191-192.

望却没有实现。1883年6月24日，恩格斯在致劳拉的信中指出："可怜的摩尔去世以后，杜西在一次答复我的问题时告诉我说，摩尔对她说过，要她和我处理他的全部文稿，并关心出版那些应该出版的东西，特别是第二卷和一些数学著作。"① 但是，几经周转，长达一千多页的《数学手稿》在1933年才以俄文的形式部分公之于世，1968年苏联才出版了《数学手稿》的俄德对照文本。1975年，马克思《数学手稿》的中文版公开出版。在MEGA² 中，《数学手稿》将收录在第一部分第28卷中，现在，俄法小组正在编辑过程中。

4. 为科学成就而感到衷心喜悦

随着政治经济学研究的深入，大约从19世纪50年代开始，马克思密切关注自然科学方面的进步。1851年10月13日，马克思在致恩格斯的信中说："最后，你必须把对蒲鲁东的看法告诉我，简单点也行。我现在正从事政治经济学的研究，所以对此尤其感兴趣。近来我继续上图书馆，主要是钻研工艺学及其历史和农学，以求得至少对这个臭东西有个概念。"② 在这个过程中，马克思、恩格斯不仅经历了科学上"脱毛"的过程，而且为每一次科学进步而感到衷心喜悦。

牛顿力学带动了第一次科技革命，物理学成为科学技术进步的领头学科。因此，物理学是马克思关注的一个重要领域，尤其是注意到了能量守恒和转化定理的重大意义。1851年5月，马克思和恩格斯在通信中讨论过电的实验问题。能量守恒和转化定理是19世纪自然科学的三大发现之一，是马克思主义哲学形成的重要自然科学基础之一。1864年8月17日，马克思在给自己的表舅莱·菲力浦斯的去信中谈道："不久以前我偶然看到自然科学方面一本很出色的书——格罗夫著的《**物理力的相互关系**》。他证明：机械运动的力、热、光、电、磁及化学性能，其实都不过是同一个力的不同表现，它们互相演化、替换、转化，等等。他非常巧妙地排除了那些令人厌恶的物理学形而上学的胡话，象'潜热'（不亚于'不可见光'）、电的'流质'以及诸如此类为了给思想空虚之处及时找个字眼来填补而采取的非常手段。"③ 后来，恩格斯对由焦

① 马克思，恩格斯．马克思恩格斯全集：第36卷．北京：人民出版社，1974：42.
② 马克思，恩格斯．马克思恩格斯全集：第27卷．北京：人民出版社，1972：379.
③ 马克思，恩格斯．马克思恩格斯全集：第30卷．北京：人民出版社，1975：666-667.

耳和迈尔发现的能量守恒和转化定理的哲学意义进行了科学总结。在恩格斯看来，自然界中的一切运动都可以归结为一种运动形式向另外一种运动形式的不断转化的过程，甚至可以在实验室和工业中实现这种转化。此外，丁铎尔用简单的机械方法成功地将日光分解为热光和纯光。1865 年 1 月 25 日和 2 月 13 日，在给恩格斯的信中，马克思两次谈到了丁铎尔的日光分解，认为这是我们时代的最卓越的试验之一。

除了特别关注农业化学问题之外，马克思对一般的化学问题也非常感兴趣。1866 年 4 月 2 日，马克思在致恩格斯的信中谈到了勒布尔发明的一种把水分解为氢和氧的方法。不过，马克思最感兴趣的是分子理论。马克思和恩格斯认真地讨论过德国化学家霍夫曼的《现代化学通论》一书。1867 年 6 月 22 日，马克思在致恩格斯的信中指出："你对霍夫曼的看法是完全正确的。此外，你从我描述手工业师傅变成——由于单纯的量变——资本家的第三章结尾部分可以看出，我在那里，**在正文中**引证了黑格尔所发现的**单纯量变转为质变的规律**，并把它看做在历史上和自然科学上都是同样有效的规律。在正文的一条**注释**中（当时我正好听过霍夫曼的演讲）我提到了**分子理论**，但是没有提到霍夫曼，因为他在这方面并**没有什么**发现，只是给它上了**一点光泽**，而提到罗朗、热拉尔和**维尔茨**，后者是这一理论的**真正创始人**。你的来信使我模模糊糊地想起了这回事，因此我重阅了我的手稿。"① 在《资本论》第一卷第三篇中，在分析手工业工人如何变成资本家的过程中，马克思运用了由化学证明了的量变转化为质变的规律。但是，马克思在这封信中错误地将法国化学家维尔茨看作是分子理论的第一个真正的创始人。恩格斯接到这封信后十分疑惑，在与肖莱马进行了严肃认真的讨论后，不客气地指出了马克思的错误。1867 年 6 月 24 日，恩格斯在致马克思的信中严肃地指出："关于分子理论，肖莱马对我说，它的主要人物是热拉尔和凯库勒；维尔茨只不过把它通俗化并使它更加完备而已。肖莱马将送给你一本叙述该问题的历史发展的书。"② 这样，就直接涉及《资本论》第一卷中一条注释的准确性问题。为此，马克思很焦急，多次向恩格斯询问什么时候能够收到肖莱马的化学著作。当收到肖莱马的《简明化学教程》以后，马克思如获至宝。在认真研读该书的基础上，他纠正了《资本论》第一卷第三篇中的一条注释。1871 年 11 月 9 日，在给丹尼尔逊的信中，在谈

---

① 马克思，恩格斯．马克思恩格斯全集：第 31 卷．北京：人民出版社，1972：312.

② 马克思，恩格斯．马克思恩格斯全集：第 31 卷．北京：人民出版社，1972：315.

到《资本论》的勘误表时，马克思指出：“**第 288 页脚注 205a** 应为：‘现代化学上应用的、最早由**罗朗**和**热拉尔**科学地阐明的**分子说**，正是以这个规律作基础的’，因此，**应删去以下字样**：‘由巴黎教授维尔茨……所制定的’。”[①] 由此可见，马克思在科学上具有精益求精的精神，坚持尊重事实和尊重科学。1882 年 6 月—12 月，在其生命暮年的时候，马克思又集中时间研究了有机化学和无机化学等问题。

在生物学领域中，马克思注意到了细胞的发现。1864 年 7 月 4 日，马克思在给恩格斯的信中谈到，自己正在患流感，完全不能工作。因此，利用这段养病时间，自己阅读了泰·施旺《用显微镜考察动植物的结构和生长的协调一致》和马·雅·施莱登《关于植物起源的资料》两书。同时，马克思还阅读了卡本特尔的《生理学》、洛德的《生理学》、克利克尔的《组织学》、施普尔茨海姆的《脑和神经系统的解剖学》等著作。1864 年 8 月 31 日，在给恩格斯的信中，马克思进一步提到了格罗夫的《物理力的相互关系》一书，认为该书的作者格罗夫无疑是英国（甚至包括德国在内）自然科学家中最有哲学思想的科学家。相比之下，马克思认为：“我们的朋友施莱登虽然由于某种误会而发现了细胞，但是他却具有追求庸俗口味的天赋秉性。”[②] 这样，马克思就突出了哲学思维对于科学研究工作的重要性。1866 年 6 月 9 日，马克思在致恩格斯的信中，谈到了以罗班为首的整个新法兰西显微镜生理学派，赞同自然发生。1868 年 4 月 17 日，马克思写信给在汉诺威的库格曼，说自己费了很大劲才读完他的《细胞病理学》。1876 年 3—5 月，马克思研究了施莱登、兰克、海尔曼的许多关于生理学方面的著作。1875 年 6 月 18 日，在给拉甫罗夫的信中，马克思谈到了人造细胞的问题。人造细胞是一种无机构成，是活细胞的模型，能够进行新陈代谢和生长，可以用来研究生命现象的某些方面。这是德国化学家和生理学家摩·特劳白用混合胶体溶液的办法制成的。1874 年 9 月 23 日，在德国自然科学家和医生布勒斯劳第四十七次代表大会上，特劳白宣布了自己的试验。马克思指出：“把胶体溶液例如动物胶和硫酸铜等等混合起来，就能产生可以通过内渗而使之生长的带膜的球体。总之，膜的形成和细胞的生长已经超出了假设的范围！这是前进了一大步，而且正是时候，因为赫尔姆霍茨和其他人已经打算宣布一种荒谬的学说，胡说地球上生命的胚胎是从月亮上现成

---

① 马克思，恩格斯．马克思恩格斯全集：第 33 卷．北京：人民出版社，1973：319.

② 马克思，恩格斯．马克思恩格斯全集：第 30 卷．北京：人民出版社，1975：415.

地掉下来的，即它们是靠陨石带到我们这里来的。我不能容忍这种到另外一个天体上去找答案的说法。”① 当然，马克思指出，这还不是天然细胞，因为它们里面没有核。这样，就表明了马克思坚持从地球自身物质演化来寻找生命起源的思想，表达了反对从地球之外寻找生命起源的立场。后来，恩格斯从哲学上概括了细胞学说的意义。他认为，这一发现，不仅使人们知道一切高等有机体都是按照一个共同规律发育和生长的，而且使人们通过细胞的变异能力看出有机体能改变自己的物种从而能完成比个体发育更高的发育的道路。

进化论是马克思在生物学领域关注的另外一个重大发现。1865 年，比·特雷莫的著作《人类和其他生物的起源和变异》一书在巴黎出版。阅读此书后，马克思认为，这是一本好书。1866 年 8 月 7 日，他在给恩格斯的信中谈道：“尽管我发现了一些缺点，但这本书比起达尔文来还是一个**非常重大的**进步。它的两个基本论点是：异种交配并不象人们通常所说的产生差别，而是产生种的典型的统一。反之，地质的构成（不光是它本身，而是作为主要的基础）**造成差别**。在达尔文那里，进步是纯粹偶然的，而在这里却是必然的，是以地球发展的各个时期为基础的。达尔文不能解释的退化，在这里解释得很简单；同样，纯过渡类型迅速消失而种的发展缓慢的问题，也解释得很简单，因此，那些对达尔文有妨碍的古生物学上的空白，在这里是必然的。同样，一经形成的种的稳定性（且不说个体偏离和其他的偏离）是必然的规律。使达尔文感到很困难的杂交，在这里反而是分类的依据，因为它证明，实际上只有在异种交配停止产生后代，或者异种交配成为不可能等等之后，种才会确定下来。”② 这里，马克思从地质构成与生物进化论、进步和退化等方面看到了进化的复杂性。在将之运用到历史和政治方面，马克思认为，这比达尔文更有意义和更有内容。而恩格斯持有不同的看法。1866 年 10 月 2 日，恩格斯在致马克思的信中说，光是下面这一点就说明特雷莫这一套学说是空洞的：他不懂地质学，也不会作最起码的历史文献批判。恩格斯还指出，《人类和其他生物的起源和变异》一书没有任何价值，是与一切事实相矛盾的纯粹的虚构；作者所举出的每个证据，都需要再用新的证据来加以证实。针对恩格斯的上述评论，1866 年 10 月 3 日，马克思在给恩格斯的信中进一步指出：“你的这种评语，在居维叶的反对**物种变异**说的《论地球表面的灾变》一书中可以**几乎一字不差地**

---

① 马克思，恩格斯．马克思恩格斯全集：第 34 卷．北京：人民出版社，1972：138.

② 马克思，恩格斯．马克思恩格斯全集：第 31 卷．北京：人民出版社，1972：250－251.

找到。他在那里就嘲笑德国的科学幻想家，说这些人把达尔文的基本思想**表述得**十分清楚，不过不能**证明**它。但是这并不妨碍居维叶是错误的，而正确的是表述新思想的人，尽管居维叶是大地质学家，自然科学家中少有的历史文献批评家。在我看来，特雷莫关于**土壤影响**的基本思想（自然他没有考虑到这种影响的历史性变化，而我认为由于耕作等所引起的土壤表层的化学变化，以及象煤层等这些东西在不同生产方式下所起的不同影响，也都属于这种历史性变化），就是这种只需要**表述出来**以便在科学中永远获得公认的思想，而这完全不依赖于特雷莫叙述得如何”。① 1866 年 10 月 5 日，恩格斯在致马克思的信中对马克思的评论进行了进一步的回应。在恩格斯看来，特雷莫的功绩是：他比前人在更大程度上强调了“土壤”对于人种以及种的形成的影响，其次是对杂交的影响，他发表了比他的前辈更正确的意见。但是，恩格斯认为，达尔文等人并没有否认土壤的影响，“土壤的地质结构与一般能生长东西的‘土壤’有密切关系，这是尽人皆知的真理，就象这种能生长植物的土壤对生活在它上面的动植物的种产生影响一样。而到现在为止这种影响几乎还没有被探讨过，这也是事实。但是从这里到特雷莫的理论有一段很长的距离。”② 显然，在这个问题上，马克思和恩格斯各有自己特殊的考虑，二人互不相让。这一讨论反映了他们求同存异的科学精神。

此外，马克思对其他科学也进行了广泛的涉猎。马克思就是这样为任何领域的每个科学成就，而都感到真正的喜悦。

5. 钟情比革命家更危险万分的技术

如果说科学的使命是发现的话，那么，技术的使命就是发明。技术能够直接成为生产工艺，直接带动生产力的发展。马克思十分重视技术在产业革命和社会革命中的重大作用。1856 年 4 月 14 日，马克思在一次演讲中就提出：“蒸汽、电力和自动走锭纺纱机甚至是比巴尔贝斯、拉斯拜尔和布朗基诸位公民更危险万分的革命家。”③ 这是马克思对技术和工艺的社会作用的形象而精辟的概括。

从历史发展过程来看，马克思研究技术问题经历了一个较长的时期。

---

① 马克思，恩格斯．马克思恩格斯全集：第 31 卷．北京：人民出版社，1972：260.
② 马克思，恩格斯．马克思恩格斯全集：第 31 卷．北京：人民出版社，1972：262.
③ 马克思，恩格斯．马克思恩格斯选集：第 1 卷．北京：人民出版社，2012：775.

在19世纪50年代末期，马克思和恩格斯探讨过一些军事技术问题。1857年9月25日，马克思从伦敦写信给在赖德的恩格斯，信中对恩格斯所写的《军队》这一条目给予很高的评价，同时提醒恩格斯注意："大规模运用机器也是在军队里首先开始的。"① 在一般意义上，马克思认为，军队的历史比任何东西都更加清楚地表明，我们对生产力和社会关系之间的联系的看法是正确的。军队在经济的发展中发挥着重要的作用。1858年1月14日，恩格斯从曼彻斯特写信给在伦敦的马克思，信中讲述了关于《弹射器》的资料一点儿也没有，并说这种资料在德国学者约·赛·埃尔希和约·哥·格鲁伯的《科艺全书》中一定会有。1858年1月30日，恩格斯从曼彻斯特再次写信给马克思，在信中急切地询问："《弹射器》和《雷管》的材料怎么样了?"1858年2月1日，马克思在给恩格斯的回信中讲道："《弹射器》的材料（不多）我已给你准备好。《野营》的大部分也已经准备好了（不过，关于希腊的野营我还需查阅**瓦克斯穆特**写的《希腊古代》，关于犹太人的野营还需查阅德韦特的著作）。由于必须列举许多各种各样的枪栓等等，《雷管》写得很详细。要不是德纳提出了新的要求，我早就把这篇讨厌的东西搞完了。现将这些乱七八糟的东西一起寄给你。此外，我每次去博物馆，都要查许多材料，一眨眼时间就到了（现在仅开馆到四点）。而且到那里还要走路。这样就浪费了许多时间。"② 这不仅再次表明马克思和恩格斯在科学上的实事求是和相互合作的精神，而且表明自然辩证法和军事辩证法的内在关联。

同样在50年代末期，为了探讨工业再生产的周期，马克思专门研究了机器磨损问题，特别阅读了拜比吉的《论机器和工厂的节约》一书。由于恩格斯在经营工厂的过程中积累有这方面的实际经验，因此，1858年3月1日，马克思写信给恩格斯提出了这样的要求："你能否告诉我，你们隔多少时间——例如在你们的工厂——更新一次机器设备？拜比吉断言，在曼彻斯特大多数机器设备平均每隔五年更新一次。这种说法在我看来有点奇怪，不太可信。机器设备更新的平均时间，是说明大工业巩固以来工业发展所经过的多年周期的重要因素**之一**。"③ 接到马克思的来信后，根据自己的实际经验，恩格斯于1858年3月4日写信给马克思，详尽地回答了上述问题。恩格斯认为，不论实际情

---

① 马克思，恩格斯．马克思恩格斯选集：第4卷．北京：人民出版社，2012：428.
② 马克思，恩格斯．马克思恩格斯文集：第10卷．北京：人民出版社，2009：145.
③ 马克思，恩格斯．马克思恩格斯文集：第10卷．北京：人民出版社，2009：151.

况如何，拜比吉《论机器和工厂的节约》是十分错误的。如果它符合真实情况，那英国的工业资本就应该不断减少，而钱也白花了。这里，最可靠的标准是每个厂主每年在自己机器设备的折旧和修理上扣除的百分率，这样，厂主在一定时期内就全部补偿了他的机器费用。这一百分率通常为7.5%，因此，机器设备的费用在十三年零四个月内就可以由每年收入中的扣除部分而得到补偿，这样，也可以没有亏损地使机器设备完全得到更新。恩格斯用具体事例说明了这一问题。最后，恩格斯断言，“10—12年的时间足以改变大部分机器设备的性能，因而多多少少使它得到更新。在十三年零四个月的时间里自然会发生破产事件、修理费极贵的重要部件的损坏等等，这一类的偶然事件会使这个期限缩短一些，但肯定不会少于10年”①。显然，马克思研究机器（技术）问题是与研究政治经济学问题直接联系在一起的。

随着政治经济学研究的深入，马克思在19世纪60年代对技术问题进行了专门的研究。在1861—1863年这段时间，马克思为创作《资本论》撰写了大量的经济学手稿，共计有23个笔记本。仅《资本论》第一卷第十三章“机器和大工业”，就写了3个笔记本。这3本笔记是马克思阅读大量的关于工艺史著作的摘录。马克思用“机器。自然力和科学的应用（蒸汽、电、机械的和化学的因素）”的题目来命名这一节经济学手稿的标题。在这一笔记中，马克思摘引了极其丰富的工艺史材料。其中包括：波佩的《从科学复兴时期到十八世纪末工艺学的历史》（第三卷）、尤尔的《技术辞典》（第一卷）、贝克曼的《论发明史》（第五卷）等等。在此基础上，马克思对资本主义生产中机器和科学的应用，作了精辟而详尽的分析，还论述了科学技术是如何转化为直接生产力的。我们可以简单地将之称为马克思“工艺学笔记”。往后，马克思对技术问题给予了持续关注。例如，1866年2月10日，马克思在致恩格斯的信中谈到，自己从最近的一份《工厂视察员的报告书》中得知，约翰·瓦茨发表了一本《论机器》的小册子。他请恩格斯用马克思的名义要瓦茨寄一本给他自己。

从技术发明事件来看，马克思关注和研究过一系列重大的技术和发明。

火药、指南针、造纸术、活字印刷，是中国古代的“四大发明”。“四大发明”传到西方以后，适应了工业资本主义发展的需要，成为资本主义工业化兴起的重要推动力。在19世纪60年代，马克思对“四大发明”在欧洲的传播情

① 马克思，恩格斯．马克思恩格斯文集：第10卷．北京：人民出版社，2009：154.

况进行了考察。波佩在《从科学复兴时期到十八世纪末工艺学的历史》中认为，德意志用破布造纸大约始于 14 世纪。继德意志之后，荷兰也开始造纸。在摘录了这些内容之后，马克思指出，17 世纪和 18 世纪初的荷兰造纸厂，可以看作是与机器有关的工场手工业的主要例证，并认为造纸过程是机械过程和化学过程的结合。就其社会作用来看，马克思认为：“**火药、指南针、印刷术**——这是预告资产阶级社会到来的三大发明。火药把骑士阶层炸得粉碎，指南针打开了世界市场并建立了殖民地，而印刷术则变成新教的工具，总的来说变成科学复兴的手段，变成对精神发展创造必要前提的最强大的杠杆。”[①] 在写于 80 年代初期的《历史学笔记》中，马克思又专门考察了“四大发明”在资本主义生产方式形成和发展中的作用。

纺纱机器的革命，引发了工业革命。早在《神圣家族》中，马克思和恩格斯就揭示出了这一点：“在真正的历史中，**棉纺织业**的发展主要是从**哈格里沃斯**的珍妮纺纱机和**阿克莱的纺纱机**（水力纺纱机）运用到生产上以后才开始的，而**克伦普顿的骡机**只不过是运用了阿克莱发明的新原理来改进珍妮纺纱机而成的。”[②] 恩格斯进一步指出，随着纺纱部门的革命，必然会发生整个工业的革命。在写作《资本论》的过程中，马克思再次遇到了这一问题。1863 年 1 月 24 日，马克思在致恩格斯的信中提到，自己在动手写作《资本论》关于机器的一节时，遇到一个很大的困难。马克思始终不明白，走锭精纺机怎样改变了纺纱过程，或者确切些说，既然从前已经采用了蒸汽力，那么现在除了蒸汽力以外，纺纱工人的动力职能表现在哪里？1863 年 1 月 28 日，在给恩格斯的信中，马克思又提出了这一问题。在这种机器发明以前，所谓的纺纱工人是用什么方法进行工作的？为了把这一切问题弄清楚，马克思把自己的“工艺学笔记”全部重读了一遍，并且去杰明街地质学院听取了韦利斯教授为工人开设的实习课。在此基础上，马克思产生了这样一种看法：撇开作为资产阶级发展的必要前提的火药、指南针和印刷术的发明不谈，在从 16 世纪到 18 世纪中叶这段时间，即从手工业发展起来的工场手工业一直到真正的大工业这一时期，钟表和磨是在工场手工业内部为机器工业做好准备的两种物质基础。钟表是第一个应用于实际目的的自动机。从水磨发明的时候起，就具有机器结构的重要特征。因此，马克思得出了这样的结论：“如果我们研究一下机器的**基本**形式，

---

① 马克思，恩格斯．马克思恩格斯文集：第 8 卷．北京：人民出版社，2009：338.
② 马克思，恩格斯．马克思恩格斯全集：第 2 卷．北京：人民出版社，1957：13－14.

那就毫无疑问，工业革命并不开始于**动力**，而是开始于英国人称为 *working machine* 的那部分机器，就是说，并不是开始于譬如说转动纺车的脚被水或蒸汽所代替，而是开始于直接的纺纱过程本身的改变和人的一部分劳动的被排除，而人的这部分劳动不是单纯的力的使用（譬如踩轮子的踏板），而是同加工、同对所加工的材料的直接作用有关的。另一方面，同样没有疑问的是，一当问题不再涉及到机器的**历史**发展，而是涉及到在当前生产方式基础上的机器，**工作机**（例如在缝纫机上）就是唯一有决定意义的，因为一旦这一过程实现了机械化，现在谁都知道，可以根据机械的大小，用手、水或蒸汽来使机械转动。"① 这里，存在着机器和工具的区别问题，关键是人的一部分劳动是否被代替。按事物的性质来说，人不是从一开始就只作为简单的力起作用的地方，工业革命便开始了。

当然，马克思丝毫没有看轻蒸汽机的革命作用。早在《德意志意识形态》中，马克思和恩格斯就考察过蒸汽机车产生的必要性和重要性的问题。他们认为，当马车和大车在交通工具方面已经不能满足日益发展的要求，当大工业所造成的生产集中要求新的交通工具来迅速而大量地运输其全部产品的时候，人们就发明了火车头，从而才能利用铁路来进行远程运输。这种发明的可能性甚至绝对必要性，是由实际情况产生的。1853 年，在考察英国在印度的殖民统治时，马克思认为蒸汽机可以打破印度的封闭状态而与世界各地联系起来，从而充分肯定了蒸汽机的建设性的作用。在《资本论》中，马克思进一步指出："随着 19 世纪最初几十年机器生产的发展，机器实际上逐渐掌握了工具机的制造。但只是到了最近几十年，由于大规模的铁路建设和远洋航运事业的发展，用来制造原动机的庞大机器才产生出来。"② 马克思认为，在生产上利用蒸汽，是一个已经被资本家据为己有的新的科学发现。可见，蒸汽机尤其是蒸汽机车的发明和使用在大工业形成中具有重要的作用。

蒸汽机的发明第一次使广布在英国地下的煤藏具有了真正的价值。这样，就突出了采煤机器的作用。马克思对之也给予了关注。1881 年 6 月 6 日，他在致爱女燕妮的信中提到："只有一条值得提及的新闻。据说有一个美国人发明了一种割煤机，它能使采煤工人现在的大部分作业成为多余（也就是说不需要在掌子面和矿井中'割'煤了），留给采煤工人的任务只是把煤**敲碎**和装车。这一

---

① 马克思，恩格斯．马克思恩格斯全集：第 30 卷．北京：人民出版社，1975：318.

② 马克思，恩格斯．马克思恩格斯文集：第 5 卷．北京：人民出版社，2009：441.

发明如果成功——完全有理由这样设想，它将有力地推动美国的发展，并且严重地动摇约翰牛的工业优势地位。”① 这样，马克思就论及新的产业技术的兴起与产业中心转移的问题，预言了美国在资本主义经济发展中领先英国的可能性。

电学领域中的革命性进展及其产业应用，引发了第二次科技革命。马克思敏锐地意识到了这一点，高瞻远瞩地预言了电气时代曙光的来临。1850 年 7 月，在英国伦敦展出了一个牵引火车的电力机车模型。马克思在与李卜克内西见面的时候，异常兴奋地向他讲述了这一事件。马克思认为：“蒸汽大王在前一个世纪中使世界发生了天翻地覆的变化，现在它的统治已到末日，另外一种更大得无比的革命力量——电火花将取而代之。”② 在马克思看来，这件事的影响是不可估计的。经济革命之后一定要紧跟着政治革命，因为后者只是前者的表现而已。果然不出马克思所料，以电机和内燃机为标志的第二次科技革命，在 19 世纪 70 年代来临。1882 年，在慕尼黑举办的一次国际电气展览会上，法国工程师马·德普勒展出了他在米斯巴赫和慕尼黑之间架设的一条实验性输电线路。重病中的马克思十分关注德普勒所做的远距离输电的实验，请龙格将这一实验的报告尽快寄给他，并请恩格斯也注意这个实验并发表意见。1882 年 11 月 11 日，恩格斯从伦敦给在文特诺尔养病的马克思去信谈道：“我很想知道德普勒在慕尼黑所作的实验的详细情况；我完全不明白，一向公认的而且工程师们在实践中（在他们的计算中）仍然在应用的导线电阻计算律在这种情况下怎么还能存在。在此以前人们认为，在同一种导线材料的条件下，电阻按照导线横截面**缩小**的比例而相应地**增大**。希望龙格能把这些著作寄来。这个发现使十分巨大的、一向白白浪费的全部水力立即可以得到利用。”③ 这里，恩格斯科学地预言到水电的可能性问题。在 1882 年 11 月，马克思还阅读了爱·奥斯皮塔利埃的《电的基本应用》一书。

李卜克内西笔下的电力机车模型展览

马克思在谈到科学和力学的这种进步时，他的世界观，尤其是现在所谓的唯物史观，已经如此清晰，使我在此以前的某些疑虑就像春天阳光下的积雪一样融化了。那天晚上我没有回家，我们谈着，笑着，喝着酒，直到第二

① 马克思，恩格斯．马克思恩格斯全集：第 35 卷．北京：人民出版社，1971：187.

② 中共中央马克思恩格斯列宁斯大林著作编译局．回忆马克思．北京：人民出版社，2005：45.

③ 马克思，恩格斯．马克思恩格斯全集：第 35 卷．北京：人民出版社，1971：105.

天早晨。当我上床睡觉时，太阳已经高高升起了。我没有躺很久，我怎么也睡不着。头脑里装满了我所听到的一切，那汹涌起伏的思潮终于又驱使我走到街上去。我急忙向瑞琴特街走去，想看一看那个模型……

在展览那个模型的陈列窗前，簇拥着一大堆人。我挤进去一看，果然有一辆机车和列车——机车和列车正在欢快地绕着圈子疾驰。

那是1850年7月初的事。①

总之，在马克思看来，技术革命会引发产业革命，进而会引发社会革命。当然，只有在未来的劳动共和国中，技术才能发挥其真正的作用。

6. 参与“自然辩证法”的科学构思

尽管马克思、恩格斯反对杜林那样人为炮制体系以对抗马克思主义的做法，但是，他们从不拒绝将马克思主义以完整的面貌呈现出来。恩格斯的《自然辩证法》（1873—1882年）就是实现马克思主义体系化的重要文献。在一般的意义上，自然辩证法是马克思主义的自然观、科学技术观、科学技术方法论和科学技术社会学的总称。马克思以自己的方式参与了“自然辩证法”的科学构思，同样是自然辩证法的科学创始人。

1871年的巴黎公社失败之后，西方社会进入了一个为未来变革的时代进行“和平”准备的阶段。在这种情况下，庸俗唯物主义、社会达尔文主义、机会主义等错误思潮泛滥成灾，严重影响国际工人运动的健康发展。其中，德国医生毕希纳是庸俗唯物主义和社会达尔文主义的代表，德国学者杜林是机会主义的代表。1859年8月3—15日，在《卡尔·马克思〈政治经济学批判。第一分册〉》中，恩格斯就批判了毕希纳否认辩证法的“自然科学的唯物主义”。由于毕希纳的著作《力和物质》已用法文出版，马克思急于推出《资本论》法文版，而自己又缺乏这方面的渠道，因此，1867年5月1日，马克思以学者和革命党人的双重名义致信素不相识的毕希纳，希望他能够为出版《资本论》的法文版提供帮助。当然，马克思也提出，必须提醒法国人警惕蒲鲁东的错误影响。

---

① 威·李卜克内西．纪念卡尔·马克思——生平与回忆//中共中央马克思恩格斯列宁斯大林著作编译局．回忆马克思．北京：人民出版社，2005：45-46.

自此以后，马克思在通信中多次提到毕希纳，尤其是围绕毕希纳的著作《关于达尔文的物种变异理论的六次演讲》展开了讨论。甚至生病中的马克思的爱女燕妮也阅读了毕希纳的著作。1868 年 11 月 18 日，马克思在致恩格斯的信中谈道："毕希纳的劣作所以使我感到兴趣，是因为里面引用了德国人研究达尔文主义方面的大部分著作——有耶格尔教授（维也纳）和海克尔教授的著作。这些著作否定细胞是原生形态的观点，而承认起始点是一种无定形而能收缩的蛋白质团。这个假设后来由加拿大（稍后又由巴伐利亚和其他某些地方）的发现证实了。当然，必须对原生形态进行彻底研究，直到使它能通过化学方法再现出来。看来，这条道路已经摸索到了。"① 显然，马克思对毕希纳发生兴趣存在着科学方面的原因。1868 年 11 月 23 日，恩格斯在致马克思的信中说，原生物质对自己还是一个谜，希望马克思能够把毕希纳的著作寄来一睹为快。当然，马克思对毕希纳的庸俗唯物主义进行了批判。1868 年 12 月 5 日，他在致库格曼的信中指出："**毕希纳关**于达尔文主义的讲稿我收到了。他的确是一个'著述家'，很可能是因此才姓'毕希纳'的。他关于唯物主义历史的肤浅的废话显然是从朗格那里抄来的。这样的侏儒处理象**亚里士多德**这个和毕希纳不属于同一类型的自然科学家的方式，实在令人惊奇。"② 庸俗唯物主义机械地理解物质和意识的关系，混淆了力和物质的概念。这不仅与马克思主义唯物主义有着本质区别，而且背离了一般唯物主义的原则。进而，马克思批判了毕希纳否认辩证法的错误思想。在庸俗唯物主义看来，黑格尔的辩证法于世无益。对此，1870 年 6 月 27 日，马克思在致库格曼的信中指出："朗格先生同样感到很惊奇，在毕希纳、朗格、杜林博士、费希纳等人早就一致认为，他们早已把可怜虫黑格尔埋葬了以后，恩格斯和我以及其他一些人竟还严肃地对待死狗黑格尔。"③ 显然，庸俗唯物主义之所以是庸俗的，就在于它们不懂得辩证法，其唯物主义是机械的、非辩证的、非历史的。最后，马克思批判了毕希纳的社会达尔文主义思想。社会达尔文主义将生物进化论简单地移植到社会历史领域，妄图根据达尔文的生存斗争学说解释社会生活。1870 年 6 月 27 日，马克思在致库格曼的信中指出："全部历史可以纳入一个唯一的伟大的自

---

① 马克思，恩格斯．马克思恩格斯全集．第 32 卷．北京：人民出版社，1974：193.

② 马克思，恩格斯．马克思恩格斯全集．第 32 卷．北京：人民出版社，1974：567. 在德语中，"著述家"和"毕希纳"发音相近，马克思以此来讽刺毕希纳的夸夸其谈。

③ 马克思，恩格斯．马克思恩格斯全集：第 32 卷．北京：人民出版社，1974：672.

然规律。这个自然规律就是《struggle for life》，即‘生存斗争’这一句话（达尔文的说法这样应用就变成了一句空话），而这句话的内容就是马尔萨斯的人口律，或者更确切些说，人口过剩律。这样一来，就可以不去分析‘生存斗争’如何在各种不同的社会形态中历史地表现出来，而只要把每一个具体的斗争都变成‘生存斗争’这句话，并且把这句话变成马尔萨斯关于‘人口的狂想’就行了。”① 社会达尔文主义不仅是唯心主义的典型，而且是机械主义的典型。

由于庸俗唯物主义和社会达尔文主义具有严重的政治危害，因此，当1872年底毕希纳的著作《人及其过去、现在和将来在自然界中的地位》第二版发行时，恩格斯决定写一部批判毕希纳的著作。这就是创作《自然辩证法》的直接原因。大约在1873年2月到5月底之前，恩格斯写下了一个名为《毕希纳》的片段。该片段包括两个部分。第一部分在对庸俗唯物主义和社会达尔文主义进行批判的同时，阐明了辩证法对于自然科学的重要价值。第二部分针对毕希纳对待黑格尔的错误态度，对黑格尔《小逻辑》作了一个札记。这一片段是恩格斯创作《自然辩证法》的第一个文献。所以，正如可以将《欧根·杜林先生在科学中实行的变革》称为《反杜林论》一样，可以将《自然辩证法》称为《反毕希纳论》。在这个意义上，马克思直接参与了《自然辩证法》的构思。

病中的马克思一家希望阅读进化论的著作

我们家里现在多数人患伤风和咳嗽。我的情况很糟糕，用布林德夫人的文雅的话来说，差不多两个星期以来我不停地“吐”。昨天我第一次出外走动，今天我试着抽了一支雪茄。随信附上的照片是小燕妮寄给你的，她也咳嗽得很厉害。她请你把毕希纳的著作寄回来，因为她钻研了达尔文的著作，现在还想看看伟大的毕希纳的著作。②

1871年巴黎公社革命失败之后，除了各种“科学”唯心主义泛滥之外，降神术也受到了热捧。降神术大肆宣扬蒙昧主义和神秘主义，将自己称为“科学的请神者”。一些资产阶级分子大肆宣扬“神灵”问题、“召魂”问题和四度

① 马克思，恩格斯．马克思恩格斯全集：第32卷．北京：人民出版社，1974：671－672.

② 马克思．马克思致恩格斯//马克思，恩格斯．马克思恩格斯全集：第32卷．北京：人民出版社，1974：231.

空间问题等降神术，甚至一些科学家也卷入了其中。从政治上来看，降神术试图消解工人阶级的阶级意识。它们大肆泛滥是资产阶级对于巴黎公社革命、对于无产阶级革命运动的一种直接的思想反动。从哲学上来看，降神术试图消解工人阶级的科学意识。一些科学家之所以变成了降神术的俘虏，就在于他们持有经验主义的立场，不重视理论思维尤其是不懂得辩证思维。马克思在科学研究中注意到了降神术及其危害性。1864 年 7 月 4 日，他在致恩格斯的信中提到，患流感的自己没有办法去进行政治经济学方面的科学研究工作，只好去读自然科学方面的书籍。这些科学书籍包括洛德的《通俗生理学》。马克思认为："在洛德的《通俗生理学》中对颅相学作了有力的批判，虽然这个人是信教的。"[①] 颅相学认为，可以根据人头颅形状来确定人的心理与特质。马克思指出，这不禁使人想起了黑格尔《精神现象学》中的一段话："他们试图把精神分离成若干种假设的固有的性能，这没有一个形而上学者会片刻承认的；同时他们还试图把脑分解成同样多的器官，解剖学家请求把它们指出来，没有得到结果；然后他们转而把前面的（没有得到承认的）假设之一作为一种作用的方式同后面的（没有被证明的）存在联系起来。"[②] 显然，颅相学是一种地道的神秘主义和蒙昧主义，严重背离了科学精神。

针对降神术的泛滥和危害，恩格斯于 1878 年专门撰写了《神灵世界中的自然研究》一文，有力驳斥了神秘主义和蒙昧主义的错误观点。针对催眠颅相学，恩格斯严正地指出："这样，我们不过随便怀疑了一下，便发现了催眠颅相学的江湖骗术的老底，这是一系列与清醒状态时的现象多半只有程度差异的、无须作任何神秘主义解释的现象，而华莱士先生的热心（ardour）却使他一再地欺骗自己，靠了这种自我欺骗去在各种细节上证实加尔颅骨图，确认催眠者和被催眠者之间的神秘的感应关系。在华莱士先生的天真得有些稚气的谈话中，到处都可以看到：他所关心的并不是探究这种江湖骗术的真相，而是不惜任何代价去再现所有的现象。只要有了这种心态，就可以在很短的时间内使刚入门的研究者靠简便易行的自我欺骗变成一位行家。华莱士先生终于相信了催眠颅相学的奇迹，这时他已经有一只脚踏进神灵世界中去了。"[③] 进而，恩格斯指出，单凭经验是对付不了降神术之类的神秘主义和蒙昧主义的，关键是

① 马克思，恩格斯．马克思恩格斯全集：第 30 卷．北京：人民出版社，1975：410.
② 马克思，恩格斯．马克思恩格斯全集：第 30 卷．北京：人民出版社，1975：410.
③ 马克思，恩格斯．马克思恩格斯全集：第 26 卷．北京：人民出版社，2014：509.

要掌握理论思维尤其是辩证思维。恩格斯晚年将《神灵世界中的自然研究》一文编入了《自然辩证法》中。显然，在批判降神术等神秘主义和蒙昧主义这一点上，马克思和恩格斯不仅持有共同的立场，而且马克思也直接参与了《自然辩证法》的科学构思。

完整意义上的《自然辩证法》的创作始于1873年5月30日。这一天，恩格斯从伦敦写信给在曼彻斯特养病的马克思，详细地叙述了《自然辩证法》一书的基本思想和构思计划："自然科学的对象是运动着的物质，物体。物体是离不开运动的，各种物体的形式和种类只有在运动中才能认识，处于运动之外，处于同其它物体的一切关系之外的物体，是谈不上的。物体只有在运动之中才显示出它是什么。因此，自然科学只有在物体的相互关系之中，在物体的运动之中观察物体，才能认识物体。对运动的各种形式的认识，就是对物体的认识。所以，对这些不同的运动形式的探讨，就是自然科学的主要内容。"①同时，恩格斯写下了"自然科学的辩证法"的札记，内容同上述信件基本相同。这里，"自然科学的辩证法"或许是恩格斯对《自然辩证法》的最早称呼，"物质运动"和"运动形式"是其关注的核心范畴。1873年5月31日，接到恩格斯的来信后，马克思马上就给恩格斯回信说："刚刚收到你的来信，使我非常高兴。但是，我没有时间对此进行认真思考，并和'权威们'商量，所以我不敢冒昧地发表自己的意见。"② 这里的"权威们"是指肖莱马和穆尔这些"红色"的科学家。可见，马克思在科学上持有一种谨慎的精神。但是，刚落笔到此，肖莱马到马克思的住处来看望马克思来了。他阅读恩格斯的来信后在信上写下了这样的边注："很好，这也是我个人的意见。完全正确。这是最根本的。"但是，他拟不发表更详尽的意见。因此，马克思在回信中写道："肖莱马读了你的信以后说，他基本上完全同意你的看法，但暂不发表更详尽的意见。"③ 显然，马克思知晓恩格斯创作《自然辩证法》的意图和计划。与肖莱马一样，马克思基本上完全同意恩格斯的看法。

其实，"自然辩证法"一语并非恩格斯的原创。1865年，杜林甚至出版过一部名为《自然辩证法》的著作。1876年5月28日，恩格斯在致马克思的信中谈道："我重温古代史和研究自然科学，对我批判杜林大有益处，并在许多

① 马克思，恩格斯．马克思恩格斯文集：第10卷．北京：人民出版社，2009：385.
② 马克思，恩格斯．马克思恩格斯全集：第33卷．北京：人民出版社，1973：86-87.
③ 马克思，恩格斯．马克思恩格斯全集：第33卷．北京：人民出版社，1973：89.

方面有助于我的工作。特别是在自然科学方面，我觉得自己对于这个领域熟悉得多了，尽管在这方面还要十分谨慎，但行动起来毕竟已经有点自由和把握了。连这部著作的最终面貌也已经开始呈现在我的面前。”① 恩格斯这里提到的“这部著作”就是恩格斯自己的《自然辩证法》。当然，恩格斯的《自然辩证法》不是为了批判杜林的《自然辩证法》而创作的。

反对杜林的斗争暂时中止了恩格斯创作《自然辩证法》的工作。1876 年 10 月 7 日，马克思在致威·李卜克内西的信中谈道：“现在恩格斯正忙于写他的批判杜林的著作。这对他来说是一个巨大的牺牲，因为他不得不为此而停写更加重要得多的著作。”③ 在马克思看来，恩格斯的《自然辩证法》是比《反杜林论》重要得多的著作。1877 年 1 月 21 日，马克思在致威廉·亚·弗罗恩德信中提出了这样的请求：“如果您偶尔见到特劳白博士，请代我向他衷心问好，并请提醒他一下，他曾答应把他已出版的著作**目录**寄给我。这对我的朋友恩格斯很重要，他正在写关于自然哲学的著作，并打算比以往任何人更多地指出特劳白的科学功绩。”④ 由此可见，马克思支持恩格斯创作《自然辩证法》的工作，并尽量给予帮助。1882 年 11 月 23 日，恩格斯在致马克思的信中谈到了自己的电学研究方面的收获，但是，笔锋一转，他指出：“电气中的**电阻**和机械运动中的**质量**是一回事。因此，无论在电的运动中还是在机械运动中，这种运动在量上可以测量的表现形式——一种是速度，一种是电流强度——在**不**变换形式的简单传递中，作为**一次因数**发生作用，反之，在变换形式的传递中——作为**平方因数**发生作用。可见，这是由我首先表述出来的运动的普遍自然规律。但是现在必须尽快地结束自然辩证法。”⑤ 这里，恩格斯明确地把自己创作的著作称为“自然辩证法”。

恩格斯论“自然科学的辩证法”

自然科学的辩证法：对象是运动着的物质。物质本身的各种不同的形式和种类又只有通过运动才能认识，物体的属性只有在运动中才显示出来；关于不运动的物体，是没有什么可说的。因此，运动着的物体的性质是从运动的形式得出来的。②

① 马克思，恩格斯．马克思恩格斯文集：第 10 卷．北京：人民出版社，2009：416.

② 恩格斯．自然辩证法//马克思，恩格斯．马克思恩格斯全集：第 26 卷，北京：人民出版社，2014：578.

③ 马克思，恩格斯．马克思恩格斯全集：第 34 卷．北京：人民出版社，1972：194.

④ 马克思，恩格斯．马克思恩格斯全集：第 34 卷．北京：人民出版社，1972：229.

⑤ 马克思，恩格斯．马克思恩格斯全集：第 35 卷．北京：人民出版社，1971：114－115.

显然，马克思不仅知晓恩格斯创作《自然辩证法》的过程和《自然辩证法》的名称，而且亲自参与了“自然辩证法”的科学构思。

关于马克思晚年对自然、数学和科技的关注和研究，恩格斯曾经指出：“1870年以后，又有一个间歇期间，这主要是由马克思的病情造成的。他照例是利用这类时间进行各种研究。农学，美国的特别是俄国的土地关系，货币市场和银行业，最后，还有自然科学，如地质学和生理学，特别是独立的数学研究，成了这个时期的许多札记本的内容。”① 在总体上，正如《反杜林论》和《自然辩证法》是姊妹篇一样，马克思的《机器。自然力和科学的应用》《数学手稿》和恩格斯的《自然辩证法》交相辉映，共同构成了马克思主义的自然辩证法的科学构想。

---

① 马克思，恩格斯．马克思恩格斯文集：第6卷．北京：人民出版社，2009：7.

第 19 章

走向历史的源头和深处

《人类学笔记》和《历史学笔记》

> 社会的瓦解，即将成为以财富为唯一的最终目的的那个历程的终结，因为这一历程包含着自我消灭的因素……这（即更高级的社会制度）将是古代氏族的自由、平等和博爱的复活，但却是在更高级形式上的复活。①

马克思晚年研究的视野进一步扩展了。人类学和历史学是他尤为关注的领域。19 世纪 70 年代后，随着文化人类学进化论学派研究成果的出现和发展，马克思加强了对文化人类学的研究和借鉴，创作了著名的《人类学笔记》，深入研究了史前社会的发展演进的规律。在此过程中，马克思加强了对印度社会历史的研究，深化了对东方社会的研究。与此同时，马克思加强了对世界历史尤其是欧洲历史的历史，创作了《历史学笔记》，进一步丰富和发展了马克思主义关于人类社会发展规律的学说。

1. 马克思晚年对人类学和历史学的研究

随着达尔文生物进化论的问世，19 世纪 60 年代后，文化人类学进化论学派兴起。一些人类学家通过大量的实证研究对史前社会和人类文明的发生进行了深入的探讨和研究，取得了丰富的理论成果。在此情形下，马克思系统摘录和批判吸收了文化人类学家的研究成果。

1860 年，德国学者巴斯提安出版了三卷本的《人在历史中》，第一次对文

① 马克思．路易斯·亨·摩尔根《古代社会》一书摘要//马克思古代社会史笔记．北京：人民出版社，1996：192.

化进行系统的和科学的研究，开创了系统研究人类文化的先河，标志着文化人类学进化论学派的产生。在1860年12月19日给恩格斯的信中，马克思指出："阿·巴斯提安的《人在历史中》（三厚册，作者是不来梅的一个年青医生，作过一次多年的环球旅行）试图对心理学作'自然科学的'说明并对历史作心理学上的说明，写得拙劣、紊乱而又模糊不清。唯一可取的是有的地方叙述了民族志学上的一些奇闻。"[①] 虽然巴斯提安的书存在着一些问题，但是还是在民族学方面具有重要的价值。这表明马克思对文化人类学成果的研究与其产生是同步的。此后，麦克伦南、巴霍芬、拉伯克、泰勒、梅恩、摩尔根、柯瓦列夫斯基和菲尔等文化人类学家出版了大量的著作，对原始家庭、氏族、原始文化、原始婚姻以及东方村社等问题展开了一定程度的研究。

在研究文化人类学的过程中，马克思与柯瓦列夫斯基等文化人类学家保持着密切的交往。在1879年9月19日给丹尼尔逊的信中，马克思指出："柯瓦列夫斯基的书[②]，我已从他本人那里得到了。他是我的'学术上的'朋友之一，每年都要来伦敦，利用英国博物馆的珍藏。"[③] 在伦敦期间，柯瓦列夫斯基几乎每星期都拜访马克思，和马克思探讨各种学术问题。马克思经常向柯瓦列夫斯基借书，其中包括关于西班牙土地所有制历史的两卷本论文和柯瓦列夫斯基第一次到美国旅行时带回来的摩尔根的《古代社会》一书。

柯瓦列夫斯基之所以研究土地占有制的历史和社会发展史，很大程度上得益于马克思的教诲。对此，柯瓦列夫斯基指出："每一次会面都再一次推动我去研究西欧的经济史和社会发展史。假如没有和马克思认识，我很可能既不会去研究土地占有制的历史，也不会去研究欧洲的经济发展，很可能把大部分注意力集中于政治制度的发展，因为这类问题本来就是我所讲授的课目。马克思熟悉我的著作，并且毫不客气地提出自己的意见。我停止出版我的第一部关于法国行政司法特别是关于法国的赋税立法的巨著，部分原因是马克思对我的著作评价不高。他更主张我揭露农业公社的过去，或者根据比较人种学和比较法学史来阐明远古以来的家族制度的发展。"[④] 可见，马克思对柯瓦列夫斯基的

---

① 马克思，恩格斯．马克思恩格斯全集：第35卷．北京：人民出版社，1996：173.

② 指《公社土地占有制，其集体的原因、进程和结果》。

③ 马克思，恩格斯．马克思恩格斯全集：第34卷．北京：人民出版社，1972：385.

④ 中共中央马克思恩格斯列宁斯大林著作编译局．回忆马克思．北京：人民出版社，2005：287.

研究方向产生了重要影响。马克思还是柯瓦列夫斯基主编的《评论批判》这一科学评论的热心读者，而且可能是唯一的英国读者。

在交往过程中，柯瓦列夫斯基发现，马克思受黑格尔哲学的影响很大。他这样回忆道："马克思曾强调地对我说过，只有按辩证的方法才能合乎逻辑地思维，即使按实证论的方法也不能合乎逻辑地思维。在我看来，马克思常常采取的并且用以证明他的自信的那种口吻，是由于他确信：他从黑格尔哲学中，从它的激进信徒（包括有名的费尔巴哈）对它的解释中所得到的思维方法是无可反驳的。"① 在马克思看来，辩证思维对于科学研究具有极大的科学价值。这种方法也给柯瓦列夫斯基留下了深刻的印象，对他的科学研究产生了积极的影响。

柯瓦列夫斯基对马克思的认识和评价

在同《资本论》作者相当亲密的两年交往中，我记不得有任何近似前辈对后辈的那种轻视，在同齐切林和列夫·托尔斯泰邂逅时我就受到过轻视。马克思在较大的程度上是欧洲人，虽然他很可能不太重视他的"学术上的朋友"（scientific friends），而更看重无产阶级斗争中的同志，但是在他的行动中并没有流露出这种私人的偏袒。25年来我一直十分感激地怀念他，就像怀念一位亲爱的导师一样。同他的来往在某种程度上确定了我的科学工作的方向。由此又产生了另一个印象：我从他身上很幸运地看到了一位人类的精神上的领袖，这样的领袖应该称做伟人，因为他们是反映当时社会上各种进步倾向的最伟大的人物。②

通过与柯瓦列夫斯基的交往，马克思对文化人类学的最新成果有了更为全面的了解和认识。在此基础上，1879—1882年，马克思系统摘录和研究了柯瓦列夫斯基的《公社土地占有制，其解体的原因、进程和结果》（1879年）、摩尔根的《古代社会》（1877年）、拉伯克的《文明的起源和人的原始状态》（1870年）、梅恩的《古代法制史讲演录》（1875年）和菲尔的《印度和锡兰的雅利安人村社》（1880年）等著作，形成了《柯瓦列夫斯基笔记》《摩尔根笔记》《拉伯克笔记》《梅恩笔记》和《菲尔笔记》，合称为《人类学笔记》或

---

① 中共中央马克思恩格斯列宁斯大林著作编译局．回忆马克思．北京：人民出版社，2005：289.

② 马克西姆·马克西莫维奇·柯瓦列夫斯基．回忆卡尔·马克思//中共中央马克思恩格斯列宁斯大林著作编译局．回忆马克思．北京：人民出版社，2005：290.

“古代社会史笔记”。需要指出的是，《人类学笔记》仅为马克思晚年摘录和研究文化人类学成果的一部分，还有大量的笔记和手稿没有公开发表和出版。

《人类学笔记》的问世

为了更好地理解恩格斯的《家庭、私有制和国家的起源》一书，苏联于1941年第一次用俄文将《摩尔根笔记》发表于《马克思恩格斯文库》第9卷中。为了更好地理解《资本论》中有关地租的章节，苏联于1958—1962年间第一次用俄文将《柯瓦列夫斯基笔记》发表于《苏联东方学》杂志1958年第3、4和5期，《东方学问题》杂志1959年第1期以及《亚非人民》杂志1962年第2期上。1964—1966年，苏联第一次用俄文将《菲尔笔记》发表于《亚非人民》杂志1964年第1期、1965年第1期和第5期上。

1972年，美国人类学家劳伦斯·克拉德用英文编辑出版了《卡尔·马克思的民族学笔记》一书，包括《摩尔根笔记》《梅恩笔记》《拉伯克笔记》和《菲尔笔记》，其中《梅恩笔记》和《拉伯克笔记》是第一次发表。该书出版后很快销售一空，于1974年再版，并在很短的时间内接连出版了日文、德文、意大利文、西班牙文和法文等译本，使马克思晚年《人类学笔记》在世界范围内传播，并引发了“晚年马克思”研究热。在此过程中，产生了“人类学马克思主义”这样一个流派。

为了发展和完善唯物史观，19世纪70年代中后期，在研究史前社会史的同时，马克思也加强了对世界历史的研究，取得了丰富的理论成果。这一研究与马克思对史前社会的研究是交叉进行的。在摘录《柯瓦列夫斯基笔记》的进程中，为了深入研究柯瓦列夫斯基的著作，约1879年10月—1880年10月，马克思搜集了大量关于印度的史料，包括罗·修厄尔的《印度分析史》和蒙·埃尔芬斯顿的《印度史》，编写了《印度史编年稿》（664—1858年），对印度社会历史进行了深入细致的研究。

约1881年底—1882年底，马克思研究世界通史，编写了《历史学笔记》，对从公元前1世纪到公元17世纪中叶的世界各国尤其是欧洲的历史事件，按照编年顺序作了批判性的评述。在写作《历史学笔记》时，马克思充分利用了德国历史学家施洛塞尔的十八卷本《世界史》，还利用了博塔的《意大利人民史》、科贝特的《英格兰和爱尔兰的新教改革史》、马基雅弗利的《佛罗伦萨史》、卡拉姆津的《俄罗斯国家史》、塞居尔的《俄国和彼得大帝史》、格林的

《英国人民史》等历史学资料。马克思逝世后，恩格斯发现并整理了这一手稿，并为之加上了《编年摘录》的标题。需要指出的是，马克思晚年打算总结自己的历史知识，汇编同一时期的各国历史发展大事年表。遗憾的是，这一计划仅完成了一小部分，马克思仅留下了《印度史编年稿》和《历史学笔记》这两部关于历史学的摘录。

从时间上看，《人类学笔记》论述了包括史前社会在内的整个前资本主义社会，但主要是史前社会即原始社会。从空间上看，《人类学笔记》对欧洲以外的广大亚非拉地区都有所涉及。其中，《摩尔根笔记》《梅恩笔记》和《拉伯克笔记》主要论述史前社会问题，尤其是原始社会的氏族组织，以及家庭、私有制和国家的起源和发展。《柯瓦列夫斯基笔记》和《菲尔笔记》主要论述东方社会问题，尤其是东方国家的土地制度和村社结构。

《历史学笔记》的开端是同盟者战争导致罗马共和国公民权的扩大。“**公元前 91 年。罗马城建立后过了六百五十年即公元前 91 年。**［元老院违背玛丽亚的旨意，］根据儒略法，把公民权即罗马公民权［获得公民权的人组成八个特里布斯，他们在特里布斯民会中有很大的影响］先授予仍然效忠于拉丁人、翁布里亚人的那些盟友”①。这里，《历史学笔记》研究的起点，恰好是马克思的《人类学笔记》研究的终点，即原始社会的解体和阶级社会的产生。同时，《历史学笔记》最后摘录的内容是空想社会主义的创始人托马斯·莫尔论强迫迁徙及圈地运动，即终结于资本主义的原始积累，而这恰恰是《资本论》的研究起点。可见，《历史学笔记》和《人类学笔记》《资本论》之间在历史发展时间上存在着继起的关系，在马克思思想体系中是一个紧密联系的理论整体。

同样，《印度史编年稿》摘录了从公元 664 年阿拉伯人征服信德到印度民族大起义（1857—1859 年）期间印度社会发展的所有重大历史事件，尤其是英国人征服和奴役印度的历史。《印度史编年稿》是马克思在摘录《柯瓦列夫斯基笔记》的中途创作的。因此，《印度史编年稿》既是马克思研究东方社会的重要成果，也是马克思研究历史学的重要成果，因此，成为马克思联结东方社会研究、人类学研究和历史学研究的重要一环，彰显了马克思东方社会研究、人类学研究和历史学研究是一个紧密联系的理论整体。

总之，马克思晚年对人类学和世界历史的研究在马克思主义理论体系中占

---

① 马克思．卡尔·马克思历史学笔记：第 1 册．北京：中国人民大学出版社，2005：1.

据重要的地位，谱写了马克思主义发展史上的崭新篇章。

2. 探索文明的发生——《人类学笔记》

《人类学笔记》共208页（八开本），约合中文40万字，仅占马克思晚年全部笔记中的很小一部分，包含着丰富的理论内容。

路易斯·亨利·摩尔根是美国著名的人类学家。摩尔根深入印第安人部落，经过长达四十余年的实证考察，在占有大量第一手材料的基础上，写出了《古代社会》一书。1877年，《古代社会》一书出版后，柯瓦列夫斯基给马克思邮寄了一本。在《古代社会》一书中，摩尔根通过对北美印第安人部落习俗的多年研究，得出了氏族是原始社会单位的结论，古代的婚姻形式是群婚制，证明了巴霍芬关于原始部落中妇女享有崇高地位的假说。这是因为在群婚制条件下，世系是以母系来确定的。这就证明了在父权社会之前存在着母系社会。

然而，摩尔根历经艰辛得出的科学结论却不被资产阶级主流学界认可。对此，恩格斯指出："正如德国的职业经济学家多年来热心地抄袭《资本论》同时又顽强地抹杀它一样，英国'史前史'科学的代表对摩尔根的《古代社会》，也用了同样的办法。"[①]《古代社会》遭到了和《资本论》第一卷出版后的同样命运。这本质上是由于摩尔根通过自己的科学研究得出了不利于资产阶级的结论，即父权社会和私有制不是永恒的。在谈到用现代观点来揭示荷马时期军事酋长巴赛勒斯的权力时，马克思揭示了资产阶级学者的实质："欧洲的学者们大都是天生的宫廷奴才，他们把巴赛勒斯变为现代意义上的君主。美国共和主义者摩尔根是反对这一点的。"[②] 在此情形下，马克思对摩尔根的学说给予了高度的重视，强调这是科学上的一件了不起的大事，并从中找到了证明自己的唯物史观的科学性的新证据。

马克思于1880年底—1881年3月初对《古代社会》一书展开了详细的阅读和摘录，并作了大量的批注，吸收了摩尔根的科学观点，纠正了《古代社会》一书的结构和其中的一些错误思想。

马克思充分肯定了摩尔根对人类社会发展阶段和家庭发展形式的划分及其依据。从生活资料的生产和进步的角度出发，摩尔根将人类社会发展划分为蒙

---

① 马克思，恩格斯．马克思恩格斯文集：第4卷．北京：人民出版社，2009：15.

② 马克思．马克思古代社会史笔记．北京：人民出版社，1996：304.

昧、野蛮和文明三大时代，将家庭形式划分为血缘家庭、普那路亚家庭、对偶制家庭、专偶制家庭和一夫一妻制家庭。马克思整体上同意摩尔根的历史分期法，详细摘录了摩尔根从生产力的发展和生活资料的进步的角度将人类社会发展分为蒙昧时代、野蛮时代和文明时代，并将前两个时代又分为低级阶段、中级阶段和高级阶段。同时，马克思对摩尔根划分的五种家庭形式进行了摘录，肯定了根据物质生活资料的发展来划分家庭形式的做法。马克思指出："家庭是一个能动的要素，它从来不是静止不动的，而是由较低级的形式进到较高级的形式。反之，**亲属制度**却是被动的；**它在一旁长久地记载着家庭所取得的进步，并且只有当家庭已经根本变化了的时候，它才发生根本的变化。**［同样，**政治的、宗教的、法律的以至一般哲学的体系，都是如此。**］"[①] 在分析史前社会基本结构时，马克思已经认识到家庭在某种意义上扮演着经济基础的角色，表明了血缘亲属关系和人自身生产发挥着决定性作用，而亲属制度和政治、宗教、法律等属于上层建筑范畴，受前者制约。同时，马克思也肯定了亲属制度具有的强大生命力和反作用。"在血缘家庭和普那路亚家庭中，都必然流行**生活上的共产制，因为这是他们生存的必要条件。共产制现在仍普遍流行于蒙昧和野蛮部落中**［每一个较小的家庭按理说都是整个集团的缩影］。"[②] 可见，在史前社会，人自身生产占据着主导性地位。这样，通过研究《古代社会》一书，马克思发现自己的唯物史观关于经济基础决定上层建筑、上层建筑反作用于经济基础的一般原理同样适用于史前社会。

在充分肯定该书成就的基础上，马克思将原书的结构"生产技术的发展→政治观念的发展→家庭形式的变化和私有制的产生"调整改造为"生产技术的发展→家庭形式的变化到私有制和国家的产生→政治观念的发展"，使之更符合唯物史观的要求。由于家庭形式的变化是由经济发展决定的，而家庭在史前社会中在一定程度上扮演着经济基础的地位，因此，应该将家庭形式的变化到私有制和国家的产生放在政治观念的发展之前，这样，才符合唯物史观的原理。针对摩尔根仅将取火当作是原始社会的次要的发明，马克思强调，一切与取火有关的东西都是主要的发明！马克思还修正了摩尔根过于强调人类对食物的绝对控制的错误观点："**人类在地球上获得统治地位的问题**完全取决于他们（即人们）在这方面——**生存的技术方面**——的巧拙。一切生物之中，只有人类可以

① 马克思．马克思古代社会史笔记．北京：人民出版社，1996：147-148.

② 马克思．马克思古代社会史笔记．北京：人民出版社，1996：141.

说**达到了绝对控制（?!）食物生产的地步**。人类进步的一切伟大时代，是跟生存资源扩充的各时代多少直接相符合的。”① 显然，马克思并不同意摩尔根关于人类已经达到绝对控制食物生产的地步的论断，因此在绝对控制之后加了括号，括号里面是问号和感叹号。事实上，人类到今天也没有完全控制食物生产。

在研究俄国发展道路的过程中，马克思也运用了《摩尔根笔记》的研究成果。“在俄国公社面前，资本主义制度正经历着危机，这种危机只能随着资本主义的消灭，随着现代社会回复到‘古代’类型的公有制而告终，这种形式的所有制，或者像一位美国著作家（这位著作家是不可能有革命倾向的嫌疑的，他的研究工作曾得到华盛顿政府的支持）所说的，现代社会所趋向的‘新制度’，将是‘古代类型社会在一种高级的形式下（in a superior form）的复活（a revival）’。”③ 可见，马克思对摩尔根学说的研究为他研究俄国问题提供了有力的论据。这也表明马克思对史前社会的研究和对东方社会的研究是一个有机整体。

恩格斯对摩尔根的评价

摩尔根的伟大功绩，就在于他在主要特点上发现和恢复了我们成文史的这种史前的基础，并且在北美印第安人的血族团体中找到了一把解开希腊、罗马和德意志上古史上那些极为重要而至今尚未解决的哑谜的钥匙。而他的著作也并非一日之功。他研究自己所得的材料，到完全掌握为止，前后大约有40年。然而也正因为如此，他这本书才成为今日划时代的少数著作之一。②

马克思原本打算在唯物史观的指导下，通过科学扬弃摩尔根的学说，撰写一部关于史前社会的著作。然而，天不假年，马克思不幸逝世，留下了这个未竟的愿望。马克思逝世后，恩格斯在马克思的手稿中发现了《人类学笔记》。为了完成亡友的遗愿，恩格斯不仅于1884年2月研究了《摩尔根笔记》，还于同年2月底到3月初阅读了《古代社会》一书，并在书中发现了大量新的事实依据，可以证实他和马克思关于原始社会的看法。在此基础上，恩格斯创作了《家庭、私有制和国家的起源》这一光辉著作，不仅发展和完善了唯物史观，也形成了科学的马克思主义史前社会理论。

1879年夏，在马克思的推动下，俄国著名的民族学家柯瓦列夫斯基的《公社土地占有制，其解体的原因、进程和结果》一书出版。该书刚一出版，

① 马克思．马克思古代社会史笔记．北京：人民出版社，1996：125-126.

② 恩格斯．家庭、私有制和国家的起源//马克思，恩格斯．马克思恩格斯文集：第4卷．北京：人民出版社，2009：16.

③ 马克思，恩格斯．马克思恩格斯文集：第3卷．北京：人民出版社，2009：572.

柯瓦列夫斯基就立即寄赠马克思，并在扉页上题词：“赠给卡尔·马克思以表友谊和尊敬!”在书中，柯瓦列夫斯基从美洲、印度和北非的现实生活中引用了大量材料，证明了土地私有制的出现乃是比较晚近的历史现象，在此之前普遍存在的是各种不同形式的集体占有制。通过研究亚洲、非洲和美洲三大洲的公社土地所有制，柯瓦列夫斯基探讨了公社土地所有制解体的原因和影响。同时，柯瓦列夫斯基坚决反对用民族精神或心理特点来解释物权制度，认为一个民族采取何种土地占有制，取决于本身的社会经济发展水平。

马克思十分重视柯瓦列夫斯基的著作，并于1879年秋—1880年夏作了详细的摘录和批注，在充分肯定柯瓦列夫斯基的一些研究结论的基础上，驳斥了他的一些错误观点。

马克思驳斥了西方中心论，强调不能将西欧社会的社会结构照搬到东方社会。马克思指出，由于印度的法律明确规定了统治者的权力不得在诸子中分配，这就使得欧洲封建主义推行的分封制失去了基础，因此，不能将西欧社会的封建主义照搬到东方社会。虽然柯瓦列夫斯基是马克思的“学术上的朋友”，马克思也高度肯定这部著作，但是，马克思也毫不留情地揭露出了柯瓦列夫斯基的一些错误观点。针对柯瓦列夫斯基将印度社会等同于西欧封建社会的观点，马克思指出：“由于在印度有采邑制’、‘公职承包制’（后者根本不是封建主义的，罗马就是证明）和荫庇制，所以柯瓦列夫斯基就认为这是西欧意义上的封建主义。别的不说，柯瓦列夫斯基忘记了农奴制，这种制度并不存在于印度，而且它是一个基本因素。”① 因此，不能将西欧社会的发展道路照搬到东方社会。

马克思论述了农村公社的解体的原因及其影响。柯瓦列夫斯基指出，农村村社解体的主要原因是西方殖民者的侵略以及由之导致的农村高利贷的迅速发展等外部条件。马克思同意柯瓦列夫斯基的观点。马克思指出：“英属印度的官员们，以及以他们为依据的国际法学家**亨·梅恩爵士**之流，都把旁遮普公社所有制的衰落仅仅说成是经济进步的结果（尽管英国人钟爱古老的形式），实际上英国人自己却是造成这种衰落的**主要的**（主动的）**罪人**，——这种衰落又使他们自己受到威胁。”② 显然，英国的入侵是印度村社迅速解体的主要原因。同时，在接触欧洲文化的背景下，印度人的奢侈之风发展起来，经常为了举办

① 马克思．马克思古代社会史笔记．北京：人民出版社，1996：78.
② 马克思．马克思古代社会史笔记．北京：人民出版社，1996：94.

婚礼而大量举债，进而付出高额利息，同时利用英国侵略者给他们的出让土地的自由将土地抵押给高利贷者，并且由于无力还贷而丧失土地，导致土地逐渐集中在与公社毫无关系的城市高利贷者手中，使得大土地私有制取代公社所有制。显然，印度村社解体的主要原因是外部环境，而非社会发展和经济进步的自发结果。这一思想与马克思在《印度史编年稿》中摘录的关于英国殖民者人为地改变印度土地关系并导致农村公社的解体的思想是一致的。这也表明了《柯瓦列夫斯基笔记》和《印度史编年稿》的内在关联性和整体性。

在此基础上，马克思揭示了印度村社的解体导致的严重后果。"**公社团体的瓦解**过程，并不以**确立小农所有制**为限，而且不可避免地导致大土地所有制。如上所述，由于与公社毫不相干的**资本家**阶级侵入公社内部，公社的**宗法性质**就消失了，同时公社首领的影响也消失了；一切人反对一切人的战争开始了。"[①] 可见，农村公社的解体并没有给印度人民带来福音，而是带来了深重的灾难。在研究俄国村社和探索俄国发展道路的过程中，马克思引用了柯瓦列夫斯基关于农村公社解体的外部原因的观点，并结合摩尔根关于农村公社解体的原因，科学揭示了农村公社解体的内部原因和外部原因，强调这一切都取决于村社面临的具体的历史环境。马克思逝世后，恩格斯给柯瓦列夫斯基看了《柯瓦列夫斯基笔记》。

1875 年，英国比较法学家梅恩出版了《古代法制史讲演录》一书。马克思于 1881 年 4—6 月研读并摘录了该书，从多个角度驳斥了梅恩的错误观点，阐述了马克思主义的许多重大理论和实践问题。

马克思批判了梅恩对氏族的错误认识。梅恩对氏族的地位和作用还不了解，将印度的联合大家庭看作是最早的社会单位。对此，马克思指出："［这表明**氏族**是一个多么不为他梅恩所注意的事实！］**'几年前我就指出**（！）（《古代法》第 103 页及以下各页）国际法的历史已向我们证明：作为国际体系的基础并与统治一定土地不可分割地联系着的**领土主权观念**，非常缓慢地取代了部落主权的观念'。按梅恩先生的意见，**第一**｛阶段｝**是印度的联合家庭**｛**joint family**｝，第二是**南方斯拉夫人的家庭公社**，第三是**先在俄国后在印度发现的真正的农村公社**。"[②] 显然，梅恩对氏族、母权制等文化人类学最新研究成果缺乏了解。

作为资产阶级学者的代表，梅恩从资产阶级和殖民者的角度和利益出发，

---

① 马克思．马克思古代社会史笔记．北京：人民出版社，1996：98.

② 马克思．马克思古代社会史笔记．北京：人民出版社，1996：437.

从法律的角度为英国殖民主义作辩护。对此，马克思指出，在统治爱尔兰期间，英国采取了种种掠夺爱尔兰土地的政策，尤其是宣布爱尔兰的土地占有权为非法，必须采用英国的习惯法。这里，“**詹姆斯**的明确目的是‘掠夺’，他把这称为**殖民化**。驱逐和奴役爱尔兰人，没收他们的土地和财产，所有这一切均以反教皇主义作为幌子。”①　马克思揭露了英国在爱尔兰的殖民主义暴行，强烈谴责了英国对爱尔兰的掠夺和统治。

针对梅恩在资产阶级的法学理论基础上形成的抽象的、超阶级的国家观，马克思进行了全面的分析和驳斥，阐述了国家的起源、实质和消亡等问题。马克思指出：“梅恩忽略了深得多的东西：**国家**的看来是至高无上的独立的存在本身，不过是**表面的**，所有各种形式的国家都是**社会身上的赘瘤**；正如它只是在社会发展的一定阶段上才**出现**一样，一当社会达到迄今尚未达到的阶段，它也会消失。”②　国家是社会发展到一定阶段的产物，实质上是代表统治阶级的利益的工具。针对梅恩的资产阶级的抽象的人性观点，尤其是将精神的、道德的影响看作是第一性的观点，马克思指出：“［这一‘道德的’表明，梅恩对问题了解得多么差；就这些影响（首先是**经济的**）以‘**道德的**’形式存在而论，它们始终是派生的，第二性的，决不是**第一性**的。］”③　显然，经济因素才是首要的决定力量。

马克思对摩尔根《古代社会》一书的摘要

① 马克思．马克思古代社会史笔记．北京：人民出版社，1996：466.
② 马克思．马克思古代社会史笔记．北京：人民出版社，1996：510.
③ 马克思．马克思古代社会史笔记．北京：人民出版社，1996：509.

1870年，英国文化人类学家拉伯克的《文明的起源和人的原始状态》一书出版。马克思于1881年6—9月研读并简短地摘录了该书，尤其是书中关于原始婚姻、家庭和宗教等内容。

在摘录《拉伯克笔记》时，马克思已经在整体上接受了摩尔根关于氏族、家庭和婚姻的思想，而拉伯克在这些问题上由于不了解氏族的本质，主要是照搬照抄麦克伦南的错误观点，还带有资产阶级的偏见。在原始婚姻问题上，拉伯克混淆了群婚制和淫婚制。对此，马克思指出："[**拉伯克**在第70页上表示，他相信这种胡言乱语，即把**群婚**和**淫乱**等同起来；实际上清楚得很，**淫乱**是一种以**卖淫**为前提的形式（卖淫只是作为**婚姻**——不论是群婚之类的婚姻还是一夫一妻制的婚姻——**之对立物**而存在的）。因此这是逆序法。]"① 在马克思看来，群婚制和淫婚制有着本质的区别。由于不了解氏族的本质，拉伯克照搬照抄麦克伦南关于外婚制和内婚制的观点，力图使两者的区别合理化。对此，马克思指出，"**拉伯克**的批判态度的典型例子就是，他接受**麦克伦南**的关于'**外婚制**'和'**内婚制**'的胡言乱语，但接着又巧妙地来一番'**求实**'"②。显然，拉伯克的这一观点是不尊重事实的。

在肯定拉伯克的无神论立场的同时，马克思批判了其关于宗教的庸俗的观点："畜生拉伯克说：'**科学为宗教事业**……所立下的巨大功劳……迄今尚未得到应有的承认。科学仍然被许多卓越的但心地狭隘的（心地宽阔的庸人!）人士认为是同**宗教**真理相敌对的，而事实上科学所反对的只是**宗教的错误**'。"③ 可见，拉伯克从根本上否定科学和宗教的本质差别，企图调和两者之间的矛盾。

1880年，英国法学家、曾在印度和锡兰等地长期担任法官的菲尔出版了《印度和锡兰的雅利安人村社》一书。马克思于1882年研读和摘录了该书，科学扬弃了菲尔的主要思想。

菲尔对印度和锡兰的农村情况作了详细的介绍，为人们了解当地的农业、农村公社的发展情况提供了大量的资料，给马克思以很大的启发。马克思摘录道："在欧洲，与东方不同，代替了**实物贡赋**的是**对土地的支配**——耕作者被从他们的土地上赶走，沦为农奴或劳工。在东方，在村社制度下，**人民实际上是自己管理自己的**，贵族阶级的首领们的权力之争主要是争夺**卡查理—塔比尔**

---

① 马克思．马克思古代社会史笔记．北京：人民出版社，1996：523-524.
② 马克思．马克思古代社会史笔记．北京：人民出版社，1996：524.
③ 马克思．马克思古代社会史笔记．北京：人民出版社，1996：541.

的控制权。”① 印度的土地占有制和欧洲的土地占有制有很大的不同，印度的农民也不同于欧洲的农民。然而，菲尔并没有摆脱西方中心论的窠臼，将村社的结构等同于西欧封建社会的结构，将西方社会的发展方式照搬到东方。对此，马克思以嘲讽的口吻指出：“菲尔这个蠢驴把村社的结构叫作**封建的**结构。”② 显然，马克思批判了菲尔的西方中心论思想。

《人类学笔记》是马克思的思想发展进程中浓墨重彩的一笔，在马克思主义理论体系中占据重要的地位，为发现文明发生的秘密指明了科学的方向。

3. 再探印度的历史——《印度史编年稿》

《印度史编年稿》摘录了从公元664年阿拉伯人征服信德到1857—1859年印度民族大起义期间印度社会发展的所有重大历史事件，并用全书三分之二的篇幅重点摘录和评述了英国人征服和奴役印度的历史。

马克思密切注意印度人民抵抗英国侵略的英勇事迹。英国人入侵的过程，也是印度人反抗侵略的过程。从1757年英国征服孟加拉到1849年兼并旁遮普，英国征服印度前后共持续了近一百年。在此前后，印度人进行了激烈的反抗，使得英国侵略者付出了巨大的代价。1756年4月8日，孟加拉的锡拉志·乌德·达乌拉承袭苏巴达尔（即省长）的称号，他立即命令加尔各答总督德雷克将英国人所筑工事全部拆除。当德雷克拒不听令时，他就发兵进攻加尔各答，并战胜了驻守堡垒的英国军队，一度将英军驱逐出孟加拉。对此，马克思详细摘录道：“1756年6月21日晚　一批‘生意人’逃命；夜间霍尔威尔(Holwell)‘在一些起了火的商馆的火光下’守卫堡垒，堡垒被冲击所攻拔，守军被俘，锡拉志命令天破晓前不得触犯任何一个俘虏；全部俘虏146人（看来事出偶然）被关闭在一个面积20平方尺，只有一个小窗口的房屋内；翌晨（这事经过是霍尔威尔本人所述）只有23人幸存，准其顺胡格利河而下。这就是‘加尔各答黑洞事件’，直到现时，英国一些假惺惺的伪君子还不断对于这件事情大肆叫嚣。锡拉志·乌德·达乌拉还师穆尔希达巴德；现在孟加拉全部彻底地把英国不速之客肃清了。”③ 可见，锡拉志·乌德·达乌拉领导的人民

① 马克思．马克思古代社会史笔记．北京：人民出版社，1996：433.
② 马克思．马克思古代社会史笔记．北京：人民出版社，1996：385.
③ 马克思．印度史编年稿（664—1858年）．北京：人民出版社，1957：76.

的反抗给英国侵略者造成了沉重的打击。这是印度人民主动向英国侵略者发动进攻的典型案例。

同时，英国侵略者进攻印度时也曾遭遇过严重的失败。马克思生动地摘录和描述了英国人在马拉提首府浦那所遭受的重大失败。“1779　第二次马拉提战争。伊格顿（Egerton）上校被谴攻打浦那，但受到文官们（特别是卡尔那克（Caenac）将军的掣肘）。当大军逼近浦那的时候，文职委员们害怕起来，不顾拉戈巴和伊格顿的｛劝阻｝，下令退兵；摄政的骑兵立即攻击他们；哈特莱（Hartley）大尉在后卫勇敢地打着掩护，‘文官们’则在前头‘逃命’。夜间他们宿营于华尔加翁（Wargaun），他们的营帐遭受炮击，文职委员们惊慌失措，哀求｛统率｝敌军的信地亚饶他们性命！并放他们安安静静地退走！”① 这样，马克思就通过大量史实驳斥了殖民主义侵略者关于印度人在侵略面前随时准备屈服的论调，讴歌了印度人民反抗殖民侵略的光辉事迹和不屈精神。

马克思深切同情和高度赞扬了1764—1857年印度人民前仆后继的反殖民主义的斗争。他详细摘录了1764年第一次雇佣兵起义、1796年第二次雇佣兵起义、1820年孟加拉西南部人民起义、1855—1856年山塔尔族起义和1857—1859年印度民族大起义等，热情讴歌了印度人民的民族解放运动，并肯定了其取得的成绩。“1849年2月12日　什尔·辛格采取灵活的迂回运动，其策略是在英国军队全部集中在北边的时候出其不意地攻击拉合尔。”② 马克思充分肯定印度人民采用灵活多样的策略来反对殖民侵略。虽然这些起义沉重地打击了英国的殖民统治，但是最终都被殖民者各个击破。

在此过程中，印度封建领导者的背叛是印度民族大起义失败的重要原因。“效忠于‘英国狗’的是信地亚本人，而不是他的战士们；帕蒂阿拉（Patiala）罗阇恬不知耻！居然派遣大军去援助英国人！在曼浦尔（Manpur）（在西北省），一个叫德坎错弗（de-kan-tzow）的年青的少尉畜生（junges Lieutenantvieh）营救了金库和要塞。”③ 马克思不仅谴责了封建王侯对印度人民起义的背叛，也谴责了那些助纣为虐的军官士兵。这表明印度的一些封建王侯和英国殖民侵略者结成同盟，因此，印度人民反抗英国侵略的民族解放运动和反抗本国的封建专制统治紧密相连，缺一不可。显然，马克思从印度人民摆脱英国殖民统治与

---

① 马克思．印度史编年稿（664—1858年）．北京：人民出版社，1957：98-99.
② 马克思．印度史编年稿（664—1858年）．北京：人民出版社，1957：176.
③ 马克思．印度史编年稿（664—1858年）．北京：人民出版社，1957：183.

赢得民族解放这一历史任务出发来研究印度史，给予历史人物和历史事件以科学的评价。

马克思揭露和批判了英国殖民者在印度的殖民统治和掠夺的形式和方法及其造成的巨大灾难。在侵略印度的过程中，面对印度广袤的土地以及境内邦国和部落林立的情况，英国殖民者需要大量的军队和大量成本。因此，殖民者建立印度土著雇佣军队来奴役印度。“1843 年 3 月　　英国守军还补充了几联队从孟加拉开来的‘土著’联队，这样，纳皮尔约拥有 6 000 士兵”①。这样，英国军队就能将自身的损失降到最低。这也是英国殖民者利用印度社会各个邦国和部落的矛盾，推行“分而治之”的政策的具体体现。早在 18 世纪，英国侵略者就利用印度境内不同国家的宗教信仰的不同，挑拨信奉印度教的马拉提联盟和信奉伊斯兰教的迈索尔之间的关系，进而各个击破。同时，英国殖民者让印度出钱供养的英国军队来侵略印度。例如，英国推行所谓的军费补助金制度，即与被征服的印度土邦签订条约，在维持其统治地位的前提下，让其充当自己侵略的帮凶，承担供应自己军费的义务。对此，马克思摘录道：“1800　　惠尔斯莱命令乌德太守萨达特・阿里（Sa'adat Ali）解散自己的军队，而代之以英国军队或由英国军官指挥的印度雇佣兵军队，不但如此，萨达特・阿里还得供应英国军队的饷银。这意味着把乌德军权交给东印度公司，而且还要为自己的被奴役地位支付军费！”② 这样，印度的封建王侯就和英国殖民势力结合起来，共同奴役印度人民。

为了维持自己统治的需要，英国殖民者有时也会废黜一些封建王侯，实行直接统治，并通过税收的形式补偿后者。马克思指出：“［每当进行兼并的时候］英国人就把年金给予被废黜的王侯们，而把新的负担加在贫苦的印度人身上。”③ 英国殖民者利用税收政策来维持自身统治，而不顾印度人民的死活。与此同时，卑劣的贸易手段也是英国掠夺印度的重要手段。1766 年，“东印度公司董事们｛当克莱武缺席时｝准许公司职员垄断盐和‘槟榔’（areca）的国内贸易，公司职员全都从事投机，他们残酷地压榨农民；土著人民心怀不满。克莱武予以制止（!?），成立了国内贸易促进会，这个组织靠损害土著人民的

① 马克思．印度史编年稿（664—1858 年）．北京：人民出版社，1957：168.

② 马克思．印度史编年稿（664—1858 年）．北京：人民出版社，1957：123.

③ 马克思．印度史编年稿（664—1858 年）．北京：人民出版社，1957：152.

利益，而给公司提供经常收入，但是它不容许个别人的投机”①。显然，无论是东印度公司职员个人的投机，还是国内贸易促进会，实质上都是英国资产阶级当局压榨和掠夺印度人民的工具。

马克思详尽摘录和叙述了18世纪后半期和19世纪前半期印度的土地关系和英国的统治对这一关系的影响。18世纪后半期和19世纪前半期，英国殖民者改变了印度的土地关系。18世纪初，印度广大农村地区就存在专门用来收税的柴明达尔。1702年，奥朗则布皇帝任命米尔·贾法尔为迪万，负责监督税收和审判省内发生的一切民事案件。米尔·贾法尔的尊称是穆尔施德·库利汗。“穆尔施德·库利汗是一个有名的理财家；他采取勒索和压榨的手段在孟加拉征敛巨额税收，并准时解往德里。他把全省分为若干‘查克拉’(chakla)。每个查克拉委派一个税收主任，把税收包给他。后来这些税吏把这差事世袭下去，僭称‘拉贾·柴明达尔(Raja Zamindar)。”② 莫卧儿帝国由于衰落而无暇顾及土地占有的方式，只想获取相应的税收，因此，这一做法持续了很长的时间。

随着英国殖民者侵略的加剧，英国总督康华理于1793年举办第一次土地册封，剥夺了农民和公社的土地永久使用权，将孟加拉的土地认作是柴明达尔的私有财产。同年，“通过一项‘关于承认印度柴明达尔为永久的世袭土地所有者’的法案。这一决定在1793年3月在加尔各答公布，获得这意外消息的柴明达尔皆大欢喜！这一措施不但是突然的，而且也是不合法的，因为一般认为英国人向全体印度人民颁布法律，并在可能的范围内治理印度人民，都应该以印度人民自己的法律为准。”③ 为了维持自身的殖民统治，英国殖民者严重侵害印度人民的利益，培植柴明达尔作为自己的利益代言人，造成了极其严重的后果。“对农民‘公社和私有财产’掠夺的最近结果是一系列的农民起来反抗〔强加在他们身上〕的‘地主’的起义；在有些地方柴明达尔被逐出，而由东印度公司取而代之；在其他地方则柴明达尔贫困化，被迫或自愿出售他们的地产，以便缴纳欠税和偿还私债。因此省内较大部分的地产便转入一些拥有游资并愿意把它投在土地上的城市资本家之手了。”④ 可见，英国的殖民做法不仅使得印度农民利益严重受损，也促使他们发动反抗柴明达尔的起义，使得柴明达尔被驱逐或者贫困化，使得东印度公司和城市资本家成为最终的获利者。

---

① 马克思. 印度史编年稿（664—1858年）. 北京：人民出版社，1957：84.

② 马克思. 印度史编年稿（664—1858年）. 北京：人民出版社，1957：51.

③ 马克思. 印度史编年稿（664—1858年）. 北京：人民出版社，1957：116.

④ 马克思. 印度史编年稿（664—1858年）. 北京：人民出版社，1957：118.

这从根本上改变了印度的土地关系，使得农村公社最终走向解体。

在《印度史编年稿》的最后，马克思摘录道："1858 年 8 月 2 日　史坦莱（Stanley）勋爵提出的印度法案被通过，东印度公司于此告终。印度成了'大'维多利亚帝国的一省。"[①] 这样，印度就完全沦为英国的殖民地。在 1881 年 2 月 19 日给丹尼尔逊的信中，马克思指出："英国人以租税、对印度人毫无用处的铁路的红利、文武官员的养老金、阿富汗战争及其他战争的支出等等形式，每年从印度人那里拿走的东西，他们**不付任何代价地**从印度人那里拿走的东西——**不包括**他们每年在印度**境内**攫为己有的在内——，即仅仅是印度人被迫每年**无偿地**送往英国的**商品的价值，超过六千万印度农业和工业劳动者的收入的总额**！这是残酷的敲骨吸髓的过程！那里荒年一个接着一个，而饥荒的**规模之大**，是欧洲迄今为止所无法想象的！"[②] 这里，马克思严厉斥责了英国对印度的殖民侵略。

从整体上看，与 19 世纪 50 年论述英国殖民主义给印度带来的二重性影响、完成双重使命不同的是，马克思在《印度史编年稿》中完全没有提及英国的侵略给印度造成的积极影响，反映了马克思的研究重心的转变。即便没有西方殖民入侵，东方国家也可以主动参与到世界历史进程中去，而不只是被动接受，只是可能会更加缓慢而已。这从根本上否定了东方国家一定要付出遭受西方殖民入侵所带来的血与火的代价，并按照西方国家的方式和要求跟在它们后面亦步亦趋地进入世界历史进程的观点。

显然，马克思在《印度史编年稿》中对印度社会历史进行了深入细致的研究，科学总结和提升三十年来对印度社会的研究。

4. 把握历史的脉络——《历史学笔记》

《历史学笔记》共有 4 本手稿，约 105 个印张，共 140 多万字，对从公元前 1 世纪到公元 17 世纪中叶的世界各国尤其是欧洲的历史事件，按照编年顺序进行了批判性评述。

在《资本论》中，马克思以英国为典型，对资本主义社会进行了全面深入的剖析和研究。在《人类学笔记》中，马克思对原始社会进行了全景式的研

① 马克思．印度史编年稿（664—1858 年）．北京：人民出版社，1957：190.

② 马克思，恩格斯．马克思恩格斯全集：第 35 卷．北京：人民出版社，1996：151.

究。在《资本论》《法兰西内战》和《哥达纲领批判》等著作中，马克思对未来社会进行了科学预测。这样，从人类历史发展更迭演替的角度看，马克思还没有对奴隶社会和封建社会进行过全面的研究。在《〈政治经济学批判〉导言》中，马克思指出，世界史不是过去一直存在的，作为世界史的历史是结果。为此，在《历史学笔记》中，马克思加强了对历史发生过程的研究，对奴隶社会和封建社会的产生、发展和灭亡的过程进行了全景式的研究，同时研究了资本主义的萌芽和发展起点。从整体上看，在《历史学笔记》中，马克思一方面按照时间的顺序摘录相关的历史事件，另一方面按照社会形态的发展演进规律摘录相关的历史事件。

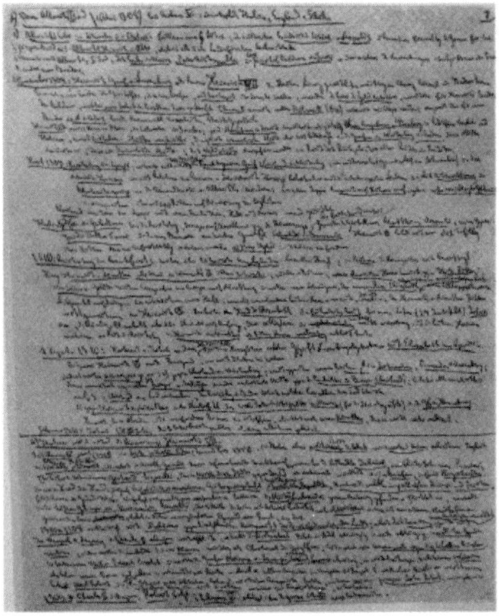

马克思《历史学笔记》中的一页

《历史学笔记》的第一册笔记共有 141 页手稿，按年代顺序包括公元前 91 年到 14 世纪初的 1 400 多年的历史，主要揭示了奴隶制度的解体和封建制度的形成。

马克思以古罗马的奴隶社会为例，全面论述了奴隶制度的发展和灭亡的历史进程。罗马城建立后过了约 650 年即公元前 91 年，为《历史学笔记》的开篇。马克思之所以选择这个时间节点作为起点，就在于该年是罗马奴隶制度建立的重要标志。根据法律的规定，罗马公民权授予群体的范围不断扩大，使得不同阶级享受不同的权利。同时，马克思论述了西罗马帝国发展和灭亡的历史，并为之加了一个标题：从罗马帝国初期到东哥特人占领意大利（公元前 91 年—公元 493 年）。这一阶段与西罗马帝国的发展和灭亡大概处于同一时期。公元 476 年，西罗马帝国最终灭亡，标志着奴隶制度在西欧的崩溃。从根本上说，奴隶制度解体的根本原因是奴隶制生产关系不适应生产力的发展。马克思指出："意大利的小土地占有者非常少，大部分土地没有耕种，其余的土地都是属于罗马豪绅，主要是属于元老们的大块地产，但是这些贵人都用奴隶来耕种，而奴隶根本不能增强国家的实力。"[①] 这样，奴隶制生产关系就没法适应生产力的发展。

具体来看，罗马帝国的连年战争、罗马社会腐化堕落的风气、统治阶级的专横腐败和法制的松弛等因素，也是导致奴隶制解体和罗马帝国灭亡的重要原因。以罗马帝国的社会风气为例，博塔在《意大利人民史》中指出："在王室宫廷的所在地，总有许多壮观的节日庆宴和娱乐场所；一些人在加官晋爵时往往一掷千金，有时两三天就能花掉几百万——皇帝，无论是昏君还是贤君，发给百姓的粮食，有时分文不取，有时只收几个钱，这就更助长了人们的游手好闲，骄奢淫逸，造成了亡国的政治灾难。向穷人大量施舍的基督教教会也促使这种坏的风气绵延不绝。"[③] 这样，行善成为一种危害社会的事件。除了穷人和残疾人之外，大量懒汉和游手好闲者也涌进罗马，企图领取一份施舍和恩赐。大多数人不愿意努力工作，而愿意到罗马去领取接济，同时享受剧院和马戏城中的各种节目。这直接导致了各省的人口大量减少尤其是农业人口减少、土地荒芜，经济遭到严重破坏。同样，统治阶级贪污腐化，欺诈百姓，并且不遵守法律，使得法律仅仅成为压制平民百姓的工具，进而最终导致了罗马奴隶制的灭亡。马克思从史学角度对奴隶社会的发展

西欧奴隶制度的历史影响

西罗马帝国灭亡（476 年）后，六百年来从古罗马文化残余和从亚洲、非洲、西西里、西班牙的新伊斯兰教文化残余形成的文化，在意大利、法兰西、德意志和英格兰也逐渐传播了。在 13 世纪和 14 世纪，这种文化通过德意志人传到斯堪的纳维亚和波罗的海沿岸斯拉夫各国。瑞典和丹麦同一些德意志公爵结盟；汉撒诸城市和挪威，利夫人、库尔人、爱斯人和普鲁士人逐渐接受这种文明；他们不是被消灭就是成为农奴；一个以奴隶为主的德意志骑士共和国成立了；同时，德意志的一些城市公社也建立了，它们的市民不用当地的工业品，都喜欢用外国货和外国手工业品。[②]

---

① 马克思．卡尔·马克思历史学笔记：第 1 册．北京：中国人民大学出版社，2005：230.

② 马克思．卡尔·马克思历史学笔记：第 1 册．北京：中国人民大学出版社，2005：212.

③ 马克思．卡尔·马克思历史学笔记：第 1 册．北京：中国人民大学出版社，2005：229.

演进规律进行了研究，为我们科学把握奴隶制社会形态的更迭演替提供了大量的一手资料。

马克思详细摘录了由罗马天主教会煽动的法、德、意、英封建主的十次“十字军东征”的历史背景、历史进程，全面分析了其历史影响。在“十字军东征”的作用下，“**许多雕刻珍品从君士坦丁堡被运到西方**，这样西方才知道**东方有如此高超的技艺。后来拉丁人**就用这些偷来的珍品**装饰自己的住宅、宫殿和教堂**。在**这方面**也很**擅长的威尼斯人特别努力。他们用君士坦丁堡的豪华物品装饰自己的集市广场和市政厅**。**在威尼斯的**圣马可广场、**圣马可教堂**门前的青铜饰金驷是古代的艺术珍品之一，也是当时**从君士坦丁堡运到威尼斯的**。”[①] 可见，“十字军东征”推动了东西方交往的扩大，沟通了东西方之间的联系。然而，战争从来都是残酷的。“十字军东征”也是如此。“**1099 年 7 月 15 日** 耶路撒冷陷落。十字军无恶不作。第三天，**城防军在自由撤退的条件下投降了**，因此鼓励军队再一次屠杀居民。十字军在耶路撒冷的暴行激起了东方一切信仰伊斯兰教居民的愤怒。”[②] 可见，“十字军东征”给被侵略地区和人民造成了深重的历史灾难。因此，我们要全面科学地认识战争。

《历史学笔记》的第二册笔记共 145 页手稿，按年代顺序包括 14 世纪和 15 世纪前 70 年左右的约 170 年历史，主要是探讨封建制度的确立及其动摇衰落的历史过程。

马克思以意大利为典型，全面论述了封建制度的确立和动摇的历史进程。意大利封建制度是建立在罗马奴隶制衰亡的基础之上的。“**568 年春天（4 月）**［这时**纳尔塞斯**死亡］**阿尔博因**开始进军［除了**郎哥巴底人**，还有**匈奴人**、**萨克森人**、**哥特人**、**苏维汇人**、**保加利亚人**］，占领**弗留利**，让自己的侄子**基苏尔夫**成为弗留利的公爵。隆金努斯任命的**公爵有文职人员和武职人员**，阿尔博因任命的**公爵都是封建领袖**，他们带一部分人在自己的地区定居下来（侵占当地人的财产和权利，**使当地人大受损失**）。”[③] 从阿尔博因时期开始，意大利的封建制度逐渐确立。随着封建制度的发展，到 1308 年 11 月亨利希七世继位，封建制度由盛转衰。从根本上说，生产力的发展是封建制度动摇的根本原因。生产力的发展导致资本主义因素得到孕育和发展、市民阶级力量不断壮大，使

① 马克思．卡尔·马克思历史学笔记：第 1 册．北京：中国人民大学出版社，2005：135.
② 马克思．卡尔·马克思历史学笔记：第 1 册．北京：中国人民大学出版社，2005：85.
③ 马克思．卡尔·马克思历史学笔记：第 1 册．北京：中国人民大学出版社，2005：15.

得王权和市民阶级联合起来，共同反对封建专制制度，进而推动了封建制度的动摇和解体。

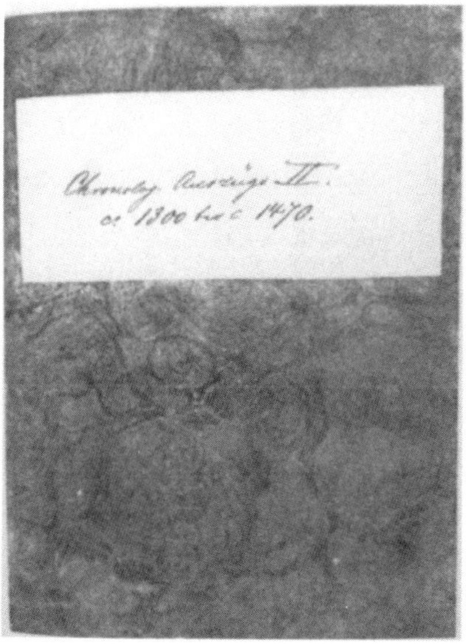

马克思《历史学笔记》第二册封面，标题为恩格斯所加

具体而言，封建诸侯力量的发展及其相互之间的战争、对外贸易的发展及其引起的战争、农民起义等因素，直接推动了封建制度的动摇和解体。以对外贸易引起的战争为例，随着对外贸易的发展，威尼斯和佛罗伦萨等沿海城市兴起，逐渐摆脱了王权和教权的统治，成为新兴的商业城市共和国。为了争夺贸易和市场，这些城市之间发生了多次海战。“**1353 年 8 月　海战**。热那亚人一败涂地，载有几千名著名热那亚人的 30 艘船被俘，其余的船被击沉。”[①] 第二年，热那亚海军又战胜了威尼斯海军。“**1354 年**　在**莫顿的一次战役中，威尼斯的海军**，整个舰队以及 5 000 名士兵都被海军将领**帕加尼尼·多里亚**（热那亚人）指挥的热那亚人消灭了。”[②] 这里，开展海上贸易和海战，需要强大的国力和先进的科学技术，以推进大规模的建造舰船、训练士兵。在这些因素的作用下，封建制度最终走向解体。

马克思详细摘录了杜尔奇诺起义、扎克雷运动、瓦特·泰勒起义以及捷克的胡斯战争等农民起义，高度评价了农民起义在推翻封建专制制度过程中的作

---

① 马克思．卡尔·马克思历史学笔记：第 2 册．北京：中国人民大学出版社，2005：23.

② 马克思．卡尔·马克思历史学笔记：第 2 册．北京：中国人民大学出版社，2005：48.

用。在封建主义的欧洲，封建君主、贵族和教会对农民、小手工业者的残酷剥削和掠夺，导致阶级斗争异常激烈，爆发了多次大规模的农民起义。14 世纪中后期，在理查二世执政初期，贵族和教会残酷地剥削下层农民，使得农民的处境十分悲惨。1381 年，泥瓦匠瓦特·泰勒领导的起义爆发了，其参与者主要是农民、手艺人和工人。泰勒带领起义队伍向伦敦进发，沿途抢劫贵族财产、焚毁文契、杀死官吏，给封建统治阶级造成了极大的震动和打击。在此情形下，理查二世一方面答应废除人头税，在整个王国境内取消农奴法和徭役制，取消狩猎权和捕鱼权；另一方面诱使泰勒同自己谈判，并在谈判时使用诡计将他当场杀害。紧接着，理查二世通过卑劣的手段镇压了起义队伍，不仅收回了之前的承诺，还对起义者进行公开审判。这里，马克思不仅高度评价了农民起义的历史作用，而且客观分析了农民起义的历史局限，更是强烈谴责了封建统治阶级运用种种卑劣的手段对农民起义的残酷镇压。

杜尔奇诺起义

杜尔奇诺，他［作为 13 世纪中叶的传教士、空想家杰拉尔德·塞加雷利的学生］利用口述和书信（其实就是一些传单，因为人们都竞相传阅）宣传早期基督教的淳朴道理，宣传财产公有、建立基督教共和国、推翻世俗的恶霸和富翁，以解救穷人和被压迫者。他面临逮捕和强迫离境——后来他在伦巴第东部有了一批拥护者——终于逃走，在诺瓦拉和韦尔切利的几座几乎终年白雪皑皑的高山上聚集了 6 000 多人，和美丽动人、勇敢机灵的妻子一起住在这个难以攀登的崇山峻岭，靠抢劫为生。①

《历史学笔记》的第三册笔记共有 143 页手稿，按年代顺序包括 15 世纪上半叶到 16 世纪 70 年代，主要揭示了资本主义因素的萌发和发展的历史进程。

15 世纪末，虽然经历了全盛时期的封建制度正在衰落，但是封建社会内部却孕育了资本主义的萌芽。这不仅加速了封建制度的解体，还推动了资本主义时代的开始。随着资本主义因素的发展，货币成为占据主导地位的社会力量。人们对货币的追求达到了一个新的高度，直接导致了黄金热席卷西欧。为了最大限度地追逐黄金，在一些国家的王室的支持下，麦哲伦、哥伦布等航海家远赴海外寻找黄金。“**1495 年 2 月**　哥伦布让 12 艘船回西班牙去为他运一

① 马克思．卡尔·马克思历史学笔记：第 2 册．北京：中国人民大学出版社，2005：2.

些他迫切需要的补给品。[**截船打劫**是一些美洲的西班牙冒险家的唯一目的，在哥伦布写给西班牙宫廷的一些报告中也有所证明。][哥伦布的报告把自己描绘成一个海盗……。][**贩奴**就是基本原则！]”① 可见，航海大发现不仅促进了西方国家贸易、商品经济的发展和资本主义萌芽的产生，还通过贸易的发展和掠夺为西方资本主义的产生积累了大量的财富。

同时，航海业的发展推动了新兴城市的兴起。威尼斯原是国际贸易的中心，“但是，威尼斯的强盛基础受到来自各个方面的破坏：**在东方**，土耳其的势力日益强大；与**东印度**和**中国**的贸易已转入**葡萄牙**之手，**葡萄牙**控制着德干高原上的整个帝国，很快又占领**南美洲**的一些岛屿和土地；**西班牙**有美洲的领地等等，海上都是它的船只，使威尼斯的船相形失色；**尼德兰利用西班牙人和葡萄牙人的发现得到许多好处**；最后，一些大的（已经不是封建的）君主国的建立——这与许多重大的变革有关，在 15 世纪就准备好了——使威尼斯像汉撒各个城市那样到了末日。”③ 随着威尼斯的衰败，尼德兰成长壮大了。尼德兰的发展推动了资本主义萌芽的充分发展，并爆发了著名的尼德兰革命。这是世界上第一次成功的资产阶级革命，为资产阶级取得政权打下了坚实的基础。

宗教改革的作用

1536 年初 日内瓦人按照法国新教教会的教规，完全依照茨温利的〔学说〕改革了祈祷仪式和各个学校，宣布主教没有世俗权力，宣布日内瓦成为独立的共和国。

……

1541 年以前 加尔文被赶得东奔西走，后来他返回，受到热烈欢迎。从此，他成为日内瓦的主宰，创立了加尔文教和日内瓦共和国的资产阶级制度。②

在欧洲各国内部，随着生产力的发展和市民阶级力量的壮大，形成了资本主义生产发展的前提。在此过程中，为了反抗封建专制制度，推动资本主义因素的进一步发展，王权同城市资产阶级联合起来，粉碎了封建主义的势力，像英国那样的一些大的君主国形成了。在此过程中，宗教改革发挥了重要的作用，尤其是推动了整个 16 世纪在德国、意大利和法兰西的内战的发生。通过摘录宗教改革和宗教战争，马克思进一步解释了作为上层建筑的宗教受经济基础制约。同时，这一时期的宗教改革和宗教战争与资本主义因素的发展密切相关。

《历史学笔记》的第四册笔记共有 116 页手稿，按年代顺序包括 16 世纪最后 25 年到 17 世纪上半叶之间的历史事件，主要揭示了推动资本主义生产方式

① 马克思．卡尔·马克思历史学笔记：第 3 册．北京：中国人民大学出版社，2005：57.
② 马克思．卡尔·马克思历史学笔记：第 3 册．北京：中国人民大学出版社，2005：140.
③ 马克思．卡尔·马克思历史学笔记：第 3 册．北京：中国人民大学出版社，2005：73.

形成的一系列重大事件和资本主义原始积累。

马克思考察了英国1455年到1485年持续了三十年的蔷薇战争的发生及其影响。蔷薇战争是兰开斯特家族和约克家族为争夺王权而进行的战争。由于兰开斯特家族和约克家族分别用红、白两种蔷薇作为族徽，因此，这场战争被称为蔷薇战争。为了扩大自身的力量、争夺战争的胜利，两大家族都积极从事海上贸易，促进国内纺织业等工商业的发展，进而推动了英国在经济上和政治上的发展变化。蔷薇战争对英国经济社会的发展产生了深刻的影响，因此，马克思将之称为"社会革命"。"这一时期，各地的财富和工业都有所增长。**各郡小业主**的财富和人数越来越多，市民阶级随着贸易的发展也大发其财……**财富决定着贵族地位的高低**。**波哲奥**在来这个岛旅行时指出，'收入丰盈的贵族最受尊敬，出自名门的人都在做生意，**出售自己的羊毛和牲畜**，并不认为从事农业是丢人的事'。……**实业阶级人数众多，遭到破产和覆灭的其实主要是一些贵胄显爵及其封建家臣**。"① 显然，经济的发展决定了各个阶级政治地位的变化，引发了社会革命。

马克思重点考察了1618年至1648年的三十年战争的历史进程及其影响。三十年战争是世界历史上第一次大规模的国际战争，史称三十年战争。在马克思看来，虽然三十年战争是以宗教名义进行的战争，但绝不仅仅是一场宗教战争，其实质是欧洲社会各种矛盾的集中爆发，反映了欧洲社会新旧贵族之间、新兴的资产阶级和封建势力之间政治利益和经济利益的矛盾和对抗。"**1648年8月6日　瑞典、皇帝**和**新教帝国官员三方在奥斯纳布吕克**签订了**威斯特伐里亚和约**。"②到了10月份，军事行动停止了，三十年战争正式结束。《威斯特伐里亚和约》的签订在国际关系发展史上是具有里程碑意义的历史事件，不仅标志着神圣罗马帝国的彻底衰落和以神圣罗马帝国为核心的国际关系体系走向解体，还标志着以英、法、德等近代主权国家为主体的近代国际关系体系的形成。

圈地运动的原因

羊毛价格的上涨又推动了农业的改颜换貌……这种变化就是小块耕地的合并，大规模养羊业的产生。促使这种变化的是商人阶级日益增长的财富。许多商人把大量资金投入土地，这些被拉蒂默骄傲地称作"经营农场的绅士和威武的办事人员"，不因循守旧，也不讲个人情面，可以放手地把一些小农场主逐出土地。③

① 马克思．卡尔·马克思历史学笔记：第4册．北京：中国人民大学出版社，2005：228.
② 马克思．卡尔·马克思历史学笔记：第4册．北京：中国人民大学出版社，2005：175.
③ 马克思．卡尔·马克思历史学笔记：第4册．北京：中国人民大学出版社，2005：228.

马克思对英国的原始积累尤其是对圈地运动进行了重点考察，科学揭示了资本主义的历史起点。以圈地运动为代表的资本主义原始积累是《历史学笔记》的终点，也是《资本论》的起点。作为一种历史现象，圈地运动在 13 世纪就已出现。这主要是由于纺织业的发展引起的。到了 15 世纪末到 16 世纪初，圈地运动具有了资本主义原始积累的性质。圈地运动一方面为资本主义的发展提供了大量廉价的劳动力，另一方面为新兴的资产阶级积累了大量的财富，即为资本主义的发展积累了大量财富，在推动资本主义发展过程中发挥了积极作用。然而，圈地运动却严重损害了农民的利益，给广大失去土地的农民造成了深重的灾难，使得失去土地的农民无处栖身，到处流浪，被关进监狱，靠乞讨或行窃为生。为了生计，一些失去土地的农民成为无产者，导致了居无定所的工人越来越多，对社会的不满情绪也越来越强烈。这样，在肯定资本主义原始积累同时，马克思也揭示了原始积累给广大农民造成的深重灾难，以及给社会稳定造成的不利影响，即全面揭示了资本主义的二重性，为从根本上否定资本主义打下了基础。

在《历史学笔记》中，马克思不仅展示了历史发展的具体进程，而且揭示了历史发展的规律及其辩证特点。马克思的研究表明，历史不是偶然的历史人物和历史事件的堆积，而是既反映历史进程的一般趋势，又反映各个国家历史发展的个性的一系列有内在规律的事件。他的研究也证明：历史发展绝不是作为某种天定或先定的使各种现象划一的力量在起作用，而是一个富有戏剧性情节的活剧；由于历史主体的选择和活动，普遍规律往往在不同的条件下有不同的表现。他的研究还证明：经济因素是影响历史发展的关键原因，但也不能忽视自然、政治、文化、社会和科技等因素的作用；但是，也不能对这些因素等量齐观。这样，马克思在展示历史演进进程的同时，也揭示出了历史发展的辩证面貌。

《历史学笔记》是一个内容丰富的理论整体，是马克思晚年研究人类社会历史尤其是西欧社会历史的重要理论结晶，同时具有一般历史哲学的意义和价值。

马克思的《人类学笔记》和《历史学笔记》不仅是服从和服务于《资本论》创作逻辑的科学尝试，而且是具有独立意义的思想实验，彰显了马克思晚年思想的丰富性和全面性。

第 20 章

他的英名和事业将永垂不朽

马克思逝世

现在他逝世了，在整个欧洲和美洲，从西伯利亚矿井到加利福尼亚，千百万革命战友无不对他表示尊敬、爱戴和悼念，而我可以大胆地说：他可能有过许多敌人，但未必有一个私敌。

他的英名和事业将永垂不朽！①

1883 年 3 月 14 日下午，在长期的颠沛流离和贫病交加的袭扰下，马克思不幸离开了这个他为之奋斗一生的世界，给世人留下了无尽的哀思，以及取之不尽用之不竭的精神财富和伟大的人格魅力。在面对马克思的骨灰时，高尚的人将洒下热泪。但是，共产主义的洪流仍然滚滚向前。

1. 生离死别——马克思夫人燕妮的离世

由于长期跟马克思一起过着颠沛流离和贫病交加的生活，燕妮的健康状况受到了很大的损害。从 1878 年秋天起，她不幸地患上了癌症。

在当时，由于卡尔斯巴德有可以治病的矿泉，因此，燕妮希望过去疗养来缓解和控制病情。从 19 世纪 70 年代开始，在恩格斯的资助下，马克思基本上每年都要去疗养，对他的健康的恢复起到了很好的作用。然而，由于德国俾斯麦政府颁布的臭名昭著的“非常法”，去往卡尔斯巴德的道路已经被封锁。虽然马克思为燕妮写了申请，但他收到的仅仅是正式的回绝，理由仅仅是燕妮是

---

① 恩格斯．在马克思墓前的讲话//马克思，恩格斯．马克思恩格斯文集：第 3 卷．北京：人民出版社，2009：602－603．

他的妻子。显然，反动派对马克思夫妇的迫害并没有因为他们已是风烛残年的老人而有丝毫减弱。

在燕妮患病期间，马克思对她进行了无微不至的照顾，为她排除一切干扰，创造安静的环境来静养。倍倍尔回忆最后一次见到燕妮的情景时说："马克思的妻子正卧病在床。我希望和她告别，于是马克思把我带到她的房间，严厉地嘱咐我和她谈话不能超过一刻钟。但我们一谈就很起劲，以至我忘记了她的病况，在她那里不是坐了一刻钟而是半点多钟。当时马克思忍耐不住而责备我，说我'摧残'他的妻子"[①]。马克思对燕妮照顾得十分周到。这使得身体本来就已经很羸弱的马克思由于劳累而再次病倒，随时都有生命危险。

1881 年的整个秋天和冬天，马克思夫妇都在和死亡做斗争，却因身患重病而住在两个房间内不能相见。这无疑是人世间最凄凉和最悲惨的事情。在爱琳娜和琳蘅的悉心照顾下，马克思的身体有了一定程度的恢复，但燕妮却未见好转。爱琳娜回忆道："1881 年秋天，我们亲爱的母亲已经病得很厉害，很少下床了，摩尔害了沉重的胸膜炎。医生（我们的挚友唐金）认为他差不多没有希望了。那真是一个可怕的时期，前面那个大房间里躺着我们的母亲，旁边那个小房间里睡着摩尔，他们俩平时朝夕相处，相亲相爱，现在再不能同住一屋了……摩尔又一次战胜了病魔。我永远忘不了那天早晨，他觉得自己强健得能够到母亲房间去。他们在一起又都年轻起来，她像一个热恋中的少女，他像一个热恋中的小伙子，他们又恢复了生命的活力，而不像一个在死亡线上挣扎的老人和一个即将被病魔夺去生命的老妇，彼此在作最后一次话别。"[②] 虽然燕妮遭受了巨大的痛苦，但是马克思对她的爱和忠诚以及他们毕生奋斗的事业使得她能够平静地离开这个世界。

在燕妮去世之前，发生了一件令她非常欣慰的事情。《现代思想》月刊上刊登了厄内斯特·贝尔福特·巴克斯的《现代思想的领袖。第二十三——卡尔·马克思》一文。虽然该文关于马克思的生平材料的引用大部分是不真实的，对他的经济学的理解也有很多错误，但是，在到处张贴在伦敦西区的墙上的海报上使用了大号字对之进行宣传，引起了很大的震动，也给病重的燕妮带来了

---

① 转引自波·维诺格拉茨卡娅：燕妮·马克思．北京：生活·读书·新知三联书店，1981：427.

② 中共中央马克思恩格斯列宁斯大林著作编译局．回忆马克思．北京：人民出版社，2005：109.

莫大的安慰。在 1881 年 12 月 15 日给左尔格的信中，马克思指出："对我最重要的是，还在 11 月 30 日我就收到了上述的一期《现代思想》，使我亲爱的妻子在她生命的最后几天里得到了愉快。你知道，她是多么热情地关怀所有这类事情。"① 这也是毕生视声望为羁绊，从不愿意别人宣传自己的马克思唯一一次对之表现出欣喜之情，仅仅是因为它给病重的妻子带去的安慰。

燕妮·马克思

不管马克思和亲友们如何不舍，1881 年 12 月 2 日，燕妮还是平静地离世了。在 1881 年 12 月 7 日给女儿燕妮的信中，马克思谈道："她及时咽气，这对我是一个安慰……甚至在**最后的几小时**，也不用同死亡进行任何斗争，而是慢慢地沉入睡乡；她的眼睛比平时更加富于表情，更加美丽，更加明亮!"② 在燕妮离世的当天，恩格斯说了这样一句话：摩尔也死了。在爱琳娜看来，摩尔的生命同母亲的生命一起逝去了。这表明燕妮的去世给马克思带来了沉重打击。在 1881 年 12 月 13 日给丹尼尔逊的信中，马克思指出，他当时差点要离开这个邪恶的世界，而到现在还不能出门。

作为一个身上肩负着无产阶级和全人类解放的重大使命的革命导师，马克思并不会也没有权利选择结束自己的生命，只能用余生的每一天来怀念自己的妻子。在 1882 年 3 月 1 日给恩格斯的信中，马克思写道："你知道，没有人比我更讨厌随便动感情的了；但如果不承认我的思想大部分沉浸在对我的妻子——她同我生命中最美好的一切是分不开的——的怀念之中，那是骗人的。"③ 为了表达对燕妮的思念，马克思悄无声息地将她的一张镶有镜框的相

① 马克思，恩格斯．马克思恩格斯全集：第 35 卷．北京：人民出版社，1971：241.
② 马克思，恩格斯．马克思恩格斯全集：第 35 卷．北京：人民出版社，1971：233.
③ 马克思，恩格斯．马克思恩格斯全集：第 35 卷．北京：人民出版社，1971：42-43.

片随身携带，直到他逝世后，爱琳娜才在他的衣袋中发现了这一秘密。当然，马克思并没有陷入消沉之中，而是继续将自己的余生奉献于人世间最壮丽的事业——为了无产阶级和全人类的解放而奋斗，以此来表达对燕妮的深切怀念。在1881年12月13日致丹尼尔逊的信中，马克思指出，我想尽快地完成《资本论》第二卷，以献给我的妻子。这也是马克思将忘我的工作和对燕妮深深的怀念结合起来的最好的一种表达方式。出于对马克思的健康情况的考虑，医生禁止他参加燕妮的葬礼，加之燕妮生前曾说自己不是那种重表面形式的人。因此，马克思并没有出席葬礼。

燕妮的离世也给恩格斯等世界各国的革命者带来了巨大的悲痛。马克思夫妇一生最忠诚和最值得信赖的朋友——恩格斯出席了葬礼，发表了《在燕妮·马克思墓前的讲话》一文，详细地论述了她的一生的经历和斗争，尤其是和马克思同甘苦、共患难的一生。恩格斯将燕妮作为一位独立的、终身致力于为人类的幸福而工作的无产阶级革命家来评价，高度评价了她的才能："她的一生表现出了极其明确的批判智能，卓越的政治才干，充沛的精力，伟大的忘我精神；她这一生为革命运动所做的事情，是公众看不到的，在报刊上也没有记载。她所做的一切只有和她在一起生活过的人才了解。但是有一点我知道：我们将不止一次地为再也听不到她的大胆而合理的意见（大胆而不吹嘘、合理而不失尊严的意见）而感到遗憾。"① 从某种意义上说，燕妮是除马克思、恩格斯之外的第一个马克思主义者，也是世界上第一位杰出的无产阶级女革命家。对此，恩格斯对燕妮的品德进行了高度的赞扬："我用不着说她的个人品德了。这是她的朋友们都知道而且永远不会忘记的。如果有一位女性把使别人幸福视为自己的幸福，那末这位女性就是她。"② 可见，燕妮的一生是战斗的一生，是追求人类幸福的一生。

李卜克内西回忆道："在妇女中，马克思夫人第一个使我认识到妇女教育的力量。……对我来说，马克思夫人是驯服并训导野蛮人的伊菲姬妮亚，是让自暴自弃、缺乏自信心的人冷静下来的爱琳娜。她像母亲、朋友、知己、参谋。她是我心目中妇女的典范，至今我仍然把她当做楷模。我还要再说一遍，多亏马克思夫人，才使我在伦敦没有从精神上和肉体上走向毁灭，当我想葬身在流亡生活困苦的大海之中时，是她像洛伊科泰娅拯救沉船后的奥德赛那样，

---

① 马克思，恩格斯．马克思恩格斯全集：第19卷．北京：人民出版社，1963：323.

② 马克思，恩格斯．马克思恩格斯全集：第19卷．北京：人民出版社，1963：323-324.

给了我重新游上岸的勇气。”① 伊菲姬妮亚、爱琳娜和洛伊科泰娅都是古希腊神话传说中的伟大女性。这表明了李卜克内西对燕妮的高度尊敬，以及燕妮对李卜克内西的深刻的影响和帮助，反映了燕妮的伟大的革命者的形象。

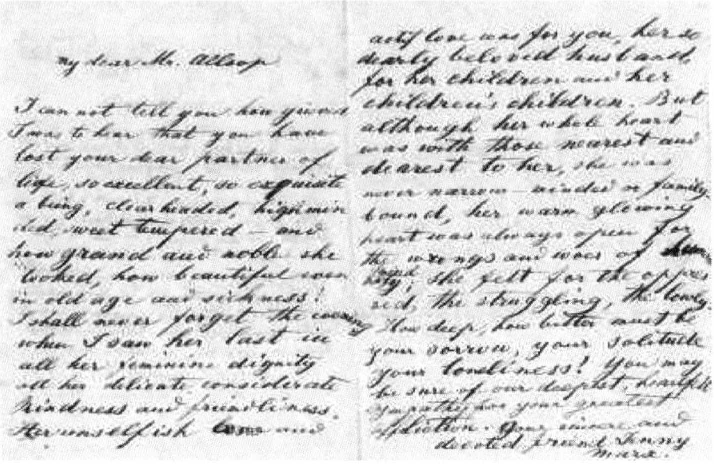
My dear Mr. Allsop
I can not tell you how grieved I was to hear that you have lost your dear partner of life, so excellent, so exquisite a being, clear headed, high minded, sweet tempered — and how grand and noble she looked, how beautiful even in old age and sickness! I shall never forget the evening when I saw her last in all her feminine dignity, all her delicate considerate kindness and friendliness. Her unselfish [illegible] and [illegible] love was for you, her so dearly beloved husband, for her children and her children's children. But although her whole heart was with those nearest and dearest to her, she was never narrow-minded or family-bound, her warm glowing heart was always open for the wrongs and woes of [illegible]; she felt for the oppressed, the struggling, the lowly. How deep, how bitter must be your sorrow, your solitude, your loneliness! You may be sure of our deepest, heartfelt sympathy for your greatest affliction. Your sincere and devoted friend Jenny Marx.

马克思的夫人燕妮写给奥尔索普的信的手迹

来自世界各国、各民族的人对燕妮的高度评价令马克思十分欣慰，缓解了他的悲伤之情。在 1881 年 12 月 17 日给女儿燕妮的信中，马克思说：“我从各地和从各种民族、各种职业等等的人们那里收到的吊唁信，都赞扬妈咪，都充满了非常真诚的心情，非常深厚的同情，这是罕见的，而通常这只不过是奉行故事而已。我认为这是因为她一切都自然而真实，朴素而不做作；因此她给人的印象是富有朝气和乐观愉快。在赫斯夫人看来，‘由于她的逝世，自然界毁坏了它自己的杰作，因为我一辈子没有见过这样聪慧而慈爱的女人。’”② 人们对于燕妮的高度评价准确地反映了燕妮的高贵品德。

爱琳娜写道：“我母亲在 1881 年 12 月去世。15 个月以后，那个同她终生不离的人也随着去世了。经受了生活中的重重忧患，他们与世长辞了。她是一位理想的女性，而他是：一个男子汉，总之，我再也见不到像他那样的人了。”③ 这也是女儿对父母发自内心的评价。

① 中共中央马克思恩格斯列宁斯大林著作编译局．回忆马克思．北京：人民出版社，2005：78－79.

② 马克思，恩格斯．马克思恩格斯全集：第 35 卷．北京：人民出版社，1971：242－243.

③ 中共中央马克思恩格斯列宁斯大林著作编译局．回忆马克思．北京：人民出版社，2005：213.

2. 薪火相传——作为革命者的马克思女儿们

在谈到妇女参加工人运动的问题时，马克思曾指出，没有妇女的酵素就不可能有伟大的社会变革。这句话是对马克思的三个女儿的最好的写照。在马克思夫妇的影响下，三个女儿最终都走上了革命道路，都为无产阶级和全人类的解放贡献了自己的一生。

除了马克思的自白之外，燕妮和三个女儿也都回答了这份自白表。这些自白长期保存在大女儿燕妮的纪念册里，从另一个角度反映了三个女孩的性格和追求。其中，大女儿燕妮的主要特点是"始终不渝、自尊心"，厌恶的是"卑躬屈膝"，喜爱的座右铭是"披荆斩棘，攀登高峰"。二女儿劳拉喜爱的座右铭是"真理高于一切，它必然胜利"。当时年仅 10 岁的小女儿爱琳娜最喜爱的格言是"勇往直前"。在马克思夫妇的教育和影响下，三个女儿最喜爱的诗人都是莎士比亚。她们的座右铭都昭示了自己必将接过父亲的火炬，成为致力于无产阶级和全人类解放的坚定的革命者。早在 1861 年燕妮不幸患天花时，需要和孩子们隔离。由于寄宿学校需要强制履行宗教仪式，三个女儿拒绝了将她们送到寄宿学校的建议。这表明了她们具有强烈的革命精神，是彻底的无神论者。

大女儿燕妮是马克思夫妇的第一个孩子，也是最像马克思的一个孩子。作为家中的长女，燕妮长期跟父母一起过着颠沛流离和贫病交加的日子。穷人家的孩子早当家。为了帮助家庭度过困难的日子，小燕妮背着父母去偷偷地做家庭教师。在 1868 年 11 月 30 日给恩格斯的信中，马克思指出："你从小燕妮背着我同意在一个英国人家里**教课**这一点可以看出，最近几个月我们家的处境是多么令人不快。教课在 1869 年 1 月份才开始。"① 面对家庭的困难生活，小燕妮十分操心，以至于损害了自己的健康。

小燕妮的最初志向是从事舞台表演。在 1870 年 3 月 26 日给库格曼的信中，马克思在谈到小燕妮时指出："她最近曾应邀到一个意大利富商的妻子维凡蒂太太家里做客。那是一次很大的社交聚会，其中也有一些英国人。小燕妮朗诵了莎士比亚，非常成功。"② 小燕妮有着出色的戏剧天赋，并曾在一家剧

① 马克思，恩格斯．马克思恩格斯全集：第 32 卷．北京：人民出版社，1974：203.
② 马克思，恩格斯．马克思恩格斯全集：第 32 卷．北京：人民出版社，1974：650.

院里演过麦克白斯爵士夫人，并用演出的收入为琳蘅买了一件大衣。然而，由于小燕妮的体质比较柔弱，生性非常脆弱，因此，父母并不赞同她从事舞台艺术表演。

在父母的影响下，小燕妮最终走上了革命的道路。她最早接替母亲的工作，担任父亲的秘书，帮助父亲誊写手稿、代写信件等。1870 年，为了支持爱尔兰民族解放运动，燕妮在法国报刊上撰写了大量文章，强烈谴责了英国在监狱中对爱尔兰自由战士施加的暴行。这些文章被许多报刊转载，在迫使英国政府释放一大批爱尔兰自由战士方面发挥了积极的作用。在 1871 年 4 月 3 日给路德维希・库格曼的信中，小燕妮指出："我们流亡，长期孤居，等等，等等，无不是为无产阶级的崇高事业而作出的牺牲。我对此并不后悔。虽然如此，我还是承认我仍然具有人类的某些弱点，我父亲的健康对我说来比《资本论》第二卷的完成更加珍贵。"① 这既表明了小燕妮立志投身于无产阶级和全人类解放事业的决心，也表明了她对父亲的孝心和情深，尤其是对父亲健康状况的关心。

巴黎公社革命失败后，小燕妮积极参与援助巴黎公社流亡者的斗争。在 1871 年 12 月 21—22 日给路・库格曼的信中，小燕妮指出："最近三个星期来，我经常从伦敦的一个郊区跑到另一个郊区（在这个大城市里，这不是件小事），而且写信往往写到夜里一点钟。奔波和写信的目的，就是为救济流亡者募捐。"② 小燕妮作出自己最大的努力来援助巴黎公社流亡者。这一期间，小燕妮带着妹妹爱琳娜去法国，却在法国南部被警察秘密逮捕。姐妹俩与反动警察进行了坚决彻底的斗争，迫使警察在没有得到任何有价值的信息下将她们释放。1872 年 10 月，小燕妮和法国革命者沙尔・龙格举行了婚礼。此后，小燕妮的整个生命更是与无产阶级和全人类解放事业紧密结合在了一起。

小燕妮的个人生活也充满着不幸。1874 年，她的第一个孩子，刚刚十一个月的男孩沙尔・龙格被无情的霍乱夺去了生命。在 1874 年 8 月 4 日给路德维希・库格曼的信中，马克思谈道："在这方面，我不象在其他事情上那么坚强，家庭的不幸常常使我十分难过。一个人象我这样在几乎完全与世隔绝的状态下生活的时间越长，精神生活的圈子就越窄。"③ 可见，小外孙的不幸离世

---

① 马克思主义研究资料：第 2 期．北京：人民出版社，1987：167.

② 马克思，恩格斯．马克思恩格斯全集：第 33 卷．北京：人民出版社，1973：666.

③ 马克思，恩格斯．马克思恩格斯全集：第 33 卷．北京：人民出版社，1973：639.

使得马克思十分悲痛。在 1874 年 8 月 14 日给燕妮的信中，马克思写道：“从小天使不再使我们家活跃的时候起，这个家就变得死气沉沉了。没有他我处处感到寂寞。想起他来，我心如刀割，这样可爱、这样迷人的小家伙难道能使人忘记吗！不过，我的孩子，为了你的父亲，我希望你坚强起来。”① 马克思就是这样一位慈祥的外祖父，一位“孺子牛”。马克思希望小燕妮能够坚强起来，熬过这段艰难的岁月。然而，小燕妮羸弱的身体很快就在疾病的袭扰下而坍塌。1883 年 1 月 11 日，年仅 39 岁的燕妮不幸去世。

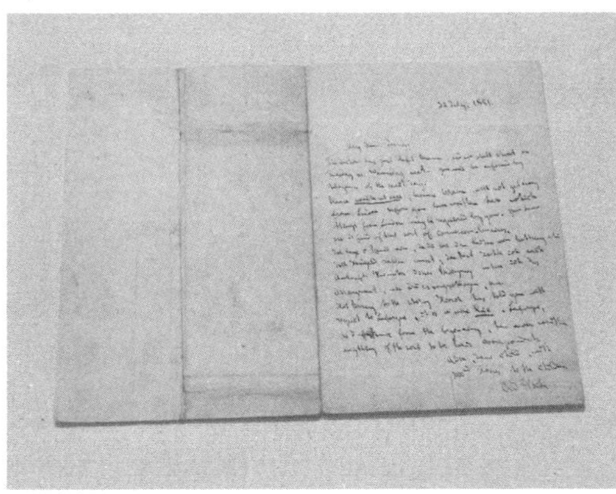

马克思给女儿小燕妮的信

二女儿劳拉和母亲最为相像。在父母的教育和熏陶下，她逐渐成为一个坚定的革命者，成为父亲最忠实的助手。劳拉嫁给了法国无产阶级革命家拉法格。这很大程度上要归功于马克思。拉法格年轻时经常去马克思家中请教问题，马克思也非常愿意和他交谈，并将之视为革命接班人来培养。对此，拉法格回忆道：“我那时 24 岁。我一生将永远不会忘记这第一次的会见所给我的印象。马克思那时常常生病，正在下功夫写作《资本论》第一卷（这书两年后——1867 年出版）。他担心不能完成这部著作，因此很喜欢接见青年人，他时常说：‘我应该训练好在我死后继续共产主义宣传的人。’”② 马克思对拉法格等年轻人寄予厚望，希望他们继承共产主义事业。拉法格起初经常去马克思家确实出于请教学问的目的，并表现出对他的依恋。然而，这种依恋很快地就移到了他的女儿劳拉身上。马克思对此却一无所知，直到真相大白之后，才明白真正的

① 马克思，恩格斯．马克思恩格斯全集：第 33 卷．北京：人民出版社，1973：642.

② 中共中央马克思恩格斯列宁斯大林著作编译局．回忆马克思．北京：人民出版社，2005：186.

原因。

经过极其慎重的考虑，1866 年 8 月 6 日，劳拉与拉法格订婚。1866 年 8 月 13 日，马克思给拉法格写了一封不是探讨理论和革命问题的信，而是专门探讨爱情和生活的信。在信中，马克思希望拉法格要承担起爱情的责任，不能用诗人般丰富的感情来追求爱情，并在结婚前成为一个成熟的人。马克思指出："我向您声明：您要是想今天就结婚，这是办不到的。我的女儿会拒绝您的。我个人也会反对。您应该在考虑结婚以前成为一个成熟的人，而且无论对您或对她来说都需要长期考验。"② 这也表明了马克思对劳拉的深沉的爱。舐犊之情，跃然纸上。

马克思论爱情

在我看来，真正的爱情是表现在恋人对他的偶像采取含蓄、谦恭甚至羞涩的态度，而绝不是表现在随意流露热情和过早的亲昵。如果您借口说您有克里奥洛人的气质，那末我就有义务以我健全的理性置身于您的气质和我的女儿之间。如果说，您在同她接近时不能以适合于伦敦的习惯的方式表示爱情，那末您就必须保持一段距离来谈爱情。明白人，只要半句话就会懂的。①

1868 年 4 月 2 日，劳拉和拉法格举行了一个世俗仪式而非宗教仪式的婚礼。这在当时是一件石破天惊的事情。好在劳拉和拉法格都是无神论者，进而避免了很多不必要的麻烦，尤其是对于劳拉这种有自己主见的姑娘更是如此。拉法格和劳拉夫妇不仅将包括《共产党宣言》在内的许多马克思主义文献译成法文，还为《资本论》在法国的传播做了大量工作，为马克思主义在法国的传播作出了重要贡献。他们还坚持用马克思主义来影响和改造法国工人政党，使其免受改良主义思想的影响。劳拉和拉法格将自己的一生献给了无产阶级和全人类解放的事业。在他们老年时，由于担心自己会成为法国工人政党的累赘，于 1911 年双双自杀身亡。

爱琳娜是马克思夫妇最小的女儿，也是他们最宠爱的女儿。在艰苦的环境中，爱琳娜很快成长为一个独立的人，甚至身上有一股男孩子气。当她 18 岁时，就去布莱顿去做家庭教师来维持生活。起初，母亲还担心爱琳娜由于年纪小而过度辛劳，就劝她回到伦敦。然而，燕妮很快就意识到自己的担心是多余的，爱琳娜是那种"勇往直前"的人物。

和大姐燕妮一样，爱琳娜非常热爱舞台表演，并渴望献身于这一事业。恩

① 马克思．马克思致保·拉法格//马克思，恩格斯．马克思恩格斯全集：第 31 卷．北京：人民出版社，1972：520－521.

② 马克思，恩格斯．马克思恩格斯全集：第 31 卷．北京：人民出版社，1972：522.

格斯曾看过爱琳娜登台表演，并在 1881 年 7 月 7 日给马克思的信中指出："杜西在充满激情的场面中演得很出色，但是看得出来，她是在模仿艾伦·特里，就象雷德福模仿厄尔文一样。不过她很快就会改掉这种习惯的。如果她想给观众留下印象，就一定得发展自己的风格，而这一点她自然是能做到的。"[①] 然而，在父母的影响下，爱琳娜最终走上了革命的道路。在大姐燕妮去世后，马克思对劝说爱琳娜不要当演员一事表示后悔，认为这是一个错误。

和两个姐姐相比，爱琳娜更是直接深入到工人运动的第一线。一位和她同时代的人写道："在英国，很难找到一个她没有去发表过演说的工人讲台。无论是在伦敦或是在外省，她的活动能力都是无限的……我想，自从人们开始在海德公园庆祝五一劳动节以来，她就不曾错过一次参加这些示威游行的机会。"[②] 同时，爱琳娜积极参加每年举行的纪念巴黎公社的群众大会，并发表宣传演讲。在组织女工方面，爱琳娜常年致力于工会的组织工作，将女工组织到工会中，因此，爱琳娜被英国女工亲切地称为"我们的母亲"（"our mother"）。爱琳娜还积极组织英国的犹太工人起来斗争，并为此专门学习犹太语。19 世纪 80 年代和 90 年代，爱琳娜参与组织和领导了多次英国工人的罢工运动，尤其在伦敦码头工人和煤气工人罢工过程中作出了重要的贡献。爱琳娜还是英国工人组织社会民主联盟的重要领导人之一。之后，当联盟分裂时，爱琳娜和爱德华·艾威林等人建立了社会主义同盟，与海德门领导的社会民主联盟相抗衡，继续坚持以马克思主义为指导思想。

爱琳娜在宣传马克思主义方面发挥了重要作用。在整理父亲遗著的过程中，爱琳娜成为恩格斯的忠实助手。恩格斯去世后，爱琳娜于 1896 年整理出版了他的《德国的革命和反革命》，并且写了序言。1897 年，爱琳娜整理出版了马克思论述克里木战争的相关论文，以及其他许多文章。同时，爱琳娜还积极运用马克思主义的立场、观点和方法，为各国社会主义政党的机关报积极撰写政论文章，阐述热点问题，如"反芬尼亚社社员非常法"问题、"反社会党人非常法"问题等。爱琳娜精通多种外语，是一名十分优秀的翻译家，翻译了大量的政治和文艺书籍。她将福楼拜的《包法利夫人》、利沙加勒的《巴黎公社》、普列汉诺夫的《无政府主义与社会主义》等著作译成英文，在英语世界

---

① 马克思，恩格斯．马克思恩格斯全集：第 35 卷．北京：人民出版社，1971：5－6.

② 沃罗比耶娃，西涅里尼科娃．马克思的女儿．北京：生活·读书·新知三联书店，1965：162－163.

中传播。

在投身革命的过程中，巴黎公社的参与者利沙加勒曾爱上爱琳娜，爱琳娜也喜欢他。遗憾的是，由于种种原因，两人并没有最终结合。1883 年，爱琳娜和自然科学博士爱德华·艾威林在革命的过程中彼此倾慕，并最终结合。艾威林在马克思主义的影响下，最终接受了科学社会主义，并积极参与工人运动。他和爱琳娜一道，为马克思思想的传播作出了重要贡献。然而，这个人的品行却不值得称道，给爱琳娜带来了很多痛苦。因此，爱琳娜的婚姻生活是比较不幸的。1898 年 3 月 31 日，爱琳娜自杀身亡。

和父母一样，三个女儿都将自己的一生毫无保留地献给了无产阶级和全人类解放事业，使自己出生的家庭成为世界上第一个全部参加无产阶级革命的革命大家庭，留下了一段段气壮山河、荡气回肠的革命佳话。

3. 不屈不挠——马克思与病魔的斗争

由于长期遭受各种疾病和贫困的侵袭，加之自然规律导致的年岁的增加，马克思的身体每况愈下。在潜心创作《资本论》的过程中，马克思就时常遭到疾病的袭扰，以至于他经常感慨，希望在生命结束前能够完成这一著作。同时，马克思还承担了大量指导国际工人运动和各国无产阶级政党的建立与发展的重任。马克思去世后，列斯纳在回忆马克思时指出："他的知交们老早就为他的健康担心，因为凡是同他的科学工作有关和有利于工人运动的事情，他都不惜牺牲自己去参加。在这些事情上，他的任何朋友，甚至家里的任何人都不能说服他。"① 在繁忙的科学研究和政治活动中，马克思几乎得不到任何休息，以至于牺牲了自己宝贵的健康。

到了 19 世纪 80 年代，马克思的身体健康已经处于十分危险的状态。1881 年，马克思患了支气管炎、肺炎和胸膜炎，随时都有生命危险。在 1881 年 6 月 20 日给左尔格的信中，马克思指出，半年多来，咳嗽、感冒、咽喉痛和风湿病使他深居简出，回避社会交往。在 1881 年的秋天和冬天，马克思和燕妮一道遭受疾病的折磨，以至于两人同住家里而不能相见。当马克思以顽强的毅力再次战胜病魔后，燕妮却不幸离世。这给马克思带来了沉重的打击，使得他

① 中共中央马克思恩格斯列宁斯大林著作编译局．回忆马克思．北京：人民出版社，2005：268.

的健康状况越来越差。在 1882 年 9 月 12 日给考茨基的信中，恩格斯指出："他在五月以前未必回得来，而且在回来以后大概还必须十分保重，以便有可能完成他的工作。问题在于，现在还严禁他多说话，而且晚上他也需要安静，否则他夜里睡不好觉。白天他当然愿意工作。在应该摆脱掉长久不愈的慢性支气管炎的时候，而且在三次重犯严重的胸膜炎之后，必须注意不仅要彻底治好疾病，而且要不让它复发，而这一切都发生在六十五岁的时候——这本身就令人十分操心。"① 马克思的身体状况已经到了极其危险的地步，使得他的科学研究的生涯愈来愈短。

福无双至，祸不单行。1883 年 1 月 11 日，马克思最钟爱的长女小燕妮突然去世。在此之前，马克思还给爱琳娜写信，告诉她小燕妮的健康状况已经好转，让她不用担心。在接到姐姐燕妮逝世的电报后，爱琳娜就动身去告诉马克思，"我一生经历过不少悲哀的时刻，但从来没有像这次那样悲痛。我感到我这一去就等于把死亡判决书带给我父亲。在漫长而忧愁的旅途中，我苦苦思索着如何把这个消息告诉他。但用不着我说，我的面部表情已把一切都告诉了他。摩尔马上说：'我们的小燕妮死了！'"② 这件事给马克思带来了更为沉重的打击，使其又一次患上了支气管炎、喉头炎等疾病。妻子和女儿的离世给马克思的健康造成了重大的打击。列斯纳回忆道："这两次打击使得他的健康再也无法恢复了。那时候，马克思已经咳嗽得很厉害。他的咳嗽声使人觉得这样一位肩膀宽阔、体质坚强的人就要碎裂一样。那时他的全部机体早被经年累月的过度疲劳所损害，因而咳嗽对他的折磨也就更为厉害。"③ 这样，马克思的健康就再也难以康复了。

为了马克思的健康考虑，医生一再告诫他不要长时间伏案工作，最好能够保持作息规律，并将烟戒掉。在长期的科学研究过程中，马克思经常烟不离口，边工作边吸烟。由于生活条件的艰辛，马克思只能抽便宜的雪茄烟。即便如此，马克思还是对拉法格说，《资本论》的稿酬甚至不够付我吸的雪茄烟钱。由于大量吸烟，马克思的身体受到了很大的损害，加之亲人的离世对他的身体

① 马克思，恩格斯．马克思恩格斯全集：第 35 卷．北京：人民出版社，1971：352－353.

② 中共中央马克思恩格斯列宁斯大林著作编译局．回忆马克思．北京：人民出版社，2005：110－111.

③ 中共中央马克思恩格斯列宁斯大林著作编译局．回忆马克思．北京：人民出版社，2005：268.

和精神的沉重打击，使得他身患气管炎、肺气肿、胸膜炎、胃病和肝病等多种疾病。为此，医生严令禁止他再吸烟。为了战胜病魔、恢复健康，在自己的余生继续从事科学研究和政治活动，马克思毅然决定戒烟，并以超强的毅力完成了这件在他自己看来都是不可思议的事情，成功地将烟戒掉。

虽然马克思尽自己最大的努力与病魔顽强抗争，但是到了1883年初，他还是出现了可怕的肺脓肿现象。在忠诚的琳蘅的悉心照料下，马克思的病情在三月初似乎出现了痊愈的迹象。然而，长达四十余年的被驱逐、贫苦以及疾病的侵袭早已使马克思精疲力竭，只给他留下了一副羸弱的身躯和蕴藏着伟大思想的大脑。马克思太累了，太需要休息了，而且是一次永远不再醒来的长眠。

马克思未竟的事业

他非常推崇巴尔扎克，曾经计划在完成自己的政治经济学著作之后，就动手写一篇关于巴尔扎克的最大著作《人间喜剧》的文章。马克思认为巴尔扎克不仅是当代的社会生活的历史家，而且是一个创造者，他预先创造了许多在路易-菲力浦王朝时还不过处于萌芽状态、而直到拿破仑第三时代即巴尔扎克死了以后才发展成熟的典型人物。①

马克思有一次答应给他的女儿们写一个以格拉古兄弟的历史为题材的剧本。不幸这个计划并未实现。如果能看看这位被称为“阶级斗争的骑士”的人如何写这个古代世界阶级斗争史的悲壮场面，一定是很有意思的。马克思有许多没有实现的计划。他还想写一本关于逻辑学的书和一本哲学史，后者是他早年喜欢研究的。要完成他的整个写作计划，要把他脑海里所保留的那一部分财富完全呈现给世界，他必须活到一百岁才行！②

在马克思生命的最后岁月里，恩格斯每天都去看望他。3月14日下午两点半，恩格斯像往常一样去看望马克思时，琳蘅悲伤地告诉他，马克思从早上开始就精神状态不好，正在书房的安乐椅上休息。在3月15日给左尔格的信中，恩格斯写道：“当我们进去的时候，他躺在那里睡着了，但是已经长眠不醒了。脉搏和呼吸都已停止。在两分钟之内，他就安详地，毫无痛苦地与世长

① 保尔·拉法格．忆马克思//中共中央马克思恩格斯列宁斯大林著作编译局．回忆马克思．北京：人民出版社，2005：190.

② 保尔·拉法格．忆马克思//中共中央马克思恩格斯列宁斯大林著作编译局．回忆马克思．北京：人民出版社，2005：198.

辞了。”[1] 大约下午两点三刻，世界上最伟大的那颗心脏停止了跳动。

虽然马克思最终离开了这个世界，但是他并没有屈服于病魔，而是工作到最后一刻。马克思去世后，爱琳娜对试图安慰她的朋友说：“我不希望任何安慰。假若他是久病不愈，假若我亲眼看着他的精神和肉体逐渐垮下去，那么我需要安慰，但情况不是这样。他是在精力旺盛的时候在工作中死去的，他得到了安宁，我们应该庆幸。”[2] 即便到生命的最后一刻，马克思仍然坚持忘我地工作，将一生全部献给了无产阶级和全人类解放的伟大事业。

4. 虽死犹生——在马克思墓前

马克思逝世后，恩格斯在第一时间给龙格、左尔格、倍倍尔等人发去电报，并立即致信李卜克内西、伯恩施坦、贝克尔、列斯纳等人，告诉他们这个不幸的消息。在信中，恩格斯简要叙述了马克思逝世前的身体状况，高度评价了他对于无产阶级运动和整个人类解放所作的贡献。

与此同时，恩格斯指出：“医术或许还能保证他勉强拖几年，无能为力地活着，不是很快地死去，而是慢慢地死去，以此来证明医术的胜利。但是，这是我们的马克思绝不能忍受的。眼前摆着许多未完成的工作，受着想要完成它们而又不能做到的唐达鲁士式的痛苦，这样活着，对他来说，比安然地死去还要痛苦一千倍。”[3] 和马克思一样，恩格斯认为死亡是必然的自然规律，人区别于其他动物的地方就在于人能劳动、会实践，因此，人活着就要利用自己在世的每一分钟努力工作，为无产阶级和全人类解放事业而贡献自己的力量和智慧，而绝非仅仅延续着生物学意义上的生命。因此，虽然恩格斯对于马克思的逝世十分悲痛，但是他并没有被悲痛击垮，而是毅然决然地担负起马克思未竟的事业。

1883 年 3 月 17 日，马克思的葬仪在伦敦海格特公墓举行。马克思被安葬在海格特公墓，紧挨着妻子燕妮的墓。这对一生相濡以沫、携手并进的夫妻终于以另一种方式永久地团聚。墓地没有高大的纪念碑，也没有显赫的标记，只

---

① 马克思，恩格斯．马克思恩格斯全集：第 35 卷．北京：人民出版社，1971：459.

② 中共中央马克思恩格斯列宁斯大林著作编译局．回忆马克思．北京：人民出版社，2005：372.

③ 马克思，恩格斯．马克思恩格斯全集：第 35 卷．北京：人民出版社，1971：459－460.

是在一小块斜躺着的墓碑上刻着如下的字样："卡尔·马克思　生于 1818 年 5 月 5 日　卒于 1883 年 3 月 14 日"。马克思的生前好友恩格斯、弗里德里希·列斯纳、格·罗赫纳、威廉·李卜克内西、拉法格、龙格、化学家肖莱马教授、生物学家雷伊·朗凯斯特教授参加了马克思的葬礼。墓前，摆放着由《社会民主党人报》编辑部和伦敦共产主义工人教育协会敬献的两只花圈，上面系着醒目的长条红色绸带。

马克思的女婿龙格宣读了收到的几篇法文挽词。

彼·拉甫罗夫代表俄国社会主义者于 3 月 15 日发来了挽词："我谨代表全体俄国社会主义者向当代社会主义者杰出的大师致最后的永别的敬意。一位最伟大的智者永逝了，一位对无产阶级的剥削者斗争最坚决的战士与世长辞了。俄国社会主义者正在进行曲折变化的残酷的斗争，而且在社会革命原则取得最后胜利以前决不终止这一斗争，现在，我们在这位同情我们种种努力的人物的墓前，表示深切的哀悼。俄罗斯语言是最先拥有《资本论》这部现代社会主义福音书译本的语言。"[①]

法国工人党巴黎联合会书记莱宾于 3 月 16 日发来唁电："法国工人党巴黎联合会对这位思想家的逝世表示哀悼。他的唯物史观以及他对资本主义生产的分析，创立了科学社会主义和革命的现代共产主义运动。巴黎联合会还对马克思的为人深表尊敬，对他的学说表示完全赞同。"[②] 法国工人党高度评价了马克思的科学研究和政治活动的贡献，以及对马克思的人格表示高度尊敬。

西班牙工人党（马德里联合会）代表霍塞·梅萨-伊-列奥姆帕特发来唁电："惊悉伟大的社会主义者，我们共同的导师不幸逝世，我谨以个人和西班牙工人党（马德里联合会）代表的名义，向马克思的友人和女儿表示我们深切的哀痛。"[③] 西班牙工人党将马克思视为工人阶级的共同导师。

李卜克内西专程从德国赶来参加葬礼，并用德语发表演说。"马克思是属于**无产阶级**的。他的一生都献给全世界无产者了。全世界能够思考的、有思想的无产者都对他表示感激和尊敬。我们蒙受了沉重的打击，但是我们决不会耽于悲痛。他并没有死。他活在无产阶级的**心**里，他活在无产阶级的**思想**里。人们将永远怀念他，他的学说将会在越来越多的人群中产生影响。我们不会耽于

---

① 马克思，恩格斯．马克思恩格斯全集：第 25 卷．北京：人民出版社，2001：598.

② 马克思，恩格斯．马克思恩格斯全集：第 25 卷．北京：人民出版社，2001：599.

③ 马克思，恩格斯．马克思恩格斯全集：第 25 卷．北京：人民出版社，2001：599.

悲痛，而要本着已故伟人的精神去**行动**；我们要竭尽全力去争取早日**实现**他的教导和他的志向，这就是我们对他的最好的纪念。虽死犹生的朋友！**我们一定沿着你所指出的道路前进，不达到目的决不罢休**。这就是我们在你的墓前的誓言！”[①] 李卜克内西不仅高度评价了马克思一生的贡献，还号召大家化悲痛为力量，继承他的遗志，沿着他开创的道路坚定不移地走下去，争取早日实现他的教导和志向。

Der Sozialdemokrat
Zentral-Organ der deutschen Sozialdemokratie.
№ 12.　1883.

马克思逝世的讣告

（1883 年 3 月 15 日德国社会民主党中央机关报《社会民主党人报》）

在葬礼上，恩格斯发表了著名的《在马克思墓前的讲话》，全面梳理了马克思一生的生命历程，总结了他的理论贡献和实践成就，高度评价了他的人格魅力和历史贡献。在 1877 年 6 月中旬，恩格斯撰写了《卡尔·马克思》一文，全面梳理和介绍了他的生平、事业和贡献，尤其是提出了马克思的两个伟大贡献，即完成了世界史观方面的变革和厘清了资本和劳动的关系。在恩格斯看来，“现代科学社会主义就是以这两个重要事实为依据的”[②]。显然，两大发现为科学社会主义的产生和发展奠定了坚实的基础。在此基础上，恩格斯系统地

① 马克思，恩格斯．马克思恩格斯全集：第 25 卷．北京：人民出版社，2001：600－601.

② 马克思，恩格斯．马克思恩格斯文集：第 3 卷．北京：人民出版社，2009：461.

论述了两大发现："正像达尔文发现有机界的发展规律一样，马克思发现了人类历史的发展规律，即历来为繁芜丛杂的意识形态所掩盖着的一个简单事实：人们首先必须吃、喝、住、穿，然后才能从事政治、科学、艺术、宗教等等；所以，直接的物质的生活资料的生产，从而一个民族或一个时代的一定的经济发展阶段，便构成基础，人们的国家设施、法的观点、艺术以至宗教观念，就是从这个基础上发展起来的，因而，也必须由这个基础来解释，而不是像过去那样做得相反。不仅如此。马克思还发现了现代资本主义生产方式和它所产生的资产阶级社会的特殊的运动规律。"① 马克思不仅揭示了人类社会发展规律，指明了社会存在决定社会意识、经济基础决定上层建筑的基本规律，将唯心主义从其最后的避难所——人类社会历史中驱逐出去了，还揭示了资本主义生产方式运行的秘密。资本主义社会是通过资本家剥削雇佣工人的剩余劳动发展起来的，不是资本家养活工人，而是工人通过自己辛勤的劳动养活资本家。

马克思是思想家和革命家的高度的有机的统一。哲学家只是用不同的方式解释世界，而问题在于改变世界。除了两大发现之外，马克思在实践方面也为无产阶级和全人类解放做出了卓越的贡献。"马克思首先是一个革命家。他毕生的真正使命，就是以这种或那种方式参加推翻资本主义社会及其所建立的国家设施的事业，参加现代无产阶级的解放事业，正是他第一次使现代无产阶级意识到自身的地位和需要，意识到自身解放的条件。斗争是他的生命要素。很少有人像他那样满腔热情、坚韧不拔和卓有成效地进行斗争。"② 显然，从创办《莱茵报》到改组正义者同盟，到成立第一国际和指导各国工人阶级政党的成立和斗争，无一不体现了马克思作为一个坚定的革命者的形象。因此，马克思将理论研究和革命实践完美结合，不仅通过理论研究来指导革命实践，而且通过革命实践来验证、丰富和发展自身的理论学说。"正因为这样，所以马克思是当代最遭嫉恨和最受诬蔑的人。各国政府——无论专制政府或共和政府，都驱逐他；资产者——无论保守派或极端民主派，都竞相诽谤他，诅咒他。"③ 最终，各国反动派都不可避免地走向了失败，马克思的思想和学说在整个欧洲和美洲，从西伯利亚矿井到加利福尼亚都得到了广泛的传播，他也得到了世界各国工人们的最真诚的尊敬和爱戴。

---

① 马克思，恩格斯．马克思恩格斯文集：第3卷．北京：人民出版社，2009：601.
② 马克思，恩格斯．马克思恩格斯文集：第3卷．北京：人民出版社，2009：602.
③ 马克思，恩格斯．马克思恩格斯文集：第3卷．北京：人民出版社，2009：602.

最后，恩格斯旗帜鲜明地评价了马克思一生的功绩：他的英名和事业将永垂不朽！

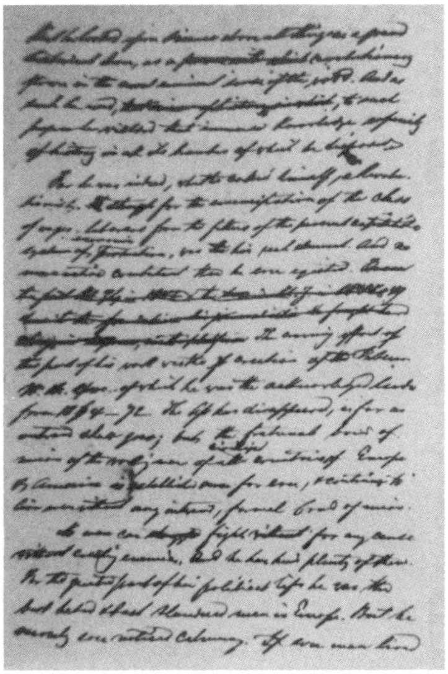

恩格斯撰写的《在马克思墓前的讲话》草稿

虽然马克思去世了，但是，他创立的科学理论和开创的伟大事业不断向前发展，成为势不可挡的历史洪流。无论历史风云如何变幻，资本主义的灭亡和社会主义的胜利都是不可避免的。当然，正如马克思所言，无论哪一个社会形态，在它所能容纳的全部生产力发挥出来以前，是绝不会灭亡的；而新的更高的生产关系，在它的物质存在条件在旧社会的胎胞里成熟以前，是绝不会出现的。无论如何，我们深信：信仰马克思主义的人群会越来越壮大。无论如何，我们坚信：我们离共产主义越来越近。

“国际悲歌歌一曲，狂飙为我从天落！”

“试看未来的寰球，必是赤旗的世界！”

马克思年表

1818 年

5 月 5 日

卡尔·马克思诞生于德国莱茵省的特利尔市。

1820 年

11 月 28 日

弗里德里希·恩格斯诞生于德国莱茵省的巴门市。

1830 年

10 月

马克思进特利尔中学学习。

1835 年

9 月 24 日

马克思毕业于特利尔中学。

10 月 15 日

马克思进入波恩大学法律系学习。

1836 年

10 月 22 日

马克思转入柏林大学法律系学习。

1837 年

4—8 月

马克思钻研黑格尔哲学，并参加青年黑格尔派的活动。

1839 年

年初—1841 年 3 月

马克思研究希腊哲学，特别是唯物主义哲学家伊壁鸠鲁的自然哲学，撰写博士论文《德谟克利特的自然哲学和伊壁鸠鲁的自然哲学的差别》。

1841 年

3 月 30 日

马克思毕业于柏林大学。

1842 年

10 月 15 日

马克思担任科隆《莱茵报》的编辑。

10 月

马克思写作《第六届莱茵省议会的辩论（第三篇论文）。关于林木盗窃法的辩论》一文。

11 月下半月

恩格斯访问了科隆的《莱茵报》编辑部，马克思与恩格斯初次见面。

1843 年

6 月 19 日

马克思和燕妮·冯·威斯特华伦在克罗茨纳赫结婚。

7—8 月

马克思在克罗茨纳赫研究国家学说和宪政史，研究欧洲各国和美国的历史，特别是法国大革命的历史，并作读书摘录和笔记。

10 月—1845 年 2 月

马克思旅居巴黎，筹办《德法年鉴》杂志；继续研究法国大革命的历史；着手系统地研究政治经济学。

秋天—1844 年 1 月

马克思为《德法年鉴》撰写《论犹太人问题》和《〈黑格尔法哲学批判〉导言》两文。

1844 年

2 月底

恩格斯的《国民经济学批判大纲》在杂志上发表，马克思和恩格斯之间开始通信。

5 月 1 日

马克思夫妇的第一个孩子出生，取名燕妮。

约 5 月底 6 月初—8 月

马克思撰写《1844年经济学哲学手稿》。

8月底—9月初

恩格斯从英国回德国时，绕道巴黎与马克思碰面。这次具有历史意义的会见为他们终生不渝的伟大合作奠定了基础。

1845年

2月3日

马克思因遭法国当局驱逐，迁往比利时的布鲁塞尔。

2月底

马克思、恩格斯合著的第一部著作《神圣家族》出版。

春天

马克思撰写《关于费尔巴哈的提纲》。

秋天

马克思和恩格斯开始共同撰写《德意志意识形态》。

9月26日

马克思夫妇的第二个女孩出生，取名劳拉。

1846年

年初

马克思和恩格斯在布鲁塞尔创立共产主义通讯委员会。

12月28日

马克思写信给俄国著作家帕·瓦·安年科夫，批判蒲鲁东的《经济矛盾的体系，或贫困的哲学》一书，同时阐明历史唯物主义的重要原理。

1847年

1月—6月15日

马克思撰写《哲学的贫困。答蒲鲁东先生的〈贫困的哲学〉》一书。

2月3日

马克思夫妇的第三个孩子，也是第一个男孩出生，取名埃德加尔。

8月5日

在马克思的领导下，共产主义者同盟的支部和区部在布鲁塞尔成立。马克思当选为支部主席和区部委员会委员。

11月29日—12月8日

共产主义者同盟召开第二次代表大会。马克思恩格斯接受同盟委托起草《共产党宣言》。

12月9日—1848年1月底

马克思和恩格斯撰写《共产党宣言》。

1848年

2月22—24日

法国巴黎爆发了资产阶级民主革命。

2月底

《共产党宣言》在伦敦出版。

2月27日前后

由于法国爆发革命，共产主义者同盟伦敦中央委员会把职权移交给马克思领导的布鲁塞尔区部委员会。

3月初

马克思接到法兰西共和国临时政府委员斐·弗洛孔的书面通知：撤销基佐政府对马克思的驱逐令，并邀请他返回法国。3月3日，马克思接到比利时国王签署的命令，限定他24小时内离开比利时。3月5日，马克思到达巴黎。

3月11日

共产主义者同盟中央委员会在巴黎成立。马克思当选为中央委员会主席。

4月6日前后

马克思和恩格斯离开巴黎，回德国参加革命。

4月11日

马克思和恩格斯到达科隆，立即着手筹备出版大型政治日报《新莱茵报》。

6月1日

马克思主编的《新莱茵报》创刊号出版。

9月底—10月上半月

马克思为《新莱茵报》复刊进行了不懈的斗争。为了偿清报纸的债务和抵补报纸的费用，他拿出了自己的全部现金。

10月12日

《新莱茵报》第114号，即科隆戒严解除后的第一号出版。

1849年

5月16日

马克思接到当局把他驱逐出普鲁士的命令。

5月19日

《新莱茵报》用红色油墨印出最后一号第301号。

6月3日前后

马克思到达巴黎。

8月24日

马克思因受到法国当局的迫害，离开巴黎前往伦敦。

8月26日前后

马克思来到伦敦，在这里一直居住到逝世。

11月5日

马克思夫妇的第四个孩子出生，取名为亨利希。1850年11月，亨利希因肺炎而不幸离世。

1850年

3月下旬

马克思和恩格斯撰写《共产主义者同盟中央委员会告同盟书》。

9月—1853年8月

马克思在英国伦敦潜心研究政治经济学，摘录了24本笔记，共1 250多页，称为《伦敦笔记》。

1851年

8月

马克思夫妇的第五个孩子出生，取名为弗兰契斯卡。1852年复活节后的第三天，弗兰契斯卡因严重的支气管炎不幸离世。

8月8日

马克思在信中告诉恩格斯，他接到《纽约每日论坛报》的编辑查理·德纳邀请他为该报撰稿的建议。马克思接受了德纳的建议。由于马克思忙于经济学说的研究工作，很大一部分文章是马克思请恩格斯写的。马克思和恩格斯为该报撰稿持续十年以上。

12月19日—1852年3月25日

马克思撰写《路易·波拿巴的雾月十八日》一书。

1852年

3月5日

马克思在给约瑟夫·魏德迈的信中阐述他对阶级、阶级斗争和无产阶级专政问题的新结论。

10月4日—11月12日

科伦共产党人案件。

1853年

1月

马克思的著作《揭露科伦共产党人案件》在巴塞尔出版。

4月24日

《揭露科伦共产党人案件》在波士顿出版。

5月31日前后

马克思撰写《中国革命和欧洲革命》，发表在6月14日《纽约每日论坛报》上。

6月7—10日

马克思撰写《不列颠在印度的统治》，发表在6月25日《纽约每日论坛报》上。

7月22日

马克思撰写《不列颠在印度统治的未来结果》，发表在8月8日《纽约每日论坛报》上。

1854年

12月—1855年1月

马克思审阅并整理自己前几年作的政治经济学笔记。

1855年

1月16日

马克思夫妇的第六个孩子出生，取名为爱琳娜。

4月6日

由于极端贫困的家庭条件引起的疾病，马克思的儿子埃德加尔不幸离世。

1857年

7月8日

马克思夫妇的第七个孩子出生。可惜的是，这个孩子很快就不幸离开人世。

8月底

马克思为计划中的经济学巨著《政治经济学批判》撰写《导言》。《导言》没有写完。

1858年

8月—10月底

马克思撰写《政治经济学批判。第一分册》的初稿。

11月—1859年1月

马克思进行《政治经济学批判。第一分册》的最后定稿。

1859年

1月下旬

马克思写完《政治经济学批判。第一分册》的手稿，寄给柏林出版商弗·敦克尔。

2月23日

马克思把《〈政治经济学批判〉序言》寄给柏林的出版商弗·敦克尔。马克思在这篇序言中对历史唯物主义基本原理作了经典性的表述。

6 月 11 日

马克思的著作《政治经济学批判。第一分册》在柏林出版。

约 7 月 3 日—8 月 20 日

马克思负责《人民报》的实际领导工作和编辑工作。

1860 年

1 月—2 月初

马克思继续撰写《政治经济学批判。第二分册》。

1 月底—2 月初

马克思为了回击卡·福格特的诽谤性小册子《我对〈总汇报〉的诉讼》，开始收集文献材料撰写反击福格特的著作。

11 月底—12 月 19 日

马克思研究自然科学，阅读达尔文的《物种起源》。

1861 年

1861 年 8 月—1863 年 7 月

马克思撰写《1861—1863 年经济学手稿》。马克思的研究结果和摘录构成了一部篇幅巨大的手稿，共 23 个笔记本，用罗马数字 I—XXIII 统一编号。

1862 年

1—2 月

马克思开始写作《剩余价值理论》。

1863 年

7 月初

马克思研究数学，特别是微分学和积分学。

1864 年

9 月 28 日

马克思出席在伦敦圣马丁堂举行的国际工人协会成立大会。这次会议通过了成立国际工人协会（第一国际）的决议。马克思当选为协会临时委员会委员。

10 月 21—27 日之间

马克思起草国际工人协会的纲领性文件——《国际工人协会成立宣言》和《协会临时章程》。

1865 年

9 月 25—29 日

马克思参加国际工人协会伦敦代表会议。

1866年

1月底—2月中

马克思由于紧张写作《资本论》而患病。恩格斯十分关心马克思的健康，建议马克思将第一卷先送去付印。马克思按照恩格斯的意见，决定首先发表《资本论》第一卷。

1867年

9月中旬

《资本论》第一卷在汉堡出版。

1868年

1—3月

马克思在给恩格斯和路·库格曼的一系列信件中就欧·杜林对《资本论》第一卷所作的书评以及杜林的其他著作作了评论。

3月

马克思和恩格斯研究德国历史学家格·毛勒的著作，并给予很高的评价。

1869年

6月23日

马克思参加英国工联为支持关于扩大工联权利的法案而在伦敦埃克塞特会堂举行的群众大会。

7—8月

马克思在国际工人协会总委员会会议讨论即将召开的巴塞尔代表大会的议程时，就土地所有制问题和继承权问题作了发言。

9月7日和11日

马克思起草的国际工人协会总委员会的报告和关于继承权的报告先后在国际工人协会巴塞尔代表大会上宣读。马克思再度当选为总委员会委员。

1870年

7月19—23日之间

马克思撰写国际工人协会总委员会关于普法战争的第一篇宣言。

9月

马克思起草国际工人协会总委员会关于普法战争的第二篇宣言，并在9月9日国际工人协会总委员会非常会议上宣读这篇宣言。宣言经总委员会通过后，用英文印行。

1871年

3月28日

巴黎公社成立。

4月18日—6月初

马克思受国际工人协会总委员会委托，撰写关于法兰西内战的宣言。

5月30日

马克思在国际工人协会总委员会会议上宣读他起草的宣言《法兰西内战》。

9月17—23日

国际工人协会伦敦会议举行。根据马克思的建议，通过了各国建立工人政党的决议。

1872年

3—4月

马克思撰写《论土地国有化》。

9月2—7日

马克思和恩格斯领导国际工人协会海牙代表大会的工作。马克思出席海牙代表大会。大会通过决议，将总委员会驻地迁往美国纽约。

9月8日

马克思在阿姆斯特丹举行的群众集会上发表演讲。

9月17日—1875年底

《资本论》第一卷法文版陆续分册出版。

1873年

1月24日

马克思撰写《资本论》第一卷德文第二版跋。

5—6月

马克思继续为出版《资本论》第一卷法文版而忙碌。

1874年

1—4月

为了完成《资本论》后几卷的写作，马克思研究土地所有制问题。

1874—1875年初

马克思阅读巴枯宁的《国家制度和无政府状态》一书并作了批判性摘要。

1875年

3月18—28日

恩格斯写信给德国社会民主工党领导人奥·倍倍尔，以他个人和马克思的名义，批判社会民主工党（爱森纳赫派）同全德工人联合会（拉萨尔派）为准备合并而起草的纲领草案。

4月28日

马克思撰写《资本论》第一卷法文版跋，指出这个版本具有独立的科学价值。

5 月 5 日

马克思写信给威・白拉克，随信寄去对德国工人党纲领的批注。马克思的这封信和对德国工人党纲领的批注后来被称为《哥达纲领批判》。

1876 年

4 月 4 日

为了写作《资本论》，马克思计划研究美国农业、土地关系和信贷方面的资料。

5 月 24—26 日

马克思和恩格斯在通信中就德国小资产阶级社会主义的代表欧・杜林的观点在德国社会主义工人党部分党员中影响日益扩大的问题交换意见，认为必须在报刊上批判杜林的观点。

12 月上半月

马克思经常同柯瓦列夫斯基会面。

1877 年

年初—8 月 8 日

马克思批判杜林主义，为恩格斯的《反杜林论》撰写《〈批判史〉论述》一章。

10—11 月

马克思写信给《祖国纪事》杂志编辑部，答复俄国政论家和文学评论家尼・康・米海洛夫斯基的《卡尔・马克思在尤・茹柯夫斯基先生的法庭上》一文。

1877—1878 年

马克思着手编辑《资本论》第二卷。

1878 年

10 月

俾斯麦政府通过并实施《反对社会民主党企图危害社会治安的法令》。

1878—1882 年

马克思钻研代数学，在专门的笔记本上写了大量的札记；写了微分学简史。

5—12 月

为了写作《资本论》，马克思研究土地、金融和银行等方面的资料。

1879 年

9 月

马克思、恩格斯创作《给奥・倍倍尔、威・李卜克内西、威・白拉克等人的通告信》。

1879 年秋—1880 年夏

马克思阅读马・马・柯瓦列夫斯基的著作《公社土地占有制，其解体的原因、进程和结果》，并作了详细笔记。

下半年—1880 年 11 月

马克思撰写《评阿·瓦格纳的〈政治经济学教科书〉》。

1880 年

5 月初

同恩格斯一起讨论《法国工人党纲领导言（草案）》。马克思口授纲领导言（理论）部分。

约 1880 年夏—1881 年夏

马克思研究了路·亨·摩尔根《古代社会》、詹·莫尼《爪哇，或怎样管理殖民地》、约·菲尔《印度和锡兰的雅利安人农村》、鲁·索姆《法兰克法和罗马法》、亨·梅恩《古代法制史讲演录》等著作，并且作了评注性的摘录。1882 年马克思还研究和摘录了约·拉伯克的著作《文明的起源和人的原始状态》。

1881 年

2 月 18 日前后—3 月 8 日

马克思收到查苏利奇的信，她在信中代表俄国的社会主义者，请求马克思对俄国社会经济发展的前景，特别是对俄国农村公社的命运发表见解。马克思根据查苏利奇的请求，综合他所研究的俄国农村公社的资料，拟了四个复信草稿。3 月 8 日，马克思写复信给查苏利奇。

12 月 2 日

马克思的妻子燕妮·马克思逝世。

约 1881 年底—1882 年底

马克思研究世界通史，作了《编年摘录》，摘录了公元前 1 世纪初至公元 17 世纪中叶世界各国，特别是欧洲各国的政治历史事件。马克思的手稿共有四本，约 105 个印张。

1881 年底—1882 年

马克思撰写《关于俄国 1861 年改革和改革后的发展的札记》，这是系统地整理和概括他所研究的关于俄国的资料和文献的开始；继续研究关于美国资本主义发展的材料。

1882 年

1 月 21 日

马克思和恩格斯为格·瓦·普列汉诺夫翻译的《共产党宣言》俄译本撰写序言。该序言的俄译文于 1882 年 2 月 5 日发表在《民意》杂志上。

11 月

马克思密切关注马·德普勒所作的远距离输电的实验，他请恩格斯也注意这个实验并发表意见。马克思阅读爱·奥斯皮塔利埃的《现代物理学。电的基本应用》一书。

1883 年

1 月 11 日

马克思的大女儿燕妮去世。

3 月 14 日

马克思在伦敦逝世，享年 65 岁。

3 月 17 日

马克思的葬仪在伦敦海格特公墓举行。恩格斯发表墓前讲话。

后　记

2018年5月5日是无产阶级革命的伟大导师、科学社会主义理论的创立者马克思200周年诞辰纪念日。为了纪念这位全世界无产阶级和劳动人民的共同的伟大导师，应中国人民大学出版社编辑周莹同志的约稿，我们撰写了这部马克思传。

21年前的1997年，在中共中央对外联络部有关方面的支持下，经梁树发、张新、沈强三位先生介绍，我参与了“伟人传记丛书”的写作工作，由师姐魏小萍和我共同撰写《马克思传》。我当时负责的是1871年之后的部分，约占全书的三分之一。这部《马克思传》由当代世界出版社于1998年出版。对上述四位老师当年的无私帮助，我在21年后仍然表示真挚的感谢！该书出版以后，得到了社会各界的一致好评，得到了一些马克思主义理论权威的首肯。周莹同志正是看到这部马克思传之后，邀请我重新撰写一部马克思传记以纪念马克思200周年诞辰。

周莹同志提出策划创意之后，我大体拟定了这部新的马克思传的编写原则、写作体例、章节安排，袁雷同志细化了写作提纲，最后，经过三人商议，共同确定了本书的写作提纲。

本书第4章第1节、第2节和第5节，第12章第6节和第7节，第13章和第18章由我负责撰写，其余章节全部由袁雷同志一人负责撰写。全书初稿完成以后，我对全部书稿进行了通读和统读，修改了个别用语，补充了一些历史资料，完善了章节布局。全书是我和袁雷同志师生二人合作的产物，袁雷同志承担的任务远远超过我，因此，他理应为第一作者。

在本书写作的过程中，我们力求将20年来国内外马克思主义文献学、“马克思学”、马克思主义发展史、马克思主义理论研究的最新成果纳入本书中，以通俗易懂、图文并茂的形式将马克思的生平、思想、贡献和影响真实而完整地呈现给广大读者。因此，在写作中，我们参考了国内外同行的许多成果，由于本书的性质，我们没有列出参考文献，对此表示歉意和谢意！

对于策划编辑周莹同志的坚守，对于责任编辑吕春花、徐德霞、张宏学、李颜等同志的付出，我们表示真挚的感谢！

这部马克思传是我和袁雷同志二人合作的第三部作品，是教学相长和师生情谊的产物。当然，如果这部马克思传存在什么问题的话，那么，责任由我一人来承担。

希望社会各界和学界同仁批评指正为盼！

张云飞

2018年2月20日于中国人民大学

图书在版编目（CIP）数据

马克思传：人间的普罗米修斯/袁雷，张云飞著．—北京：中国人民大学出版社，2018.5
ISBN 978-7-300-25494-4

Ⅰ.①马… Ⅱ.①袁…②张… Ⅲ.①马克思（Marx，Karl，1818—1883）-传记 Ⅳ.①A711

中国版本图书馆 CIP 数据核字（2018）第 027005 号

马克思传
人间的普罗米修斯
袁　雷　张云飞　著
Makesi Zhuan

出版发行	中国人民大学出版社		
社　　址	北京中关村大街 31 号	**邮政编码**	100080
电　　话	010－62511242（总编室）		010－62511770（质管部）
	010－82501766（邮购部）		010－62514148（门市部）
	010－62515195（发行公司）		010－62515275（盗版举报）
网　　址	http://www.crup.com.cn		
	http://www.ttrnet.com(人大教研网)		
经　　销	新华书店		
印　　刷	北京联兴盛业印刷股份有限公司		
规　　格	170 mm×240 mm　16 开本	**版　　次**	2018 年 5 月第 1 版
印　　张	28.5 插页 4	**印　　次**	2022 年 9 月第 4 次印刷
字　　数	464 000	**定　　价**	128.00 元